Josef Frank

(Geschenk von Herrn KRAHÉ-DPWV- für Tätigkeit in der LIGA Hessen in den 70er Jahren)

JESUS UND DER MENSCHENSOHN

JESUS
und der Menschensohn

Für Anton Vögtle

HERAUSGEGEBEN VON
RUDOLF PESCH UND RUDOLF SCHNACKENBURG
IN ZUSAMMENARBEIT MIT ODILO KAISER

HERDER
FREIBURG · BASEL · WIEN

Freiburger Graphische Betriebe 1975
ISBN 3-451-17232-1

ANTON VÖGTLE
zur Vollendung des 65. Lebensjahres
am 17. Dezember 1975
von
Freunden und Kollegen gewidmet

Sr. Exzellenz, dem hochwürdigsten Herrn Erzbischof von Freiburg, Dr. Hermann Schäufele, der das Erscheinen dieser Festschrift durch seine großzügige finanzielle Unterstützung ermöglichte, sagen die Herausgeber geziemenden Dank.

Verehrter Kollege, lieber Freund,

Deine Kollegen, Schüler und Freunde, die sich an der Gratulation zur Vollendung Deines fünfundsechzigsten Lebensjahres mit einem Beitrag in der vorliegenden Festschrift beteiligen, tun das auch stellvertretend für viele andere, die in dieser Form Deines Geburtstages nicht gedenken konnten. Du kannst Dir denken, wie schwer es uns fiel, den Kreis der Gratulanten zu beschränken; wir müssen Dich um Nachsicht bitten, wie wir manche Kollegen um Verständnis bitten mußten. Deine Fakultät wird Dich auf angemessene Weise zu feiern wissen, und der Kreis Deiner jüngeren Freiburger Schüler hat sich, worüber wir sehr froh waren, zu einer eigenen Festgabe entschlossen.

Wir haben es Deinen Gratulanten mit der Formulierung des Rahmens, den der Titel dieses Buches anzeigt, nicht leicht gemacht. Nun dürfen wir Dir aber einen Band überreichen, der gerade in der Beschränkung den Reichtum der Anregungen spiegelt, der von Deinen Beiträgen zur Menschensohnforschung ausging, dem Problemkreis, dem Du seit Deiner Habilitation besonders verbunden geblieben bist. Indem wir ein Thema Deiner richtungweisenden Arbeit aufgegriffen haben, gedenken wir Deiner zahlreichen Anstöße auf den Gebieten der Evangelien- und Jesusforschung.

Was Du für die ökumenische und internationale Anerkennung katholischer Bibelwissenschaft geleistet hast, ist schon wiederholt gewürdigt worden. Wir erlauben uns, hier zu zitieren, was Ferdinand Hahn kürzlich in einem Überblick zum „Beitrag der katholischen Exegese zur neutestamentlichen Forschung“ der letzten dreißig Jahre geschrieben hat: Du habest größte Bedeutung erlangt „durch die bewußte Inangriffnahme der heißen Eisen in der Exegese, vor allem der Jesusforschung, und durch die Intensität Deines wissenschaftlichen Ringens um die Probleme“; Deine Aufsatzsammlung „Das Evangelium und die Evangelien“ habe „eine geradezu paradigmatische Bedeutung für die konsequente Beschreitung des neueröffneten Weges in der katholischen Schriftauslegung. Jeder einzelne Beitrag ist ein Meisterstück kritischer Exegese, wobei der Verfasser keinen noch so heiklen Fragen ausweicht".

Daß Deine mutige, keinesfalls immer unanstößige, ebenso verantwortungsvoll wie opferbereit betriebene Forschungs- und Vermittlungsarbeit auch in unserer Kirche die gebührende Würdigung durch Deine Wahl zum Präsidenten des Katholischen Bibelwerkes gefunden hat, ist gewiß – das bezeugen wir – nicht nur Dir eine Genugtuung. Es ist, so meinen wir auch, ein Zeichen der Ermutigung für alle, die mit Dir, mit dem Mut und der Demut kritischen Forschergeistes der Kirche und den Kirchen dienen wollen.

Auf noch lange Verbundenheit in solchem Dienst hoffen alle, deren Glückwünsche wir Dir mit dieser Festgabe überbringen und in deren Auftrag wir Dich herzlich grüßen

Deine

Rudolf Pesch und Rudolf Schnackenburg

Inhalt

Daniel 7

Eine Textanalyse

Peter Weimar, Würzburg

Die Bedeutung von Dan 7 für die Komposition des Buches Daniel ist immer wieder hervorgehoben worden[1]. Aufgrund der Stellung am Übergang von den Geschichten zu den Visionen stellt sich gerade an diesem Kapitel das Problem der Entstehung des Danielbuches mit besonderer Schärfe. Ist das Buch im wesentlichen eine literarische Einheit[2], oder hat es eine längere Geschichte bis zu seiner heutigen Gestalt durchlaufen?[3] Eine Antwort in dieser Frage kann gerade

---

[1] Vgl. nur *N. W. Porteous*, Das Danielbuch, in: ATD 23 (Göttingen 1962) 77: „Mit diesem Kapitel kommen wir zum Herzstück des Danielbuches. Es ist so eng mit dem Vorausgehenden und dem Nachfolgenden verwandt, daß man bei der so naheliegenden Aufteilung des Buches in Geschichten und Visionen es sehr schwierig findet, zu entscheiden, ob das 7. Kapitel enger mit den ersteren oder mit den letzteren zu verknüpfen sei." Zuletzt wieder *O. Plöger*, Das Buch Daniel, in: KAT XVIII (Gütersloh 1965) 105f.

[2] Vgl. etwa *A. v. Gall*, Die Einheitlichkeit des Buches Daniel (Gießen 1895); *K. Marti*, Das Buch Daniel, in: KHC XVIII (Tübingen – Leipzig 1901); *R. H. Charles*, A Critical and Exegetical Commentary on the Book of Daniel (Oxford 1929); *A. Bentzen*, Daniel, in: HAT I/19 (Tübingen ²1952); *H. H. Rowley*, The Unity of the Book of Daniel, in: HUCA 23 (1951) 233–273 = The Servant of the Lord and other Essays on the Old Testament (Oxford ²1965) 247–280; *O. Eißfeldt*, Einleitung in das Alte Testament unter Einschluß der Apokryphen und Pseudepigraphen sowie der apokryphen- und pseudepigraphenartigen Qumrān-Schriften. Entstehungsgeschichte des Alten Testaments (Tübingen ³1964) 700–704; *O. Plöger* in: KAT XVIII (1965); *F. Dexinger*, Das Buch Daniel und seine Probleme, in: SBS 36 (Stuttgart 1969) 26–29; *M. Delcor*, Le Livre de Daniel (Sources Bibliques) (Paris 1971); *A. Lenglet*, La structure littéraire de Daniel 2–7, in: Bib 53 (1972) 169–190 (189f). – Zu vergleichen ist auch der forschungsgeschichtliche Überblick bei *H. H. Rowley*, Unity 250–260.

[3] Vgl. vor allem *E. Sellin*, Einleitung in das Alte Testament (Leipzig 1910); *G. Hölscher*, Die Entstehung des Buches Daniel, in: ThStKr 92 (1919) 113–138; *M. Haller*, Das Judentum. Geschichtsschreibung, Prophetie und Gesetzgebung nach dem Exil, in: SAT II/3 (Göttingen ²1925) 272f; *M. Noth*, Die Komposition des Buches Daniel, in: ThStKr 98/99 (1926) 143–163 = Gesammelte Studien zum Alten Testament II, in: ThB 39 (München 1969) 11–28; *ders.*, Das Geschichtsverständnis der alttestamentlichen Apokalyptik, in: AFLNW 21 (Köln – Opladen 1954) = Gesammelte Studien zum Alten Testament, in: ThB 6 (München ³1966) 248–273 (265, Anm. 22); *A. Jepsen*, Bemerkungen zum Danielbuch, in: VT 11 (1961) 386–391. – Charakteristisch für die gegenwärtige forschungsgeschichtliche Situation in der Frage, ob das Danielbuch eine literarische Einheit darstellt oder nicht, ist die Auseinandersetzung zwischen *H. L. Ginsberg* und *H. H. Rowley*, die sich an das Buch von *H. L. Ginsberg*, Studies in Daniel: Texts und Studies of the Jewish Theological Seminary of America

von einer Analyse von Dan 7 erwartet werden. Entgegen der heute vorherrschenden Tendenz, das Kapitel als eine literarische Einheit zu begreifen[4], soll im folgenden die schon verschiedentlich vertretene These aufgenommen werden, wonach Dan 7 als eine redaktionelle Bildung zu verstehen ist, die erst sekundär unter Aufnahme älterer Traditionen zur vorliegenden Textgestalt ausgebaut wurde[5]. Indem hier also das Problem der literarischen Einheitlichkeit von Dan 7 erneut angegangen wird, soll zugleich auch der Weg zu einer sachgerechten Deutung dieses schwierigen Kapitels, insbesondere zur Deutung des „Menschensohnes" und der „Heiligen des Höchsten", geebnet werden[6].

1. Die Analyse des Textes

Dan 7 zeigt eine klare und einfache literarische Grundstruktur[7]. Das Kapitel besteht aus zwei deutlich voneinander abgehobenen Teilen, der Schilderung der Vision in 7,2–14 und der Deutung des in der Vision Geschauten in 7,15–27, die aber, wie gerade die Schlußsätze beider Teile in 7,14 und 27 zeigen, zueinander in Beziehung gesetzt sind. Durch die beiden Rahmenverse 7,1 + 2aα und 28 sind Vision und Deutung als ein zweiteiliger Ich-Bericht stilisiert[8].

---

14 (New York 1948) angeschlossen hat (vgl. die Besprechung dieses Buches durch *Rowley* in: JBL 68 [1949] 173–177, die Antwort von *Ginsberg* in: JBL 68 [1949] 402–407, sowie die Erwiderung von *Rowley* in: JBL 69 [1950] 201–203) und deren Neuauflage einige Jahre später (vgl. *H. L. Ginsberg*, The Composition on the Book of Daniel, in: VT 4 [1954] 246–275, und die Entgegnung durch *H. H. Rowley*, The Composition on the Book of Daniel. Some Comments on Professor Ginsberg's Article, in: VT 5 [1955] 272–276).

[4] Vgl. außer den in Anm. 2 genannten Untersuchungen besonders *M. Delcor*, Les sources du chapitre VII de Daniel, in: VT 18 (1968) 290–312, und *Z. Zevit*, The Structure and Individual Elements of Daniel 7, in: ZAW 80 (1968) 385–396.

[5] Vgl. außer den in Anm. 3 genannten Arbeiten noch *M. Haller*, Das Alter von Daniel 7, in: ThStKr 93 (1920/21) 83–87; *L. Rost*, Zur Deutung des Menschensohnes in Dan 7, in: Gott und die Götter. Festschr. *E. Fascher* (Berlin 1958) 41–43 = Studien zum Alten Testament, in: BWANT VI/1 (Stuttgart 1974) 72–75; *L. Dequekker*, Daniel VII et les Saints du Très-Haut, in: ETL 36 (1960) 353–392 (355–371) = *J. Coppens – L. Dequekker*, Le Fils de l'homme et les Saints du Très-Haut e Daniel, VII, dans les Apocryphes et dans le Nouveau Testament, in: ALBO III/23 (Bruges – Paris [2]1961) 15–54 (17–33); *U. B. Müller*, Messias und Menschensohn in jüdischen Apokalypsen und in der Offenbarung des Johannes, in: StNT 6 (Gütersloh 1972) 19–30; *L. Dequekker*, The „Saintes of the Most High" in Qumran and Daniel, in: Syntax and Meaning. Studies in Hebrew Syntax and Biblical Exegesis = OTS 18 (Leiden 1973) 108–187 (111–133). – Vgl. auch schon *H. Gunkel*, Schöpfung und Chaos in Urzeit und Endzeit. Eine religionsgeschichtliche Untersuchung über Gen 1 und Ap Joh 12 (Göttingen 1895) 323–335, der in Dan 7 aus stoffkritischen Gründen einen vorgegebenen Mythus vermutet.

[6] Vgl. auch *N. W. Porteous* in: ATD 23 (1962) 77: „Wenn man dieses Kapitel deuten will, so muß man zuerst die schwierige Entscheidung treffen, ob es eine Einheit darstellt oder nicht."

[7] Vgl. dazu etwa *O. Plöger* in: KAT XVIII (1965) 106; *Z. Zevit* in: ZAW 80 (1968) 388–391; *M. Delcor*, Daniel 142f.

[8] Nach *F. Nötscher*, Das Buch Daniel, in: EB III (Würzburg 1958) 595–663 (630), dem sich *H.*

1.1 Der Rahmen (7,1+2aα und 7,28)

Der Rahmen des Ich-Berichtes in 7,1+2aα und 28 dient der Einordnung des Traumgesichtes in Dan 7 in den größeren Erzählzusammenhang des Danielbuches. Jedoch sind sowohl die erzählerische Einleitung (7, 1 + 2 aa) als auch die noch innerhalb des Rahmens des Traumgesichtes stehende Schlußnotiz (7,28) literarisch nicht einheitlich.

Dem Grundbestand der Erzähleinleitung ist 7,1a zuzurechnen. Die einleitende Zeitangabe „im ersten Jahre Belsazars, des Königs von Babel" steht deutlich in Beziehung zu der entsprechenden Zeitbestimmung in 2,1a „im zweiten Jahre der Herrschaft Nebukadnezars". Beide Zeitangaben sind jeweils durch die Notiz weitergeführt, daß Nebukadnezar/Daniel ein Traumgesicht träumte/sah. Durch diese Form der Weiterführung heben sich die beiden Zeitangaben in 2,1a und 7,1a von den übrigen einleitenden Zeitbestimmungen in 1,1; 8,1; 9,1 und 10,1 ab, die mit Ausnahme von 8,1, wo die einleitende Zeitangabe – möglicherweise in Anlehnung an 2,1 und 7,1 – mit der Wendung „ein Gesicht sehen" (vgl. auch 8,2.15; 9,21) weitergeführt ist, andersartige Fortführungen zeigen. Dies dürfte ein Hinweis darauf sein, daß die Zeitangaben in 2,1 und 7,1 von den übrigen Zeitangaben des Danielbuches abzusetzen sind, in denen allem Anschein nach sekundäre Nachbildungen der beiden älteren Zeitangaben in 2,1 und 7,1 vorliegen. Diese Vermutung wird dadurch bestätigt, daß für die jüngeren Zeitangaben in Dan 1 und 8–12 die alternierende Folge der Jahreszahlen „im ersten/dritten Jahr" charakteristisch ist, in welches System sich aber die vorgegebenen Zeitangaben in 2,1 und 7,1 nicht ganz spannungsfrei einordnen lassen.

Auf den gleichen literarischen Rahmen, der durch die Zeitangaben in 2,1 und 7,1 abgesteckt ist, ist auch das Vorkommen der auf die einleitende Angabe des Regierungsjahres in 7,1a folgenden Wendung „ein Traumgesicht sehen" *(ḥlm ḥzh)* beschränkt, die sich sonst nur noch in 2,26 und 4,2.6.15 findet, wo sie aber im Unterschied zu 7,1a jeweils mit Bezug auf Nebukadnezar gebraucht ist. Mit Hilfe der Wendung „ein Traumgesicht sehen" sollte das Traumgesicht in Dan 7 mit den in Dan 2 und 4 überlieferten Traumgesichten verbunden werden.

Eising, Die Gottesoffenbarung bei Daniel im Rahmen der atl. Theophanien, in: Alttestamentliche Studien. Festschr. *F. Nötscher* = BBB 1 (Bonn 1950) 62–73 (66f) anschließt, fand „der Verfasser des Danielbuches... den Bericht über den Traum wohl bereits in fester Form vor und hat ihn so hier eingesetzt". Jedoch ist diese Annahme nicht zwingend. Sie gründet vor allem auf die redaktionell hinzugefügten technischen Angaben „Beginn der Worte" in 7,1b und „Bis hierher! Ende des Berichtes!" in 7,28. Wie die folgende Analyse zeigen kann, geht der Grundbestand des Rahmens in Dan 7 auf den gleichen Verfasser zurück, der auch das Traumgesicht in Dan 7 komponiert hat. Die Einkleidung des Traumgesichtes in die Form eines Ich-Berichtes ist als ein literarisches Stilmittel zu verstehen.

Auffällig ist in 7,1a das nachhinkende „und die Geschichte seines Hauptes auf seinem Lager". Entgegen der allgemeinen Annahme ist darin aber nicht ein sekundärer Zusatz oder das Reststück eines nach 7,15 zu ergänzenden Satzes zu sehen[9], sondern wahrscheinlich ein strukturelles Element, wodurch sowohl Anfang und Ende des Ich-Berichtes als auch der Übergang von der Vision zur Deutung im Zentrum der Einheit hervogehoben werden sollen. Die hier angesprochenen Aussagen in 7,1a, 7,15 und 7,28b sind literarisch eng miteinander verbunden. Der zu Beginn der Deutung in 7,15b stehende Satz „die Gesichte meines Hauptes verwirrten mich" wird in 7,28b erneut aufgegriffen, nur daß hier anstelle des Ausdrucks „die Gesichte meines Hauptes" das Wort „meine Gedanken" eingetreten ist, wobei aber der Ausdruck „die Gesichte meines Hauptes" nicht einfach gestrichen, sondern nach 7,1a übertragen wurde. Wahrscheinlich ist die Aufteilung der Einzelglieder auf 7,1a.15.28b ein bewußt eingesetzes literarisches Stilmittel. Die in Dan 7 auf drei Stationen verteilten Einzelelemente, einschließlich der in 7,1a außerdem noch vorkommenden Wendung „ein Traumgesicht sehen", liegen in 4,2 in einem geschlossenen Satzzusammenhang miteinander verbunden vor. Allem Anschein nach hat der Satz in 4,2 das Modell für die Stilisierung der Rahmenaussagen in Dan 7 abgegeben. Zu diesem Zweck wurden die in 4,2 miteinander verbundenen Aussagen planvoll auf drei Stationen verteilt, und zwar genau auf jene, denen in Dan 7 eine rahmende bzw. die beiden Teile des Traumgesichtes verknüpfende Funktion zukommt. Durch die Übernahme der Aussagen von 4,2 nach 7,1a+15+28b sollten diese beiden Kapitel nicht nur literarisch miteinander verknüpft werden. Darüber hinausgehend ist wohl erzählerisch auch eine Steigerung der Darstellung beabsichtigt, insofern hier die in 4,2 von Nebukadnezar gemachten Aussagen auf Daniel übertragen sind (vgl. auch schon 4,16). Über die in 4,2 gemachten Aussagen geht einzig die Notiz in 7,28b hinaus, daß sich die Gesichtsfarbe Daniels veränderte, womit eine in 5,6.9.10 (vgl. auch 3,19) von Belsazar gebrauchte Wendung aufgenommen und auf Daniel übertragen wird.

Gegenüber 7,1a muß 7,1b als ein späterer Zusatz angesehen werden, was nicht nur die Doppelung der Einleitung des Ich-Berichtes in 7,1bβ||2 aα nahelegt[10], sondern auch der mit 7,1b angezielte Horizont, der sich mit dem Hori-

---

[9] Während O. *Plöger*, in: KAT XVIII (1965) 101, 103, „und die Gesichte seines Hauptes auf seinem Lager" als eine sekundäre Auffüllung aus Dan 7,15 betrachtet, rechnen *M. Haller* in: SAT II/3 ([2]1925) 294, und *A. Bentzen* in: HAT I/19 ([2]1952) 48, damit, daß der Text in Dan 7,1a ursprünglich „und die Gesichte seines Hauptes auf seinem Lager ängstigten ihn" gelautet habe. *F. Nötscher*, in: EB III (1958) 629, notiert beide Möglichkeiten, ohne aber eine Entscheidung zu treffen.

[10] Meist sieht man in Dan 7,2aα eine redaktionelle Ergänzung (vgl. *M. Haller* in: SAT II/3 [[2]1925] 294 und *A. Bentzen* in: HAT I/19 [[2]1952] 48) oder schlägt eine Textänderung *('nh dnj'l)* vor (vgl. *N. W. Porteous* in: ATD 23 [1962] 75 und *O. Plöger* in: KAT XVIII [1965] 101, 103), während 7,1b nur selten als sekundäre Erweiterung verstanden wird (vgl. *J. A. Montgomery*, A Critical and

zont von 7,1a nicht deckt. Die ursprüngliche Form der Einführung des Ich-Berichtes liegt dabei in 7,2aα („da hob Daniel an und sprach") vor, womit eine in Dan 2–6 sehr geläufige Form der Redeeinleitung aufgegriffen wird [11]. Dagegen muß die überschriftartige Formulierung in 7,1bβ, die nur locker im vorliegenden Textzusammenhang sitzt und mit der vorangehenden Notiz in 7,1bα zusammenhängt, als redaktionelle Erweiterung verstanden werden. Das Konstatieren des Niederschreibens des Traumgesichtes steht wohl in Verbindung mit der an Daniel in 8,26 und 12,4(9) gerichteten Aufforderung, das Geschaute zu verschließen und das Buch bis auf die Endzeit zu versiegeln. Damit ist die Blickrichtung von 7,1b der von 7,1a genau entgegengesetzt. Während 7,1a deutlich mit den in Dan 2–6 überlieferten, aramäisch verfaßten Geschichten verbunden ist, ist 7,1b im Zusammenhang mit den hebräisch geschriebenen Visionen in Dan 8–12 zu sehen. Muß aber 7,1b als redaktioneller Einschub verstanden werden, so gilt gleiches auch für die mit 7,1bβ zusammenhängende Unterschrift unter den Ich-Bericht in 7,28a [12]. Ebenso wird der Schlußsatz in 7,28b „und ich bewahrte die Sache in meinem Herzen" als eine sekundäre Hinzufügung zu verstehen sein, da durch ihn der Übergang zu den folgenden Kapiteln hergestellt werden soll [13].

1.2 Der erste Teil: die Vision (7,2–14)

Die Visionsschilderung 7,2–14 ist literarisch nicht einheitlich. Aufgrund von im Text sich zeigenden Spannungen und Unebenheiten lassen sich noch zwei ursprünglich selbständige, erst sekundär miteinander verbundene literarische Einheiten erkennen, von denen die eine die Vision von den vier Tieren ausmacht, während die andere die Übertragung der Herrschaft an den „Menschensohn" innerhalb einer himmlischen Ratsversammlung zum Gegenstand hat [14].

Die Visionsschilderung wird in 7,2aβ mit der Floskel „ich war schauend" *(ḥzh hwjt)* eröffnet, die in Dan 7 noch mehrfach begegnet (7,2.4.6.7.9.11.13.21) und als Struktursignal zur Gliederung der Visionsschilderung dient [15]. Entspre-

Exegetical Commentary on the Book of Daniel, ICC (Edinburgh 1927) 283f und *L. Dequekker* in: ALBO III/23 (²1961) 17.

[11] Dan 2,5.7.8.10.15.20.26.27.47; 3,9.14.16.19.24 (2 mal).25.26.28; 4,16 (2 mal).27; 5,7.10.13.17.; 6,13.14.17.21.

[12] Mit der Möglichkeit, daß Dan 7,28a einen redaktionellen Einschub darstellt, rechnen *L. Dequekker* in: ALBO III/23 (²1961) 20 und *O. Plöger* in: KAT XVIII (1965) 105.

[13] Vgl. etwa *N. W. Porteous* in: ATD 23 (1962) 96 und *O. Plöger* in: KAT XVIII (1965) 118.

[14] Vgl. dazu vor allem *M. Noth* in: ThB 39 (1969) 11–19; *L. Rost* in: BWANT VI/1 (1974) 72; *L. Dequekker* in: ALBO III/23 (²1961) 17–33.

[15] Zu dieser Wendung sind noch immer die Beobachtungen von *M. Noth* in: ThB 39 (1969) 11–13 grundlegend; vgl. auch noch *O. Plöger* in: KAT XVIII (1965) 106f und *L. Dequekker* in: OTS 18 (1973) 116f.

chend ihrer unterschiedlichen Funktion im Rahmen der Visionsschilderung wird die Wendung *ḥzh hwjt* in zwei verschiedenen Formen gebraucht. Der Einleitung des Visionsbildes dient die Verbindung von *ḥzh hwjt* als Visionsanzeige mit der deiktischen Partikel „siehe“ *(w'rw)* als Visionseröffnung (7,2.6.7.13), während sich die Fortführung von *ḥzh hwjt* durch *ʿd dj* jedesmal dann findet, wenn der Beginn des das Visionsbild abschließenden Visionsvorganges angezeigt werden soll (7,4.9.11[16]).

Von den vier Vorkommen der Verbindung *ḥzh hwjt* + *w'rw* ist der unmittelbare Zusammenhang von Visionsanzeige und Visionseröffnung allein dreimal durch die eingeschobene Näherbestimmung „in den Gesichten der Nacht“ *(bḥzwj ljlj')* aufgesprengt. Bezeichnend ist dabei der Zusammenhang, in dem die vollere Form der Visionseinleitung vorkommt. Innerhalb des Visionsberichtes begegnet die Wendung „ich war schauend in den Gesichten der Nacht, und siehe“ am Anfang und Ende sowie im Zentrum der Visionsschilderung, wobei die so eingeleiteten Aussagen (Anfang des Visionsberichtes/Höhepunkt der Vier-Tiere-Vision/Menschensohn-Vision) eine besondere Akzentuierung erfahren[17]. Die planvolle Verwendung dieser Form der Visionseinleitung, die nicht auf die Vision von den vier Tieren beschränkt ist, sondern den ganzen Visionsbericht 7,2–14 umfaßt, läßt darauf schließen, daß sie nicht schon Bestandteil der Vier-Tiere-Vision in ihrer ursprünglichen Gestalt gewesen ist, sondern daß sie erst auf die Hand dessen zurückgeht, der die Vision von den vier Tieren und den „Menschensohn-Psalm“ miteinander verbunden hat.

In diese Richtung weisen auch weitere Beobachtungen. Obgleich im Danielbuch nicht immer sorgfältig zwischen Traum und Vision unterschieden wird[18], so scheint nichtsdestoweniger die Ausweitung der Kurzform der Visionseinleitung „ich war schauend, und siehe“ durch die Einschaltung von „in den Gesichten der Nacht“ der Reflex eines Interpretationsvorgangs zu sein, wodurch die Schilderung einer einfachen Vision zur Form des Berichtes von einem Traumgesicht umfunktioniert wurde. Die durch die Einfügung der Wendung „in den Gesichten der Nacht“ bewirkte Uminterpretation steht dabei im Zusammenhang mit der Vorschaltung der erzählerischen Einleitung in 7,1+2aα, was zugleich vermuten läßt, daß die Einfügung der Wendung im Blick auf den größeren Erzählzusammenhang geschehen ist. Außerhalb von Dan 7 findet sich der Ausdruck „in den Gesichten der Nacht“ bezeichnenderweise nur noch in 2,19, wo damit die Form der dem Daniel zuteil gewordenen Enthüllung des Traumge-

---

[16] Die Doppelung der Visionsanzeige *ḥzh hwjt* in Dan 7,11 ist redaktionell und beruht auf der sekundären Einfügung von 7,11 abα (zum Nachweis s.u. S. 23).

[17] Vgl. auch *O. Plöger* in: KAT XVIII (1965) 104 und *U. B. Müller* in: StNT 6 (1972) 20.

[18] Vgl. *E. L. Ehrlich*, Der Traum im Alten Testament, in: BZAW 73 (Berlin 1953) 102, und *O. Plöger* in: KAT XVIII (1965) 103f.

sichtes Nebukadnezars umschrieben ist. Durch die Wendung „in den Gesichten der Nacht" sollen offenkundig die beiden Berichte von den Traumgesichten Nebukadnezars/Daniels in Dan 2 und 7 zueinander in Beziehung gesetzt werden.

Auch die Kurzform der Visionseinleitung, wie sie für die vorgegebene Vier-Tiere-Vision als charakteristisch anzusehen ist, hat eine genaue formale Entsprechung in Dan 2, näherhin in der mit ihr thematisch verwandten Vision 2,31–34*, wo nicht nur die Wendung *ḥzh hwjt w'lw* als Eröffnung der Visionsschilderung begegnet, sondern auch der sie abschließende Visionsvorgang mit der in Dan 7 im Rahmen der Vier-Tiere-Vision ebenfalls begegnenden Wendung *ḥzh hwjt ʿd dj* eingeleitet ist[19]. Jedoch geht die Verwandtschaft in der formalen Gestaltung der vorgegebenen Vier-Tiere-Vision in Dan 7 und der einer älteren Darstellung zugehörenden Visionsschilderung in 2,31–34 nicht auf den Verfasser des Dan 2–7 umfassenden aramäischen Danielbuches zurück, wie es bei der im Blick auf den größeren literarischen Zusammenhang verfaßten Langform der Visionseinleitung wahrscheinlich ist, sondern sie ist ein Anzeichen dafür, daß die beiden Visionsschilderungen in Dan 2 und 7, die sich noch aus dem vorliegenden Zusammenhang herauslösen lassen, wenn schon nicht von derselben Hand, so doch wenigstens aus der gleichen Zeit stammen[20].

Von den beiden älteren Visionsschilderungen in Dan 2 und 7 ist deutlich der Bericht vom Traumgesicht Nebukadnezars in Dan 4, der ganz in die Verantwortung des Verfassers des aramäischen Danielbuches fällt[21], abgehoben, was schon der Gebrauch der Visionseinleitung anzeigt. Wie in 7,2.7.13 begegnet die Visionseinleitung „und ich war schauend, und siehe" auch in 4,7 und 10 in einer erweiterten Form, die sich zwar von der Langform der Visionseinleitung in Dan 7 unterscheidet, inhaltlich jedoch das gleiche aussagt. Im Gegensatz zu 7,2.7.13, wo die Visionseinleitung „und ich war schauend in den Gesichten der Nacht, und siehe" lautet, ist die Kurzform der Visionseinleitung in 4,7 und 10 um die auch in 7,1 sich findende Wendung „die Gesichte meines Hauptes auf meinem Lager" (vgl. auch 4,2 und 7,15) erweitert, wobei aber nur die Visionseinleitung in 4,10 ihrer Struktur nach mit den in Dan 7 vorkommenden Einleitungen vergleichbar ist, während in 4,7 die Wendung „die Gesichte meines Hauptes auf meinem Lager" der eigentlichen Visionseinleitung „ich war schauend, und siehe" in Form eines einpoligen Nominalsatzes vorangestellt ist[22].

[19] Zur Analyse von Dan 2 vgl. vor allem *M. Noth* in: ThB 39 (1969) 21–25.
[20] Vgl. *M. Noth* in: ThB 39 (1969) 24.
[21] Vgl. *M. Noth* in: ThB 39 (1969) 23.
[22] Eine Streichung des Ausdrucks „und die Gesichte meines Hauptes" in Dan 4,7 als redaktionelle Glosse (so *O. Plöger* in: KAT XVIII [1965] 68, 71) ist ebensowenig berechtigt wie eine Textkorrektur („in den Gesichten meines Hauptes") nach Dan 4,10 (so BHK).

Der Vergleich der Visionseinleitungen in Dan 7 mit denen in Dan 2 und 4 zeigt demnach deutlich, daß die Langform „ich war schauend in den Gesichten der Nacht, und siehe" in 7,2.7.13 auf den Verfasser des aramäischen Danielbuches zurückgeht, während in der ursprünglich selbständigen Vier-Tiere-Vision nur die Kurzform der Visionseinleitung „und ich war schauend und siehe" gestanden hat.

Die Visionsschilderung setzt in 7,2b+3a ein mit zwei genau parallel laufenden partizipialen Nominalsätzen, die beide der allgemeinen Beschreibung der Szenerie dienen. Diese auf die ganze Vier-Tiere-Vision bezogene Einführung wird in 7,3b mit der Feststellung abgeschlossen, daß jedes Tier vom anderen verschieden ist[23]. Ohne einen szenischen Neueinsatz folgt in 7,4 sogleich die Schilderung des ersten Tieres (Löwe), die wie die einleitende Beschreibung in 7,2b + 3a ebenfalls in zwei Parallelaussagen (7,4 aα + β) erfolgt. An die kurze Beschreibung des ersten Tieres (Löwe mit Adlerflügeln) schließt sich in 7,4b unmittelbar die mit der Wendung *ḥzh hwjt ᶜd dj* eingeleitete, passivisch formulierte Schlußaussage an[24].

Gegenüber der auffällig knapp gehaltenen Schilderung des ersten Tieres, die nur das unbedingt Notwendige erwähnt, ist die viergliedrige Schlußaussage ungewöhnlich breit gehalten. Sie kann aber kaum als eine literarische Einheit verstanden werden. Zur ursprünglichen Form der Vier-Tiere-Vision gehört nur die erste Aussage in 7,4bα („ich war schauend, bis daß seine Flügel ausgerissen wurden"), in der wohl die Entmächtigung des ersten Tieres ausgesagt ist[25]. Demgegenüber ist in den drei folgenden Sätzen die Aussageintention deutlich verschoben. Nicht mehr die Entmachtung des Tieres steht im Vordergrund, sondern, wie der Schlußsatz deutlich anzeigt, seine Wiedereinsetzung in die Macht[26].

Die drei die erste Tiervision abschließenden Sätze in 7,4b*, deren Klimax in der Aussage von der Verleihung eines Menschenherzens liegt, bezieht sich unverkennbar auf die in 4,13 von Nebukadnezar gemachte Aussage (vgl. 5,21), mit der 7,4bβ durch Stichwortentsprechung („Menschenherz") verbunden ist. Aufgrund dieser Beziehung erscheint das in 7,4b* geschilderte Geschehen um

---

[23] Zu den vier Tieren vgl. *A. Caquot*, Sur les quatre bêtes de Daniel VII, in: Semitica 5 (1955) 5–13, und *ders.*, Les quatre bêtes et le „Fils d'homme" (Daniel 7), in: Semitica 17 (1967) 37–71; zum zweiten Tier vgl. *R. M. Frank*, The Description of the ‚Bear' in Dn 7,5, in: CBQ 21 (1959) 505–507.

[24] Zur Verwendung der Passivform in den mit *ḥzh hwjt ᶜd dj* eingeleiteten Abschnitten der Visionsschilderung vgl. *M. Noth* in: ThB 39 (1969) 12.

[25] Vgl. etwa *H. Junker*, Untersuchungen über literarische und exegetische Probleme des Buches Daniel (Bonn 1932) 38, und *O. Plöger* in: KAT XVIII (1965) 108.

[26] Vgl. etwa *J. A. Montgomery*, Daniel 287f; *A. Bentzen* in: HAT I/19 (²1952) 59f; *F. Nötscher* in: EB III (1958) 630; *N. W. Porteous* in: ATD 23 (1962) 35f.

den Löwen als ein Vorgang, der die in Dan 4 dargestellte Entmachtung Nebukadnezars und die Wiederherstellung seiner Herrschaft versinnbildet[27]. Diese Querverbindung von 7,4b* zu Dan 4 läßt erkennen, daß die abschließenden Sätze der ersten Vision im Blick auf den größeren Erzählzusammenhang von Dan 2–7 eingefügt worden sind, während die vorgegebene Vision mit 7,4b* („ich war schauend, bis daß seine Flügel ausgerissen wurden") abgeschlossen war[28]. Einen Hinweis auf den sekundären Charakter der übrigen Aussagen in 7,4b* gibt auch der Vergleich mit dem Menschen in 7,5 bβ („Füße wie die eines Menschen"), dem in Dan nur die in den sekundären Erweiterungen der Vier-Tiere-Vision angestellten Vergleiche in 7,8 („wie Menschenaugen") und 7,13 („wie ein Menschensohn") entsprechen. Aufgrund dieser Beobachtungen wird man den ursprünglichen Bestand der Vision des ersten Tieres in 7,4a+bα zu sehen haben, während die restlichen Aussagen in 7,4b* redaktionelle Erweiterungen sind, die wahrscheinlich auf den Verfasser des aramäischen Danielbuches (Dan 2–6) zurückgehen.

Wie bei der Schilderung der Vision des ersten Tieres, die literarisch mit der allgemeinen Einleitung der Vier-Tiere-Vision zusammengehört und so mit dieser eine kleine zweiteilige Einheit bildet, wird auch die Vision des zweiten Tieres, die mit der Vision des ersten Tieres eng verbunden erscheint, nicht durch eine ausgeführte Visionseinleitung, sondern nur durch die Visionseröffnung „und siehe" eingeführt[29]. Das auffällige Nebeneinander der beiden Angaben „ein anderes Tier, ein zweites" könnte auf redaktionelle Auffüllung schließen lassen, scheint hier aber stilistisch bedingt zu sein, um dadurch nämlich die zweite Vision zum einen mit der dritten („ein anderes Tier") als auch mit der vierten Vision („ein viertes Tier") zu verbinden. Wie schon in der ersten Vision besteht auch in der zweiten Vision die Beschreibung des Tieres aus zwei parallelen Gliedern (7,5 aα + γ), von denen das erste der Einführung des neuen Tieres (Bär) dient, während das zweite seine charakteristische Eigenschaft beschreibt. Die schwer zu deutende Aussage in 7,5 aβ[30], die den Zusammenhang zwischen 7,5 aα und 5 aγ unterbricht, wird als ein späterer Einschub zu verstehen sein[31]. Der Zusatz in 7,5 aβ geht dabei wohl auf die gleiche Hand zurück, die auch die dreigliedrige Satzreihe in 7,4b* der ersten Vision angefügt hat, worauf vor allem die Stichwortverknüpfung („es wurde aufgerichtet") von 7,5 aβ und 7,4b*

---

[27] Vgl. schon *A. v. Gall,* Einheitlichkeit 93, und *H. Junker,* Untersuchungen 39.

[28] Vgl. auch *U. B. Müller* in: StNT 6 (1972) 21, Anm. 11.

[29] Das Fehlen der Wendung *ḥzh hwjt* in Dan 7,5a ist stilistisch bedingt und dient der Parallelisierung der ersten beiden Visionen (vgl. dazu auch *O. Plöger* in: KAT XVIII [1965] 108).

[30] Eine Zusammenstellung der verschiedenen Deutungsversuche findet sich bei *J. A. Montgomery,* Daniel 289.

[31] Vgl. auch *M. Noth* in: ThB 39 (1969) 14, Anm. 2.

hinweist. Die zweite Vision wird in 7,5b mit einer die Beschreibung des Tieres aufnehmenden Aufforderung, viel Fleisch zu fressen, abgeschlossen. Die durch die Partikel „und so“ an das Vorangehende angeschlossene, passivisch formulierte Redeeinleitung vertritt dabei die in 7,4b* gebrauchte Wendung „ich war schauend, bis daß“.

Die dritte Vision (7,6) ist wiederum durch die Visionseinleitung „und ich war schauend, und siehe“ eröffnet, wobei ihr, um den Anschluß an die beiden voraufgehenden Visionen herzustellen, eine temporale Bestimmung („nach diesem“) vorangestellt ist. Genau die gleiche Form der Visionseinleitung („nach diesem war ich schauend, und siehe“) findet sich in der vierten Vision (7,7). Diese Gleichartigkeit der Eingänge der beiden letzten Visionen ist wohl stilistisch bedingt. Dadurch sollen die dritte und vierte Vision enger zusammengerückt und aufeinander bezogen werden. Deutlich sind damit zugleich diese beiden Visionen von den ersten beiden Visionen abgehoben, die keine ausgeprägten Visionseinleitungen haben, dafür aber den Abschluß der Visionsschilderung durch entsprechende Schlußwendungen markieren, während solche bei der dritten und vierten Vision fehlen.

Obschon die dritte Vision durch den Gebrauch der Einleitungswendungen von den beiden vorangehenden Visionsschilderungen abgesetzt ist, greift sie jedoch bei der Beschreibung des Tieres selbst, das mit einem Panther verglichen wird, ausdrücklich auf die erste Vision zurück. Das zeigt sich allein schon an der Art, wie das dritte Tier eingeführt ist („ein anderes, wie ein Panther“), was deutlich an die Form der Einleitung des ersten Tieres („das vorderste [war] wie ein Löwe“) in 7,4aα erinnert. Aber auch die Beschreibung des Aussehens des dritten Tieres lehnt sich an die erste Vision an, indem es ebenso wie der Löwe in 7,4* als ein geflügeltes Wesen gezeichnet wird, nur daß das dritte Tier im Unterschied zum ersten neben den Flügeln noch vier Köpfe hat. Mit der ausdrücklichen Erwähnung der Vierzahl der Flügel und Köpfe greift die dritte Vision auf die einleitende allgemeine Beschreibung in 7,2b+3a zurück, die aufgrund der Gesamtanlage der Vier-Tiere-Vision in die erste Vision einbezogen ist.

Gegenüber der Beschreibung der charakteristischen Eigenart des dritten Tieres wird die in 7,6bβ angeschlossene Aussage „und Macht wurde ihm gegeben“ als eine redaktionelle zu bestimmen sein, die wohl auf die gleiche Hand zurückgeht, der auch die redaktionellen Erweiterungen in 7,4b* und 5a zuzuschreiben sind, worauf vor allem der sowohl in 7,4bβ als auch in 7,6bβ vorkommende Ausdruck „wurde ihm gegeben“ hinweist[32]. Auch ist ein Zusammenhang mit den hymnischen Aussagen in 3,33b; 4,31b; 6,27b und 7,14b+27b nicht zu

[32] Vgl. auch *U. B. Müller* in: StNT 6 (1972) 21, Anm. 11.

verkennen, was ebenfalls darauf hindeutet, daß der Abschluß der dritten Vision in 7,6bβ im Blick auf den größeren Erzählzusammenhang (vgl. auch 2,39) eingefügt worden ist[33].

Die vierte Vision (7,7.8), deren Einleitung wörtlich mit der der dritten Vision übereinstimmt, schließt sich in der Beschreibung des vierten Tieres an die zweite Vision an. Auf das einleitende „ein viertes Tier" folgt anstelle des in den drei voraufgehenden Visionen stehenden Vergleichs mit einem Tier (Löwe/Bär/Panther) eine dreigliedrige Aussagereihe („furchtbar, schrecklich und überaus stark"), die den furchterregenden Eindruck des vierten Tieres hervorheben und es gegenüber den drei vorangehenden Tieren als unvergleichlich darstellen will[34]. An die Einführung des Tieres schließt sich die Beschreibung seiner charakteristischen Eigenschaft („es hatte große Zähne aus Eisen") an, die sich deutlich mit der Beschreibung des zweiten Tieres berührt. Dagegen müssen die weiteren Aussagen in 7,7a („es fraß und zermalmte und zerstampfte den Rest mit seinen Füßen") als spätere Erweiterung betrachtet werden, da sie nicht bruchlos – das gilt vor allem für die abschließende Aussage „und es zerstampfte den Rest mit seinen Füßen" – an die voraufgehende Beschreibung des vierten Tieres anschließen[35]. Da diese in 7,7a nur locker eingebundene Aussagereihe in dem auf 7,7 Bezug nehmenden Vers 7,19 wörtlich aufgenommen wird, während die übrigen Aussagen aus 7,7a+bα nur in einer mehr oder weniger stark abgewandelten Form rezipiert sind, dürfte in der redaktionellen Einfügung „es fraß und zermalmte und zerstampfte den Rest mit seinen Füßen" in 7,7a* ein Zitat aus 7,19 zu sehen sein, das in den vorgegebenen Visionsbericht im Zusammenhang mit der Anfügung der Deutung in 7,15–27 eingetragen wurde. Aufgrund der Stichwortentsprechung „mit den Füßen/auf die Füße" zwischen 7,7a* und 7,4b* wird die sekundäre Erweiterung – und damit auch die Deutung in 7,15–27 – auf die gleiche Hand wie 7,4b* zurückgehen. Wie die übrigen redaktionellen Bearbeitungen der Vier-Tiere-Vision ist auch die Anfügung der dreigliedrigen Aussage in 7,7a* im Blick auf den größeren Erzählzusammenhang geschehen. Durch die Verwendung des Verbs „zermalmen" ist deutlich ein Bezug zu Dan 2 hergestellt worden (vgl. 2,39.40.44.45).

Der ursprüngliche Visionsbericht wird in 7,7b wieder aufgenommen, womit

---

[33] Der Zusammenhang der Aussagen in Dan 7,6bβ einerseits sowie 7,12a und 26bα andererseits ist erst redaktionell hergestellt, da sowohl 7,12 als auch 7,26b einer noch jüngeren Redaktionsstufe als 7,6bβ zuzurechnen sind.

[34] Vgl. vor allem *O. Plöger* in: KAT XVIII (1965) 104 und *U. B. Müller* in: StNT 6 (1972) 20.

[35] Versteht man die abschließenden Aussagen in Dan 7,7a als redaktionelle Auffüllung, dann erübrigt sich die wegen der nachher erwähnten „Füße" vielfach vorgenommene Ergänzung „und Krallen aus Erz" nach 7,19 (so etwa *A. v. Gall*, Einheitlichkeit 95; *K. Marti* in: KHC XVIII [1901] 50; *M. Haller* in: SAT II/3 [[2]1925] 295; *A. Bentzen* in: HAT I/19 [[2]1952] 48; *F. Nötscher* in: EB III [1958] 630; *N. W. Porteous* in: ATD 23 [1962] 75; *O. Plöger* in: KAT XVIII [1965] 102–104).

auch die eigentliche Beschreibung des vierten Tieres abgeschlossen wird. Mit dem Satz „es [das vierte Tier] war verschieden von allen Tieren vor ihm" greift der Verfasser der Vier-Tiere-Vision auf den Abschluß der ersten Hälfte des einleitenden Visionsbildes in 7,3b („eines verschieden vom andern") zurück. Durch diese stilistische Verklammerung der ersten und vierten Vision, wobei die in 7,3b und 7,7bα stehenden Aussagen jeweils die erste Szenenhälfte abschließen, sollen Anfang und Ende der Vier-Tiere-Vision miteinander verbunden werden[36].

Gegenüber 7,7bα ist die nachklappende Notiz „und es hatte zehn Hörner" in 7,7bβ zusammen mit dem unmittelbar folgenden Vers 7,8, der mit 7,7bβ thematisch zusammenhängt, als eine spätere redaktionelle Erweiterung zu betrachten[37]. Jedoch läßt sich die in 7,7bβ+8 zutage tretende Redaktion nicht mit den bislang beobachteten redaktionellen Erweiterungen der Vier-Tiere-Vision verbinden, von denen sie sowohl sprachlich wie stilistisch deutlich abgehoben ist. Im Unterschied zu jener Redaktionsschicht in Dan 7, die vor allem die Absicht verfolgt, den Bericht vom Traumgesicht in Dan 7 mit den Erzählungen in Dan 2–6, mit denen er durch zahlreiche Stichwortentsprechungen verknüpft ist, zu verbinden, läßt der Zusatz in 7,7bβ+8 eine derartige Verbindung mit Dan 2–6 nicht erkennen, sondern steht vielmehr genau umgekehrt im Zusammenhang mit Dan 8–12.

Mit 7,9+10 setzt unvermittelt eine neue thematische Einheit ein, die formal durch die poetische Form von der voraufgehenden Vision abgehoben und auch mit der Vier-Tiere-Vision in keiner inneren Beziehung steht[38]. In der mit 7,9+10 beginnenden und mit 7,13+14 weitergeführten Einheit[39], die von der Übertragung der Herrschaft an den „Menschensohn" handelt, ist eine ur-

---

[36] Vgl. vor allem *U. B. Müller* in: StNT 6 (1972) 20.

[37] So auch *G. Hoelscher* in: ThStKr 92 (1919) 120; *M. Haller* in: ThStKr 93 (1920/21) 84; *M. Noth* in: ThB 39 (1969) 12; *H. Junker*, Untersuchungen 29. Demgegenüber rechnet jüngst *L. Dequekker*, in: ALBO III/23 (²1961) 18.26 und OTS 18 (1973) 114–119 (hier auch eine Zusammenstellung der Gründe für den sekundären Charakter von Dan 7,8), nur Dan 7,8 einer späteren Redaktion zu, während er 7,7bβ für ursprünglich hält.

[38] Das kontrastierende Gegenüber von „Menschensohn"-Wort und Vier-Tiere-Vision, das häufig für eine ursprüngliche Zusammengehörigkeit beider Textstücke in Anspruch genommen wird (vgl. *H. Junker*, Untersuchungen 31; *A. Bentzen* in: HAT I/19 [²1952] 57; *O. Plöger* in: KAT XVIII [1965] 112), kann ebensogut auf den Verfasser des Traumgesichtes in Dan 7, der die ihm vorgegebenen Einheiten der Vier-Tiere-Vision und des „Menschensohn"-Psalms redaktionell miteinander verbunden hat, zurückgehen. Ein zwingender Nachweis der ursprünglichen Zusammengehörigkeit der beiden Textstücke läßt sich jedenfalls auf dieser Basis nicht führen. Eine solche wird vollends zweifelhaft, wenn gezeigt werden kann, daß sowohl die Vier-Tiere-Vision als auch der „Menschensohn"-Psalm in sich geschlossene literarische Einheiten darstellen.

[39] Gegen *U. B. Müller* in: StNT 6 (1972) 22–24, der Dan 7,9+10 als eine in sich geschlossene „Thronszene" betrachtet (zur Auseinandersetzung mit dieser These vgl. schon *J. Theisohn*, Der auserwählte Richter. Untersuchungen zum traditionsgeschichtlichem [!] Ort der Menschensohngestalt der Bilderreden des Äthiopischen Henoch, in: StUNT 12 [Göttingen 1975] 9f und 210, Anm. 9).

sprünglich einmal selbständig überlieferte Einheit zu sehen, die erst sekundär mit der Vier-Tiere-Vision verbunden worden ist[40]. Der Übergang von der Vier-Tiere-Vision zu dem psalmartigen Textstück in 7,9+10 ist durch die Wendung „ich war schauend, bis daß" in 7,9aα hergestellt worden. In ihr liegt kein ursprünglicher Bestandteil des „Menschensohn"-Psalms vor, zumal durch das einleitende „ich war schauend" die poetische Struktur des ersten Satzpaares empfindlich gestört wird. Man wird so die Wendung „ich war schauend, bis daß" als redaktionelles Verknüpfungselement anzusehen haben, das bei der Verbindung von Vier-Tiere-Vision und „Psalm" in den vorliegenden Textzusammenhang eingefügt wurde[41]. Wahrscheinlich ist durch die redaktionell eingefügte Wendung „ich war schauend, bis daß" ein ursprüngliches „siehe" *('rw)* verdrängt worden[42].

Im vorliegenden Textzusammenhang ist der „Psalm" in 7,9.10 + 13.14 in zwei Teile aufgespalten. Nach dem ersten Teil in 7,9.10 wird nochmals die Thematik der Vier-Tiere-Vision aufgenommen und zu Ende gebracht. 7,11 setzt mit der Visionsanzeige „ich war schauend" neu ein. Auffällig ist ihre Doppelung in 7,11a und 11b, was in dieser gedrängten Aufeinanderfolge den Verdacht nahelegt, daß die Doppelung der Visionsanzeigen in 7,11 auf redaktionelle Bearbeitung zurückgeht, zumal auch sprachliche wie sachliche Gründe in diese Richtung weisen[43]. Dabei ist die zweite Visionsanzeige in 7,11b als sekundäre „Wiederaufnahme"[44] der in 7,11a stehenden Visionsanzeige zu verstehen, die im Zusammenhang mit der redaktionellen Einfügung des durch das Zeitadverb „dann" *(b'djn)* eingeleiteten Satz in 7,11a* geschehen ist[45]. Aufgrund der Stichwortverbindung mit 7,8 ist 7,11a zusammen mit der Visionsanzeige in 7,11b von dem Verfasser, der auch 7,7bβ+8 in den vorliegenden Zusammenhang eingetragen hat, eingefügt worden. Demgegenüber ist die mit der Wendung „ich

[40] Vgl. vor allem *M. Noth* in: ThB 39 (1969) 13 und *L. Rost* in: BWANT VI/1 (1974) 72 sowie *K. Müller,* Beobachtungen zur Entwicklung der Menschensohnvorstellung in den Bilderreden des Henoch und im Buch Daniel, in: Wegzeichen. Festschr. *H. M. Biedermann* = Das östliche Christentum, NF 25 (Würzburg 1971) 253–261, und Menschensohn und Messias. Religionsgeschichtliche Vorüberlegungen zum Menschensohnproblem in den synoptischen Evangelien, in: BZ, NF 16 (1972) 161–187 (174–179).

[41] *M. Noth* in: ThB 39 (1969) 19, und *L. Rost* in: BWANT VI/1 (1974) 73, rechnen damit, daß das Textstück Dan 7,9.10+13(14) wegen der in 7,9 stehenden Wendung „ich war schauend, bis daß" einem größeren literarischen Zusammenhang entnommen ist.

[42] Diese Annahme legt sich nicht nur aus rhythmischen Gründen nahe, sondern empfiehlt sich auch aus stilistisch-kompositorischen Gründen, indem so der Beginn des einleitenden wie abschließenden Teils des „Menschensohn"-Psalms (Dan 7,9a/13a) miteinander verknüpft sind.

[43] Vgl. dazu vor allem *M. Noth* in: ThB 39 (1969) 13; *O. Plöger* in: KAT XVIII (1965) 111 und *L. Dequekker* in: OTS 18 (1973) 120f.

[44] Zum Stilmittel der „Wiederaufnahme" vgl. *C. Kuhl,* Die „Wiederaufnahme" – ein literarkritisches Prinzip?, in: ZAW 64 (1952) 1–11.

[45] So auch *M. Haller* in: SAT II/3 (^{2}1925) 295.296 und *O. Plöger* in: KAT XVIII (1965) 104.

war schauend, bis daß" eingeführte, dreifach sich steigernde Aussagereihe in 7,11b (Tötung des Tieres/Vernichtung seines Leibes/Übergabe an den Feuerbrand) als ursprünglicher Abschluß der Vier-Tiere-Vision zu verstehen[46]. Sie bildet einerseits eine Kontrastaussage zum Abschluß der zweiten Vision in 7,5b, greift andererseits aber stilistisch („ich war schauend, bis daß") wie sachlich (Entmachtung/ Vernichtung des Tieres) auf die Eingangsvision in 7,4bα zurück. Da der Satz „es [das vierte Tier] war verschieden von allen Tieren vor ihm" in 7,7bα eine Schlußaussage darstellt, ist die mit der Wendung „ich schaute, bis daß" eingeleitete Aussage in 7,11b als zweiter Teil der vierten Vision zu betrachten, so daß Eingangs- und Schlußvision der Vier-Tiere-Vision auch strukturell einander entsprechen.

Von 7,11b* ist die Aussage über die übrigen drei Tiere in 7,12 als späterer Zusatz abzutrennen, deren Schicksal hier nachgetragen werden soll[47]. Obgleich man aufgrund des Zusammenhangs von 7,12a mit 7,6bβ daran denken könnte, den redaktionellen Zusatz 7,12 auf die gleiche Hand wie 7,6bβ zurückzuführen, so ist diese Vermutung aus anderen Gründen jedoch wenig wahrscheinlich. Deutlich ist 7,12 mit den jüngeren Teilen der Deutung 7,15–27 verbunden, die ihrerseits einen Zusammenhang mit dem redaktionellen Einschub 7,7bβ+8 erkennen lassen. Durch die hier wie dort angewandte Technik der „Nachholung" ist 7,12 stilistisch mit 7,21 verbunden. Thematisch besteht ein deutlicher Zusammenhang mit den sekundären Deutelementen in 7,25 und 26b. Aufgrund dieser Beobachtungen wird 7,12 als eine redaktionelle Erweiterung zu verstehen sein, die von dem Verfasser von 7,7bβ+8 stammt.

Mit 7,12 ist die Reihe der Aussagen, die in Verbindung mit der Vier-Tiere-Vision steht, abgeschlossen. In 7,13.14 wird die durch 7,11.12 unterbrochene Thematik von 7,9.10 wieder aufgenommen. Analog zu 7,9 ist auch in 7,13 der Übergang von der Vier-Tiere-Vision zum „Menschensohn"-Wort in 7,13 durch ein redaktionelles Bindeglied hergestellt, als welches die Wendung „ich war schauend in den Gesichten der Nacht" dient. Im Gegensatz zu dieser gehört aber das an sie anschließende „und siehe" *(w'rw)* schon dem vorgegebenen Textzusammenhang an, wo es den Beginn des abschließenden Teils des „Menschensohn"-Psalms markiert[48].

Der Abschluß der ursprünglich einmal selbständigen poetischen Einheit von der Übertragung der Herrschaft an den Menschensohn liegt nicht schon in 7,13[49], sondern erst in 7,14aα, ohne den die Einheit ohne sinnvollen Abschluß

---

[46] Vgl. auch *M. Noth* in: ThB 39 (1969) 13, 14 und *U. B. Müller* in: StNT 6 (1972) 19–21.

[47] Vgl. *M. Noth* in: ThB 39 (1969) 13f und *U. B. Müller* in: StNT 6 (1972) 21f.

[48] Vgl. auch *M. Noth* in: ThB 39 (1969) 15 sowie *K. Müller*, Menschensohnvorstellung 254 und in: BZ, NF 16 (1972) 175.

[49] So *M. Noth* in: ThB 39 (1969) 14–19 und *K. Müller*, Menschensohnvorstellung 253–259 und

bliebe[50]. Stilistisch ist 7,14aα eng mit 7,13bβ verbunden. Sowohl in 7,13bβ als auch in 7,14aα sind passivische Verben gebraucht, wobei in 7,13bβ der Wechsel von den beiden voraufgehenden aktivischen Verben zum Passiv wahrscheinlich im Blick auf 7,14aα geschehen ist. Läßt schon diese stilistische Verbindung von 7,14α mit 7,13bβ auf eine Zugehörigkeit von 7,14aα zum ursprünglichen „Menschensohn"-Psalm schließen, so kann diese Annahme durch eine weitere Beobachtung abgesichert werden. Im Gegensatz zu den folgenden Aussagen in 7,14aβ+b ist 7,14aα nicht im Blick auf einen größeren Erzählzusammenhang hin formuliert, obschon gewisse Anklänge an 2,37 und 5,18f nicht zu verkennen sind[51]. Jedoch dürften die in 2,17 und 5,18 begegnenden Reihenbildungen von der in 7,14aα vorliegenden Dreierreihe „Gewalt, Ehre, Königtum", die sich in dieser Form nicht mehr im Danielbuch findet, abhängig sein[52]. Dagegen sind die auf 7,14aα folgenden Aussagen in 7,14aβ+b als sekundäre Erweiterungen zu bestimmen, die auf den Verfasser des Traumgesichtes zurückgehen und im Blick auf den größeren Erzählzusammenhang des aramäischen Danielbuches verfaßt sind, wie deutliche Querverweise sowohl für 7,14aβ (3,4.7.31: 5,19; 6,26; vgl. auch 3,29) als auch für 7,14b (3,33b; 4,31b; 6,27b; 7,27b) zeigen.

1.3 Der zweite Teil: die Deutung (7,15–27)

Im Zusammenhang mit der redaktionellen Verknüpfung der Vier-Tiere-Vision, die ursprünglich keine Deutung bei sich hatte[53], mit dem „Menschensohn"-Psalm durch den Verfasser des Traumgesichtes ist auch die Deutung in 7,15–27 angefügt worden. Zu diesem Zweck ist auch, um gewissermaßen den angemessenen Rahmen für die Anfügung der Deutung zu schaffen, der stilgerechte Visionsbericht, wie er in der Vier-Tiere-Vision vorliegt, zu einem Traumgesicht umgedeutet worden[54]. Der Hand der Redaktion, die das Traumgesicht in

---

in: BZ, NF 16 (1972) 175–179. – Anders *L. Rost* in: BWANT VI/1 (1974) 72–73, der auch Dan 7,14 in Gänze dem vom Verfasser des Traumgesichtes übernommenen „Menschensohn"-Psalm zurechnet.

[50] Das wird von *M. Noth* und *K. Müller* (vgl. Anm. 49) übersehen, deren Argumentation zu stark durch den Vergleich mit den Bilderreden des äthHen, in denen sich nur Übereinstimmungen mit Dan 7,9.10.13, nicht aber mit 14 finden, bestimmt ist.

[51] Auf den Zusammenhang von Dan 7,14aα mit 5,19 weist auch *O. Plöger* in: KAT XVIII (1965) 112, hin.

[52] Jedenfalls ist es nicht möglich, den ganzen Vers Dan 7,14 auf den Verfasser des Traumgesichts zurückzuführen, wie es von *M. Noth* in: ThB 39 (1969) 19, *K. Müller*, Menschensohnvorstellung 259 und in: BZ, NF 16 (1972) 179, und *U. B. Müller* in: StNT 6 (1972) 24, geschieht.

[53] Mit *U. B. Müller* in: StNT 6 (1972) 21f, gegen *M. Noth* in: ThB 39 (1969) 19–21.

[54] Zur Zusammengehörigkeit von Traum und Traumdeutung vgl. vor allem *W. Richter*, Traum und Traumdeutung im AT. Ihre Form und Verwendung, in: BZ, NF 7 (1963) 202–220.

7,2–14* geschaffen hat, entstammen in der Deutung dabei alle jene Aussagen, die sich auf das vorangehende Traumgesicht 7,2–14* beziehen und dabei keine Berührung mit den redaktionellen Aussagen in 7,7bβ+8.11a*.12 erkennen lassen[55].

Die Deutung setzt in 7,15 mit einer zweigliedrigen Feststellung des erschrekkenden Eindrucks ein, den das Traumgesicht bei Daniel ausgelöst hat[56]. Unmittelbar zur Deutung leitet der mit 7,10 in Verbindung stehende Vers 7,16 über. In 7,17+18 wird zunächst eine allgemeine Deutung des im Traumgesicht Geschauten gegeben, indem – mehr andeutend als ausmalend – zwei kontrastierende Bilder einander gegenübergestellt werden[57], wobei der Nachdruck eindeutig auf der zweiten Hälfte der Deutung in 7,18 liegt, die damit auf den Schluß des Traumgesichtes in 7,14 zurückgreift. Im Unterschied aber zum Traumgesicht wird nach der Deutung die Herrschaft nicht dem „Menschensohn", sondern den „Heiligen des Höchsten"[58] übertragen, mit denen aber an dieser Stelle wohl ebenfalls himmlische Wesen gemeint sind[59]. Diese Deutung der „Heiligen des Höchsten" legt sich aufgrund des durch 7,18b angezeigten Horizonts von 7,17+18 nahe, der nicht über das aramäische Danielbuch (Dan 2–6) hinausreicht (vgl. die hymnischen Aussagen in 3,33b; 4,31b; 6,27b; 7,14b+27b und vor allem 2,44). In Dan 2–6 werden die „Heiligen" neben Dan 7 nur noch in 4,10.14.22 genannt, wo damit aufgrund des Textzusammenhangs eindeutig himmlische Wesen, denen eine Botenfunktion zufällt, gemeint sind. Mit der in 7,18 akzentuierten Übertragung der Herrschaft an die Himmlischen nimmt der Verfasser des Traumgesichtes Dan 7 die Thematik von 2,44 wieder auf und bringt sie zugleich zu Ende[60].

Nach der allgemeinen Deutung des Traumgesichtes in 7,17+18, mit der auch der erste Teil der Deutung abgeschlossen wird, verengt sich mit der Frage nach

---

[55] Gegen *U. B. Müller* in: StNT 6 (1972) 21f, der die Deutung in Dan 7,15–27 – mit Ausnahme vielleicht von 7,21+22 – für einheitlich hält.

[56] Als redaktionelle Erweiterung ist in Dan 7,15 *bgw' ndnh* anzusehen.

[57] Gegen *M. Noth* in: ThB 39 (1969) 20.

[58] Zu den „Heiligen des Höchsten" vgl. *M. Noth*, „Die Heiligen des Höchsten", in: NTT 56 (1955) 146–161 = Gesammelte Studien zum Alten Testament, in: ThB 6 (München ³1966) 274–290; *H. Kruse*, Compositio Libri Danielis et idea Filii Hominis, in: VD 37 (1959) 147–161; *J. Coppens – L. Dequekker* in: ALBO III/23 (²1961); *C. H. W. Brekelmans*, The Saints of the Most High and their Kingdom, in: OTS 14 (Leiden 1965) 305–329; *R. Hanhart*, Die Heiligen des Höchsten, in: Hebräische Wortforschung. Festschr. *W. Baumgartner* in: VTS 16 (Leiden 1967) 90–101; *A. Mertens*, Das Buch Daniel im Lichte der Texte vom Toten Meer, in: SBM 12 (Würzburg – Stuttgart 1971) 53–55; *U. B. Müller* in: StNT 6 (1972) 25f; *L. Dequekker* in: OTS 18 (1973) 108–187; *J. J. Collins*, The Son of Man and the Saints of the Most High in the Book of Daniel, in: JBL 93 (1974) 50–66.

[59] In diesem Sinn haben sich *M. Noth, H. Kruse, L. Dequekker, J. Coppens* und *J. J. Collins* (vgl. Anm. 58) ausgesprochen.

[60] Vgl. *O. Plöger* in: KAT XVIII (1965) 112.

der Bedeutung des vierten Tieres in 7,19 der Blickwinkel. Die Bedeutung, die der Verfasser dem vierten Tier zumißt, wird dadurch besonders hervorgehoben, daß die Beschreibung des vierten Tieres, wie sie schon im Traumgesicht (7,7a+bα) gegeben wurde, nochmals aufgenommen, dabei aber zugleich durch weitere Merkmale ergänzt wird, die ihrerseits wiederum auf die Visionsschilderung zurückgewirkt haben.

Nicht in den Zusammenhang des ursprünglichen Deuteberichtes gehört dagegen 7,20, wo die Schilderung des vierten Tieres nach dem sekundären Einschub in 7,7bβ+8 ergänzt ist[61]. Der gleichen Hand, die 7,20 eingefügt hat, muß auch 7,21 zugerechnet werden, womit die Deutung nochmals in die Form der Vision zurückfällt und im nachholenden Stil die in der Vision selbst unerwähnt gebliebene Notiz nachträgt, daß das „kleine Horn" gegen die „Heiligen" Krieg führt und sie überwältigt[62]. Der sekundäre Charakter von 7,21 gegenüber dem älteren Deutebericht ist nicht nur dadurch gesichert, daß dieser Vers mit 7,20 in der Wortwahl eng verbunden ist, sondern auch dadurch angezeigt, daß hier anstelle der in 7,18 vorkommenden Wendung „Heilige des Höchsten" nur der verkürzte Ausdruck „Heilige" begegnet, womit über den terminologischen Unterschied hinaus auch eine sachliche Differenz angezeigt ist. Während die „Heiligen des Höchsten" in 7,18 als himmlische Wesen zu deuten sind, scheint für 7,21 aufgrund des Textzusammenhangs eine solche Deutung der „Heiligen" ausgeschlossen. Die „Heiligen" bezeichnen hier das eschatologische Israel, das von dem „kleinen Horn", worin Antiochus IV. zu sehen ist, überwältigt wird[63].

Etwas differenzierter liegen die literarischen Verhältnisse in 7,22, was allein schon das Nebeneinander der beiden Ausdrücke „Heilige des Höchsten" in 7,22a und „Heilige" in 7,22b anzeigt[64]. Der jüngeren Bearbeitung der Deutung, der 7,20+21 zugehören, ist auch 7,22b zuzurechnen, da dieser Halbvers, obgleich er sich sprachlich an den älteren Deutebericht (7,18) anlehnt, deutlich als Kontrastaussage zu 7,21 zu verstehen ist. Demgegenüber gehört 7,22a dem ursprünglichen Deutebericht zu, in dem er sich unmittelbar an 7,19 angeschlossen hat. Auffällig ist in 7,22a nur die hier anstelle der eigentlich erwarteten Wendung „die Gewalt *(šlṭn)* wurde gegeben" (7,14 und 27) die ihr nachgebildete, wohl auch in gleicher Bedeutung gebrauchte Wendung „das Recht *(djn')* wurde

---

[61] Vgl. vor allem *L. Dequekker* in: ALBO III/23 (²1961) 19, 27 und in: OTS 18 (1973) 114, 126f.

[62] Vgl. *A. Bentzen* in: HAT I/19 (²1952) 57, 58; *M. Noth* in: ThB 6 (³1966) 286–289; *L. Dequekker* in: ALBO III/23 (²1961) 19,27f und in: OTS 18 (1973) 127; *U. B. Müller* in: StNT 6 (1972) 21, Anm. 12.

[63] Vgl. vor allem *M. Noth* in: ThB 6 (³1966) 286–289.

[64] Vgl. *L. Dequekker* in: ALBO III/23 (²1961) 19f, 28 (aufgegeben in: OTS 18 [1973] 114, 127–129).

gegeben"[65] begegnet. Damit ist eine leichte Verschiebung der Aussage gegenüber der allgemeinen Deutung in 7,17+18 im Blick auf 7,26a angezeigt. Mit der Frage Daniels, die deutlich auf 7,10 in Verbindung mit 7,11 Bezug nimmt, tritt der in 7,17+18 nicht akzentuierte Aspekt in den Vordergrund, daß die Übertragung der Herrschaft an die „Heiligen des Höchsten" mit dem Gericht über das vierte Tier einhergeht.

Die in 7,23 in engem Anschluß an 7,19 (vgl. 7,7) gegebene Deutung des vierten Tieres wird in 7,24+25 sogleich wieder durch einen späteren Einschub, der mit den jüngeren Zusätzen in 7,7bβ+8 und 12 sowie in 7,20.21+22b zusammenhängt, unterbrochen[66]. Wie in 7,21+22b sind auch in 7,25a die „Heiligen des Höchsten" nicht himmlische Wesen, sondern Bezeichnung des eschatologischen Gottesvolkes Israel. Obgleich sich in 7,25a aufgrund des Parallelismus („und Worte wird er gegen den Höchsten reden / und die Heiligen des Höchsten mißhandeln") für die „Heiligen des Höchsten" eine Deutung auf himmlische Wesen nahelegen könnte[67], so ist ein solches Verständnis der „Heiligen des Höchsten" jedoch im Blick auf den unmittelbaren Textzusammenhang von 7,25 als auch aufgrund des durch Stichwortentsprechungen angezeigten weiteren Kontextes nicht möglich[68]. Im Gegensatz zum vorgegebenen Deutebericht, der eng mit Dan 2–6 verbunden ist, läßt der sekundäre Einschub 7,25 keinen festen Zusammenhang mit den Danielgeschichten erkennen, sondern steht – genau umgekehrt – in Verbindung mit den Visionsberichten in Dan 8–12 (vgl. 7,25a mit 8,10–12 sowie 7,25b mit 9,27 und 12,7 [vgl. auch 8,14; 12,11.12]). Dieser literarische Zusammenhang von 7,25 mit Dan 8–12 läßt auch die auffällige Gegenüberstellung des „Höchsten" und der „Heiligen des Höchsten" (= das eschatologische Israel) in den beiden Satzgliedern des Parallelismus in 7,25a als sinnvoll erscheinen. Sie steht wahrscheinlich im Zusammenhang mit der für die Visionen in Dan 8–12 eigentümlichen Idee der Korrespondenz von Irdischem und Himmlischem[69].

Der durch 7,24+25 unterbrochene Zusammenhang des vorgegebenen Deuteberichtes wird in 7,26a wieder aufgenommen. Dagegen muß 7,26b erneut

---

[65] Vgl. auch *O. Plöger* in: KAT XVIII (1965) 105. – Zur Bedeutung von *djn'* in Dan 7,22a vgl. jüngst die Diskussion bei *L. Dequekker* in: OTS 18 (1973) 128f.

[66] Vgl. *G. Hölscher* in: ThStKr 92 (1919) 120 und *L. Dequekker* in: ALBO III/23 (²1961) 20,28–29 und in: OTS 18 (1973) 114, 119f.

[67] Vgl. *M. Noth* in: ThB 6 (³1966) 287f und *O. Plöger* in: KAT XVIII (1965) 117.

[68] Zur Auseinandersetzung mit *M. Noth* (Anm. 67), vor allem im Blick auf die von ihm gegebene Deutung des Wortes *bl'* in Dan 7,25a, vgl. schon *N. W. Porteous* in: ATD 23 (1962) 95f; *O. Plöger* in: KAT XVIII (1965) 117; *C. H. W. Brekelmans* in: OTS 14 (1965) 329 und *R. Hanhart* in: VTS 16 (1957) 93.

[69] Vgl. dazu vor allem *U. B. Müller* in: StNT 6 (1972) 28–29; *K. Müller* in: BZ, NF 16 (1972) 177–179; *J. J. Collins* in: JBL 93 (1974) 50–66.

als ein redaktioneller Zusatz verstanden werden, der im Zusammenhang steht mit 7,12 und auf die gleiche Hand wie 7,24+25 zurückgeht. Die Fortführung von 7,26a liegt in 7,27 vor, womit in abgewandelter Form der Schluß des Visionsberichtes 7,14 aufgenommen wird. Auffällig ist in 7,27 jedoch – gerade im Vergleich mit der parallelen Aussage in 7,14 – der Ausdruck „Volk der Heiligen des Höchsten", womit nur das eschatologische Israel gemeint sein kann[70]. Wahrscheinlich ist aber die Deutung der „Heiligen des Höchsten" auf das Gottesvolk Israel, die durch vorangestellten Begriff „Volk" angezeigt ist, nicht ursprünglich, sondern beruht auf einem sekundären Interpretationsvorgang, der im Blick auf die Visionen in Dan 8–12 (vgl. 8,24; 12,7) geschehen ist[71].

2. *Die Vier-Tiere-Vision*

Als literarischer Grundstock des Traumgesichtes in Dan 7 ist die Vision von den vier Tieren anzusehen, die in 7,2aβb.3.4abα*.5aαγb.6abα.7aα.bα.11a* (nur *ḥzh hwjt*).11b* vorliegt. Die Vier-Tiere-Vision ist ein von dem Verfasser des Traumgesichtes in Dan 7 übernommenes Traditionsstück, das wahrscheinlich nicht für einen größeren Textzusammenhang geschaffen ist, sondern ursprünglich als eine in sich geschlossene Visionsschilderung für sich bestanden hat.

(7,2) Ich schaute,
und siehe:
Vier Winde des Himmels wühlten das große Meer auf,
(3) und vier große Tiere stiegen aus dem Meer hervor,
eines verschieden vom andern.
(4) Das vorderste war wie ein Löwe
und hatte Adlerflügel.
Ich schaute,
bis daß ihm die Flügel ausgerauft wurden.

---

(5) Und siehe:
ein anderes Tier, ein zweites, war gleich einem Bären,
drei Rippen hatte es in seinem Maul zwischen den Zähnen,
und so sprach man zu ihm:
Steh auf, friß viel Fleisch!

---

[70] Zur Kritik an der von *M. Noth* in: ThB 6 (31966) 284f, gegebenen Deutungen von *ᶜm* („Schar") vgl. *O. Plöger* in: KAT XVIII (1965) 118, und *C. H. W. Brekelmans* in: OTS 14 (1965) 329.
[71] So auch *L. Dequekker* in: ALBO III/23 (²1961) 20; dagegen *C. H. W. Brekelmans* in: OTS 14 (1965) 329.

(6) Danach schaute ich,
und siehe:
ein anderes, wie ein Panther,
es hatte vier Vogelflügel auf seinem Rücken
und vier Köpfe hatte das Tier.

---

(7) Danach schaute ich,
und siehe:
ein viertes Tier, furchtbar, schrecklich und überaus stark,
es hatte große Zähne von Eisen,
und es war verschieden von allen Tieren vor ihm.
(11) Ich schaute,
bis daß das Tier getötet war,
sein Leib vernichtet
und dem Feuerbrand übergeben.

Die Vier-Tiere-Version erweist sich als eine sorgsam konstruierte, jedoch keineswegs schematisch gebaute literarische Einheit. Sie besteht aus einer Sammlung von vier Visionen, von denen sich die beiden ersten und die beiden letzten jeweils zu einer Zweiergruppe zusammenschließen. Dabei baut das zweite Visionspaar auf dem ersten auf, insofern sich die dritte Vision auf die erste und die vierte auf die zweite zurückbezieht. Gegenüber den beiden mittleren Visionen haben die Eingangs- und Schlußvision einen größeren Umfang. Beide zeigen zudem den gleichen zweigliedrigen Aufbau, der sich deutlich von dem der durch sie gerahmten Visionen abhebt. Durch die formalen, aber auch inhaltlichen Entsprechungen soll deren rahmende Funktion unterstrichen werden. Zudem wird durch ihre Breite angezeigt, daß in ihnen die eigentlichen Aussagen der Vier-Tiere-Vision liegen. Möglicherweise stammt die Vision von den vier Tieren noch aus der Zeit Alexanders[72].

3. Der Menschensohn-Psalm

Neben der Vier-Tiere-Vision hat der Verfasser des Traumgesichtes noch eine zweite, ihm vorgegebene Texteinheit übernommen, die aber im Unterschied zur Vision von den vier Tieren poetisch ist und so am besten als „Psalm“ bezeichnet werden kann. Sein Thema ist die Übertragung der Macht an den Menschensohn.

[72] Vgl. vor allem *M. Noth* in: ThB 39 (1969) 24.

(9) [Siehe,] Throne wurden aufgestellt,
und ein Alter an Tagen nahm Platz
sein Gewand weiß wie Schnee
und sein Haupthaar rein wie Wolle,
sein Thron Feuerflammen,
dessen Räder brennendes Feuer.

---

(10) Ein Feuerstrom ergoß sich
und ging von ihm aus.
Tausend mal Tausende dienten ihm,
und Zehntausend mal Zehntausend standen vor ihm.
Die Ratsversammlung nahm Platz,
und Bücher wurden aufgeschlagen.

---

(13) Und siehe, mit den Wolken des Himmels
kam einer wie der Sohn eines Menschen
und gelangte zu dem Alten an Tagen
und wurde vor ihn gebracht,
(14) und ihm wurde gegeben Gewalt,
Ehre und Königtum.

Der Psalm stellt sich als eine in sich geschlossene literarische Einheit dar, bestehend aus drei Teilen, die in sich wiederum dreiteilig gebaut sind[73]. Der erste Teil (7, 9) besteht aus drei, jeweils parallel gefügten Satzpaaren, die deutlich aufeinander aufbauen. Die Aussagen des ersten Satzpaares (7, 9a*) werden in den beiden folgenden Satzpaaren (7, 9bα + β) entfaltet, wobei sie genau in umgekehrter Abfolge wieder aufgenommen sind.

Während die Szenerie im ersten Teil einen statischen Charakter hat, kommt mit dem zweiten Teil (7, 10) Bewegung in das Geschehen. Wie schon der erste Teil besteht auch der zweite aus drei Satzpaaren, von denen jedes durch eine eigene Verbform (Partizip/Präfixkonjugation/Suffixkonjugation) bestimmt ist. Stilistisch werden dabei die drei Satzpaare des ersten Teils in umgekehrter Reihenfolge wieder aufgenommen, was durch Stichwortentsprechungen unterstrichen wird. Das Ende des zweiten Teils lenkt wieder zum Beginn des ersten Teils zurück. Erst jetzt wird das eigentliche Ziel des ganzen Unternehmens, das mit 7, 9a in Gang gebracht wird, offen genannt: das Zusammentreten der himmlischen Ratsversammlung, wobei der Zweck hier noch offenbleibt[74].

---

[73] Zur Struktur des Menschensohn-Psalms vgl. schon die Beobachtungen bei *K. Marti* in: KHC XVIII (1901) 53.

[74] Aufgrund von Dan 7, 10b wird 7, 9.10 gern als himmlische Gerichtsszene verstanden. Jedoch ist dieser Schluß nicht zwingend. Im Rahmen des Menschensohn-Psalms hat das in 7, 10b begegnende Wort *djn'* wohl die engere Bedeutung von „Ratsversammlung" (vgl. auch *L. Rost* in: BWANT VI/1 [1974] 74), während die Verengung der Wortbedeutung auf „Gericht" erst im Zusammenhang

Obgleich der Schluß des zweiten Teils zum Anfang des ersten Teils zurücklenkt und 7,9a* und 10b so gewissermaßen die Funktion eines Rahmens erfüllen, können 7,9+10 dennoch nicht als eine in sich geschlossene kleine Einheit verstanden werden. Vielmehr fordern diese beiden Verse geradezu eine Fortsetzung. Der dritte Teil (7,13.14aα) wird mit der deiktischen Partikel „und siehe" eröffnet. Wie die beiden vorangehenden Teile besteht auch der abschließende Teil, der mit der Übertragung der Herrschaft an den Menschensohn (7,14aα) den Höhepunkt des ganzen Psalms enthält, ebenfalls aus drei Satzpaaren, von denen aber das erste und letzte Satzpaar im Unterschied zu den anderen Satzpaaren keine parallelistische Struktur aufweist. Diese Abweichung ist wohl stilistisch bedingt und dürfte damit zusammenhängen, daß hier der Höhepunkt des Geschehens erreicht ist[75]. Das erste Satzpaar (7,13a) führt als neue Gestalt den Menschensohnähnlichen in die Szene ein[76]. Der vorangestellte präpositionale Ausdruck „mit den Wolken des Himmels" zeigt dabei nur an, daß sich auch diese abschließende Szene im Bereich der Himmelswelt abspielt[77]. Die mit dem Verb des Kommens im ersten Satzpaar eröffnete Bewegung wird im zweiten Satzpaar (7,13b) aufgenommen und in dem Gegenübertreten des Menschensohnes und des „Alten an Tagen" ans Ende geführt. Abschluß und Höhepunkt des ganzen Psalms bildet das dritte Satzpaar mit der Übertragung der Herrschaft an den Menschensohn.

Die drei Teile des Psalms sind stilistisch untereinander verklammert. Das gilt vor allem für die beiden ersten Teile, während der Schlußteil mit dem Höhepunkt der ganzen Einheit von den vorangehenden Teilen stärker abgesetzt erscheint. Beherrschender Vorstellungshintergrund des Psalms ist die Beauftragung eines himmlischen Wesens aus dem Umkreis Gottes in der himmlischen Ratsversammlung[78]. Von daher erklären sich nicht nur alle Einzelzüge des Psalms, sondern auch die zahlreichen „Kanaanismen". Der Menschensohn-Psalm steht so deutlich innerhalb einer israelitischen Traditionslinie.

mit der redaktionellen Verknüpfung des Menschensohn-Psalms mit der Vier-Tiere-Vision durch den Verfasser des Traumgesichtes geschehen ist. Auch die in 7,10b genannten Bücher verweisen nicht unbedingt in den Kontext des Gerichtes. Wahrscheinlich sind die hier genannten Bücher nicht als „Gerichtsbücher" zu verstehen, sondern als „Lebensbücher" (vgl. dazu *F. Nötscher*, Himmlische Bücher und Schicksalsglaube in Qumran, in: RQ 1 [1958/59] 405–411; *E. Zenger*, Psalm 87,6 und die Tafeln vom Sinai, in: Wort, Lied und Gottesspruch. II. Beiträge zu Psalmen und Propheten = fzb 2 [Würzburg 1972] 97–103; *W. Herrmann*, Das Buch des Lebens, in: Das Altertum 20 [1974] 3–10).

[75] Jedenfalls läßt sich die andere metrische Struktur von Dan 7,14aα nicht für eine Abtrennung von 7,14aα von 7,13 auswerten.

[76] Das Problem des „Menschensohnes" hat eine umfangreiche Literatur hervorgerufen, vgl. dazu vor allem die Literaturübersichten bei *J. Coppens* in: ALBO III/23 (²1961) 55f und *C. Colpe*, Art. ὁ υἱὸς τοῦ ἀνθρώπου, in: ThWNT VIII (1969) 403–481 (403f).

[77] Vgl. *U. B. Müller* in: StNT 6 (1972) 26f.

[78] Vgl. dazu vor allem *U. B. Müller* in: StNT 6 (1972) 27f.

4. *Das Traumgesicht Dan 7*

Die beiden vorgegebenen Texteinheiten, die Vier-Tiere-Vision und der Menschensohn-Psalm, sind vom Verfasser des Traumgesichtes Dan 7 zu einem geschlossenen visionären Vorgang miteinander verbunden worden. Auf die Hand des Verfassers gehen dabei im Visionsteil (7,2–14*) 7,4bα.5aβ.6bβ.7aβ.9a* (nur *ḥzh hwjt ᶜd dj)*.11 a* (nur *ḥzh hwjt*).11 b*.14 aβb zurück. In diesem Zusammenhang ist der Vision auch erstmals eine Deutung beigefügt worden, die 7,15–19.22a.23.26a.27 umfaßt. Ebenso geht die Rahmung der Einheit (7,1a+28bα) auf den Verfasser des Traumgesichtes zurück. Ihm verdankt demnach Dan 7 seine charakteristische zweiteilige Gestalt (Vision + Deutung) mit Rahmung.

Im einzelnen gibt sich das Traumgesicht Dan 7 als wohlausgewogene, sorgsam geformte literarische Einheit zu erkennen. Gewisse Unebenheiten im formalen Aufbau lassen sich nur im ersten, nicht ganz auf die Hand des Verfassers zurückgehenden Teil beobachten, nicht aber im zweiten Teil, den der Verfasser des Traumgesichtes eigenständig formuliert hat. Durch die beiden Rahmenverse 7,1a + 28bα soll das Traumgesicht Dan 7 in einen umfassenderen Erzählrahmen eingebunden werden.

Dieser liegt, wie die Reichweite der in Dan 7 vorkommenden Wendungen anzeigt, in Dan 2–6. Besonders eng sind die Berührungen von Dan 7 mit den in Dan 2, 4 und 5 überlieferten Traum-Deute-Geschichten. Wahrscheinlich hat es einmal ein dem heutigen Buch Daniel voraufliegendes Danielbuch gegeben, das Dan 2–7 umfaßt hat und das aufgrund seiner Sprache als aramäisches Danielbuch bezeichnet werden kann[79]. Wahrscheinlich geht auf den Verfasser dieses aramäischen Danielbuches auch die Komposition des Traumgesichtes in Dan 7 zurück.

Für die Existenz eines Dan 2–7 umfassenden aramäischen Danielbuches spricht vor allem die Kompositionsstruktur von Dan 2–7, die auf eine planvoll gestaltete literarische Einheit schließen läßt[80]. Der erste Teil des aramäischen Danielbuches besteht aus drei Geschichten (Dan 2/3/4), die alle zur Zeit Nebukadnezars spielen. Von diesen stehen die beiden Geschichten Dan 2 und 4, die von der Deutung eines Traumgesichtes Nebukadnezars durch Daniel berichten, in einem engen kompositorischen und sachlichen Zusammenhang. Beide Geschichten sind als Rahmen um die Erzählung von Dan 3 gelegt, deren eigent-

[79] Die These eines Dan 2–7 umfassenden aramäischen Danielbuches ist schon mehrfach vertreten worden (vgl. dazu die Übersicht bei *O. Kaiser*, Einleitung in das Alte Testament. Eine Einführung in ihre Ergebnisse und Probleme [Gütersloh 1969] 241).

[80] Zur Kompositionsstruktur von Dan 2–7 vgl. vor allem *A. Lenglet* in: Bib 53 (1972) 169–190.

liches Thema die Auseinandersetzung zwischen dem Gott Nebukadnezars und Jahwe ist.

Der zweite Teil des aramäischen Danielbuches ist der Struktur des ersten Teils nachgebildet. Den erzählerischen Rahmen bilden die Berichte Dan 5 und 7, in denen es um die Deutung einer Rätselschrift/eines Traumgesichtes geht. Beide Geschichten sind überdies dadurch miteinander verbunden, daß sie – im Unterschied zu Dan 6 – unter der Regierung Belsazars spielen. Ihrerseits wiederum stehen die Rahmengeschichten in Dan 5 und 7 in enger Beziehung zu den entsprechenden Rahmengeschichten des ersten Teils, wobei Entsprechungen zwischen Dan 5 und 4 sowie zwischen Dan 7 und 2 vorliegen. Über die Bezugnahme auf Dan 2 hinaus steht Dan 7 außerdem in engem Zusammenhang mit Dan 4 als Abschluß und Höhepunkt des ersten Teils. Die Geschichte im Zentrum des zweiten Teils (Dan 6) erzählt in deutlicher Parallele zur mittleren Geschichte des ersten Teils von einem Befreiungshandeln Jahwes an Daniel, durch das er sich in der Auseinandersetzung mit dem als Gott vorgestellten König Darius als der einzig lebendige Gott erweist.

Durch die formale wie thematische Verwandtschaft der beiden Traumgesichte in Dan 2 und 7 sollen Anfang und Abschluß des aramäischen Daniel deutlich hervorgehoben werden. Nicht zufällig wird gerade in Dan 7 wiederum die in Dan 3–6 in den Hintergrund getretene Thematik aus 2,28 „was geschehen wird am Ende der Tage“ wieder aufgegriffen[81]. Die Übertragung der Herrschaft an den Menschensohn/die Heiligen des Höchsten in Dan 7 „erscheint wie eine vorausgeschaute Erfüllung dessen, was Daniel in 2,44 dem König Nebukadnezar mitgeteilt hatte“[82]. Auffällig ist in den auf den Verfasser des aramäischen Danielbuches zurückgehenden Stücken in Dan 2 und 7 die zu beobachtende Eschatologisierung der überkommenden Traditionen. Dieser Tatbestand gibt zugleich einen wichtigen Hinweis auf die Entstehungszeit des aramäischen Danielbuches. Da hier noch keine Bezugnahmen auf die Zeit des Antiochus IV. Epiphanes zu erkennen sind, ist es sicher vormakkabäischen Ursprungs. Am wahrscheinlichsten ist eine Entstehung des vormakkabäischen Danielbuches in der Zeit des Seleukiden Antiochus III. (223–187)[83].

---

[81] Vgl. O. *Plöger* in: KAT XVIII (1965) 105f.
[82] O. *Plöger* in: KAT XVIII (1965) 112.
[83] Vgl. dazu besonders *K. Müller*, Die Ansätze der Apokalyptik, in: *J. Maier – J. Schreiner*, Literatur und Religion des Frühjudentums. Eine Einführung (Würzburg – Gütersloh 1973) 31–42 (38–41).

5. Eine Bearbeitung des Traumgesichtes Dan 7 aus makkabäischer Zeit

Das wohl in der Zeit des Antiochus III. entstandene Traumgesicht Dan 7 hat in makkabäischer Zeit unter dem Eindruck der Geschehnisse unter Antiochus IV. Epiphanes (175–164) eine Neuinterpretation und Aktualisierung erfahren, wodurch das im Traumgesicht Geschaute auf die eigene Gegenwart bezogen wurde. Dieser makkabäischen Überarbeitung gehören in Dan 7 die Verse 7,1b.7bβ.8.11a* (ohne *ḥzh hwjt*).11b* (nur *ḥzh hwjt*).12.15 (nur *bgw' ndnh*).20.21.22b.24.25.26b.27* (nur *ʿm*).28ab an. Infolge dieser redaktionellen Bearbeitung, die sich an die vorgegebene Beschreibung des vierten Tieres angehängt hat, gerät das sorgsam ausbalancierte Gleichgewicht zwischen den einzelnen Teilen des Traumgesichtes etwas aus den Fugen.

Durch die makkabäische Redaktion in Dan 7 ist eine einschneidende Neuinterpretation des Traumgesichtes eingetreten. Dan 7 wurde dadurch aus dem Verbund des Dan 2–7 umfassenden aramäischen Danielbuches herausgelöst und den Visionen in Dan 8–12 zugeschlagen. Im Unterschied nämlich zu den auf den Verfasser des Traumgesichtes in Dan 7 zurückgehenden Teilen weisen die der makkabäischen Bearbeitung zuzurechnenden Stücke in Dan 7 nicht auf die in Dan 2–6 stehenden Geschichten zurück, sondern sind genau umgekehrt mit den in Dan 8–12 folgenden Visionen verbunden. Dieser Tatbestand läßt vermuten, daß die makkabäische Bearbeitung des Traumgesichtes in Dan 7 auf den zurückgeht, der auch das Danielbuch in seiner vorliegenden Form komponiert hat. Damit wird Dan 7 zugleich in einen weiteren Horizont gestellt. Die dadurch bewirkte Neuinterpretation wird vor allem an den „Heiligen des Höchsten" sichtbar, insofern diese in der makkabäischen Redaktion nicht mehr als himmlische Wesen zu verstehen sind, sondern das eschatologische Gottesvolk Israel bezeichnen.

6. Folgerungen für die Deutung des Menschensohnes und der Heiligen des Höchsten

Aufgrund der durch die Textanalyse erzielten Ergebnisse lassen sich einige Folgerungen für die Deutung des Menschensohnes und der Heiligen des Höchsten ziehen.

1. In Dan 7 begegnet der Menschensohn nur in dem als vorgegebenes Traditionsstück erkannten Psalm 7,9.10.13.14aα, der von der Übertragung der Herrschaft an den Menschensohn handelt. Dieser Psalm, für sich genommen, ist demnach zunächst als der gegebene Textzusammenhang anzusehen, aus dem

heraus der Menschensohn gedeutet werden muß. Dabei ist vor allem der den Psalm bestimmende Vorstellungshintergrund der Beauftragung eines himmlischen Wesens aus dem Umkreis Gottes in der himmlischen Ratsversammlung zu beachten. Er läßt in dem „Menschensohn" ein himmlisches Wesen sehen.

2. Nach der Aufnahme des Menschensohn-Psalms in den Rahmen des Traumgesichtes Dan 7 ist auch die Frage naeh der Bedeutung des Menschensohns neu zu stellen. Dabei ist nicht nur der unmittelbare Textzusammenhang zu berücksichtigen, wonach der „Menschensohn" eine Ergänzung durch die „Heiligen des Höchsten" erfährt, sondern auch der weitere Textzusammenhang, der im aramäischen Danielbuch gegeben ist. In ihm haben sowohl die Heiligen des Höchsten wie der Menschensohn (vgl. damit den „Gottähnlichen" in 3,25) ihre Entsprechung. Im Rahmen des aramäischen Danielbuches sind mit beiden himmlische Wesen gemeint.

3. Nochmals neu ist die Frage nach der Bedeutung des Menschensohns und der Heiligen des Höchsten auf der Stufe der makkabäischen Redaktion zu stellen. Auch hier ist nicht nur der unmittelbare Textzusammenhang von Dan 7 zu berücksichtigen, sondern auch der weitere, der in Dan 8–12 zu suchen ist. Deutlich zeigt sich in diesem Rahmen ein neues Verständnis des Menschensohnes und der Heiligen des Höchsten. Diese bezeichnen im Zusammenhang des makkabäischen Danielbuches das eschatologische Gottesvolk Israel, während in dem Menschensohn ein Engel (Gabriel) zu sehen ist (vgl. 8,15; 9,21; 10,5; 12,7). Hinter dem Gegenüber von Menschensohn und Heiligen des Höchsten steht im makkabäischen Danielbuch die Idee von der Korrespondenz von Irdischem und Himmlischem, wonach den Vorgängen in der Sphäre des Himmlischen jeweils Geschehnisse im Irdischen entsprechen.

Aufgrund der Entstehungsgeschichte von Dan 7 und bei Beachtung des jeweiligen Textzusammenhangs kann weder für den Menschensohn noch für die Heiligen des Höchsten eine einheitliche Deutung angenommen werden. Schon im Buch Daniel wird so eine Geschichte der Vorstellung vom Menschensohn und von den Heiligen des Höchsten sichtbar.

Der Menschensohn im Danielzyklus

Karlheinz Müller, Würzburg

Daß in Dan 7 mit Stoffen und Motiven zu rechnen ist, die älter als die Komposition des Kapitels sind, wird von der Forschung nicht bestritten[1]. Problematisch bleiben Abgrenzung, Qualität (mündlich oder schriftlich), zeitliche Einstufung und Entwicklungsgang der vorausliegenden und schließlich übernommenen Traditionskomplexe. Das gilt in besonderem Maße für die Verse 9f.13f.

I. Die Ausgrenzung einer sogenannten „Danielvorlage"[2] aus Dan 7

Im Blick auf Dan 7,9f.13f bestimmt die angewandte Methode maßgebend die schließlich erreichte Gesamtsicht. Die sich zunehmend durchsetzende Erkennt-

[1] Das heißt jedoch nicht, daß man mit *A. v. Gall*, Die Einheitlichkeit des Buches Daniel (Gießen 1895) 46, 104, 126; *H. H. Rowley*, The Composition of the Book of Daniel, in: VT 5 (1955) 272–276; *O. Eißfeldt*, Einleitung in das Alte Testament (Tübingen [3]1964) 714–716; *R. H. Pfeiffer*, Introduction to the Old Testament (New York 1958) 760–763, und *O. Plöger*, Theokratie und Eschatologie, in: WMANT 2 (Neukirchen-Vluyn [3]1968) 28, für Dan 7 und das gesamte (aramäische *und* hebräische) Danielbuch ein und denselben Verfasser annehmen müßte. Der Erweis der sogenannten „Einheitlichkeit" des Buches Daniel ist wahrscheinlich niemals zu leisten.

[2] Die Begriffe „Danielvorlage" und „vordanielische Menschensohntradition" wurden im Anschluß an *J. Theisohn*, Der auserwählte Richter. Untersuchungen zum traditionsgeschichtlichen Ort der Menschensohngestalt der Bilderreden des äthiopischen Henoch, in: StUNT 12 (Göttingen 1975) 1–30, gewählt. Allerdings wird im folgenden unter „Danielvorlage" und „vordanielischer Menschensohntradition" nichts anderes verstanden als eine der schließlichen Komposition von Dan 7 vorausliegende Menschensohnüberlieferung. Die termini „Danielvorlage" und „vordanielische Menschensohntradition" zielen also nicht mit Notwendigkeit auf eine Menschensohnvorstellung, die über den unter anderem auch das Danielbuch tragenden Überlieferungskreis hinausgreift. Es wird sich herausstellen (s. unten S. 78), daß die sogenannte „Danielvorlage" der älteste von Dan 7 aus erreichbare Bestandteil des Überlieferungsweges ist, welchen die Menschensohntradition *innerhalb des Danielzyklus* nahm. Anders *J. Theisohn*, der die längst fällige Auseinandersetzung mit *J. Sjöbergs* These aufnimmt, „daß die Menschensohngestalt der Bilderreden eine Daniel vorausliegende Menschensohnvorstellung unabhängig von Daniel aufgenommen hat" (ebd. 3). Vgl. *J. Sjöberg*, Der Menschensohn im äthiopischen Henochbuch, in: ARSHLL 41 (Lund 1946) 190f.

nis der Besonderheit dieser Verse im Rahmen von Dan 7[3] basiert auf zwei methodischen Ansätzen, für deren konsequente Durchführung zwei Analysen exemplarisch prägenden Wert gewannen.

1. Die traditionsgeschichtliche Analyse: H. Gunkel, Schöpfung und Chaos in Urzeit und Endzeit (Göttingen ¹1895 = ²1921) 323–333

Auch wenn H. Gunkels Herleitung der Vision aus dem babylonischen „Chaosmythos" niemals Anklang fand[4], haben seine Kriterien einer Scheidung von Tradition und (makkabäischer) Redaktion in Dan 7 bleibende Bedeutung: „Wir sind berechtigt, diejenigen Stücke für Tradition zu halten, die entweder aus anderen Rezensionen des Mythos bezeugt sind oder ihrer Natur nach deutlich zum Stoff gehören oder wenigstens nicht gut für Erfindungen des Verfassers gehalten werden können. Für Hinzufügungen des Verfassers sind diejenigen Momente zu halten, die die zeitgeschichtliche Deutung an der Stirn tragen und die sich zugleich von dem übernommenen Stoff selbst eigentümlich abheben" (ebd. 330). Angewandt auf die Verse (9f)[5]. 13f, führt dieser methodische Grundsatz zu folgender Entscheidung: „Der im Zusammenhang des Daniel so rätselhafte ‚Menschensohn, der auf den Wolken des Himmels kommt', wird zur Tradition gehören; denn es ist schwer zu sagen, wie der Verfasser von sich aus auf dies Bild gerade für Israel hätte verfallen können; zumal Israel ja in dem Gesichte schon unter dem Namen ‚die Heiligen' erwähnt war" (331).

Für H. Gunkel sind die Verse (9f).13f Bestandteile einer Vorlage, über deren traditionsgeschichtliche Qualität er nichts Näheres aussagt. Wesentlich für diese Einschätzung der Lage ist die der Bezeichnung „die Heiligen" für Israel in Dan 7,21 (vgl. 18.22.27) konkurrierende *Fremdheit* des „Bildes" eines Menschensohnes im Stratum der dem „Verfasser" des Kapitels zugänglichen jüdischen Überlieferungen. „So sicher es ist, daß ‚des Menschen Sohn' nach der Deutung des *Apokalyptikers* selbst ein Bild Israels sein soll, so ist es doch ein sehr merkwürdiges Bild für ein irdisches Volk: ein Menschensohn, kommend mit den Wolken des Himmels" (328). Exakt auf der Linie seiner methodischen Vorüber-

[3] Vgl. *E. Meyer*, Ursprung und Anfänge des Christentums II (Stuttgart 1921) 196f; *H. H. Schaeder* (R. Reitzenstein), Studien zum antiken Synkretismus aus Iran und Griechenland (Leipzig 1926) 337f; *A. v. Gall*, Basileia tou theou (Heidelberg 1926) 268, 412f; *H. Gressmann*, Der Messias (Göttingen 1925) 343, 403; *R. Otto*, Reich Gottes und Menschensohn (München 1934) 148.

[4] Schon innerhalb der „religionsgeschichtlichen Schule" nicht. *H. Gressmann*, Der Messias, a. a. O. 368, betont mit Recht, daß man „bisher" eine Übertragung des Chaosmythos auf die „Endzeit" in Babylonien „vergeblich" gesucht hat.

[5] Zu den Versen 9f und deren Zusammengehörigkeit mit V. 13f äußert sich *H. Gunkel* nur zurückhaltend: „Auch die an Mythologisches anklingende Beschreibung des Thrones Gottes, besonders des ‚Feuerstromes', der von ihm (!) ausgeht, wird ein Stück der Tradition sein" (ebd. 331).

legungen löst H. Gunkel das „merkwürdige" Dilemma der in Dan 7 vollzogenen Identifikation des Menschensohnes (V. 13f) mit „den Heiligen" = Israel. Er plädiert für eine Unterscheidung zwischen dem kollektiven Verständnis des „Menschensohnes, kommend auf den Wolken des Himmels" durch den „Apokalyptiker" und einer sich innerhalb des präjudizierten „Chaosmythos" anbietenden ursprünglichen Sinngebung jener Gestalt: „im Mythos würde ‚Menschensohn' Titel des Gottes-(sc. Chaos-)Überwinders sein" (331).

In der Forschung der Folgejahre bis in die Gegenwart erweisen sich die methodischen und sachlichen Einsichten H. Gunkels zum Menschensohn aus Dan 7,(9f).13f in zweifacher Hinsicht als bahnbrechend: a) H. Gunkel erreicht seine „traditionsgeschichtliche" (208) Stellungnahme unter dem übergeordneten Aspekt einer „religionsgeschichtlichen" (VI) Fragestellung. Die Forschung nach ihm spitzt das Problem des Menschensohnes auf die Frage nach der Herkunft dieser Figur aus nichtjüdischen Traditionsprämissen zu[6]. Dabei beginnt der gesamte Markt religionsgeschichtlicher Herleitungshypothesen mit der Voraussetzung zu rechnen, daß der Menschensohn in Dan 7,(9f).13f aus einer Vorlage stammt, in welcher der widersprüchliche Umstand seiner Gleichsetzung mit den „Heiligen" durch den Verfasser von Dan 7 einen hinreichenden Anhaltspunkt finden kann[7]. b) Das methodische Geländer einer traditionsgeschichtlichen Sicht eröffnet eine neue Perspektive in der Frage nach der Einheitlichkeit von Dan 7 und verhilft dadurch der Danielforschung überhaupt zu einer neuen Chance: H. Gunkel führt die von ihm registrierte Unausgeglichenheit des Menschensohnes mit dem Rest des Kapitels auf die Verschiedenartigkeit und unterschiedliche Verwendung eines überkommenen Stoffes zurück und entbindet dadurch die Exegese von dem Zwang einer exzessiv betriebenen Literarkritik, die Verse (9f).13f als Interpolation zu werten und im Sinne einer nachträglich eingebrachten literarischen Vorlage zu verifizieren[8]. Es wird möglich, Dan 7,

---

[6] Vgl. *C. H. Kraeling*, Anthropos and Son of Man, in: COUSt 25 (Columbia 1927) 85–90 und den Überblick bei *W. Baumgartner*, Ein Vierteljahrhundert Danielforschung, in: ThR 11 (1939) 220–222.

[7] Diskussion der Standpunkte bei *J. Sjöberg*, Der Menschensohn im äthiopischen Henochbuch, a. a. O. 1–39; *C. Colpe*, Artikel υἱὸς τοῦ ἀνθρώπου, in: ThWNT VIII, 425–435. Vgl. die Literaturliste: *ders.*, Der Begriff ‚Menschensohn' und die Methode der Erforschung messianischer Prototypen, in: Kairos 12 (1970) 83f. Aufschlußreich die Graphik in: *J. Theisohn*, Der auserwählte Richter, a. a. O. 4.

[8] Vgl. den gegenteiligen Standpunkt von *J. Wellhausen*, Zur apokalyptischen Literatur. Skizzen und Vorarbeiten VI (Berlin 1899) 233: „Das Proton Pseudos ist, daß er (sc. *H. Gunkel*) der Ursprungsfrage überhaupt großen Wert beimißt. Von methodischer Wichtigkeit ist es zu wissen, daß tatsächlich ein Stoff in den Apokalypsen vorliegt, der von der Conception des Autors nicht immer völlig durchdrungen, in seinem Guß nicht immer ganz aufgegangen ist und noch öfter für unsere Erklärung einen undurchsichtigen Rest läßt; *woher* jedoch dieser Stoff ursprünglich stammt, ist methodisch ganz gleichgültig."

(9f).13f als unentbehrlich für die Komposition des Kapitels zu deklarieren, ohne die Besonderheit und Eigenart dieser Verse herunterspielen zu müssen.

2. Die literarkritische Analyse: M. Noth, Zur Komposition des Buches Daniel, in: ThStKr 98/99 (1926) 143–163 = ders., Gesammelte Studien zum Alten Testament II: Theologische Bücherei 39 (München 1969) 11–28

Zur Präzisierung des Umfangs und der Qualität jener Vorlage hinter Dan 7,9f.13f, auf welche bereits H. Gunkel gestoßen war, trägt erheblich die literarkritische Analyse bei, wie sie schließlich[9] M. Noth für das Kapitel vorlegt (ebd. 11–21 bzw. 143–154). Ihre methodische Brillanz und Konsequenz sichern ihr bis zur Stunde ein hohes Maß an Aktualität[10]. Sie macht erstmals auf die innerhalb der Verse 2–7 deutlich erkennbare Strukturlinie aufmerksam, in deren Verlauf jede der vier in das Rahmengesicht (V. 2f) integrierten Tier-Visionen im Zuge einer doppelten Abstufung zur Sprache kommt. Eine *erste* Abfolge von Informationen macht mit der gerade statthabenden, habituellen Erscheinung und Gebarung der Tiere bekannt. Diese erste Stufe der Status*schilderung* ist stets auf die sprachliche Wiedergabe durch *Nominalsätze* festgelegt. Sie wird durch die Formel חזה הוית וארו eingeleitet, die in V. 5a zu וארו verkürzt ist. Eine *zweite* Ebene der Mitteilung hat eine am ursprünglichen Habitus der Tiere sich je vollziehende Veränderung zum Gegenstand. Diese zweite Stufe der Status*änderung* erhält ihre sprachliche Fassung ausnahmslos durch *passivische* genera verbi. Sie ist in V. 4b durch die Wendung חזה הוית עד די eingeführt, die in V. 5b und V. 6b aus darstellungsimmanenten Gründen beiseite gelassen wird. Beide Strukturlinien hält M. Noth mit Recht für hinreichend charakteristisch und eindeutig, um mit ihrer Hilfe die literarische Gestaltung der den Versen 2–7 unmittelbar folgenden visionären Vorgänge um das „kleine Horn" (V. 8), aber auch um den „Hochbetagten" und den Menschensohn (V. 9f.13f) einer kritischen Wertung unterziehen zu können. Alles, was innerhalb der Vision (V. 2–14) aus diesem prägnanten Formgefüge ausbricht, ist sekundärer Zusatz zu einem ursprünglichen Bericht. Unter dieser Bedingung findet V. 7 (abzüglich der 3 letzten Worte) seine notwendige Fortführung in V. 11b, während die Verse

[9] *M. Noth* setzt dort ein, wo *G. Hölscher,* Die Entstehung des Buches Daniel, in: ThStKr 92 (1919) 113–138, und *M. Haller,* Das Alter von Daniel 7, in: ThStKr 93 (1920/21) 83–87, den Faden der literarkritischen Arbeit liegen ließen.

[10] Vgl. die Analyse von *L. Dequekker,* Daniel VII et les Saint du Très-Haut, in: ÉThL 36 (1960) 353–392. Letztlich macht es wenig aus, ob man mit *M. Noth* die Verse 9f.13f als spätere Interpolation in das Kapitel wertet oder sie mit *L. Dequekker* als dem Verfasser von Dan 7 bereits vorliegend betrachtet. Ihre Sonderstellung bleibt davon unberührt. Erst die Konsequenzen unterscheiden die beiden Analysen: für *M. Noth* sind die Verse 9f.13f die spätesten in Dan 7, für *L. Dequekker* stellen sie den von Anfang an gegebenen Höhepunkt des Kapitels dar.

9 und 10 ihr Platzrecht innerhalb des alten Nachtgesichts verlieren. Damit gerät V. 13 unter den Zwang derselben Konsequenz. Denn von V. 9b wird der Begriff עתיק יומין indeterminiert, mit dem nomen rectum im status absolutus in den Text eingeführt. In V. 13b erscheint derselbe „Hochbetagte" jedoch als determinierte Bildung – im status emphaticus עתיק יומיא. Das kann nur bedeuten, daß V. 13 wegen V. 9 die Gestalt des „Hochbetagten" als bereits vorgegeben und damit als bekannt voraussetzt. In jedem Falle ist beiden Versen der Vorstellungskreis um den „Hochbetagten" gemeinsam. Die Folgerung aus dieser terminologischen und sachlichen Zusammengehörigkeit ist unausweichlich: ebensowenig wie die Verse 9f gehört V. 13 in den ursprünglichen Zusammenhang der alten Vision. Mit einer solchen Beurteilung des V. 13 fällt sofort auch V. 14, da die hier begegnenden Suffixe der 3.s.m. ausschließlich einen Bezug auf den Menschensohn aus V. 13 zulassen. Das heißt: die verbleibende Vier-Tier-Vision der Verse 2–7.11b wurde durch eine *spätere Interpolation* um Dan 7,9f.13f vergrößert. „Da man in Dan 7,11b mit der Vernichtung des letzten Tieres, mit der die (sc. ursprüngliche) Vision schließt, implicite die große Endkatastrophe des Weltgerichts angedeutet fand, setzte man, zunächst wohl zur Illustration aus einer *vorhandenen Apokalypse* die sich auf das Endgericht beziehenden Verse 9.10.13 an den Rand. Ein Späterer stellte dann zwischen Vision und Randglosse eine inhaltliche Verbindung her, indem er in dem Menschensohn statt des Richters ein Symbol des Gottesreiches sah, das auf die vier durch die Tiere symbolisierten Weltreiche folgen sollte. So zog er diese Verse mit in den Text hinein und verknüpfte sie durch V. 11a und V. 14 mit dem Ganzen von Dan 7" (19 bzw. 151).

Der pointiert literarkritische Standpunkt M. Noths zur Komposition von Dan 7 ist heute aufgegeben. Die moderne Danielforschung geht unter dem Eindruck eines *beabsichtigten* Gegensatzes der vier Tiere (V. 2–7.11f: heidnische Weltreiche) zum Menschensohn (V. 13f: Reich Gottes = Weltherrschaft Israels) vom Modell einer relativ *einheitlich* konzipierten Vision mit traditionsgeschichtlich unterschiedlichen Anmarschwegen der verschiedenartigen Einzelstoffe aus[11]. Zugunsten der Annahme einer Vorlage für die Verse 9f.13.(14) behalten die Argumente M. Noths jedoch uneingeschränkt ihre Schlußkraft – gleichgültig, ob man sie nach Maßgabe der literarkritischen oder der traditionsgeschichtlichen Methode zum Einsatz bringt. Es kann ihnen zufolge nicht zweifelhaft sein, daß die Verse 9f.13.(14) keine Ad-Hoc-Schöpfung des „Verfassers" von Dan 7 sind, sondern daß man hinter ihnen eine festgeprägte[12], wahrschein-

[11] Vgl. O. *Plöger*, Das Buch Daniel, in: KAT 18 (Gütersloh 1965) 119 und 25–28.

[12] Vgl. neben *M. Noth* und *L. Dequekker* auch *J. Coppens*, Le fils de l'homme danïélique et les relectures de Daniel VII 13 dans les apocryphes et les écrits du Nouveau Testament, in: ÉThL 37 (1961) 5–51; *J. Theisohn*, Der auserwählte Richter, a.a.O. 24.

lich schriftlich vorgegebene Tradition vermuten muß, die ihrerseits keinen genuinen traditionsgeschichtlichen Konnex mit der Vision von den vier Tieren zu erkennen gibt.

3. Das Problem von Dan 7,14

H. Gunkels Zuweisung der Verse (9f).13f zur Tradition gründet auf dem Urteil, daß ein „Menschensohn, kommend mit den Wolken des Himmels" nur unter Schwierigkeiten als ursprüngliches „Bild für ein irdisches Volk" (a.a.O. 328) hingenommen werden könne. Diese Entscheidung setzt eine Wertung des Verses 14 voraus. Denn jene Konkurrenz der Benennungen Israels durch „Menschensohn" *und* „die Heiligen", an welcher H. Gunkel Anstoß nimmt, kommt vorwiegend durch V. 14 zustande, auf den sich die mit der Deutung von Dan 7,9f.13f befaßten Verse 18.22.26a.27 nahezu ausschließlich beziehen. Die Frage drängt sich auf: Gehört V. 14 zur vorgegebenen Tradition, oder geht er auf „den Apokalyptiker" zurück, für den „es sicher ist", daß er „des Menschen Sohn" als ein „Bild Israels deutete" (a.a.O. 328)? Während es H. Gunkel vermeidet, unzweideutig zu antworten, rechnet M. Noth V. 14 unmißverständlich zu den sekundären Zusätzen: die schließlich drängende *inhaltliche* Verklammerung der interpolierten Verse 9f.13 mit dem ganzen von Dan 7 wird dadurch erreicht, daß man V. 11a einschiebt und auf V. 13 den V. 14 folgen läßt. „Denn V. 14 setzt zwar V. 13 voraus, gehört aber nicht ursprünglich dazu, wie das Metrum zeigt" (a.a.O. 19 bzw. 151).

Bis zur Stunde hat das Problem der Zugehörigkeit von V. 14 zur „vordanielischen Menschensohntradition" keine zufriedenstellende Lösung gefunden. Auch M. Noths Argument für eine Ausgrenzung des Verses 14 ist nicht gesichert. Weder das Metrum in V. 13 noch dessen Verhältnis zu einem eventuellen metrischen Aufbau des Verses 14 ist eindeutig beschreibbar[13]. Für eine Befragung der Dan 7 vorausliegenden Überlieferung nach der ihr eigenen Menschensohnvorstellung bleibt eine Stellungnahme zu V. 14 jedoch unverzichtbar: da sich die Deutung der Menschensohnvision im wesentlichen auf V. 14 konzentriert, ist mit einer Entscheidung über die Zugehörigkeit von V. 14 zur vorgegebenen Tradition zugleich ein Urteil darüber gefällt, ob sich in Dan 7 Reste einer genuinen Auslegung der Verse 9f.13 erhalten haben. In der Tat lassen sich zwei Beobachtungen nennen, die es nahelegen, V. 14 aus der Vorlage auszuscheiden.

[13] *M. Noth* (ebd. 13 bzw. 145) beanstandet selbst „die strophische Abteilung in BHK", welche „den logischen und syntaktischen Zusammenhang der Worte vergewaltigt". Wenig überzeugend sind jedoch auch die erheblichen Korrekturen von *H. H. Schaeder (R. Reitzenstein),* Studien zum antiken Synkretismus, a.a.O. 338, und *A. v. Gall,* Basileia tou theou, a.a.O. 268. Was heißt „Metrum"?

a) Die in V. 14 getroffene Wortwahl hinterläßt einen ausgesprochen stereotypen Eindruck. V. 14a erinnert stark an Dan 5,18–19a (vgl. 2,37), und V. 14b wiederholt ein Bekenntnis, welches schon aus Dan 3,33b; 4,31; 6,27b (vgl. 2,44a) bekannt ist.

5,18–19a: Du, König – der höchste Gott hat das Königreich und die Größe und die Ehre und den Glanz deinem Vater Nevuchadnezzar gegeben, und infolge der Größe, die er ihm gegeben hatte, zitterten alle Völker, Nationen und Zungen. Und sie fürchteten sich vor ihm.	7,14a: Und ihm (sc. dem Menschensohn) wurde gegeben Macht und Ehre und Königreich. Und alle Völker, Nationen und Zungen – ihm dienten sie.
3,33b: Sein (sc. Gottes) Königreich ist ein ewiges Königreich, und seine Macht ist mit jedem Geschlecht.	7,14b: Seine (sc. des Menschensohnes) Macht ist eine ewige Macht, die nicht vergeht. Und sein Königreich (sc. ist ein Königreich), das nicht zerstört wird.
4,31b: Denn seine (sc. Gottes) Macht ist eine ewige Macht, und sein Königreich ist mit jedem Geschlecht.	
6,27b: Und sein (sc. Gottes) Königreich wird nicht zerstört werden, und seine Macht währt bis ans Ende.	

Die Formulierung schließt V. 14 mit einem Überlieferungskomplex herrscherlicher Prädikationen zusammen, welchen die Legendensammlung der Kapitel 1–6 [14] dem rechtmäßigen Inhaber der Weltherrschaft zuzubilligen pflegt. Da aber die Legendensammlung an keiner Stelle Kenntnis einer Menschensohnerwartung analog derjenigen in Dan 7,9.10.13 verrät, hat Dan 7,14 mit hoher Wahrscheinlichkeit die Funktion, aus zweiter Hand an den Menschensohn der Vorlage jene Gesamtheit traditioneller Implikationen irdisch-legitimer Weltmacht heranzubringen, wie sie sich in den Kapiteln 1–6 abbildet.

b) Ein anderer Einwand gegen einen ursprünglichen Anschluß von V. 14 an die vorausliegende Überlieferung der Menschensohnvision resultiert aus dem Umstand, daß V. 14 den ausschließlichen Bezugsrahmen der Deuteverse 18.22a.26a.27 darstellt. Zwar nennt V. 22 den „Hochbetagen", und die Rede vom „Gericht" in V. 26a greift auf V. 10b zurück. Jedoch weder der Hochbetagte (V. 9.13) noch der auf den Wolken des Himmels kommende Menschen-

[14] Auch die Auseinandersetzung zwischen *H. L. Ginsberg* (In Re my Studies in Daniel, in: JBL 48 [1949] 402–407; *ders.*, The Composition of the Book of Daniel, in: VT 4 [1954] 246–275) und *H. H. Rowley* (in: JBL 48 [1949] 173–177; *ders.*, The Unity of the Book of Daniel, in: HUCA 23 [1951] 233–273; *ders.*, The Composition of the Book of Daniel, in: VT 5 [1955] 272–277) kann nicht darüber hinwegtäuschen, daß die Entstehung des Buches im Zusammenhang seiner Zweisprachigkeit zu beurteilen ist. Daß dabei Dan 7 unbeschadet seiner selbständigen Entstehung mit Dan 1–6 zusammengenommen werden muß, ist unbestreitbar (gegen *G. Dalman*, Die Worte Jesu I [Leipzig ²1930] 11, 367).

sohn (V. 13) noch die Thronsessel (V. 9) oder das Gericht noch der Gesamtablauf des Geschehens in Dan 7,9f.13 sind Gegenstand einer *Auslegung*. Man wird diesen eigentümlichen Tatbestand schwerlich anders erklären können als derart, daß entweder eine genuin in der Vorlage fehlende Deutung durch die Einbringung von V. 14 sekundär angestoßen wurde oder daß eine ursprünglich vorhandene Auslegung durch V. 14 und die darauf bezogenen Deuteverse ihren Ersatz fand.

Sowohl die kombinatorische Eigenart seiner Schilderung universaler Macht als auch seine ausschließliche Berücksichtigung in der Auslegung der Menschensohnvision lassen es geraten erscheinen, V. 14 *nicht* in die Konturen älteren Wissens um den Menschensohn einzubeziehen, wie sie sich in Dan 7,9f.13 abzeichnen. Man wird daher mit folgendem Wortlaut der vielleicht schriftlich zuhandenen vordanielischen Menschensohnüberlieferung rechnen dürfen:

„(9) Ich sah, daß Thronsessel aufgestellt wurden und ein Hochbetagter Platz nahm. Sein Gewand war weiß wie Schnee und sein Haupthaar rein wie Wolle. Sein Thron bestand aus Feuerflammen, dessen Räder waren brennendes Feuer. (10) Ein Feuerstrom ergoß sich und ging aus von ihm (sc. dem Thron). Tausendmal Tausende dienten ihm und zehntausendmal Zehntausende standen vor ihm. Der Gerichtshof nahm Platz, und Bücher wurden aufgeschlagen. (13) Und siehe, auf den Wolken des Himmels kam einer wie der Sohn eines Menschen, und zu dem Hochbetagten kam er und vor ihn brachte man ihn."

II. Der Menschensohn der „Danielvorlage": Dan 7,9.10.13

Das Ausscheiden des Verses 14 aus der Vorlage erschwert die Konkretisierung ihrer Menschensohnvorstellung. Da auch die Verständnishilfe der auf V. 14 bezogenen Deuteverse 18.22a.26a.27 nicht in Anspruch genommen werden darf, bleibt die Näherbestimmung von Funktion und Eigenart des Menschensohnes in der vordanielischen Tradition auf Dan 7,9.10.13 angewiesen. Die genuine Zusammengehörigkeit dieser Versfolge ist nicht zweifelhaft[15]. Einmal setzt der in V. 13b determiniert begegnende Hochbetagte seine indeterminierte Einführung in V. 9 voraus. Zum anderen kann die neben der Wendung: „zu dem Hochbetagten kam er" zunächst überflüssige Aussage: „*vor* ihn brachte man ihn" (V. 13b) nur den Sinn haben, den auf den Wolken des Himmels „kommenden" Menschensohn in die bereits aus V. 10b bekannte Position des gleichfalls „*vor*" dem Hochbetagten „stehenden" Hofstaates zu manövrieren.

[15] Gegen *U. B. Müller*, Messias und Menschensohn in jüdischen Apokalypsen und in der Offenbarung des Johannes, in: StNT 6 (Gütersloh 1972) 22–24. Die Widerlegung seiner Position bei: *J. Theisohn*, Der auserwählte Richter, a. a. O. 9f, 210. Unklar in dieser Frage bleibt *J. Morgenstern*, The ‚Son of Man' of Daniel 7,13f. A new Interpretation, in: JBL 80 (1961) 65–77.

1. Die Lokalisierung der Szene

Zur Beantwortung der grundlegenden Frage, ob die in Dan 7,9.10.13 geschilderten Vorgänge im Himmel, auf der Erde oder im Meer statthaben[16], empfiehlt es sich, von einem Anschauungsdetail auszugehen, welches für die Menschensohnüberlieferung der Vorlage aufgrund seiner umständlich-sorgfältigen sprachlichen Wiedergabe konstitutiv zu sein scheint: vom „*Kommen*" des Menschensohnes „auf den *Wolken* des Himmels". Dabei will bedacht sein, daß nirgends in der alttestamentlichen, frühjüdischen und talmudischen Literatur jemals „Wolken" eine Rolle spielen, solange es darum geht, den Verkehr und die Bewegung der Himmlischen untereinander im Raum ihrer den Augen der Menschen entzogenen Transzendenz ins Wort zu rücken. Erst wenn einer von ihnen aus deren Verborgenheit *heraustritt*, werden Epiphaniewolken und Wolkenvehikel bemüht. Diese Beobachtung legt es nahe, das anhand einer Partizipialkonstruktion pointierte „Kommen" des Menschensohnes als *Abstieg* vom Himmel *zur Erde* zu begreifen[17].

Die Brauchbarkeit einer solchen Voraussetzung für die Lokalisierung des Schauplatzes hängt davon ab, ob auch die von den Versen 9–10 geschilderten visionären Einzelheiten und Abläufe widerspruchslos als Vorgänge auf der Erde nachgewiesen werden können. Das ist in der Tat der Fall. Denn abgesehen von Stellen wie Jer 49,38; Joel 3,2.12 (äthHen 90,20 vgl. 25,3), welche den göttlichen (Richter-)Thron auf Erden belegen, darf nicht übersehen werden, daß Einlassungen, die den Thron (1 Kön 22,19) oder Feuerthron (äthHen 14,18f; 71,2.6 vgl. Apk 4,5) Gottes im himmlichen Thronsaal ansiedeln, stets davon ausgehen, daß Gott auf jenem Thron *sitzt*. In Dan 7,9a ist jedoch davon die Rede, daß der Hochbetagte erst „Platz *nimmt*" (יתיב)[18]. Dagegen kann nicht die Beobachtung ins Feld geführt werden, daß die „tausendmal Tausenden" und „zehntausendmal Zehntausenden", welche dem Hochbetagten zu Diensten sind und „vor" ihm stehen, an den wenigen Stellen frühjüdischen Schrifttums, wo sie außer Dan 7,10b noch Erwähnung finden, die himmlische Thronversammlung

---

[16] Im Meer: *H. Gressmann*, Der Messias, a.a.O. 367f. Dagegen schon *F. Stier*, Gott und sein Engel im Alten Testament, in: AA 12 (Münster 1934) 100–103.

[17] Die „Wolken" als bloße Begleiterscheinung zu nehmen (*J. A. Montgomery*, A Critical and Exegetical Commentary on the Book of Daniel [Edinburgh 1927] 303), bietet sich ebensowenig an wie das Urteil von *R. B. Y. Scott*, Behold, He cometh with Clouds, in: NTS 5 (1959) 127–132, der die Wolken vom „Kommen" des Menschensohnes trennt. Zur Austauschbarkeit der Präpositionen עם und ב: *C. Colpe*, Der Begriff ‚Menschensohn' und die Methode der Erforschung messianischer Prototypen, a.a.O. 249, Anm. 7. Vgl. *J. Theisohn*, Der auserwählte Richter, a.a.O. 13f: „Die Übersetzung von עם durch ‚auf/in' oder ‚mit' ist für das Verständnis der Szene letztlich nicht entscheidend." Gegen den Parusiecharakter des Vorgangs spricht sich aus: *J. Coppens*, Le fils de l'homme danïélique, vizir céleste?, in: EThL 40 (1964) 79.

[18] Diesen Zusammenhang schätzt *J. Theisohn*, Der auserwählte Richter a.a.O. 10, zu gering ein. Er entscheidet sich für eine himmlische Szenerie.

repräsentieren (äthHen 14,22; 40,1; 60,1; 71,13)[19]. Denn das Throngeschehen in Dan 7,9c–10ab erinnert in seiner *Gesamtheit* stark an den feuerflammenden göttlichen Thronsitz aus Ez 1,4–21, der nicht wirklich im Himmel, sondern beweglich ist und mit seinen lodernden Rädern sowie dem ganzen Theophanieinventar (Ez 1,22–28) die Erde berührt: in Ez 1,24 kommt ebenso wie in Jes 6,2 der Thron Gottes zusammen *mit* dem himmlischen Hofstaat auf die Erde[20].

Nach all dem steht einer Lokalisierung der aus vordanielischer Überlieferung stammenden visionären Szene auf der Erde nichts im Wege. Die konkreten Angaben in Dan 7,9f.13 selbst machen die Vermutung eines himmlischen Schauplatzes unwahrscheinlich.

2. Die Funktion des Menschensohnes

Die Rolle, welche der Menschensohn in der Danielvorlage spielt, ist am sichersten von V. 10c aus zu beschreiben. Hier zeichnet sich eine relativ durchsichtige Situation ab: nach dem Vorbild des Hochbetagten (V. 9a) hat ein Gerichtsgremium (V. 10c) auf bereitgestellten „Thronsesseln" (V. 9a) Platz genommen, um nach eben „aufgeschlagenen" Schuld-„Büchern" (V. 10c) Recht zu sprechen. Angesichts dieses bereits versammelten und zur Rechtsfindung ausgerüsteten Gerichtshofs vollzieht sich die Ankunft des Menschensohnes. Dabei ist von Bedeutung, daß die „Thronsessel" aus V. 9a nicht im Dual, sondern im Plural (כרסון) zur Disposition stehen[21]. Nichts weist somit darauf hin, daß von V. 9a ein Richterstuhl für den Hochbetagten (V. 9c–10b) und ein zweiter für den Menschensohn vorgesehen ist[22]. Vielmehr ist bedenkenswert, daß das Gerichtsgremium aus V. 10c im status emphaticus (דינא) zu sprachlicher Darstellung gelangt – ein Umstand, den man im Blick auf die bereits zurückliegenden Vorgänge nur so verstehen kann, daß „*der* Gerichtshof" beim schließlichen „Kommen" des Menschensohnes als schon *vollzählig versammelt* geschildert werden soll[23]. Dadurch wird es unwahrscheinlich, daß die Danielvorlage dem Menschensohn eine Richterfunktion im Sinne einer Recht findenden und Recht

---

[19] Gegen *J. Theisohn*, Der auserwählte Richter, a.a.O. 9f.

[20] Vgl. *L. Dürr*, Die Stellung des Propheten Ezechiel in der israelitisch-jüdischen Apokalyptik, in: AA 9 (Münster 1923) 63–126; *G. Dalman*, Worte Jesu I, a.a.O. 198, Anm. 1 und 130; *F. Stier*, Gott und sein Engel im Alten Testament, a.a.O. 101f.

[21] Damit fällt die These einer Umprägung der ursprünglichen Richterfigur in eine himmlische Herrschergestalt, wie sie etwa von *S. Mowinckel*, He That Cometh (Oxford 1956) 348–351, und *H. R. Balz*, Methodische Probleme der neutestamentlichen Christologie, in: WMANT 25 (Neukirchen-Vluyn 1967) 70, vorausgesetzt wird.

[22] Vgl. bChag 14ab und *P. Volz*, Die Eschatologie der jüdischen Gemeinde im neutestamentlichen Zeitalter (Hildesheim 1966 [= Tübingen 1934]) 177.

[23] Vgl. *J. Coppens*, Le fils de l'homme danièlique et les relectures de Daniel VII 13, a.a.O. 9, Anm. 5.

sprechenden Instanz zubilligt[24]. Dessenungeachtet ist es offenkundig, daß das „*Kommen*“ des Menschensohnes in einer wesentlichen Beziehung zur Szene des urteilsbereiten *Gerichts* steht. Die penible, dreiphasige Beschreibung seines Eintreffens in V. 13 spricht entschieden für eine hohe Einschätzung seiner Funktion im Wirkungsfeld jenes zur Rechtsfindung anhebenden Gerichtshofs. Alles zielt darauf ab, die Ankunft des Menschensohnes als ein „Kommen“ zu dem bereits zu Gericht sitzenden Hochbetagten in Erinnerung zu bringen: er scheint die ihm zugewiesene Aufgabe, welche seine Anwesenheit bei der zu erwartenden Rechtsprechung notwendig macht, nicht ständig wahrzunehmen, sondern zu ihrem *jetzt* anstehenden Vollzug göttlicher Bevollmächtigung zu bedürfen.

Für die Beantwortung der Frage, welchem Vorstellungsrahmen sich die derart von der Danielvorlage avisierte Funktion des Menschensohnes einpassen läßt, ist Dan 4 hilfreich. Dort wird ein über Nevuchadnezzar verhängtes Strafurteil als „Beschluß der Wächter, Entscheid und Spruch der Heiligen“ (V. 14) bezeichnet. Ein „Wächter und Heiliger“ steigt „vom Himmel“ herab und gibt den Schiedsspruch bekannt (V. 10). Dieselbe Strafverfügung wird von V. 21 als „Beschluß des Höchsten“ in den Text eingeführt, wie auch die Urteilsansage des „vom Himmel“ herabsteigenden „Wächters und Heiligen“ in V. 28 durch eine „vom Himmel herabfallende Stimme“ rekapituliert wird. Die in solcher Differenzierung dargebotene Verkündigung des göttlichen Strafurteils hat dessen sofortige Realisierung zur Folge (V. 30).

Der „vom Himmel“ herabsteigende „Wächter und Heilige“ aus Dan 4 verdient Aufmerksamkeit. Er ist mit Sicherheit ein *Engel* und vor allem *Zeuge* des Zustandekommens des himmlischen Gerichtsentscheids (V. 10 vgl. 14). Denn seine Aufgabe ist die Eröffnung des gefällten Urteils, welche als authentische Verkündigung (vgl. V. 28) dessen umgehende Vollstreckung auf seiten des Adressaten einleitet (V. 30). Dieser Anschauungszusammenhang um die Rolle eines *bevollmächtigten Vermittlers himmlischer = göttlicher Strafgerichtsbarkeit* ist dem Menschensohn der Danielvorlage um so angemessener, als sich die erheblichen Unterschiede zwischen Dan 7,9f.13 und dem Geschehen um den „Wächter und Heiligen“ aus Dan 4 durch die Besonderheit des von der vordanielischen Menschensohnüberlieferung ins Auge gefaßten Gerichts erklären lassen. An beiden Stellen handelt es sich um einen himmlischen Gerichtshof, dem Gott präsidiert[25]. Der Befund, daß das Gerichtsgremium in Dan 7,9f.13 auf der Erde tagt, kann seinen Grund darin finden, daß die hier angezielte Rechtsprechung keine fallweisen Absichten hat, sondern im Blick auf die „aufgeschla-

---

[24] Vgl. *J. Theisohn*, Der auserwählte Richter, a.a.O. 11f.

[25] Das gilt auch für Dan 4,21 vgl. *H. Junker*, Untersuchungen über literarische und exegetische Probleme des Buches Daniel (Bonn 1932) 48–50.

genen" Schuld-„Bücher" (vgl. Mal 3,16–18)[26] von universaler und endgültiger Relevanz für die Bewohner der Erde ist. Dieser umfassenden Bedeutung jener Gerichtssitzung korrespondiert die außerordentliche Profilierung der Funktion des bei der Rechtsfindung als Zeuge notwendig anwesenden Menschensohnes. Als authentischer Ansager und damit Auslöser des eschatologischen Weltgerichts bedarf er außergewöhnlicher Autorisation durch den „Hochbetagten", und sein „Kommen auf den Wolken des Himmels" läßt angesichts des schon versammelten Gerichtsgremiums sowie des bereits liturgisch aufgezogenen Thronstaates darauf schließen, daß diese Aufgabe der einhelligen und besonderen Respektierung *aller* Himmlischen gewiß sein muß: der Menschensohn kommt nicht mit den „tausendmal Tausenden" und „zehntausendmal Zehntausenden" (V. 10b) zur Zeugenschaft anläßlich der Gerichtssitzung herab auf die Erde, sondern in einem separaten, exponierenden Vorgang gelangt er „vor" den Hochbetagten.

3. Die Eigenart des Menschensohnes

Mit der Präzisierung der Funktion des Menschensohnes der Danielvorlage im Sinne des umfassend autorisierten Vermittlers des göttlichen Endgerichts ist seine Eigenart noch nicht bestimmt. Die konkreten textlichen Anhaltspunkte für eine diesbezügliche Festlegung sind spärlich.

Sicher ist der Menschensohn in V. 13 kein Symbol. Denn auch der Begriff עתיק יומין aus V. 9 vgl. 13 verträgt keine symbolische Wertung, sondern ist Bezeichnung und Name Gottes[27]. Das *Nebeneinander* der *individuellen* Gestalt des „Hochbetagten" und des „Menschensohnes" ist jedoch chrakteristisch für die Verse 9f.13[28].

Die Vergleichspartikel -כ : *wie* (sc. der Sohn eines Menschen) verhilft zu keiner Klärung des Sachverhalts, sobald man sie zum bloßen apokalyptischen Ausdrucksmittel visionärer Imagination deklariert[29] oder sie gänzlich aus der vordanielischen Menschensohnüberlieferung eliminiert, indem man durch sie lediglich die redaktionelle Angleichung der Danielvorlage an die Vier-Tier-Vision gewährleistet findet[30]. Ein Blick auf Dan 10 gibt Anlaß zu einem differenzierteren Urteil. In diesem unbestritten einheitlich konzipierten Kapitel sieht Daniel nach V. 5 „einen Mann (איש אחד), gekleidet in Leinen und seine Hüften

[26] Vgl. Jes 65,6 und unten Anm. 75.

[27] Vgl. *M. Noth*, Zur Komposition des Buches Daniel, a.a.O. 17 bzw. 149.

[28] So mit Recht auch *L. Rost*, Zur Deutung des Menschensohnes in Daniel 7 (Gott und die Götter: Festschrift E. Fascher) (Berlin 1958) 41–43.

[29] Zuletzt *U. B. Müller*, Messias und Menschensohn, a.a.O. 27, 29, 32.

[30] Zuletzt: *J. Theisohn*, Der auserwählte Richter, a.a.O. 13.

umgürtet mit Gold". Derselbe „Mann" tritt in V. 18 unter der Benennung: „einer, der wie ein Mensch aussah" (כמראה אדם) auf, obwohl er durch Dan 9,21 längst eindeutig als „der Mann Gabriel (האיש גבריאל), den ich zuvor (vgl. 8,15) im Gesicht gesehen hatte", identifiziert worden war. Da Gabriel unzweifelhaft ein Engel ist, drängt sich für die Benennung: „der Mann" (9,21) bzw. „ein Mann" (10,5) ebenso wie für die Bezeichnung: „einer, der wie ein Mensch aussah" (10,18) ein proportionales Verständnis auf. Es muß zwischen der sich dem Auge des Visionärs unmittelbar darbietenden Erscheinungsform und der Eigenart des geschauten Individuums unterschieden werden[31]. Im Blick auf den כבר אנש in Dan 7,13 heißt das, daß das komparativische Präfix -כ einen realen Vergleich unter den Bedingungen der dem Seher tatsächlich sichtbaren Gestalt markiert, ohne daß dadurch etwas über Herkunft und Wesensart des Gesehenen präjudiziert werden soll. Jedoch beabsichtigen die in solcher Weise auf der Vergleichsebene der Erscheinung angesiedelten Identifikationen offenkundig keine bloße Beschreibung der äußeren Umrisse, sondern verraten ein spürbares Interesse, die visionären Subjekte mit einem *Namen* zu versehen. So wird von Dan 8,15 der im anschließenden V. 16 ausgesprochene Name des Engels *Gabriel* durch die Benennung כמראה גבר vorbereitet und eingeführt. Diese Beobachtung unterstützt die Überzeugung, daß hinter der Wendung: „einer wie der Sohn eines Menschen" aus Dan 7,13 der Wille erkennbar wird, den *Namen* eines Individuums bekanntzugeben – wie auch der Begriff des „Hochbetagten" rückwärts gerichtete Betrachtungen der Ewigkeit Gottes (vgl. Hi 36,26; Ps 102,25f; Jes 41,4) über die Brücke des imaginativ Sichtbaren in einem Namen zusammenführt. Dann aber soll in der Danielvorlage anhand der Bezeichnung: „einer wie der Sohn eines Menschen" auch darüber Aufschluß gegeben werden, *wer* jener Menschensohn ist.

Damit darf um so eher gerechnet werden, als die Korrespondenz der Gleichheit menschlichen Aussehens eine stehende Prärogative der die transzendente Szene verlassenden und in den Bereich der Sichtbarkeit eintretenden Himmlischen ist. So belegt die Thronwagenvision des Ezechiel Gott selbst mit der Aussage כמראה אדם , und neben Gabriel (vgl. Dan 8,15; 9,21; 10,5.18) sowie Michael (vgl. äthHen 90,14.17.22) versieht man auch andere Engel mit dem Emblem menschlicher Gestalt (vgl. äthHen 87,2; 89,61.68. Gen 18,2; Jos 5,13; Ez 9,2). Da der כבר אנש der Danielvorlage zudem „auf den Wolken des Himmels" an den irdischen Tagungsort des zum Urteil über die Erde versammelten himmlischen Gerichtshofs gelangt, ist es wahrscheinlich, daß mit der Benennung

[31] Vgl. *E. König*, Die messianischen Weissagungen des Alten Testaments (Stuttgart ²1925), 301f; *R. Otto*, Reich Gottes und Menschensohn, a.a.O. 150, vor allem *F. Stier*, Gott und sein Engel im Alten Testament, a.a.O. 103–105.

„einer wie der Sohn eines Menschen" der Hinweis verbunden werden sollte, daß hier ein *bestimmter Engel* in Erscheinung tritt, den der Hochbetagte dazu bevollmächtigt, authentischer Verkündiger und Vermittler seiner eschatologischen Strafgerichtsbarkeit zu sein.

III. Bewegung und Wendemarken der Menschensohnüberlieferung im Danielzyklus

Die Frage, ob und inwiefern sich die in der Danielvorlage abzeichnende Menschensohnvorstellung veränderte, als sie schließlich im *Buche* Daniel Aufnahme fand, darf nicht zu früh gestellt werden. Zwar beziehen sich *alle* mit der Menschensohnvision befaßten Deuteabschnitte in Dan 7 (18.21+22.25+26.27) auf V. 14. Aber selbst unter der methodisch relevanten Bedingung einer einheitlichen Konzeption des Kapitels ist zunächst zu überprüfen, ob die Deuteverse in ihrer Gesamtheit auf *derselben* traditionsgeschichtlichen Ebene zum Verständnis des Menschensohnes aus Dan 7,9.10.13.14 herangezogen werden können oder ob mit einem gestuften Werdegang der Menschensohnerwartung innerhalb des Daniel*zyklus*[32] gerechnet werden muß.

1. Die Duplizität der Deuteabschnitte

Was die Deuteverse 25.26.27 angeht, so scheint ihr augenfälligstes Merkmal ihre Duplizität zu sein. In der Hauptsache bieten sie eine Wiederholung dessen, was in den voranstehenden Abschnitten 18.21.22 schon gesagt wurde.

<table>
<tr><td>V. 25: Und er (sc. der elfte König, vgl. V. 24) wird die Heiligen des Höchsten aufreiben. Und er wird trachten, zu ändern Termine und Gesetz. Und sie (sc. die Heiligen des Höchsten) werden in seine Hand gegeben sein auf Zeit und zwei Zeiten und eine halbe Zeit.</td><td>V. 21: Ich hatte gesehen, daß jenes (sc. elfte) Horn (vgl. V. 8) Krieg führte mit den Heiligen und sie überwältigte</td></tr>
<tr><td>V. 26: Und der Gerichtshof wird Platz nehmen und seine (sc. des elften Königs) Macht wird ihm entrissen werden, um endgültig zerstört und vernichtet zu werden.</td><td>V. 22: bis der Hochbetagte kam und Gerechtigkeit gegeben wurde den Heiligen des Höchsten</td></tr>
<tr><td></td><td>und (bis) die Zeit kam, da die Heiligen das Königreich erhielten.</td></tr>
</table>

[32] Die Fragmente 4QOrNab und 4QpsDan^{abc} beweisen zur Genüge, daß *vor* (*R. Meyer,* Das Gebet des Nabonid [Berlin 1962] 111f) und *nach* (*J. T. Milik*, Prière de Nabonide et autres écrits d'un cycle de Daniel, in: RB 63 [1956] 414) der Schlußredaktion des *Buches* Daniel Stoffe in Umlauf waren, die einem umfassenderen Daniel*zyklus* zugehörten.

V. 27: Und das Königreich und die Macht und die Größe der Königreiche unter dem Himmel wird dem Volk der Heiligen des Höchsten gegeben werden. Sein Reich ist ein ewiges Reich, und alle Mächte werden ihm dienen und gehorchen.

V. 18: Und empfangen werden das Königreich die Heiligen des Höchsten, und sie werden das Königreich behalten bis in Ewigkeit und bis in die Ewigkeit der Ewigkeiten.

Beide Textfolgen betreiben die Auslegung der auf eine definitive Machtübereignung an den Menschensohn abzielenden Verse 9.10.13 *und 14.* Das Ergebnis ihrer Deutung läßt weder hinsichtlich der Tatsache jenes erwarteten Machtwechsels noch bezüglich der Identität der davon Betroffenen sachlich zu Buch schlagende Unterschiede erkennen. Übereinkunft besteht auch in der von V. 21a ebenso wie von V. 25a ohne Rückendeckung durch den Visionsbericht (V. 8) geäußerten Auffassung, daß solche Ablösung der Herrschaftskompetenz nicht vonstatten gehen werde, bevor den schließlichen Empfängern der Macht „Überwältigung" (יבל ל-) oder „Aufreibung" (כלא) von seiten des elften Horns bzw. des elften Königs widerfahren sei.

Gerade im Blick auf diese Zeit der Bedrängnis zeichnet sich jedoch eine bedeutsame Verschiedenheit der beiden sonst inhaltlich weitgehend zusammentreffenden Versfolgen 18.21.22 und 25.26.27 ab. Durch die Terminangabe: „auf Zeit und zwei Zeiten und eine halbe Zeit" in V. 25c wird jene Periode äußerster Unterdrückung als exakt festliegender geschichtlicher Zeitraum umschrieben, der dem Gericht *voraufgeht* und dadurch *selbst* endzeitlichen Charakter hat[33]. Daraus ergeben sich unmittelbare Konsequenzen für den zeitlichen Ansatz der Geschehnisse um das visionäre Gericht aus Dan 7,9f.13: nach V. 26 hat der Gerichtshof *noch nicht* Platz genommen (vgl. V. 10c: יתיב), sondern *wird* dies tun (יתיב) – ebenso *wird* der Machtwechsel angesichts des tagenden Gerichtsgremiums der Himmlischen erst stattfinden (V. 14: ולה יהיב שלטן vgl. V. 26a: ושלטנה יהעדון). In diesem Zusammenhang eröffnen die Verse 26.27 eine Perspektive, welche den inhaltlich konkurrierenden Abschnitten 18.22 fremd ist und die es verständlich macht, daß in V. 26f das Gericht und die Machtübertragung aus V. 13f noch einmal in solcher Breite zur Auslegung anstehen: es geht darum, die *Gewißheit* des baldigen Zusammentritts des himmlischen Gerichtshofs und der nahen Zukunft der definitiven Heilszeit *nach* Ablauf von dreieinhalb Zeiteinheiten unter der Gewalttätigkeit des elften Königs einzuschärfen. Eben dies wird durch die auffallende Betonung der Endgültigkeit des vom *künftigen* Gericht der Himmlischen endlich herbeigeführten Zustands in V. 26 sowie durch die in V. 27 gegebene pleonastische Ausweitung der Doxologie aus V. 14 hervorgehoben.

[33] Siehe unten S. 70–72.

Dabei ist von Interesse, daß die unerläuterte und abstrakte Bemessung der Drangsal auf „Zeit und zwei Zeiten und eine halbe Zeit" (V. 25c) aus dem Kontext selbst nicht erklärt werden kann, sondern offensichtlich auf die zweite Hälfte der letzten jeremianischen Jahrwoche (vgl. Jer 25,11; 29,10) Bezug nimmt, die ausschließlich durch Dan 9,(24–)27 eine ausführliche Begründung erfährt[34]. Das kann nur besagen, daß der schließliche Verfasser von Dan 7 mit den zur Diskussion stehenden Versen 25.26.27 seine schriftgelehrte Kenntnis aktueller, ihm zugänglicher Überlieferungen zur Berechnung der 70 Jahrwochen des Jeremia in die ältere, ihm bereits vorgegebene Auslegung der Verse 7,18.21.22 einbrachte, ohne deren vorausliegende Deutung der Menschensohnvision zu tilgen oder in ihrem Wortlaut zu stören.

Demnach wäre der sich bei einem schnellen Vergleich der beiden Textreihen 18.21.22 und 25. 26.27 aufdrängende Eindruck der Duplizität dahingehend zu korrigieren, daß innerhab des mit den Versen 17–27 vorliegenden *gesamten* Deutespektrums aus Dan 7 eine zweifache Auslegung der visionären Vorkommnisse um die Gerichtssitzung der Himmlischen und den Menschensohn erhalten blieb: eine frühere Deutung in den Versen 18.21.22 und eine spätere, letzte Auslegung in Dan 7,25.26.27. Eine solche Konzentration des Deuteinteresses auf die Menschensohnvision spricht mit Nachdruck für das Gewicht, welches man der Versfolge 9.10.13.14 beimaß. Sie legt es zudem nahe, eine längere Geschichte der Menschensohnerwartung im Rahmen des das Danielbuch übergreifenden Danielzyklus in Rechnung zu stellen.

2. Das gebrochene Verhältnis der Deuteabschnitte zur Rahmenvision und deren Auslegung

Die Deuteverse 18.21.22 und 25.26.27 setzen im Blick auf den Gegenstand ihrer Auslegung die Verklammerung des Verses 14 mit der Menschensohnvision der Danielvorlage unzweifelhaft voraus. Nicht nur daß V. 22 den „Hochbetagten" erwähnt und dadurch die Verbindung zu den Versen 9.13 herstellt. V. 26 bringt zudem den „Gerichtshof" ins Gespräch, der „Platz nehmen" wird und in V. 10c erstmals zur Rede stand. Umgekehrt gestaltet sich die Beziehung beider Deutungen zu den visionären Vorgängen aus V. 14 in einer Enge, die bis ins terminologische Detail reicht: die von V. 14 im status absolutus referierten Signaturen der Macht (שלטן, יקר, מלכו) werden von den Deuteversen im status emphaticus bewußt und gezielt wiederaufgenommen (V. 18.22: מלכותא ; V. 27: מלכותא ושלטנא).

Dem straffen Zusammenhalt der Deuteabschnitte 18.21.22 und 25.26.27 mit dem Visionsbericht in Dan 7,9f.13f steht ein krasser Mangel an Integration in

[34] Vgl. *M. Noth,* Zur Komposition des Buches Daniel, a.a.O. 27 bzw. 161.

das umrahmende Nachtgesicht und seine Auslegung gegenüber. Soweit auf die Vision von den vier aus dem Meer auftauchenden und schließlich vernichteten Tieren (V. 2b–8.11f) überhaupt angespielt wird, geschieht dies anhand von visionären Elementen, die im Nachtgesicht selbst keinen Rückhalt haben.

So zeigt die von V. 22a durch עד די weitergeführte Formel חזה הוית aus V. 21a an, daß beide Verse unverbrüchlich zusammengehören. In der Reichweite der Vier-Tier-Vision markiert die Wendung חזה הוית עד די den Eintritt von verändernden Vorgängen am habituellen Verhalten des ersten (V. 4b) und vierten Tieres (V. 11b). Sie erlaubt dort folgende Paraphrase: „ich verharrte eine Weile im Zustand visionären Schauens bis zu einem bestimmten Zeitpunkt, da vollzog sich am anfänglichen Habitus des ersten und vierten Tieres eine überraschende Veränderung". Im Widerspruch dazu wird in V. 21f dieselbe Wortverbindung zur Einleitung eines visionären *Szenen*wechsels herangezogen[35]. Die Ansage eines solchen Szenenwechsels läßt sich innerhalb der *Deute*verse jedoch nur mit Hilfe eines *plusquamperfektischen* Verständnisses halten, welches die offenkundige Absicht der Verse 21.22 zu respektieren vermag, *nachträglich* als Bestandteile des Nachtgesichts gewertet zu werden:

V.21: Ich hatte gesehen, daß jenes (sc. elfte) Horn Krieg führte mit den Heiligen und sie überwältigte,

V. 22: bis der Hochbetagte kam und Gerechtigkeit gegeben wurde den Heiligen des Höchsten und (bis) die Zeit kam, da die Heiligen das Königreich erhielten.

Das Vorhaben nachträglicher Vervollständigung wird für V. 21 um so wahrscheinlicher, als die hier statthabende Vergrößerung der visionären Ausgangsbasis ein Ausmaß annimmt, hinter dem die für V. 20 (+ „und es war größer als seine Gefährten") und V. 24 (+ „und es wird sich unterscheiden von den Vorgängern") im unmittelbaren Kontext nachzuweisenden Erweiterungen erheblich zurückbleiben. Schon der o'-Vertent fand das Gleichgewicht zwischen Vision und Auslegung durch V. 21 zu stark belastet und sah sich deshalb veranlaßt, an V. 8 die Wendung: καὶ ἐποίει πόλεμον πρὸς τοὺς ἁγίους anzuklammern.

Dieselbe Tendenz, das Rahmengesicht aufzufüllen, anstelle es detailliert zu deuten, gibt die Auslegungsfolge 25.26.27 zu erkennen. Auch V. 25 gewährleistet den Bezug zur Rahmenvision nur auf dem Wege visionärer Elemente, die dort selbst nicht gedeckt sind. Über V. 21 hinaus wird hervorgehoben, daß der elfte König „Termin und Gesetz" zu „ändern" beabsichtige und daß die derart anhebende Periode der Bedrängnis auf dreieinhalb Zeiteinheiten begrenzt sei. Da V. 21 mit V. 25 *gegen* den Visionsbericht in der Ansage jener Drangsale von seiten des elften Hornes übereinkommt, entsteht der Eindruck, als inter-

[35] *M. Noth*, ebd. 20f bzw. 153f: „Vgl. das hier gar nicht passende חזה הוית."

pretiere V. 25 das in V. 21 Gesagte abseits jeder Erinnerung an die Vorgaben des Nachtgesichts – dies um so mehr, als schon V. 21f davon redet, daß die Kriegführung des elften Hornes andauerte, „(bis) die *Zeit* kam (וזמנא מטה), da die Heiligen das Königreich erhielten".

Ein Anzeigen dafür, daß man eine derart weitgehende Entfernung der Deuteverse 25.26.27 von den Konturen der Rahmenvision selbst als zu weitgehend empfand, bietet V. 12. Er hat mit V. 27 zwei auffallende Merkmale gemeinsam. Einmal spricht er mit bedenkenswerter Akribie davon, daß neben dem vierten Tier (V. 11b) „auch den übrigen Tieren ihre Macht genommen wurde" – und trifft sich in dieser Aussage mit der sonst in Dan 7 singulären Äußerung des Verses 27, daß „dem Volk der Heiligen des Höchsten" endlich „das Königreich und die Macht und die Größe der König*reiche* (מלכות) unter dem Himmel gegeben werde". Zum anderen merkt V. 12 an, daß der Gesamtheit der vier Tiere „die Lebensdauer auf Zeit und Stunde (עד זמן ועדן) bestimmt" sei – und stößt hiermit wieder auf das Entgegenkommen des Verses 27, der von einer Befristung der Unterwerfung unter den elften König überzeugt ist. Hinzu kommt ein Weiteres. Die Einzelvisionen der Verse 3–7 (8) weisen ein deutliches Nacheinander auf. Stets löst ein Tier das andere unwiederbringlich ab. Erst wenn das vorausliegende Tier dem Blick des Sehers entschwunden ist, beginnt ein neues seine Aufmerksamkeit in Anspruch zu nehmen. Stilistischer Ausdruck dieses Anliegens ist vor allem die Wortfolge באתר דנה : *darnach* am Eingang der Teilgesichte in V. 6a und 7a[36]. Nach der Schilderung des vierten Tieres durch V. 7 und 11b darf somit ein *Nachtrag* zum Geschick der ersten drei Visionstiere, wie ihn V. 12 bietet, nicht mehr erwartet werden. Offensichtlich brachte man im Interesse des Verses 27 und damit der Deutefolge 25.26.27 diese Notiz zum definitiven Ergehen der drei ersten Tiere im Sinne informativer Symmetrie zwischen Vision und Auslegung hinzu.

Die unverkennbare Selbständigkeit und Sprödigkeit der mit den Versen 9.10.13.14 beschäftigten Deuteabschnitte gegenüber dem Rahmengesicht in Dan 7 nötigt zu dem Schluß, daß die Menschensohnvision als unabhängige und fest umrissene Größe längst eine eigene und weiträumige Überlieferungsgeschichte innerhalb des Danielzyklus durchlaufen hatte, bevor sie sich in einem wenigstens zweistufigen Vorgang (V. 18.21.22 und 25.26.27) mit der Traditionsgeschichte der Vier-Tier-Vision überlagerte. Diese Erkenntnis wird durch den Befund untermauert, daß die mit der Auslegung des Rahmengesichts befaßten Deuteverse ihrerseits nur unter Absehung von den auf die Menschensohnvision bedachten Deutefolgen 18.21.22 und 25.26.27 einen glatten Zusammenhang mit einem gut gegliederten Aufbau ergeben.

---

[36] Vgl. Dan 2,39. Nur an diesen drei Stellen des biblischen Aramäisch kommt באתר vor.

Alle Deuteabschnitte, deren Thema die Auslegung der Verse 2–8 ist, wiederholen in einer unterschiedlich exakten Replik zunächst die Details der visionären Vorgabe (=A: V. 17a.19.20) und wenden sich dann der Deutung des derart rekapitulierten Visionsberichts zu (= B: V. 17b.23.24.25a). Dabei erfüllt V. 17 die Aufgabe einer summarischen Exposition des Ganzen.

A:	V. 17a:	Diese großen Tiere, vier sind es.
B:	V. 17b:	Vier Königreiche werden erstehen auf der Erde.
A:	V. 19:	(Sodann wollte ich Gewißheit erlangen über) das vierte Tier, welches verschieden war von ihnen allen. Außerordentlich furchtbar (war es), seine beiden Zahnreihen (waren) aus Eisen und seine Klauen aus Bronze. Es verschlang, zerschmetterte und zertrat den Rest mit seinen Füßen.
	V. 20:	(Und über) die zehn Hörner auf seinem Haupte und das andere (Horn), welches hervorbrach und vor welchem drei (sc. Hörner) wegfielen. Und jenes Horn – Augen hatte es und einen Mund, der große Dinge redete. Und sein Aussehen war größer als das seiner Genossen.
B:	V. 23:	(Entsprechend sagte er[37]:) Das vierte Tier – ein viertes Königreich wird auf der Erde sein, welches verschieden ist von allen Königreichen. Und es wird die ganze Erde verschlingen, es wird sie zerstampfen und sie zerschmettern.
	V. 24:	Und die zehn Hörner – aus ihm, dem Königreich, werden zehn Könige erstehen, und ein anderer (sc. König) wird nach ihnen erstehen. Und er wird sich unterscheiden von den ersten (sc. Königen) und drei Könige niederwerfen.
	V. 25a:	Und Worte wird er gegen den Höchsten reden.

Die Verse 18.21.22 unterbrechen hart die strukturelle Geschlossenheit der Versfolge 17.19.20.23.24.25a. Ebenso wie der Deuteabschnitt 25b.26.27 sind sie außerdem durch eine erheblich weitergehende Großzügigkeit im Umgang mit den zur Auslegung je anstehenden Einzelheiten des umrahmenden Nachtgesichts und durch eine abweichende stilistische Formgebung markant verschieden. Der Eindruck festigt sich, daß die Menschensohnvision und ihre Deutungen nur aufgrund einer vorausliegenden kontinuierlichen und unabhängigen Traditionsgeschichte innerhalb des Danielzyklus schließlich zu jener dominanten und eigenwilligen Überlagerung der Überlieferung der Vier-Tier-Vision fähig war, wie sie sich im textlichen Gefüge von Dan 7 abzeichnet.

3. Dan 7, 18 als Rest einer Auslegung der Menschensohnvision vor deren traditionsgeschichtlicher Überschneidung durch das Rahmengesicht

Im engeren Umfeld der Deuteabschnitte 18.21.22 und 25b.26.27 fällt V. 18 auf: „und empfangen werden das Königreich die Heiligen des Höchsten, und sie

[37] Vgl. V. 16: „ich wandte mich an einen von den Dastehenden". קאמיא nimmt Bezug auf יקומון in V. 10b. Dann muß die Deutung der Vier-Tier-Vision *vor* ihrer Überschneidung mit der Menschensohnvision anders eingeleitet worden sein.

werden das Königreich behalten bis in Ewigkeit und bis in die Ewigkeit der Ewigkeiten." Anders als die übrigen Bestandteile der Auslegung vermeidet er jeglichen Hinweis auf die visionären Daten der Verse 9.10.13. Weder der „Hochbetagte" (vgl. V. 22) noch der „Gerichtshof" der Himmlischen (vgl. V. 26) findet Erwähnung. Vor allem fehlt in V. 18 gegenüber den Versen 21 und 25b *jeder* Bezug zur Vier-Tier-Vision. Dieser Befund ist um so bemerkenswerter, als V. 18 im Kontext vor V. 19 zu früh kommt[38]. Denn gemessen am Ablauf des Nachtgesichts, wäre seine ausschließlich auf V. 14 rekurrierende Auslegung erst am Ende der Deuteverse (vgl. V. 27) zu erwarten gewesen, nachdem das Geschick des vierten Tieres und die Handlungsweise seines elften Hornes eine Sinngebung erhalten hatte. Zudem ist der bestehende Kontakt von V. 18 zu V. 17 gewaltsam. V. 18 setzt die Vernichtung oder das Abtreten der in V. 17 gedeuteten „vier Königreiche" voraus, ohne für jenes notwendig vorangehende Geschehnis eine Hilfe im Text zu geben. Bereits o' und ϑ' waren bestrebt, diesen logischen Anstoß zu beheben. o' setzte in V. 17: αἳ (sc. τέσσαρες βασιλεῖαι) ἀπολοῦνται ἀπὸ τῆς γῆς hinzu, ϑ' ergänzte: αἳ ἀρθήσονται.

Die Sonderstellung des Verses 18 innerhalb der beiden Auslegungsfolgen um die Menschensohnvision resultiert somit aus der unterscheidenden Ausschließlichkeit, mit welcher sein Deuteinteresse von V. 14 absorbiert wird: weder bringt er die Verse 9.10.13 in Erinnerung, noch verrät er Kenntnis von der umstehenden Vier-Tier-Vision. Zieht man zudem seine abrupte Placierung im *gesamten* Auslegungskomplex von Dan 7 (V. 17–27) zur Wertung dieses auffallenden Sachverhalts heran, so bietet sich die Vermutung an, daß mit V. 18 der Rest einer Deutung der Menschensohnvision erhalten blieb, welche *vor* deren traditionsgeschichtlicher Überlagerung durch das Rahmengesicht von den vier Tieren angesetzt werden muß.

IV. Die Entwicklung der Menschensohnvorstellung im Danielzyklus

Mit V. 18 wird neben den Deuteabschnitten 21.22 und 25b.26.27 ein dritter Ansatz zur Auslegung der Verse 9.10.13.14 und damit eine weitere Wendemarke der Menschensohnüberlieferung innerhalb des Danielzyklus sichtbar. Die eingangs avisierte Bestimmung des Verhältnisses der Danielvorlage zur Menschensohnerwartung in Dan 7 differenziert sich aufgrund dieser Diagnose erheblich. Die Frage tritt in den Vordergrund, inwiefern jene im Kontext der Deuteverse beobachteten Bewegungen der Menschensohn*tradition* die *Vorstellung* von Funktion und Eigenart des *Menschensohnes* selbst verändernd oder modifizierend beeinflußten.

---

[38] *M. Noth*, Zur Komposition des Buches Daniel, a.a.O. 20 bzw. 153.

1. Die Menschensohnvorstellung im Danielzyklus vor ihrem traditionsgeschichtlichen Zusammentreffen mit der Vier-Tier-Vision: Dan 7,9.10.13.14.18

Nach Maßgabe der voranstehenden Analyse des Deutekomplexes 17–27 ergibt sich im Blick auf die gegenüber der Danielvorlage um V. 14 erweiterte Überlieferung der Menschensohnvision und ihrer Auslegung ein schlüssiger Textzusammenhang. Da er der Einpassung in das Rahmengesicht vorausliegt, repräsentiert er in der Proportion des von Dan 7 aus erreichbaren Wissens die älteste *mit einer Deutung* versehene Version der Menschensohnvision.

„(9) Ich sah, daß Thronsessel aufgestellt wurden und ein Hochbetagter Platz nahm. Sein Gewand war weiß wie Schnee und sein Haupthaar rein wie Wolle. Sein Thron bestand aus Feuerflammen, dessen Räder waren brennendes Feuer. (10) Ein Feuerstrom ergoß sich und ging aus von ihm (sc. dem Thron). Tausendmal Tausende dienten ihm und zehntausendmal Zehntausende standen vor ihm. Der Gerichtshof nahm Platz, und Bücher wurden aufgeschlagen. (13) Und siehe, auf den Wolken des Himmels kam einer wie der Sohn eines Menschen, und zum Hochbetagten kam er und vor ihn brachte man ihn. (14) Und ihm wurde gegeben Macht und Ehre und Königreich, und alle Völker, Nationen und Zungen – ihm dienten sie. Seine Macht ist eine ewige Macht, die nicht vergeht. Und sein Königreich (sc. ist ein Königreich), das nicht zerstört wird.

(18) Und empfangen werden das Königreich die Heiligen des Höchsten, und sie werden das Königreich behalten bis in Ewigkeit und bis in die Ewigkeit der Ewigkeiten."

Die visionäre Situation gestaltet sich weitgehend ähnlich derjenigen in der Danielvorlage: der sich unter Vorsitz des „Hochbetagten" zur Rechtsprechung *auf der Erde* einfindende „Gerichtshof" der Himmlischen hat *vollzählig* „Platz genommen", die Schuld-„Bücher" sind zur Einsichtnahme vorbereitet, die Ankunft des Menschensohnes vollzieht sich zweifelsfrei *vor* der in Gang kommenden Rechtsfindung des Gerichts. Mit Rücksicht auf den von V. 14 angesprochenen Wechsel irdischer *Welt*macht (vgl. Dan 5,18–19a sowie 3,33b; 4,31; 6,27)[39] wird die universale und endgültige Kompetenz jenes Gerichtsgremiums deutlicher. Nirgends findet sich jedoch ein Hinweis darauf, daß die Übereignung der Weltherrschaft an den Menschensohn eine *Folge* dieser umfassend gültigen Rechtsprechung des himmlischen Gerichtshofs ist. Bezüglich der Funktion des Menschensohnes bleibt deren integrale Verklammerung mit dem zur Rechtsfindung ansetzenden *Gericht* gewahrt. Aber die Erhebung des Menschensohnes, von der in V. 14 die Rede ist, zielt nicht auf seine Inthronisation zum bevorzugten Richter[40]. Denn wieder wird im Gegensatz zum „Hochbetagten" und zum „Gerichtshof" dem Menschensohn kein „Thronsessel" zugestanden, und es kommt auch nicht der Umstand zur Sprache, daß er „Platz

[39] Siehe oben S. 43.

[40] Gegen *A. Bentzen*, Daniel, in: HAT 19 (Tübingen [2]1952) 63.

nahm". Umgekehrt wird die einem Richteramt abträgliche völlige *Passivität* des Menschensohnes faßbarer. Er „*wird*" nicht nur vor den Hochbetagten „*gebracht*" (V. 13: הקרבוהי), sondern auch „Macht und Ehre und Königreich *wurde* ihm gegeben" (V. 14: ולה יהיב).

Funktion und Eigenart des Menschensohnes entscheiden sich im einzelnen an der Relation des Verses 14 zu V. 18. Beide Verse korrespondieren einander insofern, als sie die „ewige" Qualität eines „Königreiches" und das Faktum von dessen Übertragung zum Ausdruck bringen.

V. 14: Und ihm (sc. dem Menschensohn) wurde gegeben Macht und Ehre und Königreich.	V. 18: Und empfangen werden das Königreich die Heiligen des Höchsten,
Und alle Völker, Nationen und Zungen – ihm dienten sie.	
Seine Macht ist eine ewige Macht, die nicht vergeht, und sein Königreich (sc. ist ein Königreich), das nicht zerstört wird.	und sie werden das Königreich behalten bis in Ewigkeit und bis in die Ewigkeit der Ewigkeiten.

Unverkennbar haben beide Akte der Übertragung dasselbe „Königreich" zum Objekt: ein ewig andauerndes umfassendes Weltimperium auf Erden. Verschieden in Vision und Auslegung sind jedoch die Adressaten solcher Weltherrschaft – der Menschensohn in V. 14, die „Heiligen des Höchsten" in V. 18.

Was den Menschensohn angeht, so behalten zur Bestimmung seiner Eigenart zunächst jene Signale Gültigkeit, welche ihn schon in der Danielvorlage als individuelles himmlisches Wesen bzw. als *Engel* ausweisen: sein Eintreffen „auf den Wolken des Himmels", seine auszeichnende separate Eingliederung in die liturgische Phalanx des himmlischen Hofstaates „vor" dem Hochbetagten sowie seine Benennung durch: „einer *wie* der Sohn eines *Menschen*". Neu ist seine Ausrüstung mit irdisch relevanter Weltmacht angesichts des spruchbereiten Gerichtshofs. Läßt sich dieses für V. 14 konstitutive Detail mit der Eigenart eines *Engels* zusammenhalten? Einen Weg hierzu eröffnen Stellen im Buch Daniel, welche Engel mit dem Titel und dem Machtanspruch eines „Fürsten" (שר) versehen. So ist nach 10,13 Michael einer der „ersten Fürsten", näherhin der „Fürst" Israels (vgl. 10,21). Ebenso gibt es einen „Fürsten von Griechenland" (10,20) und einen „Fürsten des Perserreiches" (10,13.20). Diese „Fürsten" unter den Engeln haben eine spezifische Funktion. Als Doppelgänger eines von ihnen repräsentierten Volkes auf Erden, bilden sie im Interesse einer vorauseilenden Prädestination nationalen Ergehens mit ihren Handlungen dessen Belange, Geschick und Zukunft unter den Himmlischen ab[41]. Auf der Linie

---

[41] Vgl. *R. Meyer*, Artikel λαός, in: ThWNT IV, 39–41; *K. G. Kuhn*, Sifre zu Numeri, in: Rabbinische Texte II 3 (Stuttgart 1959) 514f, Anm. 83 und 698–700.

eines solchen Entsprechungsdenkens, wenn auch nicht ohne den Rahmen der für das Qumranschrifttum schließlich[42] kennzeichnenden dualistischen Zuspitzung, kann daher in 1 QM 17,7f von einer in zwei Etagen wirksamen „Erhöhung" die Rede sein: von der „Erhöhung" der „Herrschaft Michaels (משרת מיכאל) über die Göttlichen (= Engel) *und* der Herrschaft Israels (ממשלת ישראל) über alles Fleisch"[43]. Der parallelismus membrorum ist hier mehr als eine stilistische Figur. Er ist sprachlicher Ausdruck einer faktischen Korrespondenz. Der Durchsetzung der „Herrschaft Israels" *auf Erden* entspricht im Sinne einer vorgängig einzulösenden Bedingung die Durchsetzung der „Herrschaft" des Völkerarchonten Israels unter den „*Göttlichen*". Dabei ist es im Kontext der Völkerengeltheorie selbstverständlich, daß die nach 1 QM 17,7 statthabende „Erhöhung" der Herrschaft Michaels über „*die* Göttlichen" nichts anderes meint, als seine Erhöhung über die himmlischen Doppelgänger der anderen Nationen der Erde[44].

Ungeachtet aller eklatanten Anklänge hat eine Heranziehung der Völkerarchontenidee[45] zum Verständnis von Funktion und Eigenart des Menschensohnes innerhalb der Textfolge Dan 7,9f.13f.18 eine bestimmte Identifikation der „Heiligen des Höchsten" aus V. 18 zur Voraussetzung. Nur wenn es möglich ist, diese „Heiligen des Höchsten" als *irdische* Repräsentanten des *Volkes* Israel in Anschlag zu bringen, kann jenes Entsprechungsmodell der Völkerengeltheorie ins Spiel kommen, dem zufolge das Geschick einer Nation *auf Erden zuvor* ihrem *himmlischen* Doppelgänger widerfährt.

Da עם niemals „Schar", sondern stets „Volk" bedeutet[46], liegt es nahe, zuerst an V. 27 zu denken, wo die Wendung קדישי עליונין als genetivus epexegeticus zu עם verwendet wird und der Schluß auf das irdische Volk Israel unausweichlich ist. Aber V. 27 ist Bestandteil eines späteren Ansatzes zur Auslegung der Menschensohnvision und scheidet deshalb zunächst zur Erhellung des Sprachge-

---

[42] Zur *Entwicklung* desQumrandualismus *J. Becker*, Das Heil Gottes, in: StUNT 3 (Göttingen 1964) 37–58, 74–102. Grundlegend *H. W. Huppenbauer*, Der Mensch zwischen zwei Welten, in: AThANT 34 (Zürich 1959) 7.

[43] *U. B. Müller*, Messias und Menschensohn, a.a.O. 28.

[44] Zur zeitlichen Einordnung von 1 QM 17,7f in die traditionsgeschichtliche Entwicklung von 1 QM: *K. Müller*, Methodische Voraussetzungen für einen sachgemäßen Umgang des Neutestamentlers mit den Qumranschriften, in: *J. Schreiner* (Hrsg.), Einführung in die Methoden der biblischen Exegese (Würzburg 1971) 278f. Anders *J. Carmignac*, La règle de la Guerre des fils de lumière contre les fils de ténèbres (Paris 1958) 200 und *J. P. M. van der Ploeg*, Zur literarischen Komposition der Kriegsrolle, in: *H. Bardtke* (Hrsg.), Qumranprobleme (Berlin 1963) 293–298.

[45] Vgl. auch *K. Müller*, Menschensohn und Messias. Religionsgeschichtliche Vorüberlegungen zum Menschensohnproblem in den synoptischen Evangelien, in: BZ 16 (1972) 177–179.

[46] Gegen *M. Noth*, Die Heiligen des Höchsten, in: NTT 56 (1955) 151 = *ders.*, Gesammelte Studien zum Alten Testament I: Theologische Bücherei 6 (München ²1960), 284f. Vgl. die Kritik von *U. B. Müller*, Messias und Menschensohn, a.a.O. 25, Anm. 26.

brauchs von V. 18 aus. Ebenso liegen die Dinge in V. 21, welcher die „Kriegführung" des elften Hornes mit „den Heiligen" und deren „Überwältigung" berichtet. Weiterführend ist eine methodische Einsicht. Die vielverhandelte Frage[47], ob sich hinter „den Heiligen" (sc. des Höchsten) aus V. 18 Engel *oder* Menschen verbergen, führt in dieser alternativen Pointierung notwendig dazu, daß man an einer verbreiteten terminologischen Gewöhnung des Frühjudentums vorbeisieht, in deren Reichweite der Begriff „die Heiligen" zu einer (Selbst-)Bezeichnung derjenigen geriet, welche sich schon jetzt als Zugehörige des eschatologischen Volkes Gottes erachteten. An Stellen wie 1 QM 3,5; 6,6; 10,10; 16,1; TestLev 18,11.14; TestDan 5,12; äthHen 38,4; 48,4.7; 50,1; 51,2; 58,3.5; 62,8; 100,5 und Sib 5,432 wird die Alternative Engel *oder* Menschen zugunsten einer formalen Identität beider Größen aufgehoben, ohne daß die unterschiedliche Eigenart von Engeln und Menschen verneint wird[48]. „Diese heißen also heilig, weil sie, obgleich noch zeitweilig in der bösen Welt lebend, nicht zu dieser Welt gehören, sondern Gottes auserwählte Kinder und Glieder seines kommenden Reiches sind."[49] Nur unter der Voraussetzung dieses schon gegenwärtig erhobenen Anspruchs auf Gliedschaft im eschatologischen Volke Gottes sind die Bezeichnungen „die Heiligen" in V. 21 bzw. das „Volk der Heiligen des Höchsten" in V. 27 möglich. Dann aber wird man mit gutem Recht auch „die Heiligen des Höchsten" aus V. 18 als Vertreter des *irdischen Volkes Israel* identifizieren dürfen.

Mit diesem Ergebnis fügt sich die schwierige Relation des Menschensohnes aus V. 13f zu den „Heiligen des Höchsten" aus V. 18 bruchlos in die Konturen der Völkerarchontenvorstellung ein. Der Menschensohn tritt als himmlische Entsprechungsfigur des irdischen Israel und in der Gestalt von dessen Völkerengel auf den Plan. Die Übertragung endgültiger Weltmacht an ihn durch den Hochbetagten angesichts des bereits vollzählig zusammengetretenen Gerichtshofs der Himmlischen (V. 13f) bildet die göttliche Verfügung eines auf Erden in Bälde zu erwartenden definitiven Machtwechsels universaler Abmessung zugunsten des eschatologischen Israel ab (V. 18). Dabei spiegelt sich die drängende Nähe jener am himmlischen Doppelgänger bereits vollzogenen Machtübereignung in dem Umstand, daß V. 14b nicht mehr nur von Vorgängen spricht, welche den

[47] Vgl. *H. Kruse*, Compositio Libri Danielis et Idea filii Hominis, in: VD 37 (1959) 147–161; *L. Dequekker*, Les Qedôšim du Ps LXXXIX à la lumière des croyances semitiques, in: ÉThL 39 (1963) 469–484; *J. Coppens*, Le chapitre VII de Daniel, in: ÉThL 39 (1963) 87–113; *C. H. W. Brekelmanns*, The Saints of the Most High and Their Kingdom, in: OTS 14 (1965) 305–329.

[48] So mit Recht *H. W. Kuhn*, Enderwartung und gegenwärtiges Heil, in: StUNT 4 (Göttingen 1966) 90–93.

[49] *R. Asting*, Die Heiligkeit im Urchristentum, in: FRLANT 29 (Göttingen 1930) 71. Vgl. *N. A. Dahl*, Das Volk Gottes. Eine Untersuchung zum Kirchenbewußtsein des Urchristentums (Darmstadt 1963 [= Oslo 1941]) 85f.

Menschensohn im Kreis der Himmlischen betreffen, sondern schon die Gesamtheit der „Völker, Nationen und Zungen" ins Auge faßt, die „ihm dienten" (לה יפלחון). Die Deutung des Verses 18 klappt in den Visionsbericht vor[50] – die Korrespondenz zwischen den Geschehnissen um den himmlischen Archonten und der auf ihnen gründenden Hoffnung der „Heiligen des Höchsten" verlagert sich bereits zugunsten der letzteren. In solchem Kontext wird schließlich auch verständlich, warum der Menschensohn innerhalb der Textfolge 9f.13f.18 *vor* der Rechtsprechung des urteilsbereiten Gerichtsgremiums vom Hochbetagten die Weltherrschaft zu bleibendem Besitz erhält. Die in prädestinatianischem Sinne das baldige geschichtliche Ergehen der „Heiligen des Höchsten" festlegende Machtübertragung an den himmlischen Doppelgänger Israels ist die *Maßgabe der daran anschließenden Rechtsfindung:* die „Heiligen des Höchsten" brauchen das in großer Nähe zu erwartende umfassende Strafgericht über die Erde nicht zu fürchten, da jenes unmittelbar bevorstehende Gericht aufgrund der schon zurückliegenden Erhöhung ihres Völkerarchonten nur ein solches über die *Feinde und Verfolger* Israels sein kann.

2. Die Menschensohnvorstellung im Danielzyklus auf der Ebene ihres traditionsgeschichtlichen Zusammentreffens mit der Vier-Tier-Vision: Dan 7,2b bis 7.8abcα.9f.11b.13f.18.21.22

Unter den drei in Dan 7,17–27 erhaltenen Deuteabschnitten zur Menschensohnvision (V. 9f.13f) beinhalten die Verse 21.22 diejenige Auslegung, welche durch ihr Eingehen auf „*jenes*" die Heiligen durch Kriegführung überwältigende elfte „*Horn*" (V. 21) eine *erstmalige* Kenntnis der umrahmenden Vier-Tier-Vision verrät und damit deren Überlagerung durch die Menschensohnüberlieferung voraussetzt. Weil für das Rahmen*gesicht* seinerseits ein andauerndes Wachstum außer Zweifel steht[51], ist die genaue Rekonstruktion seines Umfangs sowie der Art seiner Überschneidung mit der Menschensohnvision für den Augenblick, da die Verse 21.22 ihre Deutung formulieren, unerläßliche Vorbedingung einer Beschreibung der von letzteren insinuierten Men-

---

[50] Vgl. *U. B. Müller*, Messias und Menschensohn, a.a.O. 29, Anm. 36.

[51] So schon *E. Sellin*, Einleitung in das Alte Testament (Leipzig [1]1910) 153 mit seiner Ausschaltung der Verse 8.20–21.24–25 aus einem älteren Textzusammenhang. Vorher beherrscht die These von *A. v. Gall* zur „Einheitlichkeit des Buches Daniel" die Danielforschung. *A. v. Gall* ist überzeugt, „daß kaum ein anderes Buch so einheitlich und in einem Zuge geschrieben ist wie es (sc. das Buch Daniel)" (a.a.O. 126). Später muß er unter dem Einfluß der durch *E. Sellins* Zweifel angestoßenen literarkritischen Arbeit *(G. Hölscher, M. Haller, M. Noth)* wenigstens für die Erzählungen der Kapitel 1–6 einen älteren Grundstock aus dem dritten Jahrhundert einräumen (vgl. *ders.*, Basileia tou theou, a.a.O. 266, Anm. 1).

schensohnvorstellung. Eine gleiche relationale Einpassung der Verse 21.22 in den mit der Vier-Tier-Vision beschäftigten *Deute*komplex (V. 17.19f.23f.25a) erübrigt sich, da dessen stilistischer und logischer Duktus durch *alle* Auslegungsansätze zur Menschensohnvision gleichermaßen störend unterbrochen wird und überdies keinerlei gegenseitige sachliche Verschränkung zu erkennen gibt[52].

Mit Sicherheit greifen die zur Diskussion stehenden und anhand der Formel חזה הוית עד די zusammengeschlossenen Deuteverse 21.22 auf die visionären Elemente aus Dan 7,8 zurück: nur in V. 8 ist von einem „Horn" die Rede, auf welches sich das ferndeiktische Pronomen דכן = *jenes* (sc. Horn) aus V. 21 zu beziehen vermag. Fraglich ist jedoch, in welchem Umfang V. 8 für die Auslegung der Verse 21.22 zur Verfügung steht und als wie ursprünglich sein Platz im Zusammenhang des Rahmengesichts beurteilt werden darf.

Ein Vergleich der aus Dan 7,2–7 ablesbaren Strukturgegebenheiten mit den sprachlichen Konturen des Verses 8 legt den Blick auf ein völlig verschieden geartetes literarisches Gebilde frei[53]. V. 8 wird von einer neuartigen Wendung eingeleitet: משתכל הוית ואלו . Nicht nur das (H)itpaal pt. s. m. משתכל , auch das zugrunde liegende Verbum שכל ist Hapaxlegomenon in den aramäischen Abschnitten des Alten Testaments. Die Wortverbindung משתכל הוית ואלו aus V. 8a gibt sich zudem als deutliche Anlehnung an die Wendung חזה הוית וארו in V. 7a zu erkennen. Eine solche Fortführung oder Wiederaufnahme des Visionsgeschehens liegt jedoch gänzlich abseits der durch die Formel חזה הוית וארו in den Versen 2b.6a und 7a vorgezeichneten Strukturlinie. Hinzu kommt: die doppelt gestufte Ordnung der Visionsschilderung, die innerhalb der vorausliegenden Verse 2–7 durch eine konsequente Satzsyntaxe und Reihung der genera verbi festlag, ist im Gefolge der Wendung משתכל הוית ואלו aus V. 8 auffallend verlassen und pervertiert. V. 8a berichtet über Veränderungen, von denen die in V. 7b geschilderten Umrisse des vierten Tieres betroffen werden. Diese Bewegungen im Erscheinungsbild des letzten Tieres sind aber promiscue teils mit aktivischen, teils mit passivischen Verbalformen wiedergegeben.

Ich gab acht auf die Hörner (vgl. V. 7b), und siehe, ein anderes kleines Horn *brach* zwischen ihnen hervor. Und drei von den ersten Hörnern vor ihm *wurden* ausgerissen.

Erst *nachdem* derart in V. 8 eine zweifache Bewegungswelle die Silhouette des vierten Tieres einer einschneidenden Veränderung unterzogen hat, folgt in V. 8b ein Nominalsatz, welcher zwei habituelle Besonderheiten des letzten Tieres nachbringt.

---

[52] Siehe oben S. 54. Vgl. *A. Welch*, Visions of the End (London o. J.) 105, 189f.

[53] *M. Haller*, Das Alter von Daniel 7, a.a.O. 86.

Und siehe, Augen wie die Augen eines Menschen waren an diesem Horn, und ein Mund, der große Dinge redete.

In den Versen 2b.5a.7a war die Interjektion וארו streng daran gehalten, die szenische Folge der einzelnen Visionsabschnitte abzugrenzen und zu markieren. Im Geltungsbereich der Formel חזה הוית וארו fand וארו stets an den szenischen Wendepunkten Verwendung, das heißt dort, wo es darum ging, die charakteristische habituelle Gebarung eines je neuen Gegenstandes visionärer Anschauung in den Text einzuführen. Dagegen ist ואלו in V. 8a und 8b an keinerlei derart festliegende, darstellungstechnische Obliegenheit gebunden. Die Aufgabe von ואלו trifft sich mit derjenigen von וארו nur in einem einzigen, strukturell wenig ergiebigen Detail: sowohl in V. 8a als auch in V. 8b hat ואלו einleitende Funktion. Im übrigen ist der Gebrauch von ואלו in V. 8 ausgesprochen strukturfremd, sobald man ihn an der Verwendung von וארו in den Versen 2b.5a.6a.7a mißt. Denn ואלו signalisiert nicht den Eintritt eines neuen visionären Bildszenariums, sondern gibt den Auftakt zu einem zweimaligen *Nachtrag* von Bildelementen, welche die aus V. 7b bereits bekannten Umrisse des vierten Tieres zu konkretisieren beabsichtigten[54]. Eine befriedigende Erklärung für die unübersehbare Diskrepanz in Form und Struktur, wie sie sich zwischen Dan 7,8 und den vorangehenden Versen 2b–7 eröffnet, kann nur in der Annahme gefunden werden, daß V. 8 kein ursprünglicher Bestandteil der Vier-Tier-Vision ist, sondern auf das Konto einer jüngeren Kommentierung und Erweiterung geht. In der Konsequenz dieser Wertung liegt das Ausscheiden aller auf V. 8 bezugnehmenden Deuteverse aus dem originären überlieferungsgeschichtlichen Zusammenhang des Rahmengesichts. Das heißt: neben den Versen 20b.24b.25a erweist sich *auch V. 21* als Folge eines *Nachtrags* zur Vier-Tier-Vision aus *später* bearbeitender Hand. Wieder wird deutlich, daß die Überschneidung des Rahmengesichts durch die Menschensohnvision der Verse 9f.13f zu einem Zeitpunkt vonstatten ging, da beide Traditionen längst eine je eigenständige ausgedehnte geschichtliche Entwicklung hinter sich gebracht hatten.

Von erheblicher Bedeutung für die Bemessung des Umfangs der Vier-Tier-Vision im Augenblick ihrer Überlagerung durch die Menschensohnvision ist die Beobachtung, daß zwischen V. 8 und V. 7bβ ein unmittelbarer Konnex besteht. Der Nominalsatz: וקרנין עשר לה – „und zehn Hörner hatte es" (sc. das vierte Tier) aus V. 7bβ wird ohne erkennbare Zäsur von V. 8a aufgenommen: „ich gab acht auf die Hörner". Der Verdacht, daß V. 7bβ ebenso wie V. 8 einem späteren Kommentator gutzuschreiben ist, wird akut. Zwar fügt sich V. 7bβ ohne Schwierigkeit in die durch die Formel חזה הוית וארו sowie durch den ein-

[54] *H. Gunkel*, Schöpfung und Chaos, a. a. O. 331: „Ein Horn hat weder Mund noch Augen. Dieser Zug wird also das Werk des (makkabäischen) Verfassers sein, der den Stoff als *Allegorie* aufgefaßt und in seiner Weise weiter ausgebildet hat."

heitlichen Gebrauch der Syntax vorgezeichnete Strukturlinie der Verse 2b–7bα ein. Aber die Notiz: „und zehn Hörner hatte es" hinkt spürbar nach[55]. Ferner agiert als Subjekt des in V. 7bα vorweg genannten Nominalsatzes: „verschieden (war) es von allen Tieren vor ihm" das pron. sep. 3.f היא. Es nimmt mit Nachdruck das „vierte Tier" aus V. 7a wieder auf. Dagegen ist das grammatische Subjekt des in V. 7bβ beigeordneten Nominalsatzes von gänzlich anderer Art: „und es (hatte) *zwei Hornreihen* von zehn" (sc. Hörnern). Eine solche Ablösung des durch והיא in V. 7bα gewichtig und einprägsam als grammatisches Subjekt apostrophierten vierten Tieres aus V. 7a nivelliert die deutlich wahrnehmbare Klimax in V. 7b, die in der Aussage über die Andersartigkeit des letzten Tieres ihr Ziel erreicht. So ist mit großer Gewißheit auch V. 7bβ (und die zugehörigen Deuteabschnitte der Verse 20a.24a) einer sekundär kommentierenden Überarbeitung der Vier-Tier-Vision zuzuweisen. Schloß aber das alte Rahmengesicht zunächst mit V. 7bα, dann verlangen die an den Versen 2b–7abα ablesbaren Strukturgegebenheiten nach einer Fortführung. Auch das vierte Teilgesicht bedarf einer zweiten Hälfte, in deren sprachlichem Niederschlag eine durch *passivische* genera verbi angesagte *Veränderung* der in V. 7abα anhand von Nominalsätzen entworfenen habituellen Umrisse des vierten Tieres erwartet werden muß. Dabei stößt man auf den beachtenswerten Befund, daß die am Anfang der vierten Teilvision des Rahmengesichts genannte Eröffnungsformel חזה הוית וארו sowohl in V. 9a als *auch in V. 11b* mit der Wortfolge חזה הוית עד די weitergeführt wird. Wenn aber V. 9a *oder* V. 11b als Fortsetzung von V. 7abα zur Wahl steht, so kann nur V. 11b in Betracht kommen[56]. Denn ausschließlich hier tritt jene für die zweiten Hälften der Vier-Tier-Vision charakteristische durchgängige Reihung passivischer Rektionsformen auf. Dagegen ist in V. 9f der im Anschluß an die Wendung חזה הוית עד די die zweiten Visionsstufen kennzeichnende passivische Verbalgebrauch ignoriert. Es begegnen nur zwei passiva (V. 9: רמיו ; V. 10: פתיחו), die je am Anfang und Ende einer Überzahl aktivischer Rektionen gegenüberstehen und zudem in keiner Weise auf V. 7abα zurückgreifen. Gemessen an V. 7abα ist auch die Situation der Verse 9 und 10 eine andere: mit keinem Wort kommt das vierte Tier ins Gespräch. Wohl aber ist davon in V. 11b die Rede. Auf der anderen Seite gibt es keinerlei erkennbare terminologische oder sachliche Verbindung zwischen V. 11b und den Versen 9.10. Jedoch entsteht ein ungebrochener und verständlicher Zusammenhang, sobald man V. 11b unmittelbar mit V. 7abα verklammert:

[55] *G. Hölscher,* Die Entstehung des Buches Daniel, a.a.O. 121. Vgl. *H. Gunkel,* Schöpfung und Chaos, a.a.O. 331f: „Die elf Hörner werden von dem Verfasser als elf Könige gefaßt. Demnach scheinen die Hörner aus dem Bedürfnisse, auch die Zahl der Könige angeben zu können, in den Stoff hineingekommen zu sein."

[56] *M. Noth,* Zur Komposition des Buches Daniel, a.a.O. 13.

V. 7abα: Darnach schaute ich (in den Gesichten der Nacht), da war ein viertes Tier, schrecklich, furchtbar und gewaltig stark. Und es hatte zwei große Zahnreihen aus Eisen, und seine Klauen waren aus Bronze. Es fraß und zermalmte und zertrat den Rest mit seinen Füßen. Und es unterschied sich von allen Tieren vor ihm.

V. 11b: Ich schaute, da wurde das Tier getötet. Und sein Körper wurde vernichtet. Und es wurde dem Feuerbrand übergeben.

In der Konsequenz dieser Beobachtungen liegt es, daß V. 11b mit hoher Wahrscheinlichkeit in die ursprüngliche Abmessung des Rahmengesichts aus Dan 7 gehört – also älter ist als die Verse 7bβ.8. Dann aber muß V. 11b bereits Bestandteil der Vier-Tier-Vision gewesen sein, als die Tradition des Rahmengesichts mit der Überlieferung der Menschensohnvision zusammentraf und die Verse 21.22 eine erste Auslegung der Menschensohnvision *im Kontext* der Vier-Tier-Vision in Angriff nahmen. Anders steht es mit V. 11a: „ich schaute dann wegen des Lärmes der großen Worte von seiten des sprechenden Horns". Seine sprachliche und grammatische Ausdrucksweise widerspricht mehrfach den aus den Versen 2b–7abα gewonnenen Strukturgesetzen. Die hier begegnende Wendung חזה הוית באדין verträgt sich nicht mit der abrupt anschließenden Formel חזה הוית עד די aus V. 11b. Die zeitadverbielle Bestimmung באדין : *sogleich, dann* ist mit der Konjunktion עד די unvereinbar, und schon die Tatsache, daß das nachgestellte באדין im biblischen Aramäisch sonst ausnahmslos an der Spitze eines Satzes zu stehen kommt, läßt auf einen späteren Zuwachs zur Überlieferung der Vier-Tier-Vision schließen[57]. Außerdem: V. 11a ist kein vollständiger Satz und weist mit einer gewaltsamen parenthetischen Geste ausschließlich auf V. 8.cβ zurück: „ein Mund" (sc. war an dem elften Horn), „der große Dinge redete". Diese Aussage des Verses 8cβ: ופם ממלל רברבן gehört jedoch zu den konventionellen Typisierungen des Seleukiden Antiochos' IV. Epiphanes im Buche Daniel und auch sonst innerhalb der frühjüdischen Überlieferung. Vgl. Dan 11,36: ידבר נפלאות (8,24: נפלאות ישחית) und 1 Makk 1,24: καὶ ἐλάλησεν ὑπερηφανίαν μεγάλην[58]. Offenkundig trat der den Zusammenhang gänzlich störende und durch stereotypen Wortlaut geprägte V. 11a ebenso wie sein visionärer Haftpunkt in V. 8cβ erst *nach* den gleichfalls nicht genuin zugehörigen Versen 7abβ und 8abcα zur Vier-Tier-Vision hinzu.

Dann aber rekrutierte sich der Bestand der Vier-Tier-Vision *zum Zeitpunkt ihrer Überlagerung durch die Menschensohnvision* aus den Versen 2b–8cα.11b.

---

[57] Vgl. *H. Junker*, Untersuchungen, a.a.O. 45, Anm. 1: „Im Anfang des Verses sind die Worte: ‚wegen der lauten großsprecherischen Worte, welche das Horn redete' späterer Zusatz, wie auch die verdoppelte Einleitungsformel: ‚ich schaute' zeigt."

[58] *F. M. Abel*, L'ère des Séleucides, in: RB 47 (1938) 207. Vgl. *H. L. Jansen*, Die Politik Antiochus des IV. (Oslo 1943); *F. Reuter*, Beiträge zur Beurteilung des Königs Antiochus Epiphanes (Diss. Münster) (Bethel 1948).

Auf seiten der Menschensohnvision ist dabei bedenkenswert, daß die in den Versen 21.22 vorliegende *älteste* Auslegung der Menschensohnvision *nach* diesem Zusammentreffen der beiden Überlieferungskreise nicht nur den Sprachgebrauch von V. 14 (יהיב vgl. V. 22), sondern auch denjenigen von V. 18 voraussetzt יחסנון vgl. V. 22: החסנו). Es wird sichtbar, daß die Überschneidung durch die Tradition des Rahmengesichts für die Menschensohnvision keine Trennung von der eigenen überlieferungsgeschichtlichen Vergangenheit bedeutete, sondern eine Weiterentwicklung des überkommenen Wissens auf der Basis einer behutsamen Sammlung desselben: V. 18 gehört ebenso wie V. 14 zur Grundlage der mit den Versen 21.22 neu ansetzenden Deutung der Menschensohnvision. Damit ergibt sich auf der traditionsgeschichtlichen Ebene von deren Kontaktnahme mit der Vier-Tier-Vision folgender unmittelbare Textzusammenhang:

„(7abα) Darnach schaute ich (in den Gesichten der Nacht), da war ein viertes Tier – schrecklich, furchtbar und gewaltig stark. Und es hatte zwei große Zahnreihen aus Eisen, und seine Klauen waren aus Bronze. Es fraß und zermalmte und zertrat den Rest mit seinen Füßen. Und es unterschied sich von allen Tieren vor ihm. (7bβ) Und zehn Hörner hatte es. (8abcα) Ich gab acht auf die Hörner, und siehe, ein anderes kleines Horn brach zwischen ihnen hervor. Und drei von den ersten Hörnern vor ihm wurden ausgerissen. Und siehe, Augen wie die Augen eines Menschen waren an diesem Horn. (9) Ich schaute, da wurden Thronsessel aufgestellt, und ein Hochbetagter nahm Platz. Sein Gewand war weiß wie Schnee und sein Haupthaar rein wie Wolle. Sein Thron bestand aus Feuerflammen, dessen Räder waren brennendes Feuer. (10) Ein Feuerstrom ergoß sich und ging aus von ihm (sc. dem Thron). Tausendmal Tausende dienten ihm und zehntausendmal Zehntausende standen vor ihm. Der Gerichtshof nahm Platz, und Bücher wurden aufgeschlagen. (11b) Ich schaute, da wurde das (sc. vierte) Tier getötet. Und sein Körper wurde vernichtet. Und es wurde dem Feuerbrand übergeben. (13) Ich schaute (in den Gesichten der Nacht), und siehe, auf den Wolken des Himmels kam einer wie der Sohn eines Menschen, und zum Hochbetagten kam er und vor ihn brachte man ihn. (14) Und ihm wurde gegeben Macht und Ehre und Königreich. Und alle Völker, Nationen und Zungen – ihm dienten sie. Seine Macht ist eine ewige Macht, die nicht vergeht. Und sein Königreich (sc. ist ein Königreich), das nicht zerstört wird.

(18) Und empfangen werden das Königreich die Heiligen des Höchsten, und sie werden das Königreich behalten bis in Ewigkeit und bis in die Ewigkeit der Ewigkeiten. (21) Ich hatte gesehen, daß jenes Horn Krieg führte mit den Heiligen und sie überwältigte (22) bis der Hochbetagte kam, und Gerechtigkeit gegeben wurde den Heiligen des Höchsten und (bis) die Zeit kam, da die Heiligen das Königreich erhielten."

Die Kontamination der Verse 9f.13f.(18) mit der Überlieferung des Rahmengesichts hinterläßt einschneidende Spuren im Aufbau der *visionären Szene*, welcher sich der „auf den Wolken des Himmels" zur Erde „kommende" Menschensohn anläßlich seiner Ausstattung mit universaler Macht konfrontiert sieht. In dieser Hinsicht verdient die Lokalisierung des Schnittpunkts beider Traditionskreise Interesse. Offensichtlich war der derzeitige Vorstellungsbestand der *Vier-Tier-Vision* (V. 2b–8cα.11b) bereits für die exegetische Möglichkeit prädisponiert, mit der überkommenen Ankündigung der Vernichtung des vierten Tieres in dessen elftem Horn und damit der Liquidation der vierten Weltmacht in deren letztem Repräsentanten durch „Feuerbrand" eine Anspielung auf das endzeitliche Weltgericht zu verbinden, welches als Fremdvölkergericht schon in der spätnachexilischen Prophetie mit einer Übereignung der Weltherrschaft an Israel seinen Beschluß finden[59] und nach Jub 9,15[60] auch durch „Feuer" erfolgen konnte. Nur unter dem Zwang dieser Voraussetzung wird die Position der Aussage des Verses 11b *zwischen* 9f und 13f verständlich. Denn es steht außer Frage, daß die andere Überlieferung eines vom Thron des Hochbetagten angesichts des urteilsbereiten Gerichtshofs der Himmlischen ausgehenden „Feuerstroms" (V. 9f) ebenso wie die zugehörige Tradition von der Ausrüstung des himmlischen Doppelgängers Israels mit einer das Geschick der Völker umfassend betreffenden Machtkompetenz (V. 13f) einer solchen Intention des Rahmengesichts entschieden entgegenkommen mußte. Ungeachtet dessen ist der Preis, welchen die ältere *Menschensohnvision* der Verse 9f.13f.(18) für eine derart motivierte Überschneidung mit der Vier-Tier-Vision hinzunehmen hatte, erheblich: im *neuen* Kontext des Rahmengesichts aus Dan 7 kann der Menschensohn *erst nach dem Vollzug* des Gerichtsentscheids über das vierte Tier in Erscheinung treten. Die Rechtsfindung der auf Erden tagenden Himmlischen nach Maßgabe der aufgeschlagenen (Schuld-)Bücher *und* die Realisierung jener Rechtsprechung in der Exekution des letzten Tieres *sind schon Akte visionärer Vergangenheit* für den Augenblick, da sich schließlich das „Kommen" des Menschensohnes „auf den Wolken des Himmels" vollzieht.

Die Konsequenzen für die Funktion des Menschensohnes liegen zutage. Sie lassen sich nur negativ beschreiben. Die Relation der Rolle des Menschensohnes zur Gerichtssitzung der Himmlischen, auf welcher die Überlieferung insistierte (Dan 7,9f.13 und 7,9f.13f.18), ist in gänzlicher Auflösung begriffen. Weder ist er authentischer Zeuge und autorisierter Vermittler des Strafgerichts[61], noch kommt die Übereignung universaler Gewalt an ihn als vorausliegende Norm oder als vorab feststehendes Ziel des zur Verurteilung der Israel feindlichen Weltmacht ansetzenden Gerichtsgremiums[62] in Frage. Mit der Rechtsfindung der Himmlischen hat der Menschensohn höchstens insofern zu tun, als die bereits zurückliegende Durchführung jener Rechtsprechung die weltgeschichtliche Bühne für sein Auftreten vor dem Hochbetagten bereinigt: nachdem in der Folge des Gerichts das vierte Weltimperium[63] in seinem elften Gewaltträger

---

[59] Vgl. *W. Eichrodt,* Theologie des Alten Testaments I (Stuttgart – Göttingen [7]1962) 316–319.
[60] Vgl. jedoch schon Jes 34,8–10 und Ez 39,6.
[61] Siehe oben S. 46–48. [62] Siehe oben S. 60f.
[63] Zum Vier-Reiche-Schema: *H. H. Rowley,* Darius the Mede and the Four World Empires in the

endgültig beseitigt ist, kommt die Zeit für den Hochbetagten, um an den Menschensohn die Weltherrschaft definitiv zu delegieren. Ohne sichtbaren funktionalen Bezug zur Tätigkeit des Gerichtshofs der Himmlischen präsentiert sich der Menschensohn als der vom Hochbetagten zum legitimen Inhaber herrscherlicher Gewalt über ein eschatologisches Reich von umfassenden Ausmaßen erhobene Völkerengel Israels.

Eine derartige Abdrängung des Menschensohnes aus dem unmittelbaren Feld der Geschehnisse um das Gericht der Himmlischen, wie sie sich im Zuge der Einpassung der Menschensohnvision in den Rahmen der Vier-Tier-Vision einstellt, belastet in beträchtlichem Maße das Entsprechungsmodell der Völkerarchontentheorie, die auch im Kontext der Deuteverse 21.22 unverkennbar vorausgesetzt ist (vgl. V. 22c mit 13f.18). Denn wenn nicht nur die Übereignung der Weltmacht an den himmlischen Doppelgänger (V. 13f vgl. 18), sondern mit der Vernichtung des vierten Tieres (V. 11b) auch dessen Verurteilung (V. 10c) und die Durchführung jenes Gerichtsentscheids schon der Vergangenheit angehören, dann duldet der Eintritt der notwendig korrespondierenden Ereignisse zugunsten „der Heiligen" (V. 18.22c) auf Erden keinen Aufschub. Das um so weniger, als im neuen Zusammenhang der Vier-Tier-Vision der überkommene V. 14b: „und alle Völker, Nationen und Zungen dienten ihm" (sc. dem Menschensohn) – eine besondere Brisanz erhalten mußte. Gerade dieser zwangsläufigen Logik des Völkerengelgedankens treten die Deuteabschnitte 21.22 korrigierend entgegen. Eine solche Korrektur ist im Blick auf die stehengebliebene ältere Auslegung des Verses 18 ihre vorgeordnete Funktion. Sie werden ihrer Aufgabe gerecht, indem sie Elemente der geschichtlichen Erfahrung „der Heiligen" in den Bericht der *Vier-Tier-Vision* nachbringen, die geeignet sind, jene Zeitspanne zu dehnen, die zwischen den Abläufen unter den Himmlischen und den durch sie prädestinierten Äquivalenzvorgängen auf Erden liegt: noch vor der Vernichtung des vierten Tieres durch „Feuerbrand" (V. 11b) und

---

Book of Daniel (Oxford 1935); *J. W. Swain*, The Theory of the Four Monarchies. Opposition History under the Roman Empire, in: Classical Philology 35 (1940) 1–21; *W. Baumgartner*, Zu den vier Reichen von Dan 2, in: ThZBas 1 (1945) 17–22; *M. Noth*, Das Geschichtsverständnis der alttestamentlichen Apokalyptik, in: Arbeitsgemeinschaft für Forschung des Landes Nordrhein-Westfalen, Geisteswissenschaften 21 (Köln – Opladen 1954) = *ders.*, Gesammelte Studien zum Alten Testament I, a.a.O. 248–273; *E. Groß*, Weltreich und Gottesvolk, in: EvTh 16 (1956) 241–251; *K. Koch*, Die Weltreiche im Danielbuch, in: ThLZ 85 (1960) 829–832; *ders.*, Spätisraelitisches Geschichtsdenken am Beispiel des Buches Daniel, in: HZ 193 (1961) 1–32; *O. Eißfeldt*, Daniels und seiner drei Gefährten Laufbahn im babylonischen, medischen und persischen Dienst, in: ZAW 72 (1960) 134–148; *A. B. Rhodes*, The Kingdoms of Man and the Kingdom of God. A Study of Daniel 7, 1–14, in: Interpretation 15 (1961) 411–430; *N. W. Porteous*, Das Danielbuch, in: ATD 2 (Göttingen [2]1968) 35–37; *F. Dexinger*, Das Buch Daniel und seine Probleme, in: SBS 36 (Stuttgart 1969) 32–38; *M. Hengel*, Judentum und Hellenismus, in: WUNT 10 (Tübingen [2]1973) 335f, Anm. 491.

damit auch vor der diesbezüglichen Rechtsprechung des himmlischen Gerichtshofs (V. 10b) sowie vor der Ausstattung des Menschensohnes als der himmlischen Entsprechungsfigur des irdischen Israel mit eschatologischem Herrschertum (V. 13f) liegt eine *befristete Zeit* (V. 22a: עד די), in deren Verlauf „jenes“ (sc. elfte) „Horn“ (sc. des vierten Tieres) „mit den Heiligen Krieg führt und sie überwältigt“ (V. 21). Dieselbe Absicht einer Verzögerung der innerhalb der Völkerarchontenvorstellung gebotenen irdischen Korrespondenzabläufe spiegelt sich in der Art und Weise, wie V. 22 Bestandteile der *Menschensohnvision* uminterpretiert und in ein neues zeitliches Koordinatensystem einordnet. So ist in V. 22a davon die Rede, daß der Hochbetagte „*kam*“ (אתה). Dieser Aussage fehlt ein Korrelat in der Visionsschilderung der Verse 9–14. Offenkundig soll der Stand der Vorgänge unter den Himmlischen noch hinter den Zeitpunkt des sich seit V. 9 aufbauenden visionären Gerichtsszenariums zurückdatiert werden. Denn die „Kriegführung“ gegen „die Heiligen“ und deren „Überwältigung“ durch das elfte „Horn“ liegen nach V. 22 jenen Abläufen im Kreis der Himmlischen deutlich voraus: sie dauern an „*bis* der Hochbetagte kam und Gerechtigkeit gegeben wurde den Heiligen des Höchsten und (bis) *die Zeit kam*, da die Heiligen das Königreich erhielten“. In dieselbe Richtung weist die Beobachtung, daß V. 22b zwar eindeutig auf V. 14a rekurriert, aber שלטן = *Macht* durch das Äquivalent דינא = *Gerechtigkeit* ersetzt[64]. Eine baldige irdische Konkretion der umfassenden Macht des Menschensohnes aus V. 13f.(18) lag für die Deutung der Verse 21.22 derart abseits der aktuellen geschichtlichen Erfahrung, daß man das Wort שלטן aus der Vision durch einen Begriff in die zugehörige Auslegung überführte, der neutraler und damit weniger geeignet war, im Gefälle des Völkerengelgedankens einer akuten Naherwartung Vorschub zu leisten. Man tat dies ungeachtet des Wissens darum, daß im unmittelbaren Textzusammenhang דינא jetzt einen doppelten semantischen Wert erhielt: „Gericht(shof)“ in V. 10c, „Gerechtigkeit“ in V. 22b.

Die von den Deuteversen 21.22 intendierte Vergrößerung des zeitlichen Abstands zwischen den Ereignissen um den Menschensohn anläßlich der Gerichtsversammlung der Himmlischen auf Erden und den nach Maßgabe der Völkerarchontentheorie notwendig entsprechenden Bewegungen in der Geschichte des irdischen Israel mußte an das Problem rühren, *was* jener bereits im Besitz der eschatologischen Weltmacht befindliche himmlische Doppelgänger *in der sich eröffnenden Periode befristeter Drangsal für das von ihm repräsentierte Volk tat.* Eine solche Frage mußte sich um so dringlicher stellen, als die Gestalt des Menschensohnes durch die Überlagerung der Vier-Tier-Vision eine starke zusätzliche Profilierung erfuhr: die ausschließende Gegensätzlich-

[64] Vgl. G. *Hölscher,* Die Entstehung des Buches Daniel, a.a.O. 120.

keit zwischen dem *Menschen*sohn und den vier *Tieren* sowie dessen „Kommen auf den Wolken des *Himmels*“ und deren „Emporsteigen aus dem *Meer*“ (V. 3) versah die Sonderstellung des himmlischen Archonten Israels mit einem zusätzlichen Akzent. Je mehr sich die Frist der Bedrängnis Israels unter dem elften Gewalthaber des vierten Imperiums auf der Linie eines massiven Verzögerungsproblems verschleppte, desto mehr konnte es sich anbieten, den derart exponierten und umfassend erhöhten Völkerengel Israels für die Dauer jener sich ausweitenden Zeitspanne der Unterdrückung aus der Passivität zu befreien, zu welcher ihn die Tradition (V. 9f.13f.18) anhielt. Der Menschensohn als der himmlische Doppelgänger Israels bedurfte einer Aufgabe innerhalb des Zeitraums äußerster Drangsal in seinem Volke.

3. Die Menschensohnvorstellung im Danielzyklus zum Zeitpunkt der literarischen Komposition von Dan 7: V. 2b–14.18.21f.25–27

Die eben zur Vier-Tier-Vision (V. 2b–8cα.11b) zugewachsene und diese ins Eschatologische wendende[65] Überlieferung der Menschensohnvision (V. 9f.13f) erfuhr nach den vorausliegenden Deutungsansätzen (V. 18 und 21.22) bald eine letzte Auslegung. Sie fand gleichzeitig mit der Komposition von Dan 7 in den Versen 25bc.26.27 ihren Niederschlag und ging über die ältere Deutung der Verse 21.22 in einem entscheidenden Punkt hinaus. Ihr Urheber setzte die schriftgelehrte Applikation der jeremianischen Siebzig-Jahre-Frist (Jer 25, 9–11; 29, 10–14)[66] auf siebzig Wochenperioden in Dan 9, 24–27 als bekannt voraus und konnte so unter Verzicht auf jegliche Erläuterung die *Dauer* der Drangsal unter dem elften „König“ (vgl. V. 24) „auf Zeit und zwei Zeiten und eine halbe Zeit“ (V. 25c) begrenzen: er rückte die in der Folge des eschatologischen Gerichtsakts erwartete Entmachtung des elften Königs (V. 26) ebenso wie den Antritt des fünften Weltimperiums durch das „Volk der Heiligen des Höchsten“ (V. 27) *an das Ende* der zweiten Hälfte der letzten Jahrwoche. Seine eigene Gegenwart wertete er als von der Mitte jener siebzigsten Jahrwoche an bemessenen und dem Gericht vorausliegenden Zeitraum endzeitlicher Qualifikation. Dabei kann nicht zweifelhaft sein, daß die dreieinhalb Zeiten aus V. 25c im Verhältnis zu den schon verstrichenen 69 1/2 Jahrwochen in Dan 9, 24–27a gesehen werden müssen und eine äußerst *kurze* Zeitspanne noch ausstehender Bedräng-

---

[65] Nichts weist darauf hin, daß die Vier-Tier-Vision, die mit der Vernichtung des vierten Tieres schloß, vor ihrem Zusammentreffen mit der Menschensohnvision eine eschatologische Spitze hatte. Das Vier-Reiche-Schema als solches war uneschatologisch.

[66] *W. Baumgartner*, Ein Vierteljahrhundert Danielforschung, a. a. O. 208–212; *W. Chraska*, Daniel und die 70 Jahreswochen. Zum heutigen Stand der Forschung (Diss. Wien 1958) und *P. Grelot*, Soixante-dix semaines d'années, in: Bib 50 (1969) 169–186.

nis vor dem Ende zur Sprache bringen wollen. Dessenungeachtet ist die Benennung der dreieinhalb Jahre in V. 25c bereits ein deutlicher Reflex der Bemühung, mit dem Problem der *Verzögerung* des in dichter Nähe erhofften eschatologischen Machtwechsels fertig zu werden. Denn gegenüber den 1150 Tagen aus Dan 8,14 ergibt die halbe Jahrwoche ein Plus von etwa 100 Tagen[67]. Diese Verlängerung des Zeitraums akuter Drangsal von seiten des elften Königs führt zu der Folgerung, daß die Terminansage in Dan 9,27b ebenso wie die von ihr abhängige Zeitangabe aus Dan 7,25c nur wenige Monate nach Dan 8,14 formuliert wurde, als die von Dan 8,14 fixierte Zeitspanne von 1150 Tagen ohne Änderung des Verfolgungszustandes zu verstreichen drohte. Jener letzte Ausleger der visionären Geschehnisse um den Menschensohn innerhalb des Danielzyklus brachte in seiner Deutung bereits das Wissen um die in Dan 9,(24–)27 vorgenommene Korrektur der überholten Befristung durch 1150 Tage (Dan 8,14) ein, indem er den Einbruch des fünften, ewigen, dem „Volke der Heiligen des Höchsten" zugewiesenen Weltreiches erst am Ende der zur Hälfte bereits abgelaufenen letzten Jahrwoche erwartete. Auf die Initiative dieses Interpreten dürfte auch V. 12 zurückgehen[68]: nach Art eines vaticinium ex eventu ließ er die zurückliegende Entmachtung der ersten drei Tiere (V. 2b–6) „auf Zeit und Stunde" (V. 12b) bestimmt sein, um unter Berufung auf eine aktuell ausgelegte Prophetie der Beseitigung des letzten Tieres in dessen elftem Horne nach „einer Zeit und zwei Zeiten und einer halben Zeit" (V. 25c) eine kontrollierbare Erfahrungsgrundlage zu geben[69].

Achse und Triebkraft des sich derart darbietenden Wachstums der Menschensohnvision *im neuen Rahmen der Vier-Tier-Vision* (V. 21.22 und 25b–27) ist das ungebrochene Bestreben der letzteren, die alte Hoffnung auf Vernichtung der von Beginn bekämpften vierten Weltmacht mit dem ungestörten Fortgang von deren durch Gewalttat und Unterdrückung gekennzeichneter Geschichte im Einklang zu halten. Mit Besorgnis beobachtete man den wachsenden Anspruch des erbarmungslosen Gegners zur Zeit seines elften Repräsentanten. Gewissenhaft registrierte man dessen zunehmenden Oppressionsdrang und versuchte, ihm mit immer neuen exegetischen Bearbeitungen der überkommenen Aussagen über das Geschick des vierten Tieres zu begegnen. Dabei wird eine zunehmende Steigerung der Feindseligkeit spürbar, welche nach Ablauf einer letzten Dreieinhalb-Zeiten-Frist (V. 25c) in dem Augenblick die Bedingungen für das eschatologische Geschehen einer endgerichtlichen Ablösung des verabscheuten Regimes durch das fünfte Universalimperium der „Heiligen des Höchsten" (V. 26f) gegeben sieht, da das elfte Horn des vierten Tieres mit einem

---

[67] *O. Plöger,* Das Buch Daniel, a.a.O. 142f.

[68] Siehe oben S. 54.

[69] *E. Oswald,* Zum Problem der vaticinia ex eventu, in: ZAW 75 (1963) 38.

„Mund, der große Dinge redete" (V. 8cβ vgl. 11a) anfing, „Worte gegen den Höchsten zu reden" (V. 25a), und darnach „trachtete", durch „Änderung" von „Terminen und Gesetz" (V. 25b) die Belange der transzendenten Macht unmittelbar zu tangieren. Auf seiten der inzwischen fest in das Rahmengesicht integrierten Menschensohnvision macht sich dabei noch auf der Stufe ihrer letzten Deutung im Danielzyklus das energische Bestreben bemerkbar, die älteren Auslegungen (V. 18 und 21.22) nicht aus dem Überlieferungsgang auszuscheiden, sondern ihre Aussagen gewissenhaft zu registrieren und durch sorgfältige Interpretation zu modifizieren: V. 25b nimmt V. 21 auf, und V. 25c hängt sich an V. 22 an, wo vom „Kommen" der „*Stunde*" die Rede war, „da die Heiligen das Reich erhielten" – wie schon der Wortlaut der Verse 21.22 die Deutung des Verses 18 voraussetzte[70].

Fragt man nach Funktion und Eigenart des Menschensohnes auf der letzten und jüngsten Ebene der im Umkreis des Danielzyklus erkennbaren traditionsgeschichtlichen Entwicklung der Menschensohnvision, so ändert sich zum Zeitpunkt der Komposition von Dan 7 zunächst nichts an der dominanten Identifikation jener „auf den Wolken des Himmels" zur Erde „kommenden" Gestalt mit dem *Völkerengel* Israels, der nach dem Vollzug des irdischen Gerichts der Himmlischen am vierten Tier und dessen elftem großsprecherischen Horn (V. 8cβ.11a) mit endzeitlicher Weltmacht ausgestattet wird (vgl. V. 9f.11b.13f.18.21f). Es ist gerade der die Völkerarchontentheorie tragende Entsprechungsmechanismus, welcher mit der betonten Wiederaufnahme des Verses 14 durch V. 27 in Erinnerung gerufen wird:

V. 14a: Und ihm (sc. dem Menschensohn) wurde gegeben Macht und Ehre und Königreich.	V. 27: Und das Königreich und die Macht und die Größe der Königreiche unter dem ganzen Himmel wird dem Volk der Heiligen des Höchsten gegeben werden.
V. 14c: Seine (sc. des Menschensohnes) Macht ist eine ewige Macht, die nicht vergeht. Und sein Königreich (sc. ist ein Königreich), das nicht zerstört wird.	Sein Reich ist ein ewiges Reich,
V. 14b: Und alle Völker, Nationen und Zungen – ihm dienten sie.	und alle Mächte werden ihm dienen und gehorchen.

Aufmerksamkeit verdient der Umstand, daß die Verse 25bc.26 eine erneute (vgl. V. 21f) Anstrengung erkennen lassen, die irdischen Korrespondenzvorgänge zu verzögern, welche „das Volk der Heiligen des Höchsten" aufgrund der seine Zukunft bestimmenden und visionär vermittelten Abläufe um den Menschensohn (V. 9–14) erwarten mußte. Die Tendenz, durch Zwischenschaltung eines befristeten und dadurch eschatologisch qualifizierten Zeitraums der

[70] Siehe oben S. 66.

Bedrängnis das Entsprechungsdenken der Völkerengelvorstellung zu retardieren, nimmt massivere Züge an:

V. 25: Und Worte wird er (sc. der elfte König, vgl. V. 24) gegen den Höchsten reden. Und er wird die Heiligen des Höchsten aufreiben. Und er wird trachten, zu ändern Termine und Gesetz. Und sie (sc. die Heiligen des Höchsten) werden in seine Hand gegeben sein auf Zeit und zwei Zeiten und eine halbe Zeit.

V. 26: Und der Gerichtshof wird Platz nehmen, und seine (sc. des elften Königs) Macht wird ihm entrissen werden, um endgültig zerstört und vernichtet zu werden.

Gegenüber den Versen 21.22 fällt die ausschließlich futurische Rektion der Verbalformen auf. In ihrem Kontext bringt „der Gerichtshof", der erst „Platz nehmen *wird*" (V. 26a), zum Ausdruck, daß die vorausliegenden dreieinhalb Zeiteinheiten der Drangsal neben der Fixierung des Termins eine *Verlängerung* der numerisch nicht bemessenen Zwischenzeit aus V. 21f bezwecken[71]. Im Einklang damit steht, daß die feindselige Tätigkeit des elften Königs umfassendere Züge annimmt: er wird „die Heiligen des Höchsten" nicht nur „aufreiben" (V. 25b vgl. 21), sondern sie werden dreieinhalb Zeiten „*in seine Hand gegeben sein*" (V. 25c). Für die Dauer dieser Zeitspanne wird er darnach „trachten", durch „Änderung" des kultischen Kalendariums[72] und der Tora (vgl. Dan 6,6) die bestehende Weltordnung zu pervertieren. Entsprechend wird die Durchführung des ausstehenden Gerichts der Himmlischen an ihm mit ungewohnt detailliertem Nachdruck beschrieben: „seine Macht wird ihm entrissen, um endgültig zerstört und vernichtet zu werden" (V. 26b). Dabei ist beachtenswert, daß die Deuteverse 25b–27 zwar den Zeitpunkt der Konstitution des *Gerichtsgremiums* expressis verbis hinter den zeitlichen Ansatz der Verse 10–12 zurückverlagern, nicht aber das Faktum der Überlassung der Weltherrschaft an den Menschensohn (V. 13f). Die Geschehnisse um den Menschensohn *selbst* werden offenkundig nicht von dem Willen der Deuteabschnitte 21.22 und 25b–27 betroffen, die Naherwartung im Gefolge des Völkerengelglaubens mit der Erfahrung der aktuellen Geschichte zu konsolidieren. Der Grund liegt auf der Hand: nur der Vollzug des eschatologischen *Gerichts* durch die Himmlischen markiert die Zeitenwende, nicht jedoch die Übertragung weltherrscherlicher Befugnis an den Menschensohn. Durch seine Ausklammerung aus dem unmittelbaren Tätigkeitsbereich der Gerichtsversammlung vermag der Menschensohn nichts zur eschatologischen Qualifikation jener sich ausdehnenden Frist der Bedrängnis unter dem elften König beizutragen, auf welche sich das Interesse der Verse 25b–27 (vgl. V. 21f) vorrangig konzentriert.

---

[71] Siehe oben S. 52.

[72] *A. Bentzen*, Daniel, a.a.O. 67, und *H. H. Rowley*, The Relevance of Apocalyptic (London ²1947) 87; *E. Young*, The Prophecy of Daniel. A Commentary (Grand Rapids 1949) 20 (zu Dan 3,21). Vgl. dagegen *H. L. Ginsberg*, Studies in Daniel (New York 1948) 30.

Angesichts der eklatanten Absicht, diese Zwischenzeit äußerster Unterdrükkung ohne Schaden für den Entsprechungsmechanismus der Völkerarchontentheorie (V. 27) in die Länge zu ziehen, drängt sich erneut die Frage auf, ob sich die frühjüdische[73] Erwartung des Menschensohnes auf der letzten Stufe ihrer traditionsgeschichtlichen Entwicklung innerhalb des Danielzyklus damit begnügen konnte, daß dieser als himmlische Entsprechungsfigur des irdischen Israel lediglich die gänzlich passive Funktion des Garanten einer baldigen und endgültigen Umschichtung der Machtverhältnisse auf Erden wahrnahm.

Es darf nicht übersehen werden, daß erstmals in frühjüdischem Schrifttum von Dan 10,13.20.21 Michael als Völkerengel Israels genannt wird, der in aktivem Kampf den himmlischen Völkerarchonten Persiens und Griechenlands begegnet. Obwohl es nicht möglich ist, innerhalb der aus Dan 7,9–14.18.21f.25–27 erkennbaren Abläufe die Vorstellung einer vergleichbaren Auseinandersetzung Michaels mit dem Völkerengel Griechenlands zu etablieren[74], führt die in Dan 10,21 beobachtete Identifikation des Völkerarchonten Israels mit *Michael* weiter. Denn nach Dan 12,1 nimmt Michael eine zusätzliche Aufgabe wahr.

12,1: Und in jener Zeit wird sich Michael, der große Fürst, erheben, der über den Kindern deines Volkes steht. Und es wird eine Zeit der Bedrängnis sein, wie sie nicht war, seit ein Volk besteht bis auf jene Zeit. Und in jener Zeit wird dein Volk gerettet werden – jeder, der im Buch aufgeschrieben gefunden wird.

Die Funktion Michaels läßt sich nicht genau definieren. Die Aussage, daß er „über den Kindern deines Volkes steht", macht jedoch hinreichend deutlich, daß man von ihm tätigen Beistand in der letzten Drangsal, nicht aber Rettung erwartete[75]. Unklar bleibt, worin diese Hilfeleistung konkret besteht. Hier ist ein Blick auf TestDan 5,4; 6,2–7[76] und TestLevi 5,6 nützlich.

---

[73] Methodische Relevanz besitzt die Entscheidung darüber, ob man die Auslegung des Buches Daniel bzw. der Überlieferungen des Danielzyklus unter alttestamentlichen oder frühjüdischen Voraussetzungen betreiben will. Auch in dieser Hinsicht läßt der terminus „nachalttestamentlich" eine Sachentscheidung vermissen.

[74] Anders *F. Stier,* Gott und sein Engel im Alten Testament, a.a.O. 91: „Es kann sein, daß dem Verfasser und seinen Lesern die Vorstellung eines Kampfes gegen die Repräsentanten der feindlichen Völker vorschwebte."

[75] Das Nifal impf. in Dan 12,1 ימלט vertritt ein passivum divinum. Anders *K. Marti,* Das Buch Daniel, in: KHAT 18 (Tübingen – Leipzig 1901) 89: „Die Rettung erfolgt durch den Schutzengel Israels, Michael." Der Gedanke an ein Buch, in welchem „jeder" verzeichnet ist, der „gerettet wird", hat sich vielleicht aus den altisraelitischen Geschlechtsregistern entwickelt. Hier ist Sterben identisch mit einem Gestrichenwerden aus dem Buche des Lebens (Ex 32,32f). Wird der Tod als Strafe für die Sünde gewertet, muß sich mit dieser Anschauung ein moralischer Aspekt verbinden – der Sünder wird aus dem Buch gestrichen, der Gerechte bleibt auf der Liste (Ps 69,29). Auf diesem Wege kann das Buch des Lebens zum Verzeichnis der Gerechten werden (Ps 87,6), welche ihrer definitiven Belohnung entgegengehen (Jes 4,3). Vgl. *F. Nötscher,* Himmlische Bücher und Schicksalsglaube im Qumran, in: RQ 1 (1958/59) 405–411.

[76] Der Satz in TestDan 6,6a: „Zur Zeit der Gottlosigkeit Israels wird der Herr von ihnen weggehen,

TestDan 5,4: Denn ich weiß, daß ihr in den letzten Tagen vom Herrn abfallen werdet. Und ihr werdet Levi erzürnen und euch gegen Juda auflehnen. Aber ihr werdet gegen sie nichts vermögen. Denn ein Engel des Herrn wird sie beide führen. Denn durch sie wird Israel Bestand haben.

TestDan 6,2–7: Naht euch Gott und dem Engel, der für euch bittend eintritt. Denn er ist der Mittler zwischen Gott und Menschen. Und für den Frieden Israels wird er sich gegen das Reich des Feindes stellen. Darum müht sich der Feind, alle, die den Herrn anrufen, zu Fall zu bringen. Denn er weiß, daß am Tage, an dem Israel umkehren wird, das Reich des Feindes beendet sein wird. Denn er selbst, der Engel des Friedens, wird Israel stärken, damit es nicht in das äußerste Übel fällt. Denn keiner der Engel ist ihm gleich. Sein Name wird an jedem Ort Israels sein.

TestLevi 5,6: Und er (sc. der Engel, der Levi auf seiner Himmelsreise begleitete) sprach: ich bin der Engel, der für das Geschlecht Israels bittend eintritt, damit es nicht zertreten werde.

Die zitierten Belege lenken die Aufmerksamkeit auf einen unter den Himmlischen exponierten Engel, der Israel zugewiesen ist, um dem bedrängten Volke in den „letzten Tagen" durch „Führung", „Vermittlung zwischen Gott und Menschen", „Stärkung" und „Fürbitte" beizustehen[77]. Dabei ist von Bedeutung, daß derselbe Engel im benachbarten[78] Qumranschrifttum Michael heißt und seine eschatologische Schutzfunktion mit der Aufgabe des himmlischen Völkerarchonten Israels zusammengesehen wird.

1 QM 13, 10: Den Fürsten des Lichts (= Michael)[79] hast du (sc. Gott) seit ehedem bestimmt zu unserer Hilfe. In seiner Hand sind alle Söhne der Gerechtigkeit und alle Geister der Wahrheit sind in seiner Herrschaft.

Vgl. 1 QM 17,6–8: Und er (sc. Gott) sendet ewige Hilfe dem Lose seiner Erlösung durch die Kraft des mächtigen Engels, für Michaels Herrschaft im ewigen Licht. Um mit Freude zu erleuchten die Erwählten Israels, mit Frieden und Segen für Gottes Los, um aufzurichten unter den Göttlichen die Herrschaft Michaels und die Herrschaft Israels unter allem Fleisch.

Zieht man nach dem Gesagten noch den Umstand in Betracht, daß Dan 12,1(–3) keinerlei Zusammenhang mit der unmittelbaren textlichen Umgebung verrät und sich dadurch deutlich als selbständiges Fragment zu erkennen gibt[80],

---

und er wird zu einem Volk, das seinen Willen tut, sich hinwenden" – stört syntaktisch und „ist christlich": *J. Becker*, Die Testamente der zwölf Patriarchen, in: Jüdische Schriften aus hellenistisch-römischer Zeit III, 1 (Gütersloh 1974) 97, Anm. 6a. Vgl. *ders.*, Untersuchungen zur Entstehungsgeschichte der Testamente der zwölf Patriarchen, in: AGJU 8 (Leiden 1969) 355.

[77] Vgl. die Vorgänge in 2 Makk 10,29f; 11,6–10. Zu Dan 12,1: *W. Lueken*, Michael (Göttingen 1896) 26.

[78] Zu diesem Problemkomplex jetzt *A. Mertens*, Das Buch Daniel im Lichte der Texte vom Toten Meer, in: SBM 12 (Würzburg – Stuttgart 1971) passim.

[79] Zur Diskussion *M. Burrows*, Mehr Klarheit über die Schriftrollen (München 1958) 245.

[80] Vgl. *F. Nötscher*, Altorientalischer und alttestamentlicher Auferstehungsglaube (Würzburg 1926) 164; *H. Junker*, Untersuchungen a.a.O. 99f und *W. Baumgartner*, Ein Vierteljahrhundert Danielforschung, a.a.O. 225.

so wird man mit Rücksicht auf die verbreitete diesbezügliche Tradition des Frühjudentums aus einer solchen unvermittelten Einführung schließen dürfen, daß *die Schutz- und Beistandsfunktion Michaels im Kontext der Völkerengeltheorie* (vgl. Dan 10,13.20.21) zumindest in den späteren Trägerkreisen des Danielzyklus eine bekannte Größe war. Hinzu kommt ein Weiteres: die vielfache Hilfeleistung Michaels wird von Dan 12,1 (und der Überlieferung) gerade für „jene Zeit der Bedrängnis" erwartet, deren Ausdehnung und definitive Befristung das hervorstechende Anliegen der Deuteabschnitte in Dan 7,25b–27 ist. Dadurch aber wird es hinreichend wahrscheinlich, daß man in der letzten von Dan 7 aus sicher erreichbaren Phase der Entwicklung der Menschensohnvorstellung den längst mit eschatologischer Weltmacht ausgestatteten Menschensohn schließlich mit *Michael,* dem Völkerarchonten *und Schutzengel* Israels, identifizierte. Man wird damit um so eher rechnen dürfen, als unter dieser Bedingung die naheliegende Frage eine befriedigende Antwort erhalten konnte, was jener voll in sein endzeitliches Weltherrscheramt eingesetzte himmliche Doppelgänger Israels *während* der sich dehnenden eschatologischen Zeit extremer Bedrückung durch Antiochos IV Epiphanes für das Volk tat, dessen Vertretung unter den Himmlischen *und* dessen derzeitige Unterstützung seine Profession war.

4. Menschensohnvorstellung und Entwicklung des Engelglaubens im Danielzyklus

Leitschiene und Grenze der Entwicklung der Menschensohnvorstellung im Danielzyklus ist die Entwicklung von dessen Engellehre. Nirgends wird der dadurch gesteckte Rahmen überschritten. Alle Wendemarken des Engelglaubens im Danielzyklus[81] zeichnen sich exakt in den maßgebenden traditionsgeschichtlichen Bewegungen der Menschensohnerwartung ab.

So wird die sich im Alten Testament andeutende Anschauung von den Schutzengeln (vgl. Gen 24,7; 1 Kön 19,5 und Ps 34,8; 91,11) im Buch Daniel dahingehend weitergebildet, daß nicht nur die einzelnen Menschen, sondern auch die *Völker* einen eigenen Schutzengel haben. Dieser Gedanke führt erstmals in Dan 10,13.20.21 zu der Überzeugung, daß die Feindschaft der Völker auf der Erde ihre prädestinierende Entsprechung in der Auseinandersetzung der himmlischen Völkerengel hat[82]. Die daraus resultierende Völkerarchontentheorie ist für alle von Dan 7 aus erreichbaren Entwicklungsstufen der Menschensohnvorstellung gleich fundamental, soweit sich die Überlieferung der Menschensohn-

[81] *A. Mertens,* a.a.O. 100–102.

[82] *H. Bietenhard,* Die himmlische Welt im Urchristentum und Spätjudentum (Tübingen 1951) 108–111.

vision im Kontext unterschiedlicher *Deutungs*ansätze erhielt (V. 9f.13f.18; 2b–8cα.9f.11b.13f.18.21.22; 2b–14.18.21f.25–27). Innerhalb des frühjüdischen Traditionsspektrums der vorchristlichen Zeit hebt sich dieses Zusammengehen der Menschensohnerwartung mit dem Entsprechungsdenken der Völkerengelidee um so markanter ab, als letztere in solcher Gestalt außerhalb des Danielzyklus nicht mehr belegt werden kann. Schon die Völkerarchontentheorie des Qumranschrifttums unterscheidet sich erheblich. Im selben Umfang wie dort die Begriffe „Volk" und „Israel" im Zuge der zunehmenden[83] dualistischen Verschärfung der Selbsteinschätzung der Essener[84] ihre nationale Identität einbüßen, gibt es keine Völkerengel im strengen Verstande mehr, sondern nur noch den „Engel der Finsternis", welcher ausschließlich Michael, dem himmlischen Doppelgänger der „Söhne des Lichts", entgegentritt.

Erstmals wird in Dan 10,13.20.21 Michael als himmlischer Völkerarchont Israels bekanntgegeben. Daß Engel überhaupt mit Namen genannt werden, ist vorher nicht belegbar. Im Überlieferungsstratum des Danielzyklus mußte die traditionelle Bezeichnung eines Engels durch die Wendung: „einer wie der Sohn eines Menschen" (Dan 7,13) daher zwangsläufig dazu führen, mit jenem Menschensohn einen bestimmten Engel zu identifizieren (vgl. Dan 8,15.16; 9,21; 10,5.18)[85]. Spätestens zur Zeit der Komposition von Dan 7 (vgl. Dan 7,2b–14.18.21f.25–27) bot sich Michael hierzu an. Denn das durch die schließliche Überschneidung der beiden ursprünglich selbständigen Überlieferungen von Menschensohnvision und Vier-Tier-Vision auftretende massive Verzögerungsproblem (vgl. Dan 7,21f und 25–27) verlangte nach einem Menschensohn, der in der sich dehnenden Periode endzeitlicher Drangsal jene Aufgabe des Beistandes wahrzunehmen vermochte, welche die Tradition längst Michael als dem himmlischen Doppelgänger Israels zuwies (vgl. Dan 12,1)[86].

---

[83] Hierzu jetzt *P. v. d. Osten-Sacken*, Gott und Belial. Traditionsgeschichtliche Untersuchungen zum Dualismus in den Texten aus Qumran, in: StUNT 6 (Göttingen 1969) passim.

[84] Vgl. *K. Müller*, Artikel Qumran, in: Sacramentum Mundi IV (Freiburg i.Br. 1969) 7–11.

[85] Siehe oben S. 48f.

[86] Alle älteren Deutungen des Menschensohnes aus Dan 7,13f auf ein Engelwesen (*C. Clemen*, Die religionsgeschichtliche Erklärung des Neuen Testaments [Gießen ²1924] 72; *E. König*, Die messianischen Weissagungen des Alten Testaments, a.a.O. 305; *C. H. Kraeling*, Anthropos and Son of Man, a.a.O. 132f; *P. Volz*, Die Eschatologie der jüdischen Gemeinde im neutestamentlichen Zeitalter, a.a.O. 12; *Z. Zevit*, The Structure and Individual Elements of Daniel 7, in: ZAW 80 [1968] 385–387) oder auf Michael (*T. K. Cheyne*, Artikel Daniel, in: Encyclopaedia Britannica IV [London 1928] 803–807; *A. C. Welch*, Visions of the End, a.a.O. 131; *F. Stier*, Gott und sein Engel im Alten Testament, a.a.O. 90–129) scheiterten daran, daß der Entsprechungsmechanismus der Völkerarchontentheorie vor den Qumranfunden nicht in der erforderlichen Schärfe erkannt und legitim herangezogen werden konnte. Hierauf aufmerksam gemacht zu haben ist das Verdienst von *U. B. Müller*, Messias und Menschensohn, a.a.O. 28–30. Was bis zur Stunde fehlt, ist ein Versuch, die spezifische *Entwicklung* des Engelglaubens im Daniel*zyklus* korrelativ zur *Entwicklung* der Menschensohnvorstellung im selben Überlieferungskreis darzustellen.

Die parallele Entwicklung von Menschensohn- und Engelvorstellung im Danielzyklus legt endlich den traditionsgeschichtlichen Ort der sogenannten „Danielvorlage" (Dan 7,9f.13) fest[87]. Trifft es zu, daß sich dort der Menschensohn als autorisierter Zeuge und authentischer Vermittler des Strafgerichts der Himmlischen auf Erden darbietet und sich diese seine Funktion als Weiterentwicklung des „Wächters und Heiligen" aus Dan 4 (V. 10.14.30) verständlich machen läßt[88], so darf nicht unerwähnt bleiben, daß das Engelmodell des „Wächters" ausschließlich an dieser Stelle der frühjüdischen Literatur in einer positiven Relation zum Einsatz kommt und nicht die sündhaft gefallenen Engel aus Gen 6,1–4 im Auge hat (vgl. äthHen 12,4; 13,10; 15,9 und 1QGenAp 2,1.16; Dan 2,18)[89]. Dann aber kann die „Danielvorlage" schwerlich etwas anderes sein als der früheste hinter Dan 7 erkennbare überlieferungsgeschichtliche Ansatz der sich schließlich in *vier* Etappen *innerhalb des Danielzyklus* vollziehenden Entwicklung der Menschensohnvorstellung[90].

Durch die spätere Überlagerung der *Vier-Tier-Vision* (Dan 7,2b–8cα. 9f.11b.13f.18.21f) erhält der *Menschen*sohn zusätzliches Gewicht. Gegenüber den vier *Tieren* wird er der ganz andere. Diese sekundäre Profilierung führte jedoch ebensowenig zu einem Verlassen des Engelglaubens im Danielzyklus wie der Umstand, daß es *jetzt* mit der Übereignung der Weltmacht an den himmlischen Doppelgänger Israels zunehmend (vgl. Dan 7,22 mit 27) und zentral um die Wiederbelebung der niemals aufgegebenen nationalen Hoffnung auf eine Restitution des davidischen Großreichs der Vergangenheit geht, welches man als fünftes Weltimperium in der Folge des eschatologischen Strafgerichts (vgl. Dan 7,11b.26f) erwartete[91]. Der Menschensohn ist und bleibt ein Engel. Er erhält niemals die Funktion eines Richters oder Retters messianischen Zuschnitts[92].

5. Folgerungen

Das Wissen um die derart streng und geschlossen im Bereich des Engelglaubens verharrende Entwicklung der Menschensohnvorstellung im Danielzyklus gibt Anlaß zu zwei wesentlichen Konsequenzen.

---

[87] Siehe oben S. 37–44. [88] Siehe oben S. 46–50.

[89] עיר וקדיש in Dan 4,10 ist Hendiadyoin: *O. Plöger*, Das Buch Daniel, a.a.O. 71.

[90] Die Bestreitung einer frühjüdischen und urchristlichen Menschensohntradition durch *R. Leivestadt*, Der apokalyptische Menschensohn, ein theologisches Phantom, in: ASTI 6 (1967/68) 49–105 ist absurd. Vgl. *ders.*, Exit the Apocalyptic Son of Man, in: NTS 18 (1972) 243–267.

[91] Vgl. *K. Baltzer*, Das Ende des Staates Juda und die Messias-Frage. Festschr. G. v. Rad (Neukirchen 1961) 33–43.

[92] Bislang wurde das Verständnis des Menschensohnes in Dan 7,13f massiv durch einen verwaschenen und statischen Begriff vom frühjüdischen „Messias" erschwert. Was ist „messianisch"? Die

Eine erste Folgerung betrifft die Methode der Menschensohnforschung an ihrem wichtigsten Ort: in den Bilderreden. Grundlegend geht es hier stets um die entscheidende Frage, ob und mit welchem methodischen Recht sich die Menschensohnvorstellung der Bilderreden als direkte Entfaltung oder deutende Umgestaltung von Dan 7,9.10.13.14 verständlich machen läßt[93]. Sie ist alternativ mit der anderen Frage verbunden, ob und inwieweit sich in den Bilderreden Reste einer vordanielischen Menschensohnüberlieferung niedergeschlagen haben[94]. Beide Fragen berühren nicht notwendig den Ursprung der Menschensohnvorstellung überhaupt[95]. Angesichts der Quellenlage hängt von ihrer Beantwortung jedoch die Beurteilung des traditionsgeschichtlichen Standorts der vorsynoptischen Menschensohnerwartung innerhalb des Frühjudentums ab. Nach dem Gesagten müssen alle jene Versuche methodisch zweifelhaft werden, welche die sogenannte „Grundvision" aus äthHen 46–47; 48,2–7 punktuell mit Dan 7,9.10.13.14 unter Vorordnung des literarischen oder des motivgeschichtlichen Gesichtspunktes vergleichen, um hier zu einer Antwort zu kommen. Die sich ohne erhebliche Überstände gänzlich im Rahmen der Engellehre erstreckende Entwicklungslinie der Menschensohnvorstellung im Danielzyklus macht vielmehr darauf aufmerksam, daß man besser mit *unterschiedlichen Trägerkreisen je geschlossener Menschensohnerwartungen* im Frühjudentum (und bei den Synoptikern) rechnet als mit einer verwirrenden Unzahl singulärer oder gebündelter Motivverschiebungen und -überlagerungen. Im Blick auf die Bilderreden und den Danielzyklus heißt das: Methodisch empfiehlt sich der relationale Vergleich der *gesamten Entwicklung* der Menschensohnvorstellung *und ihrer maßgebenden Tendenz* in den Bilderreden[96] mit dem *gesamten Entwicklungsspektrum* des Menschensohngedankens im Danielzyklus[97].

Eine zweite Konsequenz bietet sich im Blick auf die synoptischen Menschensohnworte an. Die Rekonstruktion der Entwicklung der Menschensohnvorstel-

---

Antwort auf diese Frage kann nur fallweise und in engster Relation zum *Fortgang* der Zeit- und Literaturgeschichte des Frühjudentums gefunden werden. Ganz sicher ist PsSal 17,22–31 ein wesentlicher, aber keineswegs der einzige Orientierungspunkt.

[93] Direkte Entfaltung: *U. B. Müller*, Messias und Menschensohn, a. a. O. 40f. Deutende Umgestaltung: *J. Theisohn*, Der auserwählte Richter, a. a. O. 47.

[94] So *M. Noth*, Zur Komposition des Buches Daniel, a. a. O. 14–19 bzw. 146–151; *K. Müller*, Menschensohn und Messias, a. a. O. 174–176. Ähnlich *R. Maddox*, Methodenfragen in der Menschensohnforschung, in: EvTh 32 (1972) 149f.

[95] *Beide* Fragestellungen nicht auseinanderzuhalten, ist seit *W. Bousset*, Die Religion des Judentums im neutestamentlichen Zeitalter (Berlin [1]1903) 251–254, eine die Erforschung der Überlieferungsgeschichte der Menschensohnvorstellung stark behindernde Gewohnheit. Vgl. den Überblick von *R. Marlow*, The Son of Man in Recent Journal Literature, in: CBQ 28 (1966) 20–30.

[96] Hierzu *K. Müller*, Menschensohn und Messias, a. a. O. 162–179.

[97] Der detaillierte Vergleich mit der Tradition hinter Dan 7 fehlt der Untersuchung von *M. D. Hooker*, The Son of Man in Mark. A Study of the Background of the Term ‚Son of Man' and its Use in St. Mark's Gospel (London 1967).

lung im Danielzyklus führt notwendig zu der Erkenntnis, daß der *stehende Wortlaut* von Dan 7,13f wenig oder nichts gegenüber der sich unterschwellig ständig *wandelnden Vorstellung* besagt. Das bedeutet, daß direkte oder indirekte Zitationen von Dan 7,13f in urchristlichem Schrifttum nicht allzuhoch veranschlagt werden dürfen und in gar keinem Falle einen Anschauungskontakt mit Dan 7 vermitteln. Zumindest aber für das Verständnis der synoptischen Menschensohnworte trägt die hart in den Grenzen eines spezifischen Engelglaubens verbleibende Menschensohnvorstellung des Danielzyklus absolut nichts aus.

Der „Menschensohn" und „das Volk der Heiligen des Höchsten" in Dan 7

Alfons Deissler, Freiburg i. Br.

A. EINLEITUNG

Herrn Kollegen Anton Vögtle, dem diese Zeilen als Zeichen segenswilliger Verbundenheit anläßlich seines 65. Geburtstages gewidmet sind, hat das Thema „Menschensohn" seit seiner Vorbereitung auf die Habilitation (1948) bis heute begleitet und nicht mehr losgelassen. Zeugnis dafür ist seine Antrittsrede über das Menschensohnproblem bei der Heidelberger Akademie der Wissenschaften (1974). Für einen „vollblütigen" Forscher und Magister wie ihn ist diese überaus schwierige Problematik ein Terrain, das ihm kongenial ist und ihn immer von neuem verlocken muß, Lichtungen in das Dickicht dieses Problemwaldes zu schlagen.

Zumeist kann das Alte Testament einiges beisteuern zum Verständnis oder auch zur Lösung neutestamentlicher Fragenkomplexe[1]. Für die Menschensohnverkündigung des NT findet sich allerdings nur eine einzige direkte Prämisse im AT: Dan 7. Dieses berühmte Kapitel ist leider auch insofern „Ansage" der ntl. Problemlage, als es einer befriedigenden Deutung ungewöhnliche Schwierigkeiten entgegenstellt. Eine ganze Reihe von Forschern haben sich in Kommentaren, Monographien und Artikeln an ihm versucht[2], aber nur in ganz wenigen Punkten eine Art Konsens erreicht. Eine neuerliche umfassende Untersuchung müßte stärker linguistisch-strukturalistisch ansetzen, um vielleicht mehr Licht in die schwierige Materie, vorab in die literarkritische Beurteilung von Dan 7 bringen zu können[3]. Diese Arbeit soll im Rahmen dieses Beitrages nicht geleistet wer-

---

[1] *Anton Vögtle* hat in seinem Werk: Das NT und die Zukunft des Kosmos (Düsseldorf 1970), exemplarisch die atl. Beiträge zu seiner Thematik durchforscht und dargestellt.

[2] *H. Haag* hat in ThWbAT I (1973) 682f die neueren wichtigsten Publikationen bibliographiert.

[3] Eine nützliche Ausgangsbasis für das umschriebene Unternehmen liegt in „La structure littéraire de Dan 2–7" von *A. Lenglet* in: Bibl 53 (1972) 169–190, vor. Hier wird mit guten Gründen die Grundstruktur von Dan 2–7 als „konzentrisch" aufgezeigt (z.B. Entsprechung von Kap. 2 und 7).

den. Vielmehr sollen hier nur einige Aspekte der Problematik von Dan 7 angeleuchtet und zur Diskussion gestellt werden. Insbesondere soll dabei für das Datum „Volk der Heiligen des Höchsten" etwaigen Zusammenhängen mit andern apokalyptisch eingefärbten Texten des AT nachgespürt werden.

B. HAUPTTEIL

I. Zur Frage der Einheitlichkeit von Dan 7

Unsere Frage hängt eng zusammen mit dem Problem, ob das ganze Buch Daniel von einem einzigen Autor stammt oder ob wir etwa ein vormakkabäisches Danielbuch anzunehmen haben, das dann zwischen 167–163 v. Chr. eine Umarbeitung erfuhr und unsere jetzige (protokanonische) Gestalt bekam. Die Antwort der Forscher auf diese Frage ist geteilt, doch scheinen die Befürworter der Einheitlichkeit an Einfluß zu gewinnen. Wer die Untersuchung zunächst einengt auf Kap 7, erkennt leicht, daß der Text einige Unebenheiten und Spannungen in Stil, Form und Inhalt aufweist. Aber Schlußfolgerungen aus diesem Tatbestand lassen sich nur mit Vorsicht ziehen. Es ist nämlich ganz allgemein zu beachten, daß ein altorientalischer Text, ein apokalyptischer dazu, nicht ohne weiteres in das Prokrustesbett moderner okzidentaler Logik gepreßt werden darf, wenn man ihm gerecht werden will. Auch das in unserem Fall beliebte Argument, die Verse über die zehn Hörner bzw. das elfte Horn (7 [Schluß] 8, 11 a.20–22[4].24 f) könnten ebensogut fehlen und erwiesen sich dadurch als sekundär, ist letztlich nicht stichhaltig, weil der dann übrigbleibende Primärtext zwar glatt, aber strukturell und inhaltlich ein „apokalyptischer Torso" wird, der zudem schwer in einem entsprechenden „Sitz im Leben" zu situieren ist. Zu den von Verfechtern der Einheitlichkeit von Kap. 7. vorgebrachten Argumenten – mit einigen wenigen glossierenden Zusätzen wird freilich von ihnen öfter gerechnet – soll hier nur dies eine hinzugefügt werden: Dan 7 ist traditionsgeschichtlich von einer ganzen Reihe von apokalyptisch eingefärbten Texten unseres AT umgeben, welche dem endzeitlichen Gottesvolk bei der Vernichtung der jahwe- und israelfeindlichen Mächte durch Jahwe sogar eine instrumentale Rolle zuweisen (s. Abschn. IV). Ist vom „Sitz im Leben" der Apokalyptik her (= äußerste Bedrängnis des Gottesvolkes) überhaupt ein apoka-

[4] Von V. 22 aus wird dann manchmal auch der „Hochbetagte" von V. 9f eliminiert und sogar der „Menschensohn" von 13f, weil er „in der erweiterten Deutung keine Erwähnung mehr findet" (*Haag*, a.a.O. 688).

lyptischer Text zu denken, der nur von der Vernichtung der Gegenmächte einerseits und von der (mit himmlischen Kräften) durchgesetzten Herrschaft Gottes andererseits und damit also nicht auch von den „Gottesgetreuen" spräche?

Man könnte versucht sein, diese Frage mit dem Hinweis auf Dan 2 positiv zu beantworten. Heißt es doch in 2,44: „In den Tagen jener Könige errichtet der Gott des Himmels ein Reich, das in Ewigkeit nicht zerstört wird. Dieses Reich wird er keinem andern Volk überlassen; es zermalmt und beseitigt alle jene Reiche, selbst aber besteht es ewig." Doch zeigt der seltsame, aber sicher absichtlich gewählte Ausdruck „keinem *andern* Volk" bei genauem Hinblick klar an, daß der Traumdeuter Daniel hier bereits die Größe im Auge hat, die in Dan 7 als „Heilige des Höchsten" oder „Volk der Heiligen des Höchsten" in den Vordergrund tritt. Das in Kap. 2 Implizierte (implicite formaliter!) wird also in Kap. 7 expliziert.

Wer nach Abwägung des „Pro" und „Contra" in der Frage der Einheitlichkeit von Dan 7 eher zur Annahme einer Doppelschichtigkeit neigt, muß sich davor hüten, mit den Bezeichnungen „Primärschicht" und „Sekundärschicht" eine Wertung zu verbinden[5]. In jedem Falle liegt nämlich das Topgewicht auf der jetzigen Textgestalt[6]. An ihr hängt nicht nur, was man heutzutage „Wirkungsgeschichte" nennt, sondern der Endtext liefert auch vom exegetischen und insbesondere vom bibeltheologischen Standpunkt aus gleichsam das Koordinatensystem, welches über den Stellenwert der Einzelaussagen entscheidet. Der oft versuchte umgekehrte Weg, die Endaussage von – häufig genug – hypothetisch erschlossenen Vorstufen her bestimmen zu wollen, erweist sich zumeist als Sackgasse. An Dan 7 wird dies exemplarisch offenbar: mehrere von den Erklärern, welche „Heilige des Höchsten" (7,22) als himmlische Wesen (Engel) verstehen, machen aus „Volk der Heiligen des Höchsten" (7,27) eine Engelschar[7] oder versuchen auf andere Weise, den eindeutigen Terminus „Volk" zu eskamotieren[8].

---

[5] Der Klarheit wegen soll angemerkt werden, daß die ziemlich allgemeine Annahme, daß der Verfasser von Dan ältere Stoffe verwendet hat, etwas ganz anderes ist als diese „Zweischichtenhypothese". (Vgl. *M. Delcor,* Les sources du chap. VII de Daniel, in: VT 18 (1968) 290–312.

[6] Wer sich zu ihrer Qualifizierung des bekannten Begriffs der „relecture" bedient, steht (wenigstens im Ansatz) dieser Gewichtung nicht fern.

[7] So z.B. *M. Noth;* Die Heiligen des Höchsten (Ges. Stud. zum AT [München ³1966] 274–290), und *C. Colpe* in: ThWNT VIII, 424.

[8] *Dequekker* z.B. sieht den Terminus „Volk" als eine umdeutende Einfügung eines „zweiten Redaktors" an (Eph. Lov. 36 [1960] 368).

II. Zum Problem der Entsprechung von Exposition und Interpretation der Vision von Dan 7

Im Unterschied zu prophetischen Visionen klassischer Art weisen die apokalyptischen Schauungen gewöhnlich rätselhafte Bildelemente auf, welche auch für den Seher erst einer Erläuterung – zumeist durch einen „angelus interpres“ – bedürfen. Demgemäß bringt auch Dan 7 zunächst eine Beschreibung des Geschauten (Exposition, V. 1–13) und sodann seine Interpretation (V. 15–28) durch „einen der Umstehenden“ (= Engel, V. 16). Nur V. 21–22 (neue Einführung: „ich schaute“.) fügen sich diesem Deutetext weniger gut ein und könnten, zumal sie gegenüber V. 18.25–27 nichts Neues aussagen, eine nachträgliche Einfügung eines Glossators sein[9].

In der Interpreation werden die „Agenten“ der Visionsexposition (vier Tiere, zehn Hörner, kleines Horn) wieder genannt, nur der „Menschensohn“ wird nicht ausdrücklich wieder aufgeführt. Aus diesem auffälligen Tatbestand kann aber keineswegs gefolgert werden, daß der Menschensohntext in 7,13 eine spätere Eintragung in die Vision darstellte. Für die drei ersten Reiche der Exposition – das erste „wie ein Löwe“ (V. 4), das zweite „wie ein Bär“ (V. 5), das dritte „wie ein Panther“ (V. 6) – entfallen in der Interpretation diese Kennzeichen nämlich ebenso wie für das letzte (= ewige) Reich, das in V. 13 „wie ein Menschensohn (= Mensch)“ erscheint. Es kann darum kein Zweifel sein, daß zwischen dem „Menschensohn“ der Exposition und der Größe, welche im Deutetext mit der Wendung „Heilige des Höchsten“ (V. 18 und 25) bzw. „Volk der Heiligen des Höchsten“ (V. 27) umschrieben wird, eine strikte Entsprechung waltet, welcher Art sie bei näherer Bestimmung der Termini auch sein mag.

III. Die Bedeutung der korrespondierenden Ausdrücke „einer wie ein Menschensohn“ und „Heilige des Höchsten“

1. Die Reiche der Vision werden durch Vergleiche näher gekennzeichnet. Die vier ersten Reiche erscheinen dabei als „Tiere, die dem Meer entsteigen“ (V. 3). Nachdem ihnen „die Herrschaft genommen ist“ (V. 12), hat der Seher diese Schau: „Da kam mit den Wolken des Himmels einer wie ein ‚Menschensohn‘; er gelangte bis zum Hochbetagten, und man brachte ihn vor diesen. Ihm wurde Herrschaft und Ehre und Königtum verliehen, und alle Völker und Stämme

[9] Damit ist die These von der prinzipiellen Einheitlichkeit von Dan 7 nicht aufgegeben, sie ist vielmehr vorausgesetzt. Vgl. auch O. *Plöger,* Das Buch Daniel, in: KAT XVIII (1965) 115: „V. 21 und 22 aber, die in der Tat wie eine sekundäre Interpolation anmuten ...“

und Zungen dienten ihm. Seine Herrschaft ist eine ewige Herrschaft, die nicht vergeht, sein Königtum eines, das nicht zerstört wird" (V. 13–14).

Der hier vorgegebene Zusammenhang läßt zunächst nichts anderes erschließen als dies: Das Reich der Endzeit steht zu den vier Weltreichen in einem klar erkennbaren Gegensatz. Dieser Gegensatz soll gekennzeichnet werden a) durch die symbolische Entgegenstellung eines „Menschen" gegenüber den „Tieren", b) durch die Kontraste: „Heraufsteigen aus dem Meer" und „Kommen mit den Wolken des Himmels". Jede weitergehende Schlußfolgerung verläßt den festen Boden der Gegebenheiten und bewegt sich in der Dimension einer unverbindlichen Spekulation.

Die Beschreibung „wie ein Mensch" – „Menschensohn" meint als sprachlicher Ausdruck im Aramäischen wie Hebräischen von sich her nichts anderes! – zielt nicht auf ein himmlisches Wesen. Auch die nähere Bestimmung „mit den Wolken des Himmels" (nicht: auf den Wolken!) besagt nicht, daß hier ein „himmlischer Ursprung" o.ä. im Spiele ist[10]. Die „Wolken", in ähnlichen Zusammenhängen Requisit der Theophanien (z.B. Ex 16,10; 34,51 u.a.), bilden hier nur das göttliche Geleit des „Menschengleichen" zur himmlischen Investitur durch den Hochbetagten (= Gott)[11].

Von der Gesamtperspektive der Bibel Israels aus – sie lag im 2. Jahrhundert v. Chr. fast vollständig vor – scheint in der Vision von Dan 7 das Grundthema „Zuwendung Jahwes zu Israel, Israels zu Jahwe" (= Erwählung und „Bund") offensichtlich seine Kulmination zu finden. Jedenfalls ist gerade in einem apokalyptischen Text – Apokalyptik bedeutet immer auch und sogar zuerst Einwurzelung in der biblischen Tradition! – zunächst, d.h. bis zum Erweis des Gegenteils, gar nichts anderes zu erwarten. Freilich kann erst der Deutetext die Sicherheit geben, die Sinnspitze der Vision aus ihrer Einpassung in die biblische Gesamtschau richtig erschlossen zu haben.

2. In der Interpretation der Daniel-Vision gibt die korrespondierende Wendung „Heilige des Höchsten" die Deutung des „Menschengleichen" ab. Wer sind „die Heiligen des Höchsten"? Vor allem M. Noth[12] hat sie vom allgemeinen biblischen Sprachgebrauch her als Engelmächte bestimmen wollen. Doch muß er selbst zugeben, daß in Ps 34,10 mit Gottes „Heiligen" die Frommen Israels

---

[10] Es geht weder um einen einzigen Engel (z.B. Michael oder Gabriel) noch um einen Korporativrepräsentanten der Engelwelt, erst recht nicht um eine messianische Hypostase im Anschluß an die präexistente Weisheit, an die *A. Feuillet* in: RB 60 (1953) 170–202, 321–343 denkt.

[11] *R. B. Y. Scott*, „Behold, He cometh with Clouds", in: NTS 5 (1958f) 127–132, möchte die Bestimmung „mit den Wolken" gar nicht mit dem Verbum verbinden. Wie dem auch sei, die „Wolken" sind und bleiben Jahwes „Gefährt" oder „Geleit" und werden gewiß eher einem Menschen als einem Engel geliehen, um ihn vor Gottes Antlitz „zu bringen".

[12] A.a.O. 274ff. Vor ihm hatten bereits *O. Procksch* und *E. Sellin* ähnlich gedeutet. *M. Noth* hat eine Reihe von Gefolgsleuten gefunden, wie z.B. *Coppens, Dequekker, Colpe, K. Koch.*

gemeint sein müssen[13]. Schon diese einzige Ausnahme bringt den methodischen Ansatz Noths und seiner Parteigänger ins Zwielicht. Im Bereich der protokanonischen Texte tritt zudem mit hoher Wahrscheinlichkeit Dt 33,3 unserer probanten Psalmstelle zur Seite[14]. Für die deuterokanonische und apokryphe Literatur und für Qumran hat C. H. W. Brekelmans demonstrieren können, daß eine Reihe von Stellen die gläubige Jahwe-Gemeinde mit dem Prädikat „die Heiligen" bzw. für „seine Heiligen" versieht[15]. Zur Zeit von Daniel gab es also in breiter Streuung den Terminus „Heilige" für „Engel" wie für „Menschen". Der Kontext hat je und je zu entscheiden, welche Bedeutung in Betracht kommt. Wie die bisherigen Darlegungen zeigen konnten, neigt sich schon von allgemeinen Erwägungen her die Waagschale der Argumentation sichtlich zur Deutung des Terminus auf das endzeitliche Israel. 7,26 mit seiner heute eindeutig geklärten Terminologie „Volk der Heiligen des Höchsten"[16] sichert dieses Ergebnis vom unmittelbaren Kontext her. Selbst bei der Annahme, 7,21 habe als Interpolation zu gelten, bleibt sein Zeugniswert (= Zusatzzeuge!) nicht gering. Das dabei verwendete Verbum bl' (pa.) bedeutet – wie sein hebräisches Äquivalent blh (pi.)[17] – „aufreiben" und läßt sich darum in keiner Weise auf Engelmächte beziehen.

Aber auch ohne die als authentische Kommentierung zu wertende Gleichsetzung der „Heiligen des Höchsten" mit den Jahwe-Getreuen (7,26 und 7,21) würde sich 7,18 mit seiner Aussage: „Aber dann erlangen die Heiligen des Höchsten das Königtum, und sie werden das Königtum festhalten in Ewigkeit", im Kontext nicht als „Königtum der Engelmächte" verstehen lassen. Die Angaben über Michael in Dan 10,13.21, erst recht die über Gabriel in Dan 8,16f liegen meilenweit von einer solchen Vorstellung entfernt. Im Zusammenhang von Dan 7 aber ist auch nicht in irgendeiner Andeutung davon die Rede. Der vorgängige Text: „Vier Könige erstehen auf der Erde", will im Gegenteil auch das sie ablösende „ewige Königtum der Heiligen des Höchsten" einweisen in

---

[13] A.a.O. 277f.

[14] Der Text weist zwar Überlieferungsmängel auf, doch spricht der jetzige Kontext klar für die Deutung der „Heiligen" auf Israel.

[15] *Brookelmans*, The Saints of the Most High and their Kingdom, in: OTS 14 (1965) 305–329. Belegstellen sind: a) deuterokanonisch: Tob 12,15; Weish 18,9; 1 Makk 1,46. b) apokryph: 3 Makk 6,9; Test Levi 18,11; 18,14; Test Dan 5,11.12; 1 Hen 38,4.5; 39,4; 41,2 + 15 Stellen. c) qumranisch: 1 QM 3,4f; 6,6; 10,10; 16,1; 1 Q 28b; 3,25f; 4,23.

[16] Die Annahme Noths, aus den Qumrantexten lasse sich auch die Bedeutung „Engelschar" ableiten, ist inzwischen allgemein aufgegeben worden.

[17] Der Chronist verwendet gegenüber der Vorlage in 2 Sam 7,10 (= bedrücken) diese etwas stärkere und ihm in seiner Zeit eher zuhandene Vokabel. Die gedankliche Relation von 1 Chron 17,9 („Frevler solles es [= mein Volk] in Zukunft nicht mehr aufreiben") zu Dan 7,21 ist im übrigen frappant und kaum zufällig. – Auch im Akkadischen ist das entsprechende belû (vgl. *W. v. Soden,* Akkad. Handwörterbuch [Wiesbaden 1965] 121) öfter auf irdische Personen bezogen (gegen Noths Annahme, a.a.O. 286).

die irdische Geschichtslinie, allerdings als deren aufhebenden Abschluß. Wie ein zeitgenössischer Leser die Verse 7,17f anders denn als einen Ausblick auf das eschatologische „Königtum" Israels hätte verstehen sollen oder können, bleibt unerfindlich.

IV. Israel als endzeitliches Herrschervolk in der Zukunftsschau des Alten Testaments

Über den Zusammenhang der Apokalyptik mit den vorausliegenden Strömungen und Überlieferungen ist seit den bemerkenswerten Darlegungen G. v. Rads in seiner „Theologie des Alten Testamentes" unter der Thematik „Daniel und die Apokalyptik"[18] eine neue Diskussion im Gange, die noch einmal auf die tiefen Gräben zwischen Prophetie und Apokalyptik aufmerksam gemacht und die Verwandtschaft letzterer mit der Weisheit eindrucksvoll herauszustellen vermochte. In die solchermaßen entstandene Kontroverse kann hier nicht umfänglich genug eingegriffen werden[19]. Es sei lediglich eine Position anskizziert, die sich aus dem Studium apokalyptisch eingefärbter Texte der späten Prophetie allgemein und aus Beobachtungen am Dan-Buch im besonderen nahelegt: hier sind Autoren am Werk, die aus jener späten Weisheitsrichtung kommen, welche vorab das Depositum der Schrift erforscht, und die in der Glaubensnot ihrer Epoche insbesondere die für die Jahwegemeinschaft positiven Zukunftstexte bzw. -erwartungen neu artikulieren und zu einer eher dualistisch konturierten Gesamtschau der Heilsgeschichte kombinieren. Diese Hypothese wird sowohl den Beobachtungen gerecht, welche für eine Verwandtschaft der Apokalyptik mit der Weisheitstradition sprechen, wie auch jenen, welche die unverkennbaren apokalyptischen Relationen zur späteren Heilsprophetie feststellen. Für unsere besondere Thematik legt sich darum an dieser Stelle ein traditionsgeschichtlicher Umblick nahe, welcher unter dem Gesichtspunkt „Das Herrschervolk der Endzeit" die wichtigsten Texte dazu kurz Revue passieren läßt. Dabei ist weder eine streng chronologische noch eine systematische Reihung intendiert.

a) Ob 17–21: Der endzeitliche Sieg Israels über Edom

Dieser Abschluß des kurzen – in seiner Einheitlichkeit umstrittenen – Obadja = Büchleins basiert auf Ankündigung: „Ja, nahe ist der Tag Jahwes für alle Völker." Hier wird jene alte, einst von Amos (5,18ff) kritisierte Heilserwartung

[18] Bd. II (^{4}1965) 314–337.

[19] Eine ziemlich ausgewogene Position bezieht dabei *P. von der Osten-Sacken*, Die Apokalyptik in ihrem Verhältnis zu Prophetie und Weisheit (Theol. Ex. heute 157 [München 1969]).

Israels vom „Tage Jahwes" neu beschworen und für die nachexilische Zeit als gültig erklärt – eine Heilserwartung, welche sich Jahwe und mit ihm Israel als Endsieger der Völkergeschichte vorstellt. In der Durchsetzung des Königtums Gottes – vgl. Ob 21: „Und Jahwes ist die Königsherrschaft" – wird öfter, wie hier bei Obadja, dem Jahwevolk eine aktive Rolle (wie im „Heiligen Kriege"!) zuerkannt. Vers 18 vergegenwärtigt sie in einem eindrucksamen Bild: „Jakobs Haus wird zum Feuer, und Josefs Haus zur Flamme, doch Esaus Haus zum Stroh, sie zünden es an und zehren es auf." Dem wiedervereinigten, also endzeitlichen Israel (vgl. Ez 37,15ff)[20] wird dabei zugesprochen, was in dem nachexilischen Text Jes 10,17[21] noch von Jahwe prädiziert wird: „Israels Licht wird zum Feuer und sein Heiliger zur Flamme, die brennt und seine Dornen und Disteln an einem einzigen Tag verzehrt." Betroffen sind bei Obadja zwar grundsätzlich alle Völkerschaften des palästinensischen Raumes, vorab aber Edom als schlimmster Repräsentant aller Feindmächte (vgl. Ez 25,12f u.a.).

b) Sach 12,1–7: Das Scheitern der Völker an Jerusalem und Juda

Nach der göttlichen Ankündigung: „Siehe, ich mache Jerusalem zur Taumelschale für alle Völker ringsum", tritt langsam (vgl. V. 3: Jerusalem ist ein Hebestein, an dem sich die Völker wundreiben) die aktive Rolle der „Stammesfürsten" bzw. „Geschlechter" Judas hervor, bis V. 6 feierlich proklamiert: „An jenem Tag mache ich die Geschlechter Judas wie ein Feuerbecken zwischen Holz und wie eine Brandfackel unter Garben, daß sie nach rechts und links alle Völker ringsum verschlingen." Die Sachparallele zu Ob 18 liegt klar zutage, nur ist der Horizont weiter ausgezogen in die ganze Völkerwelt hinein.

c) Mich 4,11–13: Zion drischt die Völker

4,9f und 4,14 (Schilderung der Bedrängnis) rahmen in der jetzigen (spätnachexilischen!) Textgestalt die Heilsansage ein, daß die gegen Jerusalem heranziehenden Völker nach Jahwes Plan „nur wie Garben zur Tenne gebracht werden" (V. 12). Dann ergeht der göttliche Aufruf (V. 13): „Auf, Tochter Zion, und drisch! Ich mache dir ein Horn von Eisen, ich mache dir Hufe von Erz, daß du viele Völker zermalmst und Jahwe ihren Besitz weihest, ihren Reichtum dem Herrn aller Welt." In Hab 3,12 wird Jahwe das „Dreschen der Völker" zugesprochen, unser Text aber delegiert diese Rolle an das eschatologische Jahwe-Volk. Zwar wird bereits in Jes 41,15 (wahrscheinlich authentisch) Israel zum

[20] Unser Autor sagt allerdings nicht: „Juda + Josef", sondern: „Jakob + Josef".
[21] Nach *Wildberger* (Kommentar) aus der Perserzeit. Nach *Kaiser* (Kommentar) aus der Seleukidenzeit. Die Parallelen zwischen Jes 10,17 und Ob 18 gehen bis ins Vokabular hinein.

„Dreschschlitten" berufen, aber das normale „Objekt" für dieses Bild (Feinde!) wird verfremdet in „Berge und Hügel" und damit bewußt stark abgeschwächt[22]. Mich 4,13 hat – sicher inmitten großer Bedrängnis – solche Hemmungen nicht.

d) Mal 3,19–21: Das Gericht der Gerechten an den Frevlern

In diesem bemerkenswerten Text treten nicht Israel und die Nationen als polarisierte Größen auf, sondern (vgl. 3,18.19.21) die „Gerechten" (= die Gott dienen bzw. seinen Namen fürchten) und „die Frevler" (= die Gott nicht dienen = Hochmütige). Zwischen ihnen bringt der Tag Jahwes (= glühend wie ein Ofen", V. 19) die Scheidung zu Heil und Unheil, aber so, daß das Unheil über die Gottlosen von den Gottgetreuen verhängt wird: „Ihr werdet zertreten die Frevler, ja sie werden wie Staub unter euren Fußsohlen an dem Tag, den ich bereite" (V. 21). Gewiß steht, dem Duktus der Maleachi-Predigt gemäß, hier das innerisraelische eschatologische Geschehen im Vordergrund, aber der Text bezeugt ein Prinzip, das für das gesamte endzeitliche Gerichtswalten Jahwes gilt. Als solches konnte es um so leichter auch auf das Verhältnis „Israel–Völkerwelt" ausgedehnt werden, je mehr auch die „Heidenvölker" mit dem Terminus „Frevler, Gottlose" belegt wurden (vgl. Jes 14,5; Hab 1,13; Ez 7,21 u.a.).

e) Jes 14,1–4a: Aus dem Sklavenvolk Israel wird ein Herrschervolk

In dieser wohl ziemlich spät anzusetzenden Einfügung in eine Weissagung über den Untergang der Weltstadt Babel und ihres Königs (protoapokalyptisch?) wird zunächst in der Kiellinie von Jes 49,22ff; 60,4ff; 61,5; 66,18ff verkündet, daß die Heidenvölker selbst die göttlich verfügte Versetzung des zerstreuten Jahwe-Volkes in seine angestammte Heimat durchführen müssen. „Aber dann wird das Haus Israel auf dem Boden Jahwes sie als Knechte und Mägde in Erbbesitz nehmen. So werden sie ihre Fänger fangen und über ihre Bedrücker herrschen" (14,2). Der „Tag Jahwes", auf den V. 3 anspielt (vgl. 13,6.9) wird diese ebenso unerhörte wie ersehnte Wende heraufbringen, welche eine endgültige Umkehrung der bisherigen geschichtlichen Verhältnisse bewirken wird.

f) Jes 26,1–6: Jerusalem als endzeitliche Weltstadt

In diesem Dank- und Siegeslied nach dem Sturz der versklavenden Weltmacht und Weltstadt zieht ein „gerechtes Volk" (V. 2) in Jerusalem ein, an dem Jahwe sich als „ewiger Fels" (V. 4) erwiesen hat. Gott selbst wird dabei als Eroberer

---

[22] So deutet mit guten Gründen *Cl. Westermann* den Text in: ATD 19 (Göttingen 1966) 65.

vorgestellt (V. 5), aber hinzugefügt: „Es zerstampfen sie (sc. „die ragende Feste") Füße, die Füße der Elenden, die Tritte der Geringen." Damit sind nach 14,30.32 die Jahwe-Getreuen der Endzeit auf dem Zion gemeint. Ihnen wird in jedem Fall die Macht verliehen, alle Erdenmächte niederzuhalten, und diese Macht ist als bleibende gedacht. Den Horizont dieser und ähnlicher Aussagen der sogenannten „großen Jesaja-Apokalypse" (Jes 24–27) bilden nämlich die abschließenden Aussagen von 24,21–23 über das universale Weltgericht (Kap. 24). Darnach werden zunächst alle Himmels- und Erdenmächte von Jahwe – letztere nach langer Einkerkerung – zur Verantwortung gezogen und entmächtigt. Am Ende aber wird dieses sein: „Jahwe der Heerscharen ist König auf dem Berg Zion und in Jerusalem, vor seinen Ältesten erstrahlt er in Herrlichkeit" (V. 23). Bei dem schriftgelehrten Autor der Jesaja-Apokalypse ist es gewiß, daß er dabei Ex 24,9f in die Endzeit projiziert. Die „Ältesten" repräsentieren also das eschatologische Gottesvolk auf dem Sion, das auf ewig vom Königsglanz Jahwes umborgen ist. Nach 27,2ff wird Israel jetzt der „köstliche Weinberg" (Gegenstück von Jes 5,1–7), geschützt, gehegt, entsühnt. Die Weltreiche, in 27,1 unter dem Bild von Tieren – darin liegt eine Parallele zu Dan 7 vor! –, nämlich „des Leviathan, der flüchtigen Schlange", „des Leviathan, der gewundenen Schlange", und des „Drachen im Meer" vorgestellt, sind von Jahwes starkem Schwert vernichtet.

In den hier vorgeführten Texten hat das endzeitliche Jahwe-Volk eine mehr oder minder profilierte Herrscherrolle. Von da aus ist es nur ein kleiner Schritt bis zur (zentralen!, vgl. 2,44) Aussage von Dan 7,18: „Dann erlangen die Heiligen des Höchsten das Königtum, und sie werden das Königtum festhalten in Ewigkeit, bis in alle Ewigkeit." Es sollte damit endgültig klargeworden sein, daß die „Heiligen des Höchsten" in Dan 7 nicht die Engelwelt bezeichnen kann. Die Anschauung, daß den Nationen Engel zugeordnet sind („Völkerengel", vgl. Dan 10,13.20f; 12,1) spielt hier allerhöchstens einschlußweise eine Rolle. Auch Dan 4,14, wonach der himmlische Kreis der „Wächter" und der „Heiligen" an göttlichen Entscheidungen mitbeteiligt sind, kann unsere „traditionsgeschichtliche" Argumentation nicht aus den Angeln heben. Denn 4,14 hängt augenscheinlich von der Vorstellung vom „himmlischem Hofe" (vgl. 1 Kön 22,19ff u.a.) ab, gehört also einem andern Traditionskreis an, der nur mit vieler Künstelei mit der traditionellen Eschatologie, wie sie auch in Dan 7 zum Zuge kommt, verbunden werden könnte; sie auszumanövrieren hätte er nie vermocht.

C. SCHLUSS

Der „Menschensohn" von Dan 7,14 ist, wie sich aus den vorausgehenden Darlegungen ergibt, nicht zuerst eine Symbolfigur für das ewige Gottkönigtum[23] – diese mag sie *auch* sein[24] –, sondern die Repräsentationsgestalt der „Heiligen des Höchsten" und damit des eschatologischen Jahwe-Volkes Israel. Das von ihm repräsentierte Israel – hier wird offensichtlich Erwählung und Bund und damit Nähe zu Gott in Anschlag gebracht – unterscheidet sich allerdings für den apokalyptischen Seher von den andern irdischen Völkern und Reichen ähnlich wie ein Mensch von Tieren. Die Intention, dies darzustellen, ist ganz augenscheinlich die Dominante der Vision. Demgegenüber erscheint die vielventilierte Frage, welche Stoffe aus der mythischen Wort- und Vorstellungswelt auf die Symbolfiguren Einfluß gehabt haben können, nicht als primär gewichtig.

Die Gleichung „Menschensohn" = „Heilige des Höchsten" = „Volk der Heiligen des Höchsten" = „endzeitliches Israel" ist für Dan 7 nicht nur exegetisch gesichert, sie ist vielmehr das Hauptthema dieses berühmten Kapitels. Jene Deutungsrichtung, die etwa bei Eichrodt, Theologie des AT I (1957) 331, Anm. 96, so zusammengefaßt wird: „Das älteste Zeugnis für die Vorstellung des Menschensohnes als messianischer Gestalt ist Dan 7,13, da die Deutung auf das Volk der Heiligen des Höchsten in V. 27 zweifellos eine Umbiegung des ursprünglichen Sinnes darstellt", hat keine Wahrscheinlichkeit für sich. Wir müssen vielmehr – schon aus Datierungsgründen – annehmen, daß die Individualisierung des Menschensohnes, wie sie im äthiopischen Henochbuch und in IV Esra vorgenommen wird, eine spätere Stufe, also eine Weiterentwicklung von Dan 7 darstellt. Diese Fortentwicklung ist allerdings keine Fehlentwicklung. Ein amorphes Kollektiv einerseits und ein isoliertes Individuum andererseits sind für das hebräische (= altorientalische) Denken keine strengen Alternativgrößen. Ein Volk ist immer in einem „Haupt" (König) „verfaßt". Darum enthält die Repräsentationsfigur „Menschensohn" prinzipiell auch den oder die Repräsentanten des Volkes. Nur erscheinen bei Dan 7 noch keine derartigen Konturen. Gerät der Text – der Autor mag dies auch schon gesehen haben – in das Magnetfeld der Erwartung des Messias, muß im „Menschensohn" *auch* der messianische Repräsentant Israels zum Aufscheinen kommen. Im Raum dieser Perspektive („Habent sua fata libelli!") läßt sich ein Verstehensbogen schlagen von Dan 7 – über die zwischentestamentliche Apokalyptik – bis zur Menschensohnbotschaft des Neuen Testamentes.

---

[23] So *W. Baumgartner*, Ein Vierteljahrhundert Danielfoschung, in: ThR (1939) 214f.

[24] Insofern kann die Position von *A. Feuillet* (in: Le fils de l'homme de Daniel et la tradition biblique, a.a.O.) mit ihrem „Schlüsseltext" aus Ez 1,26 auf einen möglichen Nebenaspekt hinweisen.

Die Apotheose Israels: eine neue Interpretation des danielischen „Menschensohns"

Matthew Black, St. Andrews

Einige zur Diskussion herausfordernde Untersuchungen, in denen sich Professor Vögtle und andere in den späten fünfziger Jahren mit der Menschensohnchristologie befaßten, gaben den Anstoß, daß bei vielen, die wie ich auf dem Feld der neutestamentlichen Theologie tätig sind, das Interesse an dem stets bedeutungsvollen „Menschensohn"-Problem wieder auflebte. Was mich betrifft, war eine der Früchte dieser Herausforderung mein Aufsatz „The Son of Man Problem in Recent Research and Debate"[1]. In Dankbarkeit und Hochschätzung widme ich deshalb die vorliegende Untersuchung als einen kleinen Beitrag einem Bibeltheologen, dessen Arbeit uns allen zugute kam.

In meinem „Son of Man Problem" führte ich zuerst Ps 8,4 an:

> „Was ist der Mensch, daß du seiner gedenkst,
> und des Menschen Sohn, daß du seiner achtest ...",

und ich bemerkte dazu: „‚Menschensohn' ist ein poetisches Synonym für ‚Mensch' – für die Menschheit, wie hier, oder für einzelne Menschen, wie beim Propheten Ezechiel, oder für Israel, wie in Ps 80,17:

> ‚Deine Hand walte über dem Mann deiner Rechten.
> über dem Menschensohn, den du dir großzogst!'

Israel ist sozusagen der Mann von Gottes rechter Hand, das Menschenkind, das Gott sich aufgezogen hat (wie Moffatt übersetzt), der Mensch, den Gott sich erwählt hat."

Wie man vielfach annimmt, gibt dieser korporative „Menschensohn" in Ps 80,17 einen Hinweis darauf, wie „einer wie ein Menschensohn" in Dan 7,13 zu deuten ist, wo „Menschensohn" wiederum eine korporative – in diesem Fall apokalyptische – Bezeichnung für Israel als den „Rest" oder das erlöste Israel ist. Man hat jedoch auch schon verneint, daß Ps 80,17 einen Anhaltspunkt für die Deutung von Dan 7,13 biete[2].

---

[1] The Manson Memorial Lecture, in: Bulletin of the John Rylands Library, Vol. XVL (1963) 305–318.

[2] Vgl. z.B. *G. W. Anderson* in: The New Peake Commentary (London 1962) zur Stelle.

Deshalb mag es von Nutzen sein, vor einer weiteren Erörterung des Danielproblems Ps 80,17 von neuem zu besehen.

Die meisten Exegeten scheinen zu denken, daß V. 15b – „und über dem Sohn, den du zu deinem Dienst hast erstarken lassen“ – sich in den M.T. hineingeschlichen hat als ein Dittograph von V. 17b – „über dem Menschen(sohn), den du dir großzogst“. Andererseits läßt sich V. 17b als „Hinzufügung“ erklären, da der „Sohn“ in V. 15b in erster Linie im Sinn von „Sohn der Rebe“ gebraucht wird, d.h. des Rebzweigs oder Rebstocks (R.S.V., „branch“), so wie in Gen 49,22 Josef als „fruchtbarer *Sohn*-Baum“, d.h. „fruchtbarer Sohn“, bezeichnet wird. Die Bildung von V. 17b ließe sich dann als erklärende Glosse auffassen, d.h. „über dem Menschensohn ... usw.“. Der M.T. ist, wie immer man ihn erklären mag, ein alter hebräischer Text, der von der LXX verbürgt wird (die das Wort „Menschensohn“ in beiden Versen aufweist, so daß diese denselben Wortlaut haben[3]). Im einen Vers oder in beiden Versen ist „der (Menschen-)Sohn“, der der Weinstock ist, eine Redefigur entweder für Israel oder für den König Israels.

Die Argumente gegen ein korporatives Verständnis dieser Begriffe werden in den meisten modernen Kommentaren dargelegt. Darnach haben wir es mit einem nordisraelitischen Kultpsalm zu tun (Mowinckel), der vor oder kurz nach dem Verhängnis von 721 v. Chr. (der Teilung des Reiches) verfaßt wurde, und bezieht sich „(Menschen-)Sohn“ auf den König: der gleiche Ausdruck wird 89,22 auf David bezogen – „mein Arm macht ihn stark“ – und Ps 110,1 richtet sich an den König: „Setze dich zu meiner Rechten“[4]. Die Entdeckung des ugaritischen Äquivalents für *ben-Adam: bns (bu-nu-su)*, das im gewöhnlichen (unpoetischen) Sprachgebrauch offenbar einen Menschen von edler Abstammung bezeichnet, scheint diese Auslegung zu stützen[5].

Andererseits vertritt man die Ansicht, daß Israel oder der Rest (der aus dem alten nationalen Israel, dem verödeten Weinberg sprießt) der Weinstock ist, der metaphorisch als „der Sohn“ und deshalb auch als „Menschensohn“ bezeichnet wird, da die beiden Linien im M.T. parallel laufen. Die wortspielerische Anspielung auf „Benjamin“ („der Mann von Davids rechter Hand“, vgl. V. 1) scheint schwer verständlich, wenn dieser Stamm hier nicht als irgendwie für „Israel“ repräsentativ eingeführt wird. Die Argumente aus Parallelstellen in den Psalmen (89,22 usw.) schließen eine korporative Interpretation nicht aus, und der ugaritische Ausdruck ließe sich zweifellos auch auf das neue Israel als Gottes „hoch-

---

[3] Daß diese Worte einen integralen Bestandteil des Psalmes bilden, wird aufgezeigt von *J. Bowman*, The Background of the Term „Son of Man“, in: E.T. 59 (1948) 283ff.

[4] Vgl. *Hans Schmidt*, Die Psalmen (Tübingen 1934) 154.

[5] Vgl. *M. Dahood*, Psalms 11,51–100 (Anchor Bible) zur Stelle; *Gordon*, Ugaritic Texts, Glossary, 486.

wohlgeborenen Sohn" anwenden. Die Identifizierung des Weinstocks mit dem Sohn (als „Sprößling" des Weinstocks verstanden)[6] spräche für die korporative Auffassung (vgl. Interpreter's Bible, zur Stelle): „Die Personifizierung Israels als Sohn Jahwes liegt der Sprechweise des Verses zugrunde" (Kirkpatrick). Möglicherweise ist in diesem Psalm der König als Haupt und damit auch Repräsentant der Nation mit Israel identisch.

Diese Nebeneinanderstellung von „Sohn" und „Menschensohn" als Bezeichnung für Israel (oder Israels König) – wie immer sie in Ps 80,17 hineingekommen sein mag – zeigt, welche festen Platz diese parallelen Begriffe in der hebräischen Überlieferung haben. Zwar findet sich „Menschensohn" als Bezeichnung für Israel oder Israels König seltener (einzig hier und in Dan 7,13), doch ist „Sohn" als Bezeichnung für Israel oder Israels König aus Ex 4,22, Ps 2,7, Hos 11,1 vertraut.

Kein Wunder, daß der „Sohn" im Targum als der „Messiaskönig" interpretiert wird: daß in diesem Zusammenhang, im jüdischen Umgang mit „(Menschen-)Sohn"-Texten von sinnbildlicher Sprache zu einer messianischen Deutung übergegangen wird, ist eine alte Geschichte.

Die messianische Deutung von Dan 7,13 war lange Zeit am Verschwinden; W. O. E. Oesterley[7] war unter den letzten, die auf dieser Seite des Kanals oder des Atlantiks diese Auffassung vertraten. Daß daran etwas Richtiges sein könnte, wird zumindest durch die Zähigkeit der Tradition nahegelegt. Die Deutung der Vision ist indes bei Daniel offenbar sehr explizit und wird in den Versen 18,22 und 27 wieder aufgenommen: Der „einem Menschen Gleichende" ist Israel oder vielmehr das geläuterte Israel; es sind „die Heiligen des Allerhöchsten", denen der „Alte der Tage" die ewige Herrschaft übergibt. Und, was auch immer sonst Daniel mit dieser Vision gemeint haben mag, so scheint der Kontrast zwischen Reichen, die durch Ungeheuer versinnbildet werden, und einem „Reich", das einem, „der einem Menschen gleicht", übergeben wird, zumindest in sich zu schließen, daß bestialische Regimes durch eine menschliche Gesellschaft abgelöst und überlagert werden. Der Einwand, daß eine solche Deutung eine moderne Denkweise in Daniel hineinlese, wird dem biblischen Begriff „Gottesreich" wenig gerecht.

Dies ist jedoch noch lange nicht die ganze Deutungsgeschichte von Dan 7. Namentlich der vermutlich mythologische Ursprung der Danielgestalt in einer nichtjüdischen orientalischen Überlieferung ist Gegenstand vieler gelehr-

---

[6] Vgl. auch *Bowman,* a. a. O.

[7] The Jews and Judaism in the Greek Period (1941) 152ff. Vgl. auch *H. H. Rowley,* Darius the Mede (Cardiff 1935) 62ff, vor allem 62, Anm. 2 (*Rowley* führt Autoren des 19. und 20. Jh. an, welche die „messianische Auffassung" vertreten. Vgl. auch *H. Gressmann,* Der Messias (Göttingen 1929) 343–373.

ter, doch ergebnisloser Diskussionen gewesen. Damit wollen wir nicht behaupten, Dan 7 sei eine völlig freie Schöpfung ohne jeden Hintergrund. F. H. Borsch hat eine Unmenge Material gesichtet und daraus geschlossen, daß Daniel von einem weitverbreiteten Ritus der Erhebung zum König abhängig war: „... Es sind allzu viele Überreste von Inthronisationssagas herum, die sich nicht auf andere Hintergründe abstimmen lassen."[8] H. E. Tödt bemerkt, daß bei der Danielgestalt mehr Unähnlichkeit als Ähnlichkeit zum Menschsein vorhanden ist, und er führt dies auf den Einfluß des Urmenschen iranischen Ursprungs zurück, der ein halb menschlicher, halb göttlicher Anthropos ist[9]. Morna Hooker möchte an Beeinflussung durch Babylon denken, an die Schöpfungsepik, an den rituellen Kampf zwischen dem König-Gott und dem Ungeheuer, an die Triumphprozession des *hieròs gámos*, gelangt aber zum Schluß, daß Daniel zwar von solchen fremden Kulten beeinflußt gewesen sein mag, aber in die hebräische Überlieferung nichts Fremdes hineingebracht hat. In andern Punkten legt M. Hooker einen feinen Spürsinn für Probleme an den Tag, namentlich, wie Tödt, für die Unterschiede zwischen der Vision und ihrer nachherigen Interpretation[10]. John Emerton schlägt eine ähnliche Richtung ein und übernimmt dabei auch die aufschlußreiche ugaritische Parallele zwischen El Elyon und seinem „Sohn" Baal-Yahweh[11]. Die beste ältere Arbeit über diesen komplexen entfernteren Hintergrund scheint mir immer noch der Aufsatz von J. M. Creed „The Heavenly Man"[12] zu sein.

Es gilt als ausgemacht, daß Daniel eine ältere mythologische Überlieferung heranzieht und sie vielleicht in eine für das historische Judentum passende Form bringt. Davon abgesehen, läßt sich jedoch zweifeln, ob diese Spekulationen über mythologische Ursprünge uns einer Klärung, geschweige denn einer Lösung des Problems nähergebracht haben oder der Auslegung von Dan 7 irgendwie dienlich gewesen sind.

Ein Anweg zum Problem, den man bis jetzt noch nicht gegangen zu sein scheint, ist der, daß man die Traditionsgeschichte der Danielvision innerhalb der biblischen Überlieferung selbst zu rekonstruieren sucht[13].

Erwägungen zu der alttestamentlichen Formgeschichte und Traditionsge-

---

[8] The Son of Man in Myth and History (London 1967) 141, 142. *Borsch* stützt sich auf *Bentzen, Gressmann, Kraeling, Morgenstern* usw.

[9] The Son of Man in the Synoptic Tradition (London 1965) 24.

[10] The Son of Man in Mark (London 1967) 17ff.

[11] The Origin of the Son of Man Imagery, in: JTS., n.s., Vol. 9 (1958) 228.

[12] JTS., Vol. 26, 113–136.

[13] Ich habe das unter besonderer Bezugnahme auf Enoch sowie auf den „Menschensohn" Daniels weiter ausgeführt in einem im Erscheinen begriffenen Beitrag zu der Festschrift für W. D. Davies. Der Titel lautet: „The Throne-Theophany Prophetic Commission and the ‚Son of Man': a Study in Tradition-History".

schichte haben Exegeten des Alten Testaments veranlaßt, eine Form prophetischer Berufung von visionärem Typus (eine Theophanie, gefolgt von einer Berufung zum Propheten) zu postulieren, deren Grundgerüst sich für das 9./8. Jh. bei 1 Kön 22 und Jes 6 nachweisen läßt[14]. Es wird von der andern Form der Berufung zum Propheten unterschieden (z.B. von Zimmerli) und zu ihr in Gegensatz gestellt, z.B. zu der von Mose oder Jeremia, die in einem Dialog mit Jahwe besteht, worin das Widerstreben des Berufenen durch den Befehl Gottes überwunden wird: eine rein auditive Übermittlung der Beauftragung. Ezechiel arbeitet im 6. Jh. (sofern wir für das Buch Ezechiel kein späteres Datum annehmen) nach dem gleichen theophanischen Modell wie Jesaia, mit einer Fülle apokalyptischer Elemente, die man nur als barock bezeichnen kann, und mit einem anthropomorphen Theophanietypus. Dieser war für eine ganze mystische Tradition im Judentum (die Merkabah-Mystik) verantwortlich, an der sich viele stießen und die für den reinen Monotheismus des klassischen Judentums ernste Probleme mit sich brachte. Die Thronvision wiederholt sich in Kap. 10, wo zwei weitere Züge hinzukommen: die Herrlichkeit des Herrn, sein *numen praesens,* trennt sich vom Thron und erscheint im Tempel (V. 4), und der „in Linnen gekleidete Mann", der in V. 2 vom Herrn angeredet wird, handelt als sein Vertreter. Daß diese Gestalt ein Engelwesen ist, scheint außer Frage zu stehen. Was Ez 8,2 betrifft, so sind die Fachleute über die Identität dessen, der „wie ein Mensch aussah", geteilter Meinung, doch scheint man im großen und ganzen sich dahin auszusprechen, daß es sich dabei um eine weitere jüdische Theophanie handle, in diesem Fall ohne die Thronvision. Jahwe erscheint Ezechiel, wo sich dieser befindet, im Tempel oder unter den Ältesten von Judäa[15].

Die Traditionsgeschichte von Dan 7

1 Kön 22,19–22

...Ich sah den Herrn auf seinem Thron sitzen und bei ihm stand das ganze Himmelsheer zur Rechten und zur Linken. Da sprach der Herr: „Wer wird Ahab verleiten...? Da trat ein Geist hervor und stellte sich vor den Herrn... Er sprach: „Ich will ausgehen und ein Lügengeist sein im Mund all seiner Propheten."

Jes 6,1–8

...Ich schaute den Herrn, wie er auf hohem und erhabenem Thron thronte... Seraphe standen um ihn her... Dann hörte ich, wie der Herr sprach: „Wen soll ich senden?" Und ich antwortete: „Hier bin ich..."

[14] *G. D. H. Müller,* Ezechielstudien (1895) 9ff; *A. Alt,* Gedanken über das Königtum Jahwehs. Kleine Schriften zur Geschichte des Volkes Israel I (München 1953) 352; *W. Zimmerli,* Ezechiel I (Neukirchen-Vluyn 1969) 18ff.

[15] Vgl. *Zimmerli,* a.a.O. Der M. T. von 8,2 ist selbst ein merkwürdiges Zeugnis für die Redaktion auf diese anthropomorphe Theophanie: der, der „das Aussehen eines Menschen" (איש) hat, wird zu einem der „wie Feuer aussieht" (אש). Die LXX liest: ὁμοίωμα ἀνδρός.

Ez 1,26–28; 2,1

Oberhalb des Himmelgewölbes über ihren Häuptern erschien... ein Thron, eine menschenähnliche Gestalt (wörtlich: wie die Erscheinung eines Menschen)... Und ich hörte eine Stimme zu mir sprechen: „Menschensohn“, sagte sie, „stelle dich auf deine Füße, so will ich mit dir reden...“
(Vgl. Ez 8,1–2; 10,1–4)

Dan 7,9–13

Throne wurden aufgeschlagen und ein Hochbetagter setzte sich... Sein Thron bestand aus Feuerflammen... Ein Feuerstrom ergoß sich von ihm aus... Ich sah, daß auf des Himmels Wolken einer erschien, der einem Menschen glich. Er nahte sich dem Hochbetagten und wurde vor ihn geführt. Ihm wurde Herrschaft und Königsmacht verliehen...

Daß Dan 7,9–13 in dieser Überlieferung einer theophanischen Thronvision steht, scheint klar; doch sind sowohl Unterschiede wie Ähnlichkeiten vorhanden und eine sehr bemerkenswerte Entwicklung. Schon bevor die Form- und Traditionsgeschichte voll zu ihrem Recht kamen, machte J. Bowman auf den Zusammenhang zwischen Dan 7 und Ez 1 aufmerksam[16]: „Der Thron des Hochbetagten (des ‚Alten der Tage‘, Dan 7,9–10) gleicht dem bei Ezechiel darin, daß er Räder aufweist und feurig ist (Dan 7,9; vgl. Ez 1,4). Bei Ezechiel fährt der göttliche Thronwagen in der Wolke einher (Ez 14); bei Daniel (7,13) erscheint auf des Himmels Wolken einer wie ein Menschensohn. Eine weitere Ähnlichkeit besteht in den vier Tieren: vgl. Dan 7,3 mit Ez 1,5. Wohl haben bei Ezechiel und bei Daniel die Tiere nicht die gleiche Funktion, aber bei beiden besteht der Gegensatz zwischen Mensch und Tier.“

Die aufschlußreichste Erörterung der Beziehung zwischen Dan 7 und Ez 1 ist die von A. Feuillet[17]. Feuillet führt Gründe für einen literarischen und theologischen Zusammenhang zwischen Dan 7 und Ez 1 an. Wie Bowman bemerkt er das gemeinsame Wolkenmotiv, die „lebenden Wesen“, namentlich die apokalyptischen Einzelheiten der Thronvision selbst. Die Abhängigkeit Daniels von Ezechiel tritt auch 8,15 zutage, wo „einer wie ein Mensch“, oder 10,16, wo „einer wie Menschensöhne“ (Heb. v.l.: 1, „ein Menschensohn“) direkt Ezechiel entnommen ist, der Angelologie (sofern es sich um Engel handelt) wie der Sprache nach. Die Wendung „einer wie ein Mensch aussehend“ wird *immer dann gebraucht, wenn es sich um eine Theophanie Jahwes oder um eine Engelstheophanie handelt.* (Es ist nicht immer leicht oder möglich, zwischen beidem zu unterscheiden: es ließe sich denken, daß sich Dan 10 [vgl. Ez 8] auf das *numen praesens* Jahwes bezieht.) Feuillet gelangt zu bestimmten wichtigen Schlüssen: „Die mysteriöse Person des Menschensohnes bei Daniel ist *eine Art sichtbarer*

[16] A.a.O. 285.

[17] Le Fils de l'homme de Daniel et la tradition biblique, in: R.B. 60 (1953) 183ff. *Feuillet* meint auch, daß die Weisheitshypostase im hebräischen Hintergrund von Dan 7 liege. Doch vgl. J. *Coppens,* Wisdom in Israel and in the Ancient Near East. Festschr. Rowley, Supplement to VT 3 (1955) 33–41.

Manifestation der unsichtbaren Gottheit" (Hervorhebungen von mir), und er vermerkt die Diskussion über die Präexistenz des Menschensohnes (S. 187). „Wenn man alle diese (literarischen und theologischen) Gegebenheiten (bei Ezechiel) in Rechnung stellt, kann man die Theorie aufstellen, daß der Menschensohn Daniels *der Kategorie der göttlichen Herrlichkeit angehört* wie auch die Menschengestalt, die von Ezechiel (1,26) geschaut wird" (S. 189) (Hervorhebungen von mir).

Dies besagt, daß Dan 7 zwei Manifestationen der Gottheit kennt: den „Alten der Tage" und den „Menschensohn".

Was unsere formkritische Analyse dieser Perikope von der Thronvision betrifft, so bestätigt auch sie diesen Schluß: Dan 7 liegt nicht nur in der Formtradition von Jes 6 (vgl. En. 14) und Ez 1, die alle Theophanien sind, sondern sie stellt auch eine hoch bedeutsame Entwicklung von ihr zu einer Theologie dar, die virtuell ditheistisch ist.

Dies wäre ein durchaus befriedigender und akzeptabler Schluß, wenn nicht noch die Botschaft da wäre, die dem Propheten Daniel gegeben wurde, nämlich die Interpretation seiner Vision. Diese ist das zweite neue Element in der sich entwickelnden Theophanie-Prophetenberufungs-Tradition. Die Vision selbst ist zum Gegenstand der Botschaft des Propheten geworden und, wie wir gesehen haben, hat Daniel seinen Menschensohn zweifellos in dem Sinn verstanden, daß dieser die Heiligen des Allerhöchsten versinnbildet, d.h. das geläuterte, erlöste Israel.

Feuillet sieht sich gezwungen, diese Ansicht zurückzuweisen (S. 191), trotzdem er vermerkt, daß Marti, Driver, Montgomery, Charles und unter den römisch-katholischen Exegeten Battifol sie entschieden verteidigt haben. Sie läßt sich jedoch kaum unter den Tisch wischen. Sofern man an ihr festhält – wie wir dies weiter oben in diesem Aufsatz getan haben –, bleiben uns die folgenden zwei Alternativen: 1.) Die alte Lösung im Sinn Gressmanns, der die Vision von ihrer Interpretation unterscheidet. Daniel macht von einer Theophanie, die für ihn nicht mehr als Symbolwert hat, einen eigenen Gebrauch. Ursprünglich hingegen handelte es sich um eine Vision eines gottmenschlichen Wesens, und dies würde die Unterschiede zwischen der Vision und ihrer Interpretation erklären (Tödt, Hooker). Man kann dann die Ansicht vertreten, daß die ditheistische Position aus dem Verlangen heraus entstanden sei, die anthropomorphe Sprechweise von Ez 1,26 aus einer Schilderung der Gottheit wegzubringen. 2.) Es gibt noch eine zweite und meines Erachtens zu bevorzugende Alternative, die um den Einwand herumkommt, daß Daniel, wenn er etwas borgt, eigentlich nicht weiß, wie es sich damit verhält; zudem steht diese Alternative in vollem Einklang mit der hebräischen Tradition und faßt die Perikope als eine von Daniel verfaßte literarische und theologische Einheit auf.

Was Daniel geschaut hat, war die Apotheose Israels in der Endzeit, eine „Deifikation“ der „Heiligen des Allerhöchsten“. Verschiedene Erwägungen sprechen für diese Deutung: in Dan 7 handelt es sich nicht um das irdische, sondern um das himmlische Israel; um Israel nicht als Nation, sondern als Rest, um die geläuterten und erlösten „Heiligen des Allerhöchsten“, um die *maskēlim*, welche die Leiden des Läuterungsofens durchgemacht haben, um so verherrlicht zu werden; sie haben diejenigen zu sein, welche „die Vielen zur Gerechtigkeit führen“ (Dan 12,3; Jes 53,12), und zu ihnen gehören auch die leuchtenden Geister, die „im Staube schlafen“, doch erstehen werden, um an einer Königsherrschaft teilzuhaben, die „nicht von dieser Welt“, sondern eine ewige Herrschaft ist. Daß Israel, der „Sohn“ oder „Menschensohn“, der sich eines besonderen Platzes zur Rechten Gottes erfreut hat, so zu einem göttlichen Status erhoben werden soll, scheint eine natürliche Entwicklung in einer apokalyptischen Prophetie des Platzes zu sein, der der Nation in der göttlichen Ökonomie der Menschheit herkömmlicherweise zugesprochen wurde. Schließlich scheint dies auch die Sicht zu sein, in der Kap. 10 der „Himmelfahrt Mosis“ das „verherrlichte Israel“ sieht:

„Und über aller seiner Kreatur
erscheint sein Königtum...
Der höchste Gott, der einzige ewige, steht auf,
tritt öffentlich hervor...
Dann wirst du glücklich sein, mein Israel...
Und Gott wird dich erhöhen,
läßt dich am Sternenhimmel schweben...“[18]

Übersetzt von Dr. theol. August Berz

---

[18] Zitiert nach *P. Riessler*, Altjüdisches Schrifttum außerhalb der Bibel (Darmstadt ^{2}1966) 491–492.

Menschensohn und eschatologischer Mensch im Frühjudentum

Eduard Schweizer, Zürich

Mit *Anton Vögtle* übereinzustimmen ist nicht nur menschlich höchst erfreulich, sondern gewährt immer eine recht große Chance dafür, daß man sich auf dem richtigen Weg befindet. Ich bin mit ihm darin einig, daß Lk 12,8f und vielleicht auch eine verkürzte Form von Mk 8,31 auf Jesus zurückgehen werden, daß aber jedenfalls die Q-Form des Deutespruchs vom Jonazeichen „nach Pfingsten" entstanden ist, auch wenn ich damit rechne, daß eine Urform von Lk 11,30 auf Jesus selbst zurückgehen und ihn als den zur Umkehr Rufenden bezeichnen könnte[1]. Auch darin stimmen wir überein, daß der Gebrauch des Menschensohntitels im Blick auf das kommende Gericht „stilecht" ist, weil Jesus selbst in diesem Zusammenhang vom Menschensohn gesprochen hat[2]. Ich formuliere freilich „Gericht", nicht „Parusie", weil ich annehme, daß Jesus zwar schwerlich seine eigene Parusie oder die Parusie einer anderen Gestalt angekündigt, wohl aber erwartet hat, als der alles entscheidende Zeuge im letzten Gericht für oder wider die aufzutreten, die seine Botschaft und sein Wirken angenommen oder verworfen haben. Daß die Funktion des entscheidenden Zeugen und die des Richters selbst sehr leicht ineinander übergehen, beweist 1 Kor 4,4f, aber auch Röm 14,10 neben 2 Kor 5,10. Schließlich stimme ich auch darin mit meinem Freund völlig überein, daß mindestens in Mt 13,37f vom nachösterlichen Wirken des erhöhten Menschensohnes die Rede ist, daß die Stelle aber auf Matthäus zurückzuführen ist, dem ja alles daran liegt, daß der nachösterliche Jesus eben im Anspruch von Wort und Wirksamkeit des Irdischen bei seiner Gemeinde bleibt[3].

---

[1] *A. Vögtle*, Grundfragen zweier neuer Jesusbücher, in: ThR 54 (1958) 102–104 (wo ich eher noch bestimmter für Echtheit und Gleichsetzung von Menschensohn und Jesus von Anfang an einträte); *ders.*, Der Spruch vom Jonazeichen, in: Synoptische Studien (für *A. Wikenhauser*) (München 1953) 263, 270; Deutung auf den Bußprediger wird dort abgelehnt (263–265), später aber immerhin als möglich erwogen (*ders.*, Exegetische Erwägungen über das Wissen und Selbstbewußtsein Jesu, in: *ders.*, Das Evangelium und die Evangelien [Düsseldorf 1971] 308). Auch die nachösterliche Entstehung von Mt 10,23 sehe ich wie *A. Vögtle* (ebd. 328–331).

[2] *A. Vögtle*, a.a.O. (Anm. 1), Spruch 271–273, vgl. schon 267–270.

[3] *A. Vögtle*, Das christologische und ekklesiologische Anliegen von Mt 28,18–20, in: *F. L. Cross* (Hrsg.), Studia Evangelica II/1 (TU 87) (Berlin 1964) 286–293; *E. Schweizer*, Matthäus und seine Gemeinde (Stuttgarter Bibelstudien 71) (Stuttgart 1974) 39, mit Anm. 136.

1. Der Stand der Menschensohnfrage

Das Problem der Entstehung, des Hintergrundes und des Erstgebrauchs des Menschensohntitels bei Jesus oder in der frühen Gemeinde scheint mir zur Zeit unlösbar, jedenfalls solange wir nicht wissen, wie alt die henochischen Bildreden sind und wie zuverlässig ihre Übersetzung ist [4]. Doch leuchtet mir die auf einer auch von *A. Vögtle* gemachten Beobachtung beruhende Argumentation *C. F. D. Moules* [5] ein, der darauf hinweist, daß in den Jesusworten der Evangelien (und in Apg 7,56) immer von „dem Menschensohn" die Rede ist, außerhalb dieses Bereiches und davon deutlich abhängiger Schriften hingegen niemals, abgesehen von der äthiopischen Übersetzung einer griechischen Übersetzung eines semitischen Originals der henochischen Bildreden, die vielleicht überhaupt erst in der ersten Hälfte des 2. Jh. n. Chr. entstanden sind [6] und in denen außerdem drei verschiedene Formulierungen vorliegen [7]. Dieser Befund wird bestätigt durch Apk 1,13 und 14,14, wo nur die bildhafte, indeterminierte Verwendung „ein Menschensohn-Ähnlicher" zu finden ist; der Verfasser der Apokalypse kennt zwar christliche Hoheitstitel Jesu, übernimmt sie aber nur in den Grenzen dessen, was innerhalb eines strikten jüdischen Monotheismus noch möglich ist [8].

---

[4] Auch darin bin ich mit *A. Vögtle*, Art. Menschensohn, in: LThK 7 (Freiburg i.Br. 1962) 300, einig! Ich war nie der Meinung, daß meine Vorschläge, die *A. Vögtle*, a.a.O. (Anm. 1), Erwägungen 313, freundlich auf-, wenn auch nicht angenommen hat (Der Menschensohn, in: ZNW 50 [1959] 185–209; The Son of Man Again, in: NTS 9 [1963] 256–261; beide auch in *E. Schweizer*, Neotestamentica [Zürich 1963] 56–84, 85–92; The Son of Man, in: JBL 79 [1960] 119–129), *die* Lösung wären. Sie waren ausdrücklich als Hypothesen zur Diskussion gestellt. Einzig auf den Fidschiinseln habe ich 1969 Studenten getroffen, die schon vor meiner Ankunft im Gegensatz zu mir völlig überzeugt waren, daß die Frage nur auf diese Weise zu lösen sei! Immerhin halte ich auch heute noch diesen Vorschlag für ebenso möglich wie viele andere.

[5] Neglected Features in the Problem of the „Son of Man", in: *J. Gnilka* (Hrsg.), Neues Testament und Kirche (für R. Schnackenburg) (Freiburg – Basel – Wien 1974) 413–428; *A. Vögtle*, a.a.O. (Anm. 4) 298. Wie *Moule* rechnet auch *U. Müller*, Messias und Menschensohn in jüdischen Apokalypsen und in der Offenbarung des Johannes (StNT 6) (Gütersloh 1972) 33, nicht mit titularem Gebrauch vor Jesus.

[6] So *J. C. Hindley*, Towards the Date for the Similitudes of Enoch. An Historical Approach, in: NTS 14 (1968) 551–565, bes. 564f. *M. Hengel*, Nachfolge und Charisma (Berlin 1968) 42, datiert auf erstes Drittel des 1. Jh. v.C.; *K. Müller*, Menschensohn und Messias, in: BZ 16 (1972) 176f, rechnet mit einer Quelle für aethHen 46f und Dan 7,9f.13 um 200 v.C.; *J. Theisohn*, Der auserwählte Richter (StUNT 12) (Göttingen 1975), setzt die Bildreden zwischen Daniel (18f, 29, 202) und Matthäus an, bei dem (vielleicht allein unter den Synoptikern) ihr Einfluß spürbar wird (182, 200f, 204f).

[7] 1QS 11,20 ist spätere Korrektur (*Moule*, a.a.O. [Anm. 5] 419f, vgl. 421, Anm. 27).

[8] *T. Holtz*, Die Christologie der Apokalypse des Johannes (TU 85) (Berlin 1962) 14–20. Hier erscheint der Menschensohn auch nicht als Richter.

Es bleibt also sehr wahrscheinlich, daß Jesus zum erstenmal einen nur bildhaft gebrauchten Ausdruck aufgegriffen und ihm neue Bedeutung gegeben hat [9].

Natürlich ist denkbar, daß dies erst durch christliche Propheten geschehen wäre, die in erster Person Singular im Namen Jesu gesprochen hätten. Das könnte erklären, warum der Titel im Unterschied zu Christus oder Gottesknecht nur in Jesusworte eingedrungen wäre. Das Rätsel aber, daß gerade vom Menschensohn immer nur in dritter Person geredet wird [10], wäre damit freilich nicht geklärt, und die kreative Leistung einer ganz neuen Konzeption wäre dann einfach auf eine unbekannte, anonyme Gruppe abgeschoben, was sicher eine weniger wahrscheinliche Hypothese ist. Daß Jesus einen anderen als Menschensohn erwartet hätte, wird durch *Moule* noch unwahrscheinlicher gemacht, als es dies sowieso ist; falls es den determinierten, titularen Gebrauch vor Jesus gar nicht gegeben hat, ist es fast undenkbar, daß er eine solche Erwartung ausgesprochen hätte. Abgesehen von allen anderen Einwänden, wäre ja auch nicht einzusehen, wieso die Ostererfahrungen zur Gleichsetzung von Jesus und Menschensohn geführt hätten statt als göttliche Bestätigung des Propheten Jesus und seiner Menschensohnerwartung zu wirken (vgl. Mk 6,14!) [11]. Aber auch wenn es einen schon fixierten Titel Menschensohn gegeben hätte, wie wäre es denkbar, daß Jesus ihn für eine von ihm zu unterscheidende Gestalt oder für sich selbst aufgenommen hätte, wo er doch alle anderen festgelegten Titel wie Christus, Gottessohn, Gottesknecht gemieden hat und ganz besonders aller näheren Beschreibung oder zeitlichen Festlegung des Kommenden, wie sie in apokalyptischen Kreisen zu finden waren, aus dem Weg gegangen ist? Ein im besten Fall in mehr oder weniger esoterischen Gruppen von Apokalyptikern gebräuchlicher Titel wäre das Letzte gewesen, was Jesus in seine Verkündigung aufgenommen hätte. Das ist umgekehrt ein Argument gegen die Existenz eines solchen Titels vor Jesus, wenn man annimmt, daß sein Gebrauch auf Jesus selbst zurückgeht.

Vor allem meine ich, daß wir ganz anders ernsthaft damit rechnen müssen, daß christliche Aussagen ebenso jüdische Apokalyptiker beeinflußt haben wie umgekehrt [12]. Wo immer Parallelen zwischen jüdischen und christlichen Vorstellungen auftauchen, nimmt man selbstverständlich an, daß diese von jenen (oder einer gemeinsamen Wurzel) abhängen, selbst wenn die jüdischen Belege

---

[9] Vgl. *R. Leivestad,* Exit the Apocalyptic Son of Man, in: NTS 18 (Cambridge 1972) 243–267; *M. Hooker,* The Son of Man in Mark (London 1967).

[10] Das ist sehr viel natürlicher in Selbstaussagen über eine Funktion oder Erfahrung, in der Gottes Wirken stärker betont werden soll als das eigene. Genauso formuliert Paulus 2 Kor 12,2 „Ich kenne einen Menschen (aramäisch hieße es: Menschensohn)…"

[11] *Schweizer,* a.a.O. (Anm. 4) Neotestamentica 87f.

[12] Ebd. 90; ähnlich *Hindley,* a.a.O. (Anm. 6) 564f.

manchmal erst Jahrhunderte später zu fassen sind. Dabei haben doch christliche Apokalyptiker sich bis 70 n. C., teilweise auch noch später, einfach als Teil der jüdischen Gemeinde verstanden und sind als, relativ recht erfolgreiche, jüdische oder allmählich als häretisch-jüdische Gruppe angesehen worden. Daß ihre moderne Interpretation von Dan 7,13 auch von anderen jüdischen Apokalyptikern übernommen und in spezifisch jüdischer Weise neugeformt worden ist, ist eigentlich sehr naheliegend. Man wird also mindestens fragen müssen, ob nicht die Verwendung des Bildes vom Menschensohn in 4 Esr 13 und vor allem die Aufnahme des Titels in die Bildreden des äthiopischen Henoch als Nachwirkung judenchristlicher Aussagen aufzufassen seien.

Läßt sich also, solange wir keine nähere Kenntnis des ältesten Wortlauts und des Datums der Entstehung dieser Bildreden haben, höchstens wahrscheinlich machen, daß die Verwendung des determinierten Ausdrucks „der Menschensohn" auf Jesus selbst zurückgeht und von Anfang an ihn selbst bezeichnet hat, so ist damit doch noch nichts darüber entschieden, was damit ausgesagt werden sollte. Hat Jesus in erster Linie oder gar ausschließlich auf den häufigen, aber nicht titularen, sondern nur als Anrede verwendeten Ausdruck bei Ezechiel zurückgegriffen oder auf die apokalyptische Verwendung in Dan 7,13? Hat er damit seine Korrektur der Davidssohnerwartung *(Leivestad)*, seine Vollmacht *(Hooker)*, seine Neuinterpretation der Schrift im Blick auf Gottes Verhalten zu den Menschen (*Moule*, im Anschluß an *C. H. Dodd*) betont? Hat er primär sein irdisches Wirken[12a], die drohende Verwerfung und die kommende Rechtfertigung durch Gott im letzten Gericht ins Auge gefaßt, wie ich es vorschlug, oder umgekehrt die Parusie, so daß die übrigen Stellen sekundär wären? Das alles muß weiter diskutiert werden, und ich sehe vorläufig nicht, wie ohne neue Gesichtspunkte und neues Material eine sichere Entscheidung möglich sein sollte.

2. *Philo*

Nun hat aber *A. Vögtle* in Auseinandersetzung mit *O. Cullmann* schon längst das Problem der Nachgeschichte der Menschensohnvorstellung angepackt und darin vor allem das Verhältnis der apokalyptischen Aussage vom „Menschensohn" zur Rede vom eschatologischen „Menschen" oder „Adam"[13]. Dabei ist „Mensch" korrekte Übersetzung des aramäischen Ausdrucks „Menschen-

---

[12a] Nach *Müller*, a.a.O. (Anm. 6) in: BZ 17 (1973) 66, liegt zur Zeit Jesu vom jüdischen Befund her nur dies nahe.

[13] *A. Vögtle*, „Der Menschensohn" und die paulinische Christologie, in: Analecta Biblica 17–18 (Rom 1963) 199–218.

sohn", könnte also damit im Zusammenhang stehen. Wenn das der Fall wäre, würde auf alle Fälle die weitere Entwicklung von den Menschensohnworten Jesu oder der Frühgemeinde zu den paulinischen Sätzen über den „Menschen" Jesus, der dem ersten „Menschen" Adam entspricht, etwas geklärt. Es könnte sogar, obwohl das keineswegs notwendig der Fall sein muß, Licht auf die Vorgeschichte der Menschensohnvorstellung fallen, sofern nämlich nicht (nur) an direkte Abhängigkeit, sondern an gemeinsame Wurzeln gedacht werden dürfte. Ich möchte zu dieser Seite des Problems zuerst an einige bekannte Tatsachen erinnern und dann einige neue Beobachtungen anfügen.

Philo erklärt von *Enos* aufgrund von Gen 4,26, sein Name heiße einfach „Mensch", beweise also, daß nur der auf Gott Hoffende im Vollsinn Mensch sei (Praem Poen 14; Abr 7–9). Während alle früheren nur Stammväter (ἀρχηγέται) eines gemischten Geschlechts waren, ist er der des reinsten und geläuterten (Abr 9).

Ist Adam „der erste ... Mensch, der Stammvater unseres ganzen Geschlechtes" (Op Mund 136), so *Noah* „Stammvater (ἀρχηγέτης) eines neuen Menschengeschlechtes" (Abr 46), „Anfang einer zweiten Schöpfung von Menschen" (Vit Mos II 60). Er und seine Familie wurden „Führer der Wiedergeburt" und „Stammväter einer zweiten Weltperiode" (ebd. 65). So ist Noah dem Urmenschen (τῷ πρώτῳ διαπλασθέντι ... ἀνθρώπῳ) gleich (Quaest in Gn II 66), gleicher Herrlichkeit wie der himmlische Mensch, der nicht irdisch (πλαυστὸς καὶ γήϊνος), sondern nach ἰδέα und εἰκών des Unkörperlichen, wirklich Seienden geschaffen ist (ebd. 56).

Ähnlich wird von *Jakob* gesagt, er sei erstes Geschöpf des Ungeschaffenen (Post C 63), Typos derer, die zur direkten Gottesschau gelangen (Praem Poen 43–46), ist er doch, wie sein Name sagt, der „Sehende" und als solcher dem Logos und himmlischen Adam gleich und über alle Engel erhöht (Conf Ling 146; Migr Abr 38–40). Ein Mittelwesen, zwischen Gott und Kosmos stehend, ist er Symbol für den Weisen überhaupt (Mut Nom 45). Als Gegengestalt zu Jakob als dem unsterblich-himmlischen Menschen erscheint als der sterblich-irdische nicht eigentlich Adam, sondern Esau (Quaest in Gn IV 164).

Auch *Mose* ist für Philo „der Erzengel und allererste Logos", der auf „der Grenzscheide" zwischen Gott und Mensch steht, „weder unerschaffen ... noch erschaffen" (Rer Div Her 205f). Er ist nicht mehr wie Adam Mensch der ersten Geburt, aus Erde und körperlich erschaffen, sondern Mensch der zweiten Geburt, unkörperlich (Quaest in Ex II 46)[14], faktisch identisch mit dem „gottgeliebten Geschlecht" aller Wiedergeborenen (Conf Ling 95).

---

[14] Vgl. Plant 26f neben 17–19.23; Leg All III, 101f neben 96; Vit Mos I, 155–158; der Abschnitt über die Sinaioffenbarung muß zwischen II, 65 und 66 ausgefallen sein; denn das II, 46 in Aussicht

Was hier von Jakob und Mose gesagt ist, daß sie nämlich Mittelwesen zwischen Gott und Welt sind, kann auch vom Weisen überhaupt (Som II 230; Virt 9), ja selbst vom irdischen Menschen (Op Mund 135) ausgesagt werden. Der erste Adam, der „Mensch nach dem Ebenbilde", dem Noah, Jakob und Mose gleich sind, ist identisch mit dem Logos und Erzengel (Conf Ling 146; vgl. Som I 215), „unkörperlich ... sich vom göttlichen Bild nicht unterscheidend ... der erstgeborene, älteste Sohn" (Conf Ling 62f), „der eine Mensch ... unsterblich, Mensch Gottes ... Logos" (ebd. 41).

Überblickt man diese Aussagen, dann werden zwei sehr verschieden gelagerte Schichten sichtbar. Einerseits sind alle vier Genannten nur Typen oder Manifestationen des echten Menschen, des Weisen. Darum lebt in ihnen der erste, dem irdischen Adam noch vorgeordnete Mensch. Andererseits werden Enos und Noah als Stammväter (ἀρχηγέται) des eigentlichen oder neuen Menschengeschlechtes, ja, in typisch apokalyptischer Terminologie, einer zweiten Weltperiode genannt, Jakob das ἀρχεγονώτατον (Post C 63), das Urprinzip, und als „Engel" und „Logos" mit Abraham (dem ἑστώς) zusammen auch der „Stammvater" des Geschlechtes Israel (Mut Nom 87f)[15]. Im ersten Fall liegt also eine dualistisch-statische Konzeption von zwei nebeneinander lebenden Menschenklassen vor, von denen die eine entweder ganz, wie es wohl der Philo vorliegenden Tradition entspricht, oder teilweise, wie es durch den Schöpfungsglauben Philos korrigiert wird, negativ, die andere positiv bewertet wird. Im zweiten Fall liegt die heilsgeschichtliche Anschauung von zwei oder mehreren aufeinanderfolgenden Perioden vor, wobei die Heils- die Unheilsperiode ablöst. Beide Anschauungskreise haben sich bei Philo schon überlagert, die Schau des wahren, himmlischen, göttlichen Menschen, der in der Gruppe der „Weisen" lebt, und die Schau des Stammvaters, der ein neues Geschlecht und damit eine neue Weltperiode inauguriert. Eindeutig dualistische Terminologie findet sich neben eindeutig apokalyptischer. Ist eine ursprünglich statisch-dualistische Schau nachträglich in die biblische Heilsgeschichte eingelesen worden? Ist umgekehrt eine heilsgeschichtlich-apokalyptische Sicht vom Stammvater zu Beginn einer neuen Weltperiode nachträglich platonisiert worden? Sind zwei unabhängig voneinander entstandene Weltsichten kombiniert worden?

Gestellte erscheint nirgends. Übrigens wird Mose als Inkarnation des Gesetzes gesehen (I, 162), was für die matthäische Sicht Jesu als der fleischgewordenen Weisheit (die mit dem Gesetz identisch ist) einen gewissen Ansatzpunkt bildet (vgl. *Schweizer*, a.a.O. [Anm. 3] I.5.7).

[15] Ferner Praem Poen 60; Spec Leg II, 3.217, wo aber einfach der übliche Sprachgebrauch von Abraham, Isaak, Jakob als Stammvätern Israels vorliegt.

3. *Jüdische Apokalyptik*

Noah ist natürlich schon im biblischen Bericht als Neuanfang der Welt geschildert; die seit Adams Fall immer stärker dem Bösen verfallene Menschheit wird vertilgt, und eine neue Menschheit beginnt unter Gottes Verheißung. So sieht Weish 14,6 in ihm das σπέρμα γενέσεως, und slavHen 35 bezeichnet ihn als „Führer" eines „anderen Geschlechtes". In zunehmendem Maße tritt der Engelfall an die Stelle des Sündenfalls Adams und wird Noah als der Retter daraus schon als Hinweis auf die endgültige Erlösung nach „70 Generationen" verstanden (aethHen 6–11)[16]. In 4 Esr 9,21f ist er dann die eine Beere an der Traube, die noch gerettet wird, während die Menge, zu nichts geboren, dahinfährt. Erst damit dringt eine gewisse dualistische Schau von zwei nebeneinander lebenden Menschenklassen, gegen die der Verfasser des vierten Esra zum Teil auch noch kämpft, ein[17], doch ist auch hier die an sich naheliegende Vorstellung von Noah als neuem Adam oder neuem „Menschen" nicht festzustellen.

Jakobs Doppelname Israel führt im Jubiläenbuch dazu, daß er und das von ihm abstammende Volk ineins gesehen werden. Gott „erwählt sich ihn zum Volk" (19,18), so daß „er bis in Ewigkeit gesegnet ist" (19,21; 22,30). Er soll Gott „ein erstgeborener Sohn und zum Volk alle Tage" (19,29), „ihm zum Erbvolk" (22,15) werden. Die Aufforderung, sich „von den Völkern zu trennen", wird ihm gesagt, gilt aber natürlich dem Volk Israel (22,16). Gottes Segnungen sollen „auf dem heiligen Scheitel(!) seines Samens ... bis in Ewigkeit" bleiben (22,13). Ja, Jakobs Nachkommen werden „den Himmel gründen, die Erde festigen und alle Lichter erneuern", also die kosmische Endverwandlung bewirken (19,25). Auch hier liegt zunächst die heilsgeschichtliche Rolle Jakob-Israels bis hin zur eschatologischen Vollendung vor. Darüber hinaus ist aber die Einheit von Stammvater und Stamm außergewöhnlich stark durchgehalten, sehr viel deutlicher als bei Noah, Abraham, Isaak und anderen. Die Vorstellung vom „Menschen", die direkte Entgegensetzung zu Adam fehlt, und der Dualismus ist nur als der des erwählten Volkes im Gegenüber zu den heidnischen Völkern der Welt konzipiert. Anders steht es aber wieder in 4 Esr 6,8f, wo Jakob den neuen Äon darstellt. Freilich ist wie bei Philo der alte Äon nicht etwa durch Adam, sondern durch Esau repräsentiert, und zwar so, daß nach Gen 25,26 die „Hand" des neuen die „Ferse" des alten hält. Vielleicht soll damit, wie mit dem geheimnisvollen Satz, daß die Scheidung der beiden Äonen „von Abraham

[16] Bindung der bösen Geister von Noah bis zum letzten Gericht auch Jub 10,3–13. Ich zitiere immer nach *Kautzsch* AP und prüfe nach *Charles* AP nach.

[17] Dazu W. *Harnisch*, Verhängnis und Verheißung der Geschichte (FRLANT 97) (Göttingen 1969) 139f.

bis Abraham" gehe, gesagt werden, daß beide auch nebeneinander liegen und sich berühren[18].

Über *Mose* ist weniger zu sagen. Er erscheint Ass Mos 11,17 als „großer Engel"; doch steht im lateinischen Text nur „nuntius". In syrApkBar 18,2f wird das Gesetz als das von Mose angezündete Licht der Finsternis Adams entgegengesetzt. In 59,1–3 wird das innerhalb eines apokalyptischen Geschichtsaufrisses ähnlich ausgedrückt, wobei der Hinweis darauf, daß selbst die Himmel von ihrem Orte weggerückt wurden, die kosmisch-apokalyptische Bedeutung der Stunde der Sinaioffenbarung noch unterstreicht. In 18,2f aber ist deutlich das Nebeneinander der beiden Menschengruppen charakterisiert, der großen Menge, die in der Finsternis Adams verbleibt, und derer, die sich in der Nachahmung Moses unter das Licht stellen.

Die Erwartung einer Wiedereinsetzung *Adams* in seine Herrlichkeit am Ende der Zeiten ist sicher bezeugt in Vit Ad 47 (48?); Apk Mos 39. Wahrscheinlich steht derselbe Gedanke schon hinter 1 QS 4,23; 1 QH 17,15; 4 QpPs 37 III 1f; Dam 3,20, wonach dies in der Gemeinde von Qumran erfolgen soll. Die ausgebaute Konzeption eines in Adam zum erstenmal erschienenen, dann Namen und Gestalt wechselnden, in Christus endgültig gekommenen „wahren Propheten" ist erst in den Kerygmata des Petrus nachweisbar (PsClem Hom III 20,2; 21,1)[19]. Trotz dem heilsgeschichtlichen Aufriß ist dort der dualistische Grundzug sehr ausgeprägt; nur daß Adam und Christus, ineins gesehen, als das männliche Prinzip dem weiblichen, durch Eva repräsentierten, entgegengestellt werden[20].

In der *henochischen Tierapokalypse* (aethHen 85–90) wird an drei Stellen die

---

[18] Ebd. 105f: der Äon ist primär Zeit, zugleich aber Raum der Existenz; *H. W. Kuhn*, Enderwartung und gegenwärtiges Heil (StUNT 4) (Göttingen 1966) 182–185 (vgl. 47–49): das Ineinander von Gegenwart und Zukunft entspricht hebräischem Zeit- wie auch Raumdenken. Weitere Belege für den himmlischen Jakob–Israel: Oratio Joseph, Orig., Comm in Joh, GCS 10, S. 88, 24ff; *N. A. Dahl*, The Johannine Church and History, in: W. Klassen – G. F. Snyder (Hrsg.), Current Issues in New Testament Interpretation (in honor of *O. A. Piper*) (New York 1962) 136f.

[19] Wie weit die Petruskerygmata noch rekonstruiert werden können, fragt sich (*J. Irmscher*, Die Pseudoklementinen, in: *Hennecke*³ II 373). Nach 20,2 besitzt Adam schon den Geist und wird als durch Gottes Erbarmen Gesalbter (χρισθείς) einst die Vollendung finden. Weitere Belege für die Wiedereinsetzung Adams bei *E. Schweizer*, Die Kirche als der Leib Christi in den paulinischen Homologumena, in: *ders.*, Neotestamentica (Zürich 1963) 279, für das Rabbinische Billerbeck I, 19, für Apk Mos 41 (Auferstehung Adams und der Menschheit) als Parallele zu Paulus: *J. L. Sharpe*, The Second Adam in the Apocalypse of Moses, in: CBQ 35 (1973) 35–46. Weish 10,1ff erzählt die Heilsgeschichte als Fortsetzung der Errettung Adams vom Fall. In der sethianischen Gnosis kommt nach dem Zeitalter Adams der Erlöser dreimal je am Anfang einer neuen Periode (*H. M. Schenke*, Das sethianische System nach Nag-Hammadi-Handschriften, in: *P. Nagel* [Hrsg.], Studia Coptica [Berlin 1974] 169).

[20] Mose als Prophet, ebd. II, 38,1; Christus als Prophet der Wahrheit III, 15,1–3; XI 19,1; mit Adam ineins gesehen III, 26; das Gegenüber der weiblichen Prophetin II, 15,3; III, 22.

Bildsprache, die alle möglichen Tiere als Symbole benutzt, verlassen und tritt ein „Mensch" oder „Mann" auf. Im dritten Fall ist „jener Mann", der unter den Schafen, Böcken und Raubvögeln auftritt, der Erzengel Michael, der die Bücher führt und mit ihrer Öffnung das Gericht einleitet (90,14.17.20). In dieser Funktion tritt er als „der andere" neben Gott[21]. Nach 89,76 ist er der entscheidende Zeuge gegen die, die Gott verworfen haben, und der Fürbitter für die, die ihm gefolgt sind. Er ist einer von den „aus dem Himmel hervor(kommenden) Wesen, die weißen Menschen gleichen" (87,2; 90,22). Übrigens ist das „Böckchen", das den Seher zum Schauplatz des himmlischen Gerichtes emporführt, schwerlich Elia[22], der, als „Schaf" dargestellt, schon 89,52 zu Henoch emporgebracht wurde, sondern, da 90,31 zweifellos vor 90,19 stehen muß, wie überall im Kontext seit 90,(9.)14.16 der makkabäische Erretter (Judas Maccabaeus?), der also so etwas wie eine messianische Gestalt ist, die vor Beginn des Gerichtes (zum Gerichtstribunal?) emporsteigt. Sonst erscheinen an Nicht-Tieren nur die gefallenen Engel, die als Sterne auftreten, und die bösen „Hirten", die vermutlich nicht die heidnischen Völker oder ihre Regenten darstellen, sondern ihre „Engel"[23].

Eine Ausnahme bilden aber Noah und Mose, die zwar zuerst als Farre oder Schaf auftreten, sich dann aber in einen „Menschen" oder „Mann" verwandeln. Beidemal wird diese Verwandlung später nochmals ausdrücklich erwähnt (89,1.9.36.38). Warum gerade diese beiden? Es stünden ja andere, mindestens so wichtige Heilsgestalten zur Auswahl, Abraham, David, Elia. Daß sie sich nur in Menschen verwandeln, weil Tiere nicht gut die Arche oder das Stiftszelt bauen können[24], ist doch unwahrscheinlich, da nach 89,72 die Schafe durchaus dabei sind, den Tempel aufzubauen. Wohl aber läuft die ganze Heilsgeschichte auf den Bau des neuen, größeren und höheren Gotteshauses hinaus, in das alle Schafe eingeladen werden und in dem der Herr der Schafe selbst wohnt. Es ist die Gemeinde der Endzeit, die dort versammelt ist, in der alle „sehend" sein werden (90,28f.34–36). So sind Noah, mit dessen Archebau die Heilsgeschichte beginnt, und Mose, dessen Gotteshaus noch lange Israels Geschichte prägt (89,1.36.40.50.56.66.72f), die entscheidenden Stationen. Daß die Vorstellung Moses als eines „Mannes" tatsächlich mit dem Bau des Heiligtums zusammenhängt, zeigt sich daran, daß lange von ihm nur als von „jenem Schafe" gesprochen wird (89,16ff); erst der Bau des Hauses für den Herrn der Schafe läßt ihn zum „Mann" werden. Die Heilsgeschichte beginnt also mit dem Auftreten eines „Menschen", der die rettende Arche baut, erreicht ihren Zenit mit dem

---

[21] So zu lesen (*G. Beer* in: *Kautzsch* AP, z.St., Anm. a; vgl. aethHen 89,61.68.70.76). Vgl. 46,1!
[22] Ebd. Anm. o; ebenso *Müller*, a.a.O. (Anm. 5) 68, der den Vers als spätere Glosse ansieht.
[23] *Beer*, a.a.O. (Anm. 21) Anm. c mit Literaturangaben.
[24] Ebd. 290, Anm. w.

Auftreten eines „Mannes", der das Gotteshaus baut, in das die Schafe eintreten können, und findet ihr Ziel mit dem Auftreten „jenes Mannes", der die Bücher des Gerichtes öffnet und damit das Kommen des neuen Hauses Gottes einleitet, das alle Schafe fassen soll.

4. *Der wahre „Mensch" und der apokalyptische „Menschensohn"*

Ist es nur Zufall, daß auch bei Philo neben Jakob, dem „Sehenden", der ganz Israel repräsentiert, gerade Noah und Mose als die gesehen werden, in denen der eigentliche Mensch, der himmlische Adam, sich manifestiert? Oder sollte die Tierapokalypse einen Beleg für eine grundsätzlich heilsgeschichtliche Schau in der jüdischen Apokalyptik liefern, nach der Adam, wie Gott ihn vor dem Sündenfall geschaffen hat, im Anfänger eines neuen Geschlechts, der eine neue Weltperiode einführt, wieder erscheint? Die Charakterisierungen mindestens Enos' und Noahs bei Philo weisen ja ausgesprochen in die Richtung einer solchen Stammvatervorstellung, und daß in Enos, Noah und Mose der „Mensch", der himmlische Adam, erscheint, ist deutlich ausgesprochen. Wäre also in der Tierapokalypse auf eindeutig jüdisch-apokalyptischem Boden schon eine Vorstufe der in Qumran vielleicht, in den Petruskerygmata sicher bezeugten Erwartung einer eschatologischen Wiederkunft des „herrlichen", im Ur-Stand lebenden Adam zu finden? Freilich wird Adam hier nicht als Mensch, sondern als weißer Farre eingeführt, und der Bruch der Heilsgeschichte ist nicht bei ihm, sondern beim Engelfall gesehen. Auch erscheint Michael zwar als „Mann" in der Endzeit, aber jedenfalls nicht als Stammvater eines neuen Geschlechtes oder als „corporate personality", die das Volk der Heilszeit in sich schließt. Trotzdem ist zu fragen, ob die Übereinstimmung zwischen Philo und der Tierapokalypse reiner Zufall ist.

Noch nach dem Bericht *J. T. Miliks* über die in Qumran gefundenen aramäischen Fragmente[25] konnte man der Meinung sein, daß die entscheidenden Aussagen über die in Menschen verwandelten Tiere auch dem Urtext angehörten. Die bald erscheinende Edition[26] zeigt aber eindeutig, daß in 89, 1.9 gerade diese entscheidende Bemerkung im Aramäischen fehlt, also auf den äthiopischen oder eventuell den nicht erhaltenen griechischen Übersetzer zurückgeht. Das dürfte die Lage doch einigermaßen klären. Für alle andern Stellen, also für den entsprechenden Hinweis bei Mose und die Beschreibung der Erzengel als „weißen

---

[25] Problèmes de la littérature hénochique à la lumière des fragments araméens de Qumrân, in: HThR 64 (1971) 355.

[26] *M. Black – J. T. Milik* (Hrsg.), The Books of Enoch: Aramaic Fragments of Qumran Cave 4. Die obigen Mitteilungen verdanke ich der Freundlichkeit *M. Blacks.*

Menschen ähnliche Wesen" (87,2) bzw. Michaels als „jenes Mannes", fehlen aramäische wie griechische Belege ganz.

Für die Vorgeschichte des Menschensohnbegriffs zeigt dies zunächst, wie vorsichtig wir mit den Texten des äthiopischen Henoch umgehen müssen. Gerade die interessantesten Bemerkungen gehen jedenfalls an der besprochenen Stelle auf den Übersetzer zurück. Das ist um so bemerkenswerter, als der für ihn offenbar charakteristische Wechsel zwischen „Mann" und „Mensch" (89,1.9) genau dem zwischen „Mannessohn" und „Menschensohn" in 69,26–29 entspricht. Bei den Bildreden, von denen aramäische Fragmente bisher überhaupt fehlen, müßten wir sowieso noch vorsichtiger sein. Positiv läßt sich also nur sagen, daß die Tierapokalypse wenigstens zeigt, daß die Bildsprache von Tieren, die die Weltreiche repräsentieren[27], und himmlischen Gestalten die „Menschen gleichen", nicht singulär ist, obgleich die letzten hier die oder den Erzengel darstellen, in Dan 7 jedoch Israel. Daß dieser „Mann" in aethHen 89,76 als der entscheidende Zeuge im Gericht, als Ankläger und Fürbitter auftritt wie der Menschensohn nach Lk 12,8f und der Paraklet nach Jo 16,8; 1 Jo 2,1, ist freilich bemerkenswert[28].

Vielleicht klärt sich aber einiges zur Nachgeschichte des Menschensohnbegriffs. Die Sicht Noahs und Moses als „Menschen" ist also durch einen Übersetzer in die Tierapokalypse eingebracht worden. Man muß natürlich damit rechnen, daß er sich damit nur zurechtlegen wollte, wieso Tiere die Arche und das Stiftszelt bauen konnten, und in 89,72f inkonsequent dies unterließ. Immerhin ist das nicht sehr wahrscheinlich, weil die Verwandlung in Menschen beidemal durch Wiederholung stark hervorgehoben wird. Da beide Gestalten auch bei Philo als die Repräsentanten des wahren Menschen erscheinen, könnte beim unbekannten griechischen oder äthiopischen Übersetzer der gleiche Vorgang festzustellen sein wie bei Philo: er hat eine ursprünglich anderswo beheimatete Vorstellung vom wahren „Menschen" nachträglich in die hier deutlich apokalyptisch dargestellte Heilsgeschichte eingetragen. Das führte freilich wiederum in den gleichen Raum, der schon durch Philo gekennzeichnet ist, in das hellenistische, vor allem ägyptische Judentum.

Nun kann man natürlich weder palästinisches und hellenistisches Judentum[29] noch pharisäische und apokalyptische Strömungen[30] noch jüdische Apokyptik

---

[27] Assyrer–Chaldäer und Perser erscheinen als erste und zweite Weltmacht unter dem Bild von Raubtieren (89,65–71.72–77), Griechen–Ägypter und Syrer als dritte und vierte unter dem von Raubvögeln (90,1–4.5–17). Zum Wechsel „Mensch–Mann" vgl. 4 Esr 13,3ff.25ff.

[28] Vgl. auch die Gerichtsszene Apk 20,12, wo allerdings nicht gesagt ist, wer die Bücher öffnet; vermutlich ist es das „Lamm" (5,1–8; 7,10; 22,1.3).

[29] *M. Hengel,* Judentum und Hellenismus (WUNT 10) (Tübingen 1969) 565–570, bes. 567.

[30] Gegen *D. Rössler,* Gesetz und Geschichte (WMANT 3) (Neukirchen-Vluyn ²1962) 45–54,

und Hellenismus[31] streng auseinanderhalten. Dennoch zeigen die bisher zugänglichen Belege, daß die Vorstellung von den zwei „Menschen", denen zwei Menschenklassen entsprechen, und die damit zusammenhängende Aussage vom eigentlichen, wahren, himmlischen „Menschen", der z.B. in den Heilsgestalten der biblischen Geschichte wieder entdeckt wird, nicht in der Apokalyptik wurzelt, sondern einer dualistischen Weltschau entstammt, die den wahren Menschen als den grundsätzlich ersten[32] dem sündigen, irdischen entgegensetzt[33]. Diese dualistische Entgegensetzung zweier durch Mose und Adam oder durch Jakob und Esau bestimmter Äonen oder auch Noahs als des Führers eines anderen Geschlechtes und Adams dringt ja gerade in den jüdisch-apokalyptischen Belegen auch deutlich durch. Ob man sie als gnostisch oder prägnostisch bezeichnen soll, ist eine andere Frage. Wer den abgrundtiefen dualistischen Pessimismus der vom Wiedererwachen platonischer Schau geprägten Spätantike etwa bei Plutarch oder bei den Pythagoreern zwischen 100 v. C. und 100 n. C. kennt, kann sich vorstellen, wie ein davon berührter Mensch damals die Erzählung von der Erschaffung der zwei Menschen in Gen 1 und 2 interpretieren mußte. Dazu kommt, daß ein typisch hebräisches Denken, das Gegenwart und Zukunft ineinanderschauen und die Kategorie der Zeit auch als die des Raumes interpretieren, also z.B. von einer Sphäre des Lebens oder des Todes sprechen kann[34], dem entgegenkommt. Ob das für die vorphilonische Exegese, von deren noch schärferem Dualismus sich Philo mit seinem biblischen Schöpfungsglauben schon abhebt[35], genügt oder ob mit stärker mythischen, außerjüdischen Bildern von einem göttlichen Urmenschen gerechnet werden muß, ist eine noch offene Frage. Sicher ist aber diese Sicht, in der der erste Adam heilvoll ist, mit einer heilsgeschichtlichen verknüpft worden, in der es sich gerade umgekehrt verhält. Das ist bei Philo der Fall, dem das zeitliche Nacheinander von Adam–Noah/Jakob/Mose natürlich vorgegeben war, vor allem aber auch die Stammvatervor-

---

110, vgl. *Harnisch*, a.a.O. (Anm. 17) 143–221, 245f, 327, und *K. W. Tröger*, Spekulativ-esoterische Ansätze, in: *J. Maier – J. Schreiner* (Hrsg.), Literatur und Religion des Frühjudentums (Würzburg – Gütersloh 1973) 311f.

[31] *H. D. Betz*, Zum religionsgeschichtlichen Verständnis der Apokalyptik, in: ZThK 63 (1966) 394f, 408f.

[32] Daß Noah der „erste" Mensch ist, nicht nur der Tugend, sondern auch der Ordnung nach (τάξει), ist Quaest in Gn II, 45 stark betont.

[33] *E. Brandenburger*, Adam und Christus (WMANT 7) (Neukirchen-Vluyn 1962) 143, dürfte also darin recht haben, daß jüdische Stammvatervorstellungen und Adam-Anthropos-Spekulation nicht ursprünglich verbunden sind. Vgl. ähnlich *L. Schottroff*, Der Glaubende und die feindliche Welt (WMANT 37) (Neukirchen-Vluyn 1970) 127–130, zu Philo. Daß die Adam-Spekulation andere Wurzeln hat als die Menschensohnworte, zeigt schon *Vögtle*, a.a.O. (Anm. 13) 207–212 für Paulus; *ders.*, Die Adam-Christus-Typologie und „der Menschensohn", in: TThZ 60 (1951) 317–319 für Henoch. [34] Vgl. oben Anm. 18.

[35] Für andere Konzeptionen bei Philo und die Scheidung zwischen Tradition und spezifisch Philonischem vgl. *E. Schweizer*, Art. χοϊκός, in: ThW IX 464,1ff.

stellung, die ihm allerdings in der Regel dazu dient, den biblischen Stammvater als Typos aller ihm ähnlichen Menschen zu verstehen und ihn mit dieser Gruppe zu identifizieren. So spielt ja auch das Nacheinander innerhalb der Heilsgeschichte zwischen den einzelnen Heilsgestalten kaum eine Rolle, sondern nur der Neuanfang gegenüber Adam, der mindestens bei Noah in biblischer Terminologie beschrieben ist. Aber auch die anderen Aussagen jüdisch-apokalyptischer Schriften bis hin zum Übersetzer der Tierapokalypse beweisen, daß der ursprünglich statisch-dualistische Topos von den zwei Menschen in die heilsgeschichtliche oder geradezu apokalyptische Schau der Geschichte Israels übernommen worden ist. Das zeigt auch der Befund im Neuen Testament.

5. *Das Neue Testament*

1 Kor 15,45f verwahrt sich Paulus ja gegen die Konzeption eines, wie er den biblischen Text ergänzt, „ersten" Adams[36] als Heilsgestalt und betont den eschatologischen Charakter des neuen Adam. Daß er hier gegen eine dualistische Schau kämpft, zeigt sich darin, daß er sofort vom „irdischen" und „himmlischen" Menschen spricht (V. 47–49; vgl. Jak 3,15), und zwar so, daß diese je eine Menschenklasse von „Irdischen" und „Himmlischen" bei sich haben. Offenkundig ist ihm die Entgegensetzung Adam–Christus schon geläufig, und zwar in einem heilsgeschichtlichen oder noch eher apokalyptischen Rahmen, wie Röm 5,12–21; 1 Kor 15,20–28 beweisen. Dies hängt mit dem öfters bezeugten Glauben zusammen, daß Adams Fall den Tod über alle gebracht hat[37], daß aber das Wesen des Menschen gerade durch seine Entscheidungsfähigkeit zwischen Gott und Satan geprägt ist und daß auch biblisch, wie es das Jubiläenbuch etwa für Jakob–Israel darstellt, der Eine das Schicksal der Vielen bestimmt[38]. Die Amalgamierung einer ursprünglich statisch-dualistischen und einer heils-

---

[36] Adam als „der eine Mensch" (von dem alle herkommen) ist natürlich zu erwarten (z.B. Philo, Conf Ling 41). Die Formel „erster Adam" hingegen kenne ich außerhalb des Neuen Testamentes nur in grApkBar 9,7. „Der erste Mensch Adam" findet sich syrApkBar 56,5, „der erstgebildete Vater der Welt" Weish 10,1f, „der erstgeschaffene (oder: erstgebildete) Adam", *G. Kisch* (Hrsg.), Pseudo-Philo, Antiquitates Biblicae (Indiana 1949) 26,6 und ApkSedrach 4,4 (vgl. auch oben Anm. 32). Mit *Vögtle*, a.a.O. (Anm. 13) 210–212 bin ich darin einig, daß Paulus gegen die Korinther, nicht etwa direkt gegen Philo polemisiert; aber der korinthische Dualismus mit seiner Hochbewertung des „Geistes" stammt aus der durch Philo bezeugten dualistischen Auffassung des „ersten" als des eigentlichen, wahren „Menschen".

[37] Vgl. *Harnisch*, a.a.O. (Anm. 17) 46–54, 194–196.

[38] Dazu *Schottroff*, a.a.O. (Anm. 33) 115–118.

geschichtlich-apokalyptischen Anschauung erweist sich vor allem in der Formulierung vom Sein „in" Adam oder Christus, also in der räumlichen Interpretation der Zeitperiode als einer Lebenssphäre für die ihr Zugehörigen.

Daß nur gerade in diesem Zusammenhang die Bezeichnung Jesu als eines „Menschen" oder als „des einen Menschen" auftritt (Röm 5,15; 1 Kor 15,21.47), könnte noch vom Topos der zwei Menschen her erklärt werden. Auffälliger ist, daß dieser „Mensch" 1 Kor 15,47–49 sogleich als der Christus der Parusie beschrieben wird[39], obgleich es näher gelegen hätte, die Herkunft vom Himmel mit der Paulus geläufigen Idee der Präexistenz zu erklären. Dazu kommt, daß 1 Kor 15,26 aus Ps 8 einen dort vom „Menschensohn" ausgesagten Satz zitiert. Ohne daß hier Sicherheit zu gewinnen ist, muß doch gefragt werden, ob nicht die gemeinchristliche Aussage von der Parusie des Menschensohns (also in griechischer Wiedergabe: des Menschen) mitgespielt hat. Woher käme sonst die betont eschatologische Konzeption des „letzten Adam", der in der Parusie erscheinen wird, die doch weit über die vorliegenden Modelle eines Noah als zweiten Anfängers des Menschengeschlechts oder eines Mose, der in der Finsternis Adams das Licht des Gesetzes anzündet, hinausgeht? *A. Vögtle*[40] behielte also darin recht, daß das Adam-Christus-Schema weder aus der Menschensohnvorstellung entwickelt wurde noch die Aufnahme des Menschensohnzitats direkt verursacht hätte. Es wäre aber ein weiterer Fall der Amalgamierung der zwei „Menschen"(-Klassen) mit einer heilsgeschichtlich-apokalyptischen Schau. Das geschah bei Philo einerseits, bei apokalyptischen Aussagen über Noah, Mose und Jakob, vermutlich auch dem Übersetzer der Tierapokalypse, wie bei den Petruskerygmata und verwandten Adamaussagen andererseits. Sie lag hier besonders nahe, weil im Griechischen „Mensch" und „Menschensohn" nur Übersetzungsvarianten sind. Dafür könnte eine weitere, schon bekannte Beobachtung sprechen.

Die hinter Jo 1,51 stehende Tradition setzt den Menschensohn mit dem neuen, eschatologischen Jakob gleich[41]. Erinnert man sich an Ausführungen

---

[39] V. 49 ist Futurum zu lesen (so auch *Vögtle* [Anm. 13] 209). Freilich ist dies Röm 5,12–21 nicht der Fall (ebd. 212; vgl. *ders.*, a. a. O. [Anm. 33] 312, 319, 325). Daran scheitert auch die strikte Beschränkung des „letzten Adams" auf den Auferstandenen (*J. D. G. Dun*, I Cor 15:45 – last Adam, life-giving spirit, in: *B. Lindars – S. S. Smalley* [Hrsg.], Christ and Spirit [Cambridge 1973] 140f); der „Mensch" von Röm 5,15–19 ist im Unterschied zu dem von 1 Kor 15,22 der irdische Jesus.

[40] A. a. O. (Anm. 13) 206f. Auch *Vögtle* vermutet hinter 1 Kor 15,26f die Menschensohnvorstellung und weist auf die feste Verbindung von Ps 8 mit Ps 110,1 (1 Kor 15,25f; Eph 1,20.22) hin, die dem Sitzen des Menschensohns zur Rechten Gottes (Mk 14,62) entspricht.

[41] Begründet bei *Schweizer*, a. a. O. (Anm. 19) 283f; vgl. noch Ex r 19 (*Billerbeck* II, 426) und vor allem die genaue Untersuchung der Targume bei *F. Lentzen-Deis*, Die Taufe Jesu nach den

wie die in den Jubiläen, aber auch an die Rolle Jakob–Israels bei Philo, dann ist zu vermuten, daß eine wahrscheinlich noch ziemlich stark dualistisch konzipierte Sicht eines neuen Israel, also eines neuen Gottesvolkes (oder einer anderen Menschenklasse) mitschwingt. Warum sonst wäre der Menschensohn gerade mit Jakob identifiziert? Daß dabei vom offenen Himmel und den auf- und absteigenden Engeln, die im vierten Evangelium sonst nur an der traditionellen Stelle 20,12 vorkommen, die Rede ist, zeigt, daß der für Johannes typische Dualismus („von oben – von unten") im Hintergrund steht und sich wie bei Philo mit dem biblischen Bild verbindet.

Das führt zu 15,1, wo Jesus sich als „wahren Weinstock" einem anderen, uneigentlichen Weinstock entgegensetzt. „Weinstock" ist natürlich Prädikat Israels, im zeitgenössischen Judentum sogar eines schon in kosmischen Dimensionen gedachten Israel, das von der „Tiefe" bis zum Thron Gottes reicht[42]. Auch die Herde, deren einer guter Hirte den vorher gekommenen falschen entgegengestellt wird, ist Bild Israels[43]. In Jo 15 ist Jesus zugleich der, der alle „Schosse", alle ihm Zugehörenden in sich schließt. Sie leben „in" ihm (15,2–7), wie nach 1 Kor 15,22 die Gemeinde „in" Christus lebt und nicht mehr „in" Adam. Erkennt man, daß bei Johannes die scharf dualistisch begründete Trennungslinie ja durchwegs zwischen Jesus und „den Juden" verläuft, die für ihn „diesen Kosmos" (in den Abschiedsreden auch „den Kosmos") repräsentieren, dann ist genau diese Abhebung der Jesusgemeinde von Israel zu erwarten. Schon in Kap. 10 ist ja Jesus als der eine Hirte neben die „vor" ihm gekommenen (!), falschen Hirten, die Führer Israels getreten. Schon längst ist auch darauf hingewiesen worden, daß in Ps 80,16 Menschensohn und Weinstock (als Prädikate Israels) identifiziert wur-

---

Synoptikern (Frankfurter Theol. Studien 4) (Frankfurt a.M. 1970) 214–227, wie auch die Belege für die häufige Identifikation von Jakob und Israel ebd. 242. Anders verhielte es sich, wenn der Menschensohn im Himmel thronend gedacht wäre, so daß Nathanael, der „wahre Israelit" die Rolle Jakobs spielte (so *R. Maddox*, The Function of the Son of Man in the Gospel of John, in: *R. Banks* [Hrsg.], Reconciliation and Hope [Festschr. L. Morris] [Exeter 1974] 190f); doch scheint mir dann das Bild der „auf ihn" auf- und absteigenden Engel fast unmöglich zu sein. Dagegen spricht auch, daß schon im Judentum Gen 28,12 mit dem Menschensohn von Dan 7 verknüpft war (Dahl, a.a.O. [Anm. 18] 136). *R. G. Hamerton-Kelly*, Pre-existence, Wisdom and the Son of Man (SNTS Mon. Ser. 21) (Cambridge 1973) 225–230 denkt an platonisierende Doppelung von himmlischem und irdischem Jakob, der zugleich das neue Israel repräsentiert (mit Verweis auf Gn r 68,12 [44a]; weitere Texte: *Billerbeck* I, 977).

[42] Pseudo-Philo, a.a.O. (Anm. 36) 12,8f (wo auch das Bild vom Haus Gottes steht).

[43] Zu diesem Hintergrund vgl. schon *C. H. Dodd*, The Interpretation of the Fourth Gospel (Cambridge 1953) 358–361. Vielleicht darf man sogar an Did 9,4 erinnern. Wenn es sich dabei um ein Gebet der hellenistischen Synagoge handelt, ist das Bild des aus der Zerstreuung zusammengebrachten „Brotes" für Israel schon geläufig gewesen; doch ist Jo 6 natürlich der Gegensatz zum Manna Israels der dominierende. Zur Prädikation Jesu als „Licht" vgl. das syrApkBar 18,2f zu Adam und Mose Gesagte (oben in Abschnitt 3).

den[44]. Da vorjohanneisch der Menschensohn als (eschatologischer, wahrer) Jakob–Israel vorgestellt war (1,51), liegt die Folgerung nahe, daß sich auch in Jo 15 eine ursprünglich dualistische Sicht von zwei Menschenklassen und eine heilsgeschichtliche von einem eschatologischen Jakob–Israel, „in" dem das neue Gottesvolk lebt, überlagert haben.

Mehr als Vermutungen können vorläufig nicht geäußert werden, und auch darin weiß ich mich mit meinem Freund *Vögtle* eins. Sobald aber, wie es nachweislich geschah, die jüdisch-apokalyptische Sicht Adams, der eine ganze Menschheit als dem Tod verfallene prägt, und Noahs oder Jakobs als des Stammvaters, der eine neue Menschheit oder ein neues Gottesvolk inauguriert, ja damit identisch wird, zusammenstößt mit der dualistisch-statischen Sicht der zwei Menschen und der „in" ihnen lebenden Menschenklassen, mußte neben der Vorstellung vom eschatologischen Jakob, der das wahre Israel in sich schließt, auch die vom eschatologischen „Menschen" Christus als dem neuen Adam entstehen, der die neue Menschheit in sich schließt. Das scheint mir immer noch am besten die Rede vom „Leib Christi" zu erklären, da es dafür bisher vor Mani keinen einzigen, von Paulus unabhängigen gnostischen Beleg zu geben scheint[45]. Wie bei Philo der Topos von den zwei Menschen dominierte und die heilsgeschichtlich-apokalyptische Struktur nur sekundär dazu kam, so bei Paulus umgekehrt. Wo der Gegensatz stark durch die Abgrenzung vom bisherigen Israel, von den „Juden" bestimmt war, führte dies zur Konzeption des neuen Jakob–Israel, des wahren „Weinstocks", „in" dem die Glaubenden leben; wo die universale Konzeption des Diasporajudentums von einer neuen Menschheit im Vordergrund stand, führte dies zur Konzeption des eschatologischen „Men-

---

[44] Die Gleichsetzung, auf die *Dodd,* a.a.O. (Anm. 43) 411 hinwies, beruht auf einem Schreibfehler, was der Autorität dieses Satzes, der sich in LXX eindeutig, im Urtext etwas verstümmelt findet, in neutestamentlicher Zeit natürlich keinen Abbruch tut. *O.J. F. Seitz,* The Future Coming of the Son of Man: Three Midrashic Formulations in the Gospel of Mark, in: *E. A. Livingstone* (Hrsg.), Studia Evangelica VI (TU 112) (Berlin 1973) 478–494 nimmt an, daß Ps 80,17 (sic!) zur Vorstellung des Sitzens des *Menschensohns* zur Rechten Gottes (Ps 110,1; Mk 14,62) geführt habe (484–486).

[45] *E. Schweizer,* Art. σῶμα, in: ThW VII, 1088,1ff. Dies gilt trotz der erneuerten, aber nur auf Sekundärliteratur verweisenden Behauptung von *P. Schwanz,* Imago Dei als christologisch-anthropologisches Problem in der Geschichte der alten Kirche von Paulus bis zu Clemens von Alexandria (Halle 1970) 32, mit Anm. 255. Abgesehen von der verbreiteten spätgriechischen Anschauung vom Kosmos als einem göttlichen Leib (ThW VII, 1035,37ff), finden sich darin nur Hinweise auf Cl Al Exc Theod 42,2ff (ThW VII, 1088,24ff; *K. M. Fischer,* Tendenz und Absicht des Epheserbriefes [Berlin 1973] 63f); Act Thom 6f und *Schliers* nicht einleuchtende Gleichsetzung des Königs mit dem „Haupt" und der Sophia mit dem (hier aber nicht genannten) Leib. So bleibt als einziger Beleg der Satz in *G. Quispel,* The Jung Codex and Its Significance, in: *F. L. Cross* (Hrsg.), The Jung Codex (London 1955) 60; doch beschreibt dort der „Leib" im Gegenüber zum „Haupt" die Christen, so daß vermutlich christlich-deuteropaulinischer Sprachgebrauch vorliegt. Das gilt auch für die sonst unpublizierte Schrift aus Nag-Hammadi bei *Fischer* 64f, der ebenfalls den postulierten σῶμα-Gebrauch in der Gnosis nirgends finden kann (ebd. 68).

schen“ Adam, „in“ dem die Glaubenden leben[46]. „Menschensohn“ und eschatologisch vorgestellter, wahrer „Mensch“ haben sich in beiden Versionen vereinigt.

[46] Zum Ganzen vgl. schon *Schweizer*, a.a.O. (Anm. 19) 283–290 und ThW VII, 1069,6–1070,15, zu Jesus als zweitem Adam in Mk 1,13 (freilich nicht in der Versuchungsgeschichte von Q, Vögtle, a.a.O. [Anm. 13] 204) meinen Kommentar (NTD 1) z.St. (auch *E. Schweizer*, Erniedrigung und Erhöhung bei Jesus und seinen Nachfolgern [AThANT 28] [Zürich ²1962] 4d). So wäre die von *Vögtle* (ebd. 199f und, in ausführlicher Auseinandersetzung mit *T. W. Mansons* kollektiver Menschensohndeutung, schon: Der Einzelne und die Gemeinschaft in der Stufenfolge der Christusoffenbarung, in: *J. Daniélou – H. Vorgrimler* [Hrsg.], Sentire Ecclesiam [Freiburg – Basel – Wien 1961] 54–60) mit Recht abgelehnte direkte Ableitung „Menschensohn – Leib Christi“ durch das Modell eines Zusammenwachsens zweier (oder mehrerer) verschiedener Vorstellungen zu ersetzen.

„Menschensohn" oder „ich" in Q: Lk 12,8–9/Mt 10,32–33?

Angus J. B. Higgins, Lampeter

Lk 12,8–9:

πᾶς ὃς ἂν ὁμολογήσῃ ἐν ἐμοὶ ἔμπροσθεν τῶν ἀνθρώπων, καὶ ὁ υἱὸς τοῦ ἀνθρώπου ὁμολογήσει ἐν αὐτῷ ἔμπροσθεν τῶν ἀγγέλων τοῦ θεοῦ· / ὁ δὲ ἀρνησάμενός με ἐνώπιον τῶν ἀνθρώπων ἀπαρνηθήσεται ἐνώπιον τῶν ἀγγέλων τοῦ θεοῦ.

Mt 10,32–33:

πᾶς οὖν ὅστις ὁμολογήσει ἐν ἐμοὶ ἔμπροσθεν τῶν ἀνθρώπων, ὁμολογήσω κἀγὼ ἐν αὐτῷ ἔμπροσθεν τοῦ πατρός μου τοῦ ἐν τοῖς οὐρανοῖς· ὅστις δ'ἂν ἀρνήσηταί με ἔμπροσθεν τῶν ἀνθρώπων, ἀρνήσομαι κἀγὼ αὐτὸν ἔμπροσθεν τοῦ πατρός μου τοῦ ἐν τοῖς οὐρανοῖς.

In der Mattäusversion liegt keine wichtige Textvariante vor. Im Lukastext bestehen folgende bedeutsamen Varianten:
1. Vers 8: των αγγελων om ℵ* Marcion;
2. Vers 9: των αγγελων om Marcion;
3. Vers 9 om P⁴⁵ 245 e sys bo(pt).

Die Varianten 1 und 2 gehen wohl auf Markion zurück. Die Variante 3 läßt sich so erklären, daß sie auf ein Homöoteleuton bedacht ist, denn beide Verse endigen mit τῶν ἀγγέλων τοῦ θεοῦ. Daß dieser Schluß von V. 9 der ursprüngliche ist, wird von der Stelle Apk 3,5b – καὶ ὁμολογήσω τὸ ὄνομα αὐτοῦ ἐνώπιον τοῦ πατρός μου καὶ ἐνώπιον τῶν ἀγγέλων αὐτοῦ[1]– gestützt, die sowohl mit Mt 10,32 als auch mit Lk 12,8 Ähnlichkeiten aufweist.

[1] Vgl. die Hinzufügung von *et coram angelis eius* in syc in Mt 10,33.

I.

Die passive Wendung ἀπαρνηθήσεται in Lk 12,8 ist problematisch und läßt sich auf verschiedene Weisen erklären.

1. „Der Menschensohn" ist logisches Subjekt, und der implizierte Sinn ist: „Er wird vom Menschensohn vor den Engeln Gottes verleugnet werden." Normalerweise hingegen bezieht sich in solchen Texten ein in Passivform gehaltenes Verb auf das Handeln Gottes. Überdies kann das aktive Zeitwort ὁμολογήσει mit „Menschensohn" als Subjekt in V. 8 nicht als in V. 9b besonders glücklich ausgeglichen gelten durch ein passives Verb, von dem man bloß annimmt, es impliziere den Verleugnungsakt des Menschensohnes, ohne daß der Menschensohn wirklich genannt wird.

2. Deshalb hat man die Meinung vertreten, V. 9 habe ursprünglich mit der Form von V. 8 genau übereingestimmt und so geendigt: „Der Menschensohn wird ihn vor den Engeln Gottes verleugnen."[2] Um diese Ansicht zu stützen, berief man sich sowohl auf Mk 8,38 – „dessen wird sich der Menschensohn schämen" – als auch auf die Stelle Mt 10,33, die man als eine Variante oder eine „Verbesserung" ansah, die das in der als ursprünglich vorausgesetzten Form von Lk 12,9 stehende Wort „Menschensohn" mit „ich" ersetze. Es ist indes schwer verständlich, wieso man eine kristallklare Aussage in eine andere Form gebracht haben sollte, die zu V. 8 viel weniger parallel verläuft. Man kann vielleicht annehmen, die Änderung (sofern eine solche vorliegt) habe beabsichtigt, einen besseren Übergang zu der Strukturform von V. 10 herzustellen (ἀπαρνηθήσεται – ἀφεθήσεται αὐτῷ). Doch diese Annahme befriedigt nicht, denn damit wäre ein Widerspruch zu den V. 9 und 10 immer noch nicht aus der Welt geschafft: Wer Jesus auf Erden verleugnet, wird verleugnet werden – Wer etwas gegen den Menschensohn sagt, wird Vergebung finden. Oder es mag eine stilistische „Verbesserung" gewesen sein, um eine Abwechslung herbeizuführen. Wäre aber Lukas zu so etwas bereit gewesen, wenn er dafür das Wort „Menschensohn" als Subjekt geflissentlich hätte auslassen müssen, so daß eine Ungewißheit über den Sinn der Aussage entstand?

3. Im Gegensatz hierzu vertritt *Perrin* die Ansicht, Lk 12,8 habe ursprünglich der Form nach dem V. 9 genau entsprochen. Obwohl er diesen als sekundären Zusatz ansieht, der im Lauf der Überlieferung entstand, um eine Antithese zu V. 8 herzustellen, verwendet er ihn als Beweismittel dafür, daß V. 8, zu dem er eine Antithese bildet, ursprünglich dieselbe Struktur aufgewiesen habe:

---

[2] *F. H. Borsch*, The Christian and Gnostic Son of Man (Studies in Biblical Theology, Second Series 14) (London 1970) 16–19; vgl. *G. Haufe*, Das Menschensohn-Problem in der gegenwärtigen wissenschaftlichen Diskussion, in: Evangelische Theologie 26 (1966) 136.

Jeder, der mich vor den Menschen anerkennt,
wird vor den Engeln Gottes anerkannt werden,

und er ist der Ansicht, daß dies auf Jesus zurückgehen könnte. Die Passivform ist dann als die normale aramäische Umschreibung anzusehen, die zum Ausdruck des Handelns Gottes verwendet wird. Mit der Weiterentwicklung der Überlieferung und dem wachsenden christologischen Interesse wurden dann in diesem Spruch Funktionen, die ursprünglich Gott zugeschrieben wurden, auf Jesus übertragen. Bei Lk wurde dafür der Begriff „Menschensohn", bei Mt die Ichform verwendet[3].

Falls sie stimmt, würde diese Interpretation Lk 12,8 – ein Text, der Tödt und andern Autoren als für die Lehre Jesu über den Menschensohn entscheidend gilt – für diese Frage außer Betracht fallen lassen.

Um seine Deutung und die Superiorität des V. 8 gegenüber V. 9 zu stützen, beruft sich Perrin darauf, daß hier der Ausdruck ὁμολογεῖν ἐν verwendet wird, was eine ungebräuchliche aramäisierende Verwendung eines liturgischen Wortes mit der Präposition darstellt[4], im Gegensatz zum Verb „verleugnen" in V. 9, worin sich unmittelbar die Sprache der Kirche widerspiegelt[5]. Dem steht jedoch die Wahrscheinlichkeit entgegen, daß ἀρνεῖσθαι in V. 9 ein aramäisches Wort wiedergibt[6]. Überdies ist es fragwürdig, ob man aus dem passiven Zeitwort in V. 9, der von Perrin selbst als sekundär angesehen wird, auf die Existenz eines passiven Verbs in einer mutmaßlich ursprünglicheren Form von V. 8 schließen darf. Aus diesen Gründen läßt sich diese Interpretation nicht annehmen.

4. ἀπαρνηθήσεται läßt sich so verstehen, daß es wie gewöhnlich das Handeln Gottes bezeichnet und gleichzeitig auch das Handeln des Menschensohnes in sich schließt. Wie in Vers 8 der Menschensohn sich zum Menschen bekennt, der sich zu Jesus bekennt, so ist er in V. 9 mitbeteiligt an Gottes Verurteilung des Menschen, der Jesus auf Erden verleugnet hat[7], und zwar *dadurch, daß er diesen Menschen verleugnet*. Der Menschensohn ist an der Richterrolle mitbeteiligt als Beisitzer an der Seite oder in Gegenwart Gottes des höchsten Rich-

[3] *N. Perrin*, Rediscovering the Teaching of Jesus (London 1967) 189.
[4] Vgl. *Bauer* in: Wörterbuch zum NT[5], Sp. 1126.
[5] *Perrin*, a.a.O. 187f.
[6] Vgl. *J. Jeremias*, Neutestamentliche Theologie I: Die Verkündigung Jesu (Gütersloh 1971) 18, Anm. 49: ἐπαισχύνεσθαι (Mk 8,38 par. Lk 9,26) und ἀρνεῖσθαι (Lk 12,9 par. Mt 10,33) stellen aramäische Varianten dar (im einen Fall *ḥapar*, im andern *kepar*), die aus der mündlichen Überlieferung stammen.
[7] *F. Hahn*, Christologische Hoheitstitel (FRLANT, Bd. 83) (Göttingen 1963) 36, Anm. 1, sagt: „Daß in V. 9 nicht einfach von einem von Gott selbst vollzogenen Gericht gesprochen ist, geht daraus hervor, daß die Wendung ‚vor den Engeln' (τοῦ θεοῦ ist späterer Zusatz) wohl als Umschreibung eines ‚vor Gott' verstanden werden muß."

ters, der allein das Recht hat, Gericht zu sprechen über die, die Jesus in seinem Erdenwirken verleugnet haben. Man braucht zwischen dem Menschensohn als Zeugen und als Richter nicht allzu streng zu unterscheiden. Wohl mag er mehr Zeuge sein, indem er sich zu denjenigen bekennt, die sich zu Jesus bekannt haben, aber er ist Zeuge und Richter zugleich bei der Verurteilung derer, die ihn verleugnet haben. Zudem kann der Menschensohn *einzig als Zeuge* sich zu denen, die sich zu Jesus bekannt haben, in Gegenwart Gottes bekennen und sie ihm so anempfehlen; *als Beisitzer oder Richter sowie als Zeuge* nimmt der Menschensohn an Gottes Richterspruch teil, der die Verleugner Jesu verurteilt[8].

Bei dieser Interpretation ersieht man, daß die Schwierigkeiten mit dem passiven Verb ἀπαρνηθήσεται übertrieben worden sind, und erscheint es wahrscheinlich, daß Lk 12,9 den Spruch in seiner ursprünglichen aramäischen Form darstellt und daß sowohl Gott als auch der Menschensohn die logischen Subjekte sind.

II.

Für gewöhnlich gibt man der Fassung von Lk 12,8f den Vorzug, da sie die ältere Form des Ausspruchs sei und den Q-Text darstelle, während man die Parallelstelle in Mt 10,32f als eine spätere Änderung erklärt, worin „Menschensohn" durch „ich" ersetzt worden sei. Eine gegenteilige Ansicht haben Colpe und Jeremias vertreten.

Colpe[9] tritt dafür ein, daß ein hinter Mt 10,32f liegender Spruch in der mündlichen Überlieferung in eine Menschensohnaussage umgeändert worden sei. Der Ausspruch könne wie folgt gelautet haben: „Jeder, der mich vor den Menschen anerkennt, den wird man anerkennen vor...; wer mich aber vor den Menschen verleugnet, wird auch verleugnet werden vor..." Dies gleicht dem von Perrin gemachten Vorschlag, nur postuliert dieser, wie wir sahen, ein ursprünglich nicht auf den Menschensohn bezogenes Logion, das einzig aus dem ersten Glied, dem Anerkennen und Anerkanntwerden, besteht. Nach Colpe ist das erste Passiv auf die Analogie „er wird verleugnet werden" (ἀπαρνηθήσεται) in Lk 12,9 zu deduzieren und wird der von beiden Verben bezeichnete Handlungsträger durch die Verwendung der Passivform dunkel und unbestimmt gelassen. Der Menschensohn-Titel wurde später eingeführt und ersetzte das passive Verb entweder im ersten Glied des Spruchs, wie in Lk 12,8, oder in dessen zweitem

[8] Vgl. *F. H. Borsch,* The Son of Man in Myth and History (London 1967) 363, Anm. 4: „In jeder semitischen Situation war der Richter... immer Richter, Verteidiger und Anklagevertreter in einem." Daß der Menschensohn als Richter und Anwalt zugleich geschildert wird, bedeutet also keinen Widerspruch. Man kann hinzufügen, daß auch das Bild, das man sich vom Anwalt und vom Zeugen machte, auch irgendwie fließend war.

[9] *C. Colpe,* Art. ὁ υἱὸς τοῦ ἀνθρώπου, in: TWNT VIII, 444f, 450.

Teil, wie in Mk 8,38; ebenso wurde in beiden Hälften bei Mt 10,32f das Pronomen „ich“ eingeführt, und Colpe vertritt sogar die Ansicht, dies sei vielleicht der Einführung des Titels vorausgegangen. Diese Formulierungen seien parallele Äußerungen des Glaubens an Jesus als den (Menschensohn) Anwalt und Ankläger beim eschatologischen Gericht. Aufgrund der Praxis des Mattäus, den Menschensohntitel eher in überlieferte Aussagen hineinzubringen als ihn da, wo er bereits vorhanden war, wegzulassen, behauptet Colpe, die früheste Form habe diesen Titel nicht aufgewiesen, was wahrscheinlicher sei, als daß Mattäus inkonsequent war und ihn beseitigt habe[10]. Colpe folgt hier der Hypothese von Jeremias in bezug auf den relativen Wert von Aussagen mit und Aussagen ohne den Titel „Menschensohn“.

Jeremias stützt sich auf Lk 12,8 par. Mt 10,32 als ein hervorragendes Beispiel für seine Hypothese, daß in Spruchpaaren die Formen ohne „Menschensohn“ zu bevorzugen seien und daß es keinen Fall gebe, wo „Menschensohn“ durch das Pronomen der ersten Person ersetzt worden sei.

Die Konsequenzen unseres Ergebnisses, daß grundsätzlich die Fassung *ohne* Menschensohn den Anspruch auf Priorität hat, sind weittragend. Beispielsweise läßt sich die weithin vertretene Annahme, Lk 12,8... sei gegenüber Mt 10,32 (Fassung ohne Menschensohn) die ältere Überlieferung, sie beweise, daß Jesus zwischen sich und dem kommenden Menschensohn unterschieden habe, sich also als Vorläufer des Menschensohnes gewußt habe usw., kaum länger halten. Denn diese Annahme geht davon aus, daß ein ursprüngliches υἱὸς τοῦ ἀνθρώπου durch ἐγώ verdrängt worden sei, wofür es keinen Beleg gibt[11].

Es kann jedoch der Fall sein, daß die gewöhnliche Praxis des Mattäus für diese Stelle keine Rolle spielt und daß die mattäische und die lukanische Fassung des Spruchs parallele Überlieferungen darstellen. Dies wird vielleicht durch die Stelle Apk 3,5b – καὶ ὁμολογήσω τὸ ὄνομα αὐτοῦ – gestützt, die möglicherweise nicht Mattäus entnommen ist, sondern eine spätere Form[12] des in Mt 10,32 überlieferten Spruchs darstellt. Andererseits jedoch braucht selbst die Tatsache, daß Mt 10,32 wie Lk 12,8 den Aramaismus ὁμολογεῖν ἐν verwendet, nicht zu besagen, daß dieser mehr als ein bloßes Überbleibsel in einer mattäischen Umformulierung des Spruchs darstellt[13].

Die von Jeremias vertretene Hypothese wurde eingehend geprüft von *Borsch*[14], dessen Analyse der bedeutsamsten Spruchpaare ihn zu fundamental gegenteiligen Schlüssen führte.

---

[10] Ebd. 444, Anm. 297.

[11] *J. Jeremias,* Die älteste Schicht der Menschensohn-Logien, in: ZNW 58 (1967) 170.

[12] ὁμολογήσω entbehrt hier der Präposition ἐν, die im Aramäischen gebräuchlich ist.

[13] (τοῦ πατρός μου) τοῦ ἐν τοῖς οὐρανοῖς; vgl. *Perrin,* a.a.O. 188f.

[14] The Christian and Gnostic Son of Man, 1–28.

Wir meinen abschließend: Unsere volle Zustimmung kann weder die von Jeremias vertretene These finden, wonach da, wo zu einem Menschensohnspruch eine rivalisierende Parallele ohne diesen Titel vorliegt, die letztere Fassung die ursprüngliche ist, noch die von Borsch aufgestellte gegenteilige These, wonach das Beweismaterial für die Priorität der Fassung mit der Menschensohnbezeichnung spricht. Es spielen für das Vorhandensein oder Nichtvorhandensein des Menschensohntitels allzu viele andere Faktoren mit, als daß ein gültiges Kriterium für die Priorität einer Fassung spräche. Jedes Spruchpaar muß einzeln besonders geprüft werden.

III.

Mk 8,38 gibt in zum Teil apokalyptischen Ausdrücken eine Variante wieder – „Wer sich meiner schämt, dessen wird sich auch der Menschensohn schämen“[15] –, die Lk 12,9 entspricht. Doch es ist nicht unbedingt erwiesen, daß Lk 12,9 selbst von dieser oder einer ähnlichen Form her, die V. 8 entspricht, verändert worden ist. Wie ich weiter oben dargetan habe, behält Lk 12,9 den Spruch in seiner aramäischen Struktur bei und sind zugleich Gott und der Menschensohn die logischen Subjekte von ἀπαρνηθήσεται.

Die Textform in Mt 10,32f ist möglicherweise das Ergebnis eines absichtlichen Ausweichens vor den Schwierigkeiten und der Doppeldeutigkeit von Lk 12,9, indem der ganze Spruch in seinen beiden Teilen mit „ich“ als Subjekt umgeformt worden ist, damit durch die gänzliche Ausschaltung des Menschensohnbegriffs[16] absolut klar wird, daß es Jesus ist, der die Menschen im Gericht anerkennen oder verleugnen wird, je nachdem sie ihn in seinem Erdenwirken anerkannt oder verleugnet haben. Andererseits folgt Mattäus vielleicht einer parallelen, unabhängigen Überlieferung, welche die Identität Jesu und des Menschensohnes ausdrücklicher und unzweideutiger zum Ausdruck brachte als die von Lukas verwendete Tradition.

Möglicherweise war Lk 12,8 von Lukas so gemeint, daß die Stelle den genau gleichen Sinn hat wie Mt 10,32, und beziehen sich „mich“ und „den Menschensohn“ in poetischem Parallelismus beide auf Jesus[17]. Vers 9 mag sodann

---

[15] Vgl. weiter oben Anm. 6.

[16] *W. Marxsen*, Anfangsprobleme der Christologie (Gütersloh 1960) 26, macht auf Mt 26,27 aufmerksam, worin das Gericht ergeht „nicht nach dem Verhalten zu Jesus, sondern nach den Werken. Jesus wird also im ersten Teil des Wortes gestrichen – und damit ist dann freigegeben, unter dem richtenden Menschensohn Jesus zu verstehen.“

[17] *L. Gaston*, No Stone on Another (Supplements to Novum Testamentum XXIII) (Leiden 1970) 404, spricht mehr von Parallelismus der *prophetischen* Form und glaubt, daß Lk 12,8f seine jetzige Struktur von urchristlichen Propheten erhalten habe, für die Jesus und der Menschensohn identisch

seine jetzige Form dem Wunsch des Lukas verdanken, um der Abwechslung willen stilistische „Verbesserungen" vorzunehmen: 1) ὁ δὲ ἀρνησάμενος anstatt ὃς δ' ἂν ἀρνήσεται; 2) ἐνώπιον zweimal (statt ἔμπροσθεν, das in V. 8 zweimal vorkommt) – zweiundzwanzigmal im Lukasevangelium, dreizehnmal in der Apostelgeschichte, bei Mattäus und Markus nie; 3) ἀπαρνηθήσεται. Würde indes Lukas καὶ ὁ υἱὸς τοῦ ἀνθρώπου ἀρνήσεται, wenn er es in seiner Quelle vorgefunden hätte, durch das passive Verb ersetzt haben? Hätte er eine Änderung vorgenommen, in der „der Menschensohn" ausgelassen wird, so daß eine Ungewißheit über den Sinn entsteht?

Es macht den Anschein, daß für Lk 12,8f als die ältere Form des Logions viel mehr spricht als für die Fassung in Mt 10,32f, für deren Priorität Colpe und Jeremias eintreten. Der Entwicklungsprozeß führte von anscheinender Vieldeutigkeit und Schwierigkeit zu bedachter Klarheit und Einfachheit. In Analogie zum Prinzip der *lectio difficilior* in der Textkritik ist wohl zu schließen, daß die lukanische Version des Spruchs vorzuziehen ist. Der Evangelist übernahm sie von Q, und Q hatte nicht „ich", sondern „Menschensohn".

Übersetzt von Dr. theol. August Berz

---

waren, und daß das Logion in die Kategorie von „Sätzen heiligen Rechtes" gehört. Vgl. *E. Käsemann*, Sätze heiligen Rechtes im Neuen Testament, in: Exegetische Versuche und Besinnungen II (Göttingen 1964) 69–82.

Beobachtungen zum Menschensohn-Titel in der Redequelle

Sein Vorkommen in Abschluß- und Einleitungswendungen

Heinz Schürmann, Erfurt

Die folgenden Ausführungen nehmen ihren Ausgangspunkt von einer zu beobachtenden „Regelmäßigkeit“: Der Menschensohn-Titel kommt in den synoptischen Evangelien (ca. 69mal; Parallelen und Derivate abgerechnet wohl 3mal)[1] im Redestoff[2] – sowohl in seinen unterschiedlichen Traditionsschichten wie in seinen redaktionellen Bearbeitungen – immer nur[3] in (freilich recht unterschiedlich gearteten) Abschluß- und Einleitungswendungen vor. Das könnte für die ganze synoptische Tradition aufgewiesen, kann hier aber nur an den Traditionen der Redequelle eingehender demonstriert (und vorsichtig ausgewertet) werden.

Die 13 Menschensohn-Logien (= 14 Vorkommen) *im Markusevangelium* führen den Titel nur 4mal einleitend: in den Dubletten 8,31; 9,31 und 10,33f wird jeweils eine Spruchkette, 14,18–21 (2mal) der Abendmahlsbericht mit Hinweis auf den leidenden Menschensohn eröffnet. Sonst sind in Mk Menschensohn-Aussagen einem Herrenwort erläuternd angeführt (vgl. 14,62b), eventuell als „Kommentarwort“ (vgl. 2,28). Menschensohn-Worte können eine Spruchreihe, Debatte oder Redekomposition beschließen (vgl. 2,28; 8,31.38; 10,45; 13,26) oder auch einem Erzählungsstück abschließend eingefügt bzw. angefügt sein (vgl. 2,10; 9,9.12; 14,41). – Logien, Spruchreihen und Redekompositionen, auch Erzählungsstücke und -abschnitte hatten also in der Mk-Redaktion oder

[1] Vgl. jedoch noch Apg 7,56 (in Abhängigkeit von Lk 22,69) und ca. (vgl. v. l.!) 12mal in Joh (dazu 5,27 ohne Artikel). Vgl. auch – nicht titular – υἱὸς ἀνθρώπου Hebr 2,6 (nach Dan 7,13 LXX), ferner Offb 14,14; vgl. 1,13.

[2] Apophthegmata rechnen wir zum Redestoff. – Hier und da sind Menschensohn-Worte an Erzählungsstücke sekundär angefügt (vgl. Mk 9,9[12] parr; Lk 19,10) oder am Ende eingefügt (vgl. Mk 14,41 par Mt). Auch in allen anderen Fällen könnte das Vorkommen des Menschensohn-Titels im Erzählungsstoff als sekundär erwiesen werden, vgl. Mk 2,10 parr; 14,62b parr; Lk 22,48; 24,7; Mt 26,2.

[3] Eine Ausnahme würde die Deutung des Gleichnisses vom Unkraut bilden, wenn wir diese mattäische Bildung nicht mit einiger Berechtigung als abschließende Erläuterung des Gleichnisses verstehen dürften. – Zudem muß man mit *J. Jeremias,* Die Gleichnisse Jesu (Göttingen [8]1970) 81f, zwei Teile – die allegorische Deutung Vv. 37–39 und die Schilderung der Scheidung von Sündern und Gerechten am Ende der Zeit Vv (40)41–43 (vgl. die Parallele 13,49–50!) – unterscheiden, die beide den Menschensohn-Titel einleitend bringen.

Mk-Tradition die Tendenz, durch Menschensohn-Worte abschließend, hier und da auch einleitend zu „wachsen“, was Zweifel an ihrer Usprünglichkeit aufkommen lassen kann. Dieser Zweifel verstärkt sich, wenn man nicht wenige Menschensohn-Logien in Mk (in einer wie immer gearteten innermarkinischen Tradition) voneinander abhängig sieht, was hier freilich nicht bewiesen werden kann; vgl. 9,31[4] mit 8,31; 10,33, auch mit 14,21 (2mal); 14,41; 9,12 (9); vgl. auch 10,45b mit Mk 14,24; vgl. ferner 14,62b mit 13,26[5].

Wo *Mattäus* den Menschensohn-Titel – sicher oder vermutlich – von sich aus redaktionell einfügt – das mattäische Sondergut scheint ihn nicht zu kennen –, verwendet er ihn vom irdischen (13,37 S) oder von dem zum Leiden gehenden Jesus (16,13 diff Mk; 26,2 diff Mk) einleitend, an allen anderen Stellen vom kommenden bzw. richtenden Menschensohn in unterschiedlicher Weise in Abschlußbildungen umfassenderer Einheiten (13,41 S[6]; 16,28 diff Mk; 19,28 diff Lk, vgl. 25,31 S; 24,30a Sv diff Mk[7]). Das muß nicht verwundern, da eschatologische Ausblicke gern abschließend stehen. Um so mehr fällt auf, daß Mattäus den Titel – außer 16,28 – in den jeweiligen Einzellogien dieser Abschlußbildungen immer einführend nennt. Anscheinend benutzt Mattäus den in seinen Gemeinden kaum mehr gebräuchlichen Titel – meist in Abhängigkeit von seinen synoptischen Vorlagen – redaktionell als Chiffre, um Jesus hoheitlich einzuführen bzw. um apokalyptische Texte zu christologisieren.

Lukas verwendet den Menschensohn-Titel – das lukanische Sondergut scheint ihn nicht mehr zu kennen – in Wiedergabe seiner Mk-und Q-Vorlage, aber auch – immer aber in Abhängigkeit von Mk oder Q – hier und da redaktionell. Lukas führt den Menschensohn als den kommenden 17,22 S einleitend und 18,8b abschließend (s. u. unter Nr. 9), 17,25 S den, der leiden muß, abschließend ein Logion kommentierend (s. u. unter Nr. 10)[8], 19,10 (vgl. Mk 2,17b) den irdischen und 21,36 (vgl. Mk 13,26) den richtenden abschließend ein. Er trägt außerdem Lk 22,48 den irdischen und 24,7 den leidenden

---

[4] Vgl. Näheres *H. Schürmann*, Das Lukasevangelium I (HThK III/1) (Freiburg i. Br. 1969) (im folgenden abgekürzt: KommLk) 536ff, und *ders.*, Jesu ureigener Tod (Freiburg i. Br. 1974) 21.

[5] Es bleiben wenige Menschensohn-Logien in Mk, die man daraufhin befragen kann, ob sie Markus aus der Tradition zugekommen sind; von diesen werden die meisten diejenigen, die den irdischen (vgl. 2,10; 2,28) oder leidenden (s. 9,31 und seine Derivate) Jesus „Menschensohn“ nennen, nicht für genuin halten wollen. Der „leidende Menschensohn ist ein paradoxes Theologumenon der Mk-Redaktion, vielleicht schon der Mk-Tradition. Mk 10,45b ist wohl von der Abendmahlsliturgie (vgl. Mk 14,24) abhängig. 13,26 scheint apokalyptischen Traditionen zu entstammen. Mk 8,38 verrät Markus Zugang zu einer Tradition, die auch in der Q-Tradition weiterlebt (vgl. Lk 12,8f par Mt 10,32f; s. u. Nr. 5). – Können diese eventuell vormarkinischen Traditionen die Behauptung tragen, Jesus habe von sich als dem kommenden Menschensohn gesprochen? Vgl. dazu die Feststellungen und helfenden Bemerkungen von *A. Vögtle* in Anm. 17, 58, 65, 70 und 98.

[6] Vgl. o. Anm. 3.

[7] *J. Theisohn*, Der auserwählte Richter. Untersuchungen zum traditionsgeschichtlichen Ort der Menschensohngestalt der Bilderreden des äthiopischen Henoch (Göttingen 1975), glaubt für Mt 13,41; 19,28; 25,31 Einfluß der Bilderreden des Henoch nachweisen zu können.

[8] Vgl. dazu *J. Zmijewski*, Die Eschatologiereden des Lukas-Evangeliums (BBB 40) (Bonn 1972) 286–310, bes. 291–294; *F. Keck*, Die öffentliche Abschiedsrede Jesu in Lk 20,45 – 21,36. Eine redaktions- und motivgeschichtliche Untersuchung (Diss. theol.; maschinenschr.) (Freiburg i. Br. 1974 [?]) bes. 268–280, 295–314; dieser nennt 276, Anm. 95–96 auch gegenteilige Auffassungen. *R. Geiger*, Die lukanischen Endzeitreden Lukas 17,20–37; 21,5–36. Studien zur Eschatologie des Lukas-Evangeliums (Europ. Hochschulschriften 16) (Bern 1973).

Menschensohn – an beiden Stellen von Mk 14,41b übernommen? – jeweils in ein Erzählungsstück ein. Offensichtlich benutzt Lukas den Titel immer nur skriptural in Anlehnung an Vorlagen; seine Gemeinden tragen ihm denselben nicht mehr als Verkündigungstitel zu.

„Unsere Evangelien mögen 70–100 niedergeschrieben sein. In dieser Zeit war der Titel Menschensohn in Verkündigung und Lehre längst außer Gebrauch, wie für diese und frühere Zeit die Paulinische Briefsammlung beweist, die das Wort nicht kennt."[9]

Was sich in der Mk-Redaktion bzw. Mk-Tradition, in der Mt- und der Lk-Redaktion feststellen läßt, zeigt sich – in wiederum anders auszuwertender Weise – auch in der Redequelle: Auch hier finden wir den kommenden (bzw. richtenden) oder gekommenen „Menschensohn"[10] nur in „Abschluß-" und „Einleitungswendungen".

Schlußfolgerungen aus Beobachtungen von „Regelmäßigkeiten" ohne die erforderlichen Einzeluntersuchungen[11] haben gerade in der Menschensohn-Forschung[12] immer wieder zu Fehlurteilen geführt. Hier einige Beispiele:

Darf zum Beispiel aus der Tatsache, daß der Titel in den Evangelien immer nur im Munde Jesu begegnet, auf die ipsissima vox Jesu geschlossen werden[13], oder muß der Menschensohn-Titel im Gegenteil relativ spät – hellenistisch – sein, wenn er in keiner

---

[9] Vgl. *K. H. Schelkle,* Theologie des Neuen Testaments II (Düsseldorf 1973) 200; vgl. auch *N. Perrin,* Was lehrte Jesus wirklich? (Göttingen 1972) 182–277, hier 200.

[10] Der „leidende" Menschensohn der Mk-Redaktion, der von der lukanischen und mattäischen Redaktion übernommen und weiter verbreitet wird, ist in der Redequelle nicht bekannt. Vgl. zur „Deutung des Todes Jesu unter dem Einfluß der Propheten-Tradition und des Menschensohnbekenntnisses" *P. Hoffmann,* Studien zur Theologie der Logienquelle (NTA, NF 8) (Münster 1972) 187–190.

[11] Vgl. außer manchen Beiträgen dieses Bandes und den von *F. Hahn,* Christologische Hoheitstitel (FRLANT 83) (Göttingen [3]1966) 13, Anm. 1, genannten älteren Forschungsberichten die Lit. (bis 1961) bei *A. Vögtle,* Art. Menschensohn in: LThK VII ([2]1962) 297–300, (bis 1968) bei *C. Colpe,* Art. ὁ υἱὸς τοῦ ἀνθρώπου, in: ThW VIII (1969) 403–481, bes. 403f; *I. H. Marshall,* The Synoptic Son of Man Sayings in Recent Discussion, in: NTS 12 (1965/66) 327–351; *ders.* (fortsetzend), The Son of Man in Contemporary Debate, in: The Evangelical Quarterly 42 (1970) 67–87; *R. Maddox,* Methodenfragen in der Menschensohnforschung, in: EvTh 32 (1972) 143–160; danach (sehr umfassend) *J. Coppens,* De Mensenzoon-Logia in het Markus Evangelie (Medelingen van de Koninklijke Academie voor Wetenschappen; Klasse der Letteren Jg XXXIII, Nr. 3) (Brüssel 1973) 3–55.

[12] Vgl. *W. G. Kümmel,* Die Theologie des Neuen Testaments nach seinen Hauptzeugen (NTD, Ergänzungsreihe 3) (Göttingen 1969) 70: „Selbstverständlich kann die Frage nach der Ursprünglichkeit und dem etwaigen Sinn des Begriffes im Munde Jesu [ergänze: und den Traditionsschichten] nur durch unvoreingenommene Prüfung jedes einzelnen Textes beantwortet werden." – Charakteristisch gegenteilig – aus allgemeinen Kriterien heraus argumentierend – *H. Teeple,* The Origin (s.u. A. 17).

[13] Vgl. so mit vielen anderen *O. Cullmann,* Die Christologie des Neuen Testaments (Tübingen [4]1966) 158; *E. Schweizer,* Der Menschensohn. Zur eschatologischen Erwartung Jesu (1959), in: *ders.,* Neotestamentica (Zürich – Stuttgart 1963) 56–84, hier 57f; *R. Maddox,* Methodenfragen in der Menschensohnforschung, in: EvTh 32 (1972) 143–160, hier 160; *L. Goppelt,* Theologie des Neuen Testaments I (Göttingen 1975) 228.

urchristlichen Bekenntnisformel begegnet?[14] Oder erlaubt die Tatsache, daß die Evangelien nur Jesus vom Menschensohn reden lassen, den zwingenden Schluß, er habe zwischen sich und dem Menschensohn unterschieden[15]? Kann man wirklich durch Ausklammerung der Menschensohn-Worte, die eine Parallelüberlieferung ohne den Titel haben, „die älteste Schicht der Menschensohn-Logien" gewinnen?[16] Oder sind aus der Beobachtung, daß der „Menschensohn" und die kommende „Basileia" im NT (wie im Judentum) nie in gleichen Traditionsstücken zusammen begegnen, die Schlüsse erlaubt, der Menschensohn-Titel[17] oder umgekehrt die Basileiaverkündigung müsse Jesus eher abgesprochen werden? Oder „die Aussagen über den gegenwärtigen Menschensohn" hätten „das Präjudiz der Echtheit", weil sie „keine religionsgeschichtlichen Parallelen" hätten[18]? Darf man überhaupt – mit den meisten – davon ausgehen, nur eine der drei Gruppen von Menschensohn-Worten könne Jesus zugesprochen werden; die eine schließe jeweils die anderen aus?[18a] Oder sind die „acht Jesusworte vom kommenden Menschensohn, die ein geschlossenes apokalyptisches Bild ergeben"[19], in denen „eine von Daniel, 4 Esra und Henoch unabhängige, also eine vierte Tradition sichtbar wird"[20], solche, „die der Traditionskritik standhalten", zumindest die sieben, die „sich in Reden an die Jünger" finden, weil „Jesus vor dem Bekenntnis Lk 22,69 nur in esoterischer Rede den Menschensohn ankündigte"[21]? Oder kann man aus der Beobachtung, der Titel ginge, einmal verwandt, in sekundären Schichten kaum je – und dann immer nur aus

---

[14] Vgl. *H. Teeple*, The Origin (s.u. A. 17), bes. 250.

[15] So viele mit *R. Bultmann*, Theologie des Neuen Testaments (Tübingen [6]1968) 4.29ff.

[16] So der Titel des Aufsatzes von *J. Jeremias* in: ZNW 58 (1967) 159–172; vgl. *ders.*, Neutestamentliche Theologie I (Gütersloh [2]1973) 250f.

[17] *Ph. Vielhauer*, Gottesreich und Menschensohn in der Verkündigung Jesu (1957), in: *ders.*, Aufsätze zum Neuen Testament (Theol. Bücherei 31) (München 1965) 55–91; *ders.*, Jesus und der Menschensohn (1963), ebd. 92–140; *J. Jeremias*, Theologie (s. A. 16) 254, nennt als Vorgänger H. B. Sharman und H. A. Guy; vgl. im Ansatz schon *E. Käsemann*, Das Problem des historischen Jesus (1954), in: *ders.*, Exegetische Versuche und Besinnungen I (Göttingen [6]1970) 213. Vgl. auch ausdrücklich *H. Conzelmann*, zuletzt in: Grundriß der Theologie des Neuen Testaments (München [2]1968) 156. – Vgl. auch die Darlegungen von *A. Vögtle*, Die hermeneutische Relevanz des geschichtlichen Charakters der Christusoffenbarung, in: *ders.*, Das Evangelium und die Evangelien (Düsseldorf 1971) 27: „Nun wird in letzter Zeit immer nachdrücklicher die Hypothese vertreten, Jesus selbst habe überhaupt nicht vom Menschensohn gesprochen, auch nicht objektiv (so u. a. E. Käsemann, P. Vielhauer, H. Conzelmann, E. Haenchen und zuletzt *H. Teeple*, The Origin of the Son of Man Christology, in: JBL 84 (1965) 213–250 ..." Auch in diesem Fall „wäre der Glaube an die Parusie Christi, wie das ‚Marana-tha' der palästinensischen Urgemeinde sicher bezeugt, in einem Akt des offenbarenden Gottes verankert und begründet, nämlich in der Auferweckung Jesu Christi". Vgl. *ders.* u. bes. A. 98.

[18] Vgl. *E. Schweizer*, Menschensohn (a. A. 13), passim; *E. Bammel*, Erwägungen zur Eschatologie Jesu, in: F. L. Cross (Hrsg.), Studia Evangelica III (TU 88) (Berlin 1964) 3–32, hier 20.

[18a] Dagegen *R. Maddox*, The Function of the Son of Man According to the Synoptic Gospels, in: NTS 15 (1968/69) 44–74.

[19] So *C. Colpe*, ThW VIII (s. A. 11) 435.

[20] *Ders.*, ebd. 440.

[21] *Ders.*, ebd. 443. (460f: Davon allein sechs in der „lukanischen Sonderquelle" [?]). (C. bringt hier eine These von *A. Scheitzer*, nach der Jesus in der Öffentlichkeit vom „Menschensohn" als von einem anderen, vor den Jüngern als von sich selbst geredet habe, in abgewandelter From.) Zu beachten ist freilich, daß *C.* diese allgemeinen Kriterien nicht als Maßstab einsetzt, sondern sich auf Traditionskritik stützt.

ersichtlichen Gründen – wieder verloren[22], die generelle Folgerung ziehen, es handle sich um ein Merkmal der hoheitlichen „Christussprache“[23]? Darf man aus der wichtigen Beobachtung, daß die Q-Logien, die (in der Lk-Fassung) den kommenden Menschensohn meinen, sämtlich die Form von „eschatologischen Korrelaten“ haben, schließen, sie seien in der *Pesher*-Tradition von Q entstanden?[24]

Folgerungen solcher Art aus allgemeinen „Regelmäßigkeiten“ müssen eine Mahnung sein, auch aus der von uns konstatierten Beobachtung keine vorschnellen Konsequenzen zu ziehen. Immerhin muß man funktionellen Gesetzmäßigkeiten Bedeutung zumessen, weil sie sehen lehren und manchmal auch Präsumtionen erlauben.

Unser Interesse gilt also den abschließenden und einleitenden Menschensohn-Worten der Redequelle[25]. Diese ist aber eine in der Tradition wachsende Schicht bzw. eine redaktionell angereicherte Schrift: Am Anfang stehen Einzellogien, an die sich „Kommentarworte“ anhängen und die sich bald zu Spruchgruppen – nach Stichworten oder unter inhaltlichem Gesichtspunkt – zusammenfinden. Am Ende finden wir „Redekompositionen“, die je ihren eigenen „Sitz im Leben“ der Gemeinden haben[26]. Aus diesen fügt sich die „Reden-Quelle“ zusammen. Vermutlich müssen jeweils die ersten beiden und die letzten beiden[27] Entwicklungsstufen eng zusammengedacht werden. Es fehlen uns

[22] Ein sekundärer Verlust scheint sich zu bezeugen Mt 5,11 (s. u. Nr. 1) und 10,32(33) (s. u. Nr. 5) diff Lk, wo der Titel durch die 1. Person ersetzt ist; vgl. auch Mt 16,21 diff Mk (αὐτὸν); diff Mk 8,27 ist hier der Titel aber nur aus Mk 8,31 nach Mt 16,13 vorgezogen. Vgl. noch Mt 9,8, Mt 9,6 generalisierend. Markus verliert den Titel 3,28f (a. u. Nr. 6). Lukas vermeidet 22,22 eine Doppelung. Schwerlich hat er ihn jedoch Lk 22,27 diff Mk und 22,30 diff Mt fortgelassen. Die antithetische Parallele Lk 12,9 (s. u. Nr. 5) wiederholt den Titel – anders als Mk 8,38 par Lk 9,26 (vgl. Mt 16,27) – nicht.

[23] Zum Phänomen vgl. *H. Schürmann*, Die Sprache des Christus. Sprachliche Beobachtungen an den synoptischen Herrenworten (1958), in: *ders.*, Traditionsgeschichtliche Untersuchungen (Düsseldorf 1968) 83–108, hier 88. Vgl. nun auch *J. Jeremias*, Die älteste Schicht (s. A. 16) 169.

[24] So *R. A. Edwards*, The Eschatological Correlative as a *Gattung* in the New Testament, in: ZNW 60 (1968) 9–20. – *E.* verweist auf unsere Logien Nr. 4, 5, 8, 9, 10 (2mal).

[25] Mt 19,28/Lk 22,29f bedarf im folgenden keiner Untersuchung, da – selbst für den Fall, daß bei den Evangelien oder nur in Mt die Redequelle wiedergegeben sein sollte – Mt 19,28 der Menschensohn-Titel sich der mattäischen Redaktion verdankt; vgl. nur Mt 25,31 (s. o. A. 7) und *H. Schürmann*, Jesu Abschiedsrede Lk 22,21–38 (NTA XX/5) (Münster 1957) 37–54. *E. Bammel* glaubt in Lk 22,29f „das Ende von Q“ finden zu können, in: Verborum Veritas (Festschrift für G. Stählin) (Wuppertal 1970) 39–50. Auch Lk 17,22(25) kann nicht der Redequelle zugeschrieben werden; vgl. u. Nr. 9 und Nr. 10.

[26] Vgl. zur Frage *S. Schulz*, Markus und das Urchristentum, in: Studia Evangelica II (Berlin 1964) 135–145, hier 138: „Die Thematisierung dieser Logiengruppen … das heißt die Zusammenfassung zu geordneten Redeeinheiten, geht großenteils auf das Konto des Q-Redaktors“, welchem Urteil *P. Hoffmann*, Studien (s. A. 10) 3f, Anm. 10, zustimmt. Ich möchte hier vorsichtiger – zumindest differenzierender – urteilen.

[27] Siehe u. unter II, 2 und II, 3.

noch die inhaltlichen Kriterien[28], aber weithin auch formale Indizien[29], diese vier Stufen zu scheiden (was ohnehin immer nur partiell möglich sein wird). Damit ergibt sich aber für unsere Untersuchung eine Schwierigkeit: Wenn wir nicht nur synchronisch nach der Bedeutung des Menschensohn-Titels in der Redequelle – eine notwendig zwielichtige Frage – suchen und es uns nicht nur um ein verständiges Ordnen der Bedeutungsmöglichkeiten geht, sondern um ein diachronisches „Orten" in den genannten vier Traditions- bzw. Redaktionsstufen, wenn wir darüber hinaus einem funktionalen Interesse nachgehen und den „Sitz im Leben" der Menschensohn-Worte in den Blick bekommen möchten, müssen wir uns beschränken. Unsere Aufmerksamkeit soll in besonderer Weise der Frage gelten, wo die Menschensohn-Worte ihre Primärfunktion ausüben: ob sie primär ein vorangehendes bzw. folgendes Einzellogion kommentieren wollen oder ob ihnen eine kommentierende Funktion in der „Endredaktion"[30] zuerkannt werden muß. Oder anders gefragt: Sind die Men-

---

[28] So richtig *P. Hoffmann,* Rz. von S. Schulz, Q (s. A. 28), in: BZ 15 (1975) 113. Bei *S. Schulz,* Q. Die Spruchquelle der Evangelisten (Zürich 1972) 57–175, 176–489, bleibt manches bei der Unterscheidung zwischen dem „Kerygma der ältesten Q-Gemeinde des palästinensisch-syrischen Grenzraumes" und dem „der jüngeren Q-Gemeinde Syriens" problematisch. *P. Hoffmann,* Studien (s. A. 10), läßt die Redaktion aber vielleicht doch zu stark in der Tradition untergehen, um welche sich *D. Lührmann,* Die Redaktion der Logienquelle (WMANT 33) (Neukirchen-Vluyn 1969), ex professo bemüht (ohne daß durch ihn weitere Arbeiten überflüssig geworden wären). Die resignierende Skepsis von *P. Hoffmann,* Studien (ebd.) 2, scheint mir nicht begründet: „Ich halte es für ein unergiebiges und methodisch nicht ausreichend gesichertes Unterfangen, einzelne Redaktionsstufen der Quelle fixieren zu wollen." In Einzelfällen zumindest ist das durchaus möglich und notwendig.

[29] Beobachtungen an „Einleitungs-" und „Abschlußwendungen", vor allem aber an „Kommentarworten" (die eine gründlichere Untersuchung verdienten) könnten hier u. a. weiterhelfen. Vgl. auch die Ergebnisse von *R. A. Edwards,* Correlative (s. A. 24). – Es bedürfte darüber hinaus einer gewissenhaften Abhebung der mattäischen und lukanischen Redaktionsdecke, um die „Endredaktion" (s. nachstehende A.) von Q zu erkennen, eine redaktionsgeschichtliche und traditionsgeschichtliche Eruierung der in dieser „Reden-Quelle" gesammelten „Redekompositionen": des Nachweises, wie diese aus Kernworten durch angehängte „Kommentarworte" und andere Anreicherungen zu Spruchgruppen und (oft apophthegmatisch eingeleiteten) „Redekompositionen" wurden, die jeweils ihren „Sitz" im Gemeindeleben (nicht nur in „Gruppen") hatten. Beachtenswerte „literarkritische Feststellungen zur Redaktion von Q" liest man bei *A. Polag,* Der Umfang der Logienquelle (Diss. lic. theol.; maschinenschr.) (Trier 1966), und *ders.,* Die Christologie der Logienquelle (Diss. theol.; maschinenschr.) (Trier 1968) 3–29.

[30] Als „Endredaktion" verstehen wir das Entwicklungsstadium der Redequelle, welches – nach unserer Arbeitshypothese – den Evangelisten Lukas und Mattäus in relativ identischer griechischer Gestalt vorgelegen hat. – Hier vermag ich dem Urteil der außerordentlich wertvollen Arbeit von *P. Hoffmann,* Studien (s. A. 10) 3, nicht zuzustimmen: Q „identifiziert ... sich mit ihr [der Tradition] noch in einer solch unmittelbaren Weise, daß auf eine starke zeitliche wie örtliche und ideelle Nähe zum Ausgangspunkt der Überlieferung zu schließen ist". Vgl. auch die „Kurzfassung" der Arbeit von *P. Hoffmann,* Jesusverkündigung in der Logienquelle, in: Jesus in den Evangelien (StBSt 45), 50–70; vgl. *ders.,* Die Anfänge der Theologie in der Logienquelle, in: *J. Schreiner* (Hrsg.),

schensohn-Worte auf der obengenannten ersten Traditionsstufe in die Logienquelle gelangt oder erst auf der redaktionellen Endstufe? (Aussagen über die beiden genannten Zwischenstufen wollen im folgenden immer nur hypothetischen Wert beanspruchen.) Selbstverständlich ist unsere Frage nicht identisch mit der anderen, ob „der Menschensohn-Titel in vorredaktionellen Q-Traditionen" noch eine grundlegende Bedeutung für die „Endredaktion" der Redequelle, für deren Gesamtkonzeption, hat[31]. Aber vielleicht kann unsere diachronische und funktionale Fragestellung für diese mehr synchronische Thematik doch eine kleine Hilfe sein.

Wir befragen zunächst (I) – in der hier gebotenen Kürze – einzeln die zehn[32] Menschensohn-Logien der Redequelle, um danach (II) eine Gesamt-Beurteilung zu versuchen.

I.

1.

Die ursprüngliche Trilogie Lk 6, 20b–21 par Mt 5, 3.6.7 ist sekundär um *Lk 6, 22f par Mt 5, 11f* „gewachsen" – wohl bevor 6, 24ff angefügt wurde[33]. In gewisser Weise liegt Lk 6, 22f par eine kommentierende Ergänzung vor[34], die die Seligpreisungen für die Zeit der Kirche auf die „Jünger" hin uminterpretiert: diese werden nicht nur als „Arme", sondern zusätzlich auch als „Verfolgte" charakterisiert.

Die Komposition Lk 6, 20f.22f zeigt mehrfache Spuren einer redaktionellen Verknüpfung mit 6, 27f.35[35]. Da der Menschensohn-Titel in der Komposition Lk 6, 20b–23 (24–26).27–38 (39–49) sonst nicht begegnet (vgl. nur Vv. 40.46[36]), aber wohl doch bereits der Redequelle zugeschrieben werden muß[37], darf man ihn wohl schon einer vormalig isoliert tradierten (sekundären) Komposition Lk

Gestalt und Anspruch des Neuen Testaments (Würzburg 1969) 134–152, bes. „Jesus der Menschensohn" 143–147.

[31] Siehe dazu u. abschließend.

[32] Wir verstehen hier Lk 17, 26–30 als *ein* Logion (s. u. Nr. 10) und zählen auch Mt 10, 23 S (vgl. u. Nr. 7) mit.

[33] Vgl. KommLk (s. A. 4) 339–341.

[34] So mit dem fast einhelligen Urteil einhergehend *S. Schulz*, Q (s. A. 28) 452–457.

[35] Vgl. KommLk (a. A. 4) 346f, 358.

[36] Die „Herr, Herr"-Anrede Lk 6, 46 meint wahrscheinlicher nicht den „Gerichtsherrn" und damit den „kommenden Menschensohn" (der ja auch Lk 6, 47ff par nicht als Richter in Erscheinung tritt!), sondern allgemeiner das Jesus-Bekenntnis; gg. *P. Hoffmann*, Studien (s. A. 10) 309.

[37] Der Evangelist Lukas wird den Titel nicht zugesetzt haben (s. o. A. 22); man darf ihn für die Q-Tradition postulieren, da Mattäus ihn auch sonst streicht (Mt diff Mk 8, 31; vgl. auch Mt diff Lk 12, 8b). Lukas hat zwar hier und da – in Abhängigkeit von seiner Mk- und Q-Vorlage – Menschensohn-Logien eingefügt (s. o.), nie aber den Titel als solchen.

6,20bf.22f zurechnen. Lk 6,22f lehnte sich an 6,20b an, 6,27–35 nahm dann sekundär Bezug auf 6,22f.

Die Frage, ob Lk 6,22f par ein ursprünglich isoliert tradiertes Logion zugrunde liegen kann, muß hier nicht geklärt werden[38]. Sicherlich hat die Ergänzung Lk 6,22f nachösterlich konkretere Farben bekommen[39], so daß auch die Menschensohn-Bezeichnung diff Mt 5,11, die hier – dem vorösterlichen Jesus in den Mund gelegt – den irdischen Jesus meint[40], nicht als ipsissima vox Jesu gesichert werden kann. Der Titel unterstreicht, wie gefährlich es ist, die Jünger dessen zu verfolgen, der einst als Weltenrichter kommen wird[41].

2.

Lk 7,33f par Mt 11,18–19a ist ein „Kommentarwort", das das Bildwort von den spielenden Kindern Lk 7,31f par Mt 11,16f – ursprünglich vielleicht auf Einladungsruf und Bußruf Jesu allein bezogen[42] – sekundär[43] auf den Täufer und Jesus appliziert, wobei der Abschlußvers Lk 7,35 par Mt 11,19b noch Bekehrungschancen beläßt. Die hoheitliche[44] Verwendung des Titels „Menschensohn" für den irdischen, aber bald zu Parusie und Gericht kommenden Jesus wird doch wohl sekundär sein, vielleicht schon palästinensisch[45].

Das Menschensohn-Logion – mit Lk 7,35 par Mt 11,19b – kommentiert aber nicht nur das vorstehende Bildwort, sondern beschließt gleichzeitig den ganzen Täuferabschnitt Lk 7,18–35 par Mt[46], ist aber nicht für diesen Abschnitt konzipiert, sondern auf jenes Bildwort hin. Auch weil der Titel in 7,18–35 sonst

[38] Lk 6,22f mag – so *O. H. Steck*, Israel und das gewaltsame Geschick der Propheten (WNANT 23) (Neukirchen – Vluyn 1967) 259, Anm. 4 – als Einzellogion vormals „(juden)christliche Prediger im Auge" gehabt haben; vgl. V. 23c.

[39] Zur hier skizzierten vorlukanischen Traditionsgeschichte von Lk 6,22f vgl. eingehender KommLk (s. A. 4) 332–336, ergänzend (und teilweise abweichend) bes. *O. H. Steck*, Israel (s. A. 38), bes. 20–27, 257–260, 283.

[40] Vgl. die Autoren für und wider bei *S. Schulz*, Q (s. A. 28) 455, Anm. 399.

[41] Vgl. *P. Hoffmann*, Studien (s. A. 10) 148: „zwischen dem kommenden Menschensohn und dem auf Erden wirkenden Menschensohn" nicht „trennen"!

[42] Zur Traditionsgeschichte vgl. eingehender KommLk (s. A. 4) 425f.

[43] So das weitverbreitete Urteil. Vgl. eingehend (mit Hinweis auf Ausleger für und wider) *S. Schulz*, Q (s. A. 28) 380–386, und *D. Lührmann*, Logienquelle (s. A. 28) 29–31; gegenteilig *E. Schweizer*, Menschensohn (s. A. 13) 56–84, hier 72f; *J. Jeremias*, Theologie (s. A. 16) 249; *F. Mußner*, Der nicht erkannte Kairos, in: Bibl 40 (1959) 599–612.

[44] So mit *P. Hoffmann*, Studien (s. A. 10) 147, auch *S. Schulz*, Q (s. A. 28) 382f.

[45] Vgl. *H. E. Tödt*, Der Menschensohn in der synoptischen Überlieferung (Gütersloh 1963) 109, 129; *F. Hahn*, Hoheitstitel (s. A. 11) 45; *D. Lührmann*, Logienquelle (s. A. 28) 85; KommLk (s. A. 4) 428f. – Nach *R. Bultmann*, Die Geschichte der synoptischen Tradition (Göttingen [8]1970) 166, hellenistisch, nach *S. Schulz*, Q (s. A. 28) 66ff, 382, hellenistisch-judenchristlich.

[46] Vgl. zu Mt 11,2–5/Lk 7,18–23 *A. Vögtle*, Wunder und Wort in urchristlicher Glaubenswerbung, in: *ders.*, Das Evangelium und die Evangelien (s. A. 17) 219–242.

nicht begegnet (vgl. nur Vv. 19f.27)[47], wird man ihn schon für eine ursprünglich isoliert tradierte Kombination Lk 7,31f.33ff par postulieren dürfen. Das wird bestätigt durch die Feststellung, daß Lk 7,31–35 par thematisch der Täuferrede nicht angefügt worden wäre ohne die Täufererwähnung in 7,33f, die also relativ alt ist.

3.
Die Trilogie *Lk 9,57f par Mt 8,19f; Lk 9,59f par Mt 8,21f; Lk 9,61f S* stellt einleitend in Lk 9,58 par das „hauslose" Leben des Menschensohnes als das auch auf den nachfolgebereiten Jünger zukommende Geschick heraus: Von Jüngern Jesu – und von urchristlichen Wandermissionaren – ist grundlegend der Nachvollzug des hauslosen Wanderlebens Jesu verlangt, sagt Lk 9,57f par. Sobald man sieht, daß Lk 9,59f par mit Lk 9,61f S in der Q-Tradition vormals als Doppelanekdote eine Einheit gebildet hat[48], kann man Lk 9,52f par als eine sekundär vorgebaute Einleitung dieser Einheit verstehen[49], die die Forderung Lk 9,60.62 zugleich generalisierte und motivierte. Wenn dabei im irdischen Jesus einleitend Lk 9,58 par hoheitlich der kommende „Menschensohn" gesehen wird, bekommen die harten Forderungen in Vv. 60.62 von daher ihren Akzent und ihre Motivation. So wird man annehmen dürfen, daß Lk 9,57f par der Kombination Lk 9,59f.61f bereits in einem Überlieferungsstadium vorgebaut war, das Lk 9,57–62 par noch nicht mit der Aussendungsszene Lk 10, 1–12 (13–16.17.20) par Mt verbunden hatte.

Daß auch schon eine frühe Komposition wie Lk 9,57–62, die (mehr oder weniger kombinierte) Einzeltraditionen führte – bereits vor der Redaktion der Redekomposition Lk 10 bzw. der ganzen Redequelle – den irdischen Jesus hoheitlich „Menschensohn" nennen und in ihm zugleich den Kommenden und den Weltenrichter[50] sehen konnte, ist wahrscheinlich. Man sollte – um das Logion als jesuanisch zu retten[51] – nicht annehmen, der Titel ersetze hier ein

[47] Daß die Komposition Lk 7,18–35 par „als ganze unter dem für Q charakteristischen Leitgedanken des Menschensohn-Bekenntnisses steht" – so *P. Hoffmann*, Studien (s. A. 10) 230f (vgl. auch 180, 231ff) –, scheint eingetragen.

[48] Das kann hier nicht eingehender bewiesen werden (vgl. jedoch die Andeutungen in: *H. Schürmann*, Traditionsgeschichtliche Untersuchungen (s. A. 23) 121; vgl. auch *M. Hengel*, Nachfolge und Charisma. Eine exegetisch-religionsgeschichtliche Studie zu Mt 8,21f und Jesu Ruf in die Nachfolge (BeihZNW 34) (Berlin 1968) 3f; *F. Hahn*, Hoheitstitel (s. A. 11), 83, Anm. 4 (für die Lk-Fassung von Q). Anders *D. Lührmann*, Logienquelle (s. A. 28) 58, Anm. 5, mit den meisten. – Die Annahme einer derartigen Traditionseinheit Lk 9,59f, 61f besagt freilich nicht, 9,61f müsse ebenso ursprünglich sein wie 9,59f.

[49] Vgl. auch *S. Schulz*, Q (s. A. 28) 436: Lk 9,57f, 59f „wahrscheinlich von Anfang an eine traditionsgeschichtliche Einheit".

[50] Vgl. *P. Hoffmann*, Studien (s. A. 10) 149f, gg. *H.-E. Tödt*, Menschensohn (s. A. 45) 114.

[51] Lk 9,58 par wird häufig sogar – freilich mit unterschiedlichen Operationen am Menschensohn-

ursprüngliches „der Mensch" und sei eine „Fehlübersetzung"[52]. Auch die Annahme, der Titel habe hier – im Munde Jesu – ein ursprüngliches „Ich" ersetzt, nimmt der Selbstaussage viel von ihrer Hoheit und der Nachfolgeforderung die Kraft ihrer Motivation. Jedenfalls spricht hier jemand, dessen Hoheit vom Menschensohn-Titel her verständlich wird, von ihm aus wird argumentiert. Die Forderungen von Vv. 60.62 rufen nach einer derartigen Argumentationsbasis.

Vielleicht war diese Situation des hauslosen Wanderns Jesu mit Anlaß, Lk 9,57–62 der Aussendungsszene Lk 10,1ff vorzubauen. Es muß uns hier nicht beschäftigen, ob und wieweit der Zusammenhang Lk 9,57–62; 10,1–12 (13–16.17.20)ff durch Lukas geschaffen wurde, durch die Redaktion der Redequelle oder ob er schon in einer Vorstufe derselben vorlag. Es genügt hier die Feststellung, daß es Lk 9,57f par um Teilhabe am hauslosen Leben Jesu und mitwanderndes Nachfolgen geht, nicht um Sendung. Lk 9,57f wurde 9,59–62 akzentuierend vorangestellt, nicht 10,1–12ff; die Aussendungsrede bekam mit der schon vorliegenden Komposition 9,57–62 ihren „Vorbau". Der Menschensohn-Titel wurde nicht in der „Endredaktion" von Q eingeführt; so darf man um so sicherer urteilen, als derselbe im gesamten Kontext der lukanischen Aussendungsszene nicht wieder begegnet[53].

4.

Dem rätselhaften Wort vom Jonazeichen[54] Lk 11,29 par Mt 12,39, das ohne Hinweis auf Jona[55] auch Mk 8,11f par Mt 16,(1f)4 (hier nach Mt 12,39 ergänzt) begegnet, ist in der Q-Tradition ein interpretierendes[56] „Kommentarwort" *Lk*

Titel – eine vormals isolierte Traditionschance gegeben; *S. Schulz*, Q (s. A. 28) 436, Anm. 240, nennt E. Klostermann, R. Bultmann, H. D. Betz. Nach *E. Schweizer*, Menschensohn (s. A. 13) 72, würde es sich gar um „eine historische Szene" handeln. Vgl. auch *E. Gräßer*, Nachfolge und Anfechtung bei den Synoptikern, in: Angefochtener Glaube. Beiträge zur Theologischen Woche 1972 = Bethel, H. 11 (Bethel 1973) 44–57, hier 51f. „Gegen die Ursprünglichkeit von Mt 8,20 bestehen keine Bedenken, außer aufgrund der Menschensohnbezeichnung", meint *P. Hoffmann*, Studien (s. A. 10) 91f, Anm. 46.

[52] Vgl. die Autoren bei *S. Schulz*, Q (s. A. 28) 438, Anm. 260. Dagegen *P. Hoffmann*, Studien (s. A. 10) 90f.

[53] Deutung von *P. Hoffmann*, Studien (s. A. 10) 182, hier würde „der Jesus, der seine Boten aussendet, als Menschensohn bezeichnet, d.h. die Vollmacht Jesu" würde „von seiner Menschensohnwürde her gesehen (vgl. Lk 10,21f als Interpretament von Lk 10,2–16)" – vgl. *ders.* eingehend ebd. 102–142 –, vermag ich nicht zu folgen.

[54] Vgl. dazu bes. *A. Vögtle*, Der Spruch vom Jonaszeichen (1953), in: Das Evangelium und die Evangelien (s. A. 17) 103–136; neuere Lit. bei *R. Bultmann*, Geschichte (s. A. 45), Erg.-H. (^{4}1971) zu 124.

[55] Das „Zeichen, das Jonas ist" (epexegetisch), wird der Redaktion entstammen, die kommentierend Lk 12,30 anfügte.

[56] Auf die inhaltliche Problematik kann hier nicht näher eingegangen werden.

11,30 par Mt 12,40 angefügt: Wie Jona für Ninive ein Hinweis auf das Gericht war, so wird auch der kommende Menschensohn Israel das Gericht bringen (was Mt 12,40 dann sekundär auf das Geschick des Jona und das Jesu bezogen wird[57]). Offensichtlich handelt es sich um eine sekundäre[58] Hinzufügung.

Vermutlich wurde Lk 11,30 interpretierend hinzugefügt, bevor Lk 11,29f par Mt mit Lk 11,31f verbunden wurde; denn Lk 11,30 par ist der kommende (ἔσται[59]) Menschensohn der Richter „dieses Geschlechtes" und insofern ein „Zeichen"; Lk 11,32 par ist Jesus wie Jona aber nur Gerichtsprediger. Während Jonas Predigt Ninive zur Buße führte, gelang das dem, der „mehr als Jona" war, nämlich Jesus, mit seinem Ruf zur Umkehr an Israel, nicht. Eine sekundäre Einfügung von Lk 11,30 par zwischen Lk 11,29 par 31f par hätte unter dem Menschensohn – „mehr als Jona" – in Übereinstimmung mit 11,31 wohl deutlicher den Israel zur Umkehr rufenden irdischen Jesus eingeführt (wie der Vers im heutigen lukanischen Zusammenhang vermutlich nunmehr auch verstanden werden will). Lk 11,29 diente vormals also 11,31f (vgl. V. 32: Jona) schwerlich schon als Einleitung, bevor V. 30 eingefügt wurde[60].

Die so zu einem Menschensohn-Spruch gewordene neue Einheit 11,29f (31f)[61], vielleicht schon vor der Endredaktion weitergewachsen um Lk 11,33–36, ist der Bellzebulrede Lk 11,14–26 par Mt 12,22–28.30.43–45 angefügt. (Die Variante Mk 3[20f]22–27 führte das Menschensohn-Wort noch nicht.) So kommentiert Lk 11,30 par nicht nur das vorstehende Logion, sondern akzentuiert auch – gegen Ende zu – als Bestandteil der Komposition Mt 11, 29–32(33–36?) mit Hinweis auf das Gericht und die Richtergestalt „Menschensohn" die ganze Q-Fassung der Beelzebulrede Lk 11,14–26 par Mt. Daß aber die Einfügung von Lk 11,30 par Mt 12,40 erst in der Redaktion der Redequelle geschehen sein müsse[62], ist nicht bewiesen, weil die Drohrede an Israel mit dem Gericht auch schon in frühen Traditionsschichten derselben zu finden

---

[57] Par Mt 12,40 bietet nicht die ursprüngliche Q-Fassung; vgl. die Reminiszenz Mt 12,45c, auch *A. Vögtle,* Spruch (s. A. 54) 119–127.

[58] Als isoliertes Logion ist Lk 11,30 kaum vorstellbar. Vgl. auch *A. Vögtle,* Exegetische Erwägungen über das Wissen und Selbstbewußtsein Jesu (1964), in: *ders.,* Das Evangelium und die Evangelien (s. A. 17) 296–344, hier 308, Anm. 43: *Vögtle* rechnet mit der Möglichkeit, ja Wahrscheinlichkeit, daß außer Mk 8,38 par; Lk 12,8f (s. u. Nr. 5) auch das vorliegende Menschensohn-Wort, daß also „beide als Menschensohn-Worte formulierte Deutesprüche sekundär wären und sich die Antwort Jesu, wie sogar wahrscheinlich ist, auf Mt 12,39/Lk 11,29 beschränkte".

[59] Mit den meisten temporal, nicht – wie δοθήσεται V. 29 – gnomisch verstanden.

[60] Gegen *D. Lührmann,* Logienquelle (s. A. 28) 34–43, und *P. Hoffmann,* Studien (s. A. 10) 181, Anm. 92; 186, die hier die Endredaktion von Q am Werk sehen.

[61] Die umgekehrte Anordnung Mt 12,41.42 läßt die beiden Jona-Worte unmittelbar aufeinander folgen; in der Frage der größeren Ursprünglichkeit gehen die Urteile sehr auseinander, vgl. *D. Lührmann,* Logienquelle (s. A. 28) 38, Anm. 1.

[62] Siehe o. A. 60.

ist[63]. Zu deutlich interpretierte Lk 11,30 par genuin das unverständliche Logion 11,29 par; Lk 11,29–32(33–36) als Ganzheit akzentuierte dann die Beelzebulrede 11,14–26 par durch die Gerichtsdrohung.

5.

Es „drängt sich dem Beobachter als ein wesentliches Ergebnis der jüngsten Diskussion die Einsicht auf, daß die Klärung des Menschensohn-Problems ganz erheblich von dem Verständnis des Doppelspruches *Lk 12,8f* abhängt"[64]. Wo man den Menschensohn-Titel, der den irdischen und den zum Leiden bestimmten Jesus bezeichnet, nicht für ursprünglich hält und sich im Munde Jesu nur den kommenden Menschensohn denken kann, bekommt Lk 12,8 entscheidendes Gewicht, weil Jesus sich hier nicht mit dem kommenden Menschensohn zu identifizieren scheint[65]. Die inhaltliche Ausdeutung des Spruches sowie die Frage, ob und in welchem Verständnis er Jesus zuerkannt werden kann, kann hier nicht eingehender behandelt werden. *Lk 12,8 diff Mt 10,32*[66] bekennt sich der „Menschensohn", vom redenden Jesus verbaliter[67] unterschieden, im Weltgericht zu den Jesus-Bekennern, während *Lk 12,9* (ebenfalls *diff Mt*) dann verleugnet werden (Passiv![68]), die Jesus auf Erden verleugnen. Die Variante Mk 8,38 par Lk 9,26; Mt 16,27 bringt nur die negative Hälfte des Doppelspruches

[63] *D. Lührmann*, Logienquelle (s. A. 28) 84f, will den „Gerichtsgedanken gegen Israel" denn auch der Q-Redaktion nur „hypothetisch" zuschreiben; vgl. auch *ders.*, 34ff, 43ff, 93 u. sonst, weil dieses Motiv sich „auch bereits in der Tradition vorfand" (101).

[64] So *G. Haufe*, Das Menschensohn-Problem, in: EvTh 26 (1966) 130–141, hier 140. Vgl. auch *D. Lührmann*, Logienquelle (s. A. 28) 40f, Anm. 6: Die Entscheidung, ob wenigstens einige Menschensohn-Worte auf Jesus selbst zurückgeführt werden können, „muß in der Interpretation von Mk 8,38 bzw. Lk 12,8f/Mt 10,23f fallen".

[65] *A. Vögtle* rechnet mit der Wahrscheinlichkeit, daß Lk 12,8f par; Mk 8,38 par sekundär ist; s.o. A. 58; vgl. *ders.*, Wie kam es zur Artikulierung des Osterglaubens, in: BuL 15 (1974) 177: „Keine der genannten Formen des Menschensohn-Verständnisses Jesu kann einigermaßen historische Sicherheit für sich beanspruchen. Jesus könnte, wie eine sehr verbreitete Auffassung wahrhaben will, lediglich rein objektiv vom künftigen Menschensohn gesprochen haben. Ja die apokalyptische Vorstellung und Erwartung des Menschensohnes könnte überhaupt erst nachösterlich auf den Parusie-Christus übertragen worden sein." Vgl. *ders.* auch o. A. 17 und u. A. 70 und 98.

[66] Daß das emphatische „Ich" Mt 10,32f nicht ursprünglich ist, beweist die Variante Mk 8,38 par Lk 9,26, aber auch die Tatsache, daß Mattäus den Titel auch sonst durch ein „Ich" ersetzt; s.o. A. 22. (Sosehr es wahr ist, daß Mattäus den Titel auch – wohl überall von sich aus – einfügen kann: vgl. 16,13 [vgl. Mk 8,31].28; 19,28 diff Lk 22,28ff; 24,30a; 13,37.41; 25,31; 26,2.)

[67] *Ph. Vielhauer*, Jesus und der Menschensohn (1963), in: *ders.*, Aufsätze (s. A. 17) 92–140, hier 106f, dürfte richtig sehen, daß hier nachösterlich nicht von zwei Personen, sondern von zwei Wirkepochen der gleichen Person geredet wird; vgl. auch *H. Conzelmann*, Theologie (s. A. 17) 155; *S. Schulz*, Q (s. A. 28) 72.

[68] Siehe *S. Schulz*, Q (s. A. 28) 69: „Lk wollte eine Kollision mit dem folgenden Logion von der vergebbaren Lästerung des Menschensohnes vermeiden."

von Q, führt aber – wohl ursprünglich – dort den Menschensohn-Titel ausdrücklich.

In der Redequelle beschließt Lk 12,8f par mit der Forderung zum „Bekennen" das Thema der Furchtlosigkeit und Sorglosigkeit Lk 12,4f.6f par Mt 10,28.29ff abschließend mit einer Lohnverheißung, ist also unmittelbar um Lk 12,4f.6f par willen angefügt. Die Spruchkomposition Lk 12,4f.6f ihrerseits schloß sich aber an die Verkündigungsaufforderung Lk 2,2f par Mt 10,26f an. Das Logion Lk 12,8f par Mt 10,32f lenkt also – über das Furchtmotiv Lk 12,4f.6f hinüber – in etwa auch zum Anfang zurück, ist also mittelbar auch Abschlußwendung der Komposition Lk 12,2f.4–7 par. Lk 12,8f ist aber nicht unmittelbar um Lk 12,2f par willen an 12,4f.6f angefügt, vielmehr nur „zufällig"[69] zur Abschlußwendung der Gesamtkomposition 12,(1)2–7 geworden. Eine frühe Anfügung läßt die weitere Anfügung von Lk 12,10.11f par, die um 12,8f willen geschehen sein muß (s.u.), erkennen, läßt ferner die andersartige Einordnung des Markus vermuten (der die auf Mk Kap. 3.4.8 und 13 verteilten Logien vielleicht noch nicht in diesem Q-Zusammenhang gelesen hat). Der Menschensohn-Titel wird hier also in einer frühen Überlieferungsschicht benutzt, zu der die Redequelle und Markus – wohl unabhängig voneinander – Zugang hatten. Damit ist das Logion freilich noch nicht als genuines Jesuswort bewiesen[70].

6.

Die Mk-Variante 3,28f läßt Lk 12,10 par zur Genüge als vormals isoliert tradierte Einheit erkennen[71]. Daß in Lk 12,10 par Mt 13,32 der „Menschen-

[69] *P. Hoffmann,* Studien (s. A. 10) dehnt Lk 12,8f betont zu Lk 12,2f zurück.

[70] Die Auslegung scheint sich seit *Ph. Vielhauer* (s. A. 17) immer mehr der Ansicht zuzuwenden, daß das Logion im Munde Jesu nicht verstehbar ist, weil hier „bereits vom Menschensohn-Bekenntnis her nach der Bedeutung des historischen Jesus zurückgefragt" wird. „Dies ist nicht mehr der ‚naive' Ausdruck der Vollmacht des historischen Jesus, sondern die bewußte Formulierung der Identität und Differenz zwischen Jesus und dem Menschensohn", so *P. Hoffmann,* Studien (s. A. 10) 155f. Weitere Ausleger für (F. Hahn; H.-E. Tödt; W. Marxsen) und wider (E. Käsemann; H. Conzelmann; D. Lührmann) nennt *P. Hoffmann,* ebd. Kritisch auch *A. Vögtle;* s.o. A. 17, 58, 65, 98. Die Annahme nachösterlichen Ursprungs dieses Logions macht aber auch die verbreitete These unwahrscheinlich (die wesentlich auf Lk 12,8f fußt), nach Jesus wohl vom kommenden Menschensohn gesprochen, sich aber nicht mit ihm identifiziert habe; s.o. A. 15.

[71] Was nicht heißt, daß „ursprünglich ... der Spruch zu Jesu Verteidigungsrede gegen den Vorwurf des Teufelsbündnisses" gehört – und aus diesem Kontext heraus erklärt werden muß; gg. *H. E. Tödt,* Menschensohn (s. A. 45) 110. – Die Mk-Fassung ist nicht die ursprünglichere, was seit *J. Wellhausen,* Einleitung in die drei ältesten Evangelien (Berlin 1911), viele meinten; vgl. auch *R. Bultmann,* Geschichte (s. A. 45) 138, und dazu Erg.-H. (hier eingehendes Forschungsreferat). Dagegen *H. E. Tödt,* Menschensohn (s. A. 45) 282–288; *S. Schulz,* Q (s. A. 28) 246–250 (vgl. ebd. 247, Anm. 485, die Ausleger für und wider), und die Mehrzahl der neueren Ausleger. – Vgl. thematisch zum Logion noch *E. Lövestam,* Spiritus blasphemia (Lund 1968), und *H. Thyen,* Studien zur Sündenver-

sohn"[72] den Jesus der Erdentage meint, bezeugt doch wohl späteren Sprachgebrauch[73]. Der abermalige Zuwachs der Redekomposition 12,(1)2–9 par Mt 10,(17a)26–32 um das Logion *Lk 12,10 par Mt 12,32(31b)* (von Mattäus mit der Überlieferungsvariante Mk 3,28f kombiniert und in die Mk-Akoluthie hineingenommen) brachte erneut ein Menschensohn-Wort als Abschlußwendung, zunächst – das ist offensichtlich seine Primärfunktion – als (korrigierende) Ergänzung zu Lk 12,8f par Mt: Eine Ablehnung Jesu (der doch der kommende Weltenrichter sein wird[74]) und seiner Verkündigung damals vor Ostern kann doch noch – so sagt die nachgetragene Korrektur – vergeben werden, nicht aber kann nunmehr die Abweisung der geistgetragenen nachösterlichen Verkündigung bzw. des Geistzeugnisses von Lk 12,11f par Mt 10,19f (falls vormals mit Lk 12,10 par Mt verbunden) Vergebung erlangen.

Über Lk 12,8f par Mt hinaus beschließt der neue Spruch nun aber auch die ganze Spruchkette Lk 12,(1)2–9 par, der dann freilich mit Lk 12,11f par Mt 10,19f (hier mit der Mk-Variante Mk 13,11 kombiniert) und wahrscheinlich schon in Einheit mit Mt 10,23 (s. u.) abermals eine neue Abschlußbildung zugewachsen ist (wenn man nicht Lk 12,10.11f par Mt 12,32[31b]; 10,19f [+ 10,23] als vormalige Einheit verstehen und als solche angefügt denken will). Eine redaktionelle Absicht aber, die mit Lk 12,10 par bewußt die Spruchkette Lk 12,(1)2–9 beschließen wollte, ist kaum zu beweisen, außer man dürfte annehmen, Lk 12,10(11f?) par hätte in Q nicht auf Lk 12,2f zurückgegriffen, sondern auf par Mt 10,26f, so daß einleitend und abschließend zwei unterschiedliche Verkündigungsperioden genannt gewesen wären. Aber diese Annahme bleibt mit Unsicherheitsfaktoren belastet. Wahrscheinlicher verdankt sich die Anfügung von Lk 12,10 par also nicht dem Redaktionswillen der „Endredaktion" von Q.

7.

Sollte die anderenorts vorgetragene[75] Vermutung stimmen, nach der Matthäus Mt *10,23* in der Redequelle kommentierend und ergänzend im Anschluß an

gebung (FRLANT 96) (Göttingen 1970) 253–259; *C. Colpe*, Der Spruch von der Lästerung des Geistes, in: Der Ruf Jesu und die Antwort der Gemeinde (Festschr. f. Joachim Jeremias) (Göttingen 1970) 63–79.

[72] Daß Mk 3,28f Jesus von den „Söhnen der Menschen" und nicht vom „Menschensohn" redet, scheint sekundäre Angleichung an den markinischen Kontext (vgl. Mk 3,22.30) und die markinische Christologie zu sein.

[73] Vgl. *S. Schulz*, Q (s. A. 28) 249: „dürfte ... in die jüngere, hellenistisch-judenchristliche Traditionsschicht von Q gehören" – was nicht so sicher ist; s. o.

[74] Vgl. *P. Hoffmann*, Logienquelle (s. A. 10) 150ff, gg. *H. E. Tödt*, Menschensohn (s. A. 45) 110; dort auch Näheres zur Deutung des schwierigen Spruches.

[75] *H. Schürmann*, Zur Traditions- und Redaktionsgeschichte von Mt 10,23 (1959), in: *ders.*, Tradi-

Lk 12,11f par Mt 10,19f gelesen hat, haben wir auch in diesem Logion eine Abschlußbildung vor uns, die sich an das Gerichtslogion 12,11f par Mt 10,19f – wohl schon in früherer Tradition (vgl. die Variante Mk 13,9.11 mit 13,10) – anlehnte und dessen Aussage ergänzte. Wenn Mt 10,23 „ein ... die versichernde Verheißung vom Kommen des Menschensohnes aufnehmendes Trostwort ist, das als Ganzes in der palästinensischen Christenheit entstand als Ausdruck der festen Naherwartung der ersten Generation"[76], ist es nicht wahrscheinlich, daß es der Redekomposition Lk 12,2ff par erst in der Endredaktion der Redequelle angefügt wurde. Seiner Primärfunktion nach ergänzt also Mt 10,23 doch wohl Lk 12,11f par Mt 10,19f, so sehr man sehen darf, daß Lk 12,11f + Mt 10,23 die gesamte Spruchkette Lk 12,(1)2–10 par Mt mit dem Ausblick auf den rettenden Menschensohn recht passend beschließt.

8.

Lk 12,40 par Mt 24,44 haben wir eine redaktionelle Abschlußbildung vor uns, die zunächst speziell das Bildwort Lk 12,39 par Mt 24,43 auf den kommenden Menschensohn hin ausdeutet, zugleich aber die Spruchkette Lk 12,35–39[77] beschließt, die in irgendeiner Form auch Mattäus gelesen haben muß[78]. Die Diskrepanz zwischen dem ein Unheilsereignis malenden Bildwort und der Anwendung auf das Kommen des Menschensohnes spricht doch wohl für sekundäre Ausweitung[79]. Daß Lk 12,39f par Mt 24,43f vormals Lk 12,42–46ff par Mt 24,45.51 einleitete, ist doch wohl weniger wahrscheinlich. Vielleicht ist diese Spruchkette Lk 12,35–40 par Mt erst in der Tradition von Q sekundär um Lk 12,(41.)42–46ff par Mt 24,45–51 weitergewachsen, so daß das Menschensohn-Wort in der genannten Spruchkette vormals abschließend stand – ein Abschluß, der also vor der Lk 12,42–46ff par anfügenden „Endredaktion" von Q anzusetzen wäre.

---

tionsgeschichtliche Untersuchungen (s. A. 23) 150–156; vgl. ebd. 156 den Lit.-Nachtrag. Vgl. schon *W. L. Knox*, The Sources of the Synoptic Gospels II (Cambridge 1957) 51; *H. E. Tödt*, Menschensohn (s. A. 45) 44, reiht Mt 10,23 „der Einfachheit halber ... in die ... Sprüche aus Q ein, zumal sich traditionsgeschichtliche und inhaltliche Verwandtschaft deutlich zeigen werden" (vgl. auch 56f, 60 u. s.). – Vgl. nun auch *A. Polag*, Umfang (s. A. 29) 98ff; ferner *Ch. H. Giblin*, Theological Perspectives and Matthew 10,23b, in: Theological Studies 29 (1968) 637–661; *M. Künzi*, Das Naherwartungslogion Matthäus 10,23. Geschichte seiner Auslegung (Beiträge zur Geschichte der Biblischen Exegese 9) (Tübingen 1970) bes. 158f, 162.

[76] Vgl. *A. Vögtle*, Exegetische Erwägungen über das Wissen und Selbstbewußtsein Jesu (1964), in: *ders.*, Das Evangelium und die Evangelien (s. A. 17) 296–344, hier 331.

[77] Mk 13,33–37 (vgl. Lk 21,34–36) liegt eine Variante vor, wie Lukas erkannt hat (vgl. Lk 12,41 mit Mk 13,37).

[78] Vgl. φυλακή Mt 24,43 mit Lk 12,38; ἐγρηγόρησεν mit Lk 12,37.

[79] Vgl. *Joachim Jeremias*, Gleichnisse (s. A. 3) 45f. – Vgl. das Bild vom Dieb, auf Jesus bezogen, nach Offb 3,3; 16,15, auf den „Tag" bezogen 1 Thess 5,1ff; 2 Petr 3,10.

9.
Lk 17,24 par Mt 24,27[80] begegnet der Menschensohn in der So-Hälfte eines Vergleichssatzes. Die Mt-Parallele beweist eine vorlukanische Verbindung[81] von Lk 17,24 par mit 17,23 par (vgl. V. 21[82]), was keinesfalls – vgl. nur die „Variante" Mk 13,21f par Mt[83] – besagt, diese Verbindung sei ursprünglich: Das wohl nie selbständig tradierte Logion Lk 17,24 par[84] Mt begründet die Warnung von 17,23 (wie die von Mk 13,22 die Warnung von Mk 13,21).

Die Schilderung der Parusie des Menschensohnes ist in der frühen Traditionsgeschichte in die Einheit Lk 17,23f par Mt 24,26f hineingeraten; das legt die sekundäre Anfügung eines weiteren Menschensohn-Wortes (Lk 17,26–30 par Mt 24,37–39) (s.u.) – vor der lukanischen Einfügung von Lk 17,25[85] – nahe, das seinerseits wieder weitere vorlukanische bzw. lukanische Anfügungen (s.u.) nach sich zog.

10.
Der Vergleich Lk 17,24 par Mt 24,27 wird durch zwei alttestamentliche Begebenheiten – aus den Tagen des Noe *Lk 17,26f par Mt 24,37–39a* und des Lot *Lk 17,28ff (vgl. Mt 24,39b)* – illustriert und ergänzt, wobei die Sachhälfte des Vergleichs Lk 17,24b par Mt 24,27b mit der Menschensohn-Aussage – jeweils etwas variiert – in Lk 17,26b.30 par Mt 24,37b.39b wiederholt wird[86]. Dabei „illustrieren" die beiden – zumindest im Lukasevangelium[87] – zusammen-

---

[80] Zu Lk 17,(20f) 22–37 vgl. außer der Lit. o. in A. 8 *R. Schnackenburg*, Der eschatologische Abschnitt Lukas 17,20–37 (1970), in: *ders.*, Schriften zum Neuen Testament (München 1971) 220–243 (und die dort genannte Lit.).

[81] Vgl. *J. Zmijewski*, Eschatologiereden (s. A. 8) 346.

[82] Lk 17,22 ist wahrscheinlich lukanische Einleitungsbildung, die den für die Seinen als Retter ersehnten „Menschensohn" – charakteristisch lukanisch (vgl. Lk 21,28) – einleitend eingeführt, wobei 17,24.26.30 einwirkt; so heute die meisten (vgl. *S. Schulz*, Q [s. A. 28] 278, Anm. 90). Der gleiche Einfluß verursachte wohl die Erwartung des Menschensohnes in der lukanischen Anfügung 18,8b.

[83] Lk 17,23 ist nicht schlechthin von Mk 13,21f par Mt 24,23f übernommen, wie die Q-Wiedergabe Mt 24,26 beweist; gg. *D. Lührmann*, Logienquelle (s. A. 28) 72. – Die Entsprechung in Mk 13,21.22 macht die Annahme unwahrscheinlich, in Lk 17,24.37b par Mt 24,27.28 sei eine vormalige Einheit zu finden; gg. *H. E. Tödt*, Menschensohn (s. A. 45) 45; *D. Lührmann*, Logienquelle (s. A. 28) 72; *S. Schulz*, Q (s. A. 28) 278–280f.

[84] Irgendein Äquivalent hat V. 24 aber gehabt, wie die „Variante" Mk 13,22 nahelegt.

[85] Lk 17,25 ist, auch wenn der Menschensohn-Titel nicht wiederholt wird, ein Menschensohn-Logion, das aber deutlich ebenfalls der lukanischen Redaktion entstammt und von Mk 8,31a par Lk 9,22a her beeinflußt ist; so die meisten Ausleger (vgl. *S. Schulz*, Q [s. A. 28] 278, Anm. 91). – Zum lukanischen Charakter von 17,22.25 vgl. *J. Zmijewski*, Eschatologiereden (s. A. 8) 417–420.

[86] Der Plural „*die* Tage des Menschensohnes" (anders Lk 17,24.30 par Mt) kann Lk 17,26 diff Mt wie Lk 17,22 lukanisch sein.

[87] Die Wiederholung des Menschensohn-Logions Mt 24,37.39b verrät wohl, daß Mattäus gekürzt hat; vgl. *R. Schnackenburg*, Der eschatologische Abschnitt (s. A. 80) 229; anders *R. Bultmann*, Geschichte (s. A. 45) 123; *S. Schulz*, Q (s. A. 28) 278; *D. Lührmann*, Logienquelle (s. A. 28) 75–83. *J. Zmijewski*, Eschatologiereden (s. A. 8) 452–457, läßt sein Urteil in der Schwebe.

gehörigen Beispiele nicht eigentlich die apokalyptische Parusie des Menschensohnes Lk 17,24 par Mt 24,27, sondern schildern diese als Gericht über die vorweltliche Menschheit[88] – eine Diskrepanz zu 17,23f par Mt, die eine sekundäre Anfügung erkennen läßt. Möglicherweise beschloß Lk 17,30 vormals die Komposition 17,23f.26–30, die dann nachträglich um 17,31(32)33.34f.37; 18,1–8 – sei es vorlukanisch, sei es lukanisch – gewachsen ist. Erwähnt werden darf, daß Lk 17,(22.)24.26.30 der Menschensohn-Titel gehäuft und betont in der eschatologischen Rede steht, die aller Wahrscheinlichkeit nach die Redequelle beschloß[89]; vgl. ähnlich die eschatologische Rede Mk 13,5–29 in Vv. 26f (vgl. auch Lk 21,28.36 diff Mk). Aber das macht einen betonten Gebrauch des Titels durch die „Endredaktion" noch nicht sicher[90].

II.

Der Überblick über die vorstehend untersuchten zehn Menschensohn-Worte der Redequelle zeigte, daß diese – in unterschiedlicher Weise (s.u.) – meist als „Abschlußwendungen", hier und da als „Einleitungswendungen" vorkommen. Dieser Tatbestand ruft nach einer funktionalen Deutung und diachronischen Auswertung.

Solange die aus Mt und Lk rekonstruierbaren größeren Kompositionseinheiten von Q und ihre Traditionsschichten nicht zuverlässig eruiert sind[91], kann ein Urteil über die Einordnung von Menschensohn-Worten in vormalige Spruchgruppen (2.) und Redekompositionen (3.) nur unter Vorbehalt gefällt werden. Mit sehr großer Sicherheit kann man aber konstatieren, daß Menschensohn-Worte sich überall kommentierend an Einzellogien anlehnen (1.), daß sie ferner in keinem Fall mit Sicherheit der Endredaktion der Redequelle zugesprochen werden können (4.).

1. Der vorstehende Überblick belehrt, daß die untersuchten Menschensohn-Worte der Redequelle sich ausnahmslos kommentierend, (um)interpretierend oder ergänzend an vorstehende[92] oder nachfolgende[93] *Einzellogien* anleh-

[88] Lk 17,31f.33.34 werden die Gläubigen ermahnt, den Versuch zu machen, diesem Menschheitsgericht zu entgehen.

[89] Vgl. *D. Lührmann*, Logienquelle (s. A. 28) 75, der darin *A. Harnack*, Sprüche und Reden Jesu (Leipzig 1907) 125, folgt.

[90] Nach *H. E. Tödt*, Menschensohn (s. A. 45) 246, sollen – mit vier Ausnahmen (!) – die „Worte vom kommenden Menschensohn ... in einer sachlich-thematischen Gruppe zusammengestellt" sein. Lk 17 läßt aber keinen diesbezüglichen redaktionellen Willen der Q-Redaktion oder Q-Tradition erkennen, wie schon diese „Ausnahmen" (bei sechs oder sieben Vorkommen!) belehren.

[91] Vgl. dazu einleitend o.S. 128f.

[92] Vgl. Lk 6,22f (Nr. 1); 7,33f (Nr. 2); 11,30 (Nr. 4); 12,8 (Nr. 5); 12,10 (Nr. 6); 12,40 (Nr. 8); 17,24 (Nr. 9); 17,26b.30 (Nr. 10); Mt 10,23 (Nr. 7).

[93] Lk 9,57f (Nr. 3).

nen. In den meisten dieser Fälle ließ sich vermuten bzw. feststellen – hier bedürfte es freilich eingehenderer Untersuchungen, als sie hier geleistet werden konnten –, daß die Anfügung dieser Menschensohn-Worte vor der Aufnahme in eine umfassendere Komposition geschehen sein wird[94]. Welche Schlußfolgerungen erlaubt diese doppelte Beobachtung?

a) Man darf urteilen, daß sich in der Anfügung von Menschensohn-Worten an einzelne Herrenworte – in weitem Sinn – die kommentierende, (um-)interpretierende bzw. ergänzende *Predigt* zu erkennen gibt. Die Menschensohn-Worte hatten ihren „Sitz im Leben" wohl alle in der auslegenden Mahnpredigt (urchristlicher Propheten?), die in den meisten Fällen Mahnworte durch Hinweis auf den kommenden bzw. im Gericht fungierenden Menschensohn akzentuierte[95], aber auch Forderungen und Verheißungen durch Hinweis auf die Hoheit des irdischen „Menschensohns" ins Licht rückte[96]. Die verbreitete Meinung, es handele sich um selbständige prophetische Offenbarungsworte, die sich als „Herren"-Worte gaben[97], trifft demnach nicht zu.

b) Die Frage, ob diese beigefügten „Kommentierungen" *sekundäre Bildungen* oder zugekommene ursprüngliche Logien, eventuell gar genuine Jesusworte waren, bedürfte gründlicherer Einzeluntersuchungen[98]. Die kommentierende

---

[94] Diese Vermutung bzw. Wahrscheinlichkeit gilt für alle 10 untersuchten Logien, wie jeweils an Ort und Stelle vermerkt. – Oft fügen sich Menschensohn-Logien erst in Einheit mit dem Beziehungswort, dem die Interpretation desselben gilt, sinnvoll einer Spruchkette ein; so (vielleicht) Lk 6, (20bf?) 22f (27f.32f.35) (Nr. 1); vgl. 7,31–35 mit 7,18–23.24–27(ff?) (Nr. 2); 9,57f (59–62) (Nr. 3); 11,29f (31f) (Nr. 4); 12,(2–7)8f.10 (Nr. 5–6); 12,11f + Mt 10,23 (?) (Nr. 7); 12,(35–38)39f (Nr. 8); 17,23f mit 17,26–30 (Nr. 9–10).

[95] Vgl. Lk 11,30 (Nr. 4); 12,8 (Nr. 5); 12,40 (Nr. 8); 17,24 (Nr. 9); 17,26b.30 (Nr. 10); Mt 10,23 (Nr. 7).

[96] Vgl. Lk 6,22f (Nr. 1); 7,33f (Nr. 27); 9,57f (Nr. 3); 12,10 (Nr. 6).

[97] So seit *R. Bultmann*, Geschichte (s. A. 45) 134f (der sich auf H. Gunkel und H. v. Soden beruft), immer wieder. Die These wurde in besonderer Weise ausgebaut von *E. Käsemann*, Sätze heiligen Rechts im Neuen Testament, in: *ders.*, Exegetische Versuche und Besinnungen II (Göttingen [6]1970) 69–82, bes. 78–81; *ders.*, Die Anfänge christlicher Theologie (1960), ebd. 82–104; *ders.*, Zum Thema der urchristlichen Apokalyptik (1962), ebd. 105–131; *S. Schulz*, Q (s. A. 28) 482 u.o. Vgl. dazu *C. Colpe*, ThW VIII (s. A. 11): „Es widerspricht allem, was sonst über urchristliche Prophetie bekannt ist, daß die unbekannten Leiter dieser Gemeinden direkt als Jesus prophezeiten (und weder im Namen Jesu sprachen noch an Jesus-Worten weiterarbeiteten, noch literarisch neue schufen, wie es später geschieht)." Vgl. dagegen auch *F. Neugebauer*, Geistsprüche und Jesuslogien, in: ZNW 53 (1962) 218–228; emphatisch und begründet auch *G. Delling*, Geprägte Jesus-Tradition im Urchristentum, in: *ders.*, Studien zum Neuen Testament und zum hellenistischen Judentum (Berlin 1970) 100–175, bes. 170ff. – „Über Form und Geschichte prophetischer Worte" sowie „die Herkunft der prophetischen Redegattung" vgl. das Erg.-H. ([4]1971) 51f zu *R. Bultmann*, Geschichte (s. A. 45). Vgl. nunmehr auch *U. B. Müller*, Prophetie und Predigt im Neuen Testament (StNT 10) (Gütersloh 1975).

[98] Vgl. o. A. 11. – Auch wenn vorstehend dieser Frage nicht eingehender nachgegangen werden konnte, ließen sich doch hier und da Verdachtsmomente, die für Sekundärbildung sprachen, nennen. Vgl. zur Frage auch *A. Vögtle*, o. A. 17, 58, 65, 70. *Ders.*, Jesus von Nazareth, in: Ökumenische

Einordnung[99] erlaubt als solche – soweit nicht andere Argumente hinzukommen – nicht mehr als eine Präsumtion für die Annahme, es könne sich um sekundäre Bildungen handeln, bzw. der Menschensohn-Titel sei in diesen Worten sekundär eingetragen[100].

2. Einzellogien sowie durch „Kommentarworte" abschließend oder einleitend interpretierte Sprüche finden sich früh – nach Stichworten oder auch nach inhaltlichen Gesichtspunkten – zu *Spruchgruppen* vereinigt (bevor diese sich zu „Redekompositionen" auswuchsen). Menschensohn-Logien können auch derartige Spruchketten abschließen[101] oder einleiten[102]; für sechs Fälle besteht der Verdacht, daß sie in Spruchketten, die später weiter gewachsen sind, vormals abschließend standen[103], in allen zehn interpretieren sie aber ihrer Primärfunktion nach ihr jeweiliges Beziehungswort, nicht die gesamte Kette. Die Frage ist, ob der Menschensohn-Titel bzw. Menschensohn-Logien in diesen Fällen irgendwo bewußt als redaktionelles Mittel eingesetzt wurden, um nicht nur das jeweils vor- oder nachstehende Einzellogion, sondern eine umfassendere Spruchkette redaktionell – abschließend oder einleitend – zu bestimmen.

a) Da der kommende Menschensohn thematisch sachgerecht in eschatologischen Ausblicken steht, solche Ausblicke aber sehr passend Spruchketten beschließen, gerät der Titel manchmal wie von selbst in *Abschlußbildungen.* Es ist nicht zu erkennen, daß der Menschensohn-Titel als solcher hierbei in irgendeinem Fall redaktionell benutzt wurde, die Spruchkette abschließend zu akzentuieren; wohl aber können eschatologisch orientierte Menschensohn-Logien eventuell hier oder da mit Überlegung ans Ende von Spruchketten gestellt worden sein[104].

Kirchengeschichte I (Mainz – München 1970) 19, betont zu Recht: „Auch dann, wenn Jesus nicht sich selbst als den kommenden Menschensohn-Richter verstand und voraussagte, hat er für sein gegenwärtiges Wirken heilsmittlerischen Anspruch erhoben." „Der Sendungsanspruch Jesu ... ließ sich mit keiner zeitgenössischen Heilbringervorstellung zur Deckung bringen."

[99] Seine Funktion hat der Menschensohn-Titel meist nicht nur im jeweiligen Menschensohn-Logion selbst; meist akzentuiert er – so oder ähnlich – mit dieser seiner Funktion auch das Logion, an das das betreffende Menschensohn-Wort sich „kommentierend" anlehnt; vgl. einerseits Lk 11,30 mit 11,29 (Nr. 4); 12,8f mit 12,2–7 (Nr. 5); Mt 10,23 mit Lk 12,11f (Nr. 7); 12,39f mit 12,41–48 (Nr. 8); 17,23f mit 17,20f (Nr. 9); 17,26–30 mit 17,23f (Nr. 10); vgl. andererseits 6,22f mit 6,20bf (Nr. 1); 7,33f mit 7,31f (Nr. 2); 9,57f mit 9,60.62 (Nr. 3); 12,10 mit 12,8f (Nr. 6).

[100] Es ist fraglich, fragen kann man allenfalls bei Lk 6,22f; 7,34(?); 9,57f; 12,8f; 12,10 ob der *Menschensohn-Titel* irgendwo in vorliegende Logien sekundär eingedrungen ist; in der Mehrzahl der Fälle sitzt er mehr oder weniger fest und sinnvoll im jeweiligen Satz, so daß mit der Streichung des Titels die ganzen Menschensohn-Logien fallen würden.

[101] Vgl. Mt 10,23 (Nr. 7).

[102] Vgl. Lk 6, (20bf)22f (Nr. 1); 9,57f (Nr. 3); 17,23f (Nr. 9).

[103] Vgl. Lk 7,33f (Nr. 2); 11,30 (Nr. 4); 12,8f (Nr. 5); 12,10 (Nr. 6); 12,40 (Nr. 8); 17,26.30 (Nr. 10).

[104] Das könnte überlegt werden für Lk 11,30 (Nr. 4); 12,8f (Nr. 5); 12,10 (Nr. 6); 12,40 (Nr. 8); Mt 10,23 (Nr. 7).

b) In der *Einleitung* von Spruchketten finden wir Menschensohn-Logien nur drei- bis viermal, ohne daß dabei ein mit dem Menschensohn-Titel spielender besonderer Redaktionswille sichtbar würde[105].

Somit bleibt es dabei: Die Selbstbezeichnung „Menschensohn" ist eine Eigentümlichkeit der frühen Logienweitergabe – bzw. Logienkommentierung. In dem Traditionsprozeß, in dem sich (eventuell bereits „kommentierte") Einzeltraditionen zu Spruchketten formierten, spielte der Titel als solcher – über das vorstehend Gesagte hinaus – keine besondere Rolle, weder als Mittel hoheitlicher „Christussprache" noch im Dienste einer besonderen Christologie oder Soteriologie.

3. Redaktionelle Absicht könnte man zunächst vermuten, wenn man sieht, daß alle zehn Menschensohn-Logien in Q – manchmal apophthegmatisch „gerahmte" – *Redekompositionen* einleiten oder beschließen. Da die meisten dieser „Redekompositionen" ihren geeigneten „Sitz" im Gemeindeleben haben, muß für ihre Komposition methodisch zunächst einmal ein Redaktionswille vermutet werden, der der Zusammenstellung dieser „Reden" zur „Reden-Quelle" und deren Endredaktion vorausliegt (obgleich beide Redaktionsstufen nicht ohne Beziehung zueinander gedacht werden müssen).

a) Diese „Reden"[106] *schließen* aber – wie schon die eingearbeiteten Spruchketten (s. o.) – sachgerecht mit eschatologischen Ausblicken, die als solche schon oft den „Menschensohn" erwähnten, so daß der Titel „wie von selbst" in Abschlußbildungen geriet und hier als solcher offenbar keinen besonderen redaktionellen Akzent trägt.

b) Die die Spruchketten *einleitenden*[107] Menschensohn-Logien (manchmal mit ihren Bezugsworten) kamen ebenfalls „wie von selbst" als „Vorspann" oder in der Einleitung von umfassenderen Redekompositionen zu stehen, ohne daß diese „Reden" im weiteren Verlauf den Menschensohn-Titel wieder aufnahmen oder sonstwie erkennen lassen, daß er für sie konstitutiv war.

Die oben getätigten Einzeluntersuchungen konnten für alle zehn Menschensohn-Logien einen interpretierenden, ergänzenden oder korrigierenden Bezug zu dem mit ihm unmittelbar zusammengekoppelten Bezugswort feststellen; nur mit diesem zusammen sind sie – mehr oder weniger zufällig – in Abschluß- oder Einleitungswendungen von Redekompositionen „geraten"; ein bewußter re-

[105] So in einem „Vorspann" Lk 6,20b–23(24ff) zu 6,27–49 (Nr. 1); 9,57–62 zu 10,1–20ff (Nr. 3); 12,39f zu 12,(35–38)39–46(ff) (Nr. 8); vielleicht 17,23 (und weiterführend 17,26–30) zum Q-Bestand der lukanischen Erweiterung 17,20 – 18,10 (vgl. die lukanische Redaktion in Vv. 22 [25] [Nr. 9] und 18,10) [Nr. 10]).

[106] Vgl. Lk 7,(18–30)31–35 (Nr. 2); 11,(14–26)29–32(33–36?) (Nr. 4); 12,(1–7)8f.10(ff + Mt 10,23?; s.o.) (Nr. 5.6.7); 12,(13–34.35–38)39f (Nr. 8).

[107] Siehe o. A. 105.

daktioneller Wille, abschließend oder einleitend den Menschensohn-Titel als solchen ins Spiel zu bringen, konnte bei den Redekompositionen nicht festgestellt werden.

4. Die – doch wohl im hellenistischen Raum anzusiedelnde – *Endredaktion von Q* setzte den Menschensohn-Titel, soweit wir sehen können, wahrscheinlich von sich aus nicht mehr ein, sondern tradierte ihn nur noch. Das steht in Einklang mit dem den Titel vermeidenden Verfahren des Paulus sowie dem der lukanischen und mattäischen Sondertradition, in etwa auch mit dem des Markus und des Johannes, die den Titel – jeweils uminterpretiert – ihrer Christologie dienstbar machten (was hier nicht aufgewiesen werden kann); in anderer Weise auch mit dem Verfahren der lukanischen und mattäischen Redaktion, die den Titel nur noch skriptural als Chiffre, als Ausdruck der hoheitlichen Christussprache oder im Dienste christologischer Akzentuierung, benutzen. Der Hellenisten unverständliche Menschensohn-Titel verschwand sehr früh aus der lebendigen Gemeindepredigt, sosehr der Umgang der Evangelisten mit demselben beweist, daß er immerhin noch – wie angegeben – benutzbar war[108].

Wenn also die Redaktion der Redequelle den Menschensohn-Titel wahrscheinlich von sich aus nicht mehr schreibt[109], ihn vielmehr nur noch tradiert[110], muß er nicht dennoch in die Mitte ihres Aussagewillens, in die Mitte ihrer Christologie[111] gerückt werden?[112] Denn stärker, als die formgeschichtliche

---

[108] Siehe o. einleitend S. 124–126.

[109] Ein gewisser redaktioneller Wille der *Endredaktion der Redequelle,* mit dem Menschensohn-Titel eine bestimmte Aussage zu machen (wie ein solcher für alle 4 Evangelisten – in freilich recht unterschiedlicher Weise – nachgewiesen werden kann [s. die Andeutungen oben einleitend, S. 125ff.]), wäre wohl nur in Betracht zu ziehen, wenn diese Endredaktion die „eschatologische Rede“ Lk 17, die recht eigentlich vom Kommen des richtenden Menschensohnes handelt, bewußt ans Ende der Redequelle gesetzt hätte (vgl. dazu o. Nr. 10). Aber gerade dann bliebe Lk 17,24.26.30 die Menschensohn-Bezeichnung über die Funktion des eschatologischen Kommens und Richtens hinaus recht farblos.

[110] Vgl. so auch *P. Hoffmann,* Studien (s. A. 10) 99: „Die Ausschließlichkeit, mit der Tödt die Menschensohn-Christologie für Q in Anspruch nahm (s. o.), bedarf ... einer Modifikation bzw. Präzisierung: Man wird die Identifikation von Jesus und Menschensohn nicht auf die Redaktion von Q (im engeren Sinn von Lührmann) beschränken können; sie gehört bereits der vorangehenden Tradition an.“ Doch wie ist das Verhältnis von Tradition und Redaktion zueinander? (Vgl. dazu o. A. 26, 28, 29.)

[111] Somit ist *A. Polag,* Christologie (s. A. 29) 185f, und *D. Lührmann,* Logienquelle (s. A. 28) 40, Anm. 6, auch 85f, recht zu geben, wenn sie zwischen Überlieferung (bzw. Sammlung) und Redaktion von Q streng unterscheiden, den Menschensohn-Titel der palästinensischen Gemeinde, die den Menschensohn-Titel von sich aus nicht mehr einfügende Redaktion dagegen der hellenistischen Gemeinde zuordnen. Unsere Beobachtungen bestätigen die Richtigkeit und Notwendigkeit dieser Unterscheidung.

[112] Freilich kann man mit *P. Hoffmann,* Studien (s. A. 10) 98–101 (vgl. auch S. 185f u. s.), fragen, ob die endgültige Q-Redaktion sich mit den Menschensohn-Aussagen ihrer Tradition identifiziere. Das ist für eine hellenistische Redaktion und für hellenistische Hörer doch wohl nicht so sicher,

Methode das wahrhaben wollte, wird man sehen müssen: Auslegung gibt es nur in der Ambivalenz zwischen dem Skopus der Einzeltraditionen, die den Skopus der Gesamtredaktion aufbauen helfen, und dem Skopus der Gesamtredaktion, der die Skopoi von Einzeltraditionen einordnet und ihnen Gewicht verleiht[113]. Auch wenn wir diese Frage hier letztlich nicht entscheiden können, sollen doch zwei mögliche Gegengründe nicht unerwähnt bleiben:

a) Die von der Endredaktion in Dienst genommenen Q-Traditionen verwenden den Titel doch jeweils im Einzelfall recht *uneinheitlich,* ohne daß irgendwo und irgendwie eine redaktionelle Uniformierungstendenz sichtbar wird: der *kommende* „Menschensohn" hat in den tradierten Menschensohn-Logien der Redequelle – intendiert oder nicht intendiert – die Funktion, die messianische Erwartung zu transzendieren (so ausdrücklich Lk 17,24, aber auch sonst), das apokalyptische Geschehen zu personalisieren (Lk 12,33f; 17,26), wobei der „Menschensohn" mehr als Richter (Lk 11,30; 12,40; 17,30) oder als Retter (Lk 12,8; Mt 10,23) gezeichnet werden kann. Seine richterliche Entscheidung ist abhängig von der Stellung des Menschen zu Jesus und seinem Wort (Lk 12,8f) – welche Aussage man vom Kontext her dann mehr oder weniger allen diesen Stellen abgewinnen kann. Der *irdische Jesus* wird hoheitlich „Menschensohn" genannt, um der Forderung der Nachfolge Farbe und Gewicht zu geben (Lk 9,57f), um den Lohn für das Durchhalten in der Verfolgung zu unterstreichen (Lk 6,22f), die Verlorenheit „der Menschen dieses Geschlechts" herauszustellen (Lk 7,33f) und die Lästerung des Geistes als übergroße Sünde kenntlich zu machen (Lk 12,10). Die Stellung zu Jesus und seinem Wort bekommt also durch den Menschensohn-Titel schon ihre eschatologische Bedeutsamkeit.

So läßt sich aus den Menschensohn-Worten der Redequelle – besonders wenn man sie im näheren Kontext liest – ein gewisses Generalverständnis schon herausabstrahieren. Zunächst fällt aber nun doch in die Augen, daß die in Q gesammelten Traditionen den kommenden Menschensohn-Weltenrichter unterschiedlich bunt malen, den Jesus der Erdentage zwar in Anbetracht seiner Menschensohn-Würde immer hoheitlich, in dieser seiner hoheitlichen Funktion aber wiederum funktional recht unterschiedlich. Das ist bei einer Sammlung

---

wie an der mattäischen und lukanischen Redaktion einerseits, an der markinischen andererseits – vgl. o. einleitend – studiert werden kann. *P. Hoffmann,* ebd. 82 u.s., hält die Identifizierung Jesu mit dem Menschensohn für die Christologie der Logienquelle für „konstitutiv", erweicht dann aber diese klare Aussage doch erheblich: „Die These meint nicht, die Identifizierung Jesu mit dem Menschensohn sei das Werk der Q-Redaktion, wohl aber, daß die ‚Redaktoren' der Logiensammlung von dieser Identifikation noch bestimmt gewesen sind, mag sie auch in einer frühen Phase der Geschichte des Christentums erfolgt sein" (ebd. Anm. 2; vgl. auch o. A. 110). Aber eben das müßte überzeugender aufzuweisen sein; s.u. A. 119.

[113] Vgl. KommLk (s. A. 4) Vorwort S. V.

ursprünglich verstreuter Traditionen auch kaum anders zu erwarten. Ein bewußter Redaktionswille gibt sich nicht zu erkennen.

b) Aber bekommt der Menschensohn-Titel nicht doch von der *Verkündigung* her seine Funktion?[114] Ist er nicht sogar für diese konstitutiv, ist er nicht der tragende Grund der Wortverkündigung (wie H. E. Tödt und – anders – P. Hoffmann[115] meinen)? Das kann man für die Endredaktion der Redequelle nur verteidigen, wenn man die Funktion des Titels überinterpretierend redaktionell auf die jeweils von Menschensohn-Logien beschlossene oder eingeleitete ganze Redekomposition und ihre sonstigen christologischen Titel hinüberdehnt[116], außerdem (mit H. E. Tödt und vielen) Lk 12,8f für die Endredaktion eine überragende Bedeutung gibt und schließlich noch (mit P. Hoffmann[117] u.a.) Lk 10,21f par zu Hilfe ruft und dort Jesu Menschensohn-Würde in die Sohnesaussage hineinliest. Zwar „ist das ein wertvoller Hinweis, befriedigt aber nicht vollständig, weil der Sohnestitel etwas anderes ist als der Menschensohntitel"[118].

So wird es abschließend dabei bleiben müssen: Die zehn Menschensohn-Logien der Redequelle kommentieren (um)interpretierend, ergänzend oder korrigierend Einzellogien, an die sie angefügt sind; sie gehören also einer recht frühen Überlieferungsstufe an, die isolierte Einzellogien und kleinere Kompositionen tradierte. Das will zweierlei besagen: einerseits, daß der Menschensohn-Titel wahrscheinlich nicht in die älteste Schicht der Logienüberlieferung gehört, sondern bereits einer kommentierenden Sekundärschicht zugesprochen werden muß[119]. Das bedeutet andererseits, daß die Menschensohn-Christologie wahr-

---

[114] *P. Hoffmann*, Studien (s. A. 10) 100f, betont mit Recht gg. D. Lührmann: Es geht in Q um die „Hervorhebung der Bedeutung der *Botschaft Jesu*, die Q weitersagt" (101; vgl. auch die folgende A.). Aber ist dafür der Menschensohn-Titel konstitutiv? Für die spätere Traditionsstufe der Redekompositionen und die Endredaktion bekommt die Botschaft Jesu ihre praktische und bestimmte Färbung durch ihren „Sitz im Leben" der Q-Gemeinden, in dem diese Botschaft charakteristisch gefiltert und akzentuiert wird.

[115] Vgl. *ders.*, ebd. 100f: „Es genügt nicht, die Menschensohnaussage nur als ein (tradiertes) Moment an der Gerichtsklage zu beurteilen. Der Glaube an den Menschensohn Jesus scheint vielmehr die Verkündigung der Q-Gruppe zu begründen und auch die Form dieser Verkündigung zu bedingen, nämlich, daß sie gerade als Weiterverkündigung der Verkündigung Jesu geschieht."

[116] Siehe dagegen o. A. 36, 47, 53, 60, 69. Anders *P. Hoffmann*, Studien (s. A. 10), bes. 152–158.

[117] Vgl. *ders.*, Studien (s. A. 10), bes. 102–142.

[118] Vgl. *J. Gnilka*, Jesus Christus nach frühen Zeugnissen des Glaubens (München 1970) 119.

[119] Es drängt sich das Urteil von *A. Polag*, Christologie (s. A. 29) 96–105, und *S. Schulz*, Q (s. A. 28) 481ff (der freilich die älteste Logienüberlieferung – als Prophetenaussprüche – gründlich mißdeutet, s. o. A. 97), auf, daß die titulare Menschensohn-Christologie – und wenn es einen nichttitularen Gebrauch von „Menschensohn" nicht gegeben hat: die Menschensohnbezeichnung überhaupt – nicht in der ältesten Logienüberlieferung beheimatet ist, sondern eher in einer folgenden, theologisch deutenden Schicht (die aber wohl noch palästinensisch gedacht werden muß). – Das entspricht in etwa auch den Ergebnissen von *P. Hoffmann*, Studien (s. A. 10), bes. 182–187, nach der eine von der „Weisheit" in Dienst genommene Propheten-Christologie in Q sekundär von der Menschen-

scheinlich nicht mehr die grundlegende und tragende Christologie der Endredaktion der Redequelle ist, die schon eine Koinzidenz der Christusprädikate kennt und vielerlei Weisen hat, bereits den irdischen Jesus hoheitlich auftreten und reden zu lassen. Die Redequelle scheint in ihrer Christologie weniger titular festgelegt zu sein und die Hoheit Jesu mehr mit Hilfe des (narrativ gerahmten) Wortes Jesu zur Sprache bringen zu wollen.

---

sohn-Vorstellung überformt sein soll. (Man darf aber wohl fragen, ob das mit Lk 7,34f; vgl. 9,58 einerseits, mit 11,30 und 13,35 andererseits schon genügend bewiesen ist und ob nicht umgekehrt eher die Weisheitstraditionen die Menschensohn-Aussagen überformen.)

Das Ringen der Gemeinde um Israel

Exegetischer Versuch über Mt 19,28

Ingo Broer, Siegen

An welchen Gegenstand oder an welche Stelle der Bibel auch immer der Exeget herangeht, immer findet er schon eine Reihe von Meinungsäußerungen vor, die voneinander abweichen oder sich auch direkt in unausgleichbarem Gegensatz gegenüberstehen. Das mag zum Teil daran liegen, daß mit der ansteigenden Zahl der auf einem relativ kleinen Gebiet Arbeitenden notwendig auch die Anzahl der vertretenen Meinungen ansteigt, dürfte aber wesentlicher damit zusammenhängen, daß Geisteswissenschaften nicht in dem Sinne exakt sein können wie die Naturwissenschaften und daß das Interpretationsgeschehen eben mehr ist als das bloß saubere Handhaben von Methoden[1]. Dennoch ist dieser Zustand, zumal wenn er sich nicht auf die Interpretation im engeren Sinne beschränkt, sondern auch eine ganze Reihe von Vorfragen etc. völlig divergent beantwortet werden, auf die Dauer höchst unbefriedigend, und die Exegeten sind aufgerufen, ihm so schnell als möglich abzuhelfen.

Da auch die hier zu behandelnde Stelle Mt 19,28 an dieser allgemeinen Lage unserer Wissenschaft teilhat[2], bedarf der erneute Versuch, dieses Jesuslogion

---

[1] Vgl. dazu *H. G. Gadamer*, Wahrheit und Methode. Grundzüge einer philosophischen Hermeneutik (Tübingen 1960) passim, z.B. 220, 341.

[2] So wird z.B. die Frage nach Redaktion und Tradition durchaus unterschiedlich beantwortet (vgl. weiter unten); einige Autoren führen das Wort ziemlich entschieden auf den historischen Jesus zurück, was Konsequenzen für den Gebrauch des Menschensohn-Titels durch Jesus hat (z.B. *T. W. Manson*, The Sayings of Jesus (London ³1950) 217; *W. G. Kümmel*, Verheißung und Erfüllung. Untersuchungen zur eschatologischen Verkündigung Jesu (AThANT 6) (Zürich ³1956) 41 (Lit.); *H. Schürmann*, Jesu Abschiedsrede Lk 22,21–38. III. Teil einer quellenkritischen Untersuchung des lukanischen Abendmahlsberichts Lk 22,7–38 (NTA XX, 5) (Münster 1957) 42f (Lit.); in neuerer Zeit wieder *Th. Boman*, Die Jesusüberlieferung im Lichte der neueren Volkskunde (Göttingen 1967) 157; andere lehnen diese Zuweisung ebenso entschieden ab (vgl. nur *A. J. B. Higgins*, Jesus and the Son of Man (London 1964) 107f; *G. Klein*, Die zwölf Apostel. Ursprung und Gehalt einer Idee (FRLANT 77) (Göttingen 1961) 36; *W. Schmithals*, Das kirchliche Apostelamt. Eine historische Untersuchung (FRLANT 79) (Göttingen 1961) 60; des weiteren sind umstritten die Frage nach der ursprünglichen Fassung (die Lukas-Fassung halten u.a. für ursprünglicher: *H. Schürmann*, Abschiedsrede 36ff; *E. Schweizer*, Der Menschensohn, in: *ders.*, Neotestamentica. Deutsche und englische Aufsätze 1951–1963 [Zürich–Stuttgart 1963] 56–84,60; *W. Grundmann*,

zu interpretieren, keiner besonderen Rechtfertigung. In der folgenden Analyse sollen jedoch nicht alle schwierigen und umstrittenen Probleme zur Sprache kommen, sondern nur die für die Interpretation zentralsten Fragen erörtert werden.

1. Die Frage nach der Mt 19,28 zugrunde liegenden Tradition

Zumindest der zweite Teil von Mt 19,28 hat im lukanischen Abendmahlsbericht eine Parallele, weswegen auch dieser lukanische Abschnitt kurz mit erörtert werden muß.

a) Lk 22,28–30

Daß der Abendmahlsbericht des Lukas aus den verschiedensten kleinen Einheiten zusammengefügt ist, kann als allgemein anerkannt gelten[3], ebenso daß der Abschnitt Lk 22,28–30 nicht einheitlich ist, insofern V. 30a allgemein als sekundäre Hinzufügung angesehen wird[4]. Unter anderen beurteilen jedoch J. Schmid[5], J. Theissing[6] und W. Pesch[7] nicht nur V. 30a als Einschub, vielmehr halten diese V. 29 und 30a für ein ursprünglich selbständiges Wort.

Obwohl literarkritischen Operationen im Prinzip nicht vorsichtig genug begegnet werden kann, scheint mir das Vorhandensein einer literarischen Naht zwischen V. 28 und V. 29[8] doch kaum mit guten Gründen geleugnet werden

---

Das Evangelium nach Matthäus [ThK 1] [Berlin 1968] 435); für größere Ursprünglichkeit der Mattäus-Fassung treten u.a. ein: *W. G. Kümmel*, Jesus und die Anfänge der Kirche, in: *ders.*, Heilsgeschehen und Geschichte. Gesammelte Aufsätze 1933–1964 (Marburg 1965) 289–309, 292, Anm. 16; *W. Ott*, Gebet und Heil. Die Bedeutung der Gebetsparänese in der lukanischen Theologie (StANT 12) (München 1965) 89 (allerdings mit ?); *W. Pesch*, Der Lohngedanke in der Lehre Jesu verglichen mit der religiösen Lohnlehre des Spätjudentums (Münchener Theologische Studien I, 7) (München 1955) 73f; *W. Bousset*, Die Offenbarung Johannis (Meyer KEK 16) (Göttingen [6]1906) z.St. (tritt für Apk 3,21 als ursprünglichste Fassung ein) und der Interpretation (z.B. ob es sich um ein Gericht handelt, an dem die Nachfolger beteiligt sein sollen, oder um die eschatologische Herrschaft).

[3] Vgl. *J. Jeremias*, Die Abendmahlsworte Jesu (Göttingen [3]1960) 94; *H. Schürmann*, Abschiedsrede, passim und die Kommentare zum dritten Evangelium.

[4] So etwa *H. Schürmann*, Abschiedsrede 45ff (Lit.), der freilich gerade für den sehr engen Zusammenhang des verbleibenden Spruches eintritt; *E. Schweizer*, Menschensohn 60, hat sich Schürmann angeschlossen; *C. Colpe*, Art. υἱὸς τοῦ ἀνθρώπου in: ThWNT VIII, 403–481, 450f.

[5] Das Evangelium nach Lukas (RNT 3) (Regensburg [2]1951) z.St.

[6] Die Lehre von der ewigen Seligkeit (Breslau 1940) 54.

[7] Lohngedanke 74.

[8] In der Literatur ist das Objekt zu διατίθεμαι umstritten; wesentlich wahrscheinlicher als der

zu können, da der Übergang zwischen beiden Versen außerordentlich hart ist und V. 29 in seiner gegenwärtigen Form auf den (begründenden!) Vorspann von V. 28 überhaupt nicht angewiesen ist[9]. Alleiniger und ausreichender Grund für diese „eschatologische Verheißung"[10] Jesu an die Jünger ist die gleiche Tat des Vaters an Jesus und nicht etwa eine besondere Standhaftigkeit der Jünger in Jesu Versuchungen. – Auf die Tatsache, daß die Bilder von V. 30a und b nicht zusammenpassen, ist schon häufiger hingewiesen worden[11], so daß auch hier auf einen sekundären Zusammenhang geschlossen werden darf. Jedoch ist damit noch keineswegs Lk als Verfasser dieses aus sehr unterschiedlichen Traditionen zusammengesetzten Abschnittes identifiziert, solange nicht für den dritten Evangelisten typische Motive und Vokabeln auf dessen Redaktionstätigkeit hinweisen. Es läge hier nahe, auf V. 28 und dessen Beurteilung in der Literatur hinzuweisen[12], jedoch genügt an dieser Stelle der Hinweis auf die sekundäre Komposition.

Daß Mattäus den ihm vorliegenden Text nicht in der heutigen Lukasform gelesen hat – die Q-Vorlage des Mattäus also den Gedanken von Lk 22,29 noch nicht enthielt –, scheint mir aus dem Interesse des ersten Evangelisten am Reich des für ihn mit Jesus identischen Menschensohnes hervorzugehen: Mattäus, der mehrfach redaktionell vom Reich des Menschensohnes schreibt (vgl. 13,41; 16,28; 20,21), hätte sich kaum die Erwähnung der Übergabe dieses Reiches vom Vater an den (Menschen-)Sohn entgehen lassen, wenn er sie in seinen Quellen vorgefunden hätte.

b) Mt 19,28

Aus der Tatsache, daß es sich in Lk 22,28–30 um eine sekundäre Komposition handelt, ergeben sich für Mattäus, gerade auch angesichts des hypothetischen

---

ἵνα-Satz scheint mir βασιλεία als Objekt des Nebensatzes zu ergänzen zu sein; so auch *A. Schulz*, Nachfolgen und Nachahmen. Studien über das Verhältnis der neutestamentlichen Jüngerschaft zur urchristlichen Vorbildethik (StANT 6) (München 1962) 123f.

[9] Mit anderer Begründung tritt auch *A. Schulz*, Nachfolgen 121ff, für den sekundären Charakter von Lk 22,29 und 30a ein.

[10] So *J. Behm*, Art. διατίθημι in: ThWNT II, 105–137, 105; diese Bestimmung scheint mir zutreffender zu sein als die von *H. Schürmann*, Abschiedsrede 41, der hier von einem „Rechtsfaktum" spricht und dem Wort einen „spezifisch juridische(n) Sinn" attestiert.

[11] Vgl. *H. Schürmann*, Abschiedsrede 46; *E. Schweizer*, Das Evangelium nach Matthäus (NTD 2) (Göttingen 1973) 252; *A. Schulz*, Nachfolgen 121, Anm. 122. Vgl. auch die auffallende Differenz zwischen den Konjunktiven in V. 30a (abhängig von ἵνα) und dem Futur in V. 30b und dazu *C. Colpe*, Art. Menschensohn, 451,3ff, und *H. Schürmann*, Abschiedsrede 45.

[12] Vgl. *A. Schulz*, Nachfolgen 120f; *R. Bultmann*, Geschichte der synoptischen Tradition (FRLANT 29) (Göttingen [7]1967) 170f; *H. Conzelmann*, Zur Lukasanalyse, in: ZThK 49 (1952)

Charakters der Logienquelle[13], noch keine unmittelbaren Konsequenzen. Vielmehr ist hier erneut die Frage nach der Traditionsgeschichte zu stellen. In der Literatur wird sehr häufig der Satz vom Sitzen des Menschensohnes auf dem Thron seiner Herrlichkeit auf den Evangelisten zurückgeführt[14], umstritten sind darüber hinaus die Ausdrücke ἐν τῇ παλιγγενεσίᾳ[15] und οἱ ἀκολουθήσαντες[16]. Da ἀκολουθέω bzw. ein Äquivalent durch die lukanische Parallelüberlieferung gesichert ist, bleibt allein die zweigliedrige Zeitbestimmung kontrovers. Der meist für die redaktionelle Abfassung des Menschensohn-Satzes vorgetragene Hinweis[17] auf den redaktionellen Charakter von Mt 25,31 genügt allein allerdings nicht für die Zuteilung dieses Satzteiles an den ersten Evangelisten, da Mattäus sich bei der Abfassung von 25,31 – dieser mit Mt 19,28 zu einem guten Teil identische Vers ist anerkannt redaktionell![18] – gerade an 19,28 angelehnt haben

16–33, 29, jetzt auch in: Das Lukas-Evangelium. Die redaktions- und kompositionsgeschichtliche Forschung, hrsg. von *G. Braumann* (Wege der Forschung CCLXXX), (Darmstadt 1974) 43–63, 58, Anm. 15; *W. Ott*, Gebet 85ff (Lit.); *E. Schweizer*, Matthäus 252; allerdings auch *H. Seesemann*, Art. πεῖρα κτλ, in: ThWNT VI, 23–37, 35f; vgl. auch weiter unten.

[13] Vgl. *P. Hoffmann*, Studien zur Theologie der Logienquelle (Münster 1972) 1ff (Lit.).

[14] Vgl. *E. Schweizer*, Matthäus 251; *W. Pesch*, Lohngedanke 73; *A. Vögtle*, Das Neue Testament und die Zukunft des Kosmos (Kommentare und Beiträge zum Alten und Neuen Testament) (Düsseldorf 1970) 161; *C. Colpe*, Art. Menschensohn 451; *H. Schürmann*, Abschiedsrede 43f; *K. Berger*, Die Amen-Worte Jesu. Eine Untersuchung zum Problem der Legitimation in apokalyptischer Rede (BZNW 39) (Berlin 1970) 72, Anm. 55; *B. Weiß*, Die Evangelien des Markus und Lukas (Meyer KEK I, 2) (Göttingen ⁹1970) 640, Anm.; nach *G. Strecker*, Der Weg der Gerechtigkeit. Untersuchung zur Theologie des Matthäus (FRLANT 82) (Göttingen ²1966) 109, hat Mattäus V.28 „im großen und ganzen" nicht verändert, 125 läßt Strecker dann auch den Menschensohn-Titel zur Tradition gehören.

[15] Für redaktionelle Einfügung plädieren u.a.: *A. Vögtle*, Kosmos 161ff; *W. Pesch*, Lohngedanke 73; *C. Colpe*, Art. Menschensohn 451; vgl. auch *E. Lohmeyer*, Das Evangelium des Matthäus (Meyer KEK Sonderband) (Göttingen ⁴1967) 289; *G. Strecker*, Gerechtigkeit 283, Anm. 3.

[16] Anknüpfung des Mattäus an V. 27 par Markus liegt hier vor nach *E. Schweizer*, Matthäus 251f; *H. Schürmann*, Abschiedsrede 37f; *B. Weiß*, Die Quellen des Lukasevangeliums (Suttgart – Berlin 1907) 122f; *J. Dupont*, Le logion des douze trônes (Mt 19,28; Lc 22,28–30), in: Biblica 45 (1964) 355–392, 362; vgl. auch *J. Schmid*, Das Evangelium nach Matthäus (RNT 1) (Regensburg ⁴1959) 283; *E. Lohmeyer*, Matthäus 289. – Dagegen weisen *A. Schulz*, Nachfolgen 120, und *W. Pesch*, Lohngedanke 73f, auf den Stichwortzusammenhang zwischen V. 27 und 28 hin und schließen daraus auf die Ursprünglichkeit der mattäischen Einleitung in V. 28. – Beide Lösungen sind prinzipiell möglich, wenn auch die exakte Aufteilung der in V. 27 genannten Bedingungen auf die Jünger und einen weiteren Kreis, die bei Markus nicht vorhanden ist, ebenso wie die genaue Aufnahme des Tempus eher auf Mattäus als Verfasser dieser Einleitung schließen lassen als auf Tradition. Aber die Verwandtschaft der Einleitung bei Lukas zeigt doch, daß zumindest ein nahestehendes Wort schon in der Vorlage vorhanden gewesen sein muß.

[17] *A. Schulz*, Nachfolgen 121, und *H. Schürmann*, Abschiedsrede 43, scheinen Mt 25,31 für traditionell anzusehen und davon auszugehen, daß Mattäus sich in 19,28 an diesen Vers anlehnt; vgl. noch *S. Schulz*, Q. Die Spruchquelle der Evangelisten (Zürich 1972) 331.

[18] Vgl. dazu den Beitrag des Verfassers, Das Gericht des Menschensohnes über die Völker. Auslegung von Mt 25,31–46, in: BibLeb 11 (1970) 273–295, 276 (Lit.); neuerdings *A. J. Matill jr.*, Matthew 25,31–46 Relocated, in: Restoration Quarterly 17 (1974) 107–114.

könnte. Auch die häufig betonte Differenz zwischen ἐπὶ θρόνου und ἐπὶ θρόνους[19] (auf dem Hintergrund des mattäischen Sprachgebrauchs[20]) dürfte angesichts des zumindest vergleichbaren Falles in Mt 25,21 kaum direkt im Sinne traditionsgeschichtlicher Schichtungen ausgemünzt werden dürfen. Schwerer wiegt schon der Hinweis, daß der Autor des Kirchenevangeliums auch sonst über den Menschensohn-Titel und über die Konjunktion ὅταν redaktionell verfügt hat[21]. Den sekundären (nicht ohne weiteres den redaktionellen) Charakter dieses Verses vermag auch der Hinweis zu stützen, daß der Menschensohn hier im Gegensatz zu den Jüngern völlig ohne Funktion dargestellt wird, denn daß dieser (mit-)richtet[22] oder, wie z. B. H. E. Tödt[23] will, als Regent im Sinne von Dan 7,13f verstanden ist, wird durch nichts angedeutet[24]. Da für Mattäus „der Menschensohn der große, souveräne Richterkönig"[25] ist und ihm an dem „Hinweis auf die Parusie zum Gericht und an der Unterstreichung der göttlichen Souveränität des richterlichen Menschensohnes" in besonderem Maße gelegen ist, wie A. Vögtle in seiner großen Arbeit über die Zukunft des Kosmos nach dem Neuen Testament zutreffend ausgeführt hat[26], dürfte der Hinweis auf den Menschensohn am ehesten vom Redaktor des ersten Evangeliums stammen[27].

Was die erste Zeitbestimmung (ἐν τῇ παλιγγενεσίᾳ – Hapaxlegomenon innerhalb der Evangelien) betrifft, so hat A. Vögtle in der gleichen Arbeit die Ansicht vertreten, auch sie stamme vom Evangelisten, und beachtliche Gründe vor allem inhaltlicher Art dafür angeführt, warum Mattäus hier und nur hier den Ausdruck παλιγγενεσία benutzt: „Der Evangelist könnte an die jüdische Erwartung der Wiederherstellung des Zwölfstämmevolkes denken, die er sprachlich völlig korrekt mit παλιγγενεσία = Wieder-entstehung bezeichnen konnte. Auf das eschatologische Gottesvolk weist die Zwölfzahl der Stämme Israels ja eindeutig hin. Man könnte den Sinn von V. 28 dann etwa folgendermaßen wiedergeben: Ihr, die ihr mir (trotz des Unglaubens Israels und seiner geistigen Führer) nachgefolgt seid, werdet bei der Wiederentstehung Israels (beim Eintritt des Eschaton, mit dem die Erwartung die Wiederentstehung oder Wiedergeburt – beides kann παλιγγενεσία

[19] Vgl. *H. Schürmann*, Abschiedsrede 52; *E. Schweizer*, Matthäus 252; *J. Dupont*, logion 366, Anm. 1, 369.
[20] Vgl. dazu *H. Schürmann*, Abschiedsrede 52.
[21] Vgl. *E. Schweizer*, Menschensohn 60, Anm. 16; *H. Schürmann*, Abschiedsrede 43f; *A. J. B. Higgins*, Menschensohnstudien (Franz-Delitzsch-Vorlesungen 1961) (Stuttgart – Berlin – Köln – Mainz 1965) 10, spricht deshalb völlig zu Recht von einer besonderen Vorliebe des Mattäus für den Ausdruck Menschensohn.
[22] So *C. Colpe*, Art. Menschensohn 451, 12ff; *A. Vögtle*, Kosmos 162.
[23] Der Menschensohn in der synoptischen Überlieferung (Gütersloh 1959) 85.
[24] Im Vergleich mit Mt 25,31ff kann man also in der Tat mit *O. Betz*, Felsenmann und Felsengemeinde, in: ZNW 48 (1957) 49–77, 74f von einem Wechsel der Instanzen sprechen.
[25] So *H. E. Tödt*, Menschensohn 86.
[26] Kosmos 161; vgl. auch die Parabeldeutung Mt 13,36–43 und dazu *J. Jeremias*, Die Gleichnisse Jesu (Göttingen [6]1962) 81ff.
[27] Vgl. auch unten Abschnitt 4.

ja heißen – des Zwölfstämmevolkes verbindet), wenn der Menschensohn auf dem Throne seiner Herrlichkeit sitzen wird, auch selbst auf zwölf Thronen sitzen und die zwölf Stämme Israels richten."[28] Der Evangelist habe durch die Wahl des Ausdrucks „bei der Palingenesie" „einen harten Kontrast zum Ausdruck bringen wollen, insofern der Zeitpunkt der jüdisch erhofften eschatologischen Wiedergeburt des empirischen Gottesvolkes in Wirklichkeit zum Gericht über dieses wird".

Sieht man einmal davon ab, daß Mattäus gerade nicht von der Palingenesie *des Volkes Israel* spricht, so daß die nähere Ergänzung zu Palingenesie offenbleiben muß[29], wenn auch, gerade angesichts des stoischen Hintergrundes dieses Wortes, wohl eher an eine Palingenesie der Welt als an eine Israels zu denken ist[30], so bleibt gegen die Zuweisung dieses Ausdrucks an den Evangelisten aus inhaltlichen Gründen doch das Bedenken, daß einmal das den von A. Vögtle angezielten Kontrast erst richtig zum Ausdruck bringende Israel-Objekt der Palingenesie gerade nicht genannt wird und daß im übrigen das Anbrechen des neuen Äons in Israel immer als Heilszeit für das auserwählte Volk angesehen worden ist, so daß sich der Kontrast zwischen Anbruch des Heils (für Israel) und Gericht über das eschatologische Zwölfstämmevolk auch bei den anderen, von Mattäus bevorzugten Ausdrücken für das Endgericht und die Äonenwende ergeben hätte. Also nicht etwa der Charakter eines Hapaxlegomenons innerhalb des ersten Evangeliums spricht für die Zugehörigkeit dieser Zeitbestimmung zur Tradition[31], sondern die Tatsache, daß Mattäus einmal andere Begriffe für dieselbe Sache bei seiner Redaktion bevorzugt[32] und zum anderen sich die mit dem Ausdruck Palingenesie angezielte Sinnspitze doch wohl auch bei der Verwendung dieser Begriffe ergeben hätte.

Als dem Mattäus in seiner Vorlage vorgegebene Elemente wären also festzuhalten: die erste Zeitbestimmung, die Verheißung des Richtens an die auf Thronen sitzenden Nachfolger Jesu, wobei für ἀκολουθέω evtl. ein ähnliches Wort in der Vorlage gestanden haben könnte. Es bleiben aber noch zwei Fragen zu erörtern: Ist die zweite Person Plural ursprünglich? Wie verhält es sich mit den *zwölf* Thronen?

Obwohl der Anredecharakter der *Vorlage* so fraglos gewiß zu sein scheint, daß darüber gar nicht reflektiert wird, scheint mir das nicht von vornherein sicher zu sein, da sich

---

[28] Kosmos 161ff, wobei er sich für die Zuweisung an die Redaktion auf J. Dupont stützt; die Zitate 165. – Fast alle Autoren, die sich mit dem hier verwendeten Begriff beschäftigen, verweisen in der Nachfolge G. Dalmans darauf, daß der Begriff kein Äquivalent im Hebräischen und Aramäischen hat, daß aber die zugrunde liegende Vorstellung durchaus jüdisch ist; vgl. stellvertretend für viele Autoren *W. G. Kümmel*, Verheißung 85, Anm. 19. Neuere Autoren verweisen darüber hinaus auf 1QS 4,25 als sachliche Par.

[29] Die Kommentare lassen in der Regel die Frage offen, ob der zu παλιγγενεσία zu ergänzende Genitiv τοῦ κόσμου oder τοῦ Ἰσραήλ ist.

[30] Vgl. *F. Büchsel*, Art. γίνομαι κτλ. in: ThWNT I, 680–688, 686f.

[31] Zur Bewertung von Hapaxlegomena für die Scheidung von Redaktion und Tradition vgl. die Bemerkungen bei *I. Broer*, Die Urgemeinde und das Grab Jesu. Eine Analyse der Grablegungsgeschichte im Neuen Testament (StANT 31) (München 1972) 67ff. *D. Dormeyer*, Die Passion Jesu als Verhaltensmodell. Literarische und theologische Analyse der Traditions- und Redaktionsgeschichte der Markuspassion (NTA, NF 11) (Münster 1974) 26ff, läßt sich bei seiner Bewertung der Hapaxlegomena die Gegenkontrolle durch die Frage nach den Synonyma entgehen.

[32] Nämlich die Termini παρουσία und συντέλεια τοῦ αἰῶνος.

bei Mattäus, sofern er in seiner Wiedergabe der Markus-Vorlage einen engeren, Jesus nachfolgenden und einen weiteren Kreis unterscheiden wollte, die Anrede an die Jesus Nachfolgenden nahelegte, zumal das schon in Mk 10 angelegt war (Amen, ich sage *euch*), und bei Lukas zumindest die Möglichkeit besteht, daß er V. 28 und 30b an die Verse 29 und 30a angeglichen hat[33]. Die Übereinstimmung in der zweiten Person Plural zwischen Mattäus und Lukas wäre dann Zufall[34]. Jedoch kommt man über eine Vermutung hier nicht hinaus.

Was die zwölf Throne angeht[35], so hat J. Dupont[36] zu Recht darauf hingewiesen, daß sowohl die Annahme einer mattäischen Hinzufügung wie die einer lukanischen Auslassung begründet werden kann, da Mattäus an der Hervorhebung der Zwölf und deren Rolle liegt, während Lk gerne die baldige Aufeinanderfolge des gleichen Wortes vermeidet[37]. – In neuerer Zeit hat sich R. Pesch im Gefolge G. Streckers dafür eingesetzt, „daß der Evangelist (sc. Mattäus) den Jüngerkreis auf den Zwölferkreis eingrenzt" und den entsprechenden Nachweis detailliert zu erbringen versucht[38]. Dagegen hat aber U. Luz im gleichen Zusammenhang betont auf die bekannte Tendenz auch schon der vormattäischen Tradition, die Jünger mit den Zwölfen zu identifizieren, hingewiesen und daraus den Schluß gezogen: „Wir gewinnen also – im Gegensatz zu Strecker – nicht den Eindruck, daß Mattäus bewußt den Zwölferkreis mit den Jüngern gleichsetzt, vielmehr daß diese Gleichsetzung zu seiner Zeit bereits vorgegebene Selbstverständlichkeit ist, ohne daß Mattäus hier einen besonderen Akzent setzt."[39] Eine Rückführung der Zwölfzahl bei den Thronen auf die mattäische Redaktion wäre von daher also doch wohl zu gewagt.

---

[33] Wenn allerdings V. (bzw. Versteile von) 28 ursprünglich schon mit Lk 22,30b zusammengehört haben sollte, eine Möglichkeit, die (vgl. die in Anm. 12 genannte Literatur, vor allem den Artikel von *H. Seesemann*) nicht vorschnell abgelehnt werden sollte, dürfte die zweite Person Plural doch in der Logienquelle bereits vorgegeben gewesen sein. Andererseits könnte das merkwürdige καὶ αὐτοί bei Mattäus ein Hinweis sein, daß die zweite Person Plural nicht ursprünglich ist.

[34] Das Rekurrieren auf den Zufall darf nicht als Verlegenheitsauskunft angesehen werden, vielmehr muß dieser innerhalb des synoptischen Problems durchaus in Rechnung gestellt werden, wie *J. Schmid*, Matthäus und Lukas. Eine Untersuchung des Verhältnisses ihrer Evangelien (BSt 23,2–4) (Freiburg i. Br. 1930) 177 und 179, ein für allemal gezeigt hat.

[35] Historische Fragen, wie etwa die, ob Mt 19,28 ein historisches Jesuswort ist/zugrunde liegt, dürfen die literarkritische Analyse nicht beeinflussen, weswegen ein Eingehen auf die Frage, ob der Zwölferkreis vom historischen Jesus gestiftet worden ist, sich hier erübrigt; vgl. dazu *A. Vögtle*, Art. Zwölf in: LThK ²X, 1443ff.

[36] Logion 369; *W. Grundmann*, Das Evangelium nach Lukas (ThHK 3) (Berlin ⁶1971) 405, Anm. 19, nimmt an, Lukas habe die Zwölf wegen des Verrats des Judas gestrichen; *K. Berger*, Die Gesetzesauslegung Jesu. Ihr historischer Hintergrund im Judentum und im Alten Testament, Teil I: Markus und Parallelen (WMANT 40) (Neunkirchen 1972) 446, hält wiederum die Lukas-Fassung für älter als die des Mattäus: „Nur wegen der besonderen Funktion der Zwölf wird bei Mt dieses Tun auf sie begrenzt. In Lk 22,30 sind es noch alle Gerechten."

[37] Darauf weist auch *H. Schürmann*, Abschiedsrede 52, hin, unter Verweis auf Cadburys Aufzählung der entsprechenden Fälle. Zumindest jedoch die Ersetzung eines doppelten Nomens durch ein Pronomen dürfte mit dem hier zur Frage stehenden Fall kaum zu vergleichen sein.

[38] Levi-Matthäus (Mc 2,14/Mt 9,9; 10,3). Ein Beitrag zur Lösung eines alten Problems, in: ZNW 59 (1968) 40–56, 53.

[39] Die Jünger im Matthäusevangelium, in: ZNW 62 (1971) 141–171, 142f. Wie *U. Luz* neuestens auch *H. Frankemölle*, Jahwebund und Kirche Christi. Studien zur Form und Traditionsgeschichte des „Evangeliums" nach Matthäus (NTA, NF 10) (Münster 1974) 143ff.

2. *Die Vorstellungswelt der Mt 19,28 zugrunde liegenden Tradition*

Das Material ist u.a. von (Strack-)Billerbeck[40], P. Volz[41], G. F. Moore[42], im engeren Zusammenhang auch von J. Dupont[43] aufgearbeitet worden, so daß hierauf allgemein nur kurz eingegangen zu werden braucht. Allerdings müssen die für unsere Interpretation wichtigen Linien stärker ausgezogen werden.

a) Das Gericht der Gerechten

Obwohl nach dem Alten Testament ebenso wie nach frühjüdischen Texten das Katastrophengericht und das Endgericht Gottes Tat waren[44], finden sich im Alten Testament, in den Apokryphen, in den Schriften von Qumran und in den rabbinischen Schriften[45] vereinzelte Belege für die Vorstellung vom Gericht der Gerechten[46]. Ob jedoch in Mt 19,28 überhaupt von einem *Gericht* die Rede ist, durchaus kontrovers[46a], weswegen das Vorliegen dieser jüdischen

---

[40] Kommentar zum Neuen Testament aus Talmud und Midrasch IV, 2, vor allem die Exkurse 29–31.

[41] Die Eschatologie der jüdischen Gemeinde im neutestamentlichen Zeitalter nach den Quellen der rabbinischen, apokalyptischen und apokryphen Literatur (Tübingen [2]1934).

[42] Judaism in the first Centuries of the Christian Era, Vol. 1–3 (Cambridge 1927ff) II Part. VII.

[43] Logion.

[44] Vgl. *Billerbeck* IV, 2 1094 und 1100, nebst den dort angegebenen Belegen; *P. Volz*, Eschatologie 274ff; *L. Couard*, Die religiösen und sittlichen Anschauungen der alttestamentlichen Apokryphen und Pseudepigraphen (Gütersloh 1907) 236: „Die allgemeine Ansicht ist freilich die, daß Gott das Gericht hält. Das beweisen nicht nur die schier unendlich vielen Stellen, an denen überhaupt Gott als Richter bezeichnet wird ..., der Messias erscheint außer Sib. 3, 286f und vielleicht Test. Levi 18 nur in den Bilderreden des Buches Henoch ... als Richter."

[45] Daß die apokryphen Schriften nicht von denen der Rabbinen getrennt und erst recht nicht in Gegensatz zu diesen gesehen werden dürfen, betont *A. Nissen*, Gott und der Nächste im antiken Judentum (WUNT 15) (Tübingen 1974) 20ff.

[46] Folgende Belege kommen in Frage: Weisheit 3,8 (4,16 wird häufig in diesem Zusammenhang genannt, vgl. aber das zutreffende Urteil bei *Billerbeck* IV, 2 871 unter ee); Dan 7,22 LXX (*P. Volz*, Eschatologie 275, will beide Stellen nicht auf das Endgericht, sondern auf „eine dauernde Ausübung der Herrschaft vom Himmel aus" beziehen; *K. Berger*, Zum Problem der Messianität Jesu, in: ZThK 71 (1974) 1–30, 18 bezieht Weish. 3,8 auf das Gericht, spricht aber im unmittelbaren Anschluß daran von der später allgemein gewordenen Vorstellung, „daß der verfolgte Gerechte nach seinem Tode einen Thron zur Rechten Gottes erhält und ein ewiges Königtum im Himmel". Vgl. auch ebenda S. 19f); Jub 24,29; äthHen 38,1–5; 48,9; 90,19; 95,3; 96,1; 98,12; 1 QpHab 5,5; 1 QS 8,6f. *J. Dupont*, logion 373, Anm. 4, nennt auch äthHen 92,2; 99,16. Rabbinische Belege bei *Billerbeck* IV, 2 1103f. – *A. Vögtle*, Wie kam es zum Osterglauben? (Düsseldorf 1975) 115 betont, daß aus diesen Belegen noch nicht auf einen allgemeinen Volksglauben geschlossen werden darf. Für das Verständnis von Mt 19,28 ist jedoch die Kenntnis älterer jüdischer Belege wichtig.

[46a] Unter den neueren Autoren, die κρίνω im Sinne von Herrschen, Regieren verstehen wollen,

Vorstellung in unserem Vers nicht einfach vorausgesetzt werden kann. Da aber von neueren Autoren κρίνω fast durchweg im Sinne von Richten/Gericht verstanden und gegen dieses Verständnis eigentlich nur psychologische Gesichtspunkte[47] angeführt werden[48], sei auf dieses Problem hier nicht näher eingegangen, zumal J. Dupont in seiner Untersuchung diese Frage ausführlich behandelt hat[49]. Jedoch seien die mit dem in Mt 19,28 genannten Richterkreis vergleichbaren Gerichtssubjekte in der jüdischen Literatur dieser Zeit kurz genannt: Die Gerechten (Weisheit 3,8; äthHen 91,12; 95,3 usw.), das gerechte Volk (Jub 24,29), die Heiligen des Höchsten (Dan 7,22 LXX); Erwählte Gottes (1 QpHab 5,3; vgl. auch 1 QS 8,7); Gerechte und Heilige (äthHen 38,5); Auserwählte Gottes (äthHen 48,9); Schafe (= Israeliten äthHen 90,19). In rabbinischen Texten: Große Israels, das Haus Davids und die Ältesten, die Ältesten, die Ältesten und die Fürsten; die Israeliten, die Gerechten und die Engel[50] – d.h., das Gericht wird in der Regel bei diesen Aussagen nicht ganz Israel, sondern besonderen Gruppen in Israel zugesprochen. Bemerkenswert dürfte im Zusammenhang mit Mt 19,28 noch die Tatsache sein, daß neben mehr sich objektiv gebenden „Nachrichten" bzw. Prophezeiungen, wie Weish 3,8; Dan 7,22 LXX; äthHen 38,5 usw., die Teilnahme der Gerechten am Gericht auch in der 2. Person Plural angesagt werden kann:

„Fürchtet euch nicht vor den Sündern, ihr Gerechten; denn der Herr wird sie abermals in eure Hand übergeben, um nach eurem Belieben Gericht über sie zu halten" (äthHen 95,3). „Hofft, ihr Gerechten, denn plötzlich werden die Sünder vor euch umkommen, und ihr werdet über sie nach eurem Belieben herrschen" (äthHen 96,1). „Wehe euch, die ihr die Werke der Ungerechtigkeit liebt; warum hofft ihr für euch auf Gutes? Wisset, daß ihr in die Hände der Gerechten gegeben werdet; sie werden euch die Hälse abschneiden und euch erbarmungslos töten" (äthHen 98,12).

---

wären etwa *H. E. Tödt,* Menschensohn 57f, und *W. Pesch,* Lohngedanke 74, zu nennen. Viele Autoren verbinden beide Gesichtspunkte, so z.B. *W. G. Kümmel,* Verheißung 41 und Anm. 96; *W. Grundmann,* Matthäus 435; *B. Rigaux,* Die „Zwölf" in Geschichte und Kerygma, in: *H. Ristow – K. Matthiae,* Der historische Jesus und der kerygmatische Christus (Berlin 1960) 468–486, 476. Zu dieser Gruppe dürfte auch S. Schulz, Q, 333 Anm. 74 u. 76 zu rechnen sein. Im Sinne von Richten interpretieren: *J. Jeremias,* Neutestamentliche Theologie. Erster Teil: Die Verkündigung Jesu (Gütersloh 1971) 259, Anm. 65; *E. Schweizer,* Matthäus 254; *J. Dupont,* logion 379; *A. Vögtle,* Kosmos 160 – allerdings wird fast nie zwischen redaktionellem und traditionellem Verständnis unterschieden, häufig aber das mattäische κρίνω, im Sinne von Richten, das lukanische dagegen im Sinne von Herrschen verstanden, vgl. nur *E. Schweizer,* Matthäus 254; *T. W. Manson,* Sayings 217.

[47] Darauf macht *A. Schulz,* Nachahmen 122f, zu Recht aufmerksam, gegen *W. Pesch,* Lohngedanke, und *J. Theissing,* Seligkeit.

[48] *W. Pesch,* Lohngedanke 73f, reflektiert noch auf die Lukas-Parallele; diese ist jedoch in einen anderen Kontext eingebunden und kann ohne weiteres nicht zur Erklärung herangezogen werden.

[49] logion 370ff.

[50] Vgl. *Billerbeck* IV, 2 1103f. – Die Texte der Apokryphen werden in der Regel nach *E. Kautzsch,* Die Apokryphen und Pseudepigraphen des Alten Testaments II (Tübingen 1900), zitiert.

Vom Gericht der Gerechten kann also zumindest im äthiopischen Henochbuch sowohl als Trostwort für diese wie auch als Drohwort gegen die Ungerechten die Rede sein. – In welchem Sinn ist aber in der unserem Vers zugrunde liegenden Tradition vom Richten des eschatologischen Zwölfstämmevolkes die Rede? Es dürfte nämlich keineswegs von vornherein feststehen, daß hier an ein *neutrales* Gericht zu denken ist, in dem die Nachfolger Jesu die Angehörigen der Zwölf Stämme gemäß deren Taten richten, vielmehr könnte in Analogie zu äthHen 38,5; 48,9; 96,1; Jub 24,24 an ein Vernichtungsgericht zu denken sein. Auf diese Eigenart der Gerichtsvorstellung bei Beteiligung der Gerechten in den jüdischen Belegen hatte seinerzeit schon P. Volz hingewiesen: „Wo von einer aktiven Beteiligung der *Gerechten* am Gericht geredet wird, da ist dasselbe meist als Vernichtung gedacht.“[51] H. Braun hat diese Beobachtung ausgeweitet und darauf hingewiesen, daß es eine allgemeine Eigenart der spätjüdischen Texte ist, die sich auch an den Qumrantexten verifizieren läßt, die Gerichtsterminologie im Wesentlichen auf die Bestrafung zu beschränken[52]. Nun muß freilich die Mt 19,28 zugrunde liegende Tradition diese Vorstellung nicht geteilt haben. Angesichts der Tatsache jedoch, daß der Vers, was seinen Vorstellungsgehalt angeht, eindeutig jüdisch geprägt ist, nichts darauf hinweist, daß die Tradition sich in diesem Punkt, und nur in diesem, von der betreffenden jüdischen Vorstellung absetzt und der Vers so einen guten Sinn gibt, muß unbedingt für die zugrunde liegende Tradition mit dieser Sinnspitze gerechnet werden.

b) Das Motiv der Throne

In zwei, was das Alter betrifft, mit dem Mattäus-Text freilich nicht unbedingt vergleichbaren rabbinischen Texten[53] ist das Nebeneinander von Thronen und Gericht belegt:

„Was bedeutet ‚Throne‘? In der Zukunft wird Gott sitzen, und die Engel stellen Throne für die Großen Israels hin, und diese setzen sich (auf sie), und Gott sitzt wie ein Gerichtspräsident bei (mit) ihnen, und (dann) richten sie die Völker der Welt, wie es heißt: Jahve kommt ins Gericht mit den Ältesten seines Volks und seinen Fürsten …“ „Dereinst wird Gott die Ältesten Israels nach Art einer Tenne (…) aufstellen, und er wird an der Spitze von Ihnen allen wie ein Gerichtspräsident sitzen, und (dann) werden sie die Heiden richten …“ In beiden Texten sind die Großen Israels in Auslegung von Dan 7,9 und Jes 3,14 am Gericht beteiligt.

---

[51] Eschatologie 275, dort auch noch weitere Belege.
[52] Spätjüdisch-häretischer und frühchristlicher Radikalismus I (BHTh 24) (Tübingen [2]1969) 27, Anm. 8, u. 55, Anm. 1.
[53] Zitiert bei *Billerbeck* IV, 2 1103.

Hier wäre auch auf Apk 20,4 (evtl. auch 4,4[54]) zu verweisen. Gerade diese Stelle scheint mir ein deutlicher Hinweis darauf zu sein, daß die angeführten rabbinischen Belege eine schon früh und weitverbreitete Vorstellung wiedergeben[55].

c) Die zwölf Stämme Israels

T. W. Manson hat die beiden Verstehensmöglichkeiten dieses Ausdrucks knapp zusammengefaßt: „It is also uncertain what is meant by the twelve tribes of Israel: whether the words are to be taken literally as meaning the Jewish people, or metaphorically for the spiritual Israel, the Church (Rev 7,4–8; Rom 2,29; Gal 3,29; 6,16; Phil 3,3; 1 Pet 1,1; James 1,1; Hermas, *Sim* 9,17).“[56]

Die genannte Alternative ist nicht einfach zu entscheiden, zumal man sich hier vor der Gefahr eines Zirkelschlusses hüten muß, der z.B. G. Strecker erliegt, wenn er zunächst festhält: „Im großen und ganzen wurde es (sc. das Logion Mt 19,28) vom Redaktor wohl nicht verändert“, um kurz darauf zu schließen: „Da Ἰσραήλ im Matthäusevangelium stets wörtliche Bedeutung besitzt, ist daneben (sc. der Verheißung an die Jünger) der Gedanke des apokalyptischen Gerichts über das jüdische Volk ausgesprochen.“[57] Wenn Mattäus unseren Vers aus seinem Traditionsmaterial entnahm, dann besagt sein eigener Sprachgebrauch und der seiner Quellen nichts Sicheres über das Verständnis gerade dieser Tradition, sofern sich nicht die Zugehörigkeit zu einer bestimmten Traditionsschicht erweisen läßt. Daß das Verständnis eines Begriffs durch die Tradition und durch den Evangelisten nicht identisch sein muß, versteht sich darüber hinaus von selbst[58].

Im übrigen scheint es mir sehr fraglich zu sein, ob man ohne den paulinischen Begriff vom „Israel dem Fleische nach“ und ohne den für die Theologie des Mattäusevangelisten typischen Gedanken, daß das Endgericht auch und gerade

[54] Vgl. dazu *H. Gunkel*, Schöpfung und Chaos in Urzeit und Endzeit. Eine religionsgeschichtliche Untersuchung über Gen 1 und Ap Joh 12 (Göttingen 1895) 302–305.
[55] Vgl. allerdings *E. Schweizer*, Matthäus 254, der als Objekt in 20,4 „himmlische Älteste, also Engelmächte“ ansieht, aber auch das Referat bei *A. Wikenhauser*, Die Offenbarung des Johannes (RNT 9) (Regensburg 1959) 147.
[56] Sayings 217.
[57] Gerechtigkeit 109.
[58] Allerdings wird hier häufig viel zu vordergründig argumentiert, z.B. wenn bestimmte Aussagen, die zur erhobenen Theologie des betreffenden Evangelisten nicht zu passen scheinen, als bloß mitgeschleppte Tradition, die für den Evangelisten selbst und seine Theologie nichts besagt, deklariert werden. – Warum läßt der Evangelist dieses Traditionsmaterial nicht einfach fort oder ändert es, wie er es doch nachweisbar an anderen Stellen in Verfolgung seiner eigenen theologischen Ansichten auch tut? Ohne die Freiheit des Evangelisten zu sehr einzuengen und seine schöpferische Tätigkeit zu schnell auf den Begriff zu bringen, muß m.E. diese Frage doch gestellt werden. Vgl. hierzu die Bemerkungen von *E. E. Ellis*, Die Funktion der Eschatologie im Lukasevangelium, in: Das Lukasevangelium, hrsg. von *G. Braumann* 379f, und auch *P. Hoffmann*, Logienquelle 3.

über die Kirche ergeht[59], je zu der Interpretation des Ausdrucks „die zwölf Stämme Israels“ auf „l'Israël spirituel, le peuple chrétien“[60] gekommen wäre. Von Mattäus her darf man aber, wie zu zeigen versucht wurde, die Tradition nicht ohne weiteres auslegen. Da die Hoffnung auf eine neue, eschatologische Sammlung/Rückkehr der zwölf/zehn Stämme „ein feststehender Zug in dem messianischen Zukunftsbild“[61] ist und durch nichts angedeutet wird, daß dieser Ausdruck hier in übertragenem Sinn verstanden werden soll, dürften hier am ehesten die wirklichen zwölf Stämme, also Gesamtisrael in seiner eschatologischen Gestalt, gemeint sein[62], und auch Mattäus dürfte so verstanden haben, da der für das erste Evangelium beim Gericht auch über die Christen gerade typische Hinweis auf das Gericht *nach den Werken* hier fehlt[63].

3. *Interpretation dieser Tradition*

Das für die Tradition Entscheidende dürfte gerade dort liegen, wo sie sich von der jüdischen Vorstellungswelt abhebt. Das ist bei der Nennung des Objektes, das von den Nachfolgern Jesu gerichtet wird, der Fall. Nicht den Heiden, nicht den Gottlosen (Israeliten und Heiden) wird das Gericht angekündigt, sondern den zwölf Stämmen Israels und ihnen allein. Zwar kann man solche Aussagen durchaus auch in jüdischen Texten finden, so z.B. in Psalmen Salomos 17,26: „Dann wird er ein heiliges Volk zusammenbringen, das er mit Gerechtigkeit regiert, und wird richten die Stämme des vom Herrn, seinem Gotte, geheiligten Volks“, jedoch findet sich in der Regel im unmittelbaren Kontext auch eine Aussage über das Gericht an den Heiden[64], vgl. z.B. hier 17,21–25. – Je nach

[59] Vgl. nur Mt 7,12–23 und dazu *E. Schweizer,* Matthäus 112ff.
[60] Vgl. *J. Dupont,* logion 371, Anm. 1.
[61] *W. Bousset – H. Gressmann,* Die Religion des Judentums im späthellenistischen Zeitalter (HNT 21) (Tübingen [4]1966) 236; vgl. noch *Chr. Maurer,* Art. φυλή in: ThWNT IX, 240–245, 244 (Belege u. Lit.); *J. Jeremias,* Jesu Verheißung für die Völker (Franz-Delitzsch-Vorlesungen 1953) (Stuttgart [2]1959) 18.
[62] So die Mehrzahl der Autoren, etwa: *J. Dupont,* logion 371, Anm. 1; *G. Strecker,* Gerechtigkeit 109; *Chr. Maurer,* Art. φυλή, 244.
[63] Warum dieser Hinweis in der Tradition fehlte, wurde oben (II, 1) zu zeigen versucht.
[64] Vgl. *W. Bousset – H. Gressmann,* Judentum, Kap. XI, wo die Erhebung des national geprägten Gerichtsgedankens ins Geistig-Ethische und die Hinwendung zum religiösen Individualismus nachgezeichnet wird. Zusammenfassend heißt es dort 209f: „Die jüdische Phantasie läßt eine Welt zugrunde gehen und eine neue werden, läßt Gott selbst mit dem Satan und seine Engelschar mit dem Heer der Dämonen kämpfen, alle Geschlechter der von Adam her geborenen Menschen sich aus dem Staube erheben zum großen Gericht, und das alles doch nur zu dem Ende, um schließlich das Volk Israel herrlich erstehen zu lassen vor allen Heiden. Sie läßt Himmel und Erde durch Feuer verbrennen und einen neuen Himmel und eine neue Erde kommen, um letztlich doch mit ihrer

Art der Eschatologie ergeht das Gericht über die Feinde Israels, die Heiden und/oder über die Sünder in der jüdischen Gemeinde[65], nicht aber gegen Israel und Israel allein[66].

Die am weitesten gehende Parallele zum Gericht über das eschatologische Israel in Mt 19,28 in einem frühjüdischen Text dürfte in CD I, 2f vorliegen: „Denn Streit hat Er mit allem Fleisch, und Gericht übt Er an allen Seinen Verrätern. Denn wegen ihrer Untreue, in der sie Ihn verließen, verbarg Er Sein Angesicht vor Israel und vor Seinem Heiligtum und übergab sie dem Schwerte." Bezeichnenderweise folgt aber der Hinweis: „Doch als Er des Bundes mit den Vorfahren gedachte, ließ Er einen Rest übrig für Israel und übergab sie nicht der Vernichtung" (V. 4). Eine Vernichtung Israels in seiner Gesamtheit, an sich von den Qumranleuten aufgrund ihrer Gegnerschaft zu Israel durchaus aussagbar, dürfte in Qumran gerade so, wie Mattäus und seine Tradition es zu sagen versuchen, nicht aussagbar sein, da die Sekte sich mit Israel identifizierte, sich also als das wahre Israel verstand[67].

Aufmerksamkeit am Lande Kanaan und dem Glück der Frommen in Palästina hängen zu bleiben. Die ganze universale und kosmische Ausgestaltung des Gerichtsgedankens scheint beinahe nur ein Aufputz an den alten nationalen Hoffnungen zu sein. Die überweltliche Stimmung schlägt ständig in eine sehr diesseitige voll leidenschaftlichen Hasses und Ehrgeizes um."

[65] Vgl. z.B. die Tatsache, daß in den Bilderreden des äthiopischen Henoch ein Gerichtsspruch über die Gerechten schon gar nicht mehr erwähnt wird; ähnlich auch in den Psalmen Salomos, vgl. zu letzteren *H. Braun*, Vom Erbarmen Gottes über den Gerechten. Zur Theologie der Psalmen Salomos, in: ZNW 43 (1950/51) 1–54, 32: „Gerade nach der Betonung der Gerechtigkeit Gottes in diesen Gerichten sollten wir erwarten, der Fromme würde nun nach dem Maßstab dieser Gerichte bestehen und seinen Lohn in ihnen empfangen, so wie Psalm 9 ja auch davon redet. Aber wider alle angekündigte Logik der Gerichtsterminologie empfängt der Gottesfürchtige in diesen Gerichten nicht sein Recht und seinen Lohn; diese Gerichte gehen als Strafgerichte an ihm vielmehr vorbei ..."; 33: Es gibt einen „Unterschied der göttlichen Pädagogik gegenüber Sündern und Frommen".

[66] Hier alle Belege genau zu prüfen, war dem Verf. nicht möglich; vgl. jedoch nur Siphre Num 15,41 § 115 und Midr. Tann. Dt 32,1, abgedruckt bei *E. Sjöberg*, Gott und die Sünder im palästinischen Judentum nach dem Zeugnis der Tannaiten und der apokryphisch-pseudepigraphischen Literatur (BWANT 4,27) (Stuttgart – Berlin 1938) 19, Anm. 3, und etwa folgende Zitate aus dem einschlägigen Werk von *P. Volz:* „Vielfach deckt sich diese Zweiteilung (sc. in gottlose und fromme Menschen) mit der schon berührten Teilung der Welt in Judenschaft und Heidenschaft ... Häufig aber deckt sich die Zweiteilung nicht mit diesem Gegensatz, sondern ist entweder innerhalb Israels selbst gemacht oder als Querschnitt mitten durch die Juden- und Heidenwelt gezogen." „Es ist hauptsächlich das *Sonderbewußtsein Israels,* das den Heilsgedanken notwendig hervorrief und das, vielfach im Gegensatz zur augenblicklichen Lage, als Unterpfand der Hoffnung festgehalten wird.

„Für den besonderen Vorzug Israels lassen sich aus sämtlichen Schriften unserer Periode Belege anführen." (Eschatologie 85f; 98 – Hervorhebung des letzten Satzes von mir.) Vgl. auch ebd. 98ff und die Tatsache, daß für Israel und die Heiden im Gericht unterschiedliche Maßstäbe gelten (ebd. 294) und daß Israel schon jetzt gezüchtigt wird, auf daß es dereinst bloß noch Heil erfährt (ebd. 295). Die von *E. Sjöberg*, Gott 24f, zitierten Belege dürften als Gegeninstanz nicht in Frage kommen, vgl. ebd. 30–71, besonders 38f, allerdings auch 41.

[67] Vgl. nur die Anm. zu CD 4,4 bei *J. Maier,* Die Texte vom Toten Meer II (München – Basel 1960) 47.

Jedoch dürfte diese Aussage im Gefolge der alttestamentlichen Prophetensprüche stehen, die Israel in seiner Gesamtheit das Gericht Jahwes ankündigen, z.B. Hos 4,1; 5,1f; 8,1; 9,1–3; Am 3,1ff; Jes 5,1ff[68] – allerdings dient auch an diesen Stellen der Gerichtsgedanke noch dem Heil, insofern in verschiedenen Bildern von einer neuen Hinwendung (des Restes/Israels) zu Jahwe die Rede ist[69]. – Aber zielt unser Wort überhaupt in erster Linie (in seiner traditionellen Gestalt) auf das Gericht über Israel, oder steht nicht vielmehr der Verheißungsgedanke, daß es die Nachfolger Jesu sind, die „Israel gegenüber die Rolle spielen, die den Ältesten dieses Volkes gegenüber den Heiden zugedacht ist"[70], im Vordergrund? Die Tatsache, daß uns Heutigen eine solche Lohn-Verheißung, die die ewige Vernichtung anderer Menschen zum Inhalt hat, merkwürdig erscheint[71], um nicht zu sagen, daß sie uns abstößt, darf bei der Beurteilung dieser Frage keine Rolle spielen. Daß eine solche Lohnverheißung auf jüdischem Boden durchaus möglich ist, geht m.E. aus einigen Stellen in den Apokryphen hervor, wo von der Freude Gottes, der Engel und der Menschen über den Untergang der Sünder die Rede ist[72]: äthHen 27,3; 62,12; 89,57ff; 94,10; 97,2; eine Stelle sei hier zitiert: Die Mächtigen und Hohen „werden für die Gerechten und seine Auserwählten ein Schauspiel abgeben, sie werden sich über sie freuen, weil der Zorn des Herrn der Geister auf ihnen ruht und sein Schwert sich an ihrem (Blute) berauscht hat"[73] (äthHen 62,12). Jedoch sind diese Stellen und die dort vertretene Ansicht – das sei wenigstens erwähnt – doch eher am Rande frühjüdischer Theologie als in deren Mitte anzusiedeln, typischer und zentraler für das alttestamentliche/jüdische Gerichtsverständnis dürften doch wohl Stellen wie Ez 18,23.32; 33,11 sein[74].

---

[68] Vgl. dazu *F. Büchsel – V. Herntrich*, Art. κρίνω in: ThWNT III, 920–955, 928, und *C. Westermann*, Grundformen prophetischer Rede (BevTh 31) (München 1960) 120ff.

[69] Vgl. *W. Pesch*, Art. Gericht in: *J. B. Bauer*, Bibeltheologisches Wörterbuch I (Graz – Wien – Köln ³1967) 526–537, 530 – dort auch die Belege.

[70] *Chr. Maurer*, Art. φυλή, 244, 35f.

[71] Vgl. *W. Pesch*, Lohngedanke 74.

[72] Vgl. dazu noch *H. Braun*, Vom Erbarmen Gottes 28, Anm. 295.

[73] Merkwürdig muten den heutigen Leser freilich die Bemerkungen mancher früherer Theologen zu diesen oder ähnlichen Stellen an. Vgl. z.B. *G. Beer* in: *E. Kautzsch*, Apokryphen II, äthHen 27,1 Anm. p: „Diesen Strafort der Bösen gerade bei Jerusalem zu lokalisieren, verlangt der Sinnenkitzel der ‚Frommen'; sie wollen bei dem grausigen Schauspiele Zeugen aus nächster Nähe sein." Oder zu äthHen 62,12: „Ein echt jüdischer, auch alttest. Gedanke." Vgl. allerdings auch zu 94,10: „Daß Gott an dem Untergang der Gottlosen Freude hat, ist wider den besseren Geist der biblischen Religion ..." *L. Couard*, Sittliche Anschauungen 239: „Für die Gerechten aber, die Gottes Zeichen an sich tragen, das sie rettet (...), ja selbst für die Engel und Gott ist dies Gericht über die Gottlosen ein Freudenschauspiel (... – wieder ein echt jüdischer Gedanke!) ..." – Vgl. aber die ausgewogene Betrachtung bei *E. Sjöberg*, Gott, passim, Zusammenfassung 184ff.

[74] Vgl. die schöne Würdigung dieser Stellen bei *W. Zimmerli*, Ezechiel (Bibl. Kommentar XIII) (Neunkirchen 1969), 415f.

Für das Neue Testament ist über Mt 19,28 hinaus darauf hinzuweisen, daß auch in Lk 11,31 f/Mt 12,41 f; 2 Tim 2,11 (?) die Teilnahme am Gericht als Lohn für besondere Leistung erscheint. Daß eine solche aber nicht conditio sine qua non ist, zeigt 1 Kor 6,2.

A. Schulz hat doch wohl zu Recht darauf hingewiesen, daß unabhängig vom mattäischen Kontext gar nicht ohne weiteres von einer Lohnverheißung die Rede sein kann, und den Text als „belehrende Zusage für den Zwölferkreis" klassifiziert[75]. Damit ist freilich nichts oder zumindest doch nicht viel gewonnen, da die entscheidende Frage nicht „Lohnverheißung oder belehrende Zusage" lautet, vielmehr muß es doch darum gehen, welches der textkonstituierenden Elemente (Subjekt oder Objekt, verbunden durch das Gericht als Prädikat) den Vorrang hat, konkret: stehen die Nachfolger Jesu als Subjekt des Gerichts oder steht das eschatologische Zwölfstämmevolk als Objekt des Gerichts im Vordergrund der Aussage? Daß im jetzigen Kontext die Betonung auf der Zusicherung an die Zwölf liegt, leidet keinen Zweifel und ist auch anerkannt[76]. Das ist aber eindeutig eine Folge der von Mattäus geschickt redigierten Struktur von Frage und Antwort, die durch das zweimalige „wir"/„uns" und die betonte Voranstellung von „ihr" eindeutige Akzente setzt. Die Frage läßt sich angesichts des hypothetischen Charakters der rekonstruierten Vorlage und der auch bei der Rekonstruktion verbleibenden Unsicherheiten nicht leicht beantworten. Befreit man sich jedoch zunächst einmal von dem starken Vorurteil, das der gegenwärtige Text in seiner Einseitigkeit und Plausibilität hervorruft, so steht m. E. nichts im Wege, die Akzente gleichmäßig zu verteilen: den Nachfolgern Jesu wird (das Bestehen des Gerichts und) die Teilnahme an der Vernichtung, Israel aber in der Gestalt des Zwölfstämmevolkes die Vernichtung angesagt. Dann ergäbe sich für den historischen Ursprung des Wortes eine Situation, in der Israel nicht mehr als Objekt der Mission, sondern als einzige für Israel verbleibende Zukunft noch das Vernichtungsgericht angesehen würde, während die Jesus-Nachfolger nicht mehr unter der Drohung des Gerichts, sondern in einer Art absoluten Heilsgewißheit zu stehen schienen. Interpretiert man unseren Vers in seiner traditionellen Gestalt in dieser Richtung, sieht man sofort, daß wir es hier nicht mit einer sauber nach allen Seiten abgesicherten dogmatischen Formulierung zu tun haben, da uns – trotz aller indikativischen Formulierungen und der Selbstbezeichnung Heilige, Auserwählte usw. – aus dem Neuen Testament keine Situation der Urgemeinde bekannt ist, in der diese für sich die absolute Heilsgewißheit beansprucht und sich nicht selbst als dereinst ebenfalls vor dem Richterstuhl Gottes stehende begriffen hätte[77], d. h., wir haben es hier

[75] Nachfolgen 122. [76] Vgl. *A. Vögtle*, Kosmos 162; *G. Strecker*, Gerechtigkeit 109.
[77] Vgl. *R. Schnackenburg*, Art. Heilsgewißheit in: ²LThK V, 157f (Lit.).

mit einer polemisch angeschärften Formulierung zu tun, die heftige Auseinandersetzungen mit, vermutlich aber noch nicht die Trennung vom Judentum voraussetzt[78], die aber das totale Sichverweigern des Judentums gegenüber Jesus und seinen Nachfolgern als nahestehende Möglichkeit bereits im Auge hat und die den behaupteten Wahrheitsvorzug der christlichen Botschaft durch das Gericht über die Judenschaft einerseits und durch den – darf man sagen? – „Triumph" der Zwölf als Repräsentanten der Jesus-Gemeinde[79] andererseits drohend verdeutlichen will. Wir haben es also mit einer überaus pointierten Aussage zu tun, die nur aus ihrem Charakter als letztes Ringen um Israel voll verständlich wird[80].

Damit gehört dieses Wort in die Nähe von Mt 8,11f/Lk 13,28f[81], wo nach dem bei Lk erhaltenen ursprünglicheren Wortlaut[82] diesem Geschlecht der Ausschluß aus der Gottesherrschaft angedroht wird[83]. – Widerspricht diesem Verständnis aber nicht doch die zweite Person Plural, in der unser Vers nun einmal gehalten ist, d.h., läßt sich unser Vers nicht aufgrund seines Anredecharakters nur als Verheißungswort verstehen? Abgesehen von der Tatsache, daß, wie ausgeführt, die zweite Person Plural nicht über alle Zweifel erhaben ist, dürfte das auch deswegen nicht der Fall sein, weil die Anrede bei einem Wort des (erhöhten) Herrn nahelag und die erste Person Plural sich schon deswegen verbot, weil

---

[78] Wäre das Judentum für die Kirche schon erledigt, so brauchte sie ihm nicht noch das Gericht anzukündigen; indem sie das aber tut, bekundet sie ihr Interesse am Judentum.

[79] Sollten die zwölf Throne schon in der Tradition des Mattäus gestanden haben, so muß man doch wohl davon ausgehen, daß auch schon in der Tradition mit den Nachfolgern die Zwölf gemeint waren.

Natürlich führt die Tatsache, daß hier von zwölf Thronen die Rede ist, auf die Frage, ob wir es nicht mit einem Wort des historischen Jesus an die Zwölf zu tun haben, da, worauf viele Autoren hinweisen, die Urgemeinde den Verrat des Judas sicher berücksichtigt hätte, wäre das Wort in ihrem Schoß entstanden. Aber weder die Gemeinde, aus der Mattäus diese Tradition erhielt, noch Mattäus selbst haben diese Schwierigkeit empfunden, so daß diese Schwierigkeit auch nicht gegen eine Bildung des Wortes in der Urgemeinde angeführt werden kann. – Dieser Gedankengang vermag m.E. doch zu zeigen, daß zunächst auf der literarischen Ebene zu argumentieren ist. Historisierende und psychologisierende Argumentationen führen nur allzuleicht in die Irre. Vgl. auch die folgende Anm.

[80] Die partikularistische Tendenz dieses Wortes kann also auch verständlich werden, ohne daß man z.B. wie *W. G. Kümmel,* Kirchenbegriff 56, Anm. 100, daraus historische Konsequenzen (Entstehung des Wortes nur z.Z. des historischen Jesus möglich, da die Urgemeinde universalistisch ausgerichtet war. Im übrigen: War die Urgemeinde das wirklich?) ziehen muß.

[81] Wobei Lk 13,28 ebenfalls als Drohwort einzuordnen ist, vgl. *W. Trilling,* Das wahre Israel. Studien zur Theologie des Matthäus-Evangeliums (StANT 10) (München ³1964) 88; *W. Grundmann,* Lukas 284.

[82] Vgl. *W. Trilling,* Israel 88.

[83] Die Übernahme dieser Worte durch Mattäus hat weitgehende Konsequenzen für die Bestimmung des Standortes unseres Evangelisten. Richtig gesehen ist dieser m.E. bei *E. Schweizer,* Matthäus und seine Gemeinde (SBS 71) (Stuttgart 1974) 11ff.

hier nicht ein Vorzug beansprucht, sondern vom Herrn zugesagt werden sollte.

Die Mt 19,28 zugrunde liegende Tradition stellte also Christen und Juden einander gegenüber, verhieß den ersteren den Vollzug des Gerichts und drohte den letzteren den totalen Verlust des Heils und die Vernichtung an. Es darf dabei aber nicht übersehen werden, *daß diese beiden Elemente keineswegs gleichwertig nebeneinander stehen, daß vielmehr auch die Verheißung an die Nachfolger Jesu ganz im Hinblick auf das Ringen um die geborenen Söhne der Gottesherrschaft geschieht.*

4. Die Interpretation der Tradition durch Mattäus

Mattäus, der die Jünger wesentlich positiver zeichnet als Markus, wenn er auch durchaus gewisse negative Akzente setzt oder beibehält, begnügt sich nicht mit der ihm zu allgemeinen Lohnverheißung des Markus, sondern fügt mit Hilfe unseres Wortes eine spezielle Lohnverheißung für die Jünger ein[84], die freilich auch bei Mattäus für die Gemeinde der Gläubigen transparent sind[85]. Insofern wird man für Mattäus um die Konsequenz wohl nicht herumkommen, daß er im Grunde das Sitzen auf den zwölf Thronen und das Richten der zwölf Stämme Israels der Gemeinde der Vollkommenen zuspricht[86], sich also darin durchaus wieder mit seiner Vorlage trifft.

Mattäus geht bei seiner Einfügung sehr geschickt vor. Er löst die bei Markus bestehende Stichwortverbindung „wir haben verlassen – wer verläßt" nicht auf, fügt vielmehr noch eine weitere Stichwortverbindung hinzu[87]. Auch beläßt er es bei der aus der Markus-Vorlage übernommenen Petrus-Frage und der darin bereits enthaltenen starken Akzentuierung des Verzichts der Jünger und deren „Leistung" nicht, sondern stellt ausdrücklich die Frage nach dem Lohn dafür. Dadurch rutscht der in der Vorlage zumindest noch ausgewogene Skopus nach vorne auf die Subjekte des Gerichts, so daß von einer Drohung gegen Israel nur noch implizit die Rede ist. – Meines Erachtens läßt sich auch über das Motiv,

---

[84] Mk 10,28 meint sicher die Jünger, vgl. die parallele Formulierung mit der Berufung des Petrus; da Mattäus die Berufung der Zebedaiden hieran angleicht und bei diesen somit ebenfalls den Zweischritt ἀφίημι und ἀκολουθέω (Mk: ἀφίημι und ἀπέρχομαι ὀπίσω) durchführt, dürfte er auch in 19,27 an die Jünger denken.

[85] Vgl. *H. Frankemölle*, Jahwebund 143 ff.

[86] Als solche sind die Nachfolger durch den Bezug zu Mt 19,21 dargestellt. Daß Mattäus ἀφίημι nicht wieder aufnimmt, könnte zum einen an der Vorlage, zum anderen aber auch darin begründet sein, daß ἀφίημι in V. 29 par aufgenommen wird.

[87] Vgl. oben I, 2.

das Mattäus zu dieser Einfügung veranlaßte, etwas ausmachen. Für Markus waren die Jünger nur ein Spezialfall der in V. 29 genannten Bedingung für die Verheißung, dem Mattäus aber mißfällt diese Subsumierung des Spezialfalles Jünger unter die allgemeine Konditionierung von Mk 10,29, und er hilft zugleich der Diastase zwischen Frage und Antwort bei Mk[88] ab, indem er das Nachfolgen und Allesverlassen auf zwei Gruppen verteilt.

Zugleich führt Mattäus den Menschensohn ein und zeigt so, daß er die Tradition keineswegs im Sinne einer eschatologischen Herrschaft der Nachfolger Jesu verstand, sondern als ein Gericht, da für Mattäus, wie nicht nur die redaktionelle Einfügung des Menschensohnes in 25,31, sondern auch der redaktionelle Abschnitt Mt 13,41 ff zeigt, das eschatologische Gericht wesentlich das Gericht des Menschensohnes ist. Allerdings begnügt sich Mattäus hier mit dem Sitzen des Menschensohnes auf dem Thron seiner Herrlichkeit, eine aktive Beteiligung des Menschensohnes an dem Vernichtungsgericht erwähnt er nicht. Das mag zwar zunächst angesichts der Gerichtsschilderung in Mt 25,31 ff verwundern, wo der Menschensohn selbst das Urteil fällt, aber nur so lange, als man sich nicht klar macht, daß Mt 25,31 ff in diesem Zug auf die Tradition des Evangelisten zurückgeht[89]. Dort, wo Mattäus aller Wahrscheinlichkeit nach selbst formuliert (13,41 ff)[90], besorgen die Engel des Menschensohnes das Gericht. Die Funktion des Menschensohnes beschränkt sich dort auf die Aussendung der Engel zur Sammlung aller Gesetzesbrecher, die die Engel selbständig aussuchen und dem Verderben überantworten.

Mt 19,28 weist den Verfasser des Kirchenevangeliums als hervorragenden Interpreten seiner Tradition aus, der diese nicht mechanisch übernimmt, sondern wo immer er auf Unklarheiten oder Widersprüche zu seinen theologischen Anliegen stößt, diese gemäß seinen Anschauungen modifiziert.

---

[88] Bei Mk hängt das „wir sind dir nachgefolgt" von 10,28 in der Luft.

[89] Vgl. dazu *I. Broer,* Gericht 284.

[90] Vgl. *J. Jeremias,* Gleichnisse 81 ff.

Die Passion des Menschensohnes

Eine Studie zu den Menschensohnworten der vormarkinischen Passionsgeschichte

Rudolf Pesch, Frankfurt a. M.

Die Worte Jesu im Markus-Evangelium, die vom Leiden, der Verwerfung, der Auslieferung, dem Hingang, der Tötung, der Auferweckung, der sessio ad dexteram und der Parusie des Menschensohnes sprechen (8,31; 9,9.12.31; 10,33f; 14,21.41.62) finden sich innerhalb der Textabschnitte, die für die vormk Passionsgeschichte (nachfolgend abgekürzt: PG) reklamiert werden können bzw. müssen[1], heben sich von den übrigen Menschensohnworten im zweiten Evangelium (2,10.28; 8,38; 10,45; 13,26) durch ihren Charakter als kontextbezogener, d.h. auf die Erzählung von Leiden und Auferstehung Jesu ausgerichteter *Prophetien* ab und sind im Horizont der Theologie bzw. Christologie der vormk PG, die Jesus als *den* leidenden Gerechten, Christus, Menschensohn zeichnet, formuliert. Es scheint gerade zur theologischen Leistung der vormk PG, die in der Jerusalemer Urgemeinde entstanden sein wird[2], zu gehören, daß das Leidensgeschick des Christus Jesus nicht nur als das Geschick eines bzw. *des* leidenden Gerechten, sondern als das schriftgemäße (9,12; 14,21) Geschick des *Menschensohnes* erfaßt wird. Wie weit diese Deutung der Sendung und des Todes Jesu von Jesus selbst her inauguriert war, soll durch eine neue Untersuchung der PG neu zur Diskussion gestellt werden.

Der verehrte Lehrer, dem dieser Beitrag dankbar gewidmet ist – von ihm

[1] Vgl. dazu *R. Pesch*, Die Überlieferung der Passion Jesu, in: K. Kertelge (Hrsg.), Rückfrage nach Jesus (QD 63) (Freiburg i. Br. 1974) 148–173; auch: Die Salbung Jesu in Bethanien (Mk 14,3–9). Eine Studie zur Passionsgeschichte, in: Orientierung an Jesus. Festschr. J. Schmid (Freiburg i. Br. 1973) 267–285; Die Verleugnung des Petrus. Eine Studie zu Mk 14,54.66–72 (und Mk 14,26–31), in: Neues Testament und Kirche. Festschr. R. Schnackenburg (Freiburg i. Br. 1973) 42–62; Das Messias-Bekenntnis des Petrus (Mk 8,27–30). Neuverhandlung einer alten Frage, in: BZ, NF 17 (1973) 178–195 u. 18 (1974) 20–31; Der Schluß der vormarkinischen Passionsgeschichte und des Markusevangeliums: Mk 15,42 – 16,8, in: M. Sabbe (ed.), L'évangile de Marc (Gembloux 1974) 365–409.

[2] Vgl. *R. Pesch*, Überlieferung 167f. In der Urgemeinde ist auch bereits die griechische Fassung entstanden zu denken, für welche die „Hellenisten" bzw. die zweisprachigen Gräkopalästiner der Urgemeinde zu beanspruchen sind.

wurde ich in meinem ersten neutestamentlichen Seminar im SS 1961 zum ersten Mal mit der Menschensohnproblematik konfrontiert –, hat die Untersuchung der Frage nach der Deutung des Weges Jesu „im Lichte des Theologumenons vom leidenden und zu erhöhenden Gerechten" sowie der Eigenart dieser Deutung in ihrer Verbindung mit den Menschensohnaussagen zuletzt wieder in seiner Auseinandersetzung mit meinem Vorschlag zur Auferstehungsdiskussion angeregt[3]. Das Material, das ich bei der Vorbereitung des Markus-Kommentars[4], dessen Bearbeitung er mir anvertraute, sammeln und sichten konnte, sei hiermit seiner kritischen Prüfung vorgelegt, in der Hoffnung, daß sich manches Rätsel des Menschensohnes in gemeinsamer Bemühung nicht erst, wie der Meister oft scherzend sagte, „bei seiner Parusie" löse.

I. DIE MENSCHENSOHNWORTE IM KONTEXT DER VORMK PASSIONSGESCHICHTE

Die Verbindung des Menschensohns mit den Traditionen vom leidenden Gerechten ist für die Menschensohnaussagen der vormk Passionsüberlieferung charakteristisch, ein Sachverhalt, der bei meist isolierter Analyse der Logien, bislang kaum gesichtet, geschweige denn gebührend gewürdigt wurde. Eine Darlegung des Sachverhalts ist deshalb unerläßlich, bevor hypothetische Erwägungen zu seiner Deutung und Bedeutung vorgetragen werden können. Zu achten ist bei der Analyse, die wir jeweils in drei Schritten vornehmen (a) Formulierung des Menschensohnwortes; b) Situierung im unmittelbaren Kontext; c) Funktion im Makrokontext der vormk PG), insbesondere auch auf Verbindungen mit den Traditionen vom gewaltsamen Geschick der Propheten[5] sowie vom Leiden und der Auferstehung messianisch prophetischer Gestalten bzw. des eschatologischen Propheten[6]. Wenn ich recht sehe, ist es für die Deutung des Geschicks Jesu gerade exklusiv charakteristisch, daß sein Leiden, sein Tod und seine Auferweckung als das gottgewollte, schriftgemäße Geschick des Menschensohnes erfaßt wurde.

---

[3] *A. Vögtle – R. Pesch*, Wie kam es zum Osterglauben? (Düsseldorf 1975) 112ff.

[4] Bd. I erscheint im Frühjahr 1976 in der Reihe „Herders Theologischer Kommentar".

[5] Dazu grundlegend: *O. H. Steck*, Israel und das gewaltsame Geschick der Propheten (WMANT 23) Neukirchen-Vluyn 1967).

[6] Erarbeitet von *K. Berger*, Die Auferstehung des Propheten und die Erhöhung des Menschensohnes (Masch., Hamburg 1971); vgl. Das Referat bei *U. Wilckens*, Auferstehung (Stuttgart 1970) 132–144; *R. Pesch*, Zur Entstehung des Glaubens an die Auferstehung Jesu, in: ThQ153 (1973) 201–228, 222–225.

1. Mk 8,31: die erste Leidens- und Auferstehungsweissagung

Der Versuch, Mk 8,31 im Kontext der vormk PG zu verstehen, erweist alle Bemühungen redaktionsgeschichtlicher Erklärung des Verses als unangemessen. Die erste Leidens- und Auferstehungsweissagung ist nach dem Messiasbekenntnis des Petrus die die Passionsthematik eröffnende Prophetie Jesu zu Beginn der Passionserzählung. Sie wird als Belehrung (vgl. 9,31) eingeführt[7].

a) Die Formulierung der Weissagung

Mit δεῖ (vgl. 9,11) wird die Weissagung als aus „Einsicht in notwendig ablaufende Ereigniszusammenhänge, in deren ‚Plan' der Visionär schon vorher Einblick hat"[8], formuliert vorgestellt; das Vorherwissen Jesu – im Verlauf der Passionserzählung bestätigt – ist näherhin, wie 9,12; 14,21 belegen, an den Prophetien der Schrift über das Geschick des Menschensohnes orientiert; δεῖ zeigt das „Muß" der Schriftnotwendigkeit an[9]. Dieser Sachverhalt wird durch die Einzelformulierungen der Weissagung unterstrichen. Die Wendung πολλὰ παθεῖν beruft eine Grundaussage der Traditionen vom leidenden Gerechten; sie ist besonders an Ps 34,20 orientiert und zielt nicht auf „die unmittelbar mit der Hinrichtung verbundenen Leiden", sondern auf „die Abweisung und Anfeindung Jesu anläßlich seines Wirkens"[10].

---

[7] Zum vormk Charakter der Rahmenbemerkung vgl. *H. Patsch*, Abendmahl und historischer Jesus (CTM A1) (Stuttgart 1972) 187. – *Die Lehre* der Passionsankündigungen unterscheidet sich von den „Formeln" urchristlicher Bekenntnistradition!

[8] *K. Berger*, Die Amen-Worte Jesu (BZNW 39) (Berlin 1970) 23.

[9] Es geht nicht um „Schriftgemäßheit", sondern um „Schriftnotwendigkeit". Zur Diskussion um δεῖ vgl. *W. Grundmann*, in: ThWb II, 21–25; *E. Fascher*, Theologische Beobachtungen zu δεῖ, in: Neutestamentliche Studien. Festschr. R. Bultmann (BZNW 21) (Berlin 1954) 228–254; *M. Horstmann*, Studien zur markinischen Christologie (Münster 1969) 24f. – Zuletzt hat *H. Patsch*, Abendmahl 189–194 die δεῖ-Aussagen untersucht und gezeigt, daß 8,31 „den Ausgang Jesu wie die theologische Bewältigung dieses Ereignisses" durch den Schriftbezug, die Gründung „des Jesusgeschehens in dem Geschichtswalten des Gottes Israel" voraussetzen. Zweifellos weist „der sprachliche und vorstellungsgemäße Hintergrund ... in die frühe hellenistisch-judenchristliche Gemeinde", aber δεῖ c. Inf. kann durchaus Umsetzung eines aram. Futurs sein (vgl. Dan 2,28), die man sich „am ehesten in einer doppelsprachigen Gemeinde" wird vorstellen können (S. 193), also in der Jerusalemer Urgemeinde, wo m. E. die vormk PG gebildet wurde. – Vgl. auch *J. Roloff*, Anfänge der soteriologischen Deutung des Todes Jesu, in: NTS 19 (1972/73) 38–64, 39–42.

[10] *P. Hoffmann*, Mk 8,31. Zur Herkunft und markinischen Rezeption einer alten Überlieferung, in: Orientierung an Jesus. Festschr. J. Schmid (Freiburg i. Br. 1973) 170–204, 182; auch nach H., dessen Analyse wir sonst nicht folgen können, könnte πάσχειν „auf den Einfluß der Vorstellungen vom Leiden des Gerechten zurückgehen". Zu den δεῖ παθεῖν-Aussagen in Barn 7,5.11; 12,5; auch 5,13 vgl. *K. Wengst*, Tradition und Theologie des Barnabasbriefes (Arb.z.KG 42) (Berlin 1971).

L. Ruppert[11] hat aus umfassender Kenntnis der Wortfelder der Traditionen vom leidenden Gerechten[12] geurteilt: „Da πάσχειν (leiden) als Parallelbegriff zu θλίβεσθαι (bedrängt werden) begegnet (vgl. 2 Kor 1,6, ähnlich 2 Thess 1,5f), desgleichen παθήματα (Leiden) als Parallelbegriff zu θλίψεις (Bedrängnisse; vgl. 2 Kor 1,4–8; Kol 1,24; Hebr 10,32f), kann sich πολλὰ παθεῖν sehr gut auf einen Zentralsatz alttestamentlicher *passio iusti* beziehen", nämlich auf Ps 34,20 (vgl. auch 4 Makk 18,15; Henäth 103,5–15); Hinweise auf Ps 34,7.18; 20,20 (hier begegnet der dominierende Begriff צרה, V. 20 steht wie Ps 40,13; 88,4 רעות; Septuaginta übersetzen in Ps 34 jeweils mit θλίψεις, Ps 40 u. 88 mit κακά) könnten hinzugefügt werden. Ferner gibt θλίβεσθαι auch Ψ 30,9; 68,17; 101,2 u.ö. צר wieder. Zu θλῖψις/θλίψεις = צרת/צר vgl. auch Ψ 21,11; 31,7; 36,39; 53,7; 70,20[13]. Da das „Diptychon" Wsh 2,12–20; 5,1–7, das „das vollausgebildete Motiv der *passio iusti* (Leiden des Gerechten) in einer offenbar palästinensischen, aus dem ausgehenden ersten Drittel des ersten vorchristlichen Jahrhunderts stammenden Vorlage des hellenistischen Weisheitsbuches der Septuaginta" enthält und in der Gestalt des „geheimnisvollen, gewaltsam zu Tode gebrachten ‚Gerechten'" eine „Aktualisierung des leidenden Gottesknechtes von Jes 52,13 – 53,12" bietet[14], auch sonst (wie noch zu zeigen ist) auf die Bildung der vormk PG eingewirkt hat, ist auch an Wsh 5,1 (κατὰ πρόσωπον τῶν θλιψάντων αὐτόν) zu erinnern. Die Ableitung des Ausdrucks πολλὰ παθεῖν von Jes 53,4.11 empfiehlt sich nicht[15], obwohl beim Einfluß der deuterojesajanischen Vorstellung vom leidenden Gottesknecht auf das Theologumenon vom leidenden Gerechten Assoziationen nicht ausgeschlossen werden können. Wichtig ist hingegen, daß πάσχειν auch zur Beschreibung des Prophetengeschicks (in Verbindung der Vorstellung vom Leiden des Gerechten mit dem gewaltsamen Geschick der Propheten) verwendet werden kann, wie 1 Thess 2,14–16 belegt[16]. Denn, wie die weitere Analyse zeigt, liegt eine entsprechende Verbindung zur Erfassung des Geschicks Jesu in Mk 8,31 vor.

Das Stichwort ἀποδοκιμασθῆναι (vgl. 12,10) ist unmittelbar an Ps 118,22 orientiert und ergänzt die Aussage über Jesu Abweisung und Anfeindung, die mit πολλὰ παθεῖν gemacht wurde. Jesu Abweisung und seine Verwerfung werden in der PG vor der Eröffnung der Leidensgeschichte im engeren Sinn (Verrat

[11] Jesus als der leidende Gerechte? Der Weg Jesu im Lichte eines alt- und zwischentestamentlichen Motivs (SBS 59) (Stuttgart 1972) 65; vgl. auch schon *H. E. Tödt*, Der Menschensohn in der synoptischen Überlieferung (Gütersloh 1959) 154. – Bei *Ruppert* eine ausführliche Beschäftigung mit *E. Schweizer*, Erniedrigung und Erhöhung (AThANT 28) (Zürich ²1962).

[12] Vgl. dazu *L. Ruppert*, Der leidende Gerechte und seine Feinde. Eine Wortfelduntersuchung (Würzburg 1973) bes. 179ff.

[13] Der Rückschluß von AssMos 3,11 (multa passus est) auf eine semitische Vorlage (vgl. *D. Meyer*, Πολλὰ παθεῖν, in: ZNW 55 [1964] 132) ist angesichts entsprechender Belege bei lat. und griech. Schriftstellern unsicher: vgl. *G. Strecker*, Die Leidens- und Auferstehungsweissagungen im Markusevangelium, in: ZThK 64 (1967) 16–39,27, Anm. 28. – Vgl. auch Jos ant 13,268; 13,403.

[14] *L. Ruppert*, Jesus 23: zur ausführlichen Begründung vgl. *ders.*, Der leidende Gerechte. Eine motivgeschichtliche Untersuchung zum Alten Testament und zwischentestamentlichen Judentum (fzb 5) (Würzburg 1972); beachte S. 91: im „Diptychon" ist des Gerechten „Auferstehung von den Toten... vorausgesetzt".

[15] Gegen *W. Michaelis* in: ThWb V, 914f.

[16] Vgl. *P. Hoffmann*, Herkunft 181. – Zur Verbindung der Traditionen vgl. *O. H. Steck*, Israel 254ff.

und Verhaftung Jesu) eigens erzählt (11,27–12,12), so daß die erste Leidensprophetie mit dem Doppelausdruck, der 9,12 (in der griechischen Übersetzung variiert) wiederholt wird, passend anhebt (s. u. c).

Da nachfolgend die verwerfenden Instanzen in dreifacher Aufzählung eigens genannt werden, düfte wie Ψ 117,22 zur Wiedergabe von מאס ἀποδοκιμάζω gewählt worden sein (vgl. weiter unten zu 9,12). Noch weniger als zu πολλὰ παθεῖν kann direkter Einfluß von Jes 53 angenommen werden[17]. Die Nähe des Begriffs מאס zu Parallelbegriffen, die in der Tradition vom gewaltsamen Geschick der Propheten (z.B. bzh)[18] eine Rolle spielen, macht die Rezeption von Ps 118,22 gut verständlich, insbesondere, wenn die Zitation in Mk 12,10f nicht sekundär ist. Für deren ursprüngliche Zugehörigkeit zum Gleichnis, in dem die Bauleute als die Weinbergpächter vorgestellt sind, spricht nach *M. Black*[19] das Wortspiel Stein (אבן) – Sohn (הבן), das in eine zeitgenössische Auslegungstradition gehört. Die Verwerfung des Steins ist die Verwerfung des Sohnes (12,6); *Black* weist auf Zach 4,7 (λίθος κληρονομίας) als Stütze seiner Auslegung hin: Der Sohn (Stein) ist der Erbe (12,7)! Besondere Beachtung verdient die Nähe der Stein-Sohn-Auslegung zu Dan 2,34 und 7,14. Die Aussage von der Verwerfung des Sohnes konnte leicht in die von der Verwerfung des Menschensohnes überführt werden.

Die Nennung der verwerfenden Instanzen in der Wendung ὑπὸ τῶν πρεσβυτέρων καὶ τῶν ἀρχιερέων καὶ τῶν γραμματέων ist nicht nur im Makrokontext der PG sinnvoll verankert, sondern auch im Horizont der Traditionen vom leidenden Gerechten erwartbar. Die „Herrschenden" sind in Geschichte und Überlieferung die Gegner, Feinde und Bedrücker des Gerechten[20]; die konkrete Bezeichnung der Gegner Jesu zeigt, daß unsere Weissagung sein historisch bestimmtes Geschick, das die Jerusalemer Tradenten der PG miterlebt hatten, im Horizont jüdischer Passionstraditionen auslegt.

Das Stichwort ἀποκτείνω (vgl. 12.5–8; 14,1), mit dem die Weissagung nun auf Jesu Tötungsgeschick hin konkretisiert wird, ist nicht nur für das Geschick des leidenden Gerechten signifikant[21], sondern auch für die dtr Tradition vom gewaltsamen Geschick der Propheten[22], die hier allerdings im Blick auf die Auferweckungsaussage (die jene Tradition nicht kennt) nicht einschlägig ist (vgl. auch Mk 3,4; 6,19), und des weiteren insbesondere für die Kennzeichnung

---

[17] Gegen *W. Michaelis* in: ThWb V, 913f.

[18] Vgl. *H. Wildberger* in THAT I, 879–892, 881.

[19] The Christological Use of the Old Testament in the New Testament, in: NTSt 18 (1971/72) 1–14, 11–14.

[20] Vgl. *L. Ruppert*, Feinde 81–85. – Zur Verankerung in der frühen Tradition der Urgemeinde vgl. auch *H. E. Tödt*, Menschensohn 158.

[21] Vgl. *L. Ruppert*, Feinde 118–124; Gerechte 142f, 165.

[22] Vgl. *F. Hahn*, Christologische Hoheitstitel (Göttingen ²1964) 49; *O. H. Steck*, Israel, passim; *P. Hoffmann*, Herkunft 180; auch *P. Hoffmann*, Studien zur Theologie der Logienquelle (Ntl. Abh. NF 8) (Münster 1972) 158ff.

des Geschicks des eschatologischen Propheten charakteristisch, für den auch die Auferweckung erwartet wird.

Für das Geschick messianisch-prophetischer Gestalten sind die Tötungsaussagen in Mk 6,19; Apk 11,7, die mit dem für diese Tradition charakteristischen Widersachermotiv verbunden sind, zu vergleichen.

Die Auferweckungsaussage schließlich, die der Tötungsaussage zugeordnet ist, benutzt das auch im Horizont der Theologie vom leidenden Gerechten deutbare ἀναστῆναι[23] und eine semitisierende Variante der Formel von der Auferstehung „am dritten Tage"; daß sie eine Wiederkunftsaussage ersetzt haben soll, ist nicht plausibel[24].

Nach *K. Lehmann*[25] „zeigt die Behandlung des hebräischen Textes durch die Septuaginta, daß dieselbe hebräische Bestimmung in der Übersetzung ‚am dritten Tag' bzw. ‚nach drei Tagen' wiedergegeben wird; beide Bestimmungen beziehen sich aber unzweifelbar auf dasselbe Datum, so daß sich der Gebrauch beider Wendungen in gewisser Weise verwischt". Denselben Sachverhalt hat *H. K. McArthur*[26] auch für den rabbinischen Sprachgebrauch aufgewiesen. Daß Hos 6,2 und Jona 2,1 die wichtigsten Berufungstexte des Theologumenons von der Rettung bzw. Auferweckung am dritten Tag bzw. nach drei Tagen waren, macht das Nebeneinander der beiden Formulierungen der *theologischen Zeitansage* verständlich. Das Theologumenon, daß Gott seinen Gerechten bzw. Israel nicht länger in Not läßt als „drei Tage", ist den Rettungsaussagen der Traditionen vom leidenden Gerechten verwandt[27], zumal diese auch mit „auferstehen" (ἀνιστάναι)[28] formuliert werden können. Daß nicht die dreieinhalb Zeiten danielischer Tradition, wie sie Apk 11,9.11; Apk Elias 35,14f und in weiteren Texten[29] in den 3 1/2 Tagen sowie den Wendungen nach 3 1/2 Tagen bzw. am 4. Tage für die Auferstehung der messianisch prophetischen Gestalten benutzt werden, in die Jesus-Tradition eindrangen, zeigt, daß die vormk PG vorzüglich an der Theologie des leidenden Gerechten orientiert ist.

Wieweit die Aufnahme der Vorstellung vom dritten Tag durch entsprechende Dreitageworte Jesu[30] inauguriert ist, ist eine Frage, die zumindest nicht ganz außer acht gelassen werden sollte.

---

[23] *L. Ruppert*, Jesus 44; S. 51 bemerkt er mit Recht: „Wenn nun für entscheidende Szenen der Passion gerade solche Leidenstexte angezogen wurden, die im Rahmen eines Dankliedes stehen (Ps 41) oder denen unmittelbar ein Danklied, Dankgelübde beziehungsweise Dankhymnus folgt (Ps 22; 31; 69), dann kann dies schwerlich mit Zufall und ohne Rücksicht auf die endgültige Errettung und Verherrlichung des leidenden Jesus an Ostern geschehen sein." Vgl. auch *U. Wilckens*, Auferstehung 60ff. – Siehe weiter unten Anm. 28.

[24] Gegen *P. Hoffmann*, Herkunft 184.

[25] Auferweckt am dritten Tag nach der Schrift (QD 38) (Freiburg i. Br. 1968) 165f.

[26] „On the Third Day", in: NTSt 18 (1971/72) 81–86, 85. Vgl. auch *M. Black*, Use 5f.

[27] Vgl. *K. Lehmann*, Auferweckt 327–333; darüber hinaus *L. Ruppert*, Jesus 64.

[28] Vgl. z. B. Ψ 19,9; 40,9.11.

[29] Vgl. oben Anm. 6.

[30] Vgl. *J. Jeremias*, Die Drei-Tage-Worte der Evangelien, in: Tradition und Glaube. Festschr. K. G. Kuhn (Göttingen 1971) 221–229; *L. Ruppert*, Jesus 64f.

Dabei wird man kaum mit *J. Jeremias* davon ausgehen dürfen, daß die Ankündigung der Auferstehung nach drei Tagen ursprünglich eschatologisch gemeint war und „von der begrenzten, von Gott bestimmten Frist bis zur Weltvollendung" (229) sprach; die Auferstehungsankündigung ist in den thematischen Leidens- und Auferstehungsweissagungen, die vom Menschensohn reden, auch nicht rätselhaft, sondern klar: eine urkirchliche Bildung.

Bei der Gegenübersetzung von Tötungs- und Auferweckungsaussage im „Kontrastschema" (vgl. Apg 2,22f; 3,13ff; 4,10; 5,30; 10,40) handelt es sich vermutlich „um den ältesten Ansatz einer Deutung des Todes Jesu. Sein Sitz im Leben ist in der Auseinandersetzung judenchristlicher Gemeinden mit dem Judentum und im missionarischen Kerygma für Israel zu suchen. Jesus wird dabei als der leidende Gerechte gesehen, zu dem Gott sich gerade in seiner tiefsten Erniedrigung bekennt"[31]. Das Kontrastschema, das auch an die Tradition von Tod und Auferweckung eschatologisch-messianischer Gestalten erinnert, ist in der ersten Leidensweissagung um zwei Aussagen erweitert, die Jesu Abweisungs- und Verwerfungsgeschick der Tötung vorordnen. Es besteht kein Anlaß, die Weissagung traditionsgeschichtlich aufzusplittern; die ersten beiden wie die beiden letzten Aussagen gehören enger zusammen und lassen sich nicht auseinanderreißen[32]. Aufgrund von 9,12 läßt sich keine Kurzform postulieren, da neben 9,12 auch 9,9 nicht übersehen werden darf; die Weissagung erscheint dort zerlegt, weil gerade das Leiden im Abstiegsgespräch als schriftgemäß erwiesen werden soll. Die erste Leidensweissagung ist offenbar am Beginn der PG mit Bedacht als die umfassendste (nicht detaillierteste!) formuliert.

b) Die Weissagung im Kontext 8,31–33

Jesu offene Rede, der Protest des Petrus gegen das Leiden des Menschensohnes und Jesu Zurechtweisung Petri tragen zur weiteren Situierung der Weissagung bei. Mit der sonst nicht motivierten offenen Rede (V. 32a) wird Jesus als „Gerechter" gekennzeichnet, denn: „Die Voraussetzung der Parrhesie ist die ‚Gerechtigkeit'"[33]. Die Schelte des Petrus und Jesu Zurechtweisung kennzeichnen Petrus als *Widersacher* des Gerechten.

M. Limbeck[34] hat begründet nachgewiesen, daß Mk 8,33 nicht vom „Satan", mit dem im frühjüdischen Schrifttum nirgends ein Mensch identifiziert wird, der auch nicht

---

[31] *J. Roloff*, Anfänge 38f. – Vgl. *E. Schweizer*, Erniedrigung 53–56.
[32] Für die Rekonstruktion einer Urform von 8,31 (viel leiden und verworfen werden) beruft man sich in der Regel auf Lk 17,25; vgl. dagegen *G. Strecker*, Leidens- und Auferstehungsweissagungen 19–21; *H. E. Tödt*, Menschensohn 141, 150–152.
[33] *H. Schlier* in: ThWb V, 874.
[34] Satan und das Böse im NT, in: *H. Haag*, Teufelsglaube (Tübingen 1974) 229f.

„Menschengedanken", sondern „Teufelsgedanken" denkt, d.h. gerade auf die Heimsuchung des Menschen durch Leid[35], nicht auf dessen Verhinderung sinnt, sondern vom Gegner, Widersacher die Rede ist. So wie David den als *śāṭān* bezeichnet, der ihm nahelegt, seinen Gegner umzubringen (2 Sam 19,23; vgl. 16,10f) oder wie der Engel Bileam auf seinem Weg als „Widersacher" entgegentrat (vgl. Num 22,22.32), so wird auch Petrus als Widersacher gescholten. Beachtung verdient, daß die Gegner des Gerechten שטן heißen; sie können den Charakter von Verführern annehmen (Jesu Blick auf die Jünger drückt die Sorge um ihre Gefährdung durch Verführung aus)[36].

Zur Schelte des Petrus vgl. auch Ps 55,13–15. Die Widersacher des Gerechten „verstehen von Gottes Geheimnissen nichts" (Wsh 2,22); Petrus muß auf den Weg der Nachfolge gerufen werden, weil er nicht Gottes Gedanken (vgl. δεῖ V. 31!), sondern wie die Feinde des Gerechten menschliche Gedanken denkt. An dieser Stelle wird deutlich, daß der frühen Gemeinde das *Leiden* des *Menschensohnes* problematisch war (vgl. 9,30–32) und der theologischen Aufarbeitung bedurfte.

c) Die Weissagung im Kontext der vormk Passionsgeschichte

Mk 8,31 eröffnet die Reihe der drei thematischen Leidens- und Auferstehungsweissagungen, die die erste Dreierreihe der PG bilden, für die zweifache Wiederholung bzw. Strukturbildung durch die Dreizahl besonders charakteristisch ist[37]. Nach der Perikope vom Messiasbekenntnis des Petrus (8,27–30), die in den Volksmeinungen Jesu Wirken und Wirkung in Israel reflektiert, folgt passend zu Beginn der Leidensprophetie die Ansage von Abweisung und Verwerfung. Die dreifach genannten Instanzen werden (in anderer Reihenfolge[38], so auch 14,43) 11,27 in die Erzählung eingeführt und 12,10 als die „Bauleute, die den Eckstein verwerfen" gedeutet; 14,43.53b; 15,1 erweisen sie sich für den Tod Jesu verantwortlich. Zu Beginn der PG spannt die Weissagung mit dem Ausblick auf die Auferstehung nach drei Tagen die Erwartung des Lesers und Hörers auf eine Erzählung, die nicht mit dem Tod Jesu endet, sondern mit der Verkündigung seiner Auferweckung (16,1–8). Sie kündigt die PG also als *passio et resurrectio iusti, filii hominis* an.

---

[35] Vgl. z.B. die Nacherzählung von Gn 22 in Jub 17f.

[36] Vgl. *L. Ruppert,* Feinde 28ff; 106f; 134ff.

[37] Vgl. *R. Pesch,* Überlieferung 153.

[38] Die Variationen der Reihenfolge der Nennung von Ältesten (1) – Hohenpriestern (2) – Schriftgelehrten (3) in 11,27 (2–3–1), 14,43 (2–3–1), 14,53b (2–1–3) und 15,1 (2–1–3) lassen am ehesten auf Nähe zu mündlicher Tradition schließen. 2 u. 3 werden auch in 10,33; 11,18; 14,1; 15,31 zusammen genannt. Die Erstnennung von 2 in 14,53b; 15,1 ist kontextbedingt (Prozeß), ebenso wohl die Reihenfolge von 1–3 an diesen Stellen. – Die Variation spricht gegen die Hypothese von *P. Hoffmann,* Herkunft 177–184, wonach die jüdischen Instanzen in 8,31 erst mk-red eingebracht seien. Vgl. *G. Strecker,* Leidens- und Auferstehungsvoraussagen 26.

2. *Mk 9,9.12*

Die Verklärungserzählung verliert im Rahmen der vormk Passionserzählung weithin ihren rätselhaften Charakter, zumal wenn erkannt ist, daß das Abstiegsgespräch 9,9–13 kein sekundärer Zuwachs, sondern ursprüngliche Aufschlüsselung der apokalyptisch-epiphanial inszenierten Szene ist. Das am typischen Ort nach geheimer Offenbarung begegnende Schweigegebot (V. 9) ist befristet mit dem Hinweis auf die Auferstehung des Menschensohnes von den Toten, also auf das „Ereignis", das den Jüngern in ihrer *Schau* (ἃ εἶδον) proleptisch offenbart wurde. Leiden und Verwerfung des Menschensohnes werden wie das Geschick des Elija = Johannes des Täufers als schriftgemäß (vgl. δεῖ in 8,31; 9,11) behauptet.

a) Die Formulierung von 9,9.12

Die Auferstehungsaussage (ἀναστῇ, vgl. 8,31; 9,31; 10,34) ist um die Formel „ἐκ νεκρῶν" (vgl. V. 10) erweitert, die die Scheolvorstellung voraussetzt[39]. Die Erweiterung legte sich als Hinweis auf den Tod Jesu dort nahe, wo zunächst nicht von seinem Leiden die Rede war. V. 12 wiederholt die beiden ersten Glieder der im Kontext der PG vorausgesetzten Weissagung von 8,31 bei variierender Übersetzung der Verwerfungsaussage von Ps 118,22 (vgl. Apg 4,11). Offenbar ist ἐξουδενέω für den absoluten Wortgebrauch (ohne Nennung der verwerfenden Instanzen) besser geeignet, überdies für die *passio iusti* signifikanter.

Das Stichwort ἐξουδενέω (= בזה oder מאס) spielt wohl über Ps 22,6.25; 69,33 und insbesondere Ps 89,39 (LXX 88,38: καὶ ἐξουδένησας τὸν Χριστόν σου) an das Geschick des leidenden Gerechten an[40]. Daß Jes 53,5 mitgehört wurde, ist nicht auszuschließen[41]. Die Verachtung des Gerechten[42] ist ein Motiv, das sich in seiner Verwerfung zuspitzt.

Nach dem Zeugnis der Schrift[43] soll (ἵνα) der Menschensohn viel leiden und verachtet werden: als der leidende Gerechte!

---

[39] Vgl. *P. Hoffmann*, Die Toten in Christus (Ntl. Abh. NF 2) (Münster 1966) 180–185.

[40] Vgl. *M. Black*, The „Son of Man" Passion Sayings in the Gospel Tradition, in: ZNW 60 (1969) 1–8,4.

[41] Vgl. auch *N. Perrin*, The Use of (παρα+) διδόναι in connection with the Passion of Jesus in the New Testament, in: Der Ruf Jesu. Festschr. J. Jeremias (Göttingen 1970) 204–212, 209f.

[42] Vgl. *L. Ruppert*, Feinde 111ff; *M. Görg* in: TWAT I, 580–585; *H. Wildberger* in: THAT I, 879–892.

[43] Καθὼς γέγραπται entspricht dem δεῖ in 8,31; vgl. *H. Patsch*, Abendmahl 193. – Die Berufung auf die Schrift ist im Mk-Ev außer 1,2 u. 7,6 für die vormk PG chrarakteristisch: 9,12f; 11,17; 14,21.27; 12,10; 14,49.

b) Das Abstiegsgespräch im Kontext der Verklärungserzählung

Das einheitliche Thema von 9,2–13 ist die Frage des Leidens und der Auferstehung des Menschensohnes. Wird in der Verklärungsgeschichte in proleptischer Schau den auserwählten Jüngern Jesu Auferstehung erschlossen, so im Gespräch beim Abstieg im Hinblick auf das Leidensgeschick des in Johannes dem Täufer gekommenen Elija sein Leiden[44].

Die zentrale Unterscheidung, die der Text trifft und mit Jesu Verklärung illustriert, ist die, daß Johannes das Leidensgeschick des Elija erduldet hat, Jesus hingegen den Leidensweg des Menschensohnes gehen muß.

Die Überlegenheit Jesu gegenüber dem Täufer, dessen Geschick er teilt, ist zunächst darin gesehen, daß *Jesus der Menschensohn* (der Christus 8,29; 14,61f; der Sohn Gottes 9,7; 14,61f; 15,39) *ist;* und dies bedeutet: *seine* Auferweckung ist identisch mit der Erhöhung des Menschensohns zur gerichtsentscheidenden *sessio ad dexteram* (14,62). Das Problem, welches das Abstiegsgespräch verarbeitet, ist (wie schon 8,31–33!) das *Leiden Jesu, insofern er der Menschensohn ist,* als der er dem österlichen Glauben der Urgemeinde offenbar wurde. Konsequent wird Jesu Auferweckung, seine Metamorphose zur himmlischen Doxa des Menschensohns zur Voraussetzung der Erörterung seines Leidens gemacht.

c) Das Abstiegsgespräch im Kontext der vormk PG

Verklärungserzählung und Abstiegsgespräch schlossen in der vormk PG unmittelbar an 8,27–33 an. Der Protest des Petrus gegen das Leidensgeschick des Menschensohnes wird aufgenommen und durch die proleptische Schau der Auferweckung/Erhöhung „aufgehoben". Am Beginn der PG wird gezeigt, was nach ihrem Abschluß nicht mehr erzählt wird: die Vision des Auferstandenen (16,7). Am Beginn hat 9,2–13 die Funktion, Jesus als Menschensohn und geliebten Sohn Gottes vorzustellen, der als solcher durch sein Leiden zu Auferstehung und richterlicher Machtstellung gelangt.

Unübersehbar sind Verbindungen der Verklärungserzählung zur Entrückung und Verwandlung des Henoch zum Menschensohn (Henäth 70f)[45]. Henoch wird verwandelt (71,11) vor dem wie Dan 7,9ff beschriebenen Hochbetagten (vgl. 71,1–10) und von Gott begrüßt bzw. inthronisiert und präsentiert als der Menschensohn (71,14); vgl. Mk 9,7. Zum Vorschlag des Petrus V. 5 vgl. 71,6: die Gerechten haben beim Menschensohn ihre Wohnstätte.

Was den Jüngern 9,2–8 gezeigt wird, droht Jesus 14,62 seinen Richtern an: seine Verwandlung und Erhöhung zum Menschensohn.

[44] Zur Begründung im einzelnen muß ich auf den zweiten Band meines Markus-Kommentars verweisen.

[45] Zur Auslegung von Henäth 70f vgl. *H. R. Balz*, Methodische Probleme der ntl. Christologie (WMANT 23) (Neukirchen-Vluyn 1967) 96–107.

3. Mk 9,31: die zweite Leidens- und Auferstehungsweissagung

Während die erste Weissagung keine traditionsgeschichtliche Schichtung erkennen läßt, sondern einheitlich im Horizont der PG und ihrer Christologie vom Leiden des Gerechten, des Menschensohnes formuliert ist, scheint die zweite, die das Auslieferungsthema zum erstenmal (außerhalb der PG vorher vgl. 1,14: Johannes; 3,19; nachher: 13,9.11.12: die Christen) anschlägt, sekundär für den Zusammenhang der PG mittels des „Kontrastschemas" erweitert zu sein.

a) Zu Formulierung und traditionsgeschichtlicher Schichtung der Weissagung

Zum „Kontrastschema", das die Formulierung der zweiten Hälfte bestimmt, vgl. zu 8,31. Die erste Hälfte des Spruchs fällt mit der bei der prophetischen Ansage auffälligen Präsensformulierung (παραδίδοται, vgl. 14,21.41; diff 10,33f: παραδοθήσεται, παραδώσουσιν) und der maschalhaft wortspielartigen Fassung aus dem Rahmen. Im Unterschied zu 10,33 sind nicht die Hohenpriester und Schriftgelehrten als Zielinstanz der Auslieferung genannt und damit nicht Judas als Auslieferer (3,19; 14,10.11.18.21.42.44) im Blick[46]. Vielmehr: in die Hände = in die Gewalt[47] der *Menschen* liefert *Gott* (passivum divinum) den *Menschensohn* aus; es kann angenommen werden, daß der Maschal von der *passio-iusti*-Thematik inspiriert ist[48]. *Menschensohn* ist bewußt als Deckname behandelt – denn daraus entsteht die Paradoxie des Wortes; dieser Umstand könnte auf eine Anknüpfung an die Prophetie vom *Gottesknecht* (Jes 53,6.12) hinweisen, die jedoch nicht gesichert werden kann.

Nach *J. Jeremias*[49] gibt sich die zweite Leidensweissagung eindeutig „nicht nur durch ihre Kürze und Unbestimmtheit, sondern vor allem auch sprachlich als die älteste zu erkennen". Die erste Zeile gehe auf aramäische Überlieferung zurück, das Präsens in παραδίδοται „weist auf ein zugrundeliegendes aramäisches Partizip zurück"[50]. Bei der Rückübersetzung ergibt sich das Wortspiel *bar'ānaša/bene 'ānaša* und „als Sinn der Urform: ‚Gott wird (bald) den Menschen (Sing.) den Menschen (Plur.) ausliefern.' Das ist ein *Mašal*, ein Rätselwort, schon deshalb, weil *bar 'ānaša* sowohl titular wie auch

---

[46] Vgl. *W. Popkes*, Christus Traditus. Eine Untersuchung zum Begriff der Dahingabe im NT (AThANT) (Zürich 1967) 159ff; auch *G. Delling*, Der Kreuzestod Jesu in der urchristlichen Verkündigung (Göttingen 1972) 59f.

[47] Eine atl. häufig belegte Wendung; vgl. *E. Lohse* in: ThWb IX, 415, 419. – *K. H. Schelkle*, Die Passion Jesu (Heidelberg 1949) 71 bezeichnet „in die Hände hingegeben werden" als „ein technisches Wort jüdischer Prozeß- und Märtyrerakten"; zum semitischen Charakter der Formel „ausliefern in jemandes Hände" vgl. auch *A. Schlatter*, Der Evangelist Matthäus (Stuttgart [6]1963) 533f; *F. Büchsel* in: ThWb II, 172.

[48] *W. Popkes*, Christus 230ff. – Pss 27,12; 41,2; 88,9 (Ψ 139,8) bieten nur entferntere Sachparallelen, aber keine vergleichbar grundsätzliche Aussage.

[49] Neutestamentliche Theologie. Erster Teil: Die Verkündigung Jesu (Gütersloh 1971) 267.

[50] Ebd. 268. Vgl. auch *J. Jeremias*, Abendmahlsworte (Göttingen [4]1967) 170f.

generisch verstanden werden kann."[51] Jeremias wirft mit Recht die Frage auf, ob dieser dunkle Satz auf Jesus selbst zurückgeht: „Für eine bejahende Antwort spricht, daß er in seiner Unbestimmtheit nicht nach einer *ex-eventu*-Formulierung aussieht und daß er, so kurz er ist, drei Stilformen aufweist, die Jesus bevorzugt hat, nämlich 1. den *Masal*charakter, 2. das Passivum divinum, 3. die Paronomasie."[52] Über Jeremias hinaus, der dieses Argument wohl wegen der gesuchten Beziehung zu Jes 53 (s.u.) nicht benutzt, kann auf den semitischen Sprachcharakter der Formel „ausliefern in jemandes Hände" hingewiesen werden. Mit „den Menschen" ist wohl das auch sonst von Jesus angeklagte, gegenwärtige Geschlecht des von Gott abgefallenen Israel gemeint: die gottwidrigen Menschen[53]. Die Analyse des Kontextes (s.u. b) kann weitere Argumente zugunsten der Authentizität der Weissagung liefern.

Sofern die Leidensweissagung schon vor Bildung der vormk PG existierte – wahrscheinlich jedoch nicht als isoliertes Logion, sondern im Verbund der Szene Mk 9,30–32 –, ist seine Erweiterung um das Kontrastschema im Rahmen der PG voll verständlich. Nach der für die PG leitenden Theologie vom leidenden Gerechten handeln die menschlichen Feinde bzw. Verräter in der Auslieferung des Menschensohnes. Dieser Aspekt wird durch die als Aktion der Menschen beschriebene Tötung (καὶ ἀποκτενοῦσιν αὐτόν), die 8,31 durch ὑπό ... deutlich war, eingebracht. Der Spruch wird in Analogie zu 8,31 viergliedrig in zwei Hälften gefaßt: „in der ersten dominieren die Auslieferung an die Menschen und ihre Tötungsaktion; in der zweiten wird die Auferstehung des von ihnen Getöteten betont"[54]. Die Auslieferung wird nun auf das konkrete Passionsgeschehen der PG bezogen (vgl. u. c).

Umstritten ist die Beziehung der Auslieferungsaussage zu Jes 53. Gegen *J. Jeremias*[55], der in der Auslieferungsaussage Einwirkung von Jes 53,5b Targ (אתמסר) gegeben sieht (vgl. auch Jes 53,12 LXX), hat *W. Popkes*[56] weitaus zurückhaltender geurteilt. Schon *H. E. Tödt*[57] hatte darauf aufmerksam gemacht, daß „die formelhafte Wendung *ausliefern in die Hände der Menschen*" gerade nicht auf Jes 53 verweist. Freilich darf nicht vergessen werden, daß eine Spitzenaussage wie die von der *Auslieferung* (des Gerechten) *durch Gott*[58] eine Beziehung zu Jes 53 nahegelegt; aber terminologisch (παραδιδόναι + εἰς χεῖρας) stehen Mk 9,31 Texte wie Ijob 9,23f; 16,11 näher. Daß die Aussage von Mk 9,31 der *passio-iusti*-Thematik nahesteht, ist unbestritten; als Aussage über Gottes Handeln fällt sie aber aus dem Rahmen der Verarbeitung der entsprechenden Motive in der PG heraus. Diesen Sachverhalt festzuhalten und die daraus ableitbaren traditions-

---

[51] Ebd.
[52] Ebd. Vgl. auch *H. Patsch*, Abendmahl 195f mit Anm. 342 (weitere Autoren); *L. Goppelt*, Theologie des Neuen Testaments I (Göttingen 1975) 237.
[53] Vgl. *H. E. Tödt*, Menschensohn 166.
[54] *P. Hoffmann*, Herkunft 185.
[55] In: ThWb V, 409f; Abba (Göttingen 1966) 209f; Theologie I, 272f.
[56] Christus 27–36, 228ff.
[57] Menschensohn 148.
[58] Vgl. *W. Popkes*, Christus 74–78.

geschichtlichen Konsequenzen zu ziehen, erscheint wichtiger, als die Frage der Beziehungen zu Jes 53 positiv oder negativ – angesichts unüberwindbar scheinender Schwierigkeiten – klären zu wollen.

b) Die Weissagung im Kontext 9,30–32

Der Kontext der sekundär erweiterten Weissagung unterscheidet sich vom Kontext der ersten Weissagung, der mit dieser selbst für den Makrokontext der PG formuliert wurde, dadurch, daß Bezüge zur Tradition vom leidenden Gerechten, der Einspruch eines einzelnen (8,32f) wie die Diskussion mehrerer (9,10ff) fehlen, vielmehr nur von Unverständnis und Furcht zu fragen gesprochen wird, was zumindest nach 8,27–33 und 9,2–13 bei Annahme gleichzeitiger oder gar nachfolgender Entstehung der Szene höchst auffällig ist.

Eine einläßlichere Analyse der Erzähleinheit ergibt, daß sie – ohne die für den Zusammenhang der PG berechnete Erweiterung der Weissagung um καὶ ἀποκτενοῦσιν αὐτὸν καὶ ἀποκτανθεὶς μετὰ τρεῖς ἡμέρας ἀναστήσεται – wohl schon vor Bildung der PG selbständig (oder zusammen mit 8,27–30) existierte, ein Sachverhalt, der für die überlieferungskritische Prüfung des Maschal von hohem Belang ist.

Im Unterschied zu vielen Erzähleinheiten der PG erweist sich 9,30–32 als selbständige, durchaus isoliert tradierbare Erzähleinheit. Eine überlieferungskritische Prüfung stößt auf beachtliche Anhaltspunkte, die für alte Überlieferung aus dem Leben Jesu und damit auch für die Authentizität des Auslieferungsmaschal sprechen: a) Die Vorstellung vom Zug Jesu durch Galiläa, bei dem Jesus auf Geheimhaltung bedacht ist, ist kein mk-red Motiv, im unmittelbaren Kontext auch nicht motiviert, im Horizont von 8,27–30 aber historisch begreifbar[59]; b) V. 32 mit dem mk Hapaxlegomenon ἀγνοέω, der im Mk-Ev nur noch einmal in der PG begegnenden, ebenfalls auf eine Prophetie Jesu bezogenen Vokabel ῥῆμα (14,72) und dem einzigartigen Motiv der Furcht zu fragen ist ebenfalls keine mk-red Bildung, aber als Schilderung einer Reaktion auf eine schockierende Prophetie sehr wohl verständlich.

c) Die zweite Weissagung im Kontext der vormk PG

Wie schon die Analyse der Formulierung und ihrer Schichtung ergab, wird die alte Ankündigung der Auslieferung des Menschensohnes durch Gott in die Gewalt der Menschen im Kontext der vormk PG auf den Judasverrat (und die Auslieferung Jesu an Pilatus: 10,33f; 15,1) bezogen, wie insbesondere die Aufnahme der präsentischen Formulierung παραδίδοται in den späteren Ankündigungen 14,21.41 zeigt; vgl. ferner 14,10f.18.42.44[60]. Im Kontext der drei Pro-

---

[59] Vgl. *R. Pesch*, Messias-Bekenntnis.

[60] Zur Nuancierung der Auslieferungsaussagen im einzelnen vgl. *H. E. Tödt*, Menschensohn 144f.

phetien ergibt sich eine Klimax vom Protest des Petrus über das Unverständnis der Jünger und ihre Furcht, zu fragen, bis zur schweigend-schaudernden Nachfolge auf dem Zug nach Jerusalem, den der Menschensohn auf dem Weg in sein Leiden anführt.

Der Gedanke, daß Gott den Menschensohn ausliefert, wird in der Getsemani-Szene variiert. Gott nimmt den Becher des Leids und des Todes nicht hinweg, sondern läßt die Auslieferung des Menschensohnes in die Hände der Sünder zu.

4. Mk 10,33f: die dritte Leidens- und Auferstehungsweissagung

In der dritten Leidens- und Auferstehungsweissagung, die wie die erste wohl von Anfang an für den Makrokontext der vormk PG formuliert ist, wird den Zwölfen (die jetzt nicht mehr mit Unverständnis reagieren; 10,35–45 ist sekundär im mk Kontext eingebracht) detailliert eröffnet, was Jesus, dem Menschensohn, nach der Anabasis nach Jerusalem zustoßen wird.

a) Die Formulierung von 10,33f

Die Ansage der Anabasis nach Jerusalem, erzählerisch schon V. 32 vorweggenommen, wird mit der Aufmerksamkeit heischenden Partikel ἰδού (vgl. 14,41f) eingeleitet, was „nicht nur mithilft, die Feierlichkeit zu erhöhen, sondern auch Jesu Gewißheit in der Erkenntnis des ihm Bevorstehenden zu unterstreichen“[61]. Diesem Ziel dient dann besonders die detaillierte Aufzählung der Leidensstationen. Der Umschwung von der Formulierung mit 1. Pers. Plural (ἀναβαίνομεν) zum unpersönlich-beschreibenden Stil mit 3. Pers. Singular ist durch die Bindung an 9,31 vorgegeben. Nach dem Hinweis auf die gegenwärtige Anabasis (vgl. V. 32) wird konsequent im Futur formuliert. Die Aussage über die Auslieferung des Menschensohnes zielt nun mit der Nennung der Hohenpriester und Schriftgelehrten (vgl. 11,18; 14,1; 15,31) deutlich auf den Verrat des Judas als erste Station des Leidensweges des Menschensohnes. Als weitere Stationen werden – nun als Aktionen der Gegner – genannt: Jesu Verurteilung zum Tode (14,64), seine Auslieferung an die Heiden (15,1), seine Verspottung (15, 20.29–32) sowie seine Bespeiung (14,65; 15,19) und schließlich, vor dem Abschluß mit dem Kontrastschema „töten–auferstehen“, seine Züchtigung = Geißelung (15,15). Die mangelnde terminologische Abstimmung (vgl. bes. 14,64; 15,15) und die nicht am späteren Verlauf konsequent orientierte Reihen-

[61] *P. Fiedler*, Die Formel „und siehe“ im NT (StANT 20) (München 1969) 51.

folge der Aufzählung (Jesus wird überdies nicht nur von den Heiden verspottet und bespien) läßt einerseits eine sekundäre mk-redaktionelle Bildung der detaillierten Weissagung als wenig wahrscheinlich erscheinen, macht andererseits die Orientierung an den Traditionen vom leidenden Gerechten deutlich, welche die entscheidenden Stichworte liefern[62].

Zur Verurteilung zum Tode[63] vgl. Wsh 2,20; Ps 94,21; zur Verspottung[64] vgl. Wsh 2,17f; Ps 22,7–9 (vgl. Kgl 2,15); Pss 31,12; 35,15f; 39,9; 42,11; 44,15–17; 69.8.10f.20f; 102,9; 109,25; Ijob 16,10.17,6; Jes 50,6; 53,3; Kgl 3,30; zur Bespeiung[65] vgl. Ijob 17,6; 30,10; Jes 50,6; zur Züchtigung vgl. Ps 73,14 (vgl. Ψ 34,15; 37,18).

Es kann nicht zweifelhaft sein, daß die dritte Leidensweissagung nicht nur am faktischen Verlauf (vgl. bes. die Geißelung) der Passion Jesu und deren späterer Darstellung, sondern mit dieser an den „Prophetien“ vom Geschick des leidenden Gerechten orientiert ist (wobei Jes 53 nicht die dominierende Rolle spielt). Das „Kontrastschema“ ist ähnlich wie 9,31 aufgenommen; auffällig ist das Fehlen des Objekts nach ἀποκτενοῦσιν.

b) Die dritte Weissagung im Kontext 10,32–34

Die dritte Weissagung wird „unterwegs“ (vgl. 8,27; 9,33f; 10,52), beim Zug nach Jerusalem, an die Zwölf, die in der PG besonders hervortreten (vgl. 9,35; 11,11; 14,10.17.20.43), gerichtet. Der Zug nach Jerusalem wird 15,41 erinnert; Jesu Vorangehen wird 14,28; 16,7 in umgekehrter Richtung (nach Galiläa) angekündigt[66]. Vom Schrecken der Jünger und der übrigen Nachfolger ist im Blick auf Jesu Gang in den Tod die Rede; der weitere Kreis der Nachfolger kommt mit den galiläischen Frauen 15,41, aber auch schon zuvor auf dem Zug bei Jericho (10,46) und beim Einzug in Jerusalem (11,9) wieder in die Szene. Das Motiv der Furcht ist wohl aus 9,32 aufgenommen – Erinnerung der Erzähler an die Beklommenheit, den Schauder beim Hinaufzug nach Jerusalem ist auch kaum auszuschließen – und soll besagen, daß Jesu Nachfolgern „das Vorhaben Gottes mit Jesus unfaßlich ist“[67]. Nach der dritten, detaillierten Leidensprophetie

---

[62] Vgl. auch schon *H. E. Tödt*, Menschensohn 159–162.

[63] Vgl. *L. Ruppert*, Feinde 124ff. Wsh 2,20 (θάνατος ἀσχήμων) kann nach *L. Ruppert*, Gerechte 93f, auf eine Kreuzigungsstrafe hinweisen, womit die Benutzung des „Diptychons“ zur Gestaltung der Passion Jesu (und zur Bewältigung seines schmählichen Todes) nahegelegt sein konnte. Vgl. auch oben Anm. 14.

[64] Vgl. *L. Ruppert*, Feinde 111ff.

[65] Vgl. ebd. 111ff.

[66] Προάγων αὐτούς bezieht sich im Rahmen der vormk PG auf die Jünger (9,31) bzw. die Zwölf (9,35).

[67] *H. Balz* in: ThWb IX, 205, Anm. 106. Zum Motiv der wunderbaren Führung des Frommen im Psalter vgl. auch *G. Bertram* in: ThWb III, 31,34.

fehlt bezeichnenderweise ein Unverständnismotiv, das erst Markus durch Anschluß der folgenden Szene 10,35–45 in den Zusammenhang der PG einbringt.

c) Die dritte Weissagung im Kontext der vormk Passionsgeschichte

Die dritte Weissagung, nach Jesu Zug durch Galiläa (9,30) und durch die Jordansenke in den judäisch-transjordanischen Grenzraum (10,1a) auf Jericho hin (10,46), wo sich die galiläischen Pilger zum Festzug nach Jerusalem sammeln, gesprochen, ist an der Schwelle der Jerusalemer Tage Jesu plaziert. Betont wird jetzt, daß sich das Geschick des Menschensohnes in *Jerusalem* erfüllen muß, wo auch die jetzt wieder genannten Verwerfungsinstanzen zu suchen sind. Jesu Einzug in Jerusalem (11,1ff) wird vorbereitet; zuvor folgt im Kontext der vormk PG nach 10,32–34 nur noch 10,46–52, eine Wundergeschichte, die nicht nur in Beginn und Schluß, sondern auch in ihrem Corpus (Vv. 46c.49f) an den Weg Jesu gebunden ist und mit der Einzugserzählung das Davids-Sohn-Thema schon präludiert, das in der Vollmachtsfrage (11,27–33) vorausgesetzt und in der Christusfrage des Hohenpriesters (14,61) aufgegriffen wird. Durch die Leidensprophetie ist der Davids-Sohn = Christus aber bereits in die entscheidend unterscheidende Perspektive gerückt: er ist der Menschensohn, der leiden muß.

5. *Mk 14,21: der Hingang des Menschensohnes*

Das Wort vom schriftgemäßen Hingang des Menschensohnes schließt mit dem zugehörigen Wehespruch über den Verräter die kurze Szene von der Verratsansage (14,17–21) ab. Die Menschensohnprophetie korrespondiert hier dem Amen-Wort (V. 18) zu Beginn der Szene. Der Menschensohn geht den Weg seines Leidens nach göttlicher, schriftgemäßer Bestimmung, die er selbst aus apokalyptischer Einsicht prophetisch enthüllt.

a) Zur Formulierung von 14,21

Neben der Behauptung der Schriftgemäßheit (vgl. zu 9,12) ist allein das singuläre ὑπάγει wichtig; es bezeichnet hier den Hingang in den Tod[68]. Die präsentische Formulierung hat hier nicht wie 9,31 eindeutig futurischen Sinn; sie bringt zum Ausdruck, daß – nach 14,1f.10f – in der Situation des Passamahls, in der

[68] Vgl. *F. Hauck* – *S. Schulz* in: ThWb IV, 571, 573; *G. Delling* in: ThWb VIII, 508.

Nacht des Verrats, der Hingang des Menschensohnes schon begonnen hat. Im Wehespruch wird die Ansage der Auslieferung von 9,31 (präsentische Formulierung παραδίδοται, im Horizont des Weherufes mit fut. Sinn) übernommen und auf den Verräter Judas hin ausgelegt (δι' οὗ).

b) Mk 14,21 im Kontext 14,17–21

Der Spruch vom schriftgemäßen Hingang in den Tod ist nicht nur durch den zugehörigen Wehespruch, sondern durch den ganzen Kontext der Szene auf den Judas-Verrat, Jesu Auslieferung in den Tod hin ausgelegt.

Ps 41 gibt mit Anspielungen und dem Zitat von V. 10 in V. 18 den Hintergrund der Theologie vom leidenden Gerechten; vgl. im einzelnen: Ps 41,3: Auslieferung an die gierigen Feinde; Ps 46,6: Tod und Verderben; Ps 41,10: Verrat des Freundes, „der mein Brot aß“. Der Wehespruch über „jenen *Menschen*“ dürfte auch durch die Terminologie des Wortfeldes der treulosen Freunde des Gerechten beeinfluß sein; Verbindungen mit איש (ἄνϑρωπος) fallen auf: Ps 41,10; 55,14; Jer 20,10; 1QH 5,23f[69].

Die Orientierung des Wehespruchs (14,21b) an 9,31 wird in seiner wortspielartigen Fassung (jener Mensch – Menschensohn – jener Mensch) deutlich; es liegt wohl eine sekundäre Fortbildung des Maschal Jesu im Blick auf den Tod des Judas vor. Weherufe sind überdies im Zusammenhang der Traditionen vom leidenden Gerechten belegt[70].

Unter den zahlreichen Weherufen des sogenannten paränetischen Buches Henäth 92; 91,1–10.18f; 94–105 finden sich fünf (95,7; 96,8; 98,13.14; 100,7), welche das Motiv der *passio iusti* anklingen lassen, da von der gewaltsamen Unterdrückung des Gerechten, der Freude über die Drangsal der Gerechten, dem Außer-Geltung-Setzen der Worte der Gerechten, vom Peinigen und Verbrennen der Gerechten und der Verfolgung der Gerechten die Rede ist. 95,7 wird in der Strafandrohung begründend gesagt: „Denn ihr werdet dahingegeben und verfolgt werden!“ *L. Ruppert*[71] rechnet mit einer vom Verfasser der Mahnreden benutzten „Wehespruchsammlung“, die „für die Endzeit *Verfolgung und Martyrium der Gerechten*“ erwartet und den Feinden in einer der Skala der Verfolgung analogen „Eskalation“ die Bestrafung androht.

Der Wehespruch fügt sich im Horizont der Traditionen der *passio iusti* also unschwer dem Kontext ein[72].

---

[69] Vgl. *L. Ruppert*, Feinde 86–93. – 1QH V, 23 wird in der Klage des Gerechten ebenfalls auf Ps 41,10 angespielt!

[70] Vgl. *L. Ruppert*, Gerechte 137–140.

[71] Gerechte 139.

[72] *L. Schenke*, Studien zur Passionsgeschichte des Markus. Tradition und Redaktion in Markus 14,1–42 (fzb 4) (Würzburg 1971) 237ff, hat bei einseitig redaktionskritischer Orientierung den aufgewiesenen Zusammenhang gänzlich übersehen; ebenso *P. Hoffmann*, Herkunft 188–191.

c) Mk 14,21 im Kontext der vormk PG

Neben 14,62 bietet 14,21 die einzige Prophetie, die nicht vom Geschick, das der Menschensohn erduldet, sondern von seinem Handeln redet: er geht in den Tod. Der Menschensohn wird nicht nur von seinem Vertrauten, einem der Zwölf, verraten und ausgeliefert, vielmehr nimmt er bewußt und freiwillig (vgl. 14,32–42) das Todesleiden auf sich. Es dürfte kein Zufall sein, daß diese Ansage vor der Abendmahlsüberlieferung (14,22–25) plaziert ist, in der sein Sterben als stellvertretende Sühne für die Vielen gedeutet wird. Die Abendmahlstradition wird vom Kontext her eine Menschensohnüberlieferung[73]. Die Verbindung von Menschensohn und Gottesknecht, über die Brücke der Vorstellung vom Gerechten leicht vollziehbar, ist *hier*, aber auch nur hier, deutlich gezogen. Jesus ist nicht irgendein leidender Gerechter, sondern der die Sendung des Gottesknechts erfüllende Menschensohn.

6. Mk 14,41: die Auslieferung des Menschensohnes in die Gewalt der Sünder

Die letzte Leidensansage steht unmittelbar vor Beginn des mit der Verhaftung anhebenden letzten Stückes des Leidensweges Jesu. Mit 14,21 verbindet dieses Menschensohnwort nicht nur der Rückgriff auf 9,31, sondern auch die im Kontext erfolgende Identifizierung Jesu mit dem Menschensohn; vgl. zu 14,21 V. 18 (εἷς ἐξ ὑμῶν παραδώσει με), zu 14,41 V. 42 ἰδοὺ ὁ παραδούς με ἤγγικεν).

a) Zur Formulierung von 14,41

Die in V. 42 wiederholte (schon aus 10,33 bekannte) Aufmerksamkeitspartikel ἰδού leitet den Spruch ein[74], der 9,31 auf den Verrat des Judas bezieht und durch die Nennung der Sünder (τῶν ἁμαρτωλῶν), der Frevler, deutlich in den Horizont der Traditionen vom leidenden Gerechten einstellt.

Der ἁμαρτωλός = רשע ist „der *Widerpart* des ‚Gerechten‘ bzw. Frommen *schlechthin*“[75]. Von der Gewalt der Frevler sprechen Pss 36,12; 37,32f; 71,4; 82,4; 97,10, jeweils in Aussagen über die Rettung des Gerechten durch Gott.

---

[73] Vgl. den Beitrag von *C. K. Barrett* in diesem Band.
[74] Nach *P. Fiedler,* Formel 51 „erscheint Mk 14,41 als der genaue Beginn“ des 10,33 angekündigten Geschicks.
[75] *L. Ruppert,* Feinde 63; vgl. 65–71.

b) Mk 14,41 im Kontext 14,32–42.43–49

Vv. 41 f bilden die Brücke von der Getsemaniszene zur Verhaftungsszene. Dem Menschensohnspruch geht die Ansage voraus, daß die Stunde gekommen sei. Der Ablauf des Geschehens nach göttlich-schriftgemäßem Plan wird erneut angedeutet.

Die Getsemaniszene enthält deutliche Bezüge zur traditionellen Passionstheologie; vgl. zu V. 32: Pss 42,9f; 69,14; 109,4; auch 22,7; vgl. zu V. 34: Pss 42,6f.12; 43,5; zu V. 36: Ps 75,8f; vgl. zu V. 42: Pss 27,2; 38,12f. In der Verhaftungsszene vgl. zu V. 43: Ps 37,14f; Vv. 48f: Jes 53,12; V. 50: Pss 31,12; 88,9.19[76].

Der Menschensohnspruch 14,41 zeigt in seinem Kontext an der Schwelle zur Verhaftung Jesu besonders nachdrücklich an, daß er, der Menschensohn, bewußt, in Erfüllung des Willens des Vaters, in den Tod geht. Das Stichwort von den Händen der Menschen/Sünder wird V. 46 gewiß bewußt aufgegriffen (οἱ δὲ ἐπέβαλαν τὰς χεῖρας αὐτῷ).

c) Mk 14,41 im Kontext der vormk PG

Mit dem letzten Spruch vom Leiden, genauer: der Auslieferung des Menschensohns, der jetzt sachgemäß präsentisch formuliert ist, zeigt Jesus selbst den Beginn der Erfüllung seiner Prophetien (und zugleich der Schriften, vgl. V. 49) an. Die Stunde, die gekommen ist, ist die Stunde der Auslieferung, des Todes und der Auferstehung (die Nähe zur joh Theologie ist unverkennbar). Daß im Kontext der vormk PG von jetzt an die Anspielungen auf die Motive und Stichworte der *passio iusti* dichter werden, ist sachgemäß (weil das ab 14,43 ff geschilderte Geschehen – freilich mit durch den historischen Verlauf der besonderen Passion Jesu bedingten Ausnahmen! – eine extensivere Bezugnahme auf die Passionstheologie, insbesondere des Psalters, erlaubte). Rückblickend wird noch einmal klar, daß die erste Leidensprophetie (8,31) das der Passion im engeren Sinne vorausliegende Abweisungs- und Anfeindungsgeschick des Menschensohnes sachgemäß als Voraussetzung seines Todes zur Sprache brachte.

7. Mk 14,62: Erhöhung und Parusie des Menschensohnes

Die letzte Menschensohnprophetie der PG ist die Gerichtsandrohung an die Herrschenden, die Jesus zum Tode verurteilen. Im Rahmen der als passio iusti erzählten PG scheint dieses Wort besonders problematisch; es wird oft für eine

---

[76] Siehe auch zu V. 45: 2 Sam 20,9; Spr 27,6; zu V. 50: Zach 13,7; zu V. 53: Am 2,16.

späte Bildung gehalten – wie die Szene, in der es gesprochen ist. Es kann daher als Testfall der Erörterung einer einheitlichen Konzeption vom Leiden des Menschensohnes im Horizont der Theologie vom leidenden Gerechten dienen.

a) Zur Formulierung von 14,62

Der Menschensohnspruch ist nach der positiven Beantwortung der Hohenpriesterfrage als Gerichtsdrohung an die Mitglieder des Synedrions adressiert: ὄψεσθε. Ihnen, den Widersachern des Gerechten, wird der Triumph des Gerechten angesagt, den sie als ihr Gericht erleben werden; vgl. Wsh 5,2; auch Jes 52,15; TestBenj 10,6). Als Triumph des Menschensohnes ist es der „auf dem Thron seiner Herrlichkeit" (Henäth 62,3.5; vgl. auch Dan 7,9). Daß vom „Sitzen zur Rechten" die Rede ist, entspricht der Vorstellung von der Erhöhung des leidenden Gerechten und des Märtyrers zur Rechten Gottes. Die *sessio ad dexteram* ist der Lohn für besonders Gerechte, für Märtyrer unmittelbar nach ihrem Tod; als Platz des Menschensohns entspricht sie seiner Richterfunktion[77].

Nach TestIjob 33,3 hat Ijob, der nach 1,5 „in jedes Leid geraten" ist, nach 41,3 als „gerecht" gilt, nach 4,10 als Märtyrer den Siegerkranz erwartet, der in 32,2–12 neunmal gefragt wird: „Wo ist nun deines Thrones Pracht?" seinen Thron „zu des Vaters Rechten", im Himmel (41,4)[78]. Hermas vis III, 1,9–III,2 erfährt, daß der Thron zur Rechten für die Märtyrer reserviert ist: μόνον ἐκεῖνοι ἐκ δεξιῶν κάθηνται καὶ ἔχουσιν δόξαν τινα. Apk Elias 37,3f wird im Stil prophetischer Rede als Gottesspruch über die Märtyrer verkündet: „Ich lasse sie zu meiner Rechten sitzen." TestBenj 10,6 setzt – wie die Nennung Henochs belegt – die Auferstehung (ἀνισταμένους) der Gerechten Henoch, Noah, Sem, Abraham, Isaak und Jakob „zur Rechten" (ἐκ δεξιῶν) voraus und kündigt ihr Erscheinen an (τότε ὄψεσθε). Die sessio ad dexteram des Menschensohnes dürfte also sowohl von seinem Geschick als des leidenden Gerechten als auch von seinem angestammten Platz als Gerichtsfunktionär Gottes bestimmt sein, zumal schon im „Diptychon" Wsh 2,10–20; 5,1–7 „der verherrlichte Zustand und das eschatologische Auftreten des von Gott heimgesuchten getöteten Gerechten (vgl. Weish 2,20), vor allem seine Konfrontation mit den ehemaligen Peinigern in Farben beschrieben wird, die sehr stark an die Beschreibung des vom Menschensohn durchgeführten Endgerichts in Hen 62f erinnern"[79]. Eine einfache Herleitung der Aussage von Mk 14,62 von Ps 110,1 her erweist sich demgemäß als irreführend und eine traditionsgeschichtliche Aufsplitterung des Wortes als unangemessen. Vielmehr kann die Authentie des Wortes neu zur Diskussion gestellt werden, zumal, wenn auch die Davidssohnfrage (Mk 12,35–37) auf Jesus zurückgeführt werden kann[79a] und schon in den Rahmen der vormk PG gehören sollte.

---

[77] Vgl. die Zusammenstellung der Belege aus Henäth bei *H. R. Balz*, Probleme 109.

[78] Vgl. *D. Rahnenführer*, Das Testament des Hiob und das NT, in: ZNW 62 (1971) 68–93, 81, 83f.

[79] *L. Ruppert*, Jesus 69; vgl. auch 70.

[79a] Vgl. dazu *F. Neugebauer*, Die Davidssohnfrage (Mark XII, 35–37 parr.) und der Menschensohn, in: NTSt 21 (1974/75) 81–108.

Daß *der Menschensohn* als der leidende Gerechte nach seiner Erhöhung bzw. Auferweckung zur Rechten Gottes als Richter erscheint, ist unproblematisch. In unserem Zusammenhang darf aber noch auf die Ausführungen *I. Broers*[80] über „das Gericht der Gerechten" hingewiesen werden; die Erwartung trifft auf *den Gerechten* a fortiori zu.

Nach *K. Berger*[81] „läßt sich beobachten, daß Messias und Menschensohn deutlich einander angenähert werden, und zwar so, daß der Messias wesentlich als der zukünftige Richter dargestellt wird; symptomatisch ist die Beziehung von Dan 7 auf den Messias in dem von Justin in Dial. 32,1 verarbeiteten jüdischen Material und die Aussage der äthiopischen Esra-Apokalypse (p. 192), Gott habe den Davididen ‚zur Rache aufgehoben', die am Ende sein werde". Vgl. auch Röm 8,34. Auch für *M. Hengel* steht fest, „daß in den wenigen jüdischen Zeugnissen vom ‚Menschensohn' dieser immer auch mit dem Messias identifiziert werden kann"[82]. Den eindrucksvollen Nachweis der Übertragung von Zügen der Menschensohntradition auf den Ben David hat *K. Müller*[83] erbracht. Für die Auslegung des Throns des Menschensohns–Messias aus Dan 7,9 hat er auf bChag 14a (par bSanh 38b) aufmerksam gemacht. Die Abfolge von Hohepriesterfrage und Antwort Jesu ist also auch in dieser Hinsicht unproblematisch.

Die Umschreibung des Gottesnamens durch den Hinweis auf die „Allmacht" (δύναμις–*geburah*) ist ein Zeichen alter, der vorausgesetzten Situation angepaßter Formulierung. Die Zitierung von Dan 7,13 nimmt dem Hinweis auf den Sohn des Menschen *(bar'ānaša)* die Zweideutigkeit: Jesus spricht nicht (nur) von dem Menschen, der er ist, von sich selbst, sondern von sich als *Menschensohn–Richter*. Überdies ist der Hinweis auf Dan 7,13 im Horizont der aufgewiesenen, auf dem Boden von Dan 7 entstandenen Traditionen vom Gericht der Gerechten und des Märtyrerpropheten nur konsequent: Jesus, der sich auf die Frage des Hohenpriesters hin als Christus bekennt, ist der Gerechte, der Men-

---

[80] Das Ringen der Gemeinde um Israel. Exegetischer Versuch über Mt 19,28; in diesem Band. Vgl. auch *K. Berger*, Zum Problem der Messianität Jesu, in: ZThK 71 (1974) 1–30, 18–21; *C. H. W. Brekelmann*, The Saints of the Most High and their Kingdom, in: Oudtest Stud 14 (1965) 305–329; *O. Michel*, Der Menschensohn, in: ThZ 27 (1971) 81–104, 95f, der besonders auf TestAbr 11,2ff aufmerksam macht, wo Abel, der ben adam = Menschensohn, als Richter eingeführt wird: „Ihn brachte Gott an diesen Ort, zu richten." Abel konkurriert hier mit Henoch, „dem Lehrmeister für Himmel und Erde, dem Schreiber der Gerechtigkeit". – Daß die eschatologisch messianischen Gestalten in Apk 11; Apk Elias 35 und anderen Texten nach Martyrium und Auferweckung von ihren Feinden gesehen werden (Apk 11,12d: καὶ ἐθεώρησαν αὐτοὺς οἱ ἐχθροὶ αὐτῶν; Apk Elias 35,18: „die ganze Welt schaut sie"), zeigt, daß auch sie Gerichtsfunktion übernehmen. Apk 11,13 wird das – im Kontext des Buches – in einem Teil-Gericht zum Ausdruck gebracht, deutlicher in Apk Elias 35,17: „Wir legen ab des Körpers Fleisch und töten dich, dir aber ist's nicht möglich, an jenem Tag zu reden." [81] Zum Problem (s. Anm. 80) 20f.

[82] Christologie und neutestamentliche Chronologie, in: Neues Testament und Geschichte. Festschr. O. Cullmann (Tübingen 1972) 43–67, 53 mit Anm. 33.

[83] Menschensohn und Messias, Religionsgeschichtliche Vorüberlegungen zum Menschensohnproblem in den Evangelien, in: BZ, NF 15 (1971) 161–187 u. 16 (1972) 52–66, bes. 57f. – Vgl. auch *U. B. Müller*, Menschensohn (s. Anm. 99).

schensohn. Neben 9,31 (erste Hälfte) könnte auch 14,62 auf Jesus zurückgehen, wofür in diesem Rahmen freilicht nicht der Nachweis geführt werden kann, weil er eine einläßlichere Analyse der Verhörszene voraussetzt.

b) Mk 14,62 im Kontext Mk 14,53.55–64

Daß das Verhör Jesu vor dem Hohen Rat stark von der Tradition vom leidenden Gerechten eingefärbt ist, hat zuletzt *J. Gnilka*[84] gezeigt.

Über seine Beobachtungen hinaus kann zusammenfassend auf folgende Züge aufmerksam gemacht werden: Das Zusammenkommen der Herrschenden gegen den Gerechten[85], die Versammlung seiner Gegner (V. 53): Ps 22,13.16; 31,14: 68,31 86,14; auch Ps 2,2; das Vernichtungs- bzw. Tötungsstreben der Feinde (V. 55)[86] Ps 22,17ff; 37,32 (Ψ36,32: κατανοεῖ ὁ ἁμαρτωλὸς τὸν δίκαιον καὶ ζητεῖ τοῦ θανατῶσαι αὐτόν); 54,5; 86,14; 109,16; zu dem ζητέω entsprechenden Begriff εὑρίσκω vgl. auch Ψ 16,3 (οὐχ εὑρέθη ἐν ἐμοὶ ἀδικία); das Auftreten der Falschzeugen[87] (Vv. 56.57.59): Ps 27,12; 31,19; 35,11; 37,12; 109,2; beachtlich ist, daß Jesu Gegner mit dem Begriff ψευδομαρτυρέω, der aus dem Dekalog stammt (Ex 20,16; Dt 5,20), als Frevler (ἁμαρτωλοί) gekennzeichnet werden[88]; vgl. auch die Charakterisierung der Feinde des Frommen, die Lüge reden[89]: Pss 5,7; 58,4; 63,12; 101,7 u.a.; signifikant ist überdies der Ausdruck der Feindschaft und des Vernichtungswillens im wiederholten κατὰ τοῦ Ἰησοῦ (αὐτοῦ) in Vv. 55–57; die Feinde sind die, die sich *gegen* den Gerechten erheben[90]; zum Schweigen des Gerechten (Vv. 60f): Ps 38,14f; 39,10; Jes 53,7.12; zum Stichwort καταμαρτυρέω, das die Verfänglichkeit der Frage des Hohenpriesters V. 61 andeutet, vgl. Susanna 21.42.49. Zur Verspottung (V. 65) siehe oben zu 10,32–34.

Über „diese auch sonst in der Leidensgeschichte Jesu greifbare allgemeinere Topik vom leidenden Gerechten" hinaus sieht *L. Ruppert* im ursprünglich aramäischen Diptychon Wsh 2,12–20; 5,1–7 den klassischen Text, der „die Gestaltung der vormarkinischen Verhörszene maßgeblich beeinflußt haben dürfte"[91].

Die überragende Bedeutung dieses Textes dürfe nicht unterschätzt werden. „Wie der Übersetzer des ‚Diptychons', das heißt der Autor der Sapienta, die Bezugnahme des Stückes auf Jes 53 erkannt hat (er übersetzt ein vermutliches *'aebaed jahwaeh* in Weish

[84] Die Verhandlungen vor dem Synhedrion und vor Pilatus nach Markus 14,53 – 15,5, in: EKK-Vorarbeiten, H. 2 (Zürich – Neukirchen 1970) 5–21, bes. 11f. *Gnilkas* Schlußfolgerungen sind u.a. deshalb unhaltbar, weil die Einwirkung der Leidenspsalmen in anderen Teilen der PG ebenso deutlich ist.

[85] Vgl. *L. Ruppert*, Feinde 83ff, 134ff.

[86] Vgl. *ebd.* 118ff, auch zur Bedeutung des Stichworts ζητέω – בקשׁ pi.

[87] Vgl. *ebd.*, 48ff, 132ff.

[88] Zur Auslegungsgeschichte des Verbots, als falscher Zeuge aufzutreten, und seiner Bedeutung in der Weisheitsliteratur vgl. *K. Berger*, Die Gesetzesauslegung Jesu. Ihr historischer Hintergrund im Judentum und im AT. Teil I: Markus und Parallelen (WMANT 40) (Neukirchen-Vluyn 1972) 332–343.

[89] Vgl. *L. Ruppert*, Feinde 48ff. [90] Vgl. ebd. 13ff. [91] *L. Ruppert*, Jesus 55f.

2,13 analog Jes 52,13 LXX mit παῖς κυρίου: Knecht des Herrn), so wird auch schon der palästinensische Verfasser der vormarkinischen Verhörszene diese Bezugnahme auf den deutero-jesajanischen Gottesknecht erkannt haben."[92]. Der in Wsh 2,13 eingeführte Knecht Jahwes, der Gerechte (2,12.18; 5,1), wird 2,18 (vgl. 5,5) „Sohn Gottes" genannt. *Ruppert* hält für möglich, daß der vormk PG in 14,61f dieselbe Identifikation vorschwebt, wozu dann freilich noch die Verschmelzung mit dem Menschensohn kommt, die über Wsh 5,1f (s.o. a) durchaus möglich war.

Nun fallen aus dem Netz der durch das Theologumenon vom leidenden Gerechten gegebenen und zur Inszenierung des Verhörs vor dem Hohen Rat benutzten Züge sowohl das Tempellogion wie die Messiasfrage des Hohenpriesters und Jesu Antwort, welche seine Verurteilung zum Tod begründet, heraus. Hier haben wir gewiß mit historischen Vorgaben zu rechnen, aber deren Zusammenhang mit Prophetentraditionen darf nicht außer acht bleiben.

In V. 64 klingt Jer 26,11 an; doch ist Jesu Tempelwort nicht Grund seiner Verurteilung. Wichtiger ist die Weiterentwicklung der jeremianischen Märtyrerlegende in ParJer 9,18ff, wo Jeremia wegen einer Gottesvision gesteinigt werden soll, wobei gleichzeitig auf die Märtyrerlegende des Jesaja verwiesen wird (Vv. 19f: „Als Jeremia also redete, daß Gottes Sohn in dieser Welt erschiene, da ward das Volk erzürnt und sprach: Dies sind des Amossohns Isaias Worte wieder, der sagt: ‚Ich habe Gott gesehen, und zwar Gottes Sohn'!").

AscJes ist in der Märtyrerlegende Jesajas Manasse als „Verfolger der Gerechten" (2,5), als satanischer Widersacher (2,1) des Propheten geschildert[93]. Nach 3,6 weissagt Jesaja gegen Jerusalem, nach 3,8f beansprucht er „mehr als Moses, der Prophet", nämlich eine Gottesvision, derentwegen er u.a. verklagt wird. Nach 5,7 stirbt er, „in ein Gesicht des Herrn versunken". Besondere Beachtung verdient auch das Martyrium des Stefanus Apg 6–8, der wegen seiner Rede wider den Tempel (und das Gesetz) angeklagt und wegen seiner Vision gesteinigt wird. Vgl. auch den Vorwurf gegen Paulus Apg 21,28 und die Reaktion auf seine Visionsschilderung 22,22ff. Im Zusammenhang der Beanspruchung von Visionen und deren Wertung als todeswürdiger Blasphemie gewinnt im Blick auf Mk 14,62ff auch Wsh 2,13 noch einmal Gewicht: Der Gerechte „rühmt sich, die Erkenntnis Gottes zu besitzen, und nennt sich Knecht des Herrn". Auf dem Boden dieses Wortes und der prophetischen Märtyrertraditionen wird klar, daß Jesus wegen seines Menschensohnwortes, mit dem implizit eine Gottesvision beansprucht wird, verurteilt wird[94].

Daß im Prozeß Jesu der Vorwurf der Gesetzlosigkeit, der gegen das Gesetz gerichteten Lehre nicht erhoben wird, könnte mit der Konzeption der PG in der gesetzestreuen Jerusalemer Urgemeinde zusammenhängen, die diesen Vor-

---

92 Ebd. 54.

93 2,12ff ist die Tradition vom gewaltsamen Geschick der Propheten aufgenommen; zur Forschungsgeschichte vgl. *O. H. Steck*, Israel 245–247.

94 Vgl. auch *F. H. Borsch*, Mark XIV.65 and I.Enoch LXII.5, in: NTSt 14 (1967/68) 565f.

wurf, der von den Konflikten Jesu her zu erwarten war, nicht überlieferte. Vielleicht ist auch Wsh 2,12 inspirierend, wo umgekehrt der Gerechte denen, die ihm auflauern, mit seinem Vorwurf von „Vergehen gegen das Gesetz" unbequem wird und „im Weg steht".

c) Mk 14,62 im Kontext der PG

Als Antwort auf die Frage des Hohenpriesters, ob Jesus der Christus, der Sohn des Hochgelobten sei, rückt das letzte Menschensohnwort in besondere Beziehung zu Mk 8,27–30(+31) und 9,2–13 und damit auch zu den dort verarbeiteten Traditionen. Die Ansage der *sessio ad dexteram* setzt im Kontext der PG die Auferstehungsweissagungen (8,31; 9,31; 10,34) voraus, könnte überlieferungsgeschichtlich jedoch zu deren Vorgaben zählen. Mit 16,1–8 als dem Schluß der vormk PG ist auch diese Ansage als erfüllt zu betrachten: Jesus wurde zur Rechten Gottes auferweckt. Auf die Parusie des Menschensohnes wartet die Gemeinde, die als ihre Gründungslegende die PG erzählt und Israel aufgrund des sühnenden Sterbens Jesu vor seinem Kommen nochmals zur Umkehr rufen darf. Sie tut es in der Autorität des Menschensohnes durch die Weiterverkündigung seiner Botschaft im Mund der von ihm gesandten Boten (Überlieferung der Logienquelle neben der PG).

8. Die Menschensohnworte und die Traditionen vom leidenden Gerechten, vom gewaltsamen Geschick der Propheten, von Martyrium und Auferweckung messianisch-eschatologischer Propheten und vom leidenden Gottesknecht in der vormk PG

Die Einwirkung der Motive und Stichworte des Theologumenons vom Leiden und der Rechtfertigung des Gerechten auf andere als die bislang behandelten Teile der vormk PG kann in unserem beschränkten Rahmen nicht mehr aufgewiesen werden[95]. Als Ergebnis einer diesbezüglichen Analyse kann aber festgehalten werden: Durchweg gehören die Anspielungen auf die *passio iusti* der Traditionsstufe der Bildung der vormk PG selbst an; sie sind im ganzen nicht in älteren, der PG vorausliegenden Traditionen enthalten und – sieht man von

[95] Wenig ergiebig ist die Studie von *E. Flesseman-van Leer*, Die Interpretation der Passionsgeschichte vom Alten Testament aus, in: Zur Bedeutung des Todes Jesu (Gütersloh [3]1968) 79–96; ebenso *A. Suhl*, Die Funktion der alttestamentlichen Zitate und Anspielungen im Markusevangelium (Gütersloh 1965) 26–66; für die Sichtung von Material immer noch beachtenswert *K. Weidel*, Studien über den Einfluß des Weissagungsbeweises auf die evangelische Geschichte, in: ThStK 83 (1910) 83–109; 163–195; 85 (1912) 167–286; *F. K. Feigel*, Der Einfluß des Weissagungsbeweises und anderer Motive auf die Leidensgeschichte (Tübingen 1910).

der isolierten Spitzenaussage 9,31 (erste Hälfte) sowie von 14,62 ab – keinesfalls auf Jesus selbst zurückführbar; Jesus hat die Erfassung seines Geschicks durch die Motive und Stichworte, durch die Theologie der passio iusti nicht breit angestoßen. Nur die Menschensohnworte, deren Rückführung auf Jesus diskutiert werden kann (9,31: erste Hälfte; 14,62), kommen als Anlaß dafür in Frage, weil sie in den Horizont der *passio iusti* leicht einbezogen werden können. Wichtiger scheint Jesu Geltung als Menschensohn selbst gewesen zu sein.

Die Tradition vom gewaltsamen Geschick der Propheten kommt innerhalb der vormk PG in 12,1–12 zur Geltung. Doch wird Jesus als der letzte Bote, der geliebte Sohn, deutlich aus der Reihe der gottgesandten Propheten herausgenommen. Wenn man davon ausgehen darf, daß Jesus selbst ein Vor-Verständnis seines Todes, seine Todeserwartung im Horizont der dtr Prophetentradition formuliert hat, ist um so bemerkenswerter, daß diese Tradition auf die Konzeption der vormk PG nur am Rande eingewirkt hat: in der Verwerfungsaussage 8,31 (weniger deutlich 9,12); in den Tötungsaussagen des Kontrastschemas kann sie nur indirekt mitgehört werden, da der *Kontrast* von Tötung und Auferweckung nicht zu ihr, sondern eher zur Theologie der passio iusti und zur Tradition vom Geschick messianisch-eschatologischer Propheten gehört. Zweifellos ist der überlieferten Gemeinde von Anfang an klar: Jesus ist mehr als ein Prophet, er ist der Menschensohn.

Die Tradition von Martyrium und Auferweckung messianisch-eschatologischer Propheten ist außer Mk 9,11–13 noch in Mk 8,27–30 angesprochen (vgl. außerhalb der PG 6,14–16 im Rahmen des Martyriums des Täufers 6,14–29). Im Unterschied zur Deutung des Geschicks des wiedergekommenen Elija = Johannes ist sie zur Erfassung des Geschicks Jesu nicht aufgegriffen worden[96]; in der vormk PG fehlt das für die genannte Tradition charakteristische Widersacher- bzw. Antichristmotiv. In Mk 9,2–13 wird das Geschick Jesu *als das Geschick des Menschensohnes* gerade vom Geschick des Täufers als des wiedergekommenen Elija abgehoben und unterschieden. Diese Unterscheidung regt aber die Nachfrage an, warum die Passion Jesu als die Passion des Menschensohnes erfaßt wird und ob die Unterscheidung Jesu von Johannes dem Täufer damit in irgendeiner vermittelten Beziehung steht. Diese Frage wird uns noch abschließend (Teil II) kurz beschäftigen müssen.

Die Tradition vom Gottesknecht (in der Verfolgung des Propheten und passio iusti bereits vereinigt sind) schließlich, die kaum in Mk 9,31 (und sonst nur über das „Diptychon" und mögliche Stichworte indirekt) einwirkt, ist in der Abendmahlsüberlieferung Mk 14,22–25 von zentraler Bedeutung. Sowohl das

[96] *Insofern* sind meine Ausführungen in: ThQ 153 (1973) 223–225 zu korrigieren.

Menschensohnwort wie die Abendmahlsworte haben als der Bildung der PG vorausliegende, auf Jesus selbst zurückgehende Überlieferungen zu gelten. Um so bemerkenswerter erscheint deshalb auch im Blick auf diese Vorgaben, daß die PG nicht ausdrücklich und reflektiert als die Passion des Gottesknechtes erzählt wird[97]. Sollte nicht auch dies – wie der zu den übrigen Traditionen skizzierte Befund – darauf hinweisen, daß für die Erfassung des Geschicks Jesu von Anfang an Jesu Identifizierung mit dem Menschensohn maßgebend war? Sofern Mk 9,31 (erste Hälfte) ein Maschal Jesu vorliegt und Mk 14,62 ebenfalls als authentisch gelten kann, hätten wir in diesen Worten die wichtigsten Vorgaben, welche die Passion Jesu als Passion des Menschensohnes erzählen ließen, zu deren „Illustration" dann auch nur die Motive der *passio iusti* in Frage kamen. Denn der Menschensohn ist *der Gerechte*[98].

Henäth 38,2; 53,6; vgl. 71,14.16 wird der Menschensohn als „der Gerechte" tituliert. Gerechtigkeit ist einer der wichtigsten Wesenszüge des Menschensohnes[99]. Nach Jes 53,11 ist auch der Gottesknecht „gerecht" und macht viele gerecht; die Deutung des Knechtes von Jes 52,13 auf den Gerechten ist alt. Wenn auch unter den Aussagen über den Ebed Jahwe, die auf den Menschenähnlichen in den Bilderreden des äthiopischen Henochbuches übertragen wurde, die Leidensaussagen fehlen[100], so kann für die Ausgestaltung der Passion des Menschensohnes die Rückerinnerung an Jes 53 – freilich bei Einordnung in die *passio iusti* – nicht ausgeschlossen werden. Der Gerechte des „Diptychons" Wsh 2,12–20; 5,1–7 trägt Züge des Gottesknechtes und des Menschensohns. Schließlich kann auch nicht übersehen werden, daß der Menschensohn aus Dan 7,13 in „den Heiligen des Höchsten" nach V. 25 „ausgeliefert" wird und daß die Traditionen von Leiden und Auferstehung prophetisch-messianischer Gestalten im Horizont von Dan 7 ausgebildet worden sind.

Daß die *Passion des Menschensohnes* durch die Motive und Stichworte der passio iusti illustriert wird, wird schließlich – unter Voraussetzung der Vorgabe wichtiger Menschensohnaussagen – auch noch durch deren historisch-fakti-

---

[97] Der Versuch von *C. Maurer*, Knecht Gottes und Sohn Gottes im Passionsbericht des Markusevangeliums, in: ZThK 50 (1953) 1–38, die mk PG durchgängig von Jes 53 her zu verstehen, hat sich mit Recht nicht durchsetzen können. Vgl. *J. Roloff*, Anfänge 42.

[98] Außer Apg 22,14 beziehen sich alle ntl. Stellen, in denen Jesus als Gerechter verstanden bzw. tituliert wird, auf sein Leiden (Mt 27,19; Lk 23,47; Apg 3,14; 7,52; 1 Petr 3,18; 1 Joh 2,1). Das spärliche Vorkommen erklärt *E. Schweizer*, Erniedrigung 50, zu Recht damit, „daß Jesus sich selbst und die Gemeinde ihn nie einfach als einen der vielen Gerechten angesehen hat, sondern immer als den, der den Weg aller leidenden Gerechten zusammenfassend zu Ende ging und vollendete. Eben das war mit dem ungewohnteren und die eschatologische Rolle stärker einschließenden Begriff des Menschensohnes besser anzudeuten."

[99] Vgl. *E. Sjöberg*, Der Menschensohn im äthiopischen Henochbuch (Lund 1946) 120; *U. B. Müller*, Messias und Menschensohn in jüdischen Apokalypsen und in der Offenbarung des Johannes (StNTG) (Gütersloh 1972) 39, 45.

[100] Vgl. *E. Sjöberg* 121–128; *M. Rese*, Überprüfung einiger Thesen von *Joachim Jeremias* zum Thema des Gottesknechtes im Judentum, in: ZThK 60 (1963) 21–41,29; auch *J. Jeremias* in: TLZ 74 (1949) 406; *C. Colpe* in: ThWb VIII, 428.

schen Verlauf bedingt sein, für deren Stationen eben die Traditionen vom leidenden Gerechten im Psalter und im „Diptychon" Wsh 2,12–20; 5,1–7 (mehr als Jes 52,13 – 53,12) die entsprechenden Topoi boten. Die anspielende Art der Schriftverwendung entspricht nicht zuletzt der überbietenden Schrifterfüllung in der *Passion des Menschensohnes.*

II. JESUS UND DER LEIDENDE MENSCHENSOHN

Bei der Behandlung zweier Logien, Mk 9,31 und 14,62 ist die Frage akut geworden, ob die Worte auf Jesus zurückgehen. Damit ist zugleich die Frage aufgeworfen, ob die Deutung des Geschicks Jesu als das Geschick des Menschensohnes in der vormk PG durch Jesus selbst inauguriert ist. Zu dieser Frage sollen hier nur noch wenige Hinweise gegeben werden.

1. Eine neue Wende der Forschung?

In unserem Zusammenhang verdient „die zwingende Folgerung" der wichtigen Untersuchung von *K. Müller*[101] Beachtung, „daß der Menschensohn zur Zeit Jesu gar nicht mehr jenes ‚präexistente Himmelswesen' gewesen sein kann, von dem aus man allein zu jenen syn Sprüchen eine direkte Brücke zu finden wähnte, die vom zukünftigen Wirken des Menschensohnes reden", daß vielmehr die Worte vom Erdenwirken des Menschensohns „erheblich begründetere Anspruch auf Ursprünglichkeit" haben und gilt: „*Wenn irgendwo bei christologischen Hoheitsaussagen, kann bei syn Worten vom irdischen Menschensohn damit gerechnet werden, daß sie Bestandteile der Verkündigung Jesu sind.*" Stellt man zudem in Rechnung, daß zur Zeit Jesu „in jedem Falle ein ganzer Fächer parallel möglicher Menschensohnvorstellungen religionsgeschichtlich denkbar ist", so wird man die Möglichkeit, daß Jesus mit Mk 9,31 und 14,62 (auch Lk 12,8f) von sich als dem Menschensohn gesprochen hat, über Müllers Andeutungen, der die Leidensaussagen für wenig ursprünglich zu halten scheint, hinaus neu erwägen dürfen. Gerade nach Müllers Untersuchung verdient die Frage, in welchem Horizont – bei Jesus war es nicht der national-politische! – Menschensohntraditionen aufgenommen und interpretiert werden, sorgfältigere Beachtung. Man wird a priori eine Übertragung von Elementen

---

[101] Menschensohn 66. Vgl. auch *U. B. Müller,* Menschensohn.

der Menschensohntradition und des Decknamens Menschensohn selbst in andere als die national-messianische Ben-David-Konzeption nicht ausschließen dürfen[102]. Geht man nicht von der unrealistisch-zwanghaften Vorstellung aus, mit christologischen Traditionen seien stets fixierte Rollen verbunden, und würdigt man die schöpferische Freiheit und Kraft großer Gestalten der Religionsgeschichte, so wird man die Erwägung *L. Rupperts* unvoreingenommen prüfen: „Einer schöpferischen religiösen Persönlichkeit wie Jesus ist eine ... Harmonisierung verschiedener (prophetischer und apokalyptischer) Traditionen durchaus zuzutrauen", auch wenn man der konkreten Hypothese Rupperts, wonach Jesus sich „als leidenden Gerechten *und* leidenden Propheten begriff, wobei er seine in oder nach dem Tode erwartete *Verherrlichung als Erhöhung*, und zwar in der Einsetzung *zum* eschatologischen *Menschensohn* verstanden haben kann"[103], ohne Modifikation nicht teilen kann. Das Theologumenon vom leidenden Gerechten hat Jesus selbst, soweit wir sehen, höchstens in einer Spitzenaussage wie Mk 9,31 aufgegriffen; mit ihm erfaßt die frühe Gemeinde den Weg seiner Passion. Sie konnte dies freilich tun, weil *der Menschensohn*, als der Jesus in den Tod ging, der „Gerechte", der Exponent der Gerechtigkeit ist; auch weil sich das Geschick des leidenden Propheten, an dem sich Jesus in eschatologischer Überbietung maß, wie das Geschick des Gottesknechtes, in dessen Licht Jesus seinen Tod wenigstens beim Abendmahl deutete, mit dem Leiden des Gerechten leicht verbinden ließen. Was den Weg Jesu aber auszeichnete, ist die *Passion des Menschensohnes*.

2. *Jesus und der Menschensohn*

Sofern der Bekenner- und Verleugnerspruch (Lk 12,8f) Jesus nicht abgesprochen werden kann und eine Gleichsetzung Jesu mit dem Menschensohn impli-

---

[102] Auch die Thematik der passio iusti unterlag, wie *L. Ruppert*, Jesus 29 beont, bei sich durchhaltender Terminologie bei verschiedener *Wertung* „durch den beziehungsweise die ‚leidenden Gerechten' selbst wie durch seine beziehungsweise ihre Gesinnungsfreunde" eine beachtliche Wandlung! – Beachtung verdienen auch die Hinweise von *H. R. Balz*, Probleme 111f.

[103] Jesus 75. Vgl. auch *L. Goppelt*, zum Problem des Menschensohns, in: Christologie und Ethik (Göttingen 1968) 66–78, 73; „Jesus hat nicht ein fertiges Menschensohnbild seiner Umwelt auf sich übertragen; dies hätte seiner Denkweise widersprochen. Sie läßt nur erwarten, daß er aus bereitliegendem Material ein eigenständiges gestaltete." Ferner *C. Colpe*, Der Begriff „Menschensohn" und die Methode der Erforschung messianischer Prototypen, in: Kairos, NF (1969) 241–263 u. 12 (1970) 81–112, 112 mit dem Hinweis auf „das linguistische Gesetz", „daß da, wo symbolisiert wird, auch ein Neuansatz in der Begriffsbildung erfolgt. Dies wirft die Frage auf, ob dasselbe auch in der Prophetie Jesu geschehen sein kann, die jedenfalls darin mit der jüdischen Apokalyptik vergleichbar ist, daß sie gleich starke sprachliche Kräfte erzeugte."

ziert, sofern der Spruch überdies in eine Verfolgungssituation (Jesu und seiner Anhänger zu Jesu Lebzeiten) gehört, schließt auch dieses Menschensohnwort nach Jesu Erwartung das Leiden und die Erhöhung des Menschensohnes mit ein[104], wovon Jesus in Mk 9,31 und 14,62 je unter eigenem Aspekt unabhängig spricht.

Wenn der historische Jesus seine Anhänger mit dem Bekenner- und Verleugnerspruch in einer Verfolgungssituation mahnt, so kann nur eine auch Jesus selbst betreffende Verfolgungssituation angenommen werden. Das bedeutet: Jesus mußte auch sein eigenes Geschick reflektieren – und alles spricht dafür, daß er seine eigene Rechtfertigung (seine Auferweckung, Erhöhung) voraussetzt. Als der Gerechte, der zum Heilskriterium wird, hat er die Funktion des Menschensohnes übernommen, ist er der Menschensohn, der nach seiner Erhöhung als Richter fungiert.

Sofern Jesus sein Geschick als das gewaltsame Prophetengeschick nicht zuletzt auch im Blick auf die Hinrichtung Johannes' des Täufers erfaßte, sofern ferner die Traditionen über Leiden und Auferstehung messianisch-prophetischer Gestalten mit Elija–Johannes verknüpft waren und zur Reflexion von Person und Geschick Jesu Anlaß boten, kann nicht außer Betracht bleiben, inwieweit schließlich Jesu Selbstverständnis als Menschensohn durch die geschichtliche Situation seines Auftretens nahegelegt war. Hatte Jesus seine Mission als Jünger Johannes' des Täufers begonnen, der sich als Gottes letzten Boten, als eschatologischen Umkehrprediger in der Situation des endzeitlichen Abfalls Israels wußte, so mußte Jesus sein Selbstverständnis *als letzter Bote nach dem letzten Boten* im Blick auf Johannes, den wiedergekommenen Elija, reflektieren. Hatte Johannes in brennender Naherwartung als den kommenden Stärkeren den Menschensohn angekündigt[105], so war für Jesus eine Verhältnisbestimmung zum Menschensohn geradezu unausweichlich, zumal Jesu „gottunmittelbares" Selbstverständnis keine Mediatisierung und die Dominanz seiner Heilsverkündigung keine Konzentration auf das Zorngericht des Menschensohns mehr zuließ. Der Bekenner- und Verleugnerspruch – auch er spiegelt in der Voranstellung der positiven Aussage die Präponderanz der Heilsverkündigung Jesu! – legt alles Gewicht auf die heilsentscheidende Autorität Jesu. Wenn Jesus zwischen sich und dem Menschensohn unterscheiden wollte, hätte er die ganze Autorität des Menschensohns auf sich gezogen. Wozu dann aber noch

---

[104] Eine Untersuchung von Lk 12,8f hoffe ich in absehbarer Zeit vorlegen zu können. Vgl. in diesem Band die Beiträge von *A. J. B. Higgins* und *W. G. Kümmel*. – Vgl. auch *L. Goppelt*, Problem 75, der fragt: „Wenn Jesus demnach von sich als dem gegenwärtigen und zukünftigen Menschensohn geredet hat, mußte er dann nicht in der Leidensankündigung andeuten, wie aus dem gegenwärtigen der zukünftige wird?"

[105] So mit beachtlicher Begründung *J. Becker*, Johannes der Täufer und Jesus von Nazareth (BiblSt 63) (Neukirchen-Vluyn 1972) 35–37. Vgl. auch *F. Neugebauer* (s. Anm. 79[a]).

eine Unterscheidung?[106] Liegt nicht eine intendierte (wenn auch verhalten – wie mit dem Decknamen Menschensohn kaum anders passend – angedeutete) Identifizierung näher?

Der Schritt von Lk 12,8f zu Mk 14,62 ist klein und unter den vorausgesetzten Annahmen für Jesus leicht gangbar. Jedoch, da bereits Lk 12,8f in die Situation der Verfolgung, und zwar auch Jesu selbst, gehört, wird man auch den Maschal „Des Menschen Sohn wird ausgeliefert in die Gewalt der Menschen" (Mk 9,31) Jesus zutrauen dürfen[107]. Die *Passion des Menschensohnes* war von Jesus selbst angesagt; von der Urgemeinde wurde sie im Licht der *passio iusti* erzählt.

---

[106] *K. Müller*, Menschensohn 174, resumiert seine Untersuchung zu Henäth: „Die sich im Verlauf des langen Wachstumsprozesses der Bilderreden niederschlagende Vielzahl zielstrebiger Versuche, gänzlich divergente, irdische Acteure des endzeitlichen Dramas mit dem *himmlischen* Menschensohn in Kontakt zu bringen, spricht entschieden für die Resonanz, welche der Glaube an dessen endzeitliches Tätigwerden im Judentum des letzten Jahrhunderts v. Chr. besaß: man sah nicht am Menschensohn vorbei, sondern war gezwungen, ihn zu integrieren."

[107] Vgl. auch *L. Goppelt*, Theologie I, 240f; Problem 75f.

Das Elend vor dem Menschensohn (Mk 2,1–12)

Joachim Gnilka, München

Mit R. Bultmann[1] begann sich in der neueren Forschung die Auffassung durchzusetzen, daß die Perikope von der Heilung des Gelähmten oder von der Vollmacht des Menschensohnes zur Sündenvergebung keine Einheit ist. Das Problem, das Bultmann zur Aufgabe der Einheitlichkeit veranlaßte, ist bereits mit den verschiedenen Benennungen, die die Perikope seitens der Kommentatoren erfuhr und die beide zutreffen, herausgestellt. Die Geschichte besitzt zwei Pointen: 1. Das Wunder. 2. Das Menschensohnlogion von der Sündenvergebung. Dabei „ist das zweite Motiv ganz äußerlich in das erste eingeschoben: Vv. 5b–10 sind sekundäre Einfügung"[2]. Bultmann lieferte auch eine plausible Erklärung dafür, daß die Heilungsgeschichte sekundär überformt wurde. Die Zutat erfolgte, weil die Gemeinde *ihr* Recht der Sündenvergebung auf Jesus zurückführen wollte. Sie hat ihr Recht auf eine urbildliche Tat Jesu zurückgeleitet. Dabei wird die Wunderheilung zum Beweis, daß das Recht der Sündenvergebung besteht. Der mit der Umwandlung vollzogene Prozeß wirft allerlei Fragen auf. Die Analyse dieses Umwandlungsprozesses, die von der Formgeschichte geleistet wird, läßt uns bemerkenswerte Einblicke in das Leben der frühen christlichen Gemeinden, die den Überlieferungen ihre Form gaben, tun – vorausgesetzt, daß die aus der Analyse gezogenen Konsequenzen zutreffen. Es wäre nun vereinfachend zu sagen, die aus der Umwandlung der Heilungs- in eine Menschensohngeschichte gezogene Konsequenz lautet: die Gemeinde hat Sünden vergeben. Die Veränderung besitzt Voraussetzungen, die weiterreichen und die auf breiterer Basis zu prüfen wären, weil sie ja auch anderswo wirksam wurden. Mit herzerfrischender Deutlichkeit hat E. Haenchen sich zur Problematik unserer Perikope geäußert. Um es vorweg zu sagen: Er bezeichnet die in der erwähnten Veränderung sich ausdrückende Mentalität als herzlos. Jetzt heilt Jesus den Kranken nicht aus Erbarmen mit ihm, sondern um seine ἐξουσία zur Sünden-

[1] Die Geschichte der synoptischen Tradition (³1957) 12–14.
[2] Ebd. 12.

vergebung zu beweisen. So wie er in Johannes 11 den Lazarus nicht auferweckt, um den trauernden Schwestern den Bruder zurückzugeben, sondern um die Herrlichkeit Gottes zu demonstrieren. „So denkt die spätere Gemeinde, aber nicht Jesus. Jesus denkt *menschlicher* (Unterstreichung von mir!). Dem Evangelisten geht es – beim Gelähmten wie bei Lazarus – gar nicht um den kranken Menschen, sondern nur um die Legitimation des Gottessohnes. Wir empfinden das – auch wenn wir es uns nicht klarmachen oder es uns gar nicht klarmachen wollen, weil es so unfromm klingt – als herzlos." Nach dem Evangelisten ist das ewige Heil „wichtiger als das irdische. Aber Jesus sah das alles anders an"[3].

Es bleibe zunächst dahingestellt, ob der von Haenchen pointiert dargelegte Sachverhalt so ganz zutrifft. Die angerührten Zusammenhänge betreffen gewiß grundsätzliche Fragestellungen, wie die Ausübung geistlicher Vollmacht in der Kirche, das Verhältnis vom geistlichen zum sozialen Auftrag der Gemeinde, nicht zuletzt das Verhältnis vom verkündigten Christus zum irdischen Jesus unter dieser besonderen Perspektive. Weil diese gewiß nicht mit einem modischen Interesse an der Frage nach dem Humanitären im Wirken Jesu zu verbinden ist, sondern im Gefolge dessen steht, was für eine Zeit notwendig ist, geht dieser Beitrag nochmals an eine Erörterung der vielverhandelten Perikope heran. Er kann und will keine Behandlung aller einschlägigen exegetischen Probleme dieser Perikope bieten und will nicht ihre erschöpfende Interpretation sein. Diese ist zuletzt in einer sorgfältigen Freiburger Dissertation von I. Maisch vorgelegt worden. Es kann nur darum gehen, zu folgenden immer noch unerledigten und uneinheitlich beantworteten Fragen eine Art Nachlese zu bieten: 1. Die vormarkinische Tradition. 2. Ihr christologisches Konzept. 3. Das Menschensohnwort. 4. Die markinische Redaktion. Am Schluß kommen wir nochmals auf den von Haenchen eingebrachten Vorwurf zurück. Weil der Menschensohn der Mittelpunkt dieses markinischen Überlieferungsstückes und so der Anlaß des durch es ausgelösten exegetischen Streites ist, mögen die Ausführungen als Beitrag – und jetzt durchbreche ich das Referat zu einem persönlichen Wort an Dich, verehrter Kollege und Freund *Anton Vögtle:* zu Deiner Ehrung nicht gänzlich ungeeignet sein, der Du selbst einmal gesagt hast, daß der Menschensohn Dein Schicksal geworden sei.

1.1. Die Preisgabe der Einheitlichkeit der Perikope ist nicht unbestritten geblieben. Neue Plädoyers für die Einheitlichkeit sind um so ernster zu nehmen, als sie wie Bultmanns Bestreitung von formgeschichtlichen Überlegungen ausgehen oder diese doch zu maßgeblichen Kriterien ihres Einwandes machen. Die vormarkinische Tradition muß unter diesem Aspekt neu geprüft werden. Die

[3] Der Weg Jesu (1966) 103.

Haupteinwände gegen die Einheit sind[4] – außer den schon oben angeführten – zunächst das unvermittelte Auftauchen der Schriftgelehrten in V. 6. Man sagt, daß bei einem Disput über die Vollmacht Jesu die Schriftgelehrten schon früher, in der Exposition, auf den Plan hätten treten müssen. Man kann sich dabei darauf berufen, daß Lk 5,17ff diese Unausgeglichenheit empfand und seine Markus-Vorlage dementsprechend änderte. V. 10 ist eine ganz seltsame Satzstruktur. In ihr findet sich, mitten in der Rede Jesu, eine Regieanweisung für den Leser oder Hörer des Textes: λέγει τῷ παραλυτικῷ. Dies entspricht genau der Einleitung der Rede in V. 5. Zwischen diese beiden gleichlautenden Redeeinführungen denkt man sich die sekundäre Erweiterung eingefügt, wobei der vormarkinische Redaktor am Schluß von V. 10 mit ihrer Wiederholung einfach den Anschluß geschaffen habe[5]. V. 10 fällt weiter auf durch den ungewöhnlichen Satzanfang mit ἵνα. Er vermittelt fast den Eindruck, daß das Menschensohnwort auch nicht mehr an die Gegner, sondern an die Leser gerichtet ist[6]. Am Schluß stimmen die Anwesenden, die zu Zeugen der Heilung wurden, den Lobpreis Gottes an. Dies paßt zur Wundergeschichte, aber nicht zum Disput. Die kritischen Schriftgelehrten sind genauso unverhofft, wie sie erschienen, wieder verschwunden, denn es ist nicht damit zu rechnen, daß sie rühmend die Heilungstat anerkannt hätten. Gegenüber diesen Argumenten gegen die Einheitlichkeit ist zu deren Verteidigung folgendes gesagt worden. Der Lobpreis am Ende könnte sich als „erzählerisch integrierter mündlicher Rahmen" verstehen[7], bei dem nicht an die Zeugen der Wundertat zu denken sei, sondern an die Hörer der Missionspredigt, in der die Erzählung als Predigttext vorgetragen wurde. Die Zusage der Sündenvergebung in V. 5b gehöre auf jeden Fall zur Wundergeschichte. G. Theißen, der in seiner glänzenden Untersuchung zu den urchristlichen Wundergeschichten auch deren Inventar unter formkritischem Aspekt herausgearbeitet hat, sieht in der Sündenvergebung das Motiv des Zuspruches, der als antizipierte Heilung in zahlreichen Erzählungen dieser Art festgestellt werden kann. Der Zuspruch als Motiv der Wundergeschichten leite die Heilung fast nie unmittelbar ein, so daß mit einer Zwischenepisode zwischen Zuspruch und Heilung zu rechnen sei. Außerdem lasse V. 5b, wird er einmal zur Überlieferung gerechnet, erwarten, daß die von Jesus in Anspruch genommene Sündenvergebung erzählerische Konsequenzen auslöst. Schließlich sei zu erwägen, daß bei der Annahme der Nichteinheitlichkeit die Erzählkunst des reproduzierenden Autors zu bewundern wäre, „der aus zwei kompositionell voneinander abgehobenen Stufen ‚Zuspruch' (V. 5b) und ‚Heilungswort' (V. 11) eine sachliche Alternativfrage

[4] Vgl. *Maisch*, Heilung 21–48; *K. Kertelge*, Die Wunder Jesu im Markusevangelium (1970) 76–80.
[5] *Haenchen*, Der Weg Jesu 105.
[6] *Duplacy*, Mc 2,10, versteht das ἵνα exhortativisch: Ihr sollt wissen, daß...
[7] *G. Theißen*, Urchristliche Wundergeschichten (1974) 165.

formuliert und so eine neue „Entgegensetzung' im paradigmatischen Feld der Motive aktualisiert" habe[8]. O. Böcher hat von einer mehr religionsgeschichtlich bestimmten Überlegung her die Zusammengehörigkeit von Sündenvergebung und Heilung nahegelegt. Nach zeitgenössischen jüdischen Vorstellungen ist die Krankheit durch dämonische Einwirkung verursacht. Dabei sei die Vorstellung von den Sündendämonen als den strafenden Urhebern der Krankheit besonders zu berücksichtigen. Wenn Jesus die Sünden vergebe, vertreibe er die Dämonen, welche in göttlichem Auftrag die Strafsanktionen über den kranken durchgeführt haben. Dieser Hintergrund sei auch in atl. Texten gegeben (1 Sm 16,14–23; 2 Sm 24,15f; Is 37,36; Nm 5,11–31; Job 2,7)[9]. Die Verbindung von Krankheit und Sünde, die uns wieder an das grundlegende Ausgangsproblem erinnert, ist im zeitgenössischen Judentum vielfach als ein ursächliches Verhältnis gedacht worden. Aus der Fülle der rabbinischen Zeugnisse sei nur ein Wort des Rabbi Jose des Galiläers zitiert: „Kommt und seht, wie schwer die Macht der Sünde ist; denn solange die Israeliten ihre Hände nicht nach der Sünde ausgestreckt hatten, waren Flußbehaftete und Aussätzige nicht unter ihnen. Nachdem sie aber ihre Hände nach der Sünde ausgestreckt hatten, waren Flußbehaftete und Aussätzige unter ihnen."[10]

Nun könnte gerade dieser „theologische" Konnex von Krankheit und Sünde auch als Anlaß dafür genommen werden, daß es nachträglich zum Eintrag der Sündenvergebung in die Heilungsgeschichte gekommen ist. Wenn Dämonenfurcht und Dämonenabwehr seinerzeit eine weitaus größere Rolle spielten, als wir es uns gewöhnlich bewußt machen, muß doch auch gesehen werden, daß Heilungs- und Sündenvergebungswort keine exorzistischen Züge erkennen lassen. Dies ist im Rahmen der markinischen Wundergeschichten, die zahlreiche exorzistische Gesten aufbewahrten, erwähnenswert. Allerdings ist in der Vorgeschichte der Perikope massiver Dämonenglaube – wie noch zu zeigen ist – erkennbar. Sehr viel hängt von der Beurteilung des V. 5b ab. Bei Durchsicht des Vergleichsmaterials[11] ergibt sich, daß das Motiv des Zuspruchs in Wundergeschichten in der Regel sich darstellt als Aufforderung, zu vertrauen oder die Furcht zu lassen (Mk 5,36; 6,50; 10,49). In Mk 5,36; 9,23 verbindet es sich mit dem Glauben; 7,29, in einer Fernheilung, ist der Zuspruch die direkte Zusage der Heilung. In außerbiblischen hellenistischen Wundergeschichten aus der Vita Apollonii, aus Lukian oder griechischen Inschriften begegnet als Einlei-

[8] Ebd. 166.

[9] *O. Böcher*, Christus Exorcista. Dämonismus und Taufe im NT (1972) 72 und Anm. 488, und Dämonenfurcht und Dämonenabwehr. Ein Beitrag zur Vorgeschichte der christlichen Taufe (1970) 155f.

[10] Bei *W. Grundmann*, Das Evangelium nach Markus ([6]1973) 59. Das rabbinische Material ist gesammelt bei Billerbeck I, 495.

[11] Bei *Theißen*, Wundergeschichten 68f.

tung des Zuspruchs stereotyp „Sei getrost!“ (vgl. Mk 6,50; 10,49). Nirgendwo ist etwas der Sündenvergebung Vergleichbares auszumachen. Die entscheidende Überlegung aber ist die, daß in der markinischen Wundergeschichte Vv. 5b–10 die Form verändern. Der „Zuspruch“ eröffnet einen neuen Rahmen, in dem das Ganze nicht mehr als formgerechte Wundergeschichte bestimmt werden kann. Ob das Neue als Streitgespräch oder christologisches Lehrstück definiert wird, bleibe noch dahingestellt[12]. Jedenfalls haben wir es jetzt mit einem Apophthegma zu tun, in dem die Gewichte verlagert sind. Mk 2,1–12 sind keine Einheit, die Vv. 5b–10 sind später hinzugetreten.

1.2. Es ist umstritten, wo der Beginn der vormarkinischen Tradition liegt. Sicher gehört V. 3, der vom Transport des Gelähmten zu Jesus berichtet, dazu. Aber auch die für den Fortgang des Ganzen notwendige Erwähnung, daß Jesus im Hause ist, ist vorgegeben. Dagegen hat V. 2 als redaktionell zu gelten. Nahezu einhellig wird dies für die Bemerkung „und er redete zu ihnen das Wort“, die die Missionssituation einblendet und die für Markus typische Verbindung von Wort und Tat Jesu bietet, angenommen. Aber auch der ὥστε-Satz trägt alle Anzeichen der markinischen Hand. Sowohl der Stil als auch die vermittelte Vorstellung, daß sich jetzt noch mehr Leute (als in 1,33) versammeln, weisen auf ihn. Dann wird man aber auch geneigt sein, „und viele kamen zusammen“ ihm zuzuschreiben[13]. Durch den Eintrag der das Haus belagernden Menge wird der Skopus der Einleitung der Wundergeschichte verschoben. Der Verlauf der Heilungserzählung (3–5a.11–12) setzt voraus, daß Jesus das Haus nicht verläßt. πάντες als Zeugen der Heilung (12) sind die im Haus Anwesenden und die Truppe, die zu Jesus mit dem Gelähmten kommt, aus der Vier das Bett mit dem Kranken tragen[14]. Wie schon Maisch erkannte, ist διὰ τὸν ὄχλον in V. 4 ebenfalls als redaktionell anzusehen[15]. Dann aber muß der Sinn der umständlichen Prozedur, daß man den Kranken durch das Dach in das Haus hinunterläßt, neu bestimmt werden. Ursprünglich geschah dies nicht „wegen der Volksmenge“, die den Weg zu Jesus verbaute, sondern um den Krankheitsdämon zu überlisten. Weil ihm entsprechend der zugrunde liegenden Mentalität eine

---

[12] Hierzu *Maisch*, Heilung 101–104. *K.-W. Kuhn*, Ältere Sammlungen im Markusevangelium (1971) 53, spricht von einem Streitgespräch.

[13] *Maisch*, Heilung 49, 106f, möchte καὶ συνήχθησαν πολλοί der Tradition zurechnen. Dieser Satz aber ist zu farblos. Die aoristische Form ist entgegen den sonst üblichen präsentischen von συνάγω (etwa Mk 4,1; 6,30; 7,1) kein zwingendes Argument. *Kertelge*, Wunder Jesu 76, äußert sich hinsichtlich redaktioneller Eingriffe in V. 2 zurückhaltend. Anders *Kertelge*, Vollmacht 207: „V. 1–2 ist überwiegend Redaktion.“

[14] Es ist ganz abwegig, wenn *Rasco*, „Quatro“, die Vier mit den vier erstberufenen Jüngern von Mk 1,16–20 identifiziert. Die zahlenmäßige Übereinstimmung ist reiner Zufall.

[15] Heilung 51f.

Rückkehr nur über den Weg möglich war, den er bei seinem Eintritt genommen hatte, war ihm diese so erschwert[16]. Von diesen Dämonenregeln weiß noch Goethes Faust: „'s ist ein Gesetz der Teufel und Gespenster, wo sie hineingeschlüpft, da müssen sie hinaus."[17] Die markinische Redaktion hat diese Mentalität verdunkelt, entweder weil der Evangelist sie nicht verstand oder sich an ihr stieß. Böcher meint, daß es eine verbreitetere Tendenz der synoptischen Wunderüberlieferung gewesen sei, ursprünglich exorzistische Züge zu rationalisieren oder zu unterdrücken[18]. Weil es sich bei diesem Verhalten der Männer um eine singuläre Nuance in der evangelischen Tradition handelt, wird man geneigt sein, in ihr eine historische Erinnerung weitergegeben zu sehen[19]. Darum dürfte auch die Erwähnung von Kafarnaum traditionell sein. Die Heilung des Gelähmten ist von Anfang an mit diesem Ort verbunden gewesen.

2.1. Die Geschichte von der Heilung eines Gelähmten in Kafarnaum, die am Beginn der Überlieferung von Mk 2,1–12 steht, ist als Missionsgeschichte am besten zu begreifen. Sie erzählt formgerecht von einem Wunder Jesu zu dem Zweck, Glauben an ihn zu wecken. Von hier aus gewinnt die anerkennende Beurteilung des Handelns der Männer als Äußerung ihres Glaubens durch Jesus in V. 5a erhöhte Bedeutung. Im Rahmen einer Missionsgeschichte kann der Lobpreis Gottes am Schluß mit Theißen als Reaktion der Hörer auf die Missionsgeschichte aufgefaßt werden[20]. Diese Reaktion weist die Überlieferung judenchristlichen Kreisen zu[21]. Ihre Christologie ist noch verhältnismäßig ein-

[16] *Böcher*, Christus Exorcista 72; *Krauss*, Abdecken.

[17] Bei *Jahnow*, Abdecken 156.

[18] Christus Exorcista 79.

[19] Schwierigkeiten bereitet der Text in V. 4. ἀπεστέγασαν τὴν στέγην steht neben ἐξορύξαντες. Wie läßt sich das Dach abdecken und gleichzeitig aufgraben? *Wellhausen*, Das Evangelium Marci (²1909) 15, vermutete eine Fehlübersetzung aus dem Aramäischen: *schaqluhi* bzw. *arimuhi liggara*, was er wiedergab mit: Sie brachten ihn zum Dach hinauf. Dem widersprach *F. Schulthess*, Zur Sprache der Evangelien, in: ZNW 21 (1922) 216–258, 220. Nach aramäischem Empfinden würde Wellhausens Vorschlag sicherlich bedeuten: Sie hoben das Dach ab. *Schulthess* postuliert in Anlehnung an par Lk 5,19 einen Text, der gelautet habe: Sie stiegen auf das Dach. Daneben vermutet er, daß ἀποστεγάζειν ein mehr literarischer Ausdruck sein könnte. *Grundmann*, Markus 56, stimmt *Wellhausen* zu. Vermutlich haben wir jedoch beim ἀπεστέγασαν τὴν στέγην einen redaktionellen Eingriff vor uns, der die Prozedur, die die vier Männer anwenden, einem hellenistischen Leserpublikum verständlich machen will. Das griechisch-römische Haus, das mit Ziegeln gedeckt war, konnte abgedeckt werden (vgl. die Korrektur bei Lk 5,19). Das palästinische Haus war mit Schilf, Heu und Zweigen gedeckt, die zwischen den Tragbalken eingeflochten und mit einer Lehmschicht überzogen waren. Zum ἐξορύξαντες haben wir Parallelen aus der jüdischen Literatur: „Man durchbricht *(pwcht)* den Estrich und läßt (ein Gefäß) hinab" (pEr 8,25b,1 bei Billerbeck II 4). Interessant ist auch Josephus, ant. 14,459: Herodes läßt in Jericho die Dächer von Häusern aufgraben (τῶν ὀρόφων ἀνασκάπτων), um darin befindliche Soldaten zu überwinden. Zu den verschiedenen Formen der Dachhaut und Dachdeckung vgl. *E. W. Deichmann*, RAC III, 524–529.

[20] Wundergeschichten 165f.

[21] Vgl. *Bultmann*, Geschichte 241.

fach. W. Grundmann[22] sieht in der Geschichte älteste Christologie abgeprägt. Sie entfalte sich von der Grundaussage her, daß in Jesus Gott gehandelt hat. Wenn er jedoch die Christologie von der Erkenntnis bestimmt sieht, Jesus sei Knecht Gottes, so ist das mißverständlich, zumindest wenn dabei an den deuterojesajanischen Ebed Jahve gedacht sein sollte. Auch für E. Lohmeyer[23] wird Jesus in der Wundergeschichte dargestellt als „Werkzeug in Gottes Hand". Jesus trage die Züge des prophetischen Messias und des eschatologischen Friedensboten von Is 61,1ff. Ohne Schwierigkeiten wird man K. Kertelges[24] Meinung zustimmen können, der die Geschichte von der Erinnerung an Jesus den eschatologischen Gottesgesandten geprägt sein läßt, wie sie der durch Mt 11,5/ Lk 7,22 bezeugten Erwartung der eschatologischen Heilszeit entspricht.

2.2. Das Wort der Sündenvergebung in V. 5b, mit dem die Einfügung einsetzt, nennt das für den Redaktor wichtige Anliegen sogleich beim Namen. Zwar deutet die passivische Formulierung an, daß Gott der eigentlich Handelnde und Sündenvergebende ist, dennoch ist die von Jesus damit in Anspruch genommene Gewalt unerhört. ἀφίενται – gegenüber der Perfektform ἀφέωνται (Einfluß von par Lk 5,20) zu bevorzugen[25] – stellt auf jeden Fall sicher, daß wirksame Sündenvergebung geschieht. Die Reaktion der Schriftgelehrten stimmt mit der schon im AT wiederholt geäußerten Meinung überein, daß das Vergeben der Sünde das Privileg Gottes ist: „Ich bin es, ich, der deine Schuld tilgt um meinetwillen, der deiner Sünden nicht mehr gedenkt" (Is 43,25; vgl. 44,22; Ex 34,7). Im zeitgenössischen Judentum läßt sich die Erwartung nicht nachweisen, daß der Messias oder eine eschatologische Heilbringergestalt die ἐξουσία besitzen wird, den Menschen die Sünden nachzulassen. Wohl rechnet man damit, daß der Retter der Endzeit die Sünde beseitigt, indem er im Weltgericht die Gottlosen vernichtet, die dämonischen Mächte beseitigt, durch sein gerechtes Regieren das Volk vor der Sünde bewahrt[26], aber dies steht auf einem anderen Blatt. Mit Hinweis auf TestLev 18,9 wurde behauptet, daß die Sündenvergebungsvollmacht dem messianischen Hohenpriester zukomme und Jesus darum in unserer Perikope als solcher gesehen sei[27]. Dort heißt es: „In seinem Priestertum hört die Sünde auf, Gesetzlosigkeit tut nicht mehr Böses, doch Ruhe finden bei ihm die Gerechten." Der Wortlaut läßt nicht erkennen, daß der Priestermessias die Sünde austilgt, sondern nur, daß zur Zeit seines Priestertums die Sünde ein Ende

[22] Markus 59.
[23] Das Evangelium des Markus (1937) 52.
[24] Vollmacht 207.
[25] ἀφέωνται (dorisches Perfekt) lesen C 𝔎 D Θ Clemens Alexandrinus.
[26] *Billerbeck* I, 495.
[27] *G. Friedrich*, Beobachtungen zur messianischen Hohepriestererwartung in den Synoptikern, in: ZThK 53 (1956) 265–311, 293f; *Grundmann*, Markus 57.

finden wird[28]. Dasselbe gilt übrigens für die Zeit des Königmessias[29]. Wenn der Jerusalemer Hohepriester gemäß der Ordnung des Tempels dem Volk Sündenvergebung vermitteln konnte, so war dies an Kult und Opfer gebunden. Dies kann darum ebenfalls keine Parallele bilden. In welchem Maß der Priester im damaligen Judentum dem einzelnen Vergebung zusprach, ist nur noch schwer zu ermitteln[30], aber auch hierfür ist die Bindung an Kult und Opfer selbstverständlich. Es darf darum nicht übersehen werden, daß der Vorwurf der Schriftgelehrten sich an Dt 6,4 anlehnt, dem klassischen Bekenntnis zum monotheistischen Jahveglauben: κύριος ὁ θεὸς ἡμῶν κύριος εἷς ἐστιν. Ganz ähnlich sagen sie: „Wer kann Sünden vergeben εἰ μὴ εἷς ὁ θεός." Die Einzigkeit Gottes steht auf dem Spiel. Oder anders herum formuliert: Jesus nimmt mit der Sündenvergebung göttliche Rechte für sich in Anspruch. Eigenartig wirkt, daß ihr Vorwurf nicht öffentlich ausgesprochen, sondern nur in Gedanken geäußert wird. Wenn sie feststellen, er lästere, so stimmt das mit der Gefährdung der Einzigkeit Gottes völlig überein. Der Vorwurf der Gotteslästerung ist der schwerste, der gegen Jesus erhoben wird. Es ist beachtenswert, daß dies bei Markus schon an so früher Stelle geschieht. Dieser Vorwurf wird nur noch ein einziges Mal wiederholt werden, im Prozeß des jüdischen Synhedrions: „Ihr habt die Gotteslästerung gehört", ruft der Hohepriester dem versammelten Gericht nach dem Messias-, Gottessohn- und Menschensohnbekenntnis Jesu zu. Auf Gotteslästerung stand die Todesstrafe nach Nm 15,30f; Lv 24,11ff, wie auch das Synhedrion befindet, daß er des Todes schuldig sei (Mk 14,64). Allerdings dürfte in 2,6ff für den Erzähler wichtiger als die Schärfe der Auseinandersetzung der positive Aufweis sein, daß Jesus mit göttlicher Vollmacht aufgetreten ist. Von hier aus haben wir ein weiteres christologisches Detail des Einschubs zu beurteilen.

2.3. Es ist gerade festgestellt worden, daß im Konflikt mit den Schriftgelehrten diese gar nicht zu Wort kommen. Jesus beherrscht völlig die Szene, indem er ihre Gedanken liest. Dies vermag er, weil er ihre Herzen kennt. I. Maisch hat für das Verständnis dieses Erzählzuges die Theios-aner-Konzeption hellenistischer Wundergeschichten bemüht[31]. Der Theios aner weiß um das Verborgene. Pythagoras hörte die Harmonie der Sphären, die andere wegen der Schwäche ihrer Natur nicht wahrnehmen. Er weiß, daß das einlaufende Schiff als Fracht eine Leiche trägt[32]. Apollonius von Tyana kennt nicht nur alle menschlichen Sprachen, sondern auch die stummen Gedanken der Menschen[33]. Der Theios aner besitzt höhere Menschenkenntnis, angefangen von einer besonderen

[28] Mit *H. Braun,* Qumran und das NT I (1966) 32.
[29] *Billerbeck* IV, 913f.
[30] Vgl. *Kuhn,* Sammlungen 56, Anm. 20. [31] Heilung 123 und Anm. 51.
[32] Bei *L. Biehler,* ΘΕΙΟΣ ΑΝΗΡ I (1935) 87f. [33] Ebd. 89.

Meisterschaft in der Physiognomik bis zu einem gänzlich übernatürlichen Durchschauen der fremden Seele[34]. Trotz dieser mehr oder weniger nahen Analogien wird man urteilen müssen, daß für unseren Erzähler nicht der Theios aner das Vorbild war. Wenn Maisch sich darauf beruft, daß in den Theios-aner-Geschichten als weiteres mit unserer Erzählung übereinstimmendes Motiv die auftretenden Gegenspieler zu registrieren seien[35], so wird man dies, weil zu allgemein und weitverbreitet, nicht als spezielles Kriterium rechnen können. Näher für unsere Geschichte liegt wieder das AT. Dort wird vielfältig bezeugt, daß Gott nichts verborgen ist. Er durchschaut „allein das Herz aller Menschenkinder" (3 Kö 8,39), „den Schrein des menschlichen Herzens" (Ps Sal 14,6). „Die Menschen blicken auf das Äußere, der Herr aber schaut auf das Herz" (1 Sm 16,7; vgl. Ps 7,10; Jer 11,20; Sir 43,18f). Das AT als Hintergrund für die Kardiognosie Jesu liegt nicht zuletzt deshalb näher, weil wir bereits mit der Sündenvergebung auf ein theologisches Thema der Bibel gestoßen sind. Es ergibt sich somit, daß die Christologie, die sich im Einschub zur Wundergeschichte ermitteln läßt, dadurch gekennzeichnet ist, daß sie göttliche Eigenschaften und Fähigkeiten, die aus dem AT genommen sind, von Jesus aussagt.

3.1. Damit rückt das Menschensohnwort in unser Blickfeld. Wie verhält es sich zur Erzählung vom Sündenvergeben Jesu? Es trifft aus der Erzählung die prinzipielle Feststellung, daß der Menschensohn Vollmacht hat, auf Erden Sünden zu vergeben. Damit erhebt es den individuellen Fall zur bleibenden Einsicht. Dieser Merksatz wird bestimmend und stempelt nunmehr das Ganze zu einer apophthegmatischen Geschichte ab. Was aber ist früher, der Merksatz, in diesem Fall das Menschensohnwort, oder die Erzählung? Wer hat was generiert? Kertelge vertritt offenbar die Ansicht, daß beides gleichzeitig entstanden ist, wenn er schreibt: „Die Bildung dieses Menschensohnwortes mit seinem dialogischen Rahmen dürfte auf das Stadium der Streitgesprächssammlung... zurückgehen."[36] Es ist jedoch bei jedem Apophthegma zu prüfen, ob der Merksatz nicht einmal für sich umlief, ehe er sich mit einer Geschichte verband. Diese Prüfung ist wichtig und interessant, weil gerade Apophthegmata (als Gattung) gut geeignet sein können, uns einen Blick in den Entstehungs- und Ausbildungsprozeß synoptischer Traditionen zu gewähren, liegen doch gerade sie an der Schwelle des Übergangs vom isolierten Logion über das gerahmte Logion zur ausgeführten Geschichte[37]. Sicher gibt es apophthegmatische Merksätze, die so fest mit einer Erzählung verbunden sind, daß ihre Entstehung sinnvoll nur gleichzeitig zu denken ist, wenngleich auch in solchen Fällen der Merksatz durchaus für

[34] Ebd. 93. [35] Heilung 123, Anm. 51.
[36] Vollmacht 211. [37] Vgl. *Bultmann*, Geschichte 8–73.

sich einen Sinn ergibt (Mk 3,4). Andere Merksätze waren sicher am Anfang selbständig (2,27; 12,17). Dies gilt besonders dann, wenn sie sprichwortartig sind und als Sentenzen auch anderswo nachgewiesen werden können[38]. Die Überlieferung der Menschensohnlogien ist in der Weise gekennzeichnet, daß sie ausgesprochene Logienüberlieferung ist und sich nur in spröder Form mit erzählerischem Rahmen umgab. Eine solche knappe Erzählform in Verbindung mit einem Menschensohnwort haben wir etwa Lk 9,57f / Mt 8,19f vor uns. Das Logion, das V. 10 am nächsten kommt, nämlich Mk 2,28, ist sekundär mit der Perikope vom Ährenraufen verknüpft worden, wie immer die Erzählung in ihrer Markus vorliegenden Form ausgesehen haben mag[39]. Darum wird damit zu rechnen sein, daß auch V. 10 zunächst selbständig war. Sein Verhältnis zur Erzählung ist dann so zu bestimmen, daß die Erzählung aus dem Menschensohnwort generiert wurde. Für dessen Selbständigkeit spricht auch die umständlich wirkende Einleitung: „Damit ihr aber seht, daß..."

3.2. Damit wäre theoretisch die Möglichkeit eröffnet zu prüfen, ob das Menschensohnlogion als ein ursprüngliches Jesuswort aufgefaßt werden kann. Diese neuerdings von C. Colpe und J. Jeremias[40] wieder aufgenommene Meinung, die an eine ältere Auslegungstradition anschließt[41], geht von der philologischen Überlegung aus, daß aramäisches *bar nascha* = Menschensohn/Mensch auch so verwendet werden konnte, daß der Redende, obwohl er allgemein vom Menschen spricht, die Rede auf sich bezieht[42]. Colpe paraphrasiert dann unser Logion so: „Nicht nur Gott darf vergeben, sondern mit mir, Jesus, auch ein Mensch."[43] Die philologische Ableitung, die den Bezug auf den Redenden erlaubt und heute immer noch umstritten ist[44], aber doch wohl als möglich angesehen werden muß, kann hier nicht geprüft werden. Gegen diese Interpretation spricht jedoch, daß ihr Sinn sich mit dem Vollmachtsgedanken nicht verträgt und sie darum als ungerechtfertigte Abschwächung erscheint. Die ἐξουσία deu-

[38] Vgl. zu Mk 2,27 MechEx 31,14: „Euch ist der Sabbat übergeben, aber ihr seid nicht dem Sabbat übergeben."

[39] Für markinische Anreihung spricht allerdings die markinische Anreihungsformel καὶ ἔλεγεν αὐτοῖς in 2,27.

[40] *Colpe* in: ThWb VIII, 433; *Jeremias*, Neutestamentliche Theologie, I. Die Verkündigung Jesu (1971) 249f (zur Stelle zurückhaltend).

[41] *Wellhausen*, Evangelium Marci 16.

[42] *Colpe* in: ThWb VIII, 406: Ein Redender konnte „mit bestimmter beabsichtigter Pointierung sowohl in *brnsch* wie in *br nscha*, dessen generischer Sinn dabei immer mitklang, sich selbst einschließen, bzw. mit beiden Ausdrücken von sich selbst sprechen und dabei gleichzeitig verallgemeinern." Vgl. *Jeremias*, Theologie I, 248–250.

[43] ThWb VIII, 433.

[44] Bestritten von *F. Hahn*, Christologische Hoheitstitel ([3]1966) 24; *P. Vielhauer*, Jesus und der Menschensohn: Aufsätze zum NT (1965) 92–140, 119f.

tet energisch von vornherein auf eine titulare Verwendung des υἱὸς τοῦ ἀνθρώπου hin und damit auf ein Verständnis des Logions als einer späteren Bildung. Es gehört zusammen mit Mk 2,28 zu den Sprüchen vom irdischen Wirken des Menschensohnes, von denen wir Mt 8,20/Lk 9,58; Mt 11,19/Lk 7,34 der Spruchquelle verdanken. Die markinischen Logien unterscheiden sich aber von den genannten aus der Spruchquelle darin, daß in ihnen direkt von der Vollmacht des Menschensohnes die Rede ist, während jene mehr indirekt auf sie zu sprechen kommen. Beide stimmen aber überein in der Feindschaft, die der Menschensohn von seinen Gegnern bzw. von den Menschen erfährt[45].

Damit gelangen wir zum zentralen Problem, das mit der Interpretation des V. 10 verknüpft ist. Es liegt darin, die Motive zu ermitteln, die dazu geführt haben, dem Menschensohn Jesus die Vollmacht zuzusprechen, auf Erden die Sünden zu vergeben. In der apokalyptischen Literatur des Judentums, in der die Menschensohnvorstellung beheimatet ist, wird solches dem Menschensohn, der am Anfang eine transzendente Gestalt ist und im Laufe der Zeit ausgeprägtere irdische Züge annimmt, nirgendwo nachgesagt[46]. Dies bedeutet nur eine Bestätigung der schon oben getroffenen Feststellung, daß weder der Messias noch irgendeine im Judentum erwartete Heilbringergestalt Sünden vergeben wird. Die Interpreten sind sich weitgehend einig in der Auffassung, daß die Jesus zugesprochene Sündenvergebungsvollmacht aus seinem irdischen Wirken abgeleitet werden muß. Anknüpfungspunkte sind die Zusage des Reiches Gottes an die Menschen in der Predigt Jesu und sein Umgang mit Zöllnern, Sündern und Dirnen als zeichenhafte Darstellung der in seinem Wirken von Gott angebotenen Vergebung. H. E. Tödt bemerkt: „Die Predigt Jesu vom Kommen des Gottesreiches hat nicht nur die Forderung der Umkehr erhoben, sondern auch die Zusage der Vergebung Gottes enthalten. Wie sollte anders das Eingehen in das Gottesreich möglich sein?“[47] Die hier gestellte Frage hängt möglicherweise mit der Beobachtung zusammen, daß die explizite Sündenvergebung im Wirken des irdischen Jesus nach den Synoptikern relativ selten vorkommt. Ein weiteres wichtiges Argument ist die Bürgschaft des Menschensohnes im göttlichen Gericht für alle jene, die sich im Leben zu Jesus bekannt haben. Tödt entnimmt Lk 12,8 par nicht zu Unrecht die Folgerung, daß der irdische Jesus die Vollmacht hat, in eine Gemeinschaft zu rufen, die den Eingang in das Gottesreich gewährleistet[48]. Wieder ließe sich hinzufügen: Dies ist nur unter der Vor-

[45] Vgl. *H. E. Tödt*, Der Menschensohn in der synoptischen Überlieferung (1959) 117–130.
[46] Zu dieser Entwicklung des Menschensohnes von der transzendenten zu einer mehr irdischen Gestalt in der apokalyptischen Literatur vgl. *K. Müller*, Menschensohn und Messias, in: BZ 16 (1972) 161–187; 17 (1973) 52–66; *U. B. Müller*, Messias und Menschensohn in jüdischen Apokalypsen und in der Offenbarung des Johannes (1972).
[47] Menschensohn 120.
[48] Ebd. 121.

aussetzung möglich, daß die Sünden vergeben wurden. Nach dem Gesagten wird man für die Ableitung der Sündenvergebungsvollmacht des irdischen Menschensohnes Jesus aus dessen Wirken nur dann in einem befriedigenden Sinn auskommen, wenn man bereit ist, das Kreuz in seine Überlegungen mit einzubeziehen. Explizit ist im NT von Sündenvergebung die Rede, wenn der Tod Jesu in den Blick tritt. Das gilt für Paulus (1 Kor 15,3; Gal 1,4; Röm 8,3), aber auch für die Synoptiker (Mt 26,28; vgl. Mk 10,45). Es ist darum anzunehmen, daß auch das Menschensohnlogion V. 10 den Tod Jesu zur Voraussetzung hat. Wenn Kertelge sagt: „Die Vollmacht Jesu findet vielmehr ihre sachgemäße Begründung in seinem gesamten irdischen Wirken“[49], ist dem zuzustimmen, *wenn* das gesamte irdische Wirken explizit den Tod Jesu einschließt. Im Kontext ist der Bezug auf den Tod durch den tödlichen Vorwurf der Gotteslästerung unmittelbar angedeutet.

Die Sündenvergebung kommt hier zur Sprache, weil es um die Vollmacht Jesu geht, nicht weil die Gemeinde die von ihr geübte Sündenvergebung rechtfertigen möchte. Letzteres wird in Worten ausgedrückt, die an die Jünger gerichtet sind (Mt 18,18; Joh 20,23). Der Skopus unserer Perikope ist ein streng christologischer. Maisch und Kertelge haben dies bereits herausgearbeitet[50].

4. Die Intentionen, die der Markusevangelist mit der Übernahme dieser Perikope im wesentlichen verband, werden wir im folgenden zu sichten haben. Er griff in den Text in der Exposition ein, um den Anschluß an die vorausgehende Heilung des Aussätzigen zu schaffen und zu historisieren. Jesus kommt „wieder“ „nach Tagen“ nach Kafarnaum sind Details, die dem Leser die intensive Missionsarbeit Jesu in Galiläa bewußt machen sollen, die aber hier nicht näher verfolgt zu werden brauchen. Auf die Verbindung von Predigt und Tat, die ebenfalls in der Exposition erfolgt, wurde schon hingewiesen. Die Absichten des Markus sind insbesondere – wie einfach dieses Mittel auch sein mag – an der Plazierung der Perikope im Kontext abzulesen. Dabei muß hier die Frage der Zugehörigkeit der Überlieferung zu einer Sammlung von „Streitgesprächen“ unberücksichtigt bleiben. Auffallend ist, daß schon so früh im Evangelium der Konflikt Jesu mit den Gegnern – die in 1,22 erstmalig, aber mehr als Statisten, erwähnt worden waren – in solcher Schärfe entbrennt. Die Schwere des Vorwurfs der Schriftgelehrten hat nur noch im Todesprozeß ihre Entsprechung. Es muß Markus angelegen gewesen sein, seinen Leser bereits an dieser Stelle auf den gewaltsamen Tod Jesu hinzulenken. Der Vorwurf der Gotteslästerung steht in einem Zusammenhang mit 3,6, wo von einem Todesbeschluß

[49] Vollmacht 210.

[50] *Maisch*, Heilung 101–104; *Kertelge*, Vollmacht 208, spricht von christologischer Verdichtung.

der Pharisäer und Herodianer gegen Jesus die Rede ist. Diese Bemerkung schließt den ganzen Abschnitt 2,1 – 3,6 ab und blickt also auf diesen und nicht bloß den Sabbatkonflikt 3,1–6 zurück. Von diesen Überlegungen aus ist das Menschensohnwort in V. 10, das in 2,28 ein Pendant besitzt, zu beurteilen. Von diesen beiden Logien abgesehen, bringt Markus Menschensohnsprüche, die ja stets als Worte im Munde Jesu vorgestellt werden, ausschließlich im zweiten Teil seines Evangeliums (8,27ff). Es entsteht die Frage, ob der Evangelist, für dessen Christologie die Geheimnistheorie wichtig ist, dieses Konzept vom Messias- oder Gottessohngeheimnis in unserem Text außer acht ließ, da sich hier Jesus unverhüllt und demonstrativ als Menschensohn vollmächtig offenbart. War Markus inkonsequent und gedankenlos, oder ist die Inkonsequenz einfach damit zu erklären, daß er von einer umfangreicheren Textvorlage abhängig ist (den sog. galiläischen Streitgesprächen)? MD Hooker[51] glaubte – mit gewissen Einschränkungen –, eine konsequente Anordnung der Menschensohnsprüche im Markusevangelium erkennen zu können. Am Anfang (2,1 – 3,6) offenbare sich Jesus als Menschensohn, findet aber feindselige Ablehnung. Die Logien vom Leiden, Sterben und Auferstehen des Menschensohnes schlössen sich sinnvoll an (8,31 u.a.). Den Abschluß bilden die Ausblicke auf die Parusie des Menschensohnes (14,62). Markus jedoch dürfte kaum diesen strengen Aufbau beachtet haben. Die Parusie und das Sterben des Menschensohnes werden in ihrer zeitlichen Reihenfolge nicht konsequent beachtet (8,38; 13,26; 14,21). Die unverhüllte Offenbarungsszene muß in einem anderen Zusammenhang gesehen werden. Wunderüberlieferungen und Passionstraditionen stehen bei Markus in einem ambivalenten Verhältnis zueinander. Nicht werden die einen durch die anderen aufgehoben, ihr Verhältnis wäre auch als ein rivalisierendes nicht zutreffend bestimmt, vielmehr interpretieren sie sich gegenseitig und bringen Konträres in eine spannungsvolle, komplexe Einheit. Für die vollmächtige Offenbarung des irdischen Menschensohnes Jesus bedeutet dies, daß sie dort nicht mißverstanden werden kann, wo das gesamte Schicksal dieses Menschensohnes, das im Kreuz seinen Höhepunkt erfährt, bewußt bleibt und angenommen wird. Die complexio oppositorum bleibt bestehen: Der Menschensohn hat Vollmacht... Er lästert... Sie preisen Gott.

5. Es bleibt der Vorwurf Haenchens, daß die Überformung der Heilungsgeschichte, die sie zu einer Erzählung über die Vollmacht von der Sündenvergebung des Menschensohnes werden ließ, unverständlich sei und vom Geist Jesu ablenke. Jesus ging es um den Menschen. Das ist sicher richtig. Die Heilungsgeschichte aber, die wir als die früheste Form unserer Überlieferung erreichten,

[51] The Son of Man in Mark (1967) 179–181.

ist auch bereits Christusverkündigung. Jesus wird als der endzeitliche Prophet *verkündet*, der charismatische Heilungskräfte besaß und mit ihrer Hilfe seine Reich-Gottes-Botschaft geltend machte. Ist dies vom „historischen Jesus" weit entfernt? Gewiß nicht. Die Christusbotschaft ist keine christologische Spekulation, sondern sie richtet sich an Menschen. Sie wird dann die Menschen treffen, wenn sie ihre Belange anspricht. Die Heilung des Gelähmten wird zum Argument für die Vergebung der Sünden. Ist dies verwerflich? Heilung der Krankheit und Vergebung liegen so weit nicht auseinander. Auch dann nicht, wenn man nicht mehr an Krankheits- und Strafdämonen glaubt. Die Heilung des Menschen berührt nicht bloß den Leib. „Erlösung" muß den Menschen total erfassen, wenigstens ist sie daraufhin ausgerichtet. So betrachtet, könnte die Geschichte sogar umgekehrt zum Anstoß und Ärgernis werden, wenn man sie einmal auf unsere Zeitverhältnisse akkomodiert. Was ist leichter zu sagen ...? Die verwaltete „geistliche Vollmacht" bedarf des Arguments des Humanum! Sie kann unglaubwürdig werden, wenn die Gelähmten liegen bleiben oder – weil wir keine Wunder mehr wirken können und wollen! – am Rand unversorgt abgestellt werden. Der Menschensohn hat Vollmacht, weil er zum Kreuz geht. Er läßt das Elend nicht zurück.

LITERATUR: *H. Jahnow*, Das Abdecken des Daches Mc 2,4; Lc 5,19, in: ZNW 24 (1925) 155–158; *S. Krauss*, Das Abdecken des Daches Mc 2,4; Lc 5,19, in: ZNW 25 (1926) 307–310; *H. Branscomb*, Mk 2,5 „Son Thy Sins are forgiven", in: JBL 53 (1934) 53–60; *G. H. Boobyer*, Mk 2,10a and the Interpretation of the Healing of the Paralytic, in: HarvThR 47 (1954) 115–120; *A. Feuillet*, L'ἐξουσία du Fils de l'homme, in: RechScRel 42 (1954) 161–192; *J. Duplacy*, Mc 2,10. Note de syntaxe, in: Mél. A. Robert (1957) 420–427; *C. P. Ceroke*, Is Mk 2,10a Saying of Jesus?, in: CBQ 22 (1960) 369–390; *R. T. Mead*, The Healing of the Paralytic – a Unit?, in: JBL 80 1961) 348–354; *G. G. Gamba*, Considerazioni in margini alla poetica di Mc 2,1–12, in: Salmanticensis 28 (1966) 324–349; *E. Rasco*, „Quatro" y „la fe": ¿quiénes y de quién¿, in: Biblica 50 (1969) 59–67; *L. S. Hay*, The Son of Man in Mk 2,10 and 2,28, in: JBL 89 (1970) 69–75; *H.-W. Kuhn*, Ältere Sammlungen im Markusevangelium (1971) 53–98; *I. Maisch*, Die Heilung des Gelähmten (1971); *K. Kertelge*, Die Vollmacht des Menschensohnes zur Sündenvergebung (Mk 2,10), in: Orientierung an Jesus (Festschr. J. Schmid) (1973) 205–213; *W. Thissen*, Erzählung der Befreiung. Exegetische Untersuchungen zu Mk 2,1–3,6 (Diss. Msk.) (Münster 1974).

Das Verhalten Jesus gegenüber und das Verhalten des Menschensohns

Markus 8,38 par und Lukas 12,3f par Mattäus 10,32f

Werner Georg Kümmel, Marburg a. d. Lahn

„Insgesamt drängt sich dem Beobachter als ein wesentliches Ergebnis der jüngsten Diskussion die Einsicht auf, daß die Klärung des Menschensohn-Problems ganz erheblich von dem Verständnis des Doppelspruches Lk. 12,8f. abhängt... Die Frage nach dem Verständnis von Lk. 12,8f. ist die Gretchenfrage des Menschensohn-Problems" – das ist das Fazit einer der letzten Übersichten über die neuere wissenschaftliche Diskussion des Menschensohnproblems[1]. Diese zutreffende Feststellung basiert auf der oft vertretenen Voraussetzung, daß „die Worte vom kommenden Menschensohn notwendig an den Anfang der Entwicklung gehören"[2], aber gerade daran zeigt sich die verworrene Lage der neueren Menschensohnforschung: während die einen urteilen, daß zum mindesten eine größere Zahl der Worte vom kommenden Menschensohn der Kritik standhalten und darum für Jesu Gebrauch des Begriffs „Menschensohn" kennzeichnend sind[3], steht für andere fest, „daß kein einziges Wort vom kommenden Menschensohn als Jesuswort über alle Zweifel erhaben ist"[4]. Und dementsprechend wird das genannte Logion von der Entsprechung zwischen dem Verhalten eines Menschen zu Jesus und dem Verhalten des Menschensohns zu diesem Menschen als zweifellos von Jesus stammend[5] oder als keinesfalls ein Wort

---

[1] *G. Haufe*, Das Menschensohn-Problem in der gegenwärtigen wissenschaftlichen Diskussion, in: EvTh 26 (1966) 130ff (140); ähnlich *G. Lindeskog*, Das Rätsel des Menschensohnes, in: StTh 22 (1968) 149ff (149); *E. Lohse*, Grundriß der neutestamentlichen Theologie (Stuttgart 1974) 47. – Hier und im folgenden ist Vollständigkeit der Literaturangaben nicht beabsichtigt.

[2] *F. Hahn*, Christologische Hoheitstitel (FRLANT 83) (Göttingen 1963) 32.

[3] Zum Beispiel *C. Colpe*, Art. υἱὸς τοῦ ἀνθρώπου in: ThW VIII (1969) 435; *J. Jeremias*, Neutestamentliche Theologie, 1. Teil: Die Verkündigung Jesu (Gütersloh 1971) 251, 253f; *M. Horstmann*, Studien zur markinischen Christologie (NTA, NF 6) (Münster 1969) 40.

[4] *E. Schweizer*, Der Menschensohn, in: ZNW 50 (1959) 185ff (192) (= Neotestamentica [Zürich – Stuttgart 1963] 56ff [63]); *N. Perrin*, The Son of Man in the Synoptic Tradition, in: Biblical Research 13 (1968) 11; *L. Gaston*, No Stone on Another (SupplNovT 23) (Leiden 1970) 384.

[5] So *G. Bornkamm*, Jesus von Nazareth (Urban-Bücher 19) (Stuttgart 1956) 161; *A. Vögtle*, Grundlagen zweier neuer Jesusbücher, in: ThRv 54 (1958) 97ff (102); *H. E. Tödt*, Der Menschensohn in der synoptischen Überlieferung (Gütersloh 1959) 53; *F. Hahn*, (s. Anm. 2) 33,38; *A. J. B. Higgins*, Jesus and the Son of Man (London 1964) 60,139,189; *G. Voss*, Die Christologie der lukanischen

Jesu[6] bezeichnet. Es fällt angesichts dieser Differenz in der Beurteilung eines zentralen Jesuswortes schwer, nicht in die Frage einzustimmen: „Is the Son of Man Problem Insoluble?"[7] und darauf zu antworten: „The discussion gives the impression of having come to a kind of stalemate."[8] Wer freilich der Überzeugung ist, daß die geschichtswissenschaftliche Frage nach der Person und der Verkündigung Jesu nicht nur unerläßlich, sondern auch beantwortbar ist[9], der wird sich solche resignierenden Gedanken wieder aus dem Kopf schlagen und trotz allem den Versuch machen, angesichts des Gewichts der Menschensohnworte innerhalb der synoptischen Jesusworte nach einer Möglichkeit zu suchen, zu einer zum mindesten gutbegründeten Antwort auf die Frage nach der Herkunft und dem ursprünglichen Sinn des „Menschensohn"-Begriffs im Zusammenhang der Verkündigung Jesu zu kommen.

Nun kann es freilich nicht die Aufgabe eines Festschriftbeitrags sein, das Menschensohnproblem als ganzes in Auseinandersetzung mit der kaum noch

Schriften in Grundzügen (Studia Neotestamentica, Studia II) (Paris – Brügge 1965) 40; *R. E. C. Formesyn*, Was there a Pronominal Connection for the ‚Bar Nasha' Selfdesignation?, in: NovT 8 (1966) 1ff (21f); *G. Haufe*, (s. Anm. 1) 136; *F. H. Borsch*, The Son of Man in Myth and History (London 1967) 380; *E. Schweizer*, Das Evangelium nach Markus (NTD 1) (Göttingen [11]1967) 100; *C. Colpe*, Der Begriff „Menschensohn" und die Methode der Erforschung messianischer Prototypen (III 2a und b), in: Kairos 13 (1971) 1ff (6); *J. Becker*, Johannes der Täufer und Jesus von Nazareth (Biblische Studien 63) (Neukirchen 1972) 102; *R. G. Hamerton-Kelly*, Pre-Existence and the Son of Man (Studiorum Novi Testamenti Societas Monograph Series 21) (Cambridge 1973) 44,95.

[6] *E. Käsemann*, Sätze heiligen Rechtes im Neuen Testament, in: NTSt 1 (1954/5) 248ff (256f) (= Exegetische Versuche und Besinnungen II [Göttingen 1964] 69ff [78f]); *Ph. Vielhauer*, Gottesreich und Menschensohn in der Verkündigung Jesu, in: Festschr. *G. Dehn* (Neukirchen 1957) 51ff (71) (= Aufsätze zum Neuen Testament [Theol. Bücherei 31] [München 1965] 55ff [78f]); *H. M. Teeple*, The Origin of the Son of Man Christology, in: JBL 84 (1965) 213ff (217f); *E. Haenchen*, Der Weg Jesu (Sammlung Töpelmann II,6) (Berlin 1966) 298ff; *N. Perrin*, Rediscovering the Teaching of Jesus (London 1967) 22f 185f (= Was lehrte Jesus wirklich? [Göttingen 1972] 18f, 210f); *H. Conzelmann*, Grundriß der Theologie des Neuen Testaments (München 1967) 155f; *L. Gaston*, (s. Anm. 4) 404; *R. A. Edwards*, The Eschatological Correlative as a *Gattung* in the New Testament, in: ZNW 60 (1969) 9ff (11,19); *D. Lührmann*, Die Redaktion der Logienquelle (Wissenschaftliche Monographien zum Alten und Neuen Testament 33) (Neukirchen 1969) 51; *P. Hoffmann*, Studien zur Theologie der Logienquelle (NTA, NF 8) (Münster 1972) 155f; *S. Schulz*, Q. Die Spruchquelle der Evangelisten (Zürich 1972) 69f; *O. J. F. Seitz*, The Future Coming of the Son of Man: Three Midrashic Formulations in the Gospel of Mark, in: Studia Evangelica VI (TU 112) (Berlin 1973) 492f; *E. Lohse*, (s. Anm. 1) 48. – Das Urteil bleibt unsicher bei *W. Marxsen*, Anfangsprobleme der Christologie (Gütersloh 1960) 27.

[7] *A. J. B. Higgins*, Is the Son of Man Problem Insoluble?, in: Neotestamentica et Semitica, Festschr. *M. Black* (Edinburgh 1969) 70ff (das Fazit lautet allerdings: „To conclude at this stage that the problem is insoluble would be premature"!).

[8] *R. Maddox*, The Function of the Son of Man according to the Synoptic Gospels, in: NTSt 15 (1968/9) 45ff (45).

[9] Vgl. dazu *W. G. Kümmel*, Jesu Antwort an Johannes den Täufer. Ein Beispiel zum Methodenproblem in der Jesusforschung, in: Sitzungsberichte der Wissenschaftlichen Gesellschaft an der Johann-Wolfgang-Goethe-Universität (Frankfurt a.M. – Wiesbaden 1974) 130ff bzw. 6ff und die dort genannte Literatur.

übersehbaren Literatur[10] ins Auge zu fassen oder auch nur die eigene Lösung als ganze zu skizzieren[11]; wohl aber soll der Versuch gemacht werden, zu einer möglichst gesicherten Anschauung über die Überlieferungsverhältnisse und den geschichtlichen Wert des zu Beginn genannten Logions Mk 8,38 par zu gelangen, um durch die Erörterung dieses besonders wichtigen Textes womöglich einen festen Ausgangspunkt für die weitere Untersuchung der Menschensohnworte Jesu zu erhalten[12].

I

Unzweifelhaft ist der Spruch doppelt überliefert, bei Markus und in der Q-Überlieferung. Die Markusfassung lautet (8,38): „Wer sich meiner und meiner Worte in diesem ehebrecherischen und sündigen Geschlecht schämt, dessen wird sich auch der Menschensohn schämen, wenn er kommt in der Herrlichkeit seines Vaters mit den heiligen Engeln." Beide Seitenreferenten bieten im gleichen Zusammenhang eine Parallele (Mt 16,27; Lk 9,26), es kann aber kaum ein Zweifel sein, daß diese beiden Fassungen Umformungen des Markustextes darstellen und darum bei der Frage nach der dem Markus vorliegenden Tradition außer Betracht bleiben können[13]. Betrachtet man Mk 8,38 im Zusammenhang des Evangeliums, so heben sich die an „die Menge mit den Jüngern" gerichteten Sprüche 8,34–38, die mit γάρ aneinander angefügt sind und alle von einem Verhalten des Menschen handeln, das für sein bleibendes Heil entscheidend ist, von dem mit neuer Einleitung angefügten Spruch 9,1 ab, der vom Kommen der Gottesherrschaft ohne Bezugnahme auf das Verhalten dazu redet; zwischen 8,38

[10] Überblicke über die neuere Forschung bieten: *A. J. B. Higgins*, Son of Man-Forschung since ‚The Teaching of Jesus', in: New Testament Essays. Studies in Memory of Th. W. Manson (Manchester 1959) 119ff; *M. Black*, The Son of Man Problem in Recent Research and Debate, in: BJRL 45 (1962/3) 305ff; *I. H. Marshall*, The Synoptic Son of Man Sayings in Recent Discussion, in: NTSt 12 (1965/6) 327ff; *G. Haufe* (s. Anm. 1); *F. H. Borsch*, (s. Anm. 5) 21ff; *G. Lindeskog*, (s. Anm. 1) 162ff; *R. Maddox*, Methodenfragen in der Menschensohnforschung, in: EvTh 32 (1972) 143ff; *P. Hoffmann*, (s. Anm. 6) 82ff. Vgl. auch die Literaturangaben bei *C. Colpe*, (s. Anm. 5) 2, Anm. 212.

[11] Vgl. *W. G. Kümmel*, Die Theologie des Neuen Testaments nach seinen Hauptzeugen. Jesus–Paulus–Johannes (Grundrisse zum Neuen Testament, NTD, Ergänzungsreihe 3) (Göttingen 1969) 68ff.

[12] Ich führe damit meine kurzen Ausführungen in: Verheißung und Erfüllung (AThANT 6) (Zürich ²1953 = ³1956) 38ff fort, ohne die dort verarbeitete ältere Literatur erneut heranzuziehen.

[13] Vgl. zu Mt 16,27: *H. E. Tödt*, (s. Anm. 5) 78f; zu Lk 9,26: *H. Schürmann*, Das Lukasevangelium (HThK III, 1. Teil) (Freiburg – Basel – Wien 1969) 547ff; zu beiden Texten: *C. K. Barrett*, I am not Ashamed of the Gospel, in: Foi et salut selon S. Paul (Analecta Biblica 42) (Rom 1970) 22f (= New Testament Essays [London 1972] 120f) und C. Colpe, (s. Anm. 5) 2, Anm. 216. Die Annahme, Mk 8,38 sei aus einer Vermischung von Lk 12,9 und Mt 16,27 entstanden, und auch Lk 9,26 sei älter als Mk 8,38, ist völlig unzureichend begründet (gegen *F. H. Borsch* [s. Anm. 5] 380; ders., The Christian and Gnostic Son of Man [Studies in Biblical Theology, 2. Reihe 14] [London 1970] 18f).

und 9,1 besteht daher schwerlich ein ursprünglicher Zusammenhang. Daß Markus die Sprüche 8,34 – 8,38 schon in dieser Zusammenstellung vorfand[14], ist möglich, er kann diese Zusammenstellung aber auch selber vorgenommen haben[15]; auf alle Fälle besteht zwischen der Aussage über die Unmöglichkeit, für sein Leben ein Tauschobjekt zu geben, und der Aussage über die Konsequenzen des Verhaltens zu Jesus kein ursprünglicher Zusammenhang: Mk 8,38 ist also ein Einzellogion, das traditionskritisch ohne Berücksichtigung des bei Markus vorliegenden Zusammenhangs interpretiert werden muß. Fragt man nun, ohne gleich die Parallele in der Q-Überlieferung heranzuziehen, danach, ob der Spruch Kennzeichen redaktioneller Bearbeitung durch Markus aufweist, so zeigt sich, daß das auffällige Nebeneinander von μὲ καὶ τοὺς ἐμοὺς λόγους deutliche Parallelen in Mk 8,35 und 10,29 („um meinet- und des Evangeliums willen") und 13,31 („meine Worte werden nicht vergehen") hat; da an allen diesen Stellen der Hinweis auf die „Worte Jesu" oder „das Evangelium" schwerlich zum überlieferten Wortlaut gehört, legt sich die Vermutung nahe, daß auch in Mk 8,38 die Verdoppelung des Objekts durch „und meiner Worte" von Markus dem übernommenen Logion hinzugefügt worden ist[16]. Im übrigen aber weist Mk 8,38 sprachlich keine markinischen Lieblingsworte oder Besonderheiten auf, so daß unter dieser Fragestellung eine weitere redaktionelle Bearbeitung des Spruches durch den Evangelisten nicht wahrscheinlich zu machen ist.

Nun ist aber ein zum mindesten sehr ähnliches Logion auch in der zweiten Quelle (Q) überliefert, und so hat man begreiflicherweise seit jeher die älteste Form des Spruchs durch den Vergleich der bei Markus und in Q erhaltenen Fassungen zu gewinnen versucht. Im Zusammenhang einer Kette von Sprüchen, die zu furchtloser Verkündigung aufrufen, lautet Lk 12,8.9: „Ich sage euch aber: Jeder, der sich zu mir bekennt vor den Menschen, zu dem wird sich auch der Menschensohn bekennen vor den Engeln Gottes. Wer mich aber verleugnet vor den Menschen, der wird verleugnet werden vor den Engeln Gottes." Die im gleichen Kontext begegnende Fassung des Mt 10,32.33 lautet aber: „Jeder nun, der sich zu mir bekennt vor den Menschen, zu dem werde ich mich bekennen vor meinem Vater in den Himmeln. Wer mich aber verleugnet vor den Menschen, den werde auch ich verleugnen vor meinem Vater in den Himmeln." Obwohl also der Wortlaut des Spruches bei Mattäus und Lukas so weitgehend derselbe ist, daß über die Benutzung der gemeinsamen Quelle kein Zweifel sein

---

[14] So *M. Horstmann*, (s. Anm. 3) 34.

[15] *E. Haenchen*, Die Komposition von Mk VII, 27–IX,1, in: NovT 6 (1963) 93.

[16] Mit verschiedener Begründung *H. E. Tödt*, (s. Anm. 5) 41; *R. H. Fuller*, The Foundations of New Testament Christology (London 1965) 138; *C. Colpe*, (s. Anm. 3) 459; *M. Horstmann*, (s. Anm. 3) 43; *S. Schulz*, (s. Anm. 5) 67, Anm. 58.

kann, besteht zwischen diesen beiden Fassungen ein grundlegender Unterschied: Während Lukas im Nachsatz des ersten Doppelsatzes den Menschensohn als Subjekt des Bekennens nennt und im zweiten Nachsatz ein Passiv bietet, dessen sachliches Subjekt nur erschlossen werden kann, ist bei Mattäus in beiden Nachsätzen Jesus selber in der 1. Person das Subjekt des Bekennens oder Verleugnens gegenüber den Menschen. Auf diese Weise bietet Mattäus zwei völlig parallel gestaltete Doppelsätze, während bei Lukas in der zweiten Hälfte der Doppelsätze das Subjekt einmal der Menschensohn ist, das zweitemal durch eine passivische Wendung umschrieben wird. Nun läßt sich diese passivische Wendung leicht als variierende Anpassung an den folgenden Satz Lk 12,10 verstehen, und so wird man mit guten Gründen vermuten dürfen, daß die passivische Formulierung in Lk 12,9b auf Lukas zurückgeht, während die dem Lukas vorliegende Tradition in beiden Nachsätzen den Menschensohn als Subjekt bot [17].

Von hier aus ergibt sich die vielerörterte Frage, ob in dieser positiv und negativ formulierten Form des Spruches in den beiden Nachsätzen ursprünglich der Menschensohn oder das Ich Jesu Subjekt war. *J. Jeremias* hat nachzuweisen gesucht, daß in allen Fällen, „wo die Fassung eines Logions mit Menschensohn mit einer solchen ohne Menschensohn konkurriert, die letztere den größeren Anspruch auf Ursprünglichkeit hat", und dementsprechend bestritten, daß in Mt 10,32 „ein ursprüngliches υἱὸς τοῦ ἀνθρώπου durch ἐγώ verdrängt worden sei, wofür es keinen Beleg gibt" [18]. *F. H. Borsch* hat aber gezeigt, daß in der großen Mehrzahl der Fälle bei paralleler Überlieferung sich das Vorhandensein der Menschensohnbezeichnung im Text als ursprünglicher erkennen läßt, und darum festgestellt, daß die Analogie von Mk 8,38 auch für Lk 12,8 und die zu vermutende Urform von 12,9 den Menschensohn als Subjekt der Nachsätze äußerst wahrscheinlich macht [19]. Lassen wir aber aus methodischen Gründen zunächst einmal den (an sich berechtigten) Vergleich mit Mk 8,38 beiseite, so trifft die Behauptung, daß es keinen Beleg für die Verdrängung eines ursprünglichen „Menschensohn" durch ein „Ich" gebe, nur dann zu, wenn man mit *J. Jeremias* und anderen Forschern die Formulierung von Mt 19,29: „Ihr, die ihr mir gefolgt seid ..., werdet, wenn der Menschensohn sich auf den Thron seiner Herrlichkeit setzt, auch auf 12 Thronen sitzen ...", für sekundär hält gegenüber

---

17 *Ph. Vielhauer,* Jesus und der Menschensohn, in: ZThK 60 (1963) 133ff (142) (= Aufsätze zum Neuen Testament [Theol. Bücherei 31] [München 1965] 92ff [101]); *M. Horstmann,* (s. Anm. 3) 43; *F. H. Borsch,* (s. Anm. 13) 17; *S. Schulz,* (s. Anm. 6) 133ff (142). Die Verteidigung der Ursprünglichkeit des Passivs (hypothetisch bei *Ph. Vielhauer,* [s. Anm. 6] 68 bzw. 77 und *N. Perrin,* [s. Anm. 6] 189 bzw. 215) dient nur der Rekonstruktion einer ursprünglichen Fassung ohne „Menschensohn" und bietet keine überzeugende Begründung.

18 *J. Jeremias,* Die älteste Schicht der Menschensohn-Logien, in: ZNW 58 (1967) 159ff (169f). So dann auch *C. Colpe,* (s. Anm. 3) 444, Anm. 227; *ders.,* (s. Anm. 5) 5.

19 *F. H. Borsch,* (s. Anm. 13) 5ff (16f, 27f).

Lk 22,29f: „Ich bestimme für euch..., daß ihr eßt und trinkt an meinem Tisch in meiner Herrschaft und auf zwölf Thronen sitzt..."[20]. Ich bin aber nach wie vor der Meinung, daß Mattäus in diesem Spruch im wesentlichen das ursprüngliche Jesuswort bewahrt hat[21], und dann liegt eindeutig bei Lk 22,29f der Ersatz des „Menschensohn" durch das Ich Jesu vor. Aber wichtiger als diese Parallele zum Ersatz der Erwähnung des Menschensohns durch die 1. Person ist die Überlegung, daß man schwerlich das ungewöhnliche und auffällige Nebeneinander von Ich und Menschensohn sekundär geschaffen hätte, wenn man an die Stelle der Erwähnung des Menschensohns das Ich Jesu setzen wollte[22]. Es spricht vielmehr alles dafür, daß in der Überlieferung des Spruches von der Entsprechung zwischen dem Verhalten eines Menschen zu Jesus und der daraus sich ergebenden Heils- oder Unheilsfolge ursprünglich in beiden Nachsätzen von der Reaktion des Menschensohns auf das Verhalten eines Menschen zu Jesus die Rede war[22a].

So bleibt bei dem Vergleich der beiden Formen der Q-Überlieferung nur noch die Frage, ob am Ende der beiden Nachsätze in der ursprünglichen Q-Überlieferung mit Mattäus „vor meinem Vater in den Himmeln" oder mit Lukas „vor den Engeln Gottes" anzunehmen ist. Nun paßt „vor meinem Vater in den Himmeln" an sich schon schlecht, wenn dem vorausgeht: „zu dem wird sich der Menschensohn bekennen"; vor allem aber ist die Phrase „mein himmlischer Vater" in den Synoptikern nur bei Mattäus bezeugt und in Mt 7,21; 12,50; 15,30; 18,35 mit größter Wahrscheinlichkeit vom Evangelisten selber eingefügt[23]. Es spricht also alles dafür, daß „vor den Engeln Gottes" in der ältesten Q-Überlieferung den Schluß der beiden Nachsätze des Doppelspruches Lk 12,8f par bildete[24], d.h., die hinter Mattäus und Lukas anzunehmende Fassung des Doppelspruchs dürfte etwa gelautet haben: „Wer sich zu mir vor den Men-

[20] *J. Jeremias,* (s. Anm. 18) 166, ferner etwa *E. Schweizer,* (s. Anm. 4) 189 bzw. 60; *N. Perrin,* (s. Anm. 6) 17 bzw. 11.

[21] *W. G. Kümmel,* (s. Anm. 12) 41; vgl. auch *Ph. Vielhauer,* (s. Anm. 6) 61 bzw. 68; *B. Rigaux,* La seconde venue de Jésus, in: La venue du Messie (Recherches Bibliques 6) (Louvain 1962) 211; *D. Flusser,* Qumran und die Zwölf, in: Initiation, hrsg. v. *C. J. Bleeker* (Leiden 1965) 139f; *F. H. Borsch,* (s. Anm. 13) 26f.

[22] So z.B. *F. Hahn,* (s. Anm. 2) 33; *G. Voss,* (s. Anm. 5) 41; *G. Lindeskog,* (s. Anm. 1) 153; *R. Leivestad,* Der apokalyptische Menschensohn ein theologisches Phantom, in: Annual of the Swedish Theological Institute 6 (1968) 49ff (83); *M. Horstmann,* (s. Anm. 3) 35; *J. Becker,* (s. Anm. 5) 100, 126.

[22a] Vgl. die bei *S. Schulz,* (s. Anm. 6) 68, Anm. 66, und bei *J. Dupont,* Les Béatitudes II (Paris 1969) 372, Anm. 3, genannten Autoren, ferner *A. Vögtle,* (s. Anm. 5) 102; *R. A. Edwards* (s. Anm. 6) 19; *A. J. B. Higgins,* (s. Anm. 5) 58; *H. Braun,* Jesus (Themen der Theologie 1) (Stuttgart – Berlin 1969) 55; *S. Schulz,* a.a.O.

[23] Vgl. dazu *J. Jeremias,* Abba (Göttingen 1966) 35,46f.

[24] So *A. J. B. Higgins,* (s. Anm. 5) 58; *J. Dupont,* (s. Anm. 22) 371; *C. Colpe,* (s. Anm. 5) 4. Daß der Ausdruck „vor den Engeln Gottes" den Gottesnamen umschreiben soll, ist möglich (so *E. Jüngel,* Paulus und Jesus [Tübingen 1962] 260), vgl. Lk 15,10 mit 15,7, aber das berechtigt nicht dazu, τοῦ θεοῦ als Zusatz aus dem ältesten Text zu streichen.

schen bekennt, zu dem wird sich der Menschensohn vor den Engeln Gottes bekennen. Wer mich verleugnet vor den Menschen, den wird der Menschensohn vor den Engeln Gottes verleugnen.“[25]

II

Mit dieser rekonstruierten Urfassung des Spruches in Q ist nun die Fassung in Mk 8,38 zu vergleichen, die nur den negativen Doppelsatz bietet, von „sich schämen“ statt „verleugnen“ in Vorder- und Nachsatz spricht, außerdem im Vordersatz statt „vor den Menschen“ bietet: „in diesem ehebrecherischen und sündigen Geschlecht“ und im Nachsatz statt „vor den Engeln Gottes“ sagt: „wenn er kommt in der Herrlichkeit seines Vaters mit den heiligen Engeln“. Nun ist allgemein anerkannt, daß zu Unrecht in der Fassung des Markus der positive Doppelsatz „Wer sich zu mir bekennt...“ fehlt, daß in dieser Hinsicht also Q die ursprünglichere Überlieferung bewahrt haben wird[26]. Wenn ferner Markus als das Forum, vor dem ein Mensch „sich schämt“, „dieses ehebrecherische und sündige Geschlecht“ nennt, während Matthäus und Lukas nur „die Menschen“ nennen, so nimmt man fast allgemein an, daß Markus hier aufgefüllt habe, weil dadurch der strenge Parallelismus des Doppelspruches in der Q-Fassung durchbrochen werde[27]. Das ist natürlich möglich, aber Markus gebraucht ἁμαρτωλός sonst niemals adjektivisch und μοιχαλίς überhaupt nicht, vor allem aber hat Markus in 8,12 nur „dieses Geschlecht“, während in der parallelen Q-Fassung Mt 12,39 „ein böses und ehebrecherisches Geschlecht“ und Lk 11,29 „ein böses Geschlecht“ bieten. Dem rein stilistischen Hinweis auf den besseren Parallelismus in Lk 12,8 steht also die Tatsache gegenüber, daß sich der Ausdruck „dieses ehebrecherische und sündige Geschlecht“ in keiner Hinsicht als „markinisch“ erweisen läßt, und darum kann schwerlich mit ausreichender Sicherheit behauptet werden, daß die Fassung des Markus an diesem Punkte sekundär sein müsse. Doch ist die Entscheidung in dieser Frage für das Urteil über den Sinn und die Herkunft des Logions ohne wesentliche Bedeutung und mag darum auf sich beruhen.

---

[25] So z.B. *F. H. Borsch*, (s. Anm. 13) 18.

[26] Vgl. *J. Dupont*, (s. Anm. 22) 371 mit Anm. 1, und *C. Colpe*, (s. Anm. 5) 4 mit Anm. 217; ferner *A. J. B. Higgins*, (s. Anm. 5) 60 und *D. Lührmann*, (s. Anm. 6) 51. Die Annahme, daß sich die positive Hälfte des Doppelspruches auch bei Markus in 8,34 erhalten habe, ist nicht nur traditionskritisch äußerst unwahrscheinlich, sondern auch darum nicht akzeptabel, weil eine Heilszusage entsprechend der Unheilsansage in Mk 8,38b in Mk 8,34 nur mit Gewalt hineingelesen werden kann (gegen *M. D. Hooker*, The Son of Man in Mark [London 1967] 117f).

[27] Vgl. nur *J. Dupont*, (s. Anm. 22) 371 mit Anm. 4; *M. Horstmann*, (s. Anm. 3) 45; *S. Schulz*, (s. Anm. 6) 67 mit Anm. 60.

Wichtig ist dagegen die Entscheidung über die beiden noch nicht besprochenen Differenzen zwischen Markus und Q in unserem Logion. Da ist zunächst die sprachliche Differenz zwischen Markus, der vom „sich schämen" spricht (mit dem Fehlen der positiven Hälfte des Doppelspruches fehlt auch der positive Gegenbegriff dazu), während in Q vom „sich bekennen zu" und vom „verleugnen" die Rede ist. Seit *E. Käsemann* erklärte, daß „das Verb ἐπαισχύνεσθαι bei Markus eine gräzisierte und vielleicht nachpaulinische Modifikation des semitischen ὁμολογεῖν und ἀρνεῖσθαι darstellt"[28], ist diese Behauptung oft wiederholt worden[29]. Nun stimmt es zweifellos, daß die von Mattäus und Lukas gebotene Verbindung von ὁμολογεῖν mit ἐν ein Aramaismus ist[30], doch ist das für den negativen Komplementärsatz gebrauchte Verbum ἀρνεῖσθαι gut Griechisch[31], d.h., die griechische Formulierung des Spruches in Q geht vermutlich auf eine aramäische Formulierung zurück. Andererseits aber ist das in der Markusfassung unseres Spruches begegnende ἐπαισχύνεσθαι weder markinisch[32] noch sonst überhaupt in den Evangelien bezeugt, begegnet aber, wie bei Markus mit dem Akkusativ verbunden, sowohl im Profangriechischen wie in den Septuaginta[33]. Man kann darum angesichts der Verwendung dieses Verbums schwerlich von „gräzisieren" sprechen, und die Frage, welches Verbum in unserm Logion ursprünglicher ist, läßt sich nur aus dem Sinnzusammenhang beantworten.

Man hat nun gesagt, daß die komplementären Ausdrücke ὁμολογεῖν ἐν ... ἔμπροσθεν und ἀρνεῖσθαι ἔμπροσθεν der Q-Fassung Bezeichnungen für das Stehen vor Gericht seien und darum „eine irdische Gerichtsszene" voraussetzten, „der ... das himmlische Gerichtsforum korrespondiert", so daß diese Ausdrucksweise die Situation der bekennenden Kirche voraussetze[34]. Das ist freilich eine Übertreibung[35]; denn einerseits sind als das Forum, vor dem das

[28] *E. Käsemann*, (s. Anm. 6) 257 bzw. 78.

[29] Vgl. die bei *J. Dupont*, (s. Anm. 22) 372, Anm. 1, zitierten Autoren und *Dupont* selber, ferner *R. H. Fuller*, (s. Anm. 16) 138, Anm. 75; *M. Horstmann*, (s. Anm. 3) 44; *D. Lührmann*, (s. Anm. 6) 51; *S. Schulz*, (s. Anm. 6) 67.

[30] Siehe nur *J. Dupont*, a.a.O. und *G. Lindeskog*, (s. Anm. 1) 159; *J. Jeremias*, (s. Anm. 3) 18, Anm. 47, bestreitet, daß diese Konstruktion dem Hebräischen fremd sei; doch ändert das nichts daran, daß diese Konstruktion auch im Aramäischen begegnet.

[31] *H. Riesenfeld*, The Meaning of the Verb ἀρνεῖσθαι, in: Conjectanea Neotestamentica 11, Festschr. *A. Fridrichsen* (Lund – Kopenhagen 1947) 207ff (215).

[32] ἐπαισχύνεσθαι begegnet nur hier bei Markus, αἰσχύνεσθαι überhaupt nicht.

[33] Belege bei *Bauer*,[5] 558. Die dort zitierte Stelle Job 34,19 hat keine genaue Entsprechung im MT; dagegen entspricht dem passivischen αἰσχυνθήσονται in Is 1,29 LXX im MT יֵבֹשׁוּ, im Targum תִתְבַּהֲתוּ.

[34] So *Ph. Vielhauer*, (s. Anm. 6) 70 bzw. 79; *ders.*, (s. Anm. 17) 144 bzw. 104; *H. Conzelmann*, (s. Anm. 6) 156; *G. Lindeskog*, (s. Anm. 1) 159; *S. Schulz*, (s. Anm. 6) 72; *E. Lohse*, (s. Anm. 1) 48f.

[35] Vgl. *I. H. Marshall*, (s. Anm. 10) 344; *J. Dupont*, (s. Anm. 22) 374; *M. Horstmann*, (s. Anm. 3) 42.

Bekennen oder Verleugnen geschieht, „die Menschen" genannt, also keine Gerichtsbehörde, andererseits kann sehr wohl die eschatologische Gerichtsvorstellung des Nachsatzes die Formulierung des Vordersatzes beeinflußt haben[36], d.h., das Reden vom „Bekennen" oder „Verleugnen" vor den Menschen setzt keineswegs eindeutig die Verfolgungssituation der nachösterlichen Gemeinde voraus, sondern kann durchaus in der Situation Jesu die erwartete Notwendigkeit für die Jünger beschreiben, sich angesichts der Jesus begegnenden Ablehnung klar auf seine Seite zu stellen oder nicht[37]. Vergleicht man dann aber die Formulierung der Q-Fassung mit Markus, wo in beiden Satzhälften vom „sich schämen" die Rede ist, so erscheint die Ausdrucksweise der Q-Fassung in einem anderen Licht: „sich schämen" läßt überhaupt nicht an eine Gerichtsszene denken, sondern allgemein an ein „sich auf die Seite Jesu stellen" oder das Gegenteil davon bzw. an eine Anerkenntnis oder Zurückweisung dieser Haltung durch den Menschensohn vor Gott. Und es ist wesentlich wahrscheinlicher, daß dieser allgemeinere Ausdruck der Markusfassung in der Situation der ältesten Gemeinde aufgrund der Verfolgungssituation durch den für diese Situation eindeutigeren Begriff „sich bekennen" oder „verleugnen" ersetzt worden ist als umgekehrt[38].

Schließlich bleibt bei dem Vergleich von Mk 8,38 mit der Q-Fassung des Spruches noch zu fragen, wie über den Schluß des Spruches zu urteilen ist, wo in Q vom Bekennen oder Verleugnen des Menschensohns „vor den Engeln Gottes" die Rede ist, während es bei Markus heißt: „wenn er kommt in der Herrlichkeit seines Vaters mit den heiligen Engeln". Dieser temporale Nebensatz läßt keine Zweifel daran, daß das futurische „sich schämen" (oder „sich nicht schämen") des Menschensohns sich bei der Parusie ereignen soll, während das Futurum der Q-Fassung keine terminliche Definition erhält. Infolgedessen ist häufig die These vertreten worden, daß in Mk 8,38b eine Umbildung des Spruches unter dem Einfluß der Parusieerwartung vorliege[39]. Nun wird man

[36] Dieses Argument gälte verstärkt, wenn mit Mk 8,38 als das Forum, dem gegenüber das Bekennen bzw. Verleugnen geschieht, ursprünglich „dieses ehebrecherische und sündige Geschlecht" genannt worden wäre (s.o.).

[37] *H. E. Tödt,* (s. Anm. 5) 310f hat an diesem Punkt zweifellos recht gegen *Ph. Vielhauer,* (s. Anm. 17) 144 bzw. 104, der sich zu Unrecht auf den in diesem Sinn gar nicht existierenden „synoptischen Sprachgebrauch" beruft. Zu Jesu Erwartung, daß seine Jünger in Bedrängnis geraten werden, vgl. *J. Jeremias,* (s. Anm. 3) 229f.

[38] Vgl. *G. Lindeskog,* (s. Anm. 1) 160; *F. H. Borsch,* (s. Anm. 13) 19. Die Annahme einer Überlieferungsvariante im Aramäischen (s. *C. Colpe,* [s. Anm, 3] 450, Anm. 331 und *C. K. Barrett,* [s. Anm. 13] 27 bzw. 126) ist recht unwahrscheinlich.

[39] Vgl. etwa *Ph. Vielhauer,* (s. Anm. 6) 77, Anm. 97; *H. E. Tödt,* (s. Anm. 5) 41f; *F. Hahn,* (s. Anm. 2) 33; *A. J. B. Higgins,* (s. Anm. 5) 59f; *E. Schweizer,* (s. Anm. 5) 100; *D. Lührmann,* (s. Anm. 6) 51; *J. Dupont,* (s. Anm. 22) 371; *C. Colpe,* (s. Anm. 3) 459; *M. Horstmann,* (s. Anm. 3) 47ff; *L. Gaston,* (s. Anm. 4) 404; *S. Schulz,* (s. Anm. 6) 67.

schwerlich bestreiten können, daß die Vorstellung vom „Vater des Menschensohns" nicht nur unjüdisch ist, sondern auch in der synoptischen Tradition der Jesusworte völlig isoliert dasteht und nur eine christliche Bildung sein kann[40]. Im übrigen aber wird gegen die Ursprünglichkeit des temporalen Abschlußsatzes in Mk 8,38 nur angeführt, daß dieser Satz den Eindruck der Erweiterung mache und das Vordringen apokalyptischen Gedankenguts und eine Ausmalung nach Dan 7,13 LXX zeige. Diese Argumente sind einerseits unbeweisbare Gefühlsurteile; was andererseits den Einfluß von Dan 7,13 anbetrifft, so zeigt er sich höchstens in der Redeweise vom „Kommen" des Menschensohns; diese Redeweise begegnet aber bereits im aramäischen Urtext von Dan 7,13, und es gibt keinen überzeugenden Einwand gegen die Annahme, daß Jesus diese Vorstellung aufgenommen haben sollte, wenn er überhaupt die Erwartung der zukünftigen Erscheinung des Menschensohns geteilt hat[41]. Es besteht also kein triftiger Grund, den temporalen Schlußsatz von Mk 8,38 als sekundäre Zufügung anzusehen[42] (von dem Hinweis auf den „Vater des Menschensohns" abgesehen), und darum kann die Frage nach dem ursprünglichen Schluß unseres Logions nicht mit Sicherheit beantwortet werden. Wenn daher der ursprüngliche Wortlaut unseres Spruches auch nicht mehr eindeutig rekonstruiert werden kann, so läßt sich doch hypothetisch als älteste erreichbare Fassung des Spruches in weitgehender Anlehnung an Mk 8,38 vermuten: „Wer sich meiner schämt in diesem ehebrecherischen und sündigen Geschlecht, dessen wird sich der Menschensohn schämen, wenn er kommt (in Herrlichkeit?) mit den heiligen Engeln"; der positive Komplementärsatz dürfte analog gelautet haben[43].

III

Damit stellt sich nun abschließend die Frage, welche Funktion dem Menschensohn in diesem Logion zugeschrieben wird und in welchem Sinn eine Beziehung

[40] Vgl. *F. Hahn,* (s. Anm. 2) 33, 321 (Lk 9,26 hat diese Vorstellung eliminiert!). Daß „Menschensohn" Deckname für „Gottessohn" im Munde Jesu sei, ist aus der Luft gegriffen (gegen *J. M. Ford,* „The Son of Man" – a Euphemism?, in: JBL 87 [1968] 257ff, und *A. J. B. Higgins,* [s. Anm. 5] 202).

[41] Vgl. meine Bemerkungen oben zu Mt 19,28; zur Aufnahme der Vorstellung vom „Kommen" des Menschensohns durch Jesus vgl. Mt 10,23; 24,44; zum Anschluß Jesu an Dan 7 vgl. Mk 14,62. Ich kann auf die Einwände gegen die Herkunft dieser Texte von Jesus hier nicht eingehen (vgl. nur meine Bemerkungen in: Die Theologie, [Anm. 11] 63f, 70f).

[42] So auch *B. Rigaux,* (s. Anm. 21) 205.

[43] Dieses Resultat widerspricht der Anschauung, „daß auch Mk 8,38 par die Q-Version ursprünglich zugrunde lag" (*S. Schulz,* [s. Anm. 6] 66f, und die dort in Anm. 58 Zitierten [zu denen ich zu Unrecht gestellt bin!]), und den dieser Anschauung entsprechenden Rekonstruktionen (z.B. bei *N. Perrin,* [s. Anm. 6] 188ff bzw. 213ff; *F. H. Borsch,* [s. Anm. 13] 18; *C. Colpe,* [s. Anm. 5] 6).

zwischen Jesus und dem Menschensohn hergestellt wird, vor allem aber, in welchem geschichtlichen Zusammenhang diese Aussage entstanden zu denken ist. Wenn mit Mk 8,38 die Reaktion des Menschensohns auf das Verhalten eines Menschen erfolgen soll, „wenn er kommt ... mit den heiligen Engeln", so kann schwerlich an etwas anderes gedacht sein als an das Endgericht (vgl. Dan 7,10 „und die Bücher wurden aufgetan" und Mt 25,31 f). Man hat darüber gestritten, ob der Menschensohn in unserm Logion als Zeuge[44] oder als Richter[45] vorgestellt sei; es fragt sich aber, ob diese Alternative überhaupt berechtigt ist, da in diesem Logion nur betont werden soll, daß beim Endgericht, das sich beim endzeitlichen Kommen des Menschensohns ereignen soll, der Mensch in Entsprechung zu seinem Verhalten Jesus gegenüber durch den Menschensohn akzeptiert oder abgelehnt werden wird. Wesentlich ist dagegen die Frage, wie die Beziehung zwischen dem Jesus, dem gegenüber ein Mensch sich schämt oder nicht, und dem zukünftig kommenden Menschensohn gedacht ist, der dementsprechend sein Urteil abgibt. Daß die Evangelisten Jesus und den Menschensohn gleichgesetzt haben, kann nicht bezweifelt werden, aber ist das auch der Sinn des Logions von Anfang an gewesen? Viele haben das angenommen und je nachdem daraus geschlossen, daß das Logion nicht von Jesus stammen könne oder trotzdem von ihm stamme[46]. Weil aber manchen Forschern eine solche Gleichsetzung im Munde Jesu undenkbar erscheint, ist von ihnen die These vertreten worden, daß Jesus sich hier vom kommenden Menschensohn unterscheide bzw. sein Verhältnis zu ihm völlig offenlasse[47]. Aber diese Lösung des Problems ist schwerlich haltbar. Denn einerseits hat die Ankündigung der Reaktion des Menschensohns auf das Verhalten Jesus gegenüber nur dann einen argumentativen Sinn, wenn zwischen Jesus und dem Menschensohn eine personale Beziehung besteht; andererseits schließt der Anspruch Jesu, daß in seinem Wirken

[44] *E. Schweizer*, (s. Anm. 4) 188 bzw. 59; *H. E. Tödt*, (s. Anm. 5) 52; *M. Horstmann*, (s. Anm. 3) 40; *L. Gaston*, (s. Anm. 4) 404.

[45] *F. Hahn*, (s. Anm. 2) 36; *R. Maddox*, (s. Anm. 8) 49; *S. Schulz*, (s. Anm. 6) 72; *L. Goppelt*, Theologie des Neuen Testaments, I. Jesu Wirken in seiner theologischen Bedeutung (Göttingen 1975) 231.

[46] Zum Beispiel einerseits *Ph. Vielhauer*, (s. Anm. 17) 146 bzw. 106f; *H. M. Teeple*, (s. Anm. 6) 217f; *H. Conzelmann*, (s. Anm. 6) 155; *P. Hoffmann*, (s. Anm. 6) 155f; *S. Schulz*, (s. Anm. 6) 72; *E. Lohse*, (s. Anm. 1) 48 – andererseits *L. Goppelt*, Zum Problem des Menschensohns, in: Mensch und Menschensohn. Festschr. *K. Witte* (Hamburg 1963) 20ff (29f) (= Christologie und Ethik, Aufsätze zum Neuen Testament [Göttingen 1968] 66ff [47f]); *ders.*, (s. Anm. 45) 233; *R. Fuller*, (s. Anm. 16) 123, 138; *G. Lindeskog*, (s. Anm. 1) 173; *R. Maddox*, (s. Anm. 8) 50; *J. Dupont*, (s. Anm. 22) 375f; *M. Horstmann*, (s. Anm. 3) 40; *P. Stuhlmacher*, Kritische Marginalien zum gegenwärtigen Stand der Frage nach Jesus, in: Fides et communicatio. Festschr. *M. Doerne* (Göttingen 1970) 357.

[47] *H. E. Tödt*, (s. Anm. 5) 53; *E. Jüngel*, (s. Anm. 24) 242; *F. Hahn*, (s. Anm. 2) 33, 35; *A. J. B. Higgins*, (s. Anm. 5) 60; *R. E. C. Formesyn*, (s. Anm. 5) 19,21f; *F. H. Borsch*, (s. Anm. 5) 360; *C. Colpe*, (s. Anm. 5) 8; *J. Becker*, (s. Anm. 5) 102; *E. Grässer*, Die Naherwartung Jesu (Stuttgarter Bibelstudien 6) (Stuttgart 1973) 100.

sich endzeitliches Heil ereigne (vgl. nur Mt 12,28 par Lk 11,20), völlig aus, daß Jesus sich als Vorläufer oder Boten eines von ihm nur erwarteten „größeren" Menschensohns gewußt habe[48]. Geht dieser Spruch auf Jesus zurück, so kann er nur eine wie immer geartete personale Beziehung zwischen dem jetzt redenden Jesus und dem erwarteten Menschensohn voraussetzen; und das gilt natürlich erst recht, wenn der Spruch eine Gemeindebildung sein sollte.

Daß dieser Spruch auf Jesus zurückgeht, hat nun freilich vor 20 Jahren *E. Käsemann* mit dem Hinweis darauf dezidiert bestritten, daß es sich um einen „Spruch heiligen Rechtes" handele, d.h. um eine an ihrer Form erkennbare Äußerung christlicher Propheten, und seither haben sich dieser These zahlreiche Forscher angeschlossen[49]. Nach Käsemann ist das Kennzeichen solcher das futurische Gericht vorausnehmender prophetischer Sätze, daß ein ius talionis mit Hilfe des gleichen Verbums im Vorder- und Nachsatz mit eschatologischer Autorität verkündet wird, und diese im göttlichen Geist verkündeten Rechtssätze können nur „in der in apokalyptischer Naherwartung stehenden nachösterlichen Gemeinde" entstanden sein, „die von Propheten geleitet wird". *Ph. Vielhauer* sucht darüber hinaus die Unterscheidung zwischen dem Ich Jesu und dem Menschensohn in unserm Logion daraus zu erklären, daß die frühe Gemeinde zwischen dem irdischen Menschen Jesus und der eschatologischen Funktion des Menschensohns unterscheiden mußte. Gegen diese Konstruktion sind freilich auch erhebliche Einwände erhoben worden[50]. Nicht nur sind die Belege für diese angebliche literarische Form der „Sätze heiligen Rechts" äußerst wenige, und diese wenigen Belege haben nichts gemeinsam als die Entsprechung einer gegenwärtigen Tat im Vordersatz und einer zukünftigen göttlichen Reaktion im Nachsatz unter Gebrauch des gleichen Verbums. Wichtiger aber als diese beiden Einwände sind zwei weitere Nachweise, die wir vor allem *K. Berger* und *D. Hill* verdanken: Sätze wie der aufgrund von Mk 8,38 und Lk 12,8f zu vermutende Doppelspruch sind nicht Rechtssätze, sondern durch die apokalyptische Vorstellung vom Endgericht abgewandelte Weisheitssätze, und für die Annahme, daß christliche Propheten solche Sätze als Worte Jesu in der Ich-Form äußerten und daß solche Worte von den überlieferten Jesusworten nicht

---

[48] Darauf verweisen mit Recht *I. H. Marshall*, (s. Anm. 10) 338f; *E. Schweizer*, (s. Anm. 5) 94; *J. Jeremias*, (s. Anm. 3) 262f.

[49] *E. Käsemann* (s. Anm. 6); *Ph. Vielhauer*, (s. Anm. 6) 71 bzw. 79; *ders.*, (s. Anm. 17) 146 bzw. 106f; *N. Perrin*, (s. Anm. 6) 22f, 185f bzw. 18f, 210f; *R. E. Edwards*, (s. Anm. 6) 11, 17f; *D. Lührmann*, (s. Anm. 6) 51; *L. Gaston*, (s. Anm. 4) 404; *S. Schulz*, (s. Anm. 6) 69; *G. Theissen*, Wanderradikalismus, in: ZThK 70 (1973) 245ff (254, Anm. 26); *E. Lohse*, (s. Anm. 1) 48f.

[50] Vgl. *H. E. Tödt*, (s. Anm. 5) 311; *E. Jüngel*, (s. Anm. 24) 242f; *F. Hahn*, (s. Anm. 2) 35; *J. Dupont*, (s. Anm. 22) 375; *K. Berger*, Zu den sogenannten Sätzen heiligen Rechts, in: NTSt 17 (1970/1) 10ff; *J. Becker*, (s. Anm. 5) 100f; *D. Hill*, On the Creative Role of Christian Prophets, in: NTSt 20 (1973/4) 262ff (270ff).

unterschieden wurden, gibt es keinen Beweis. Vor allem aber: der uns beschäftigende Doppelspruch wäre, auch wenn alle diese Einwände nicht zuträfen, kein Beispiel für „Sätze heiligen Rechts", weil die Verbindung zwischen dem Verhalten dem sprechenden Jesus gegenüber und der Reaktion des kommenden Menschensohns in den von Käsemann zusammengestellten Sätzen keine Parallele hat. Die Bestreitung der Annahme, daß Mk 8,38 par in einer zu vermutenden Urform auf Jesus zurückgeht, läßt sich mit der Hypothese der Zugehörigkeit des Spruches zu prophetischen „Sätzen heiligen Rechts" nicht begründen.

Natürlich ist damit die Frage, ob dieser Spruch mit seiner Deklaration eines personalen Zusammenhangs zwischen dem Jesus, dem ein Hörer Jesu begegnet, und dem Urteil des kommenden Menschensohns als ein Wort Jesu beurteilt werden kann, noch nicht beantwortet. Wollte man diese Frage in ausreichender Weise beantworten, so müßte nicht nur der Gebrauch des Begriffs „Menschensohn" in der synoptischen Überlieferung in allen seinen Vorstellungsgehalten erörtert, sondern auch die äußerst umstrittene Vorfrage geklärt werden, ob es für die Rede vom endzeitlichen Kommen des „Menschen" in der jüdischen Umwelt Jesu die sprachlichen und religionsgeschichtlichen Voraussetzungen überhaupt gegeben hat. Beides kann hier natürlich nicht geschehen[51]. Wohl aber kann und muß abschließend die Frage gestellt und beantwortet werden, ob die in unserm Spruch hergestellte Beziehung zwischen dem Verhalten zu dem gegenwärtigen Jesus und dem kommenden Menschensohn im Zusammenhang der als alt zu sichernden Überlieferung der Worte Jesu geschichtlich wahrscheinlich zu machen ist oder nicht. Man hat nämlich die Behauptung aufgestellt, daß „das Wort von der eschatologischen Bedeutsamkeit des Bekennens und Verleugnens Jesu singulär" sei, oder erklärt: „If a saying makes salvation depend upon loyalty to Jesus' person, it can hardly be a genuine logion of Jesus."[52] Das Gegenteil aber ist richtig. Zwar wird eine Beziehung zwischen dem Verhalten Jesus gegenüber in der Gegenwart und dem Verhalten des kommenden Menschensohns innerhalb der synoptischen Tradition sonst nur noch in dem oben kurz erwähnten Wort Mt 19,28 hergestellt, aber da die Herkunft dieses Wortes von Jesus sehr umstritten ist[53], mag diese Parallele hier außer Betracht bleiben. Wohl aber ist hinzuweisen auf Jesu Anspruch, daß in seinem Reden und Handeln die kom-

---

[51] Die kollektive Deutung des Terminus „Menschensohn" (vgl. außer den bei *W. G. Kümmel,* [s. Anm. 12] 39f genannten Autoren neuerdings *L. Gaston,* [s. Anm. 4] 395; *C. F. D. Moule*, Neglected Features in the Problem of the „Son of Man", in: Neues Testament und Kirche, Festschr. *R. Schnackenburg* [Freiburg – Basel – Wien 1974] 413ff, bes. 423f) scheint mir angesichts von Mk 8,38 par ebenso unhaltbar zu sein wie die verschiedenen Versuche, „Menschensohn" als Jesu individuelle Ausdrucksweise für „ich" zu deuten (*R. E. C. Formesyn*, [s. Anm. 5] 25f; *R. Leivestad,* [s. Anm. 22] 98, 101; *J. C. O'Neil*, The Silence of Jesus, in: NTSt 15 [1968/9] 161).

[52] *Ph. Vielhauer*, (s. Anm. 6) 69 bzw. 78; *H. M. Teeple*, (s. Anm. 6) 222.

[53] Siehe oben bei Anm. 21.

mende Gottesherrschaft gegenwärtige Wirklichkeit geworden ist (Mt 12,28 par Lk 11,20; Mt 13,16f par Lk 10,23f), und auf Jesu Warnung, angesichts seiner Worte und Taten über seine Person nicht zu Fall zu kommen (Mt 11,6 par Lk 7,23); der sich an Jesus anschließenden „kleinen Herde" wird die Teilhabe an der kommenden Gottesherrschaft verheißen (Lk 12,32); und jedem, „der zu mir kommt und meine Worte hört und sie tut", wird gesagt, daß er ein Haus gebaut habe, das sicheren Bestand haben wird (Lk 6,47). Jesus hat also nicht nur allgemein die durch sein Lehren und Handeln charakterisierte Gegenwart als Einbruch der eschatologischen Zukunft in die Gegenwart gedeutet[54], sondern auch die Beziehung zu seiner Person als entscheidend für das eschatologische Heil oder Unheil proklamiert[55], d.h., für Jesu Verkündigung ist gerade „die durch Korrespondenz zwischen dem Jetzt der Begegnung mit ihm und einem noch zukünftigen Geschehen charakterisierte Redeweise"[56] bezeichnend, Mk 8,38 par erfüllt also das Kriterium der Frage nach den Besonderheiten der Sprache Jesu sehr eindeutig.

Wenn Jesus diese „Korrespondenz zwischen dem Jetzt der Begegnung mit ihm und einem noch zukünftigen Geschehen" aber in Mk 8,38 in der Form ausdrückt, daß die Reaktion des Menschensohns auf das gegenwärtige Verhalten Jesus gegenüber angesagt und dadurch eine personale Beziehung zwischen Jesus und dem kommenden Menschensohn hergestellt wird, so ist dieses Logion nur unter einer doppelten Voraussetzung „das einzige, worin sich Jesus zum Menschensohn in Beziehung setzt"[57]: daß nämlich nicht nur das schon erwähnte Logion Mt 19,28 nicht von Jesus stammt[58], sondern daß auch die Mk 14,62 überlieferte Antwort Jesu auf die Frage des Hohepriesters („Ich bin es, und ihr werdet den Menschensohn zur Rechten der Kraft sitzen und mit den Himmelswolken kommen sehen") keinen Anspruch auf Geschichtlichkeit erheben kann[59]. Ich kann mich freilich von dem geschichtlich sekundären Charakter dieser Antwort Jesu in Mk 14,62 nicht überzeugen[60], doch mag angesichts der

---

[54] Vgl. *W. G. Kümmel*, (s. Anm. 12) 98ff, 134; *E. Jüngel*, (s. Anm. 24) 260f; *R. H. Fuller*, (s. Anm. 16) 104f; *J. Dupont*, (s. Anm. 22) 370; *E. Grässer*, (s. Anm. 47) 30f, 55, 65, 70. Es genügt aber im Sinne Jesu nicht, von einer „durch die *Zeichen* der Gottesherrschaft zur eschatologischen Entscheidungssituation qualifizierten Gegenwart (Mk 8,38)" zu sprechen (so *E. Grässer*, a.a.O.), Jesus hat zweifellos trotz seiner Naherwartung auch von der *Gegenwart* der Gottesherrschaft gesprochen, s. *H. Wenz*, Theologie des Reiches Gottes. Hat Jesus sich geirrt? (Evangelische Zeitstimmen 73) (Hamburg 1975) 54ff.

[55] So auch *J. Becker*, (s. Anm. 5) 101.

[56] *F. Hahn*, Methodische Überlegungen zur Rückfrage nach Jesus, in: Rückfrage nach Jesus, hrsg. v. *K. Kertelge* (Quaestiones disputatae 63) (Freiburg – Basel – Wien 1974) 11ff (36).

[57] *C. Colpe*, (s. Anm. 5) 7, Anm. 229. [58] Siehe oben bei Anm. 21.

[59] So außer *C. Colpe*, (s. Anm. 5) 12ff, sehr viele, neuestens z.B. *O. J. F. Seitz*, (s. Anm. 6) 479ff, und *W. Schenk*, Der Passionsbericht nach Markus (Gütersloh 1974) 234f.

[60] Vgl. *W. G. Kümmel*, (s. Anm. 12) 43f; *ders.*, (s. Anm. 11) 63f, 70f; ferner *A. J. B. Higgins*, (s. Anm. 5) 66ff; *J. Blinzler*, Der Prozeß Jesu (Regensburg [4]1969) 158f.

weitverbreiteten Bestreitung der Zugehörigkeit von Mt 19,28 und Mk 14,62 zur ältesten Jesusüberlieferung hier hypothetisch von der Voraussetzung ausgegangen werden, daß Jesus ausschließlich in dem Logion Mk 8,38 par eine Beziehung zwischen seiner Person und dem kommenden Menschensohn herstelle. Ergibt sich aus dieser Feststellung dann aber, daß das Wort nicht von Jesus stammen könne? Fragt man mit Recht, „ob man in Anbetracht der einzigartigen Vollmacht Jesu ... an der heute so beliebten These von der völligen Titellosigkeit Jesu noch grundsätzlich festhalten kann"[61], und macht man sich klar, daß keiner der jüdischen Heilbringernamen sich so vollkommen eignete „for expressing the divine self-consciousness of Jesus while at the same time preserving the secrecy of his self-revelation from those who had blinded their eyes and closed their ears"[62], dann ergibt sich, daß das Logion Mk 8,38 par nicht nur der Besonderheit der Sprache Jesu, sondern auch dem Gesamtcharakter der Verkündigung Jesu entspricht und daß darum gegen seine Zugehörigkeit zur ältesten Jesustradition kein triftiger Einwand erhoben werden kann.

Natürlich ist damit nur ein erster Schritt zur Lösung des Menschensohnproblems getan. Auf die weitreichenden Konsequenzen dieses ersten Schritts hat aber A. Vögtle, den diese Zeilen grüßen wollen, mit Recht hingewiesen[63]: „Wenn man auch nur Lk 12,8f als sicher ursprüngliches Menschensohnwort Jesu festhält, dürfte dieses immerhin ein Zweifaches bestätigen. Einmal verzichtet Jesus nicht darauf, das Geheimnis seiner Sendung mit Hilfe einer vorgegebenen Messiasbezeichnung und -vorstellung auszusprechen. Sodann verbietet uns das Logion und dessen vorauszusetzendes Verständnis, die Frage nach der heilsgeschichtlichen Würde und Bedeutung Jesu, seinen Heilbringeranspruch als belanglos zu erklären."

[61] *M. Hengel,* Nachfolge und Charisma (Beih. z. ZNW 34) (Berlin 1968) 79.
[62] *I. H. Marshall,* (s. Anm. 10) 350f; ähnlich auch *M. Black,* The „Son of Man" in the Teaching of Jesus, in: ExpT 60 (1948/9) 32ff.
[63] *A. Vögtle,* (s. Anm. 5) 104.

Der dienende Menschensohn (Mk 10,45)

Karl Kertelge, Trier

I. EINFÜHRUNG

„Denn auch der Menschensohn ist nicht gekommen, sich bedienen zu lassen, sondern zu dienen und sein Leben zu geben als Lösepreis für viele."

Mit diesem Wort kennzeichnet Jesus nach Mk 10,45 seine Sendung als Dienst und spricht zugleich seinem Tod die Bedeutung der stellvertretenden Sühne für die Vielen zu. In der Verbindung von Lebensdienst und sühnender Lebenshingabe bietet sich mit diesem Wort die Möglichkeit an, den als Heilsgeschehen gedeuteten Tod Jesu aus der Perspektive seines Lebenswirkens zu verstehen. Dies hat neuerdings das besondere Interesse der exegetischen Arbeit gefunden. Im Hintergrund steht dabei die alte Frage, ob eine derartige soteriologisch gefüllte Aussage, die in den Evangelien außerhalb der Abendmahlsberichte einmalig ist, Jesus selbst zuzuschreiben ist oder nicht eher die nachösterliche Deutung des Todes Jesu durch die urchristliche Gemeinde darstellt[1].

So schwierig es erscheint, das Lösegeldwort unmittelbar auf den historischen Jesus zurückzuführen, so wenig muß dies hindern, die Jesustradition der synoptischen Evangelien nach *Verweisen* auf das zugrunde liegende Verständnis Jesu von seiner Sendung und seinem Tod zu befragen. Eben dies geschieht in den Untersuchungen von Jürgen Roloff[2] und Hermann Patsch[3]. Unter Anwen-

---

[1] Vgl. zur Diskussion dieser Frage besonders *J. Jeremias*, Das Lösegeld für Viele (Mk 10,45), in: Judaica 3 (1947/48) 249–264 (= *ders.*, Abba. Studien zur neutestamentlichen Theologie und Zeitgeschichte [Göttingen 1966] 216–229); *ders.*, Art. παῖς, in: ThWNT V, 709–713; *E. Lohse*, Märtyrer und Gottesknecht. Untersuchungen zur urchristlichen Verkündigung vom Sühnetod Christi (FRLANT 64) (Göttingen ²1963) 117–122; *H. E. Tödt*, Der Menschensohn in der synoptischen Überlieferung (Gütersloh 1959) 126–130, 187–194; *F. Hahn*, Christologische Hoheitstitel. Ihre Geschichte im frühen Christentum (FRLANT 83) (Göttingen 1963) 57–59.

[2] *J. Roloff*, Anfänge der soteriologischen Deutung des Todes Jesu (Mk X.45 und Lk XXII.27), in: NTSt 19 (1972/73) 38–64.

[3] *H. Patsch*, Abendmahl und historischer Jesus (Calwer Theol. Monographien A, 1) (Stuttgart 1972) 170–180.

dung der Kriterien, die für die Rückfrage nach dem historischen Jesus gefordert sind, kommt Patsch zu dem Ergebnis, daß die „Substanz" des Lösegeldwortes „auf ein echtes Jesuslogion zurückgehen" muß[4], während Roloff durch Vergleich mit Lk 22,27 zu einer „sehr alten Schicht der Herrenmahltradition" gelangt, in der das Motiv des Dienens Jesu im Sinne seiner Lebenshingabe gedeutet worden ist. Diese in der frühen palästinischen Gemeinde geübte Interpretation verweise offenkundig „auf die Selbstdeutung des irdischen Jesus" zurück[5].

Das besondere Verdienst dieser beiden Untersuchungen liegt darin, den traditionsgeschichtlichen Zusammenhang des Lösegeldwortes mit der Abendmahlsüberlieferung deutlicher gezeigt zu haben. Hierzu hatten schon die Studien von Heinz Schürmann zur lukanischen Abendmahlsüberlieferung und darin besonders zu Lk 22,27[6] den Weg gezeigt. Im Anschluß an Schürmann und über ihn hinausgehend zeigt Roloff, daß der vorbildliche Dienst Jesu die Mahlsituation voraussetzt und umgekehrt von dem am Herrenmahl haftenden Sühnemotiv her soteriologisch interpretiert wird[7]. Der Dienst Jesu erscheint so im Lichte von Jes 53 als seine sühnende Selbsthingabe für die Vielen.

Die Möglichkeit einer unmittelbaren Rückführung des Lösegeldwortes auf Jesus bleibt nach wie vor schwierig und hypothetisch. Aber damit ist die grundsätzliche Frage, ob Jesus seinem Tod überhaupt heilsmittlerische Bedeutung zugesprochen hat und haben kann[8], nicht schon erledigt. Sie ist nicht von einer einzelnen Stelle, sondern nur von einem breiteren Befund der Evangelienüberlieferung aus zu beantworten[9]. Die aufgewiesene historische Problematik hindert nicht, nach Entstehung und Bedeutung des doppelgliedrigen Logions Mk 10,45 zu fragen. Für eine Interpretation des Textes, die hier vorgelegt werden soll, ist zunächst die traditionsgeschichtliche Untersuchung unerläßlich. Ihr gilt im folgenden unsere besondere Aufmerksamkeit. Welche Ansätze ergeben sich daraus für die Interpretation des zweigliedrigen Logions? Welche Bedeutung

[4] A.a.O. 180 (unter Verweis auf C. Colpe, Art. ὁ υἱὸς τοῦ ἀνθρώπου in: ThWNT VIII, 458). Zustimmend auch *L. Goppelt*, Theologie des Neuen Testaments I (Göttingen 1975) 244.

[5] A.a.O. 62.

[6] *H. Schürmann*, Jesu Abschiedsrede Lk 22,21–38. III. Teil einer quellenkritischen Untersuchung des lukanischen Abendmahlsberichtes Lk 22,7–38 (NTA 20,5) (Münster 1957) 63–99; *ders.*, Der Abendmahlsbericht Lucas 22,7–38 als Gottesdienstordnung, Gemeindeordnung, Lebensordnung (Paderborn 1963). [7] Vgl. *J. Roloff*, a.a.O. 59.

[8] Dieser Frage gilt besonders der Aufsatz von *H. Schürmann*, Wie hat Jesus seinen Tod bestanden und verstanden?, in: Orientierung an Jesus. Festschrift J. Schmid, hrsg. von *P. Hoffmann* (Freiburg i.Br. 1973) 325–363.

[9] *P. Fiedler*, Sünde und Vergebung im Christentum, in: Concilium 10 (1974) 568–571, möchte diese Frage kritisch rückbezogen wissen auf die Verkündigung Jesu vom „*bedingungslos* vergebungswilligen Vater" (ebd. 569). Daraus ergibt sich schließlich auch ein bestimmtes Verständnis Jesu von seinem Tod: „Es ist keine Frage, daß dieses Festhalten am barmherzigen Gott auch im Dunkel des Sterbens ‚uns zugute' geschehen ist ... und wir bekennen damit einen Heilssinn seines Todes, der uns auch heute noch trifft" (ebd. 571).

kommt darin besonders der Aussage vom *dienenden Menschensohn* zu?[10] Läßt sich von einer Verschmelzung zweier christologischer Konzeptionen sprechen, nämlich vom „hoheitlichen Menschensohn" und vom „leidenden Gottesknecht"[11]? Der traditionsgeschichtliche Befund läßt in dieser Hinsicht wohl differenzierter urteilen.

II. TRADITIONSGESCHICHTLICHE ANALYSE

1. Der Textzusammenhang

Das Logion Mk 10,45 steht in einem mehrfachen Textzusammenhang. Ein erster Zusammenhang ist in der Verbindung mit der Jüngerbelehrung 10,42–44 gegeben. Für die von den Jüngern geforderte Grundhaltung des Dienens, besonders für das Verhalten der „Großen" (V. 43) und „Ersten" (V. 44) bietet Jesus in seinem Dienst das verbindliche Vorbild. Die antithetische Formulierung οὐκ ἦλθεν διακονηθῆναι ἀλλὰ διακονῆσαι unterstreicht nicht nur das Dienen als besonderes Charakteristikum des irdischen Wirkens Jesu, sondern auch das Verständnis Jesu von seiner Autorität. Er übt Autorität aus in der Weise des Dienens und setzt damit den Maßstab für Wahrnehmung von Autorität unter seinen Jüngern[12]. Von diesem Sinnzusammenhang ist V. 45b nicht unbedingt gefordert. Die Lebenshingabe Jesu für die Vielen kann nicht in gleicher Weise wie sein Dienen Vorbild für die Jünger sein. V. 45a steht also in einem ursprüng-

---

[10] Von der Verwendung des Menschensohntitels in Mk 10,45 ging *C. K. Barrett*, The Background of Mark 10:45, in: New Testament Essays. Studies in Memory of T. W. Manson, ed. A. J. B. Higgins (London 1959) 1–18, aus. Er suchte dabei aus dem Menschensohntitel selbst die Bedeutungselemente abzuleiten, die im zweiten Teil von V. 45 in der Regel auf Jes 53 zurückgeführt werden. Demgegenüber ist jedoch an der Bedeutung von Jes 53,10–12 für die Erklärung von V. 45b festzuhalten.

[11] So *J. Jeremias* in: Abba 227f; *H. W. Wolff*, Jesaja 53 im Urchristentum (Berlin [2]1950), und besonders *O. Cullmann*, Die Christologie des Neuen Testaments (Tübingen [3]1963) 163: „In geradezu klassischer Weise verbindet er (Jesus) die beiden für sein Selbstbewußtsein bestimmenden Begriffe vom Ebed Jahwe und vom Barnascha in dem Wort Mk 10,45." Nach *E. Lohse*, a.a.O. 128, sind „Menschensohn" und „Gottesknecht" nicht schon im Judentum oder in der Verkündigung Jesu, sondern „erst im Leiden und Sterben Jesu ... zu einer Gestalt verbunden worden und zusammengewachsen". *A. Strobel*, Die Deutung des Todes Jesu im ältesten Evangelium, in: Das Kreuz Jesu, hrsg. von P. Rieger (Forum 12) (Göttingen 1969) 32–64, hier 34, führt die Verbindung beider Konzeptionen auf Markus zurück, der in seinem ganzen Evangelium den Nachweis führe, „daß Jesus als der Messias-Menschensohn der leidende Gottesknecht sein mußte ..." Markus habe jedoch „den Tod Jesu stärker in seiner martyrologischen als in seiner soteriologischen Problematik behandelt" (ebd. 54).

[12] Noch deutlicher als Mk 10,45 stellt Lk 22,27 das Verständnis Jesu von seiner Autorität dem Rabbi-Schüler-Verhältnis entgegen. Der Rabbinenschüler war verpflichtet, seine Lehrer zu bedienen. Vgl. *M. Hengel*, Nachfolge und Charisma (BZNW 34) (Berlin 1968) 57, Anm. 53: „Im Gegensatz zum Rabbinat war Jesus ganz ‚antihierarchisch' eingestellt."

licheren Zusammenhang mit der Jüngerbelehrung V. 42–44, während V. 45b diesen Zusammenhang überschreitet. Es ist zu fragen, ob ein weiterer Kontext die Anfügung von V. 45b veranlaßt haben könnte.

Ein weiterer Zusammenhang liegt in der Folge der Zebedaidenbitte (V. 35–40) und der Dienstbelehrung (V. 41–45) vor[13]. Die Antwort Jesu auf die Bitte der Zebedäussöhne in V. 38b und V. 39b weist auf das bevorstehende Leiden bzw. den Tod Jesu hin, von dem auch das Schicksal der Jünger mitbestimmt ist. Das Wissen Jesu um sein Geschick findet einen gewissen Widerhall im Lösegeldwort V. 45b. Hinsichtlich der *soteriologischen* Deutung des Todes Jesu jedoch weist V. 45b über die Leidenserwartung von V. 38f hinaus[14].

Ein dritter Zusammenhang wird schließlich in der Folge der Leidensankündigung 10,32–34 und der Jüngerperikope 10,35–45 erkennbar. Die Leidensankündigung bietet wie V. 45 die Selbstbezeichnung Jesu als Menschensohn, bezogen auf seine Auslieferung und Verurteilung. Der Auslieferung oder Dahingabe (παραδοθήσεται) des Menschensohnes entspricht seine Selbsthingabe (δοῦναι τὴν ψυχὴν αὐτοῦ) in V. 45[15], nicht aber das Motiv der stellvertretenden Sühne.

Das Logion 10,45 schließt also die vorhergehende Jüngerbelehrung ab, die wie auch schon in 8,31ff und 9,31ff den Ausblick auf das Leiden Jesu mit der Forderung der Leidensnachfolge verbindet. Das Dienen Jesu motiviert die Nachfolge der Jünger, ebenso der weiterführende Hinweis auf seine Lebenshingabe (vgl. 8,34–37). Dagegen läßt sich das Motiv der stellvertretenden Sühne nicht ohne weiteres auf die Nachfolge der Jünger beziehen. Es akzentuiert vielmehr die *Einmaligkeit* des Dienstes und der Lebenshingabe Jesu und unterstreicht insofern in diesem Zusammenhang den nicht einholbaren Abstand der Jünger von Jesus[16]. Daß Markus dieses den vorbildlichen Dienst Jesu überschreitende Motiv der Sühne selbst hier eingefügt hat[17], ist wenig wahrschein-

[13] In V. 41 verbindet Markus die beiden ursprünglich selbständigen Überlieferungseinheiten. Auch V. 42a ist deutlich erkennbar (προσκαλεσάμενος, vgl. 3,23; 7,14; 8,34) redaktionelle Bildung des Markus.

[14] Zur traditionsgeschichtlichen Erklärung von Mk 10,35–40 vgl. besonders *S. Légasse*, Approche de l'Épisode préévangélique des Fils de Zébédée (Marc X.35–40 par.), in: NTSt 20 (1973/74) 161–177.

[15] Beide Aussagen, die Dahingabe und die Selbsthingabe des Menschensohnes, repräsentieren allerdings zwei verschiedene „Typen" der Deutung des Todes Jesu, wobei der zweite wahrscheinlich durch Umbildung aus dem ersten entwickelt wurde. Vgl. *W. Popkes*, Christus Traditus. Eine Untersuchung zum Begriff der Dahingabe im Neuen Testament (AThANT 49) (Zürich 1967) 251–257.

[16] Gegen eine Deutung, die hier ohne den Gedanken vom Sühnetod auszukommen und „Selbsthingabe" als ein „Sich-selbst-zum-Sklaven-Hingeben" in Analogie zu Gen 44,33 zu verstehen sucht, wendet sich mit Recht *G. Wohlenberg*, Das Evangelium des Markus (Leipzig 1910) 288f. Die von ihm abgewehrte Deutung findet er bei Spitta: „Sich selbst zum Sklaven hingeben, damit die vielen frei kommen, ist das höchste Maß der Dienstwilligkeit."

[17] So *E. Klostermann*, Das Markusevangelium (HNT 3) (Tübingen ³1936) 109.

lich. Wenn er diese Verbindung bereits in seiner Tradition vorfand, konnte er es immerhin an dieser Stelle mit einsetzen, um damit „das alles Dienen der Jünger und gar das Martyrium der Zebedaiden überbietende ‚Vorbild' des Menschensohnes"[18] herauszustellen. Zudem hatte er damit einen die gesamte Jüngerbelehrung von 8,27 – 10,45 vertiefenden Abschluß erreicht[19], der auf das bevorstehende Todesgeschick Jesu hinwies und dieses in einer letzten theologischen Verdichtung deutete.

Wenn also davon auszugehen ist, daß V. 45a mit den Versen 42–44 als deren Begründung eng verbunden ist, und wenn andererseits V. 45b nicht von Markus hinzugefügt wurde, ist zu vermuten, daß V. 45 in der vormarkinischen Traditionsbildung von V. 42–45 seine jetzige Gestalt gefunden hat.

2. *Das Verhältnis zu Lk 22,27*

Vielfach wird Lk 22,27 als die ursprünglichere Fassung gegenüber dem „dogmatisch so stark belasteten Logion Mk 10,45"[20] angesehen. Unter dieser Voraussetzung wäre das Lösegeldwort als eine in vormarkinischer Tradition (oder weniger wahrscheinlich in markinischer Redaktion) hinzugefügte Erweiterung zum Wort vom Dienen Jesu zu erklären. Eine direkte Ableitung von Mk 10,45 aus Lk 22,27 ist aber nicht wahrscheinlich zu machen, wie umgekehrt auch eine kürzende Wiedergabe des Markustextes durch Lukas auszuschließen ist. Schürmann[21] hat mit guten Gründen Lk 22,27 wie auch 22,24–26 als „lukanische Redaktion einer vorlukanischen Nicht/Markus-Tradition" erwiesen. „Lk 22,24–26.27 stellt also nur eine entferntere Überlieferungsvariante zu Mk 10,41–44.45 dar"[22]. In beiden Versionen, der des Markus wie der des Lukas, erfolgt die Belehrung über das Dienen in gleicher Struktur. Zunächst wird auf die unter den Großen der Welt übliche Ordnung hingewiesen. Dem folgt die Aufforderung an die Jünger zur Umkehrung dieses Verhaltens. Diese neue Verhaltensregel wird sodann auf das vorbildliche Dienen Jesu zurückbezogen. Dar-

---

[18] *H. Patsch*, a.a.O. 173.

[19] Vgl. *M. Horstmann*, Studien zur markinischen Christologie. Mk 8,27 – 9,13 als Zugang zum Christusbild des zweiten Evangeliums (NTA NF 6) (Münster 1969) 28f.

[20] So *W. Bousset*, Kyrios Christos (Göttingen ²1921) 6; *R. Bultmann*, Die Geschichte der synoptischen Tradition (Göttingen ⁵1961) 154. Vgl. auch die von *H. Patsch*, a.a.O. 327, Anm. 180, genannten Autoren.

[21] *H. Schürmann*, Abschiedsrede 79–92.

[22] *H. Schürmann*, a.a.O. 92. Zustimmend vgl. auch *E. Lohse*, a.a.O. 118; *H. E. Tödt*, a.a.O. 191; *H. Patsch*, a.a.O. 172. Hingegen *W. Thyen*, Studien zur Sündenvergebung im Neuen Testament und seinen alttestamentlichen und jüdischen Voraussetzungen (FRLANT 96) (Göttingen 1970) 155: „Lukas ist in Kapitel 22 deutlich von Mk 10 abhängig; daß Mk 10,45 in seiner Vorlage gefehlt haben sollte, ist eine kaum zu begründende Hypothese."

aus wird hinreichend ersichtlich, daß Lk 22,27 bzw. Mk 10,45 schon in einer beiden vorgegebenen Überlieferungsgestalt als Begründung für die den Jüngern auferlegte Dienstregel verwandt wurde. Die Abweichungen zwischen beiden Versionen erklären sich als „ganzheitliche ‚Mutation' aufgrund einer andersartigen Konzeption"[23]. Offenkundig hat Lk 22,27 die ursprünglichere Gestalt des Jesuslogions bewahrt[24], während dieses in der Markusversion die Form eines ἦλθεν-Spruches annahm, in dem das ganze irdische Wirken Jesu als Dienst verstanden und dieser Dienst zudem in paradoxer Weise auf die Hoheit des Menschensohnes bezogen wurde.

Lk 22,27 läßt deutlicher als Mk 10,45 die Mahlsituation als „Sitz im Leben" für das Wort vom Dienen erkennen. Der Dienst, den Jesus hier übernimmt, ist der Tischdienst an seinen Jüngern. Das Bildwort in Lk 22,27a hält diese Bedeutung auch für die Ich-Aussage Jesu fest. Demgegenüber hat διακονεῖν in Mk 10,45a einen ausgeweiteten Sinn. Das Wirken Jesu auf Erden hat allenthalben den Charakter des Dienens. Und im Rückbezug auf die Jüngerregel in V. 43f kommt auch das Element der Unterordnung im Begriff des διακονεῖν deutlich zur Geltung[25]. Aber auch hierin geht die Grundbedeutung des Wortes als Tischdienst nicht verloren[26].

Dies hat für die weitere Erörterung der Traditionsgeschichte von Mk 10,45 insofern Bedeutung, als damit ein Verweis auf die urchristliche Abendmahlsfeier gegeben ist, in deren Umkreis wir auch das Motiv vom Sühnetod Jesu finden, das zweifellos dem Lytron-Wort V. 45b zugrunde liegt[27].

---

[23] *H. Schürmann,* a.a.O. 80, Anm. 208. Vgl. auch *E. Lohse,* a.a.O. 118; *H. E. Tödt,* a.a.O. 191; *H. Patsch,* a.a.O. 175.

[24] Vgl. *H. Schürmann,* a.a.O. 92: „Es fanden sich beachtliche Gründe für die Annahme, daß Lk 27 die ursprünglichere Form bewahrt hat als Mk 10,45." Hingegen argumentiert *H. Patsch,* a.a.O. 174, mit dem jeweiligen Sprachgewand der beiden Versionen. Lk 22,24–27 erscheine im hellenistischen und Mk 10,42–45 im „sichtlich palästinischen Sprachgewand". Die „sprachliche Umgebung" spreche für die Priorität von Mk 10,45 gegenüber Lk 22,27. Richtig ist, daß die Vorlage in Lk 22,24–27 eine stärkere Gräzisierung erfahren hat, während Mk 10,42–45 mehr ursprüngliche Sprachelemente bewahrt hat, was jedoch noch nicht für eine „aramäische Vorstufe" (*Patsch,* ebd. 175) spricht. – Es besteht keine Veranlassung, das Mk 10,45a zugrunde liegende Wort vom Dienen in seiner ursprünglichen Gestalt Jesus abzusprechen. Vgl. *F. Hahn,* Die alttestamentlichen Motive in der urchristlichen Abendmahlsüberlieferung, in: EvTh 27 (1967) 337–374, hier 359; *K. Kertelge,* Die soteriologischen Aussagen in der urchristlichen Abendmahlsüberlieferung und ihre Beziehung zum geschichtlichen Jesus, in: TrThZ 81 (1972) 193–202, hier 201.

[25] Vgl. *W. Brandt,* Dienst und Dienen im Neuen Testament (Gütersloh 1931) 71: „Διακονεῖν ist eins jener Worte, die ein ‚Du' voraussetzen ..., unter das ich mich gestellt habe als ein διακονῶν." Ebd. 81: „Διακονεῖν redet von der dienenden Tat."

[26] Vgl. *H. W. Beyer,* Art. διακονέω in: ThWNT II, 81–93.

[27] Diesen Zusammenhang behandelt *J. Roloff,* a.a.O. 50–62, sehr eingehend. Für ihn ergibt sich vor allem aus Lk 22,27 die ursprüngliche Zugehörigkeit des Motivs vom Dienen zur Abendmahlstradition. Lk 22,27 gehörte entweder ganz oder zumindest in seinem letzten Teil „bereits dem ältesten vorlukanischen Mahlbericht an ..., in dem VV. 24–26 noch fehlten", so daß V. 27 „unmittelbar an VV. 15–20 anschloß. V. 27 wird nämlich erst voll verständlich als eine zusammenfassende

3. *Das Lytron-Wort*

Das Lytron-Wort Mk 10,45b ist innerhalb der Evangelien hinsichtlich seiner Sachaussage nur noch mit dem Kelchwort aus den Abendmahlsberichten zu vergleichen. Der Vergleichspunkt ist die Lebenshingabe Jesu für die Vielen, die terminologisch in Mk 14,24 mit τὸ αἷμά μου ... τὸ ἐκχυννόμενον ὑπὲρ πολλῶν ausgedrückt wird. In dieser Formel ist die Anspielung an Jes 53,12 deutlich zu erkennen, vor allem in dem Hinweis auf die „Vielen", für die der Gottesknecht sein Leben in den Tod dahingibt[28]. Dabei kommt es nicht auf die Übertragung der Gottesknechtvorstellung als solcher auf Jesus an, sondern auf die *universale* Bedeutung seines Sühnetodes. Dieser Gedanke überschreitet die im Judentum sonst geläufige Anschauung vom stellvertretenden Sühneleiden der Märtyrer und Gerechten[29]. Die besondere Betonung der universalen Wirkung des Todes Jesu in Verbindung mit dem Gedanken von der stellvertretenden Sühne verweist unmißverständlich auf Jes 53.

Der Rückbezug auf Jes 53 an beiden Stellen, Mk 10,45 und 14,24, läßt eine gewisse Verwandtschaft zwischen diesen erkennen. Aber ein direkter Einfluß der einen Stelle auf die andere ist nicht anzunehmen. Vielmehr ist damit zu rechnen, daß im Umkreis der Abendmahlstradition das Motiv des Sühneleidens des Gottesknechtes aus Jes 53 schon früh Verwendung gefunden hat. Es fand seinen Niederschlag einerseits im Kelchwort des Abendmahlstextes und andererseits aufgrund breiterer Auswertung von Jes 53,10–12 im Lytron-Wort[29a].

Im Anschluß an Joachim Jeremias[30] ist es üblich geworden, den semitischen Sprachcharakter von Mk 10,45b und überhaupt von 10,42–45 zu betonen und für die Frage einer näheren Traditionsbestimmung auszuwerten[31]. Nach Jeremias entspricht in V. 45b die Wendung δοῦναι τὴν ψυχὴν αὐτοῦ dem hebräischen *im tasim ... nafscho* und (ἀντὶ) πολλῶν dem hebräischen *rabbim* (Jes

---

christologische Interpretation der Mahlhandlung Jesu" (ebd. 58). Diese Ableitung hätte sodann auch Konsequenzen für die Ausformung von Mk 10,45a.b.

[28] Ein sachlicher Unterschied ist zwischen ὑπέρ in Mk 14,24 und ἀντί in 10,45 nicht anzunehmen. Vgl. *F. Büchsel*, Art. ἀντί in: ThWNT I, 373; *K. H. Schelkle*, Die Passion Jesu in der Verkündigung des Neuen Testaments (Heidelberg 1949) 132.

[29] Vgl. *E. Lohse*, a.a.O. 64–110; zuletzt *H. Patsch*, a.a.O. 151–158, 178. Anders *A. Suhl*, Die Funktion der alttestamentlichen Zitate und Anspielungen im Markusevangelium (Gütersloh 1965) 119: „Nun ist aber πολλοί ein geläufiger Semitismus."

[29a] Diese „Auswertung" erfolgte natürlich nicht unter historisch-kritischen Gesichtspunkten, sondern selektiv mit besonderem Interesse am Gedanken der universalen Sühne. Einzelne Sprach- und Vorstellungselemente, die den aus dem Spätjudentum bekannten Gedanken der stellvertretenden Sühne anzuzeigen schienen, wurden in die von Mk 10,45a schon vorgezeichnete sprachliche Form gebracht. [30] *J. Jeremias* in: Abba 227.

[31] So besonders *H. Patsch*, a.a.O. 175–177. Patsch spricht Mk 10,42b–45 „sichtlich palästinisches Sprachgewand" zu (174). Daraus ergeben sich für ihn auch schon „Anzeichen ... für eine bereits aramäische Vorstufe" der Komposition (175).

53,11f). λύτρον gilt als „freie Wiedergabe von *ascham* (53,10 übertragen als ‚Ersatzleistung' gebraucht)"[32].

Es ist zweifelhaft, ob diese Gegenüberstellung schon als Hinweis auf ein semitisches Original von Mk 10,45 gelten kann. Patsch[33] beruft sich zur Begründung eines aramäischen Originals auf eine Rückübersetzung von V.45a durch *Gustaf Dalman* und für V.45b (bzw. nach der Zählung von *Patsch:* V.45c) auf einen von Jeremias und Lohse durchgeführten Vergleich mit der gräzisierten „Sachparallele" in 1 Tim 2,5f. Gewiß ist an der eindeutig hellenistischen Terminologie von 1 Tim 2,5f kein Zweifel möglich, und ebenso kann unter Berücksichtigung des traditionsgeschichtlichen Gefälles 1 Tim 2,6 als „hellenistische" Variante von Mk 10,45b gelten. Aber läßt sich daraus schon schließen, daß „die Notwendigkeit der Übertragung (in 1 Tim 2,5f)... das Alter und die palästinensische Herkunft des λύτρον-Wortes *beweist*[34]? Auch wenn Mk 10,45b nicht die Septuaginta, sondern den hebräischen Text von Jes 53,10–12 vorauszusetzen scheint, so ist zu bedenken, daß es sich im Wortlaut, besonders bei λύτρον, nicht um direkte Übersetzung, sondern um Anspielungen an den alttestamentlichen Text handelt. Diese sind nicht nur in einer aramäisch sprechenden Gemeinde zu erwarten, sondern auch in einer griechisch sprechenden judenchristlichen Gemeinde möglich. Zu erinnern ist an die in griechischer Sprache abgefaßten Formulierungen vom stellvertretenden Sühnetod der Märtyrer in 4 Makk 6,29 und 17,22 (Hingabe des Lebens als ἀντίψυχον für andere). Auch wenn diese Formulierungen nicht unmittelbar aus Jes 53 abzuleiten sind[34a], so teilen sie doch wesentliche Elemente des Anschauungskreises von Jes 53. In ähnlicher Weise läßt sich die Ausformulierung des Gedankens vom stellvertretenden Sühnetod Jesu im hellenistischen Judenchristentum denken, wobei freilich mit dem Einfluß von Jes 53,10–12 ausweislich des Motivs von der universalen Sühnekraft zu rechnen ist[34b].

Wieweit ist für das Lytron-Wort in Mk 10,45b eine ursprünglich selbständige Überlieferungsform vorauszusetzen? Unter Berücksichtigung der vormarkinischen Traditionsverhältnisse zwischen Mk 10,45a und Lk 22,27 hat Schürmann zu überlegen gegeben, ob sich die Urform des Lytron-Wortes nicht aus dem ganzen V.45 zurückgewinnen lasse. Danach könnte sowohl der in Lk 22,27 fehlende Menschensohntitel als auch die Form des ἦλθον-Spruches einem solchen hypothetischen „Urwort" von Mk 10,45b zuzuschreiben sein. Das vor-

[32] Darüber hinaus soll nach Jeremias auch διακονῆσαι in Mk 10,45a auf den Gottesknecht verweisen. Zum „palästinischen" Charakter von V.45b vgl. auch *E. Lohse,* a.a.O. 118f.

[33] *H. Patsch,* a.a.O. 176f. [34] Ebd. 177.

[34a] So *E. Lohse,* a. a. O. 106.

[34b] Vgl. *G. Dautzenberg,* Sein Leben bewahren. Ψυχή in den Herrenworten der Evangelien (StANT 14) (München 1966) 106, der allerdings zu Unrecht den Einfluß von Jes 53 auf Mk 10,45 bestreitet (ebd. 102).

markinische Lytron-Wort hätte somit folgenden Wortlaut: ὁ υἱὸς τοῦ ἀνθρώπου ἦλθεν δοῦναι τὴν ψυχὴν αὐτοῦ λύτρον ἀντὶ πολλῶν[35]. Aber Schürmmann warnt zugleich „bei der Fragwürdigkeit der tragenden Argumente“ vor zu weitgehenden Konsequenzen. Tatsächlich wäre der Satz in dieser Form einmalig. Denn die ἦλθον-Sprüche der Evangelien bezeichnen sonst die Sendung Jesu hinsichtlich seines gegenwärtigen Wirkens unter den Menschen. Die Sendung Jesu besteht darin, daß er das Evangelium verkündet (Mk 1,38), sich der Sünder und Verlorenen annimmt (2,17; Lk 19,10), Gesetz und Propheten erfüllt (Mt 5,17) und durch all das zu einer letztverbindlichen Entscheidung aufruft (Mt 10,34f; vgl. auch Lk 12,49). Der Hinweis auf das Vorkommen des Menschensohntitels in den Leidensvorhersagen und deren mögliches Einwirken auf die Aussage von Mk 10,45b[36] genügt nicht, um die von Schürmann vermutete Urform des Lytron-Wortes wirklich voraussetzen zu können. Vielmehr ist anzunehmen, daß V. 45a in der vorliegenden Gestalt eine eigenständige Formulierung des Wortes vom Dienen Jesu darstellt, die das Lytron-Wort in interpretierender Erweiterung angezogen hat. Eine ursprünglich selbständige Überlieferung des Lytron-Wortes unabhängig vom Dienstwort in Mk 10,45a ist nicht wahrscheinlich zu machen.

Die Vermittlung für diese Erweiterung von Mk 10,45b lieferte das Stichwort διακονεῖν, das entsprechend Lk 22,24–27 an die Abendmahlssituation erinnerte. Schon Julius Wellhausen[37] hatte hierzu den entscheidenden Hinweis gegeben: „Der Schritt vom Bedienen zum Hingeben des Lebens als Lösegeld ist eine μετάβασις εἰς ἄλλο γένος. Er erklärt sich vielleicht aus der Diakonie des Abendmahls, wo Jesus mit Brot und Wein sein Fleisch und Blut spendet.“ Da beide Motive, das des Dienens und das der Lebenshingabe für die Vielen, in der Abendmahlsüberlieferung beheimatet waren, versteht sich ihre Zusammenfügung aus der Bedeutungsweite von διακονεῖν, das sowohl den Tischdienst als auch jeden Dienst der Menschen aneinander bezeichnet.

Den Schritt von V. 45a zu V. 45b sucht Roloff traditionsgeschichtlich noch weiter zu präzisieren. V. 45b sei „anläßlich der Umformung des Wortes vom Dienen (V. 45a) in das dogmatisch-reflektierende ἦλθον-Logion“ geschaffen worden. Das Lytron-Wort verstehe sich als eine „formelhafte Abbreviatur von Brot- und Kelchwort des Mahlberichtes.“[38] Zum Mahlbericht (Lk 22,15–20) habe ursprünglich das Dienst-Logion in der Gestalt von Lk 22,27 (oder wenigstens von V. 27c) gehört, und zwar unmittelbar anschließend als „zusammenfassende christologische Interpretation der Mahlhandlung Jesu“[39]. Bei seiner

---

[35] *H. Schürmann*, Abschiedsrede 91.

[36] Vgl. *H. Schürmann*, Abschiedsrede 85f; *J. Roloff*, a.a.O. 57.

[37] *J. Wellhausen*, Das Evangelium Marci (Berlin 1909) 84f. [38] *J. Roloff*, a.a.O. 59.

[39] A.a.O. 58. „Das heißt: Der Akt der Selbsthingabe Jesu, das Vergießen seines Blutes ὑπὲρ ὑμῶν,

„Umformung" habe das Logion diesen Sachzusammenhang in der Gestalt des Lösegeldwortes bewahrt, das daher als ein „indirektes Äquivalent" für den „nunmehr fehlenden Erzählungsrahmen" gelten könne.

Diese Rekonstruktion bleibt jedoch in den Einzelheiten zum Teil hypothetisch, vor allem hinsichtlich der Annahme eines ursprünglichen Anschlusses von Lk 22,27 an den Mahlbericht. Lk 22,27 ist in seinem ersten Teil ein Bildwort, das *jede* Mahlsituation voraussetzen kann und nicht speziell nur das letzte Mahl Jesu[40]. Erst in der vorlukanischen Überlieferung erhält der ganze Vers (27a–c) eindeutig den Bezug zum letzten Mahl Jesu[41]. Immerhin zeigt sich in der Folge von Mahlbericht und Jüngerbelehrung über das Dienen mit begründendem Hinweis auf den Dienst Jesu bei Lukas eine Konvergenz der beiden Motive von sühnender Lebenshingabe und dienendem Lebensverhalten, die die Entstehung des Logions Mk 10,45 in der jetzigen Gestalt erklären kann.

Das Wort vom dienenden Menschensohn zeigt eine Offenheit, die die soteriologische Erweiterung leicht ermöglichte. Wo „die Sendung des Menschensohnes in den einen Begriff des Dienens zusammengefaßt wird, da liegt es nahe, an jenes Mahl zu denken, in welchem Jesus den einen Dienst schlechthin den Seinen vermittelt hat"[42]. Es entspricht den übrigen Worten vom irdischen Wirken des Menschensohnes, daß seine Vollmacht sich besonders in der Zuwendung zu den Sündern zeigt[43]. Nach Mt 11,19 (par. Lk 7,34) ist „der Menschensohn" der „Freund der Zöllner und Sünder"; nach Mk 2,10 bezieht sich seine Vollmacht auf die Sündenvergebung, und nach Lk 19,10 ist es seine Sendung, das Verlorene zu suchen. Dieser Zusammenhang spiegelt sich offenkundig auch in der Verbindung der Sühneaussage mit der vom dienenden Menschensohn. Für eine Gemeinde, die das Abendmahl als *Gedächtnis Jesu* beging, ergab sich eine theologisch vertiefende Interpretation des *ganzen* Lebensdienstes Jesu mit Hilfe des Sühnemotivs von Jes 53 gleichsam von selbst. Diese christologisch-soteriologische Interpretation geht wahrscheinlich auf die griechisch sprechende judenchristliche Gemeinde zurück[44].

---

für die sich in der Jüngerschaft konstituierende Gemeinde, sind hier als ein der Mahlgemeinschaft der ἀνακείμενοι zugute kommendes Dienen ausgedeutet" (ebd.).

[40] Vgl. *H. Schürmann*, a.a.O. 83: „Jedenfalls ist ein isoliert tradiertes Logion wie Lk 27 als Bildwort auch außerhalb des Abendmahlsberichtes denkbar."

[41] Eine weitere Schwierigkeit besteht darin, daß Roloff die Jüngerlogien Mk 10,42–44 zunächst sich mit dem Mahlbericht einschließlich Lk 22,27 verbinden läßt, um sie dann in veränderter Gestalt und verbunden mit dem zum Lösegeldwort umgestalteten Dienstlogion sich wieder aus diesem Zusammenhang lösen zu lassen. Demgegenüber rechnet Schürmann mit einer Entwicklung der vormarkinischen Fassung der Logien Mk 10,42b–45a in größerer Unabhängigkeit von der vorlukanischen Fassung.

[42] *H. E. Tödt*, a.a.O. 193. Vgl. *C. Colpe*, a.a.O. 458.

[43] *H. E. Tödt*, a.a.O. 250.

[44] Vgl. *E. Schweizer*, Das Evangelium nach Markus (NTD 1) (Göttingen 1967) 125; *W. Popkes*, a.a.O. 171; *K. Wengst*, a.a.O. 74.

4. *Die Menschensohnaussage*

Seinen besonderen Charakter erlangt das Wort vom vorbildlichen Dienen Jesu in Mk 10,45 dadurch, daß es in die Form der ἦλθεν-Sprüche gekleidet ist und Jesus als „Menschensohn" sprechen läßt. Zweifellos ist hier die „Stilisierung der Gemeindesprache"[45] zu erkennen, nicht nur in dem feierlichen „der Menschensohn ist gekommen", sondern auch in der antithetischen Formulierung des Dienstgedankens: οὐκ ... ἀλλὰ ... Durch diese Stilisierung wird die *grundsätzliche* Bedeutung der Aussage hervorgehoben. Dies wird noch einmal durch den etwas harten Anschluß von V.45 an V.44 mit καὶ γὰρ unterstrichen. V.45 wird so zu einer Abschlußsentenz wie auch das ἦλθον-Wort in Mk 2,17: „Ich bin nicht gekommen, Gerechte zu berufen, sondern Sünder."[46] Die antithetische Form „nicht ... sondern" verweist zudem auf das Gesetz der eschatologischen Umkehrung der Verhältnisse. Der Dienst des Menschensohnes kündigt das Ende und damit die bevorstehende Umkehr aller Dinge an. Im Dienen wird der Weg zum Eschaton begangen.

In paradoxer Weise wird der niedrige Knechtsdienst gerade vom hoheitlichen Menschensohn ausgesagt. Der Menschensohntitel ist offenkundig sekundär „nach Analogie der Worte vom Erdenwirken des Menschensohnes"[47] schon vor Markus eingefügt worden. Er kennzeichnet die Vollmacht Jesu und unterstreicht damit das Ungewöhnliche seines *dienenden* Wirkens auf Erden.

Wenn in der paradoxen Aussage vom dienenden Menschensohn schon die Pointe in Beziehung zu den vorhergehenden Versen liegt, nämlich die Aussage von der Vorbildlichkeit des Verhaltens Jesu für diejenigen, die in der Gemeinde Erste sind[48], so erübrigt sich, eine solche für einen vom vorhergehenden Zusammenhang losgelösten, ursprünglich isolierten Menschensohnspruch zu suchen. Hartwig Thyen[49] meint, unter der Voraussetzung eines isolierten Menschen-

---

[45] *W. Bousset,* a.a.O. 6.

[46] Ob und wieweit die Aussagen vom Gekommensein Jesu auf eine außerhalb der neutestamentlichen Jesusüberlieferung liegende „Sphäre", etwa aus hellenistisch-mandäischer Offenbarungssprache, wie *R. Bultmann,* Die Geschichte der synoptischen Tradition (Göttingen [5]1961) 168, andeutet, mag dahingestellt bleiben.

[47] *C. Colpe,* a.a.O. 451. Vgl. *J. Jeremias,* Die älteste Schicht der Menschensohn-Logien, in: ZNW 58 (1967) 159–172, hier 166f. *J. Roloff,* a.a.O. 57, rechnet dagegen mit „Anlehnung an andere Worte vom leidenden Menschensohn". Es ist allerdings nicht zu erweisen, daß erst die Aussage von V.45b die Einfügung des Menschensohntitels in V.45a veranlaßte.

[48] Vgl. *H.E. Tödt,* a.a.O. 194. Der Menschensohnname „hält sich in den Grenzen jener Entsprechung, die für dieses Textstück charakteristisch ist". In der markinischen Redaktion bekommt die Menschensohnbezeichnung den Charakter eines „Rätselnamens", „durch den die Vollmacht Jesu einen ‚geheimen' Ausdruck findet" (P. Hoffmann, Mk 8,31. Zur Herkunft und markinischen Rezeption einer alten Überlieferung, in: Orientierung an Jesus, hrsg. von P. Hoffmann [Freiburg 1973] 170–204, hier 199).

[49] *W. Thyen,* Studien zur Sündenvergebung im Neuen Testament und seinen alttestamentlichen und jüdischen Voraussetzungen (FRLANT 96) (Göttingen 1970) 156f.

sohnwortes in V. 45 in der antithetischen Formulierung οὐκ ... ἀλλὰ einen polemischen Ton erkennen zu können. Mit dieser Formulierung werde „eine Aussage kritisiert, die das Heil jenseits der Geschichte von dem alsbald zu Gericht und Herrschaftsantritt erscheinenden Menschensohn apokalyptischer Prägung erwartet". Ihr gegenüber werde „nachdrücklich auf die abgeschlossene Sendung des ‚Menschensohns' und sein äonenwendendes Heilswerk verwiesen, das in seinem geschichtlichen Liebesdienst der Lebenshingabe besteht". Im Hintergrund dieser Aussage vermutet Thyen „eine Kritik ‚hellenistischer' Kreise an der urgemeindlichen Messianologie". Diese polemische Absicht erkläre am besten „den exzeptionellen Gebrauch des Menschensohntitels"[50] in diesem Logion.

Mit Recht kritisiert Thyen die Annahme, daß die Gegenüberstellung von Bedientwerden und Dienen auf „eine Kombination des danielischen Menschensohnes mit dem Gottesknecht von Jes 53"[51] zurückgehe. Seine eigene These jedoch überfordert das Wort vom Dienen in V. 45 a. Daß mit ἦλθεν auf die „abgeschlossene Sendung" des Menschensohnes geblickt wird, hat hier keinen größeren Nachdruck als in Lk 19, 10 und den übrigen ἦλθον-Sprüchen der Evangelien. Mk 10, 45 bietet keinen Anhalt für die Annahme, der Menschensohntitel setze die Vorstellung von einer „supranaturalen und herrscherlichen Figur" apokalyptischer Herkunft voraus. Vielmehr wird die *Vollmacht* des Menschensohnes Jesus betont, die er in seinem irdischen Wirken in Anspruch nimmt, die aber nicht in der Kategorie weltlichen Herrschens vollzogen wird, sondern in der Weise des Dienstes. Jesus ist der Herr seiner Gemeinde. Eben für diese seine (nachösterliche) Gemeinde setzt er den Maßstab des Dienens als Verhaltensnorm[52].

Die Einführung der Menschensohnbezeichnung in das vorgegebene Wort vom Dienen Jesu setzt also die Verhältnisse der nachösterlichen Gemeinde voraus. Eben diese Verhältnisse werden in den vorhergehenden Versen angesprochen. Das Erdenwirken des Menschensohnes hat in besonderer Weise Bedeutung für seine Gemeinde. Er ruft in die Nachfolge und bestimmt durch sein Verhalten die Perspektive, in der sich die Jüngergemeinde in ihrer Situation zu sehen und zu verstehen hat. So interpretiert schon die Logienquelle die Heimatlosigkeit des Menschensohnes als Anspruch an die Nachfolgewilligen (Lk 9, 57 f par. Mt 8, 19). Allerdings stellt die Heimatlosigkeit das *Geschick* Jesu dar,

[50] Ebd.

[51] Ebd. 157 f. Eben dies meint *J. Jeremias* in: Abba 227. Noch weniger läßt sich Jeremias' psychologisierende Erklärung halten, die Gegenüberstellung „Bedient-werden – Dienen" lasse „vielleicht noch etwas spüren von dem inneren Kampf Jesu, der vor zwei Wegen stand" (ebd.).

[52] Daß die Aussage von Dan 7, 14, wonach dem Menschensohn „gedient" wird, eine Brücke zur Ersetzung eines ursprünglichen „Ich" durch den Menschensohntitel gebildet haben könnte (so *H. Patsch*, a. a. O. 328, Anm. 195), ist nicht auszuschließen, aber wenig naheliegend.

die „Erniedrigung ..., die von außen auf den Menschensohn zukommt“[53], während Mk 10,45 – „erstmalig und einmalig in der Reihe der Sprüche vom Erdenwirken“[54] – die *selbstgewählte* Niedrigkeit des hoheitlichen Menschensohnes aussagt.

III. ZUSAMMENFASSENDE INTERPRETATION

Das Logion Mk 10,45 dient als Abschluß der Jüngerbelehrung Mk 10,42–45. Es bietet die christologische Begründung für das Verhalten der Jünger. Das dienende Wirken Jesu auf Erden motiviert das Dienen der Jünger. Die Aussage vom Dienen Jesu erhält ihr besonderes Gewicht dadurch, daß sein irdischer Lebensdienst in V. 45b in den Horizont der stellvertretenden Sühne des deuterojesajanischen Gottesknechtes gerückt wird. Dadurch erhält die Selbstaussage Jesu gegenüber dem ethisch-paränetischen Textzusammenhang ein starkes soteriologisches Übergewicht. Diese Tatsache kann traditionsgeschichtlich aus der Genese des Textes im Umkreis der Abendmahlsüberlieferung erklärt werden, auch wenn die Einzelheiten der Traditionsbildung nur annähernd zu erschließen sind. Im jetzigen Textzusammenhang ist die soteriologische Aussage geeignet, die Einmaligkeit und Unvergleichlichkeit des Dienstes Jesu zu betonen.

Zwischen der Aussage vom Dienen des Menschensohnes in Niedrigkeit und der über seine Selbsthingabe als Lösegeld für viele besteht bei aller Ungleichheit der zugrunde liegenden Vorstellungen doch eine innere sachliche *Entsprechung*. Die Selbsthingabe Jesu in seinem irdischen Lebensdienst findet ihren letzten und dichtesten Ausdruck in seinem Tod. Und umgekehrt wird die sühnende Selbsthingabe Jesu in den Tod vorbereitet und getragen von seinem gesamten dienenden Lebenswirken. Gleichwohl überragt die soteriologische Aussage die vom dienenden Menschensohn[55]. Nicht schon das Dienen als solches, sondern der Dienst der Selbsthingabe Jesu in den Tod hat jene tiefgehende und umfassende Wirkung, die hier mit dem Gedanken der stellvertretenden Sühne ausgesagt wird. Der Rückgriff auf Jes 53 ermöglicht diese Vertiefung. Der Tod Jesu wird in dieser Tiefensicht Ausdruck seiner freien, gehorsamen Selbsthingabe[56] und gewinnt so den Wert des Lösepreises für die „Vielen“. Durch seine stellver-

[53] *H. E. Tödt,* a.a.O. 192. [54] Ebd.

[55] *H. Patsch,* a.a.O. 219, spricht im Blick auf die „historische“ Frage nach dem eigenen Todesverständnis Jesu von einem „qualitativen Sprung“, „um von der Vorstellung der *Hingabe* zu der der *Selbsthingabe* zu kommen“.

[56] „,,, als willige Gehorsamstat Gott gegenüber (*F. Büchsel,* Art. λύτρον in: ThWNT IV, 344). Vgl. *W. Popkes,* a.a.O. 173.

tretende Lebenshingabe entreißt Jesus die „Vielen“ der „Todes- und Gerichtsverfallenheit“[57] und begründet ihr Leben neu in der von Gott gewährten Lebensgemeinschaft. Sachlich ist damit ausgesprochen, was sich in seinem gesamten Lebenswirken schon vorwegereignet hat, vor allem in seiner Zuwendung zu den Sündern: Er verkündet und vermittelt ihnen die Vergebung Gottes, die neues Leben ermöglicht. Auch wenn das Lebenswirken Jesu sich zunächst an Israel richtete und sich nach Mt 15,24 sogar programmatisch auf Israel beschränkte[58], so deutet sich in seiner Hinwendung zu den Zöllnern und Sündern doch unverkennbar seine universale Intention an. Maßstab seines Verhaltens ist nicht das Erwählungsbewußtsein Israels, sondern die Bedürftigkeit der Menschen. In diesem Sinne nimmt er sich, wenn auch nur gelegentlich, sogar der Heiden an, so daß er die religiösen Grenzen Israels nicht nur „theologisch“[59], sondern auch praktisch überschreitet.

Der Rückgriff auf Jes 53 erfolgt in Mk 10,45 nicht derart, daß die Vorstellung vom leidenden Gottesknecht ohne weiteres auf Jesus übertragen wird. So eindeutig Jesus in V. 45a als „der Menschensohn“ gekennzeichnet wird, so wenig geht es hier um titulare Christologie. Vielmehr werden einzelne Elemente der Gottesknechtvorstellung aus Jes 53 herangezogen, die geeignet erscheinen, um den Tod Jesu im Zusammenhang mit seinem Lebensdienst als seine entscheidende Tat zugunsten der Menschen zu kennzeichnen. Anders als Jes 53,10–12 bringt Mk 10,45 mit dem Gedanken der stellvertretenden Sühne für die Vielen nicht so sehr das Handeln Gottes durch seinen Knecht zur Geltung[60], sondern die freie Selbsthingabe Jesu im Dienste für die Menschen. Sosehr Jes 53 mit seiner Vorstellung vom stellvertretenden Leiden hier Pate gestanden hat, so sehr ist darauf zu achten, daß das Bild vom Gottesknecht aus Deuterojesaja nicht als Ganzes auf Jesus übertragen wird[61]. Die universale Heilswirkung des Todes Jesu, die mit dem Lytron-Wort wie mit der Feier des Abendmahls verkündet wird, findet durch den Gedanken der stellvertretenden Sühne nicht schon ihre rationale Erklärung, sondern eine theo-logische Begründung: In Dienst und Lebenshingabe Jesu erfüllt sich seine Sendung; darin vollzieht sich in letzter Verbindlichkeit die in Jes 53 prototypisch angezeigte vergebende Zuwendung Gottes zur schuldig gewordenen Menschheit.

---

[57] *G. Dautzenberg*, a.a.O. 163f. [58] Vgl. *H. Patsch*, a.a.O. 220.

[59] Ebd.

[60] Anders in Röm 4,25 und 8,32, wo ebenfalls Einfluß von Jes 53,10–12 anzunehmen ist.

[61] *G. Fohrer*, Stellvertretung und Schuldopfer in Jesaja 52,13–53,12 vor dem Hintergrund des Alten Testaments und des Alten Orients, in: Das Kreuz Jesu, hrsg. von P. Rieger (Forum 12) (Göttingen 1969) 7–31, hier 30, macht auf nicht zu übersehende gedankliche Diskrepanzen zwischen dem alttestamentlichen Text und seiner urchristlich-christlichen Rezeption aufmerksam. „Der ‚Knecht Jahwes‘ ist nicht Vorausdarstellung oder Abschattung Jesu Christi. Man kann lediglich sagen: Aussagen des neuen Testaments verstehen Leiden und Tod Jesu nach einer bestimmten Deutung der Aussagen über den ‚Knecht Jahwes‘.“

Die Aussage vom *dienenden* Menschensohn, die ursprünglich allein aus dem Begründungszusammenhang vom Mk 10,42–45 verstanden werden sollte, ist in der von seiner sühnenden Lebenshingabe aufgehoben. Sie gibt dieser nicht nur die Nähe zum historischen Jesus und seinem eigenen Todesverständnis[62], sondern bewahrt sie auch vor einer soteriologischen Engführung. Die sühnende Selbsthingabe kennzeichnet so das dienende Lebenswirken Jesu in seiner äußersten Konsequenz und Fruchtbarkeit.

---

[62] Das Wort vom Dienen des Menschensohnes deckt eine Grunddimension des Verhaltens und Selbstverständnisses Jesu auf, wie sich in der synoptischen Jesusüberlieferung in vielen Beispielen zeigt. Von dieser Grundintention Jesu her ist letztlich, wenn überhaupt, auch sein Verständnis von seinem bevorstehenden Tod zu ermitteln, eben als letzte Konsequenz seines selbstlosen Dienstes, durch den er seine Sendung von Gott erfüllt.

Die Rede von der Parusie des Menschensohnes Markus 13

Ferdinand Hahn, Mainz

I

Anton Vögtle hat sich in seinem Buch „Das Neue Testament und die Zukunft des Kosmos" unter anderem mit der Parusieschilderung Mk 13,24f(26f) befaßt. Es geht ihm dort vor allem um die Frage, wieweit ein realistisches Verständnis des Weltunterganges mit dieser Parusieaussage verbunden ist. Er kommt zu dem Ergebnis, daß die „kosmologischen Metaphern" dazu dienen, „das Kommen des Menschensohnes zum Gericht für die Ungläubigen und zum Heil (der Sammlung) für die Auserwählten" vorauszusagen[1].

Nun ist dieses „Zeugnis urchristlicher Parusieverkündigung"[2] Bestandteil der eschatologischen Rede Mk 13,5–37, die der Exegese schon immer erhebliche Schwierigkeiten bereitet hat. Lagen die *Schwierigkeiten der Analyse* früher vor allem darin, die Einzelheiten dieser Rede mit Jesu eigener Botschaft in Einklang zu bringen, so heute in der Aufgabe, die Frage nach Tradition und Redaktion überzeugend zu beantworten. Denn weitgehend unbestritten ist, daß es sich bei diesem Kapitel nicht um die Wiedergabe einer authentischen Rede Jesu handeln kann, sondern daß lediglich einige hier verwertete Teilstücke auf die vorösterliche Verkündigung Jesu zurückgehen, so etwa das Gleichnis in V. 28(f).

Handelt es sich bei der Redekomposition um einen Text, der in der vorliegenden Gestalt nicht Jesus selbst zugesprochen werden kann, dann ist immer noch zu klären, ob es sich hierbei um einen im wesentlichen redaktionellen Entwurf handelt[3] oder ob der Evangelist an dieser Stelle weitgehend mit traditionellem Material gearbeitet hat. Wird die Ansicht vertreten, daß überwiegend traditionelles Gut vorliegt, was die Eigenart des Kapitels Mk 13 leichter erklären würde, dann entsteht die Frage, wieweit es sich hierbei um geschlossene Spruchgrup-

[1] *A. Vögtle*, Das Neue Testament und die Zukunft des Kosmos (Düsseldorf 1970) 67ff, bes. 70.

[2] A.a.O. 70 oben.

[3] So *W. Marxsen*, Der Evangelist Markus. Studien zur Redaktionsgeschichte des Evangeliums (FRLANT, NF 49) (Göttingen ²1959) 101ff; er setzt eine Reihe von Spruchgruppen und Einzelworten voraus. *J. Lambrecht*, Die Redaktion der Markus-Apokalypse (AnalBibl 28) (Rom 1967); er rechnet lediglich mit Einzeltraditionen verschiedener Herkunft (vgl. 257ff). Konsequent redaktionsgeschichtlich auch *E. Haenchen*, Der Weg Jesu. Eine Erklärung des Markus-Evangeliums und

pen handelt[4] oder um einen im wesentlichen schon vorgeprägten zusammenhängenden Überlieferungskomplex[5], wobei wiederum umstritten ist, ob man mit einer ursprünglich jüdischen Vorlage[6] oder mit einer von vornherein christlichen Überlieferung rechnen muß[7].

Die Forschung hat hinsichtlich der Analyse von Mk 13 schon zahllose Wege beschritten[8], und es scheint fast aussichtslos zu sein, hier überhaupt andere als längst ausgetretene Pfade zu finden. Dennoch sei ein Versuch unternommen, das Problem der Parusierede Mk 13 noch einmal neu anzugehen[9].

---

der kanonischen Parallelen (Berlin 1966) 435ff, wobei er von der These ausgeht, es handle sich um eine verschlüsselte Rede über die Nötigung der Christen zum Kaiserkult. Zu erwähnen ist außerdem *J. Schreiber*, Theologie des Vertrauens. Eine redaktionsgeschichtliche Untersuchung des Markusevangeliums (Hamburg 1967) 126ff; seine höchst gewaltsame Deutung von Mk 13 ist nur im Zusammenhang seiner Gesamtinterpretation des Evangeliums verständlich.

[4] Diese These wird unter anderem vertreten von *E. Lohmeyer*, Das Evangelium des Markus (KEK I/2) (Göttingen ¹⁷1967) 285f; *W. G. Kümmel*, Verheißung und Erfüllung (AThANT 6) (Zürich ²1953) 88ff; *V. Taylor*, The Gospel according to St. Mark (London 1952) 636ff (Additional Note E).

[5] Vgl. hierzu *E. Meyer*, Ursprung und Anfänge des Christentums I (1921; Neudruck 1962) 125f, 129f, der in Mk 13 mit einem Schriftstück aus der frühen Urgemeinde rechnet; *L. Hartman*, Prophecy Interpreted. The Formation of some Jewish Apocalyptic Texts and of the Eschatological Discourse Mark 13 par. (Coniectanea Biblica, NT-Series 1) (Lund 1966), der einen christlichen Daniel-Midrasch voraussetzt, dessen Grundstock auf Jesus selbst zurückgehen soll (vgl. 235ff).

[6] Hierbei spielt die These von einem apokalyptischen Flugblatt aus der Zeit um 40 n. Chr. eine besondere Rolle, die schon im 19. Jh. in der Exegese vertreten wurde. Aus der neueren Diskussion ist vor allem zu erwähnen: *G. Hölscher*, Der Ursprung der Apokalypse Mrk 13, in: ThBl 12 (1933) Sp. 193–202, und die umfangreiche, im einzelnen sehr sorgfältig begründete Monographie von *R. Pesch*, Naherwartungen. Tradition und Redaktion in Mk 13 (Düsseldorf 1968), vgl. bes. 207ff. *E. Schweizer*, Das Evangelium nach Markus (NTD 1) (Göttingen 1967), hält unter Beschränkung auf V. 14–20 ebenfalls noch an dieser Annahme fest; er sieht in V. 5–13.24–27 eine weitere, mit Offb 6 vergleichbare Überlieferungseinheit.

[7] So rechnet *H. J. Schoeps*, Ebionitische Apokalyptik im Neuen Testament, in: ZNW 51 (1960) 101–111, mit einem apokalyptischen Flugblatt judenchristlicher Provenienz, das um 66/67 n. Chr. entstanden sein muß und von ihm mit dem χρησμός bei Euseb, KG III 5,2–3, der den Auszug nach Pella veranlaßt hat, gleichgesetzt wird. Auch *W. Grundmann*, Das Evangelium nach Markus (ThHdKomm II) (Berlin ²1959) 266, urteilt unter Bezugnahme auf V. 14–27: „Seinen Ursprung dürfte dieses Flugblatt bei einem urchristlichen Propheten nach Art des Hagabos (Apg. 11,28) haben."

[8] Vgl. den ausführlichen Forschungsbericht von *G. R. Beasley-Murray*, Jesus and the Future. An Examination of the Criticism of The Eschatological Discourse, Mark 13, with Special Reference to the Little Apocalypse Theory (London 1954); für die Forschung von 1954–1967 sei verwiesen auf *Pesch*, Naherwartungen 19ff.

[9] Hierbei muß ich mich auf die Hauptprobleme beschränken und kann nur die wichtigste neuere Literatur heranziehen. Die frühere Diskussion ist bei *Pesch* ausführlich behandelt. Unberücksichtigt müssen auch die im Blick auf Markus in vieler Hinsicht sehr aufschlußreichen Paralleltexte bei Matthäus und Lukas bleiben.

II

Sieht man von den Exegeten ab, die bis heute noch die Rede Mk 13 im wesentlichen auf Jesus zurückführen wollen[10], so besteht Einmütigkeit darin, daß die *Rahmenstücke*, nämlich die szenische Einleitung V. 1–4 und der paränetische Schluß V. 33–37, in ihrer vorliegenden Gestalt auf den Evangelisten zurückgehen müssen, ganz gleich, wieweit hier einzelnes Traditionsgut, etwa in V. 1b.2 und in V. 34(f), verwertet ist. Sowohl der Übergang von c. 12 zu der Parusierede in *V. 1f* wie die gesonderte Jüngerunterweisung *V. 3* lassen sich nur unter Berücksichtigung des redaktionellen Gesamtrahmens verstehen[11]; aber auch die Jüngerfrage *V. 4* ist in jedem Falle als eine vom Evangelisten gestaltete Überleitung zu der folgenden Rede zu verstehen, wie fast durchweg in der neueren Auslegung anerkannt ist und im folgenden auch noch näher begründet werden soll[12]. Entsprechend stellen die *Verse 33–37* einen Anhang dar, der mit der markinischen Beurteilung der Eschatologie in direktem Zusammenhang steht[13]. Wir stellen daher diese Rahmenstücke vorläufig zurück und konzentrieren uns bei der Analyse auf das eigentliche corpus der Rede Mk 13,5–32, wobei jedoch, wenn es um die Unterscheidung traditioneller und redaktioneller Elemente geht, die Jüngerfrage V. 4 mit heranzuziehen ist, weil gerade sie auf charakteristische Verschiebungen im Verständnis der eschatologischen Rede hinweist.

Ebensowenig wie die redaktionelle Herkunft des Eingangs- und Schlußabschnittes ist die *Gliederung der Rede* umstritten, wenn man zunächst einmal ganz formal nach den Zäsuren fragt und noch nicht die Funktion der Einzelteile näher zu bestimmen versucht[14]. Die Abschnitte, welche die der Parusie des Menschensohnes vorangehenden bzw. sie begleitenden eschatologischen Ereignisse beschreiben, sind V. 7f, V. 14–20 und V. 24–27. Damit verflochten sind die beiden miteinander korrespondierenden Warnungen vor Ver-

---

[10] Erwähnt seien lediglich *G. R. Beasley-Murray*, A Commentary on Mark Thirteen (London 1957), bes. das einleitende Kapitel über die Frage der Authentizität; *C. E. B. Cranfield*, The Gospel according to Saint Mark (Cambridge ³1966) 387ff.

[11] Der redaktionelle Charakter der Einleitung von Mk 13 schließt selbstverständlich nicht aus, daß ein älteres Traditionsstück verwertet ist; vgl. zu V. 1f unten Anm. 48. Dagegen ist die szenische Angabe von V. 3 insgesamt dem Evangelisten zuzuschreiben.

[12] Zur redaktionellen Gestalt der Jüngerfrage V. 4 vgl. *Lambrecht*, Redaktion 85ff; *Pesch*, Naherwartungen 101ff.

[13] Dazu sei nur verwiesen auf die überzeugende Analyse von *Pesch*, Naherwartungen 195ff. Hier tritt auch der Gesamtcharakter der Rede in ihrer markinischen Fassung besonders deutlich in Erscheinung, die nicht „apokalyptische Belehrung", sondern eine „eschatologisch motivierte Paränese" sein will, worauf schon *J. Schmid*, Das Evangelium nach Markus (RNT 1) (Regensburg ⁵1963) 237, aufmerksam gemacht hat. Vgl. auch *Lohmeyer*, Markus 284f; *Kümmel*, Verheißung 81ff.

[14] Zur Frage der Gliederung und der strukturbildenden Elemente vgl. *Pesch*, Naherwartungen 74ff. Er betont, daß ein „kunst- und wirkungsvoll komponiertes Gebilde" vorliegt (82). Aber es ist sicher nicht möglich, eine konsequent durchgeführte und geradezu zyklische Struktur nachzuweisen, wie das *Lambrecht*, Redaktion 263ff, versucht hat.

führung in V. 5f und V. 21–23 sowie die Ermahnung zum „Durchhalten" trotz aller Verfolgung und Drangsal in V. 9–13. An die Parusieschilderung V. 24–27 schließt sich ein Gleichnis samt Anwendung in V. 28f an. In V. 30f. 32 liegt dann noch der in sich nicht ganz einheitliche Schluß der eigentlichen Parusierede vor.

III

Es empfiehlt sich, die Probleme dieses Redekomplexes V. 5–32 von rückwärts anzugehen und zuerst *Gleichnis und Schlußabschnitt V. 28–31* zu analysieren. Hierbei fällt zunächst auf, daß V. 30f und V. 32 in einer gewissen Spannung zueinander stehen, was in der Auslegung des Kapitels schon oft hervorgehoben und berücksichtigt worden ist[15]. Denn einmal nimmt der mit ἀμὴν λέγω ὑμῖν betont eingeleitete *V. 30* die Thematik des Gleichnisses und damit indirekt die Thematik der Schilderung von V. 5–27 auf und unterstreicht ebenso wie die direkt vorangegangene Aussage V. 29b die unmittelbare Nähe der Parusie[16]. Denn mit ἡ γενεὰ αὕτη wird ganz offenkundig die Generation der Urchristenheit bezeichnet, die ihrerseits die in Kürze bevorstehende Vollendung des Heiles noch erfahren soll[17]. Die Zuverlässigkeit dieser Worte wie der ganzen Rede wird in *V. 31* dann nochmals unterstrichen[18]. Hiermit ist in der Gedankenführung zumindest des Abschnittes V. 28–31 ein klarer Abschluß erreicht.

Demgegenüber kann das *Logion V. 32* nur als Nachtrag verstanden werden. V. 32 ist seiner Herkunft nach sicher nicht markinisch, weil die hier vorausge-

---

[15] V. 31 bestätigt abschließend die vorangegangenen Aussagen, nicht zuletzt die Ankündigung V. 30. Demgegenüber stellt V. 32 eine Korrektur dar, sofern hier das Nichtwissen, gerade auch das Nichtwissen des Sohnes betont wird. Vgl. *Taylor*, Mark 521f; *Haenchen*, Weg Jesu 452; *E. Gräßer*, Das Problem der Parusieverzögerung in den synoptischen Evangelien und in der Apostelgeschichte (BZNW 22) (Berlin ²1960) 81ff.

[16] Nach *Haenchen*, Weg Jesu 451, handelt es sich in V. 30 um ein Einzellogion, und zwar die ältere Gestalt gegenüber Mk 9, 1. *Pesch*, Naherwartungen 181ff, stellt jedoch zutreffend fest, daß Mk 13, 30 in der vorliegenden Form als „isoliertes Logion" nicht denkbar ist. Das schließt aber eine Abhängigkeit von verwandten Herrenworten, wie z. B. Mk 9, 1, nicht aus. Der Charakter der Nachbildung wird vor allem an dem einleitenden ἀμὴν λέγω ὑμῖν deutlich; diese Eingangsformel will hier allerdings nicht verselbständigen, sondern einen betonten Abschluß erreichen. Der Sachverhalt ist unabhängig von der Frage, wieweit im Hintergrund ein echtes Jesuswort oder eine frühe Gemeindebildung steht. Zum sachlichen Problem dieser Aussage vgl. *A. Vögtle*, Exegetische Erwägungen über das Wissen und Selbstbewußtsein Jesu (1964), in: *ders.*, Das Evangelium und die Evangelien (Ges. Aufs.) (Düsseldorf 1971) 296–344.

[17] Zu ἡ γενεὰ αὕτη vgl. *Kümmel*, Verheißung 54; *Vögtle*, Evangelium 298f; *Pesch*, Naherwartungen 184ff.

[18] Mk 13, 31 hat ebensowenig wie V. 30 den Charakter eines Einzellogions, obwohl es Parallelen in Mt 5, 18; Lk 16, 17 dazu gibt; vgl. *Hartman*, Prophecy 224. Ähnlich wie V. 30 ist somit der Zusammenhang mit der sonstigen Herrenwortüberlieferung unverkennbar, aber die Aussage ist nicht etwa wegen des Stichwortanschlusses mit „vergehen" hier angefügt, sondern soll dem Redekomplex einen Abschluß geben. Ausführlich zu diesem „Beteuerungswort" *Vögtle*, Kosmos 99ff.

setzte Christologie mit dem korrelativen ὁ πατήρ – ὁ υἱός sonst in der redaktionellen Konzeption seines Evangeliums keine Rolle spielt[19]. Aber es ist zu erwägen, ob der Evangelist nicht dieses übernommene Logion an V. 30f angehängt hat, um damit einerseits die im vorangegangenen Textabschnitt ausgedrückte Naherwartung einzuschränken und um gleichzeitig eine sinnvolle Überleitung zu dem paränetischen Anhang in V. 33–37 zu gewinnen. Dann würde V. 32 weniger zu V. 28ff als zu V. 33ff gehören, ohne daß damit die charakteristische Zwischenstellung und Überleitungsfunktion übersehen werden soll[20].

Wenn allerdings V. 32 als ein redaktioneller Zusatz angesehen wird, müßte nicht nur V. 30f, sondern auch das Gleichnis *V. 28f* der vormarkinischen Tradition angehören. Diese Auffassung widerspricht allerdings der Ansicht der meisten neueren Exegeten, die gerade in V. 28ff ebenso wie in V. 1–4 eine markinische Rahmung des überkommenen, vor allem in V. 5–27 vorliegenden Materials sehen[21]. In der Tat bin ich der Auffassung, daß nur bei der Zuweisung von V. 28–31 zur vormarkinischen Überlieferung eine befriedigende Erklärung der ganzen eschatologischen Rede gewonnen werden kann.

Zur Begründung dieser These ist zunächst einmal auf die *formale Struktur von V. 28–31* zu achten[22]. Das Gleichnis V. 28 und die Anwendung V. 29 sind parallel aufgebaut und stellen je einen Dreizeiler dar. Dabei leitet V. 28a das Gleichnis, V. 29a dessen Anwendung ein. Wichtig ist, daß V. 28b und V. 29b jeweils mit ὅταν, V. 28c und V. 29c jeweils mit γινώσκετε ὅτι beginnen. Das bedeutet, daß ein beobachtbares Geschehen mit einer bestimmten „Erkenntnis" verbunden wird. Schon V. 28c läßt mit ἐγγὺς τὸ θέρος ἐστίν den eschatologischen Sachbezug deutlich werden; das wird in der Anwendung V. 29c durch ἐγγύς ἐστιν ἐπὶ θύραις interessanterweise nicht mit einer begrifflichen, sondern mit einer verwandten bildhaften Aussage wieder aufgenommen. Aber auch

---

[19] Abgesehen von der Frage der christologischen Konzeption und der immer wieder erwogenen Authentizität, ist im Augenblick nur von Belang, daß V. 32 ganz sicher nicht eine markinische Formulierung sein kann; gegen *Lambrecht*, Redaktion 228ff. Ich verweise auf meine Analyse in: Christologische Hoheitstitel (FRLANT 83) (Göttingen ⁴1974) 327f. Vgl. ferner *E. Fascher*, „Von dem Tage aber und von der Stunde weiß niemand..." Der Anstoß in Mk 13,32 (Matth 24,36), in: Ruf und Antwort (Festschrift Emil Fuchs) (Leipzig 1964) 475–483; *J. Winandy*, Le logion de l'ignorance (Mc XIII.32; Mt XXIV.36), in: RB 75 (1968) 63–79.

[20] Zur engen sachlichen Verknüpfung von V. 32 mit V. 33–37 vgl. *Pesch*, Naherwartungen 195f.

[21] Sehr bezeichnend für den meist zwischen V. 27 und V. 28 empfundenen Bruch die Feststellung von *Gräßer*, Parusieverzögerung 165: „Auf jeden Fall ist das Gleichnis an dieser Stelle deplaziert und sekundär." In der Regel rechnet man mit verschiedenartigem Überlieferungsgut, das erst in der uns vorliegenden Fassung miteinander verbunden worden ist; dazu *Pesch*, Naherwartungen 175ff. Das gilt auch für *É. Trocmé*, La formation de l'Évangile selon Marc (Études d'histoire et de philosophie religieuses 57) (Paris 1963) 167, obwohl er in der Konzeption des Evangelisten mit V. 28 keinen neuen Abschnitt der Rede beginnen läßt, sondern nach V. 5–8.9–13.14–23 die Verse 24–29 (sic) als redaktionelle Einheit ansieht.

[22] Vgl. *Lohmeyer*, Markus 280f.

V. 29b bringt mit ὅταν ἴδητε ταῦτα γινόμενα keine ausgeführte „Sachhälfte", sondern enthält lediglich einen Rückverweis auf das in V. 28b geschilderte Geschehen[23]. Hieran schließt sich das ἀμήν-Wort V. 30 unmittelbar an: während in V. 28f der Ton auf dem ἐγγύς ἐστιν liegt, also auf den der Parusie vorangehenden Ereignissen, bezieht sich V. 30 mit μέχρις οὗ ταῦτα πάντα γένηται auf das Vollendungsgeschehen insgesamt, und zwar unter der Voraussetzung, daß eine und dieselbe Generation sowohl das der Vollendung vorausgehende eschatologische Geschehen wie die Parusie des Menschensohnes und damit die Heilsvollendung erleben wird, was durch V. 31 seine förmliche Bestätigung erhält[24].

IV

Die Tatsache, daß V. 28–31 ein in sich geschlossenes Teilstück mit Abschlußcharakter darstellt, ist für sich allein noch kein hinreichender Grund, diesen Textabschnitt der vormarkinischen Tradition zuzuschreiben. Es könnte sich ja auch um einen redaktionell sehr geschickt und konsequent hinzugefügten Abschluß handeln. Vorläufig spricht lediglich die inhaltliche Unausgeglichenheit mit V. 32 und V. 33–37 gegen eine redaktionelle Herkunft von V. 28–31. Lassen sich weitere Beobachtungen finden, daß hier ein von Markus bereits übernommener Traditionsbestand vorliegt? Die wichtigste Frage wird sein, wieweit die markinische Einleitung der Rede, vor allem die Jüngerfrage in V. 4, mit diesem Abschnitt V. 28–31 in Einklang zu bringen ist bzw. in Spannung dazu steht.

Zuvor müssen wir die Frage erörtern, ob sich deutlich erkennbare *Zusammenhänge zwischen V. 5–27 und V. 28–31* erkennen lassen. Denn dann erst bestünde ein gewisses Recht, hier von einem ursprünglichen, dem Evangelisten vorgegebenen Überlieferungskomplex zu sprechen. Dabei muß die Frage nach eventuell jüdischem Überlieferungsgut und christlicher Tradition noch offenbleiben[25]. Es kann zunächst nur darum gehen, festzustellen, was sich als vormarkinischer Zusammenhang von der Redaktion des Markus abhebt.

Es ergab sich, daß in V. 28f die beiden ὅταν-Sätze eine wichtige Funktion haben, weil aus den darin genannten beobachtbaren Ereignissen eine Erkenntnis für die Nähe der Heilsvollendung gewonnen werden soll. Nun fällt auf, daß

---

[23] Von „Bild-" und „Sachhälfte" läßt sich deshalb an dieser Stelle gar nicht mehr wirklich reden. V. 29 ist zwar eine „Anwendung", aber nach der mit V. 28a korrespondierenden Applikation V. 29a greift V. 29b auf den in V. 28b beschriebenen Vorgang verdeutlichend zurück, doch V. 28c.29c können dann nur als Parallelformulierungen angesehen werden, die beide „stehende Bilder" für den Anbruch der Heilszeit verwenden.

[24] Daß V. 30 das Vollendungsgeschehen bezeichnet, wird aus dem Zusammenhang mit dem vorangegangenen Text ersichtlich (auch aus der Verwendung von ταῦτα πάντα); außerdem ist mit V. 31a nochmals ausdrücklich auf das Weltende Bezug genommen.

[25] Vgl. dazu Abschnitt IX.

auch in der Rede selbst, also in V. 5–27, die mit ὅταν eingeleiteten Abschnitte eine besondere Bedeutung haben und geradezu als Gliederungsprinzip fungieren[26]. Denn die mit Hilfe apokalyptischen Vorstellungsgutes geschilderten Ereignisse von V. 7f und V. 14ff werden mit ὅταν-Sätzen eingeleitet. Dabei sei die Frage, wieweit sich in V. 7f und V. 14ff unter Umständen auch noch einzelne redaktionelle Elemente finden, vorerst zurückgestellt. Im übrigen ist wichtig zu beachten, daß V. 24 jedenfalls nicht mit einem erneuten ὅταν-Satz beginnt, daß vielmehr die Darstellungen von V. 14–20(21–23) und V. 24–27 miteinander verschränkt sind, also nach der Vorstellung dieser Rede ineinander übergehen, wie V. 24a mit ἀλλὰ ἐν ἐκείναις ταῖς ἡμέραις zudem deutlich erkennen läßt[27]. Wir haben also in der Schilderung der eschatologischen Ereignisse V. 7f und V. 14ff ebenso wie in V. 28f ein doppeltes ὅταν, was für die Zusammengehörigkeit und gemeinsame Strukturierung dieses ganzen Komplexes in einer vormarkinischen Vorlage von erheblicher Bedeutung sein könnte.

Stellen wir die Abschnitte V. 5f und V. 21–23 sowie V. 9–13 noch einen Augenblick zurück, so ist aufgrund dieses Gliederungsprinzips zu erwägen, ob nicht *V. 7f und V. 14–20.24–27 mit V. 28–31* bereits vor der Übernahme des ganzen Komplexes in die markinische Evangeliendarstellung zusammengehört haben. Zwar kann man einwenden, daß das doppelte ὅταν in V. 28b.29b parallel gebraucht sei, also ein und dasselbe Ereignis meint und sich insofern gegenseitig expliziert, während das ὅταν in V. 7f und das ὅταν in V. 14ff unbestreitbar zwei aufeinander folgende Geschehensabläufe meinen. Aber dies spricht bei genauerem Zusehen nicht gegen das Gliederungsprinzip und die Zusammengehörigkeit dieser Abschnitte. Vielmehr handelt es sich in dem ὅταν-Satz V. 28b eindeutig um ein sichtbares Ereignis, weswegen dies in V. 29b auch mit ὅταν ἴδητε aufgenommen wird. Von einem ὅταν ἴδητε ist aber in der vorangegangenen Schilderung der eschatologischen Ereignisse nur in V. 14ff die Rede[28], während das ὅταν ἀκούσητε in V. 7f dazu gleichsam nur ein Vorspiel darstellt[29]. Immerhin wird, wenn man von dem abschließenden Satz ἀρχὴ ὠδίνων ταῦτα V. 8fin zu-

---

[26] Hierzu ausführlicher *Pesch*, Naherwartungen 78.

[27] Das gilt allerdings nur, wenn man nicht in der anschließenden Wendung μετὰ τὴν θλῖψιν ἐκείνην das Merkmal einer bewußten Zäsur erblickt, vgl. dazu Anm. 36.

[28] Merkwürdigerweise will *Lambrecht*, Redaktion 198, zwischen dem ὅταν ἴδητε in V. 29 und dem in V. 14 überhaupt keine Beziehung sehen. Anders *Pesch*, Naherwartungen 177, 179f, der nun aber gleich den redaktionellen Zusammenhang mit V. 4 in den Blick faßt. Zunächst ist jedoch zu klären, ob hier nicht ein von der markinischen Redaktion unabhängiges Motiv vorliegt, zumal ein ὅταν ἴδητε in V. 4 nicht vorkommt.

[29] Der Unterschied zwischen den hörbaren und den sichtbaren Ereignissen in V. 7f und V. 14ff ist sehr genau zu beachten, ebenso die Tatsache, daß V. 28f nur auf die sichtbaren Geschehnisse Bezug nimmt. Zu den hörbaren Ereignissen gehören außer Kriegen und Kriegsgerüchten gemäß apokalyptischer Tradition nach V. 8b auch Erdbeben und Hungersnöte, obwohl beides hier nur eine untergeordnete Rolle spielt; vgl. *Pesch*, Naherwartungen 123.

nächst einmal absieht[30], dadurch eine gewisse Verklammerung hergestellt, daß auch diese Kriegsereignisse unter dem Leitgedanken des δεῖ γενέσθαι von V. 7b stehen, also ebenfalls in die Reihe der für die Endzeit notwendigen Ereignisse gehören[31]. Darüber hinaus ist zu beachten, daß es in diesem Traditionskomplex vor allem darauf ankommt, die der Parusie unmittelbar vorangehenden und zu ihr überleitenden Begebenheiten herauszuarbeiten. Das aber geschieht in V. 14–20, wo vom Sichtbarwerden des βδέλυγμα τῆς ἐρημώσεως, von einer θλῖψις, wie sie von Anbeginn der Welt sich nicht ereignet hat[32], und von einer Verkürzung der Tage zum Zweck der Bewahrung der Erwählten die Rede ist. Demgegenüber stellen die Ereignisse von V. 7f nur eine Vorbereitung dar. Doch gerade weil man von diesen Begebenheiten schon „hören" kann, gilt es, die den Anbruch der eschatologischen Vollendung signalisierenden Geschehnisse, die man „sehen" wird, nicht unbeachtet zu lassen[33]. Nun darf aber auf der anderen Seite nicht übersehen werden, daß, wie bereits gezeigt, V. 14–20 und V. 24–27 eine Einheit darstellen und einen zusammenhängenden Geschehensablauf bezeichnen. Das bedeutet dann, daß mit dem ὅταν ἴδητε *ταῦτα* γινόμενα V. 29b die beginnenden Ereignisse von V. 14ff gemeint sind, was dem Ansetzen der Triebe und dem Sprossen der Blätter beim Feigenbaum V. 28b entspricht, während das μέχρις οὗ *ταῦτα πάντα* γένηται in V. 30 den Abschluß der Ereignisse von V. 14–27, vor allem das Kommen des Menschensohnes V. 26f, bezeichnet. Auf dieser Gegenüberstellung von ταῦτα und ταῦτα πάντα beruht offensichtlich der entscheidende Akzent, und es ist aufschlußreich, daß diese Gegenüberstellung ebenfalls in der redaktionellen Jüngerfrage begegnet, worauf noch einzugehen ist. Auch in der Wendung ἀρχὴ ὠδίνων ταῦτα V. 8fin begegnet ein ταῦτα, aber diese Schlußbemerkung ist vorläufig ebenso zurückzustellen wie ἀλλ' οὔπω τὸ τέλος V. 7fin[34].

Stellen V. 14–20 und V. 24–27 eine Einheit dar, dann muß jetzt geklärt werden, welche Funktion V. 21–23 dabei hat. V. 23 ist gesondert zu behandeln, weil hier

[30] V. 8 fin wird von fast allen Exegeten als redaktionell angesehen. Diese Auffassung wird noch näher begründet werden können; vgl. Abschnitt VII.

[31] Hiermit wird auf Dan 2,28 zurückgegriffen (LXX). Auch in dem parallel eingeleiteten V. 14 spielt ein Daniel-Zitat eine wesentliche Rolle.

[32] In V. 14.19 werden Dan 12,11; 9,27 und Dan 12,1 zitiert. Vgl. *Hartman,* Prophecy 151ff.

[33] Insofern ist es unpräzise, wenn die Frage gestellt wird, wo in diesem Kapitel bzw. der Vorlage die „endzeitlichen" Ereignisse beginnen. Daß auch V. 7f bereits dazugehört, kann nicht bestritten werden. Wichtiger ist die andere Frage, wo der geschichtliche Ort der angesprochenen Gemeinde ist. Für die Vorlage, in der zumindest V. 7f.14–20.24–27.28–31 zusammengehören, ist offensichtlich vorausgesetzt, daß sich V. 7f auf die Gegenwart der Gemeinde bezieht, V. 14ff aber unmittelbar bevorsteht.

[34] Daß ταῦτα und ταῦτα πάντα in V. (28)29f sich auf V. 14–20.24–27 zurückbeziehen und hier eine andere Funktion haben als in V. 4(ff), wird meist nicht beachtet. Gerade dies spricht aber für den vormarkinischen Zusammenhang von V. (7f)14–31 sowie für den geschlossenen Geschehensablauf in V. 14–27.

das mehrfach auftauchende βλέπετε vorkommt, was offensichtlich der markinischen Redaktion zugehört. Aber *V. 21f* ist eng mit V. 19 und vor allem mit V. 20 verbunden, denn hier geht es darum, daß die ἐκλεκτοί verführt und zum Abfall verleitet werden sollen, weswegen es um ihrer Bewahrung willen zu einer Verkürzung der Tage kommen wird[35]. Zum Erscheinen des βδέλυγμα τῆς ἐρημώσεως und der endzeitlichen θλῖψις gehört also auch die Verführung durch Pseudomessiasse und Pseudopropheten, die mit Wundern und Zeichen auftreten werden. Die Struktur der Aussage entspricht der von V. 7 und V. 14, sofern mit dem Hinweis auf ein Ereignis eine bestimmte Aufforderung verbunden wird. Nach der Aufforderung, nicht zu erschrecken bzw., soweit man sich in Judäa befindet, die Flucht zu ergreifen, ergeht hier die Aufforderung, den Aussagen ἴδε ὧδε ὁ χριστός, ἴδε ἐκεῖ nicht zu „glauben". Denn das kann nur eine Irreführung sein, da ja nach V. 26 der Menschensohn auf den Wolken des Himmels, also sichtbar vor aller Welt, erscheinen wird.

Gehört V. 21 f zu V. 14–20 und V. 24–27 hinzu, dann stellt sich allerdings die Frage, ob der Geschehensablauf von *V. 14–27* (ohne V. 23) tatsächlich einheitlich ist. In das aufgezeigte Schema mit ταῦτα und ταῦτα πάντα scheint insbesondere das mehrfache τότε bzw. καὶ τότε in V. 14 b.21 a.26 a.27 a nicht zu passen. Aber auch das μετὰ τὴν θλῖψιν ἐκείνην in V. 24 a erweckt den Eindruck, daß hier eine Zäsur in die Darstellung eingebracht werden soll. Es sieht daher fast so aus, als sollten vor allem V. 14–20, V. 21 f und V. 24–27 voneinander abgehoben werden. Aber dieser Eindruck täuscht. Das καὶ τότε in V. 21 a will ebensowenig wie das μετὰ τὴν θλῖψιν ἐκείνην in V. 24 a einen neuen Abschnitt einleiten; vielmehr geht es darum, die Geschehnisse von V. 14–22.24–27 als unmittelbar zusammenhängend, jedoch in einer bestimmten Abfolge sich ereignend darzustellen[36]. Das geht besonders deutlich aus V. 14 b, aber auch aus V. 26 und V. 27 hervor. Es soll hier auf das jeweils vorangegangene Ereignis verwiesen und der direkte Anschluß betont werden. Dasselbe gilt für V. 21 und V. 24. Das καὶ τότε in V. 21 a ist eine Wiederaufnahme von V. 19 f, während das μετὰ τὴν θλῖψιν ἐκείνην von dem einleitenden ἀλλὰ ἐν ἐκείναις ταῖς ἡμέραις in V. 24 a nicht abgelöst werden darf.

Aus diesen Beobachtungen ergibt sich einerseits, daß im Unterschied zu ὅταν δὲ ἀκούσητε/ὅταν δὲ ἴδητε sowie zu ταῦτα und ταῦτα πάντα das τότε/καὶ τότε und das μετὰ τὴν θλῖψιν ἐκείνην keine Funktion für die Gliederung der

---

[35] Vgl. *Taylor*, Mark 641 f. *Pesch*, Naherwartungen 107 ff, 154 f, sieht V. 21 f.23 in ihrer jetzigen Form als redaktionell an, rekonstruiert aber aus V. 6 und V. 22 eine vormarkinische Tradition (vgl. 117), was ich in der vorgeschlagenen Fassung für gänzlich unwahrscheinlich halte.

[36] Meist wird damit gerechnet, daß mit μετὰ τὴν θλῖψιν ἐκείνην „nach markinischer Manier die Zeitangabe verdoppelt" und so ein Einschnitt markiert wird; so *Pesch*, Naherwartungen 157. Aber diese Wendung darf von ἀλλὰ ἐν ἐκείναις ταῖς ἡμέραις nicht abgetrennt werden.

Rede haben. Es ergibt sich andererseits, daß V. 21 f zum ursprünglichen Bestand hinzugehören muß und mit V. 14–20 und V. 24–27 eine Einheit in der Schilderung der Endzeitereignisse darstellt.

V

Schwieriger sind V. 5f und V. 9–13 hinsichtlich ihrer Zugehörigkeit zu der von Markus übernommenen Vorlage zu beurteilen. Die Korrespondenz zwischen der *Warnung V. 5f* und V. 21f läßt sich zwar so erklären, daß man feststellt, hiermit sei auch für die Zeit des „Anfangs der Wehen" die Gefahr der Verführung durch falsche Messiasse gegeben. Aber der ganze Stil und die Darstellungsweise von V. 5f weichen doch erheblich sowohl von V. 21f als auch von V. 7f und von V. 14–20.24–27 ab. Während diese Teile der Rede eine möglichst „objektive" Schilderung der Ereignisse geben, enthält V. 5f wesentlich andere Stilelemente. Zwar fehlt nirgendwo die unmittelbare Anrede, wie die einführenden Wendungen in V. 7, V. 14 und V. 21 zeigen, aber es werden im übrigen die zu erwartenden Vorgänge in traditioneller apokalyptischer Terminologie geschildert, deshalb ist auch in V. 21 formuliert: ἴδε ὧδε ὁ χριστός, ἴδε ἐκεῖ. Demgegenüber stellt jedoch V. 5f mit ἐπὶ τῷ ὀνόματί μου und ἐγώ εἰμι eine wesentlich andere Aussageebene dar, und dieser Unterschied darf nicht übersehen werden[37]. Es ergibt sich daraus, daß dieser Redeabschnitt vom Evangelisten in Analogie zu V. 21f gestaltet und vorangestellt worden ist, wofür auch die nachher noch zu besprechende Einleitung mit βλέπετε κτλ. spricht.

Nicht ganz so eindeutig liegen die Dinge in der *Ermahnung V. 9–13.* Auch hier ist der Stil ein anderer als in V. 7f.14–27. Es geht nicht um die Ankündigung bereits beginnender oder noch bevorstehender Ereignisse, die es zu beachten und in ihrer Bedeutung zu verstehen gilt, vielmehr um einen ermahnenden und zugleich tröstlichen Zuspruch der Gemeinde in ihrer Bedrängnis[38]. Wiederum stoßen wir auf τὸ ὄνομά μου (V. 13a), auch auf ἕνεκεν ἐμοῦ (V. 9b), vor allem ist der Abschnitt, wie die Aussagen in V. 9.11.13a, aber auch der abschließende V. 13b mit seinem sentenzartigen Charakter zeigen, ausgesprochen paränetisch stilisiert. Lediglich die Aussagen in V. 10 und V. 12 entsprechen dem

---

[37] Die beiden Wendungen ἐπὶ τῷ ὀνόματί μου und ἐγώ εἰμι widersprechen sich nicht, sofern man die erste im prägnanten Sinne „unter Berufung auf meinen Namen", d. h. unter Inanspruchnahme meines Namens, versteht (während das ἐν τῷ ὀνόματί μου die Beauftragung durch Jesus zum Ausdruck bringt). Vgl. *J. Schniewind,* Das Evangelium nach Markus (NTD 1) (Göttingen [5]1949) 167: „Sie kommen mit Namen und Titel des Messias."

[38] Der eigene Charakter von V. 9–13 zeigt sich gerade daran, daß hier nicht von Ereignissen die Rede ist, die über alle Menschen eines bestimmten Bereichs bzw. der Welt ergehen, sondern die sich speziell gegen die Glieder der christlichen Gemeinde richten; etwas anders nur V. 10.

sonstigen Stil von V. 7f. 14–27. Nun muß man natürlich berücksichtigen, daß hier nicht eine Endzeitschilderung, sondern eine Ermahnung der bedrängten Gemeinde vorliegt; hinzu kommt, daß es sich im Grundbestand um eine kleine Sammlung von Herrenworten handelt, die lediglich in V. 10 und V. 12 durch apokalyptisch stilisierte Elemente, allerdings ganz verschiedener Art, erweitert ist[39]. Es ist insofern nicht von vornherein ausgeschlossen, daß die Parusierede V. 7–27 in ihrer Verbindung mit V. 28–31 bereits diesen paränetischen Abschnitt enthalten hat, der die Gemeinde zum „Durchhalten bis ans Ende" sowohl in der Zeit der vorbereitenden Ereignisse wie in der noch bevorstehenden endzeitlichen „Drangsal" ermahnt. Lediglich bei V. 10, der den Gedankengang auffällig unterbricht, wird man noch einmal gesondert fragen müssen, ob er denn zum vormarkinischen Bestand gehört haben kann[40].

Rechnet man nun vorläufig einmal V. (9a) 9b. 11–13 zur vormarkinischen Überlieferung, dann hat das keineswegs zur Folge, daß auch die Warnungen V. 5f der Überlieferung angehören müßten, denn zwischen dem Stil vorgeprägter und an dieser Stelle eingefügter Herrenworte in V. 9b. 11–13 und jener an V. 21f angeglichenen, aber betont christologischen Eingangsverse V. 5f besteht doch noch einmal ein fundamentaler Unterschied, der nicht übersehen werden darf[41].

VI

Konnte aufgrund der bisherigen Analyse bereits V. 5f der markinischen Redaktion zugewiesen werden, wobei der Unterschied in der Stilisierung gegenüber V. 21f von ausschlaggebender Bedeutung war, so ist jetzt weiter zu prüfen, wo sich sonst noch *redaktionelle Elemente* nachweisen lassen. Mit Recht ist in der neueren Exegese mehrfach auf die zahlreichen paränetischen Züge hingewiesen worden, die, einmal abgesehen von V. 9b. 11–13, dem apokalyptischen Stil der Rede selbst nicht ohne weiteres entsprechen.

Nun hat das Schlußgleichnis V. 28f zweifellos von Anfang an eine bewußte Zuspitzung auf den Hörer gehabt, insbesondere wenn man voraussetzt, daß, was überwiegend wahrscheinlich ist, das γινώσκετε in V. 29 schon in der Vor-

---

[39] Es handelt sich in V. 9b. 11. 12 um drei Logien, die ad vocem παραδιδόναι zusammengefaßt sind, die aber eine je verschiedene Vorgeschichte haben. Das zeigt die Q-Parallele in Lk 12, 11f (par) zu Mk 13, 9b. 11 und die andere Stilisierung von V. 12 (im Hintergrund dieser Aussage steht Mi 7, 5f). Für den vorliegenden Zusammenhang wurden diese Logien durch V. 13a zusammengefaßt und mit V. 13b in den Kontext eingefügt.

[40] Vgl. Abschnitt VII a. E.

[41] V. 5f hat den typischen Charakter einer Warnung vor Irrlehre, wie vor allem das πολλοὶ ἐλεύσονται und der Terminus πλανάω zeigen. V. 9b. 11–13 dagegen sind Ermahnungen, die über die Gemeinde ergehenden Verfolgungen um Christi willen anzunehmen und auf den Beistand des Geistes zu vertrauen.

lage als Imperativ und nicht als Indikativ verstanden worden ist[42]. Aber dieser Imperativ steht in enger Verbindung mit dem Verheißungswort V. 30 und dem für apokalyptische Überlieferung bezeichnenden Bestätigungswort in V. 31. Ebenso enthält auch die möglicherweise zur Vorlage zu rechnende Spruchgruppe V. 9b(10)11–13 einen ermahnenden Charakter, aber diese Züge sind durch das verwendete Gut an Herrenworten bedingt.

Anders steht es dagegen mit dem mehrfach wiederkehrenden βλέπετε[43]. Als Einleitung der ganzen Rede in V. 5b erweist es sich, wenn die oben gegebene Analyse von V. 5f zutrifft, von vornherein als redaktionell. Aber auch die Überleitung in *V. 9a* dürfte der markinischen Bearbeitung zugehören, womit nicht nur der paränetische Charakter der Spruchgruppe V. 9–13 deutlicher betont wird, sondern auch dieser Abschnitt stärker als bisher von V. 7f abgelöst erscheint und damit die Funktion eines eigenen Zwischenstückes erhält[44]. Im Anschluß an die Warnung vor Verführung in V. 21f folgt in *V. 23* erneut die Ermahnung ὑμεῖς δὲ βλέπετε, an dieser Stelle noch verbunden mit der Wendung προείρηκα ὑμῖν πάντα, was von der Struktur der Rede her ebenfalls redaktionell sein muß[45]. Schließlich ist der eindeutig markinische Schlußabschnitt, dessen paränetischer Charakter unverkennbar ist, in *V. 33* mit βλέπετε ἀγρυπνεῖτε eingeleitet. Das alles spricht in der Tat dafür, daß dieses betont paränetische Element der jetzigen Parusierede dem Evangelisten zuzuschreiben ist.

VII

Was bisher über redaktionelle Zusätze und Einschübe zu erkennen war, betrifft noch nicht das Kernproblem der markinischen Deutung der Parusierede und insofern auch noch nicht den entscheidenden *Unterschied zwischen dem Evangelisten und seiner Vorlage*. Um diesen bestimmen zu können, muß geklärt werden, welche Funktion die Einleitung V. 1–4 für das markinische Verständnis des ganzen Kapitels hat.

Auf die spezielle Unterweisung der vier Vertrauten unter den Jüngern Jesu in *V. 3b* brauchen wir jetzt nicht näher einzugehen, dies müßte im Zusammenhang einer Gesamtinterpretation des Evangeliums eine genauere Erklärung fin-

[42] Das erste γινώσκετε in V. 28c ist natürlich ein Indikativ, das zweite in V. 29c verlangt aber aufgrund der Aufforderung V. 29a ein imperativisches Verständnis; so auch *Pesch*, Naherwartungen [178f.

[43] Dazu *Lambrecht*, Redaktion 94, 274f.

[44] V. 5b: βλέπετε μή τις ὑμᾶς πλανήσῃ, V. 9a: βλέπετε δὲ ὑμεῖς ἑαυτούς.

[45] Der redaktionelle Charakter von V. 23 ist allgemein anerkannt; vgl. *Pesch*, Naherwartungen 155. Wichtig ist vor allem, daß damit angedeutet werden soll, daß nun alles, wonach die Jünger in V. 4 gefragt haben, „vorhergesagt" ist. Für die markinische Redaktion gilt also sicher nicht, was *Gräßer*, Parusieverzögerung 163, zu V. 24–27 schreibt: „Endlich ist man beim Thema selbst angelangt."

den[46]. Dagegen ist der in *V. 3a* exakt beschriebene Ort dieser Jüngerunterweisung zu beachten: die Rede Jesu wird auf dem Ölberg „gegenüber dem Tempel" gehalten[47]. Das bedeutet, daß die in *V. 1f* begonnene Erörterung über den Tempel mit der Rede fortgesetzt werden soll. Haben die Jünger in V. 1 die zahlreichen und großartigen Gebäude der Tempelanlage bestaunt, so hat Jesus in V. 2 die totale Zerstörung des Jerusalemer Tempels angekündigt[48]. Dies ist für Markus die eigentliche Exposition der folgenden Rede, während V. 3f dann die Überleitung zu Jesu Darlegung der eschatologischen Ereignisse darstellt. Bei V. 2 darf nun nicht übersehen werden, daß diese Weissagung Jesu in Verbindung sowohl mit der Tempelaustreibung in Mk 11,15–17 wie mit dem Tempelwort in 14,58; 15,29 und dem Zerreißen des Tempelvorhangs in 15,38 steht. Dieser thematische Zusammenhang kann hier nicht im einzelnen ausgeführt werden[49].

Von entscheidender Bedeutung ist nun aber, daß die redaktionell gestaltete *Jüngerfrage V. 4* einerseits auf V. 1f(3a) zurückgreift, andererseits eine bestimmte, für den Evangelisten wesentliche Umstrukturierung der folgenden Rede impliziert. Wenn nämlich die Jünger ihren Meister in V. 4a fragen: εἰπὸν ἡμῖν, πότε ταῦτα ἔσται; so kann das überhaupt nicht anders als unter Rückbezug auf die angekündigte Tempelzerstörung verstanden werden[50]. Diese erste Frage der Jünger soll demnach mit der Rede ihre Antwort finden. Aber es folgt sofort noch eine zweite, demgegenüber selbständige Frage; denn der anschließende V. 4b lautet[51]: καὶ τί τὸ σημεῖον ὅταν μέλλῃ ταῦτα συντελεῖσθαι πάντα; Mit dieser Doppelfrage ist unverkennbar eine Zweiteilung der anschließenden

[46] Wichtig für Markus ist, daß es sich um eine Unterweisung κατ' ἰδίαν handelt; das entspricht 4,10ff und anderen Stellen.

[47] Von Bedeutung ist sicher auch der Ölberg, der in 11,1 wie in 14,26 erwähnt wird; aber der entscheidende Akzent fällt wegen V. 1f auf das κατέναντι τοῦ ἱεροῦ. *K. L. Schmidt*, Der Rahmen der Geschichte Jesu (Berlin 1919, Nachdruck Darmstadt 1969) 290, spricht von einem „grandiosen Bild: Jesus sitzend auf dem Ölberg im Angesicht des Tempels, dessen Schicksal er verkündet".

[48] Sieht man von der redaktionellen Einleitung in V. 1a ab, dürfte in V. 1b.2 ein Apophthegma vorliegen, das der Evangelist bereits vorgefunden hat; vgl. *R. Bultmann*, Die Geschichte der synoptischen Tradition (Göttingen ²1931, ⁸1970) 36. *Pesch*, Naherwartungen 87, 93ff, rechnet dagegen damit, daß das Tempelwort V. 2c erst vom Evangelisten redaktionell gerahmt worden sei, was jedoch trotz der sonst vorliegenden isolierten Weitergabe des Tempelwortes nicht sehr wahrscheinlich ist, zumal das Logion hier in einer charakteristisch verkürzten Form auftaucht.

[49] Vgl. meine Ausführungen in: Das Verständnis der Mission im Neuen Testament (WMANT 13) (Neukirchen-Vluyn ²1965) 29f, 99ff.

[50] Dazu im einzelnen *Pesch*, Naherwartungen 101ff.

[51] Es handelt sich in jedem Fall um eine Doppelfrage mit zwei verschiedenen Fragestellungen. Die gelegentlich vertretene Auffassung, es liege nur formal eine Doppelfrage vor, die aber inhaltlich dasselbe besage, verkennt die redaktionelle Absicht bei der Formulierung von V. 4; gegen *E. Klostermann*, Das Markusevangelium (HNT 3) (Tübingen ⁴1950) 133: „man kann auf das πότε gar nicht antworten, ohne σημεῖα anzugeben", weswegen er auch schon von V. 7 an die Frage V. 4a.b beantwortet sehen will. Aber es darf nicht übersehen werden, daß es sich nach V. 4b um ein ganz bestimmtes einzelnes σημεῖον handelt.

Rede vorausgesetzt. Das scheint dem bereits gewonnenen Ergebnis zu entsprechen, daß schon in der Vorlage die Verse 7(ff).14(ff) jeweils einen Neueinsatz erkennen lassen[52]. Dennoch dürfen wir nicht ohne weiteres von einer diesbezüglichen Übereinstimmung ausgehen. Zwar bleibt V. 14 auch für Markus der Beginn des zweiten Teils der Rede und ist insofern Antwort auf die zweite Frage der Jünger, aber ein exakter Vergleich zwischen V. 28–31 und V. 1–4 ergibt, daß hier dennoch ein nicht unerheblicher Unterschied im Verständnis vorliegt.

Auffällig ist, daß Markus sich in V. 4a.b derselben Stichworte bedient, die auch in V. 29f vorkommen, nämlich ταῦτα und ταῦτα πάντα[53]. Darüber hinaus ist aber ein Begriff eingeführt, der im bisher behandelten Zusammenhang als eigener Terminus fehlt, nämlich σημεῖον. Die Jüngerfrage ist demnach einerseits Frage nach dem Zeitpunkt der Tempelzerstörung (πότε ταῦτα ἔσται;), andererseits Frage nach dem „Zeichen" für das beginnende Vollendungsgeschehen (ὅταν μέλλῃ ταῦτα συντελεῖσθαι πάντα;)[54].

Wir sahen, daß für V. 29b das ὅταν ἴδητε ταῦτα γινόμενα mit den in V. 14ff beschriebenen Ereignissen zusammenfällt, während die Geschehnisse von V. 7f dem gleichsam als ein Vorspiel vorangehen; dagegen ist mit μέχρις οὗ ταῦτα πάντα γένηται in V. 30 das Gesamtgeschehen einschließlich der Parusie V. 26f bezeichnet worden. Nun versteht auch Markus V. 14–27 ohne Zweifel als einheitliches Geschehen und verwendet im Blick darauf in V. 4b die Wendung ταῦτα πάντα. Aber das Ereignis von V. 14 wird von ihm sehr viel betonter mit dem Stichwort σημεῖον abgehoben, und das von ταῦτα πάντα unterschiedene ταῦτα in V. 4a bezieht sich jetzt nicht mehr auf das „Sehen" der beginnenden Endzeitereignisse von V. 14ff, wie das in V. 29b vorausgesetzt ist, sondern kann sich, und darin wird die entscheidende redaktionelle Änderung erkennbar, nur noch auf die Schilderung des „Anfangs der Wehen" von V. (5f)7f beziehen[55].

---

[52] Diese Einteilung der vormarkinischen Überlieferung ist nicht unbestritten. So wird, wenn man von V. 28–31 jetzt einmal absieht, für die Vorlage auch eine Dreiteilung angenommen mit einem weiteren Einschnitt bei V. 24; so *Pesch*, Naherwartungen 208f.

[53] Ebenso wie V. 4a.b eine Doppelfrage mit verschiedenem Inhalt darstellt, ist das ταῦτα V. 4a und das ταῦτα πάντα in V. 4b klar zu unterscheiden, wie das ja auch in V. 29.30 der Fall ist. Der differenzierte Gebrauch ist bei *Lambrecht*, Redaktion 207ff, 230, 283f, völlig verkannt; der „ungenaue Ausdruck ταῦτα πάντα" (207) wird daher weitgehend mit ταῦτα identifiziert.

[54] Deutlich ist damit zunächst einmal, daß für den Evangelisten die Tempelzerstörung kein σημεῖον für das Vollendungsgeschehen mehr sein kann. Das heißt aber nicht, daß nun die Tempelzerstörung in der folgenden Rede nach der Auffassung des Evangelisten keine Rolle mehr spiele, wie das *Schmid*, Markus 237, voraussetzt. Vielmehr sind Tempelzerstörung und Vollendungserwartung voneinander getrennt; dazu *N. Walter*, Tempelzerstörung und synoptische Apokalypse, in: ZNW 57 (1966) 38–49, bes. 43f. Andererseits sollte man aber auch nicht die These vertreten, daß die Frage der Jünger nach dem σημεῖον „gar nicht in der Darstellung vv. 5–27 beantwortet wird"; so *Gräßer*, Parusieverzögerung 155; ähnlich *Pesch*, Naherwartungen 174f.

[55] Die Bedeutung von ταῦτα und ταῦτα πάντα für Markus hat *Pesch*, Naherwartungen 104, 179f, beachtet, nur bezieht er es fälschlich auf V. 5–23 und V. 24–27 statt auf V. 5–13 und V. 14–27.

Dies alles hat erhebliche *Konsequenzen für das markinische Gesamtverständnis.* Denn wenn die erste Jüngerfrage nach dem Zeitpunkt der Tempelzerstörung in *V. 7f* ihre Antwort findet, dann bedeutet dies, daß die Kriegsereignisse, von denen die Jünger nur „hören" werden, die aber nach Gottes Plan „geschehen müssen", sich jetzt auf den Jüdischen Krieg 66–70 n. Chr. beziehen, demzufolge die Tempelzerstörung mit einschließen. Es bedeutet zugleich, daß für den Evangelisten diese Ereignisse geschichtliche sind, die für seine Gemeinde und ihn selbst bereits in der Vergangenheit liegen[56]. Damit stellt sich aber die Frage nach ihrer Zuordnung zu den eschatologischen Geschehnissen.

An dieser Stelle müssen noch die beiden Wendungen ἀλλ' οὔπω τὸ τέλος V. 7fin und ἀρχὴ ὠδίνων ταῦτα V. 8fin, die in der bisherigen Analyse zurückgestellt worden sind, genauer untersucht werden. Es besteht ein alter Streit, ob diese Formulierungen oder eine von beiden der Redaktion des Evangelisten zuzuschreiben sind[57]. Aufgrund der inzwischen gewonnenen Umfangsbestimmung des Textes, der dem Evangelisten bereits vorlag, ergibt sich m. E. eindeutig, daß *V. 7fin* der Vorlage zuzurechnen ist. Denn wie V. 28–31 deutlich machen, fallen die entscheidenden Ereignisse der endzeitlichen Drangsal und der Vollendung mit V. 14–27 zusammen; demgegenüber stehen zwar die Geschehnisse von V. 7f unter dem Vorzeichen der apokalyptischen Notwendigkeit, aber sie sind eben noch nicht das τέλος, stehen auch nur in indirektem Zusammenhang damit. Daß V. 7fin zur Vorlage gehören muß, wird zudem bestätigt durch V. 13b, wo erneut, nun aber im Blick auf V. 14ff vom τέλος die Rede ist[58]. In der Vorlage besteht also eine gewisse Verklammerung von V. 7f mit V. 14ff, insbesondere aber eine sehr bewußte Unterscheidung; denn noch haben die der Vollendung unmittelbar vorangehenden Drangsale nicht begonnen, wenngleich sie, wie die Begebenheiten von V. 7f erkennen lassen, direkt

---

[56] Daß die Tempelzerstörung für Markus bereits erfolgt ist, wird von vielen Exegeten aufgrund des 13. Kapitels vorausgesetzt. Umstritten ist allerdings, mit welcher Aussage innerhalb der Rede man sie in Verbindung setzen soll. Vor allem *N. Walter*, in: ZNW 57 (1966) 41ff, hat m.E. mit Recht darauf hingewiesen, daß dieses Ereignis im Sinne des Evangelisten nicht mit V. 14, sondern bereits mit V. 7f in Zusammenhang gebracht werden müsse, zumal V. 14 in seiner Formulierung auf einen ganz anderen Sachverhalt hinweise. Dagegen hat *Pesch*, Naherwartungen 121, 139ff, 143, V. 7f zwar mit dem Jüdischen Krieg, aber erst V. 14 mit der Tempelzerstörung in Beziehung gesetzt. Beide sind sich jedoch darin einig, daß die Zerstörung des Jerusalemer Tempels für Markus bereits in der Vergangenheit liegt. Abwegig ist der Versuch von *Lambrecht*, Redaktion 172, erst in V. 17–20 die Verwüstung von Jerusalem anzusetzen, während V. 14 das σημεῖον dafür darstelle.

[57] Vielfach werden die beiden Angaben V. 7fin und V. 8fin als redaktionell angesehen; so *Marxsen*, Evangelist Markus 116f; *H. Conzelmann*, Geschichte und Eschaton nach Mc. 13 (1959), in: *ders.*, Theologie als Schriftauslegung (Ges.Aufs.) (München 1974) 62–73, dort 69f.

[58] Die Argumente, die *Pesch*, Naherwartungen 121, für die markinische Herkunft von V. 7fin vorgetragen hat, sind nicht durchschlagend: ἀλλά und οὔπω sind zu wenig spezifisch, um daraus einen redaktionellen Sprachgebrauch abzuleiten, und gerade τέλος kommt nur noch in dem zweifellos traditionellen Bildwort 3,26 sowie in 13,13 vor.

bevorstehen. Anders liegen die Dinge beim Evangelisten. Mit ἀρχὴ ὠδίνων ταῦτα in *V. 8fin* verfolgt er ein doppeltes Interesse. Einmal wird im Sinne der Jüngerfrage V. 4a das korrelative ταῦτα/ταῦτα πάντα jetzt nicht mehr bloß auf V. 14–27 bezogen, sondern auf V. 7f einerseits und auf V. 14–27 andererseits, was den Evangelisten dazu führt, speziell im Blick auf V. 14 σημεῖον als neuen Begriff aufzunehmen. V. 8fin greift betont auf das ταῦτα von V. 4a zurück und bezieht es nun auf die Kriegsgeschehnisse von V. 7f, konkret auf den Jüdischen Krieg einschließlich der im Jahre 70 erfolgten Tempelzerstörung. Sodann liegt dem Evangelisten Markus jedoch daran, V. 7f enger als die Vorlage mit V. 14ff zu verklammern. Er hält zwar mit der vorgegebenen Überlieferung daran fest, daß es hier noch nicht um das τέλος geht, aber er kann doch diese innergeschichtlichen Ereignisse nicht anders als unter eschatologischem Vorzeichen verstehen. Aus diesem Grunde wendet er hier das apokalyptische Motiv vom „Anfang der Wehen" an, um diesen Anfang von den eigentlichen Wehen, jener θλῖψις, wie sie nach V. 19 „seit Anbeginn der Welt nicht gewesen ist", zu unterscheiden[59].

Daraus folgt, daß das *Motiv V. 14 vom „Greuel der Verwüstung"*, das der Evangelist, wie der zweite Teil der Jüngerfrage V. 4b zu erkennen gibt, ausdrücklich als eschatologisches σημεῖον versteht, nichts (mehr) mit der Tempelzerstörung zu tun haben kann. Das βδέλυγμα τῆς ἐρημώσεως ist für ihn ein noch bevorstehendes rätselhaftes Geschehen, dessen genaue Erscheinungsform unbekannt ist. Nur soviel ist klar, daß es „stehen" wird, ὅπου οὐ δεῖ, und daß es, wie der maskulinische Akkusativ ἑστηκότα andeutet, eine personale Erscheinung sein wird. Im Sinne der apokalyptischen Tradition des Urchristentums, die auch dem Evangelisten Markus nicht fremd ist, muß somit dieser „Greuel der Verwüstung" mit dem Auftreten des Antichrists gleichgesetzt werden[60]. Ob das schon für die Vorlage gilt, ist nicht mehr zu sagen; es ist eher unwahr-

---

[59] Daß V. 8fin redaktionell ist, wird vor allem durch die Wiederaufnahme von ταῦτα deutlich, was hier nur in Verbindung mit der Jüngerfrage V. 4a Prägnanz gewinnt. Das Bildwort ὠδῖνες ist Hapaxlegomenon, dagegen ist ἀρχή von Markus auch in 1,1 an charakteristischer Stelle gebraucht. Gerade damit erreicht er wie bei dem Auftreten Johannes' des Täufers eine enge Verklammerung mit den folgenden Abschnitten.

[60] Zu βδέλυγμα τῆς ἐρημώσεως vgl. die Übersicht über die Forschungsgeschichte bei *Beasley-Murray*, Commentary 59ff; zu den Interpretationsproblemen vgl. *B. Rigaux*, βδέλυγμα τῆς ἐρημώσεως (Mc 13,14; Mt 24,15), in: Bibl 40 (1959) 675–683. Für die Auffassung, daß es in Mk 13,14 um den Antichristen gehe, treten u. a. ein: *Klostermann*, Markusevangelium 135; *Lohmeyer*, Markus 275f; *Schniewind*, Markus 171; *Schmid*, Markus 242f; *Marxsen*, Evangelist Markus 123; *Walter*, in: ZNW 57 (1966) 43; *G. Minette de Tillesse*, Le secret messianique dans l'évangile de Marc (Lectio Divina 47) (Paris 1968) 427ff. *Lambrecht*, Redaktion 151f, betont zwar, daß es sich um eine Person handeln müsse, läßt aber offen, wer damit gemeint sei. Vgl. im übrigen noch zum Thema *J. Ernst*, Die eschatologischen Gegenspieler in den Schriften des Neuen Testaments (BiblUnt 3) (Regensburg 1967), der jedoch seinerseits S. 8ff der These, daß es in Mk 13,14 um den Antichristen gehe, mit Zurückhaltung begegnet.

scheinlich, da in V. 21 f Pseudomessiasse und Pseudopropheten eigens genannt werden. Wohl aber dürfte für die Vorlage dieses Geschehen von V. 14, anders als jetzt bei Markus, gemäß der Danieltradition, die hier aufgenommen ist, in Zusammenhang mit einer erwarteten Schändung bzw. Zerstörung des Tempels gestanden haben.

Von hier aus wird die *Struktur der Rede in ihrer markinischen Fassung* klar: die Doppelfrage der Jünger in V. 4 wird so beantwortet, daß der Evangelist zunächst in V. 5f auf bereits zurückliegende Gefährdungen der Gemeinde und in V. 7f auf die schon vergangenen Geschehnisse des Jüdischen Krieges und der Tempelzerstörung zurückblickt. Umgekehrt wird mit dem σημεῖον von V. 14 und den daran sich anschließenden, unmittelbar in die Parusie des Menschensohnes einmündenden Ereignissen, die eine höchste Gefährdung der Gemeinde mit sich bringen werden, aber doch unter dem Vorzeichen der Bewahrung der Auserwählten stehen, auf zukünftiges Geschehen ausgeblickt. Die jetzt relativ selbständig dazwischengeschalteten Jüngersprüche in V. 9–13, die in der Aufforderung gipfeln, durchzuhalten bis zum Ende, gelten für die Gemeinde grundsätzlich und kennzeichnen die Situation der Jünger zwischen Ostern und Parusie. Sie sprechen insofern die Gegenwart der Gemeinde neben V. 33–37 am unmittelbarsten an[61].

---

[61] Die Struktur der Rede ist also wie in der Vorlage durch die Zäsur in V. 14 entscheidend bestimmt. Dadurch heben sich neben V. 28–37 noch zwei Hauptteile ab: da V. 5b.6 dem alten Eingang der Rede vorangestellt wurde, ist zunächst V. 5b–13 als ein zusammenhängender Teil anzusehen; dieser ganze Abschnitt ist durch das Stichwort ἀρχὴ ὠδίνων gekennzeichnet, allerdings durch bereits zurückliegende Ereignisse V. 5–8 und gegenwärtige Drangsale und Aufgaben V. 9–13 untergliedert. Entsprechend ist der zweite Teil durch V. 23 nochmals gegliedert, wobei die mit dem σημεῖον von V. 14 eingeleiteten schlimmsten Drangsale zwar unmittelbar in das Kommen des Menschensohnes übergehen, aber doch zugleich deutlich gemacht wird, daß es bis V. 22 um innergeschichtliche Ereignisse geht. Im übrigen wird durch den Begriff der ὠδῖνες für die gesamten Ereignisse von V. 5b–27 eine Klammer geschaffen. Überraschend ist, daß *Lambrecht*, Redaktion 256f, und *Pesch*, Naherwartungen 80f, auf verschiedenem Wege zu einer Einteilung kommen, wonach V. 5b–23 und V. 24–27 vor V. 28–37 tritt. Während nach *Lambrecht*, a. a. O. 88, V. 4a sich auf V. 2 zurückbezieht und V. 4b auf V. 5ff ausgerichtet ist, liegt es *Pesch*, a. a. O. 104, daran, die Frage V. 4a nach der Tempelzerstörung mit V. 5b–23 zu verbinden und mit V. 4b den Blick ganz in die Zukunft gerichtet sein zu lassen, also auf V. 24–27 (vgl. oben Anm. 54 und 56). Auch *Conzelmann*, Theologie als Schriftauslegung 69ff, betont vor allem die Zäsur bei V. 24, aber aus etwas anderem Interesse. Er will zeigen, daß apokalyptisches Quellenmaterial von Markus „historisiert" worden sei, weswegen nun V. 5–8 die Thematik entfalte, V. 9–13 die gegenwärtige Lage behandle und V. 14–23 die „letzte Epoche der Geschichte" beschreibe; in V. 24–27 werde dann vom „apokalyptischen Ende" gehandelt; deshalb komme das Verhältnis von Tempelzerstörung und Weltende „in eine eigenartige Schwebe". Demgegenüber rechnet *Marxsen*, Evangelist Markus 121ff, mit einer dreiteiligen Antwort auf V. 4: V. 5–13 werde vorweg die Gegenwart als ἀρχή des Endes charakterisiert, dann, nach dem entscheidenden Einschnitt, folge in V. 14a und V. 14b–17 die eigentliche Beantwortung der Doppelfrage. Im Unterschied zu diesen Konzeptionen hat *Walter*, in: ZNW 57 (1966) 41ff, darauf hingewiesen, daß die συντέλεια mit dem Auftreten des Antichrists beginne, während die Tempelzerstörung in die bereits zurückliegende Geschichte

Schließlich ist noch auf das *Sonderproblem von V. 10* einzugehen. Diese Aussage über die Notwendigkeit der Verkündigung des Evangeliums unter allen Völkern vor dem Endgeschehen (πρῶτον δεῖ)[62] paßt vorzüglich in die Konzeption des Markus, der durch seine Verbindung von V. 1f.4a.5–8 und durch V. 32.33–37 die der Vorlage anhaftende Naherwartung bewußt eingeschränkt hat. Gleichwohl ist zu fragen, ob nicht schon vor ihm, die enge Verbindung von V. 7f.9b–13 vorausgesetzt, eine solche Aussage der Charakterisierung der positiven Aufgabe der Gemeinde in der Zeit vor Jesu Parusie dienen konnte. V. 10 wäre dann bereits in der Vorlage zusammen mit der Spruchgruppe, die die Verfolgungslogien enthielt, in die eschatologische Rede eingefügt worden, stellt aber ein selbständiges Element dar. Obwohl dadurch der Zusammenhang der Sprüche gestört wird, war der Anschluß an εἰς μαρτύριον αὐτοῖς (V. 9fin) dann natürlich der einzig sinnvolle. Es empfiehlt sich, die Frage der Zugehörigkeit bzw. Nichtzugehörigkeit von V. 10 zur Vorlage hier nicht definitiv zu entscheiden, weil dazu weitere, die vorliegende Untersuchung übergreifende Analysen notwendig wären[63]. Lediglich dies ist festzuhalten: während für Markus V. 10 vor allem die Funktion einer Reduzierung der Naherwartung hat, wäre für die Vorlage hiermit die weltweite Verkündigung der bereits verfolgten Jünger in der Zeit unmittelbar vor Beginn jener Letzten Drangsal beschrieben, die ein solches Wirken überhaupt nicht mehr zuläßt.

VIII

Nach dieser traditions- und redaktionsgeschichtlichen Analyse stellt sich die Frage, wie denn die *Eigenart der vormarkinischen Parusierede* zu erklären ist. Ein sehr wesentliches und von der bisherigen Forschung überhaupt nicht zureichend beachtetes Ergebnis ist, daß die eigentliche Schlüsselstelle und der Kristallisationskern das Gleichnis vom sprossenden Feigenbaum V. 28 gewesen ist[64]. Gerade hierin beruht die Besonderheit dieses ganzen Überlieferungskomplexes, sowohl in seiner vormarkinischen wie auch in seiner markinischen Gestalt.

Daß wir bei V. 28 im Grundbestand auf ein authentisches Jesusgleichnis sto-

---

gehöre. Zwar ist diese in V. 5–13 eschatologisch qualifiziert, aber „daß schon die letzte irdisch-geschichtliche Periode dieser Endzeit angebrochen sei, kann an der Tempelzerstörung nicht abgelesen werden“; insofern ist die Zerstörung des Tempels sogar „eschatologisch irrelevant“ (45).

[62] Beachtenswert ist, daß außer dem δεῖ γενέσθαι V. 7 und dem ὅπου οὐ δεῖ V. 14 hier noch ein weiteres, für den apokalyptisch geprägten Vorstellungshorizont kennzeichnendes δεῖ, und zwar in der Verbindung πρῶτον δεῖ, vorkommt.

[63] Dazu verweise ich auf meine Erörterungen in: Verständnis der Mission 57ff.

[64] *Pesch*, Naherwartungen 177, betont zwar die Bedeutung von V. 28 für die Struktur der Rede in ihrer redaktionellen Fassung, entscheidend ist m. E. jedoch, daß dieses Gleichnis als Keimzelle für die Rede überhaupt, gerade auch in ihrer vormarkinischen Gestalt erkannt wird.

ßen, ist unbestritten, und daß dieses Gleichnis in den Zusammenhang der Botschaft von der anbrechenden βασιλεία τοῦ θεοῦ gehört, wird bei einem Vergleich mit verwandten Gleichnissen sofort erkennbar[65]. Wieweit auch schon eine Anwendung im Sinne, wenn auch nicht im jetzigen Wortlaut von V. 29 von Anfang an hinzugehörte oder sehr früh zugewachsen ist, läßt sich schwer entscheiden. Ausgeschlossen ist keinesfalls, daß relativ frühzeitig eine Anwendung bzw. eine Deutungsanleitung mit dem Gleichnis verbunden worden ist[66].

Zu einem bestimmten, gleich noch genauer einzugrenzenden Zeitpunkt hat man dann dieses Jesusgleichnis dazu benutzt, eine eschatologische Rede Jesu zu gestalten, die das Gleichnis als Grundstock verwendete, zugleich aber mit Hilfe einer apokalyptisch geprägten Tradition eine ausführliche Explikation desselben gegeben hat. Interessanterweise ist man dabei so vorgegangen, daß man die Deutung nicht angeschlossen, sondern vorweggenommen hat, so daß sie in das Gleichnis einmündet[67]. Bei der damit gegebenen Interpretation ist nun aber mit dem Sprossen des Feigenbaumes nicht mehr der Anbruch der eschatologischen Gottesherrschaft in Jesu eigener Botschaft und Geschichte gemeint, sondern eine der Heilsvollendung vorausgehende, durch ein besonders auffälliges Geschehen eingeleitete Zeit größter Drangsal. Dem wiederum geht eine Zeit voran, die lediglich vorbereitende Funktion hat, aber zumindest faktisch eine Brücke zwischen der Geschichte Jesu und den endzeitlichen Drangsalen samt der sich unmittelbar daran anschließenden Parusie Jesu darstellt[68]. Von der fehlenden Einleitung einerseits und einigen markinischen Einschüben andererseits abgesehen, dürfte der wesentliche Bestand dieser vormarkinischen Rede in V. 7f.9b(10)11–13.14–20.21f.24–27.28–31 erhalten geblieben sein[69].

---

[65] Zu dem Gleichnis V. 28(f) vgl. *A. Jülicher*, Die Gleichnisreden Jesu II (Tübingen ²1910) 3ff; *J. Jeremias*, Die Gleichnisse Jesu (Göttingen ⁸1970) 119f; *Kümmel*, Verheißung 14ff; *J. Dupont*, La parabole du figuier qui bourgeonne (Mc XIII, 28–29 et par.), in: RB 75 (1968) 526–548.

[66] Die Anwendung kann kaum auf οὕτως καὶ ὑμεῖς reduziert werden; so *Bultmann*, Synoptische Tradition 187. In seiner jetzigen Form ist V. 29 zwar unabhängig vom vorliegenden Zusammenhang denkbar, aber nur so, daß die Nähe des θέρος durch ἐπὶ θύραις noch unterstrichen werden soll. Mit dem Gleichnis wäre dann eine Verdeutlichung, aber keine eigentliche Deutung verbunden. Eine neue Funktion erhält V. 29 im Zusammenhang der vormarkinischen Rede durch V. 30.

[67] Aus der sonstigen Gleichnistradition läßt sich Lk 13,1–5.6–9 vergleichen, aber auch der Schluß der Feldrede bzw. Bergpredigt Lk 6,47–49//Mt 7,24–27. Hinzuweisen ist außerdem auf die Verknüpfung von abschließenden Bildworten mit einer Gesprächsszene; ich erinnere nur an Mk 2,18–20.21f oder an die Verbindung von Mk 3,24f.27 mit 3,22f.26. Natürlich liegt nur in Mk 13 eine regelrecht nach rückwärts komponierte Auslegung vor, aber eine Strukturverwandtschaft ist gleichwohl nicht zu verkennen.

[68] Für die Vorlage ist nicht der Rückblick auf die seit Jesu Tod und Auferweckung vergangene Zeit entscheidend, sondern lediglich der Ausblick von der Gegenwart auf die Zukunft und Heilsvollendung. Eine andere Funktion erhält die Rede durch die markinische Redaktion und die Einordnung in das ganze Evangelium; hier geht es nun um die gesamte Zeit zwischen Ostern und Parusie.

[69] Auszuscheiden sind natürlich die besprochenen kleinen redaktionellen Ergänzungen.

[70] Beide Schriften gehören ebenfalls in die Zeit nach 70 n. Chr.

Verständlich wird die *Entstehung dieser Rede,* eines so stark apokalyptisch konzipierten vormarkinischen Überlieferungskomplexes, erst in einer Epoche, in der die Reapokalyptisierung in bestimmten Traditionssträngen der Urchristenheit auch sonst deutlich bemerkbar und nachweisbar ist. Hier ist vor allem an den deuteropaulinischen Zweiten Thessalonicherbrief und die Johannesoffenbarung zu erinnern[70]. Aber es bleibt zu klären, welche Voraussetzungen dafür maßgebend waren und ob sich die Entstehung der vormarkinischen Parusierede bei Berücksichtigung der speziellen Bedingungen nicht noch präziser angeben läßt[71].

Hierfür lassen sich eine Reihe von aufschlußreichen Beobachtungen am Text von Mk 13 gewinnen. Einmal verweist V. 14b auf eine Notsituation in Judäa; sodann spielt V. 14a mit dem Zitat aus Dan 12,11 unbestreitbar auf ein Ereignis im Jerusalemer Tempel an. Da sich bekanntlich der Jüdische Krieg bei seinem Beginn im Jahre 66 n. Chr. nicht sofort auf Judäa und Jerusalem konzentrierte, ist der Unterschied zwischen dem „Hören" von Kriegen und Kriegsgeschrei in V. 7f, was sich auf Ereignisse in Galiläa bezieht, und dem erwarteten „Sehen" einer erneuten Schändung des Tempels in V. 14 verständlich und gut begründet[72]. Daraus folgt, daß diese vormarkinische Parusierede Jesu, die wegen der Wendung ὁ ἀναγινώσκων νοείτω in V. 14a auch schriftlich vorgelegen haben muß[73], im judäischen Raum, wahrscheinlich in Jerusalem selbst entstanden sein wird, und zwar zu Beginn des Jüdischen Krieges, dessen schrecklichen Ausgang man erwartete, ohne allerdings schon genau zu wissen, was dann mit dem Tempel geschehen wird[74]. Vor allem aber hat man mit dem Ausgang jenes Krieges die Erwartung der Parusie Jesu als des Menschensohnes unmittelbar verbunden.

Trifft dies zu, dann ist definitiv von der Hypothese eines jüdisch-apokalyptischen „Flugblattes" aus der Zeit Caligulas, der um 39/40 einen heidnischen Altar im Jerusalemer Tempel aufstellen wollte, Abstand zu nehmen[75]. Vielmehr han-

[71] Einen zeitgeschichtlichen Bezug hat man für Mk 13 in der Auslegung immer wieder bestritten; ich verweise z. B. auf *G. Harder,* Das eschatologische Geschichtsbild der sogenannten kleinen Apokalypse Markus 13, in: TheolViat 4 (1952) 71–107, bes. 97ff.

[72] Vgl. *Josephus,* De Bello Judaico, Buch III.

[73] Hier ist das Lesen bzw. Vorlesen der Jesusrede gemeint, nicht aber das Lesen des Danieltextes, wie *Rigaux,* βδέλυγμα 682, vorschlägt.

[74] Von einer Flucht nach Galiläa bzw. Pella oder überhaupt einer Flucht mit einem konkreten Ziel ist jedoch nicht die Rede. Die von *Marxsen,* Evangelist Markus 70f, 115f, vorausgesetzte Interpretation ist für Markus nicht haltbar, kommt aber m. E. ebensowenig für die Vorlage in Betracht. Modifiziert begegnet diese These auch bei *Pesch,* Naherwartungen 232: Der Evangelist habe die Jünger im Zusammenhang der Drangsale des Krieges in Judäa nach Galiläa gewiesen, „über Galiläa als Brücke ins Heidenchristentum" (daher die zentrale Bedeutung von V. 10).

[75] Damit distanziere ich mich vor allem von *Pesch,* Naherwartungen 207ff, der im Anschluß an die Einzelanalyse von Mk 13 eine zusammenfassende Beschreibung und Rekonstruktion des vorausgesetzten Flugblattes gegeben hat. Weder die Eigenständigkeit des Vokabulars ist zwingend, noch

delt es sich um eine *von Anfang an christlich konzipierte Rede* von der Parusie des Menschensohnes, die sich neben dem Gleichnis Jesu allerdings in erheblichem Maße apokalyptischer Motive und Denkmodelle bediente[76]. In einer Hinsicht ist die Intention des Jesusgleichnisses jedoch bewahrt geblieben: es bezieht sich ursprünglich auf den Anbruch und die Vollendung des Heils. Wird das Sprossen des Feigenbaumes hier nicht mehr mit Jesu irdischer Geschichte als Zeit des Anbruchs der Gottesherrschaft verbunden, sondern mit einem kurz bevorstehenden Ereignis geschichtlich-apokalyptischer Art, so wird doch Anbruch und Vollendung des Heils mit Jesu Wirken in klare Beziehung gebracht; denn es ist sein eigenes Wort, das dieses „Zeichen" für den Anbruch signalisiert, und mit seinem Kommen als Menschensohn fällt die Einholung der Erwählten zusammen (vgl. V. 31).

IX

Unter solchen Voraussetzungen ist das *Verhältnis der Vorlage zur jüdischen Tradition* neu zu bestimmen. Es kann zunächst nicht bestritten werden, daß in V. 7f.9.11–13.14–20.21f.24–27.28–31 die genuin christlichen Elemente nicht sehr zahlreich sind. Neben dem Gleichnis V. 28 und den dazugehörigen Interpretamenten V. 29f.31 sind im wesentlichen nur V. 9 (ohne die Einleitungsformel), V. 11 und V. 13 zu nennen, wenn man von V. 10 bei dieser Fragestellung absehen will. Alle anderen Teile zeigen ihrem Gepräge nach keine spezifisch christlichen Züge, sondern könnten, für sich genommen, wie mehrfach mit gewissem Recht behauptet worden ist, ohne weiteres einer jüdischen Tradition entstammen[77].

Aber die Hypothese eines vorgegebenen und eventuell schon in der Vorlage des Markus verwerteten jüdisch-apokalyptischen Textes ist gerade im Blick auf den vorliegenden Zusammenhang äußerst problematisch. Einmal fehlt den Teil-

---

spricht der „alttestamentliche Textboden" notwendigerweise für ein solches Flugblatt. Problematisch ist neben der Datierung in das Jahr 40 vor allem der angenommene „Mißbrauch" des Flugblattes durch die Gemeinde in der Zeit des Jüdischen Krieges. Berücksichtigt man das ὅταν δὲ ἀκούσητε und das ὅταν δὲ ἴδητε, was *Pesch*, a.a.O. 119, 139, 208f, allerdings nicht der Vorlage, sondern dem Evangelisten zusprechen will, in seiner Beziehung zu V. 28–31, so entsteht ein anderes Bild.

[76] Völlig abwegig ist m.E. der Versuch von *H. Weinacht*, Die Menschwerdung des Sohnes Gottes im Markusevangelium (HUTh 13) (Tübingen 1972) 99ff, die Doppelfrage V. 4 aufzulösen, V. 4b.5b–27 als nachträglichen Einschub anzusehen und statt dessen V. 1–4a.5a.28.29a (29b.34–36) als eine vormarkinische Überlieferung zu betrachten, wobei das auf V. 28 zurückbezogene οὕτως καὶ ὑμεῖς in V. 29a die „ursprüngliche Anwendung auf die Frage V. 4a" sein soll (100). Demgegenüber sollen die redaktionellen Einschübe von V. 4b–27 und V. 30–32 der markinischen Tendenz eines Zeitgewinns entsprechen.

[77] Das gilt sowohl für die Exegeten, die ein jüdisches Flugblatt voraussetzen, wie für andere, die mit Spruchtraditionen verschiedener Herkunft rechnen.

stücken die für jüdisch-apokalyptische Tradition kennzeichnende Art einer anschaulich-bildhaften Beschreibung. Es sind alles nur miniaturhafte Darstellungselemente, bei denen allein der *Motivcharakter* ausschlaggebend ist[78]. Das entspricht aber sehr viel eher der Verwendung jüdischer Vorstellungen in der Verkündigung Jesu oder der frühen Urgemeinde, wenngleich im vorliegenden Text die Abhängigkeit stärker und der apokalyptische Charakter im traditionell-jüdischen Sinne etwas deutlicher ist. Sodann sind V. 7f und V. 14ff in einer so konsequenten Weise auf V. 28ff bezogen, daß gerade von hier her das *Auswahlprinzip* für Aufnahme und Verwendung jenes jüdischen Materials sichtbar wird. Dies beides bedeutet, daß eine stark dem apokalyptischen Denken verpflichtete judenchristliche Gemeinde das Gleichnis Jesu vom sprossenden Feigenbaum mit Hilfe traditioneller Motive so interpretiert hat, daß ihre eigene Situation vor Beginn der endzeitlichen Drangsal erfaßbar wird. Sie tat es in der Weise, daß sie diese durch konkrete Ereignisse veranlaßte Deutung geschichtlicher Vorgänge durch Rezeption jüdischer Motive durchführte, damit aber zugleich eine Sammlung eigener Worte Jesu, die dem Zuspruch und der Ermahnung dienen, verbunden hat[79].

Daraus ergibt sich, daß die zweifellos vorhandene Tendenz zu einer gewissen Reapokalyptisierung in dem vormarkinischen Überlieferungskomplex nicht nur unter dem Vorzeichen eines Jesusgleichnisses steht, sondern einen *spezifisch christlichen Versuch* darstellt, die eigene Situation in der Zeit nach Jesu Tod und Auferstehung angesichts einer noch unmittelbar lebendigen Naherwartung zu erfassen. Dabei ist besonders interessant, daß man hierbei nach einer Vorbereitungs- und Übergangszeit, die in V. 7f kurz beschrieben wird, das Schema von Anbruch und Vollendung der Endzeitereignisse verwertet, das für Jesu Verkündigung so bezeichnend ist, dieses jetzt allerdings im Blick auf die endzeitliche Katastrophe und das dann sich definitiv realisierende Kommen des Heils anwendet. Von daher ergibt sich die Geschlossenheit des Abschnitts V. 14–27 (ohne V. 23), während die mit V. 7f verbundenen Ermahnungen V. 9b.11–13 über die Übergangszeit hinausweisen und, wie vor allem V. 13b zeigt, auch für die Zeit der letzten Drangsal gelten. Der jüdische Charakter der Einzelelemente darf uns somit nicht dazu veranlassen, eine geschlossene vorchristliche Vorlage anzunehmen, denn abgesehen von der Zuordnung zu V. 28

---

[78] Hier liegt, einmal abgesehen von der Frage der Authentizität, das relative Recht der Auslegung von *Beasley-Murray*, obwohl keinesfalls von einem „Fehlen" apokalyptischer Züge gesprochen werden kann (so Commentary 17).

[79] Maßgebend sind also das Gleichnis von der Nähe der Heilsvollendung und Jesu Ermahnungen zum Durchhalten in Verfolgungen und Drangsalen. Die apokalyptischen Motive dienen demgegenüber dazu, ein spezifisches, diese Situation kennzeichnendes Geschichtsbild zu entwerfen. Gerade hinsichtlich eines urchristlichen Geschichtsverständnisses zeigt sich ja der apokalyptische Einfluß am stärksten.

ist das Auswahlprinzip für die Einzelelemente typisch für die Situation einer judenchristlichen, in Jerusalem bzw. Judäa beheimateten Gemeinde in der Zeit nach Ausbruch des Krieges im Jahre 66. Von hier aus erklärt sich V. 7a mit der apokalyptischen Motivierung in V. 7b und V. 8 (abgesehen von V. 8fin); und dasselbe gilt für V. 14a und V. 14b–18 sowie für V. 19f und V. 21f, wobei die ἐκλεκτοί hier selbstverständlich die Glieder der christlichen Gemeinde sind, ein Terminus, der in V. 27 abschließend nochmals aufgenommen wird. Ebenso eindeutig ist die in V. 26 vorausgesetzte Identifikation des Menschensohnes mit dem auferstandenen und wiederkommenden Jesus[80].

In allen *Menschensohnaussagen* des Markusevangeliums, ganz gleich ob es sich um den irdischen, den leidenden und auferstehenden oder um den wiederkommenden Menschensohn handelt, ist diese Identifikation mit Jesus bereits vollzogen. Das ist kein Kennzeichen der markinischen Redaktion, sondern ganz eindeutig der übernommenen, in sich mehrschichtigen Tradition[81]. Berücksichtigen wir jetzt nur die Logien, die vom kommenden Menschensohn sprechen, so zeigt Mk 14, 61 f durch die vorangestellte Hohepriesterfrage und das die Antwort Jesu einleitende ἐγώ εἰμι unmißverständlich die hierbei vollzogene Gleichsetzung mit dem Menschensohn. Auch für Mk 8, 38 ist das vorauszusetzen, obwohl dort wegen der Formulierung des Vorder- und Nachsatzes wie bei Lk 12, 8f erwogen werden kann, ob vielleicht eine ältere Tradition, die diese Identifizierung noch nicht kannte, im Hintergrund steht. Die eschatologische Rede Mk 13 setzt in V. 26 ebenfalls mit voller Eindeutigkeit voraus, daß der auf den Wolken mit großer Macht und Herrlichkeit kommende Menschensohn der wiederkehrende Jesus ist. Dies ist der eigentliche Höhepunkt und das Ziel der ganzen Rede[82]. Ergibt sich das für die vormarkinische Rede aus dem Textzusammenhang, so ist das vom Evangelisten durch V. 5f mit der Warnung vor denen, die sich auf Jesu Namen berufen und mit ἐγώ εἰμι die Menschen verführen wollen, noch unterstrichen. So zeigt sich gerade in V. 26, dasselbe gilt aber auch für den damit eng verbundenen V. 27 über die „Einsammlung“ der Erwählten, eine

[80] Dieser Prozeß der Adaption nicht nur jüdischer Vorstellungen, sondern auch entscheidender Termini und ihrer Anwendung auf die christliche Gemeinde wird bei der Erörterung über Mk 13 oft unterschätzt. Er erfolgte durch Einbettung in genuin christliche Traditionen. Die Adaption kann daher in vielen Fällen nicht an isolierten Vorstellungselementen und Aussagen erkannt werden, sondern nur bei einer Berücksichtigung des Kontextes. Man darf dann aber auch nicht den Fehler machen, den Textzusammenhang so aufzulösen, daß bloß noch die Bestandteile übrigbleiben, die, für sich genommen, eben nicht erkennen lassen, wieweit sie bereits in die christliche Tradition und deren Verstehenshorizont aufgenommen sind.

[81] Auf Literatur zur Menschensohnproblematik kann hier verzichtet werden. Für meine eigene Auffassung verweise ich auf: Christologische Hoheitstitel 13ff.

[82] Von hier aus wird auch nochmals das σημεῖον von V. 14 beleuchtet: das Auftreten des Antichrists ist das eigentliche Vorzeichen und der unmittelbare Anlaß für das endzeitliche Kommen des Menschensohnes.

trotz apokalyptischer Terminologie und Vorstellungsweise längst vollzogene Christianisierung der Motive, sofern man auf deren Funktion im Kontext der urchristlichen Verkündigung achtet[83].

X

Der *Evangelist Markus* hat die Zeit des Jüdischen Krieges bereits hinter sich. Die mit diesem Krieg verbundene Naherwartung war zerbrochen. Das erwartete, für die Vorlage im einzelnen noch ungewisse Geschehen im Tempel hat zur Eroberung, Schändung und Zerstörung des Jerusalemer Heiligtumes geführt. Darin konnte Markus nur die Erfüllung des schon mit dem Zerreißen des Tempelvorhanges in 15,38 sich abzeichnenden Gerichtes über den jüdischen Tempel sehen. Die Verfolgungen der Jüngergemeinde gingen weiter, und es galt jetzt erst recht, bei aller Ungewißheit der kommenden „Stunde", von der nicht einmal der Sohn etwas weiß (V. 32), an der eschatologischen Hoffnung und der Zuversicht des Wiederkommens Jesu als des Menschensohnes festzuhalten. Gerade die Verfolgungen haben, wie wir aus dem Zweiten Thessalonicherbrief und der Johannesoffenbarung ebenfalls wissen, in der Christenheit der Zeit nach 70 auch die ehemals jüdische Erwartung vom Auftreten des Antichrists bestärkt. So galt es nun erst recht, wachsam zu sein und auf das ausstehende σημεῖον für jene letzte Drangsal und für das dann endlich sich erfüllende Kommen des Menschensohnes unablässig zu warten.

Es wäre falsch, wollte man Markus angesichts der enttäuschten Parusieerwartung während des Jüdischen Krieges eine erlahmende eschatologische Haltung zusprechen[84]. Nichts ist bezeichnender für das Weiterbestehen einer lebendigen eschatologischen Erwartung als die Tatsache, daß er ebenso wie seine Vorlage die Zeit zwischen Ostern und der Parusie des Menschensohnes als Zeit der bereits angebrochenen und weitergehenden eschatologischen Ereignisse verstehen konnte. Ja, er tut es noch wesentlich konsequenter, weil er mit V. 5–8 die gesamte Periode zwischen Jesu Tod und der Tempelzerstörung unter dem Begriff des „Anfangs der Wehen (der Endzeit)" zusammenfaßt. Die Situation seiner Gemeinde wird somit insbesondere in V. 9–13 beschrieben und damit im Sinne

---

[83] Ein völlig anderes Verständnis von σημεῖον zeigt sich Mt 26,3b.30, wo in der Jüngerfrage schon vom σημεῖον τῆς παρουσίας und im Zusammenhang mit dem Kommen des Menschensohnes ausdrücklich noch vom Erscheinen eines σημεῖον τοῦ υἱοῦ τοῦ ἀνθρώπου am Himmel die Rede ist. Darauf ist hier nicht einzugehen; es darf aber keinesfalls eine Auslegung von Mk 13 sich durch diese Neuinterpretation leiten lassen.

[84] Die Eschatologie bei Markus wird in der neueren Exegese entweder überbetont, wie das vor allem für *Marxsen* gilt, oder sie wird in ihrer Bedeutung gegenüber der Christologie unterschätzt, was schon für *Wrede* kennzeichnend ist. Weiterführend die Schlußerwägungen bei *Pesch*, Naherwartungen 235ff.

einer Zwischenphase zwischen den zurückliegenden Ereignissen des Jüdischen Krieges und der noch bevorstehenden großen Drangsal verstanden. In jedem Fall begreift der Evangelist Markus, und darin geht er über seine Vorlage hinaus, die gesamte nachösterliche Situation der christlichen Gemeinde in engstem Zusammenhang mit der Eschatologie, nicht dagegen wie Lukas im Sinne einer selbständigen „Zeit der Kirche“[85].

Markus hat noch in einer anderen Hinsicht die Vorlage tiefgreifend korrigiert. Wie sein ganzes Evangelium zeigt, ist für ihn der Anbruch der Gottesherrschaft nicht mit irgendwelchen noch ausstehenden Ereignissen verbunden, wie das für die Vorlage bei der Deutung des Jesusgleichnisses im Blick auf V. 14 galt. Der Anbruch der Gottesherrschaft hat sich vielmehr, wie das durch das Thema der Verkündigung Jesu in 1,15 unüberhörbar zur Geltung gebracht wird, mit Jesu eigenem Auftreten bereits ereignet. Deshalb kann es sich in Mk 13 nur um weitergehende Ereignisse handeln, die auf die Vollendung des Heiles hinführen. Insofern korrespondieren auch die beiden einzigen Reden des Markusevangeliums in c. 4 und c. 13 miteinander. Das bedeutet zugleich, daß Markus tatsächlich das Kernstück der ganzen eschatologischen Rede, nämlich das Gleichnis V. 28, als Angelpunkt verstanden hat. Wegen der konsequenten Beziehung von 13,5–37 auf die gesamte Zeit zwischen Ostern und Parusie versteht er dieses trotz aller apokalyptischen Interpretamente sogar wieder sehr viel stärker im ursprünglichen Sinne. Von daher ergibt sich auch die enge Verklammerung von Christologie und Eschatologie, wozu in seinem Evangelium im besonderen noch das Motiv des Messiasgeheimnisses gehört[86]. Doch diese Zusammenhänge der eschatologischen Erwartung des Evangelisten mit der Christologie und speziell mit dem Messiasgeheimnis darzustellen, geht über den Rahmen dieses Beitrags hinaus und muß einer anderen Untersuchung vorbehalten bleiben.

XI

Blicken wir von den gewonnenen Ergebnissen nochmals auf *Anton Vögtles Grundthese* über Mk 13,24–27 zurück, so läßt sich in der Parusierede insgesamt eine eindeutige Tendenz feststellen. Ist die vormarkinische Überlieferung daran interessiert, gegenüber bloß vorläufigen Begebenheiten in V. 7f bestimmte innergeschichtliche Ereignisse in V. 14ff namhaft zu machen, die unaufhaltsam auf die Vollendung hinführen und den ganzen Kosmos ergreifen, so ist bei der

[85] Hierzu vgl. *H. Conzelmann*, Die Mitte der Zeit. Studien zur Theologie des Lukas (BHTh 17) (Tübingen [5]1964) bes. 193ff.

[86] Diese Thematik bedarf einer eingehenden neuen Untersuchung. Es sei dazu wenigstens verwiesen auf *E. Sjöberg*, Der verborgene Menschensohn in den Evangelien (Act. Reg. Soc. Hum. Litt. Lundensis LIII) (Lund 1955) bes. 126ff.

markinischen Redaktion das Interesse an der Vergeschichtlichung der eschatologisch qualifizierten Geschehnisse noch viel größer, wie seine Zuordnung von V. 7f zu V. 1f, aber auch sein zweifellos innergeschichtlich verstandener Hinweis auf das Auftreten des Antichrists erkennen lassen[87]. In beiden Fällen gehen dann allerdings die Schilderungen zu Begebenheiten über, die verbaliter nicht bloß die kosmischen Dimensionen der bevorstehenden geschichtlichen Ereignisse, sondern auch den Weltuntergang im Zusammenhang mit der Parusie des Menschensohnes bezeichnen sollen.

Es bleibt jedoch noch zu prüfen, und darin liegt das prinzipielle Recht der Fragestellung Vögtles, ob und inwieweit jene Tendenz zur Vergeschichtlichung, die dem spezifisch christlichen Anliegen der seit Jesu Wirken bereits sich realisierenden Eschatologie entspricht, sich nicht auch auf die kosmologischen Aussagen auswirkt. Das gilt zumindest in dem Sinne, und dafür ist V. 10 eine wesentliche Voraussetzung, daß die Heilsbotschaft der Jünger unter allen Völkern ergeht und daß das zur Vollendung führende Heilshandeln des Auferstandenen und Wiederkommenden die gesamte Weltwirklichkeit erfaßt. Meinerseits möchte ich allerdings in Mk 13,24f nicht von „kosmologischen Metaphern" sprechen, sondern stärker berücksichtigen, daß die Urchristenheit trotz dieser Tendenz zur Vergeschichtlichung noch an spezifisch kosmologischen Aussagen festgehalten hat, diese aber in ihrem apokalyptischen Motivcharakter bewußt als Grenzaussagen verstand[88].

Die hierbei sich abzeichnende Konzeption ist vergleichbar mit dem Problem der Naherwartung. Die Naherwartung wurde in der Urchristenheit zwar mannigfach modifiziert, aber weitgehend eben doch nicht preisgegeben, sondern schrittweise zur „Stetserwartung" umgeprägt[89]. Auch hier ist die Gesamttendenz eindeutig die gewesen, daß aufgrund der bereits erfahrenen gegenwärtigen Heilswirklichkeit die ursprüngliche Erwartung einer direkt bevorstehenden Nähe der Heilsvollendung ohne Auftreten einer ernsthaften inneren Krise transformiert werden konnte, wobei die Vollendungserwartung selbst keineswegs

[87] Diese Tendenz der Vergeschichtlichung sollte man nicht unter den Begriff der „Historisierung" stellen, weil damit etwas sehr anderes gemeint ist. Sowohl in der Darstellung der Geschichte Jesu wie in der Darstellung der Zeit zwischen Ostern und Parusie geht es für Markus entscheidend darum, daß die geschichtlichen Ereignisse unter dem Vorzeichen des anbrechenden und sich vollendenden Heiles stehen. Gerade so wird auch sein Bemühen erkennbar, das Endzeitgeschehen in seiner konkreten innergeschichtlichen Gestalt zu erfassen. Vgl. zu diesem Problem *J. M. Robinson,* Das Geschichtsverständnis des Markus-Evangeliums (AThANT 30) (Zürich 1956) bes. 93f.

[88] Der Begriff der „kosmologischen Metaphern" ist leicht mißverständlich, bedarf daher einer Präzisierung: einerseits kann man natürlich von allen apokalyptischen Vorstellungselementen sagen, daß sie einen metaphorischen Charakter tragen; andererseits bleibt die Frage, wieweit sie ein rein innergeschichtliches Geschehen bezeichnen oder darüber hinausgreifen wollen.

[89] Zu diesem Begriff vgl. *G. Schneider,* Die Parusiegleichnisse im Lukas-Evangelium (SBS 74) (Stuttgart 1975) 95ff. Zum Problem der Naherwartung zuletzt *E. Gräßer,* Die Naherwartung Jesu (SBS 61) (Stuttgart 1973) bes. 28ff.

preisgegeben werden mußte. Wenn die Heilsvollendung den ganzen Kosmos erfaßt, dann kann die Weltwirklichkeit nicht unberührt davon bleiben, und deshalb hat Mk 13,24f durchaus noch eine reale und nicht nur eine metaphorische Bedeutung, wenngleich diese Bedeutung nicht ohne weiteres mit dem wortwörtlichen Sinn der hier vorausgesetzten Vorstellung zusammenfallen dürfte[90].

Mein Versuch einer in eine neue Richtung vorstoßenden Analyse von Mk 13 hat abschließend zu einem kleinen kritischen Gespräch mit dem hochverehrten Jubilar geführt, das sicher durch seine scharfsichtige Beurteilung meiner ihm vorgelegten exegetischen Studie eine aufschlußreiche Weiterführung erhalten wird[91].

[90] Einig bin ich mit *Vögtle*, Kosmos 66, darin, daß „das Hauptinteresse nicht an den kosmologischen Aussagen als solchen, sondern an der festen und tröstlichen Erwartung des völligen Andersseins, des Neuseins der Situation und des Lebens im kommenden Äon" haftet. Vgl. dazu *Schniewind*, Markus 173f: „Gewiß ist das alles in der Sprache des damaligen Weltbildes gesprochen ... Dennoch findet hier das Wissen um die Vergänglichkeit alles dessen, was ist, einen Ausdruck, der unvergessen geblieben ist. Und der gegenteilige Gedanke einer Ewigkeit der Welt, die Hoffnung einer immer fortschreitenden Entwicklung, ist nicht ein sicheres Wissen, sondern ein Glaube, dessen Optimismus freilich im Gegensatz steht zur Grundüberzeugung des gesamten N. T."

[91] Nachträglich möchte ich noch kurz eingehen auf *L. Gaston*, No Stone on Another. Studies in the Significance of the Fall of Jerusalem in the Synoptic Gospels (NovTest Suppl. XXIII), Leiden 1970. Die breit angelegte Analyse von Mk 13 (S. 8ff) ist nicht sehr ergiebig. Aufschlußreich ist dagegen der Abschnitt über Form und Funktion von Mk 13, wobei das Verhältnis von Ermahnungen und begründenden apokalyptischen Elementen gut herausgestellt und die Nähe zur Form der Offenbarungsreden des Auferstandenen betont wird (S. 41ff, bes. S. 51ff). Der Ursprung dieser Rede wird auf urchristliche Prophetie zurückgeführt. Wenig überzeugend ist jedoch die vorausgesetzte Entstehungsgeschichte: V. 14–19 soll das Kernstück sein, hieran sollen zuerst V. 20 und V. 24–27, später V. 5–13.21–23, dann V. 28–36 angefügt worden sein; auf Markus gehe V. 1–4.23.37 zurück, ferner habe er V. 14 auf den Antichristen bezogen (S. 61ff). Zur Einordnung von Mk 13 in die urchristliche Prophetie und in die Konzeption des Evangelisten vgl. auch noch das Schlußkapitel (S. 433ff.468ff). – *W. H. Kelber*, The Kingdom in Mark. A New Place and a New Time, Philadelphia/USA 1974, S. 109ff, befaßt sich ausschließlich mit der redaktionellen Gestalt von Mk 13. Er teilt das Kapitel in die Abschnitte V. 5b–23.24–27.28–37 ein. Seine Hauptthese hierzu lautet: Mark „de-eschatologizes the time of the Roman-Jewish War, calls for flight in view of the desolation of the temple, and interprets the present as *the* eschatological crisis" (S. 122). Nach dieser Auffassung erwartet der Evangelist die Parusie noch in seiner Generation, trennt sie aber im Unterschied zu falscher Prophetie von der Zerstörung Jerusalems (V. 5f. 7f); vielmehr wird mit V. 14ff der jetzige Zustand der Entweihung der heiligen Stätte durch die Römer als Höhepunkt der satanischen „Verwüstung" angesehen. Sowohl gegen Gliederung wie gegen Gesamtverständnis sind m. E. schwere Bedenken zu erheben.

„Der Menschensohn" in der lukanischen Christologie

Gerhard Schneider, Bochum

Welche Tragweite die Menschensohnbezeichnung für die lukanische Christologie hat, ist umstritten. Auf der einen Seite behauptet H. Conzelmann: „Für eine spezifische ‚Menschensohn-Christologie' ist weder positiv noch negativ etwas auszumachen."[1] Demgegenüber kommt H. E. Tödt zu dem Ergebnis: „Lukas verbindet mit dem Menschensohnnamen eine selbständige Auffassung."[2] Nun müßte zwischen beiden Thesen nicht unbedingt ein Gegensatz bestehen, würden nicht beide Autoren zu erkennen geben, was sie näherhin mit „spezifischer Menschensohn-Christologie" bzw. „selbständiger Auffassung" meinen. Conzelmann geht davon aus, daß dem dritten Evangelisten die ursprünglichen Besonderheiten der christologischen Titel „nicht mehr bewußt" sind[3] und daß „zahlenmäßig die Titel κύριος und χριστός" dominieren[4]. Doch sind diese Prämissen fraglich, weil die mit dem Ursprung der Titel gegebene Bedeutung auch bei Markus und den beiden anderen Evangelisten überformt ist und auch das Argument der Zahlenmäßigkeit nicht durchschlagen kann[5]. Auf der anderen Seite argumentiert Tödt, die Umbildung vorgegebener und die Schaffung neuer Menschensohnworte ließen „klar erkennen, daß Lukas der Menschensohnbezeichnung große Bedeutung zuspricht und sie nicht nur über-

---

[1] *H. Conzelmann*, Die Mitte der Zeit. Studien zur Theologie des Lukas (Tübingen ⁴1962 = ⁵1964) 159, Anm. 2.

[2] *H. E. Tödt*, Der Menschensohn in der synoptischen Überlieferung (Gütersloh ²1963) 101.

[3] *Conzelmann*, a.a.O. 158.

[4] Ebd. 159 mit Anm. 2.

[5] Die Gesamtzahl der Menschensohnworte beträgt bei Mk 14, bei Mt 31, bei Lk 25 (dazu Apg 7,56). Im lukanischen Mk-Stoff stehen 12 Menschensohnworte; im Stoff, den Lk mit Mt gemeinsam hat (Q), finden sich 11, im lukanischen Sondergut 2. Daß Lukas Menschensohnworte von sich aus gebildet hat, wird bestritten von *F. Rehkopf*, Die lukanische Sonderquelle (Tübingen 1959) 56, und seinem Lehrer *J. Jeremias*, Die Gleichnisse Jesu (Göttingen ⁷1965) 155, Anm. 2. Siehe demgegenüber *Ph. Vielhauer*, Gottesreich und Menschensohn in der Verkündigung Jesu (erstm. 1957), in: *ders.*, Aufsätze zum Neuen Testament (München 1965) 55–91, der Lk 17,22; 18,8b; 21,36 auf Lukas zurückführen möchte (ebd. 60–62); ähnlich *Tödt*, Der Menschensohn 89–93, 98.

nimmt, sondern auch im Sinne seines theologischen Verständnisses weiterbildet"[6].

Will man in der angedeuteten Kontroversfrage Stellung beziehen, empfiehlt sich die erneute Untersuchung jener Menschensohnworte, die der dritte Evangelist über seine Quellen hinaus bietet[7]. Das sind im Mk-Stoff: Lk 21,36; 22,48; 24,7 (I). Aus dem mit Mattäus gemeinsamen Stoff sind zu befragen: Lk 6,22; 12,8; 17,22; ferner 17,25, wo zwar „Menschensohn" nicht vorkommt, aber doch eine Menschensohnaussage gemacht wird (II). Die beiden Worte Lk 18,8b und 19,10 des Sondergutes unterliegen als angehängte Schlußverse von Traditionsstücken dem Verdacht, vom Evangelisten zu stammen. Die gleiche Vermutung gilt für Apg 7,56 (III). Das Ergebnis wird zeigen, ob und in welchem Sinn wir von einer spezifischen Menschensohnchristologie des Lukas sprechen können (IV).

I

(I 1) Am Schluß der Endzeitrede Lk 21,5–36 steht ein Logion, das nur der dritte Evangelist bietet:

„*Wachet aber zu jeder Zeit und bittet darum, daß ihr imstande seid, diesem allem, was geschehen wird, zu entfliehen und vor den Menschensohn hinzutreten!*" *(21,36)*

Die Mahnung zur Wachsamkeit, mit der Lukas seine Rede beschließt (21,34–36), ist zwar keine genaue Parallele zum Ende der markinischen Endzeitrede, entspricht aber doch sachlich der Mahnung von Mk 13,33–37. Obgleich Lukas in seiner Rede Mk 13,1–37 als Hauptvorlage benutzt[8] und wohl

---

[6] *Tödt*, Der Menschensohn 101. Siehe hingegen *Conzelmann*, Mitte der Zeit 159, Anm. 2: „Der Gebrauch von ‚Menschensohn' ist stark durch die Vorlage (Mc) bedingt." Vgl. *C. Colpe*, Art. ὁ υἱὸς τοῦ ἀνθρώπου in: ThWNT VIII (1969) 403–481: „Lukas verwertet seine Quellen treu. Eine eigene Menschensohnchristologie ist bei ihm nicht erkennbar" (462). Nach Colpe gehören Lk 17,22 und 18,8 dem „Reisebericht aus der Sonderquelle" (461), 21,36 „der Sonderquelle" an (462).

[7] Selbstverständlich darf auch die Umformung (und die Streichung) *vorgegebener* Menschensohnworte durch Lukas nicht außer Betracht bleiben, weil sie für das theologische Wollen des Evangelisten aufschlußreich sein kann. Wenn im folgenden der Schwerpunkt auf mögliche *Neubildungen* des Lukas gelegt wird, so geschieht das deswegen, weil neue Logien die Absicht des Lukas deutlicher profilieren können. Nicht zuletzt ist die Frage nach traditionellen Menschensohnworten im lukanischen Sondergut (bzw. in Sonderversen) auch für das Problem des Ursprungs der frühesten Menschensohnchristologie erheblich und entspricht damit dem langjährigen Forschungsinteresse von Anton Vögtle. *Colpe*, a.a.O. 437f, weist z.B. Lk 18,8 und 21,36 der Predigt Jesu zu.

[8] *J. Schmid*, Das Evangelium nach Lukas (Regensburg [3]1955) 301; *F. Neirynck*, La matière marcienne dans l'évangile de Luc, in: L'évangile de Luc, hrsg. von F. Neirynck (Gembloux 1973) 157–201; näherhin 177–179.

keine durchgehende Sonder- bzw. Nebenquelle zur Verfügung hatte[9], muß für die Schlußverse 34–36 die Frage nach einer vorgegebenen Tradition gestellt werden. R. Bultmann hielt die drei Verse für eine „ganz späte hellenistische Bildung" mit paulinischem Einschlag[10]. Dennoch wird man sich fragen müssen, ob nicht Lukas diesen Abschluß auf der Grundlage des Mk-Stoffes von sich aus formuliert hat. Vers 34 warnt nicht nur wie Mk 13,36 davor, daß die Parusie die Jünger überrascht, sondern zeigt auch „deutliche lukanische Stileigentümlichkeiten"[11]. ἐπιστῇ ἐφ' ὑμᾶς αἰφνίδιος entspricht dem markinischen ἐξαίφνης εὕρῃ ὑμᾶς[12]. „Jener Tag" kann den gleichen Terminus aus Mk 13,32 aufgreifen. Für das Gleichnis vom Türhüter (Mk 13,34f) hatte Lukas in 12,35–38 ein Äquivalent geboten. So kann er sich in 21,35 mit einem Vergleich aus Jes 24,17 begnügen, um den Charakter des αἰφνίδιος zu illustrieren. Das erste Wort in Lk 21,36 (ἀγρυπνεῖτε) nimmt den gleichen Imperativ von Mk 13,33 auf[13]. Man wird aus all dem schließen dürfen, daß Lukas in den drei abschließenden Versen kein geschlossenes Traditionsstück wiedergibt, sondern mit traditionellen Materialien von sich aus formuliert.

Insbesondere für das Menschensohnwort kann der lukanische Anteil noch näher präzisiert werden. Schon in der auf Stoffen der Logienquelle beruhenden Endzeitrede Lk 17,20 – 18,8 liegt ein Abschluß vor, den Lukas von sich aus anfügte. Das Gleichnis vom ungerechten Richter (18,1–8) ist ähnlich strukturiert wie die Verse 21,34–36. Am Anfang steht die Mahnung zu beständigem Gebet (18,1; vgl. 21,34). Dann folgt das Gleichnis (18,2–8a; vgl. 21,35) und am Ende ein Menschensohnwort (18,8b; vgl. 21,36). Es läßt sich zeigen, daß 18,1 und 18,8b vom Evangelisten stammen. Diesem Sachverhalt entspricht derjenige der Verse 21,34 und 21,36. Es geht um die Stetsbereitschaft[14] angesichts der Parusie, die plötzlich hereinbricht. Der Imperativ stammt aus Mk 13,33. ταῦτα πάντα τὰ μέλλοντα γίνεσθαι kann nicht in einem isolierten Logion gestanden haben, bleibt aber auch in einem vermuteten Traditionsstück Lk

---

21, in: ThZ 16 (1960) 161–172; *A. Salas,* Discurso escatologico prelucano (El Escorial 1967); *T. Schramm,* Der Markus-Stoff bei Lukas (Cambridge 1971) 171–182.

[10] *R. Bultmann,* Die Geschichte der synoptischen Tradition (Göttingen [5]1961) 126.

[11] *W. G. Kümmel,* Verheißung und Erfüllung (Zürich [3]1956) 30, Anm. 56. Er nennt als Beispiele: προσέχειν ἑαυτοῖς und ἐφιστάναι (in V. 34).

[12] Vgl. auch 1 Thess 5,3: „Wenn sie sagen: Es ist Friede und Sicherheit, dann kommt plötzliches Verderben über sie (αἰφνίδιος αὐτοῖς ἐφίσταται ὄλεθρος) wie die Wehen über die schwangere Frau, und sie werden nicht entfliehen können (οὐ μὴ ἐκφύγωσιν)." Lukas wird durch die Mk-Vorlage dazu veranlaßt, einen wohl vorpaulinischen apokalyptischen Topos aufzugreifen; siehe *W. Harnisch,* Eschatologische Existenz (Göttingen 1973) 76 mit Anm. 83.

[13] ἀγρυπνέω kommt innerhalb der Evangelien nur Mk 13,33 und Lk 21,36 vor.

[14] V. 36: „Bleibet aber wach zu jeder Zeit..." Die Wachsamkeit wird mit dem Partizip δεόμενοι als Bittgebet konkretisiert; vgl. 18,1.8b.

21,34–36 ohne konkreten Bezug. Diesen erhält die Wendung erst im Kontext 21,7–36, der wesentlich auf Mk 13 beruht. Die Wendung ist, wie 21,7 im Unterschied zu Mk 13,4 zeigt, von Lukas formuliert[15]. Streicht man den Imperativ und die Wendung „diesem allem, was geschehen wird" aus V. 36, so bleibt kein sinnvolles Logion übrig. Der Vers stammt also von Lukas[16].

Nach dem Kontext kann mit dem „Hintreten vor den Menschensohn" nur die Begegnung bei der Parusie gemeint sein (vgl. 21,25–28), bei der den Jesusjüngern ihre „Erlösung" zuteil wird (V. 28). Der Menschensohn bringt insofern den Seinen, falls sie „wach bleiben", die Erlösung. Wenn sie in Erwartung der Parusie zu jeder Zeit beten, wird ihnen Gott das Entrinnen aus der endzeitlichen Bedrängnis ermöglichen und sie – das ist die positive Seite – vor den Menschensohn hintreten lassen (V. 36). Tödt hat wohl richtig interpretiert, wenn er sagt, daß die anderen Menschen in jener kommenden Zeit vor Schrecken und Erwartung des Endes umkommen (vgl. V. 26) und der Menschensohn hier also nicht eigentlich als Richter vorgestellt wird[17]. Dennoch darf nicht übersehen werden, daß σταθῆναι ἔμπροσθεν Gerichtsterminologie sein kann[18]. Es sollte Beachtung finden, daß Lukas nicht nur zu heilende Menschen „vor Jesus" gebracht werden läßt (5,19; 14,2), sondern daß auch die Feinde des „vornehmen Mannes" im Gleichnis von den Minen „vor ihm" niedergemacht werden (19,27). Die Bestrafung der Feinde erfolgt im Gleichnis auf Befehl des auf Jesus zu beziehenden Mannes. Jedoch reicht dieser Zug der Erzählung nicht aus, Lk 21,36 auf Jesus als den *Endrichter* zu deuten[19]. Festzuhalten bleibt für Lk 21,36, daß der Evangelist von sich aus den Menschensohntitel für den Parusie-Christus setzt. Wie seine Quellen verwendet er diesen Topos zur Paränese. Freilich ist für Lukas die Stetsbereitschaft, im Beten ohne Unterlaß realisiert (18,1; 21,36),

---

[15] Mk 13,4: ὅταν μέλλῃ ταῦτα συντελεῖσθαι πάντα. Lk 21,7 lautet hingegen: ὅταν μέλλῃ ταῦτα γίνεσθαι.

[16] Weitere lukanische Vorzugswörter in V. 36: δέομαι (Lk 8, Apg 7 Vorkommen; im NT sonst nur noch Mt 9,38 und 6mal bei Paulus); κατισχύω (neben Mt 16,18 im NT nur Lk 21,36; 23,23 diff Mk 15,4); ἐκφεύγω (bei den Evangelisten nur noch Apg 16,27; 19,16. Im übrigen NT noch 5 Vorkommen, davon 1 Thess 5,3 vom Entkommen in der eschatologischen Drangsal); ἔμπροσθεν (ist lukanisch-redaktionell in Lk 5,19; 19,28, vielleicht auch 14,2; 19,4.27. Für Lukas eigentümlich sind Lk 5,19; 14,2, wo der zu heilende Kranke sich *vor Jesus* befindet. ἔμπροσθεν gehört nach 1 Thess 2,19; 3,13 zur Parusieterminologie und meint dort wohl das Stehen vor dem Richter; vgl. Mt 25,32; 27,11).

[17] *Tödt*, Der Menschensohn 91. Unter Berufung auf Lk 12,8f will er den Menschensohn „als Fürsprecher und Anwalt" verstehen. Siehe hingegen *G. Bornkamm*, Jesus von Nazareth (Stuttgart 1956) 206; *A. Vögtle*, Rezension: *Tödt*, Der Menschensohn, in: BZ 6 (1962) 135–138. Beide deuten Lk 12,8f auf den Menschensohn als Richter. Bei der Kontroverse muß stärker zwischen dem isoliert betrachteten Spruch und seiner lukanischen Deutung unterschieden werden.

[18] Siehe Mt 27,11; vgl. 25,32.

[19] Daß Jesus von Lukas als künftiger Richter gesehen wird, zeigen Apg 10,40–42; 17,30f. Jedoch lautet die Frage, ob die Richterfunktion mit dem „Menschensohn" in Verbindung gebracht wird, was etwa im Hinblick auf Lk 22,69 (diff Mk) unsicher bleibt. Siehe auch Apg 3,20 (Parusie als Heil).

angesichts der noch immer ausstehenden Parusie charakteristisch. Auch dafür fand der Evangelist Ansatzpunkte in seinen Quellen[20].

(I 2) In der lukanischen Szene der Gefangennahme Jesu sagt dieser zu Judas, der hinzutritt, um ihn zu küssen:

„Judas, mit einem Kuß willst du den Menschensohn verraten?" (22,48b)

Auch hier ist zu fragen, ob Lukas neben dem Markusevangelium eine Sonderquelle benutzt. Nach F. Rehkopf soll er einer solchen den Vorzug gegeben haben[21]. Diese These kann leicht widerlegt werden. Die Abweichungen von Mk 14,43–52 sind als lukanische Redaktion der Mk-Vorlage erklärbar[22]. Das gilt auch für das Wort an Judas. Es knüpft in der Formulierung an die übergangenen Verse Mk 14,41f an[23] und entspricht ferner dem Anliegen, eine Reaktion Jesu auf den Verräter zu erwähnen[24]. Jesus erkennt die Absicht des Judas und macht zugleich den Vorwurf, daß der Mann aus dem Kreis der Zwölf ihn mit dem Zeichen der Freundschaft ausliefert.

Wir haben es hier also nicht mit einem Wort über den Leidensweg des Menschensohnes zu tun, das neben dem Markusevangelium selbständig existiert hätte. Es ist vielmehr vom ältesten Evangelium indirekt abhängig (vgl. Lk 22,22 par Mk 14,21). Der Menschensohn wird zwar verraten durch einen der Seinen, doch geht er seinen ihm bestimmten Weg (κατὰ τὸ ὡρισμένον πορεύεται, 22,22 diff Mk). Dieser Weg führt durch das Leiden zur himmlischen Inthronisation (22,69 diff Mk; 24,7 diff Mk; 24,26). Damit sind nicht nur wie bei Markus Leiden und Auferweckung des Menschensohnes aufeinander bezogen, sondern es ist auch ein Ausblick auf den Menschensohn der Parusie eröffnet, der als der himmlisch Inthronisierte einst kommen wird (22,69; Apg 1,9–11).

(I 3) Die österliche Grabesgeschichte Lk 24,1–12 beruht auf Mk 16,1–8, läßt

---

[20] Vgl. etwa Mk 13,33–36; Lk 12,39f.42–46; 17,26f.28f par Mt. Siehe insbesondere die Charakterisierung der Menschen, die angesichts einer Verzögerung der Parusie mit ihrem Eintreffen nicht mehr rechnen: Lk 12,45; 17,27.28b; 21,34. Siehe dazu *G. Schneider*, Parusiegleichnisse im Lukas-Evangelium (Stuttgart 1975) 20–70, 91–95.

[21] *Rehkopf*, Die lukanische Sonderquelle 31–82. Nur Lk 22,52b.53a sollen aus Mk stammen (ebd. 81f.84, Anm. 3). Zum Menschensohnwort an Judas siehe ebd. 55f, mit der petitio principii, Lukas bringe „Menschensohn" nie „in eigener Wendung". Vgl. *C. Colpe*, ThWNT VIII (1969) 449.

[22] Siehe *G. Schneider*, Die Passion Jesu nach den drei älteren Evangelien (München 1973) 51–55.

[23] Mk 14,41: „ausgeliefert wird der Menschensohn"; V. 42: „der mich verrät, hat sich genaht (ὁ παραδιδούς με ἤγγικεν)". Lk 22,47: ἤγγισεν; V. 48: τὸν υἱὸν τοῦ ἀνθρώπου παραδίδως.

[24] Vgl. Mt 26,50 diff Mk 14,45.

jedoch vielleicht Nebenüberlieferung einfließen[25]. Hier steht – über Markus hinausgehend – ein von den Engeln indirekt zitiertes Jesuswort:

„*Er hat gesagt, der Menschensohn müsse ausgeliefert werden in die Hände sündiger Menschen und gekreuzigt werden und am dritten Tag auferstehen*" *(24,7)*.

Kann dieses Logion vorlukanisch sein?[26] Es steht im Zusammenhang mit einer zweifellos an Mk 16,7 vorgenommenen Änderung. Lukas läßt die Jünger nicht *nach Galiläa* befohlen werden, sondern erinnert an ein Wort, das Jesus *in Galiläa* gesprochen hat, nämlich an die Leidens- und Auferstehungsvoraussage (9,22.44 par Mk 8,31; 9,31). Gegenüber den beiden Ankündigungen fällt auf, daß nun vom σταυρωθῆναι gesprochen wird. Lukas formuliert offensichtlich in Anlehnung an Mk 16,6 (τὸν ἐσταυρωμένον)[27]. Nach Erfüllung der Voraussage in ihren beiden ersten Teilen, der Auslieferung und Kreuzigung, sollen die Frauen nun schließen, daß das leere Grab die Erfüllung auch des dritten Teiles, nämlich der Auferstehung, anzeigt. Eine solche Argumentation aber ist spezifisch lukanisch[28]. Zusammen mit Lk 22,22 und 22,48 zeigt 24,7, daß dem dritten Evangelisten die Aussage vom Leiden des Menschensohnes wichtig ist. Er legt auf sie besonderen Wert, weil damit der gottgewollte und von Gott verfügte Weg durch das Leiden hindurch hervorgekehrt werden kann.

II

(II 1) Die vierte der lukanischen Seligpreisungen am Anfang der sog. Feldrede lautet:

„*Selig seid ihr, wenn euch die Menschen hassen und wenn sie euch ausschließen und schmähen und euren Namen als einen bösen ächten um des Menschensohnes willen*" *(6,22)*.

---

[25] *Schneider*, Passion Jesu 151–153. Hingegen denkt *W. Grundmann*, Das Evangelium nach Lukas (Berlin [6]1971) 439, an eine Sonderquelle, in die Mk-Stoff eingearbeitet worden wäre (z.B. 24,2.6). *V. Taylor*, The Passion Narrative of St. Luke (Cambridge 1972) 108, meint, lediglich Lk 24,1–3 sei von Mk abhängig.

[26] Für vorlukanisch halten das Menschensohnwort in V.7: *Colpe*, ThWNT VIII, 462; *M. Black*, The ‚Son of Man' Passion Sayings in the Gospel Tradition, in: ZNW 60 (1969) 1–8; hier 2f.

[27] Die Kreuzigung wird in den markinischen und lukanischen Leidensweissagungen nicht genannt; anders – durch mattäische Redaktion – Mt 20,19; 26,2. Siehe hingegen Lk 24,20, wo entsprechend 24,7 formuliert ist. – Von der „Auslieferung des Menschensohnes in die Hände der ἁμαρτωλοί" war bei Markus (Mk 14,41 par Mt 26,45) die Rede. Lukas greift diese in seiner Gethsemani-Szene ausgelassene Wendung in 24,7 auf. – Die Argumentation von *Black*, a.a.O. 3, daß in 24,7 „auffallende Semitismen oder Aramaismen" vorhanden seien, die an Übersetzungsgriechisch denken ließen, kann also nicht überzeugen.

[28] Lk 24,44–48 spricht von der realisierten, doch teilweise noch ausstehenden Schrifterfüllung; vgl. Apg 3,21. Siehe dazu ferner *Conzelmann*, Mitte der Zeit 143, Anm. 3.

Statt des lukanischen ἕνεκα τοῦ υἱοῦ τοῦ ἀνθρώπου liest die mattäische Parallele ἕνεκεν ἐμοῦ. Setzt man voraus, daß beide Evangelisten die gleiche Vorlage aus der Logienquelle benutzt haben, so muß Mattäus die Menschensohnbezeichnung der Quelle durch das Pronomen ersetzt haben. Das gleiche tat er nachweislich gegenüber Mk 8,31 und wohl auch in Mt 10,32 (diff Lk 12,8). Freilich setzte Mattäus andererseits auch „Menschensohn" für das Pronomen der Vorlage ein (Mt 16,13 diff Mk 8,27). Für Lukas ist hingegen eine solche Austauschbarkeit nicht nachgewiesen[29]. Falls man für Mattäus und Lukas hingegen verschieden lautende Q-Vorlagen annimmt, wird man die heutige Abweichung auf die Quelle zurückführen können. Jedenfalls verbietet sich die Annahme, Lukas habe „Menschensohn" erst eingeführt, durch das Fehlen eines entsprechenden Belegs aus der lukanischen Redaktion[30]. So wird man mit gutem Grund die Menschensohnbezeichnung schon der Vorlage des Evangelisten zuweisen[31]. Die Logientradition sprach auch sonst vom irdischen Jesus als dem Menschensohn (Lk 7,34; 9,58; 12,10 par Mt).

(II 2) In entsprechender Weise ist zu fragen, ob die Menschensohnbezeichnung Lk 12,8 schon in der Q-Vorlage des Lukas stand:

„Ich sage euch: Wer sich zu mir bekennt vor den Menschen, zu dem wird sich auch der Menschensohn bekennen vor den Engeln Gottes" (12,8).

Die Parallele Mt 10,32 liest in der zweiten Vershälfte: „zu dem werde auch ich mich bekennen..." Auch hier hat Mattäus von sich aus das Pronomen gesetzt. In der Vorlage stand mit Sicherheit „Menschensohn", was nicht zuletzt der in Q sich an Lk 12,8 anschließende Vers 12,10 beweist, der nur durch das Stichwort „Menschensohn" mit 12,8f verbunden ist[32]. Während die Vorlage vom Bekennen oder Verleugnen von seiten des Menschensohnanwalts vor dem göttlichen Richter sprach („vor den Engeln"; d.h. vor Gott), sieht Lukas die Funktion des Menschensohnes hier wohl anders. Wenn er formuliert „vor den Engeln Gottes", so wird er den Engeln kaum Richterfunktion zuschrei-

---

[29] Wo „Menschensohn" des Mk-Stoffes bei Lk fehlt – wie Mk 9,9.12; 10,45; 14,21b.41 –, hat Lukas größere Textstücke ausgelassen. Gegenüber Mk 14,21b vermeidet Lk 22,22 die Wiederholung, und Mk 14,41 wird von Lk 22,48 „nachgetragen".

[30] Das Fehlen von Mt 10,23 bei Lk erklärt sich – falls der Vers Q angehörte – anders. Die Abweichungen zwischen Mt 19,28 und Lk 22,30 beruhen wenigstens teilweise auf der jeweils benutzten Fassung der Quelle.

[31] So *Vielhauer*, Gottesreich und Menschensohn 57; *J. Dupont*, Les Béatitudes I (Paris ²1969) 238–243; *H. Schürmann*, Das Lukasevangelium I (Freiburg i. Br. 1969) 334, Anm. 62. Siehe indessen auch *Tödt*, Der Menschensohn 114; *Colpe*, ThWNT VIII, 450f.

[32] Vgl. Mt 10,32f; 12,32; dazu *Schmid*, Lukas 216.

[33] *F. Hahn*, Christologische Hoheitstitel (Göttingen ³1966) 36, gibt gegenüber Tödt zu bedenken, ob nicht die Parallelstruktur der jeweiligen Sätze vom Bekennen und Verleugnen gerade in der zwei-

ben[33]. Es handelt sich eher darum, daß vor der himmlischen Welt die Menschen präsentiert oder desavouiert werden[34].

(II 3) Innerhalb der kleinen Endzeitrede Lk 17,20–37 (bzw. 17,20 – 18,8), die weitgehend aus Stoff der Logienquelle besteht[35], finden sich (abgesehen von dem Sondergutstück 18,1–8) zwei Menschensohnworte, die bei Mattäus ohne Parallele sind.

(a) Nachdem Jesus die Pharisäerfrage, wann das Gottesreich komme, mit dem Hinweis beantwortet hat, daß dieses Kommen nicht μετὰ παρατηρήσεως erfolge und daß das Reich ἐντὸς ὑμῶν sei (VV. 20f), wendet er sich an die Jünger:

„*Es werden Tage kommen, wo ihr begehren werdet, (nur) einen der Tage des Menschensohnes zu sehen, und ihr werdet ihn nicht sehen*" *(17,22b).*

Daß dieser Vers von Lukas gebildet ist, wird kaum bestritten[36]. Weniger klar ist, in welchem Sinn der Evangelist von den „Tagen des Menschensohnes" spricht. Von den verschiedenen Auskünften[37] überzeugt die von R. Schnackenburg vorgetragene am besten. Unter Hinweis auf Lk 9,51 („die Tage der Aufnahme") zeigt er, daß Lukas nicht nur derartig formulieren kann, sondern damit

---

ten Zeile eine Entsprechung zu „vor den Menschen" verlangte. Doch dem war in der ursprünglichen Fassung („vor den Engeln") Rechnung getragen. Das Mißverständnis des Lukas hinsichtlich der „verhüllenden" Rede über Gott brachte erst eine Sinnverschiebung. Aus dem Bürgen bzw. Ankläger wurde einer, der vorstellt bzw. desavouiert.

[34] Nach Lk 9,26 (diff Mk 8,36) kommt bei der Parusie der Menschensohn „in seiner und des Vaters und der heiligen Engel Herrlichkeit". Mk denkt hingegen an die Engel als Gerichtshelfer, wenn er schreibt: „in der Herrlichkeit seines Vaters mit den heiligen Engeln"; vgl. Mk 13,27 (fehlend bei Lk). – Wenn *Tödt*, Der Menschensohn 101, meint, die Engel figurierten „als eine Art Gerichtshof, vor dem der Menschensohn als Bürge auftritt", so nimmt er die zweite Hälfte des Spruches (12,9) zu wenig ernst.

[35] Siehe neuerdings *B. Rigaux*, La petite apocalypse de Luc (XVII, 22–37), in: Ecclesia a Spiritu Sancto edocta. Festschr. G. Philips (Gembloux 1970) 407–438; *R. Schnackenburg*, Der eschatologische Abschnitt Lk 17,20–37, in: Mélanges Bibliques. Festschr. B. Rigaux (Gembloux 1970) 213–234; *J. Zmijewski*, Die Eschatologiereden des Lukas-Evangeliums (Bonn 1972); *R. Geiger*, Die Lukanischen Endzeitreden (Bern 1973).

[36] *Vielhauer*, Gottesreich und Menschensohn 61f; *Tödt*, Der Menschensohn 98; *Schnackenburg*, a.a.O. 219–221, 230; unentschieden *Rigaux*, a.a.O. 408–413.

[37] Auf die zurückliegende Zeit des irdischen Wirkens Jesu, die (zurück-)ersehnt werde, beziehen den Ausdruck (in V. 22): *Conzelmann*, Mitte der Zeit 96, Anm. 3; *A. R. C. Leaney*, The Days of the Son of Man: Luke XVII, 22, in: ET 67 (1955/56) 28f; *ders.*, A Commentary on the Gospel of St. Luke (London 1958) 68–72, 230f; *Hahn*, Christologische Hoheitstitel 37, Anm. 4; *B. De Souza*, The Coming of the Lord, in: Studii Biblici Franciscani liber annuus XX (1970) 166–208. – Siehe demgegenüber die Argumente gegen diese These und für eine Deutung auf die Parusie bei *Rigaux*, a.a.O. 410f; *Schnackenburg*, a.a.O. 227f. – *Zmijewski*, Eschatologiereden 401, bezieht den Ausdruck auf die „Zwischenzeit bis zur Parusie": „Die ‚Tage des Menschensohnes' sind also weder die ‚irdischen Tage Jesu' noch die Tage der mit der Parusie ‚kommenden Heilszeit'; gedacht ist vielmehr an die gesamte eschatologische Zwischenzeit zwischen Ostern und Parusie" (401f).

auch seiner Vorstellung von einem Geschehen in mehreren Phasen Ausdruck verleiht[38]. Ist das aber der Fall, dann löst sich auch das Problem, inwiefern 17,22 in einem anderen Sinn als 17,26 von den „Tagen des Menschensohnes" sprechen und dennoch von Lukas stammen kann. Während V. 26 die Zeit *vor* der Parusie meint[39], bezieht sich der Ausdruck in V. 22 auf die *mit* der Parusie einsetzende Heilszeit, die von den Jüngern in der bevorstehenden Bedrängnis herbeigesehnt wird[40]. Wahrscheinlich geht die Pluralbildung auch in V. 26 auf Lukas zurück[41]. Das die Jüngerbelehrung einleitende Logion entspricht der lukanischen Enderwartung, indem es sagt: Auch die Bedrängnis der Jüngergemeinde ist noch kein Geschehen, das die Berechnung des Parusietermins ermöglicht. Die Parusie kommt nicht so, daß man ihr Herannahen beobachten könnte. Sie kommt plötzlich (17,24.27.29f)[42].

(b) Welche Funktion hat nun der von Lukas gebildete[43] und in den Q-Stoff eingeschobene Hinweis auf die Passion?

„Zuerst aber muß er [der Menschensohn] vieles leiden und verworfen werden von diesem Geschlecht" (17,25).

Die Einfühung des Wortes mit πρῶτον deutet mindestens darauf hin, daß Lukas das Logion eingefügt hat[44]. Da der V. 25 aber fast vollständig mit Lk 9,22 übereinstimmt, handelt es sich um eine Wiederaufnahme dieser Voraussage[45]. Lk 9,22 wiederum ist abhängig von Mk 8,31, somit kein selbständig überliefertes Herrenwort. Wie erklären sich die Abweichungen von 9,22? Dort war vom Verworfenwerden „von den Priestern, Oberpriestern und Schriftgelehrten" die Rede, während 17,25 sagt: „von diesem Geschlecht". Ferner wurden das Getötetwerden und die Auferweckung am dritten Tag angekündigt;

[38] *Schnackenburg*, Der eschatologische Abschnitt 227: „Die Zukunft gliedert sich in das zeitliche Strafgericht über Jerusalem ... (Lk 19,43; 21,6.22; 23,29), in die ‚Zeiten (καιροί) der Heiden' (21,24) und das eigentliche Endgeschehen, das herannaht und sich in Zeichen ankündigt (vgl. 21,28); es findet mit dem Kommen des Menschensohnes an ‚jenem Tag' sein bleibendes ‚Ende' und bedeutet Errettung oder Gericht (vgl. 21,34f)." Vgl. auch *Conzelmann*, Mitte der Zeit 115.

[39] Vgl. die Entsprechungen: „Tage des Noë" (V. 26); „Tage des Lot" (V. 28a).

[40] *Schnackenburg*, a. a. O. 226–228.

[41] Siehe ebd. 223, 227. Mt 24,37: „Wie nämlich die Tage des Noe, so wird sein *die Parusie* des Menschensohnes." Der Terminus „Parusie" ist hier erst von Mattäus eingeführt worden, vielleicht für „Tag" (vgl. 24,39 par Lk 17,30).

[42] Vgl. die drei Wachsamkeitsgleichnisse Lk 12,35–38.39–40.41–46; dazu *A. Vögtle*, Zeit und Zeitüberlegenheit in biblischer Sicht (erstm. 1965), in: *ders.*, Das Evangelium und die Evangelien (Düsseldorf 1971) 273–295; näherhin 285; *Schneider*, Parusiegleichnisse 20–37.

[43] Siehe *Tödt*, Der Menschensohn 98f; *Rigaux*, La petite apocalypse 416–419; *Schnackenburg*, Der eschatologische Abschnitt 222f. – *Kümmel*, Verheißung und Erfüllung 63f, hält den Vers für ein authentisches Jesuswort, das Lukas in den Text eingefügt habe.

[44] Von 10 Vorkommen in Lk haben nur 2 eine synoptische Parallele: 6,42 (par Mt); 9,52 (par Mt). Wenigstens in 21,9 (diff Mk) stammt πρῶτον (in Verbindung mit δεῖ) von Lukas.

[45] *Rigaux*, a. a. O. 417.

solche Angaben fehlen in 17,25. Der Ausdruck „dieses Geschlecht" kann wegen des Zusammenhangs vom Evangelisten gewählt worden sein[46]. Die drei Gruppen aus 9,22 werden durch einen abkürzenden Ausdruck bezeichnet[47]. Daß Tod und Auferweckung in 17,25 nicht eigens genannt sind, ist kein Indiz für das Vorliegen einer älteren Form von Menschensohnworten[48]. Vielmehr läßt Lukas, der für das *Leidenmüssen* besonderes Interesse zeigt, von sich aus diese Angaben weg[49].

Welche Funktion hat der von Lukas eingeschaltete V. 25? Der unmittelbare Anschluß an die Erwähnung der „blitzartigen" Parusie (V. 24) zeigt an, daß die Passion der Parusie vorauszugehen hat. Ist das nicht eine Selbstverständlichkeit? Geht man von der Ebene des irdischen Jesus und seiner Jünger aus (V. 22), so macht der Evangelist deutlich: Jesus hat nicht die baldige, sondern die plötzliche Parusie angesagt. Der Menschensohn muß zuerst leiden und dadurch in seine Herrlichkeit eingehen (24,26), ehe die Parusie kommt. Denkt man jedoch zugleich an die Jüngerschaft zur Zeit des Evangelisten und liest die Rede Jesu als aktuelle Anrede, so besagt schon der vom Evangelisten formulierte V. 22, daß die Verzögerung der Parusie von Jesus vorausgesagt war. Verfolgung oder Bedrängnis sollten noch nicht unmittelbar die „Tage des Menschensohnes" herbeiführen. Vielmehr gilt auch für die Kirche, was V. 25 vom irdischen Menschensohn sagt (vgl. Apg 14,22). Lukas will mit der Leidensansage „gewiß nicht bloß eine zeitliche Abfolge, sondern innere Beziehung angeben"[50].

Die traditionsgeschichtlich voneinander unabhängigen Worte über das Kommen des Menschensohnes und die vom leidenden Menschensohn sind im vorliegenden lukanischen Text zueinander in Beziehung gesetzt. Den „Tagen des Menschensohnes" (17,22.26) bzw. dem „Tag des Menschensohnes" (17,24.30) geht gemäß dem Heilsplan Gottes notwendig das *Leiden* dieses Menschensohnes voraus. Das christologische Interesse des Lukas richtet sich auf den *Weg* des Menschensohnes und gibt zugleich dem Leiden Jesu *eschatologische* Qualität[51].

---

[46] *Schnackenburg*, a. a. O. 222.

[47] *Rigaux*, a. a. O. 418. Vielleicht knüpft Lukas an die häufige Verwendung des Ausdrucks in Lk 11 an.

[48] Gegen *Black*, The „Son of Man" Passion Sayings 2f. Vgl. auch *Zmijewski*, Eschatologiereden 407–410.

[49] So schon Lk 9,44 gegenüber 9,22.

[50] *K. H. Schelkle*, Die Passion Jesu in der Verkündigung des Neuen Testaments (Heidelberg 1949) 119. Vgl. *Schnackenburg*, Der eschatologische Abschnitt 230: Die Erinnerung an Jesu Passion soll „zur willigen Übernahme ähnlicher Leiden in der Nachfolge Jesu mahnen".

[51] *Tödt*, Der Menschensohn 99f.

III

(III 1) Auf den eschatologischen Abschnitt Lk 17,20–37 folgt das Gleichnis vom ungerechten Richter 18,1–8. Es ist nicht zuletzt durch das abschließende Menschensohnwort eng mit dem Vorausgehenden verbunden:

„Wird aber der Menschensohn, wenn er kommt, den Glauben finden auf der Erde?" (18,8b)

Das eigentliche Gleichnis besteht aus den Versen 2–5 und findet in den Versteilen 6.7a seine primäre Deutung. Wenn schon der gottlose Richter schließlich der Witwe zu ihrem Recht verhilft, so tut das erst recht Gott gegenüber seinen in der Bedrängnis bittenden Erwählten. Die Sätze 7b und 8a sind sekundärer, jedoch vorlukanischer Nachtrag, der trotz Verzögerungserfahrung (7b) baldige Erhörung zusagt (8a)[52]. Der Versteil 8b ist lukanischer Abschluß des Gleichnisse, wie auch V. 1 vom Evangelisten stammt[53].

Lukas verwendet das Gleichnis nicht als Zusage eines nahen Parusietermins, sondern begründet mit ihm die Aufforderung zu beständigem Gebet (V. 1). Die Erwartungshaltung der „Erwählten", die auf Gottes Gericht über die Bedränger gerichtet ist, möchte Lukas umkehren. Die Frommen sollen sich fragen, ob sie selbst den Glauben (noch) haben, den der Menschensohn bei der Parusie finden will (V. 8b)[54]. Wahrscheinlich denkt Lukas an das vertrauensvolle und trotz Enttäuschung[55] anhaltende Gebet (V. 1) um das Kommen des Reiches Gottes (11,2). In solchem Gebet müssen die Christen ihren Glauben verwirklichen. Das von Lukas geformte Menschensohnwort[56] knüpft sachlich an entsprechende, auf die Parusie bezogene Worte an, besonders an die vorausgehenden Aussagen (17,24.26.30). Der Menschensohn kommt plötzlich; wir wissen nicht, wann er kommen wird. Der Kontext des Gleichnisses läßt an eine „richterliche"[57] Aktion des Menschensohnes denken, die auch die „Erwählten" zur Verantwortung zieht.

---

[52] Siehe *Schneider,* Parusiegleichnisse 75.

[53] So u.a. auch *W. Ott,* Gebet und Heil. Die Bedeutung der Gebetsparänese in der lukanischen Theologie (München 1965) 32–34, 68–71; *J. -D. Kaestli,* L'eschatologie dans l'œuvre de Luc (Genf [1969) 35.

[54] *E. Gräßer,* Die Naherwartung Jesu (Stuttgart 1973) 107.

[55] Vgl. 18,1: καὶ μὴ ἐγκακεῖν. – 18,7a zeigt, daß das Gleichnis ursprünglich eine bedrängte Gemeinde anredet, die nicht nur unter Anfeindung leidet, sondern auch (vgl. „die Tag und Nacht zu ihm schreien") wegen der ausbleibenden ἐκδίκησις.

[56] Vgl. dazu den Nachweis bei *Schneider,* Parusiegleichnisse 75f. Neben sprachlichen Indizien sind insbesondere sachlich-theologische Gesichtspunkte für die Zuweisung an den Evangelisten ausschlaggebend. Siehe hingegen *Jeremias,* Gleichnisse Jesu 155, Anm. 2, der (neuerdings) den lukanischen Ursprung von 18,8b bestreitet, weil er *voraussetzt,* Lukas habe „Menschensohn" niemals von sich aus verwendet. Jeremias hält (schon darum?) 18,8b für „einen alten Menschensohn-Spruch".

[57] Vgl. *Tödt,* Der Menschensohn 92f, der meint, hier werde das Kommen „nicht eigentlich als eine Ankunft zum Gericht" charakterisiert. Letzteres ist ohne Zweifel richtig. Lukas denkt primär

(III 2) Die Sondergutperikope vom Oberzöllner Zachäus (Lk 19,1–10) endet mit einem Menschensohnwort. Nachdem 19,9 das Heil, das dem Zachäus zuteil wurde, mit dessen Abrahamssohnschaft begründete, fügt V. 10 noch eine weitere Begründung an:

„Denn der Menschensohn ist gekommen, um das Verlorene zu suchen und zu retten" (19,10).

R. Bultmann sah in V. 9 die Pointe der Erzählung und die ursprüngliche Begründung für die Heilszusage Jesu; erst Lukas, „dem die Moral von V. 8 entspricht", habe V. 8 eingeschaltet und zugleich den neuen Schlußvers 10 angefügt[58]. Demgegenüber meint F. Hahn, das Wort über den auf Erden wirkenden Menschensohn gehöre nicht zu den „redaktionellen Bildungen"; es sei ein „Predigtspruch" mit hellenistisch-judenchristlichen Zügen[59]. H. E. Tödt argumentiert wenig überzeugend: „Da Lukas an keiner anderen Stelle Sprüche vom Erdenwirken des Menschensohnes produziert hat, ist es wahrscheinlich, daß er auch das Wort 19,10 in seiner Sonderüberlieferung vorfand."[60] J. Schmid denkt an „ein ursprünglich isoliert überliefertes Wort Jesu", dem Lukas den heutigen Platz angewiesen habe[61]. Obwohl die Herkunft von Lk 19,10 in der heutigen Forschung umstritten ist, lassen sich gewichtige Argumente dafür vorbringen, daß Lukas das Logion gebildet hat.

a) Paralleltexte wie Mt 18,11 und der Anfang von Lk 9,56 in manchen Handschriften sind textkritisch nicht als ursprünglich anzusehen. Sie können auf Lk 19,10 zurückgeführt werden.

b) Worte vom Gekommensein des Menschensohnes stehen – abgesehen von den Textvarianten Mt 18,11 und Lk 9,56 – sonst nur Mk 10,45 par Mt 20,28 sowie Mt 11,19 par Lk 7,34. Lukas kann aus beiden Logien die „Form" von Lk 19,10 gewonnen haben. Aus dem zweiten Wort kann der Vorwurf, „Freund der Zöllner und Sünder" zu sein, auf 19,10 eingewirkt haben.

c) Lukas hat nachweislich von sich aus Menschensohnworte gebildet: 17,22.25; 18,8b; 21,36; 22,48; 24,7.

d) Der Wortschatz von 19,10 läßt eine Bildung durch den Evangelisten als möglich erscheinen.

---

an die Rettung der Jüngergemeinde (vgl. 17,22; 18,7; 21,28). Doch ist dazu deren „Glaube" Voraussetzung; vgl. auch 7,9 (gegenüber Mt); 7,50 (Sondergut); 8,12.48 (gegenüber Mk); 17,19 (Sondergut); 18,42 (par Mk); Apg 14,9.

[58] *Bultmann*, Geschichte der synoptischen Tradition 34.

[59] *Hahn*, Christologische Hoheitstitel 45 mit Anm. 6. *Colpe*, ThWNT VIII, 456, rechnet 19,10 der lukanischen Sonderquelle zu: In ein Jesuswort (nach Art von Mk 2,17b und Mt 15,24) sei *vor* Lukas der Menschensohntitel eingefügt, oder die ganze Sentenz sei aufgrund eines ähnlichen Wortes (vgl. Mk 8,35) neu gebildet worden; vgl. *J. Jeremias*, Neutestamentliche Theologie I (Gütersloh 1971) 250, Anm. 28.

[60] *Tödt*, Der Menschensohn 124.

[61] *Schmid*, Lukas 287.

1. ζητέω. Zu vergleichen sind: ἦλθεν ζητῶν bzw. ἔρχομαι ζητῶν (13,6f Sondergut); die Frau sucht die verlorene Drachme (15,8 Sondergut).
2. σῴζω. Das Verbum wird (aktiv) nicht nur von Jesu Heilungstaten bzw. von physischer Rettung gebraucht (Mk 15,31 par; Mt 8,25; 14,30), sondern von Lukas auch im übertragenen Sinn (Lk 7,50; vgl. Mt 18,11 v.l.)[62]. Der letztere Gebrauch entspricht einer späteren soteriologischen Terminologie; vgl. Mt 1,21; Joh 12,47; 1 Tim 1,15.
3. ἀπολωλός. σῶσαι und ἀπολέσαι sind Gegenbegriffe; vgl. Mk 8,35 par; Mt 8,25; Lk 6,9; 9,56 v.l. – Mt 15,24 redet von den verlorenen Schafen des Hauses Israel, zu denen Jesus gesandt ist (vgl. 10,6). Das Neutrum τὸ ἀπολωλός steht nur noch Lk 15,4.6 (vgl. Mt 18,11 v.l.). Zu beachten ist auch Lk 15,24.32 („er war verloren [ἀπολωλώς] und wurde gefunden").

e) Der übertragene Sinn von „retten" findet sich in bezug auf die große Sünderin (Lk 7,50) und den Oberzöllner (19,9f). Beide Gestalten repräsentieren in der lukanischen Redaktion (15,1f) die Zöllner und Sünder, deren sich Jesus annimmt (vgl. 7,34) und derentwegen Pharisäer und Schriftgelehrte gegen Jesus murren (vgl. 7,39.49; 19,7).

f) Auf den Einspruch der Gegner hin erzählt Jesus die drei Gleichnisse vom Verlorenen (15,4–7.8–10.11–32). Die in 19,10 verwendete Terminologie vom „Suchen" und vom „Verlorenen" versteht sich also von diesen Gleichnissen aus. Sie ergibt sich nicht aus der Zachäus-Geschichte, für den Leser gewiß auch nicht aus Ez 34,16 (LXX). Vielmehr greift das Gleichnis vom verlorenen Schaf auf die Ezechiel-Stelle zurück. Das Menschensohnwort 19,10 kann als isoliertes Logion kaum von der Ezechiel-Stelle her verstanden werden. Es ist ohne den lukanischen Kontext des Kapitels 15 nicht denkbar. Lk 19,10 ist also von Lukas gebildet; denn ein an sich möglicher vorlukanischer Kontextzusammenhang der herangezogenen Sondergutstücke hat 15,1f und vielleicht auch 7,50 noch nicht enthalten.

Möglicherweise ist Lk 19,10 „Ersatz" für das von Lukas übergangene ἦλθεν-Menschensohnwort Mk 10,45[63]. Für Lukas hat jedenfalls das gesamte irdische Wirken Jesu soteriologische Bedeutung, und der dritte Evangelist möchte die Heilsbedeutung Jesu nicht wie Mk 10,45 mit Hilfe des Sühnegedankens besonders an dessen Tod binden.

(III 3) Im Bericht der Apostelgeschichte über die Steinigung des Stephanus (Apg 7,54–60) begegnet der einzige Beleg für „Menschensohn" außerhalb der Evangelien. Er steht zugleich im einzigen Menschensohnwort, das das Neue Testament nicht Jesus zuschreibt. Nach der Rede des Stephanus vor den Synedristen, die mit dem Vorwurf der Verräterschaft und des Mordes endete und bei den Betroffenen Empörung und Wut auslöste (VV. 53.54), berichtet die Erzählung über Stephanus: „Er jedoch, voll heiligen Geistes, blickte zum Himmel und sah die Herrlichkeit Gottes und Jesus stehen zur Rechten Gottes" (V. 55). Dann wird zitiert, was Stephanus sagte:

---

[62] Siehe *G. Voss*, Die Christologie der lukanischen Schriften in Grundzügen (Paris – Brügge 1965) 45f.

[63] Vgl. die Nachbarschaft der Erzählung von der Blindenheilung Mk 10,46–52 par Lk 18,35 – 19,1.

„Und er sprach: Seht, ich sehe die Himmel geöffnet und den Menschensohn zur Rechten Gottes stehen“ (7,56).

Da der dem Lukas überkommene Stephanus-Bericht wahrscheinlich noch kein Synedrialverhör enthielt, das an Jesu Verhör (Lk 22,66–71) angepaßt war, wird man den „synedrialen Rahmen“ dem Evangelisten zuschreiben dürfen[64]. Stammt aber auch das Menschensohnwort erst von Lukas? Da V. 55 dem Leser deutlich macht, daß Jesus der Menschensohn ist, schließen einige Autoren, daß Lukas diesen interpretierenden Vers geschaffen hat und V. 56 vorlukanisch ist[65]. Nun läßt sich vom Wortschatz und Stil her keine Differenz zwischen den beiden Versen erkennen, die V. 56 als unlukanisch erweisen könnte[66]. Lukas hat nachweislich von sich aus Menschensohnworte gebildet[67], und die Beziehung zum Verhör Jesu kommt nicht zuletzt durch Apg 7,56, eine Wiederaufnahme von Lk 22,69, zustande[68]. Sprechen also manche Anzeichen für eine lukanische Autorschaft des Menschensohnwortes im Munde des Stephanus, so kann die theologische Deutung dennoch weitgehend von der Frage der Autorschaft absehen. Auch ohne ihre Beantwortung ist klar, daß Lukas die Inthronisation des Menschensohnes zur Rechten Gottes (vgl. Lk 22,69) voraussetzt, die für die „Zeit der Kirche“ bestimmend ist. Wo von einem Handeln des himmlischen Menschensohnes gesprochen werden sollte, lag es darum nahe, die Vorstellung von seinem „Stehen“ einzuführen. Freilich deutet die Menschensohnbezeichnung an, daß – wie Lk 22,69 (par Mk 14,62) – zugleich die Parusievorstellung im Hintergrund steht[69]. So wird man sagen dürfen, daß für Lukas der Zeuge

---

[64] *H. Conzelmann*, Die Apostelgeschichte (Tübingen 1963) 52f; *R. Pesch*, Die Vision des Stephanus. Apg 7,55–56 im Rahmen der Apostelgeschichte (Stuttgart o.J. [1966]) 45; *V. Hasler*, Jesu Selbstzeugnis und das Bekenntnis des Stephanus vor dem Hohen Rat. Beobachtungen zur Christologie des Lukas, in: Schweizerische Theol. Umschau 36 (1969) 36–47.

[65] So z.B. *J. Bihler*, Der Stephanusbericht (Apg 6,8–15 und 7,54 – 8,2), in: BZ 3 (1959) 253–270, 259f; *Tödt*, Der Menschensohn 276. Vgl. *E. Haenchen*, Die Apostelgeschichte (Göttingen [5]1965) 242f.

[66] Insbesondere kann nicht einfach behauptet werden (vgl. die Vermutung bei Haenchen, a.a.O. 243, Anm. 3), τοὺς οὐρανούς in V. 56 sei (gegenüber dem Singular in V. 55) unlukanisch. Siehe dazu den Plural in Lk 10,20; 12,33; 21,26 sowie in der sachlichen Parallele Apg 2,34. Vgl. ThWNT V, 534f *(H. Traub); Pesch*, a.a.O. 51f: Möglicherweise hängt die Pluralverwendung mit der Vorstellung mehrerer Himmelsräume zusammen, während der Singular das Firmament intendiert. – Lukanische Vorzugswörter bzw. -wendungen sind in V. 55: ὑπάρχω, πνεῦμα ἅγιον, ἀτενίζω, εἰς τὸν οὐρανόν; in V. 56: ἰδού, θεωρέω, διανοίγω. Zur differenzierenden Stellung von ἑστῶτα in beiden Versen (V. 55 entspricht Lk 22,69) siehe *Pesch*, a.a.O. 53.

[67] Siehe oben zu Lk 17,22.25; 18,8b; 21,36; 22,48; 24,7.

[68] Freilich kann man nicht mit *Bihler*, Stephanusbericht 260, sagen, daß Apg 7,56 „als Erfüllung der Ankündigung Jesu“ (Lk 22,69) zu verstehen sei. Siehe hingegen *Conzelmann*, Apostelgeschichte 51: Die Vision ist himmlische Bestätigung dessen, was Jesus sagte.

[69] Daß Lukas bei 22,69 trotz der Tilgung des „Kommens“ des Menschensohnes (Mk) bei seiner Erhöhungsaussage an die (einstige) Parusie denkt, zeigen Apg 1,10f; 3,20f. – Das gegenüber Mk 14,62 gekürzte Logion Lk 22,69 ist nicht auf eine Sonderquelle des Lukas zurückzuführen, wie *Colpe*,

Christi im Sterben „seine Parusie" erfährt[70]. Das „Stehen" des Menschensohnes ist andererseits nicht mit dem „Kommen" zur (endzeitlichen) Parusie identisch. Der Menschensohn hat sich erhoben, um den Märtyrer nach der Steinigung zu empfangen[71]. Inwieweit das „Stehen" des himmlischen Menschensohnes dessen Urteil über das ungläubige Israel anzeigt[72], muß hier nicht erörtert werden. Beide Auslegungen lassen sich vereinbaren, wenn man „Stehen" für das *Handeln* des Inthronisierten nimmt. Da Lukas auch in anderem Zusammenhang (vgl. Lk 12,16–21; 16,9; 21,19; 23,39–43) das individuelle Schicksal nach dem Tod besonders bedenkt[73], und zwar infolge der Erfahrung der Parusieverzögerung[74], wird durch Apg 7,56 deutlich, daß der Gläubige im Sterben für sich das erfährt, was mit der Parusie eintritt: die Erlösung als Gemeinschaft mit dem verherrlichten Christus (vgl. Lk 21,27f; Apg 3,20).

IV

Der dritte Evangelist hat, soweit wir sehen konnten, wenigstens sieben Menschensohnworte von sich aus gebildet. Dazu rechnen wir Lk 21,36; 22,48b; 24,7 im Markus-Stoff, 17,22b.25 im Q-Stoff, ferner 18,8b und 19,10 im Sondergut[75]. Dabei stützte sich Lukas weitgehend auf traditionelle Logien und deren Inhalte[76]. „Menschensohn" war für ihn also kein beliebig austauschbarer christologischer Titel, den er ohne Bindung an die überlieferten Gehalte verwendete.

Ob es eine lukanische Menschensohnchristologie gibt, hängt nun nicht nur vom zahlenmäßigen Vorkommen des Titels oder von der Zahl der Neubildungen ab, sondern davon, ob und inwieweit der dritte Evangelist mit seinen Menschensohnworten spezifische Inhalte verband. Letzteres ist aber zweifellos der Fall. Man braucht sich nur folgender Aspekte zu erinnern.

(1) Lukas zeigt besonderes Interesse am *Leidensweg*, den der Menschensohn

---

ThWNT VIII, 438f, meint; siehe *G. Schneider,* Verleugnung, Verspottung und Verhör Jesu nach Lukas 22,54–71 (München 1969) 118–122, 138f.

[70] *C.K. Barrett,* Stephen and the Son of Man, in: Apophoreta. Festschr. E. Haenchen (Berlin 1964) 32–38, 35f.

[71] Siehe *Haenchen,* Apostelgeschichte 243, Anm. 2; vgl. *Conzelmann,* Apostelgeschichte 51. Diese Auslegung kann sich insbesondere auf V. 59 („Herr Jesus, nimm meinen Geist auf!") stützen.

[72] So *Pesch,* Vision des Stephanus 56–58, unter Hinweis auf das „Stehen" des Richters in AssMos 10,3 und Jes 3,13 (LXX).

[73] Siehe *J. Dupont,* Les Béatitudes III (Paris 1973) 100–147; *Schneider,* Parusiegleichnisse 78–84.

[74] Das wird in der Schächerperikope Lk 23,39–43 thematisiert. Der Parusieerwartung (V. 42) stellt Jesus das „heute noch" entgegen (V. 43) und erfüllt dennoch die Bitte des Sterbenden.

[75] Von den 10 untersuchten Stellen stammen nur Lk 6,22 und 12,8 unmittelbar aus der Vorlage (Q). Bei Apg 7,56 blieb die endgültige Entscheidung in der Schwebe.

[76] Vgl. Lk 17,25 (9,22 par Mk 8,31); 18,8b (17,24.26.30 par Mt); 19,10 (Mk 10,45?); 21,36 (Mk 13,33–36); 22,48b (Mk 14,41f); 24,7 (Mk 8,31; 9,31; 16,6).

gemäß göttlicher Bestimmung zu gehen hat (Lk 22,22.48b; 24,7). Das Logion 17,25 gibt in seiner Kontextverbundenheit dem Leiden eschatologische Qualität.

(2) Der Menschensohntitel haftet auch für Lukas fest am *Parusiethema*, was u.a. die Neubildungen 18,8b; 21,36 demonstrieren. Ob indessen der Menschensohn im strengen Sinn als Endrichter verstanden wird, ist nicht deutlich zu erkennen (12,8; 18,8b). Die rettende und erlösende Funktion des zur Parusie Kommenden tritt hervor (17,22b; 21,36). Im Rahmen des Gesamtentwurfs der lukanischen Eschatologie zeigt 22,69 (diff Mk) das Zurücktreten des Themas vom Endrichter zugunsten der Erhöhungschristologie. Im gleichen Rahmen ist auch eine „Individualisierung" der Parusieerwartung zu sehen, die z.B. Apg 7,56 bezeugt.

(3) Neben traditionellen Worten über den irdisch wirkenden Menschensohn zeigt gerade die Neubildung des Wortes vom *Gekommensein* des Menschensohnes (19,10), daß für Lukas das gesamte irdische Wirken Jesu die soteriologische Bedeutung der „Rettung des Verlorenen" hat[77].

(4) Endlich ist darauf zu verweisen, daß Lukas die traditionellen Gruppen von Menschensohnworten miteinander *verbindet* und sie in seine christologische Gesamtkonzeption vom Weg Christi *integriert*. Der Menschensohn hat seinen ihm bestimmten Weg zu gehen, durch Leiden zur Erhöhung und schließlichen Parusie (22,22.48b.69; 24,7). Die Verbindung aller „Stationen" ist in der kleinen „Apokalypse" (17,20 – 18,8) besonders deutlich ersichtlich. Die Passion muß wesentlich der Parusie vorausgehen (17,25). Der Menschensohn kommt, wenn nicht bald, so doch mit Sicherheit und plötzlich. Die Gemeinde der Gläubigen ist darum zu steter Bereitschaft, zum Glauben und zum beständigen Gebet gerufen. Das Menschensohnthema dient nicht zuletzt der Wachsamkeitsparänese (18,8b; 21,36).

---

[77] Vgl. *W. P. Loewe*, Towards an Interpretation of Lk 19,1–10, in: CBQ 36 (1974) 321–331. Loewe meint, daß Lk 19,10 sagen wolle, der eschatologische Menschensohnrichter übe im Erdenwirken die Macht der Sündenvergebung aus (326). „When Jesus arrives under Zacchaeus' sycamore tree, the final judge has come. His judgment, however, consists in mercy and forgiveness, salvation, for the sinner who acknowledges himself as such and accepts that salvation" (327).

Wohnung Gottes und Menschensohn nach der Stephanusperikope (Apg 6,8–8,2)

Franz Mußner, Regensburg

Der folgende Beitrag bringt nicht absolut Neues, versucht vielmehr Anregungen anderer Forscher aufzunehmen und weiterzuführen. So hat etwa J. Bihler auf den Zusammenhang von Tempelwort und Menschensohn in der Stephanusperikope kurz aufmerksam gemacht[1]. „Die Aussagen in 6,14 und 7,55f müssen ... als die eigentlichen Brennpunkte des Berichtes gewertet werden ...“[2] Das scheint uns richtig zu sein, und dies gilt es weiter zu verfolgen. Dabei gehen wir auf die literarkritischen und formgeschichtlichen Probleme der Perikope nur wenig ein[3]. Uns interessiert vielmehr primär die Vision des Stephanus (7,55) und das von ihm dazu formulierte Kerygma (7,56) im Zusammenhang der ganzen Stephanusgeschichte nach ihrer lukanischen Schlußredaktion.

I. Die Wohnung Gottes als verbindender Topos der Perikope

1. *Apg 6,13f* (Die Anklage der Falschzeugen vor dem Synedrium): „Dieser Mensch hört nicht auf, Reden zu führen *gegen (diesen)*[4] *heiligen Ort* und das Gesetz. Wir haben ihn nämlich sagen hören: Jesus, der Nazoräer, dieser wird *diesen Ort* zerstören und die Gebräuche ändern, die uns Mose überliefert hat.“ Dazu muß auch noch 6,11 genommen werden: „Da stifteten sie Leute an, die

---

[1] *J. Bihler*, Der Stephanusbericht (Apg 6,8–15 und 7,54 – 8,2), in: BZ, NF 3 (1959) 252–270 (näherhin 264–267). [2] Ebd. 270.

[3] Vgl. dazu außer den Kommentaren zu Apg vor allem *J. Bihler*, Die Stephanusgeschichte im Zusammenhang der Apostelgeschichte (MüThSt I/30) (München 1963); *W. Schmithals*, Paulus und Jakobus (FRLANT 85) (Göttingen 1963) 9–29; *F. Mußner*, Art. Stephanus, in LThK ²IX (Freiburg i. Br. 1964) 1050f; *R. Storch*, Die Stephanusrede Ag 7,2–53 (Theol. Diss. Göttingen 1967); *M. H. Scharlemann*, Stephen: A singular Saint (Anal. Bibl. 34) (Rom 1968); *U. Borse*, Der Rahmentext im Umkreis der Stephanusgeschichte (Apg 6,1 – 11,26), in: BL 14 (1973) 187–204; *M. Hengel*, Zwischen Jesus und Paulus. Die „Hellenisten“, die „Sieben“ und Stephanus (Apg 6,1–15; 7,54 – 8,3), in: ZThK 72 (1975) 151–206.

[4] τούτου lesen die Textzeugen B und C.

aussagten: Wir haben ihn Lästerworte gegen Mose *und Gott* sagen hören." Nach A. Loisy bezeichnet in V. 11 „Mose" das Gesetz, „Gott" den Tempel[5]; das scheint uns richtig zu sein. Die judenchristlichen „Hellenisten"[5a] haben nicht gegen Gott als solchen geredet, sondern konkret, wie der Kontext selbst in 6, 13f interpretiert, gegen den Ort, in dem Gott wohnt, also gegen den Tempel; denn mit dem „heiligen Ort" bzw. mit „diesem Ort" ist „natürlich ... der Tempel gemeint" (Haenchen), weil Mk 14, 57ff auf die Formulierung der VV. 13f eingewirkt hat[6]. Aber für jüdisches Empfinden sind polemische Reden gegen die heilige Wohnung Gottes im Tempel zugleich Reden „gegen Gott". Haenchen ist überzeugt, das „bestimmte Tatsachen" in dem lukanischen Bericht über das Vorgehen gegen Stephanus „die Benutzung einer Tradition [durch Lukas] beweisen"[7]. Die Apostel selber und mit ihnen die übrige Urgemeinde lebten noch in friedlicher Verbindung mit dem Tempel (vgl. Apg 3, 1.11; 5, 12b.20.42). Was hat die „Hellenisten" in der Jerusalemer Urgemeinde eigentlich veranlaßt, polemische Worte gegen den Tempel zu äußern? Möglicherweise ein Traditionswissen um das „Tempellogion" Jesu selber – das könnte aus der Sequenz der Vorwürfe der „Falschzeugen" gegen Stephanus in Apg 6, 13 und 6, 14 noch hervorgehen. Aber den Hauptantrieb dazu gab eine theologische Überzeugung, die später in der „Stephanusvision" zur Sprache kommt (s. w. u.). Der Hinweis auf das Tempellogion Jesu paßt im Grunde gar nicht recht in den Zusammenhang, wie Haenchen mit Recht bemerkt[8]; die Falschzeugen arbeiten ja seltsamerweise in ihrer Anklage gegen Stephanus mit dem einzigen konkreten Material des Tempellogions *Jesu!* Lukas hat das „Jesuswort hier angebracht, weil es als Anknüpfung und Vorbereitung dienen konnte für seine eigene Polemik gegen den Tempel (und Tempelkult)" (Haenchen). Doch wird Lukas dabei auf Traditionen über die Theologie der „Hellenisten" in der Urgemeinde zurück-

---

[5] Hinweis bei *E. Haenchen*, Die Apostelgeschichte (Göttingen [6]1968) 224. „In den *rabbinischen Schriften* wird (ה)מקום in der gleichen Weise verwendet wie die eigentlichen Gottesbezeichnungen Gott, Herr, Vater im Himmel" (*H. Köster* in: ThWb VIII, 201, mit Material).

[5a] Die „Hellenisten" sind griechisch sprechende Judenchristen; so überzeugend *Hengel* (oben Anm. 3) 161ff.

[6] Zur Analyse des „Tempelwortes" vgl. *Bihler*, Stephanusbericht 256–258 (258: „Die rein negative Form des Tempellogions [in Apg 6, 14] ergibt sich aus der lukanischen Interpretation des Tempelwortes"). – Zu τόπος als Bezeichnung für den Tempel vgl. auch Apg 7,7; 21, 28. Weiteres Material bei *H. Köster* in: ThWb VIII, 189f; 197–199 (Sprachgebrauch im Deut!); 204f (ntl. Stellen). K. meint (205): „Mit dem Ausdruck ὁ τόπος οὗτος weist Lk auf die prophetischen Unheilsdrohungen gegen das Land, die Stadt und den Tempel hin und stellt so Stephanus und Pls ganz bewußt in eine Reihe mit den Propheten des AT. In der Ansage der zweiten Zerstörung des Tempels fällt diesen Aposteln in der Sicht des Lk die gleiche Rolle zu wie Jeremia im Blick auf die erste Zerstörung des Tempels."

[7] Die Apg 225. Die Überzeugung, daß die Polemik gegen das Gesetz in der Tat auf den Stephanuskreis zurückgeht (und nicht erst auf Paulus), setzt sich in der Forschung immer mehr durch (vgl. dazu *F. Mußner*, Der Galaterbrief [Freiburg i. Br. [2]1974] 85, Anm. 42). [8] Die Apg 227.

gegriffen haben; er wußte von einer Polemik derselben gegen den Tempel wie auch um ihre Gesetzeskritik. Es geht nicht bloß um „lukanische" Polemik[9].

2. *Apg 7,46–50* (aus der Rede des Stephanus vor dem Synedrium): David „fand Gnade vor Gott und bat, daß er für das Haus Jakobs *eine Wohnung* (σκήνωμα) finde. Salomo aber baute ihm *ein Haus. Aber der Höchste wohnt nicht in von Händen Gemachtem,* wie der Prophet sagt: ‚*Der Himmel ist mir Thron,* die Erde Schemel meiner Füße. *Was für ein Haus* wollt ihr mir bauen, spricht der Herr? Oder welches sollte mein Ruheplatz sein? Hat nicht meine Hand dies alles gemacht?'" Der Hauptton in diesem Redeabschnitt liegt auf der Aussage des V. 48a: „Aber der Höchste wohnt nicht in von Händen Gemachtem", d. h. in einem von Menschenhänden erbauten Tempel aus Steinen. Der Satz hat eindeutig polemischen Sinn, und Lukas legt ihn dem Stephanus in den Mund. Damit bestätigt Stephanus (im Sinn des Lk) selbst die gegen ihn erhobenen Vorwürfe, und zwar in ganz grundsätzlicher Weise[10]. Seine Polemik richtet sich eindeutig gegen den von Menschenhänden erbauten Tempel in Jerusalem! Lukas läßt den Stephanus diese Polemik mit einem Wort aus Is 66,1f unterbauen. Der Tempelbau war gegen den Willen Gottes, wie er sich im Wort des Propheten geäußert hat! Der Tempel ist damit zu einem illegitimen „Ort" Gottes deklariert, was impliziert, daß Gott gar nicht (mehr) in ihm wohnt. Der „Ort" Gottes ist anderswo; wo er jetzt ist, wird Stephanus später verkündigen.

Diese Polemik des Stephanus gegen den Tempel zu Jerusalem knüpft also genau an die Anklage an, die gegen ihn vor dem Synedrium nach 6,13f erhoben wird. Stephanus selber bestätigt die Wahrheit dieser Anklagen, wenn Lk auch in 6,13a die Zeugen zunächst (in einer gewissen Inkonsequenz)[11] als *falsche* Zeugen bezeichnet. Denn in Wirklichkeit haben sie „die lästerlichen Reden" des Stephanus durchaus richtig verstanden, wenn ihnen auch ihr kerygmatischer Sinn verborgen blieb. Dieser wird in der „Vision" des Stephanus erschlossen werden (dazu w. u.). Jedenfalls zeigt sich bereits, daß die Polemik gegen den Tempel in der Stephanusrede geradezu das eigentliche Zentrum und Ziel der ganzen Stephanusperikope bildet, wie die Analyse von Apg 7,55f weiter bestätigen wird. Es fällt ja auf, daß nach der Zitierung des Schriftwortes der „erzählende" Teil der Rede zu Ende ist und der Redner nun unmittelbar sich an die Zuhörer wendet (vgl. 7,51: ὑμεῖς) und zum Gegenangriff gegen sie übergeht. Das bedeutet: Mit der Polemik gegen den Tempel, dem Vorwurf der Verfolgung und Ermordung der Propheten und besonders des „Gerechten" (Jesus) (V. 52) und schließlich mit dem Vorwurf, daß in Wirklichkeit seine Gegner das Gesetz

[9] *Haenchen* bemerkt selbst: „Lukas war durch nichts genötigt, diese Männer hier einzuführen, wenn ihn nicht eine Überlieferung dazu nötigte" (Apg 226). Vgl. *Hengel* (oben Anm. 3) 190ff.
[10] Insofern holt er nun selbst nach, was die Falschzeugen in 6,13 nicht konkretisiert haben.
[11] Vermutlich in Anknüpfung an den markinischen Bericht über den Prozeß Jesu (vgl. Mk 14,57).

nicht halten (V. 53), erreicht die Rede ihr eigentliches, anvisiertes Ziel, und dieses Ziel hängt genau mit der Verhaftung des Stephanus und der Anklage gegen ihn zusammen: Stephanus wird wie die Propheten verfolgt (und getötet werden), weil er gegen den Tempel und das Gesetz „lästerliche Worte" gesprochen hat[12].

3. *Apg 7,55f:* „Voll heiligen Geistes aber sah (Stephanus), zum *Himmel* blikkend, *die Herrlichkeit Gottes und Jesus zur Rechten Gottes stehend* und sprach: ‚Siehe, ich sehe *die Himmel geöffnet und den Menschensohn stehend zur Rechten Gottes.*'" Dieser Text gibt im Zusammenhang der ganzen Stephanusperikope die Antwort auf die Frage nach dem wahren „Ort" Gottes: Der wahre „Ort" Gottes ist *der Himmel,* in dem Gott seinen Thron (vgl. ἐκ δεξιῶν τοῦ θεοῦ) hat, in dem seine „Herrlichkeit" (vgl. δόξαν θεοῦ) wohnt und in dem nun auch der Menschensohn Jesus zur Rechten Gottes „steht". Was vielfach nicht gesehen wird, ist dies: Die Vision des Stephanus und seine eigene, „authentische" Interpretation derselben für die Hörer (und Leser) dürfen nicht von der vorausgehenden „Strafrede" des Stephanus isoliert werden. Sie geben vielmehr die positive Antwort auf die Frage, warum der Höchste nicht (mehr) in von Menschen Gemachtem wohnt (vgl. 7,48): weil er mit seiner Herrlichkeit *im Himmel* wohnt und – das ist nun das besondere Ärgerniserregende für die jüdi-

---

[12] Deshalb kann man nicht sagen, die Rede des Stephanus sei „erst nachträglich in das Martyrium eingelegt" (so *H. Conzelmann,* Die Apostelgeschichte [Tübingen ²1972] 57, unter Hinweis auf *M. Dibelius,* Aufsätze zur Apostelgeschichte, hrsg. von *H. Greeven* [Göttingen 1951] 143–146, der ebd. 145 formuliert: „Die Rede ist offenbar von Lukas in das ihm bereits vorliegende Martyrium des Stephanus eingeschoben"). Wenn *Dibelius* meint: „gerade in bezug auf den Tempel ist die Rede doch äußerst zurückhaltend, und jene Verbindung mit der Anklage scheint sehr locker, ja, sie ist wohl nur von unseren Wünschen nach einer wahrnehmbaren Tendenz getragen" (144), so entspricht das einfach nicht der Aussage und dem Duktus der Rede, die gerade mit aller wünschenswerten Klarheit mit der Polemik gegen den Tempel ihren Höhepunkt erreicht und damit genau die Hauptanklage gegen Stephanus aufnimmt. Gewiß geht „ein sehr großer Teil seiner Rede" auf die Anklage „gar nicht ein" (*Haenchen,* Die Apg 238), und *Dibelius* hat deshalb gemeint: Die Rede des Stephanus „eröffnet den Abschnitt der Acta (6–12), der den Übergang des Evangeliums an die heidnische Welt schildert. Sie zeigt die innere Entfernung des Redners vom Judentum, sie zeigt sie aber mit Mitteln, die selbst wieder dem Judentum entlehnt sind" (Aufsätze 146). *Haenchen* entwickelt das noch weiter: „Was Lukas hier beschreibt, war seine und seiner Gemeinde beständige Erfahrung, und die Apg erzählt ja genug davon: die Juden sind die, die Verfolgung um Verfolgung gegen die Christen entfesseln ... Zur Zeit, da Lukas sein Werk verfaßt, sind die Juden die mächtigen und unversöhnlichen Feinde der Christen, und das fromme und zum Hören bereite Judentum ist eine verschwindende Ausnahme und eine theoretische Möglichkeit geworden" (Die Apg 241). Natürlich kann man sagen, die Stephanusrede sei eine „Strafpredigt gegen das Judentum", aber gegen welches Judentum? Diese Frage wird uns noch beschäftigen (s. unter III). Ist aber die Stephanusrede, von ihrem genus her gesehen, eine „Strafpredigt", so sind die in ihr immer wieder vorkommenden Polemiken (s. die Zusammenstellung derselben bei *Haenchen,* 240) nicht „Zusätze" des Lk, sondern ergeben sich aus dem genus der Rede von selber. Meines Erachtens ist es ein vergebliches Bemühen, in der Stephanusrede Tradition und Zusätze des Lk voneinander zu scheiden. Die Rede stammt als ganze von Lukas. Er erzählt in ihr „heilige Geschichte" in polemischer Absicht, verarbeitet dabei jedoch Lehrtopoi der „Hellenisten".

schen „Hörer" – *der Menschensohn Jesus zu seiner Rechten steht.* Diese Äußerung des Stephanus hat den Rang von Kerygma, das Lk auch sonst verkünden läßt, so in Apg 17,24 („Gott, der die Welt und alles darin erschaffen hat, er, der Herr des Himmels und der Erde, wohnt nicht in Tempeln von Menschenhand"). Von da her erklärt sich nun auch die Polemik des Stephanus gegen „diesen heiligen Ort", d.h. den Tempel in Jerusalem. Er *muß* gegen den von Menschen erbauten Tempel polemisieren, weil Gott, wie schon der Prophet sagt, „nicht in von Menschen Gemachtem wohnt", vielmehr in der Transzendenz des Himmels[13] – „*der Himmel* ist mein Thron": 7,49a –, wo jetzt auch der Menschensohn Jesus sich befindet. Damit wiederholt Lukas hier durch Stephanus faktisch nur das schon in der Pfingstpredigt des Petrus vorgetragene Kerygma (Apg 2,33f; vgl. 15,31): Jesus ist „erhöht zur (mit der) Rechten Gottes"[14]; nicht David „stieg *in die Himmel* auf", sondern jener, zu dem Gott selber sprach: „Setze dich zu meiner Rechten", d.i. Jesus. Auf die Verkündigung des Kerygmas, wie es von Stephanus (Lukas) in Apg 7,55 zur Sprache gebracht wird, tendiert die ganze Stephanusperikope hin. Die öffentliche Verkündigung dieses Kerygmas hat, wie die Stephanusperikope zeigt, zugleich polemischen Sinn. Die Verkündigung dieses Kerygmas bringt Stephanus den Tod durch Steinigung ein (Apg 7,57)[14a].

Stephanus schaut gespannt (ἀτενίσας) zum Himmel und – so ist dann die weitere Vorstellung – er sieht, durch die geöffneten Himmel hindurch[15], wohl im „obersten" Himmel, einmal „die Herrlichkeit Gottes" und darüber hinaus „den Menschensohn" Jesus „zur Rechten Gottes stehen". Wichtig ist zunächst der Begriff δόξα θεοῦ (V. 55); denn dieser Begriff muß hier im Zusammenhang mit der „Tempeltheologie" des Stephanus und Lukas gesehen werden. Der Tempel ist nämlich nach alttestamentlich-jüdischer Überzeugung ein Ort, an dem die „Herrlichkeit" Gottes wohnt (vgl. besonders 1 Kön 8,11; 2 Chron 5,14; Ez 8,1–3; 10,4; 43,4f)[16]. In der rabbinischen Theologie übernimmt der Begriff

---

[13] *Conzelmann* bemerkt: „Im jetzigen Zusammenhang ist die Vision die himmlische Bestätigung der Wahrheit der Rede" (Die Apg 58), aber m.E. nicht bloß der „Rede" des Stephanus in V. 56, sondern seiner vorausgehenden „Großrede" mit ihrer Polemik gegen den von Menschen erbauten Tempel. Der Himmel selbst bestätigt in der Vision das Recht seiner Polemik!

[14] Zum Sinn des Dativs τῇ δεξιᾷ τοῦ θεοῦ in Apg 2,33 vgl. *G. Lohfink*, Die Himmelfahrt Jesu (München 1971) 226f (L. plädiert für einen „Dativ des Ortes"; wir stimmen ihm darin zu).

[14a] Warum gerade eine gegen den *Tempel* gerichtete Lehre in jüdischen Ohren besonders aufreizend wirken mußte, zeigt sehr schön *Hengel* (zwischen Jesus und Paulus, 198f).

[15] Zum Motiv von den „geöffneten Himmeln" vgl. das Material bei *W. C. van Unnik*, Die „geöffneten Himmel" in der Offenbarungsvision des Apokryphon des Johannes, in: Apophoreta (Festschr. E. Haenchen) (Berlin 1964) 268–280; *F. Lentzen-Deis*, Das Motiv der „Himmelsöffnung" in verschiedenen Gattungen der Umweltliteratur des Neuen Testaments, in: Bibl 50 (1969) 301–327.

[16] Vgl. dazu auch *G. v. Rad* in: ThWb II, 243f; *C. Westermann*, Die Herrlichkeit Gottes in der Priesterschrift, in: Wort – Gebot – Glaube. Beiträge zur Theologie des Alten Testaments (W. Eichrodt zum 80. Geburtstag) (AThANT 59) (Zürich 1970) 227–249.

šekhīnāh semantische Gehalte des Begriffs kābōd bzw. δόξα[17]. Im Tempel ist die šekhīnāh Jahwes anwesend[18]. Woran Lk in Apg 7,55 bei dem Ausdruck δόξα θεοῦ näherhin denkt, läßt sich schwer ausmachen[19]. Vermutlich schließt sich hier Lk einfach dem alttestamentlichen Sprachgebrauch an; der Himmel ist Ort der Herrlichkeit Gottes. Im Zusammenhang der „Tempeltheologie" der Stephanusperikope scheint aber hinter der Aussage „er sah *(nämlich im Himmel)* die Herrlichkeit Gottes" Polemik zu stehen: *Jetzt* ist nur noch der Himmel der Ort der Herrlichkeit Gottes, nicht irgendein von Menschen gebautes Haus wie der Tempel in Jerusalem. Dazu kommt aber noch das spezifisch christliche Kerygma: Dort, im Himmel, sieht Stephanus auch den Menschensohn Jesus zur Rechten Gottes stehen. Nicht bloß Gott bzw. seine Herrlichkeit wohnen im Himmel, sondern jetzt auch der gekreuzigte und auferweckte Jesus; er „steht" zur Rechten Gottes. Die Ausleger sind überzeugt, daß Lukas dabei auf Lk 22,69 zurückgreift („Von nun an wird der Menschensohn sitzen zur Rechten der Kraft Gottes"); „von dort dürfte der Begriff Menschensohn übernommen sein" (Conzelmann, z. St.). Aufgefallen ist dabei schon immer ein Unterschied: Während in Lk 22,69 vom „Sitzen" des Menschensohnes die Rede ist, sieht ihn Stephanus in seiner Vision zur Rechten Gottes „stehen" (ἑστῶτα). Das wird uns unter II noch beschäftigen.

Jedenfalls zeigt sich nun im Rückblick auf das bisher Ausgeführte, daß die Idee von der Wohnung Gottes der die Stephanusperikope verbindende und zusammenhaltende Topos ist. Es geht in ihr vor allem um die Frage nach dem jetzigen „Ort" Gottes. Dabei wird das christliche Kerygma von der Erhöhung des Menschensohnes Jesus zum himmlischen Throngenossen Gottes in polemischer Weise gegen den bisherigen „heiligen Ort" Gottes, den Tempel zu Jerusalem, eingesetzt, was auch impliziert: Gott hat „diesen heiligen Ort" endgültig verlassen und wohnt zusammen mit dem Menschensohn Jesus in der himmlischen Transzendenz[20]. Es entsteht dadurch die Frage: Inwieweit trennt dieses polemisch ausgerichtete Kerygma die Kirche von Israel?

---

[17] Vgl. dazu *G. Kittel* in: ThWb II, 248f.

[18] Nach Targ. PsJon Ex 39,43 betet Mose, „daß die Schekhinah Jahwes in den Werken eurer Hände wohne"; nach Targ. Neofiti I (195a), „daß die Schekhinah in dem Werk eurer Hände wohne", womit der Tempel gemeint ist; vgl. dazu *R. Le Déaut*, Actes 7,48 et Matthieu 17,4 (par.) à la lumière du Targum Paléstinien, in: RechScRel 52 (1964) 85–90 (86f); ferner *A. M. Goldberg*, Untersuchungen über die Vorstellung von der Schekhinah in der frühen rabbinischen Literatur – Talmud und Midrasch (Stud. Jud. V) (Berlin 1969) 13–88, 109, 189–196, 471–480, 490f.

[19] Nach Lk 2,9 umstrahlt die Hirten „die Herrlichkeit des Herrn"; nach 24,26 „mußte (Christus) in seine Herrlichkeit eingehen"; nach Apg 7,2 „erschien der Gott der Herrlichkeit unserem Vater Abraham".

[20] Nach Ez 10,18f bewegt sich der *Kābōd* von der Schwelle des Tempels weg, und nach 11,22f verläßt er die Stadt. In diesem Vorgang sieht der Prophet „den Weggang Jahwes aus seinem Heiligtum und darin die Vollendung des Gerichtes über die Stadt" (*W. Zimmerli*, BK XIII, 234). Es

II. Endgültige Verwerfung Israels nach Lukas – Stephanus?

Wie schon in Anm. 2 erwähnt, eröffnet nach Dibelius die Rede des Stephanus „den Abschnitt der Acta (6–12), der den Übergang des Evangeliums an die heidnische Welt schildert. Sie zeigt die innere Entfernung des Redners vom Judentum ..." Wie wir noch erwähnten, hat Haenchen in seinem Kommentar diese Ansicht aufgenommen und in seinem Aufsatz „Judentum und Christentum in der Apostelgeschichte"[21] noch weiter entwickelt. Nach Haenchen ist der Teil der Stephanusrede 7,35–52 „von einer Aggressivität und von einem so bebenden Zorn gegen das jüdische Volk erfüllt, daß man an eine völlig andere Quelle gedacht hat, welche diese Töne in die Apostelgeschichte hineingebracht habe. Aber Lukas weiß doch sonst sehr wohl, was sich zur Verwertung eignet; mit der ‚Quelle' wäre hier also sehr wenig, wenn überhaupt etwas erklärt. Man hat auch daran gedacht, daß sich hier zwar nicht eine Quelle, wohl aber eine nachlukanische Redaktion spüren lasse. Aber auch eine solche Auskunft hilft nicht wirklich. Denn wenn diese scharfen Angriffe gegen das Judentum fortfallen, dann wird die Wut der Juden unbegreiflich, die dem Stephanus das Leben kostet. Kommt jedoch in dieser leidenschaftlichen Anklage weder eine vorlukanische Tradition noch eine nachlukanische Redaktion zu Wort, dann bleibt nur eins übrig: hier spricht Lukas selbst, und zwar nicht im Kostüm einer judenfreundlichen Vergangenheit, sondern in Haltung und Stimmung der eigenen, heidenchristlichen Gegenwart. Sie ist dem jüdischen Volk nicht mehr innerlichfreundlich verbunden, sondern läßt eine abgrundtiefe Feindschaft zwischen den beiden Glaubensweisen sichtbar werden. Wenn in der Apostelgeschichte etwas ‚anachronistisch' ist, dann sind es eben diese Teile der Stephanusrede. Nur fallen sie nicht zurück in einen einheitlich schon überwundenen Zustand, sondern nehmen einen erst kommenden voraus. Damit ist natürlich nicht geleugnet, daß diese Teile der Stephanusrede geeignet sind, jüdische Hörer in Weißglut zu bringen. Aber Stephanus sagt nichts, worüber Lukas selbst den Kopf geschüttelt hätte, sondern er spricht ihm aus dem Herzen."[22] Ob Haenchen mit dieser Äußerung über die Stephanusrede und überhaupt mit seiner Auffassung über Judentum und Christentum in der Apostelgeschichte die theologischen Absichten des Lukas richtig trifft, wird uns w. u. noch beschäftigen, d. h. also die Frage nach der „antijüdischen Frontstellung" – ein Ausdruck von Haenchen[23] – des

scheint, daß hinter der Aussage des Stephanus über den jetzigen *himmlischen* Ort der „Herrlichkeit" Gottes eine ähnliche Überzeugung steht: die Herrlichkeit Gottes hat zur Strafe für die Verwerfung Jesu den Tempel verlassen und wohnt jetzt im Himmel zusammen mit dem Menschensohn Jesus.

[21] In: Die Bibel und Wir. Gesammelte Aufsätze II (Tübingen 1968) 338–374 (näherhin 348–350) (zuerst erschienen in ZNW 54 [1963] 155–187).

[22] Die Bibel und Wir 349f. [23] Ebd. 373, Anm. 44.

Lukas. Wir gehen darauf erst ein, wenn wir uns mit dem ἑστῶτα in Apg 7,55f beschäftigt haben, über das bekanntlich eine weltweite Diskussion in der Exegese besteht[24]. Für R. Pesch stellt die Stephanusgeschichte den „Wendepunkt" der urkirchlichen Mission dar[25]. Pesch zitiert zustimmend[26] G. Stählins Satz aus dessen Kommentar zur Apg[27]: „Indem Stephanus durch sein Sterben die letzte Strecke der in seiner Rede aufgezeichneten Linie, der Verfolgung der Gottesboten durch die Abtrünnigen, einleitet, bringt er zugleich die große Wende der Missions- und Kirchengeschichte von den Juden zu den Heiden in Gang." Ob dem wirklich so ist, gilt es noch zu prüfen. Nach Pesch kommt die „ausgezeichnete Stellung der Stephanusgeschichte ... auch durch das in der Stephanusrede so wichtige Wort gegen den Tempel zum Ausdruck ..."[28] Und warum hat Lukas das Tempelwort der falschen Zeugen aus dem Prozeß Jesu in den Prozeß des Stephanus verpflanzt? Pesch antwortet[29]: „doch sicherlich, weil es ihm an dieser Stelle, da der Bruch mit dem Judentum, mit Tempel und Gesetz markiert wird, besser ins Konzept paßte ... Bisher war [in der Apg] ... das friedliche Neben- und Miteinander von Tempel und Urgemeinde sichtbar gemacht worden. Nun kommt der Bruch ... Dieser Jesus bricht mit Tempel und Gesetz. Stephanus, der wahre Zeuge, bestätigt es und gibt den tieferen Sinn dieser Aussage: 7,48: Das ‚von Händen Gemachte ist Götzenwerk'; 7,53: Das Gesetz wurde nicht gehalten." Und Pesch stellt dann die Frage[30], auf die seine eigene Deutung des ἑστῶτα hinzielt: „Sollte der stehende Menschensohn diese Aussage seines Bekenners vielleicht bestätigen?" Die Vision des Stephanus ist nach Pesch „die Sanktion des Weggangs des Evangeliums von den Juden" und von da her müsse das „Stehen" des Menschensohnes „als Signal für diese Funktion der Vision" erklärt werden[31]. „Das ἑστῶτα steht anstelle einer Audition und erklärt die Vision."[32] Und so liegt – das ist das Ergebnis der Analyse von 7,55f durch Pesch – auf „dem Stehen des Menschensohnes ... das Gewicht der Aussage. Das Stehen des Menschensohnes ist Symbol für die Bestätigung der Stephanusrede, die Bestätigung der Anklage, Symbol für den gottgewollten Fortgang des Evangeliums *von den Juden* (zu den Heiden), Symbol für die damit angezeigte heilsgeschichtliche Wende."[33] Pesch fragt weiter[34]: „Läßt sich das

[24] Über sie berichtet in instruktiver Weise *R. Pesch*, Die Vision des Stephanus (SBS 12) (Stuttgart 1966) 13–24, mit anschließender kritischer Prüfung der vorgelegten Deutungen (26–36).
[25] Vgl. ebd. 39.
[26] Ebd. 43f.
[27] *G. Stählin*, Die Apostelgeschichte (NTD 5) (Göttingen ¹1962) 112f.
[28] A.a.O. 44. [29] Ebd. 44f. [30] Ebd. 45. [31] Ebd. 48. [32] Ebd. 54.
[33] Ebd. In eine ähnliche Richtung geht auch *Bihler:* „Mit der Steinigung des Stephanus hat das jüdische Volk als Ganzes (aber nicht jeder Einzelne) grundsätzlich auch die Abweisung des Bußrufes ausgesprochen" (BZ [1959] 270).
[34] A.a.O.

Stehen aber im Kontext der Stephanusgeschichte, insbesondere in der Vision noch genauer auslegen?" und glaubt es als das Stehen des Richters auslegen zu können[35]. „Der Menschensohn in Apg 7,55f hat sich erhoben, um auf die Anklage des Stephanus hin das Urteil wider ‚sein Volk' zu sprechen. Sein Urteil markiert die heilsgeschichtliche Wende, den Fortgang der Heilsverkündigung von Jerusalem nach Judäa und Samaria und den Beginn des Weges der Frohbotschaft zu den Heiden. Die Vision des Stephanus verbürgt mit dem großartigen Symbol des stehenden Menschensohnes, daß die heilsgeschichtliche Wende, der *Fort-Gang* des Evangeliums von den Juden zu den Heiden gottgewollt ist."

Die Auslegung, die Pesch dem ἑστῶτα von Apg 7,55f gibt, hat zunächst etwas Faszinierendes und scheint den Sinn des geheimnisvollen Partizips bestens aufzuhellen. Pesch beruft sich dabei auch auf „Parallelen", nämlich Ass. Mos. 10,3 und Is 3,13 LXX. Die letztere Stelle lautet: ἀλλὰ νῦν καταστήσεται εἰς κρίσιν κύριος καὶ στήσει εἰς κρίσιν τὸν λαὸν αὐτοῦ. Jahwe erhebt sich hier zum Gericht gegen sein Volk und dessen Führer (vgl. auch 3,14). Das Aufstehen und Stehen Gottes scheint hier in der Tat das Gericht einzuleiten. Aber in Apg 7,55 ist nur vom „Stehen" des Menschensohnes die Rede, aber mit keiner Silbe vom Gericht (wie zweimal in Is 3,13). Das Aufstehen zum Gericht scheint für Apg 7,55f darum eine Eintragung zu sein. In Ass. Mos. 10,3 (vgl. auch 10,7) geht es um das Weltgericht und um ein Auf-stehen, nicht um ein „Stehen" (10,3: „Der Himmlische steht von dem Herrschersitz auf und tritt aus seiner heiligen Wohnung, vor Zorn und Empörung wegen seiner Kinder"; 10,7: „Der höchste Gott, der einzig Ewige, steht auf, tritt öffentlich hervor, die Heiden zu bestrafen und all ihre Götzenbilder zu vernichten"). Wir sind mit G. Dalman der Meinung, daß der Partizip ἑστώς in Apg 7,55f „bedeutungslos" ist[36]. Ging es in Apg 7,55 um ein „Aufstehen" des Menschensohnes Jesus zum Gericht über das jüdische Volk, so hätte Lukas eher das ihm sehr geläufige Partizip σταθείς gebraucht (vgl. Apg 2,14; 5,20; 17,22; 25,18; 27,21). Im übrigen vgl. zum lukanischen Sprachgebrauch auch Lk 1,11: ὤφθη δὲ αὐτῷ (= dem Zacharias im Tempel) ἄγγελος κυρίου *ἑστὼς ἐκ δεξιῶν* τοῦ θυσιαστηρίου τοῦ θυμιάματος); hier ist das Partizip ἑστώς ebenso „bedeutungslos"[37].

Von da aus zurück zu Haenchens These von der „antijüdischen Frontstellung" des Lukas und damit zu der Frage, ob die Stephanusgeschichte und speziell Apg 7,55f „die Wende" von der Juden- zur Heidenmission markiert. In Apg 11,19 wird von Lukas bemerkt: „Diejenigen nun, die sich *wegen der Verfol-*

---

[35] Vgl. dazu ebd. 55–58.

[36] *G. Dalman*, Die Worte Jesu I (Leipzig 1930) 29 (Hinweis bei *Pesch*, 23).

[37] *W. Bauer* (Wb, 756) verweist auf Epikt. 4, 1, 88: ἑστῶσα: „von der Akropolis, die dasteht". Nach *W. Pape*, Griechisch-Deutsches Handwörterbuch II, 1270, bezeichnen die intransitiven Tempora von ἵστημι „oft nur das wirkliche Bestehen, Vorhandensein, ein verstärktes εἶναι".

gung gegen Stephanus zerstreut hatten, zogen nach Phönizien, Cypern und Antiochien, und verkündeten das Wort *niemand außer Juden.*" Zwar wird im folgenden Vers gesagt, daß „einige" auch den „Griechen" das Evangelium verkündeten, aber das εἰ μὴ μόνον Ἰουδαίοις am Ende des V. 19 ist beachtlich; denn es läßt erkennen, daß nach Lukas in Wirklichkeit die Judenmission mit dem Tod des Stephanus keineswegs zu Ende gegangen ist[38]. Sie ging vielmehr unentwegt weiter bis zur Ankunft des Paulus in Rom, wo der Apostel sich nochmals an die Juden in Rom wendet (s. dazu w. u.). Gewiß erfahren die christlichen Missionare oft Widerstand und Verfolgung jüdischerseits, dennoch weiß Lukas immer wieder auch von Missionserfolgen unter den Juden zu berichten; es sei z. B. verwiesen auf Apg 14,1: „In Ikonium gingen sie in gleicher Weise in die Synagoge der Juden und redeten so zu ihnen, daß *eine große Zahl von Juden* sowohl als auch Griechen gläubig wurde", oder 17,12: in Thessalonich werden „viele" von den Juden gläubig, oder 21,20: die Judenchristen von Jerusalem sagen zu Paulus nach seiner Ankunft in ihrer Gemeinde: „Du siehst, Bruder Paulus, *wie viele Myriaden unter den Juden* gläubig geworden sind."[39] Was uns jetzt interessiert, ist die Frage: *Wird in der Apostelgeschichte dem jüdischen Volk das Gericht Gottes angedroht oder eine endgültige Verwerfung Israels durch Gott ausgesprochen?* Prüft man die Gerichtsaussagen der Apostelgeschichte daraufhin durch, so zeigt sich folgender Befund:

1. *Aufforderungen zur Bekehrung mit Warnung vor dem Gericht.* – Petrus mahnt in der „Pfingstpredigt" seine jüdischen Zuhörer: „Rettet euch aus diesem verkehrten Geschlecht" (2,40). Dahinter könnte der Gedanke stehen: damit ihr nicht mit „diesem verkehrten Geschlecht", das ungläubig bleibt, dem Gericht verfallt. Aber ausdrücklich steht vom „Gericht" nichts da. – In der Tempelrede sagt Petrus in Apg 3,23 mit einem Zitat aus Lev 23,29: „Es wird aber geschehen: jede Seele, die nicht auf jenen (von Mose angesagten) Propheten (= Jesus) hört, wird aus dem Volk ausgerottet werden"; dazu bemerkt Haenchen: „Der Jude, der sich nicht zu Christus bekennt, hört auf, ein Mitglied des Gottesvolkes zu sein! Damit wird den Hörern vor Augen gestellt, was für sie auf dem Spiele steht." Wenn aber Haenchen dann fortfährt: „Der Gedanke, daß die Christen das wahre Israel sind, wird hier – nur in anderer, biblischer Formulierung (Lev 23,29) – scharf herausgestellt", so muß betont werden, daß die Apostelge-

[38] Dies ist vor allem das Ergebnis der wichtigen Untersuchung von *J. Jervell,* Das gespaltene Israel und die Heidenvölker. Zur Motivierung der Heidenmission in der Apostelgeschichte, in: StTh 19 (1965) 68–96.

[39] Das ganze Material über Erfolge in der Judenmission nach den Berichten der Apg hat *Jervell* vollständig zusammengestellt. Wir legen es deshalb hier nicht mehr vor. Jedenfalls: „Lukas zeichnet nicht ein Bild des jüdischen Volkes, das en bloc, qua Volk, das Evangelium verwirft, was seinerseits die Heidenmission veranlassen sollte ... Lukas kennt auch eine heidnische Unwilligkeit und Feindseligkeit, was jedoch weniger interessiert" (*Jervell,* 76).

schichte die Kirche nicht als das wahre Israel versteht, wie Jervell herausgearbeitet hat[40]. Aber eine Gerichtsandrohung gegen die ungläubig bleibenden Juden liegt in dieser Petruspredigt eindeutig vor. – In Apg 13,40f sagt Paulus in seiner Rede in der Synagoge in Antiochien in Pisidien zu seinen jüdischen Zuhörern in Verbindung mit einem Wort aus Hab 1,5: „Seht also zu, daß nicht eintrifft, was in den Propheten gesagt ist: ‚Schaut ihr, Verächter, staunt und vergeht (ἀφανίσθητε): Ein Werk vollbringe ich in euren Tagen, ein Werk, das ihr nicht glauben werdet, wenn es auch jemand erzählt'." Auch hier eine eindeutige Warnung vor Unglauben mit Androhung des „Vergehens"[41], wohl im Gericht[42]. Das ist prophetische Manier: „Der Verheißung folgt im bekannten Stil die Schlußwarnung" (Conzelmann). Als am folgenden Sabbat, so wird in Apg 13,44–47 weiter erzählt, sich fast die ganze Stadt um Paulus und Barnabas versammelt, „um das Wort Gottes zu hören", werden die Juden eifersüchtig und widersprechen den beiden Missionaren heftig. „Paulus und Barnabas aber erklären freimütig: Euch mußte das Wort Gottes zuerst verkündet werden. Da ihr es aber zurückstoßt und euch des ewigen Lebens unwürdig zeigt, wenden wir uns jetzt an die Heiden", was mit einem Wort aus Is 49,6 dann so begründet wird: „Ich habe dich als Licht aufgestellt für die Heiden, damit du das Heil seiest bis an die Enden der Erde." Mit dem „Licht" ist für Lk der Messias Jesus gemeint. Die ungläubigen Juden zeigen sich „des ewigen Lebens unwürdig". Schließen sie sich damit selbst endgültig von ihm aus? Davon steht nichts im Text. – In Apg 5,28 legt der Hohepriester den Hinweis der Apostel auf die Tötung Jesu so aus: „Und siehe, ihr erfüllt Jerusalem mit eurer Lehre und wollt auf uns das Blut dieses Menschen bringen", d.h., er meint, die Christen wünschen die Strafe Gottes an den Juden für die Ermordung Jesu[43]. – Nach Apg 18,6 sagt Paulus zu den ungläubig bleibenden Juden von Korinth: „Euer Blut über euer Haupt! Ich bin daran unschuldig! Von jetzt an werde ich zu den Heiden gehen." Damit will der Apostel sagen, daß die ungläubig bleibenden Juden selbst daran schuld sind, wenn jetzt das Evangelium nicht mehr ihnen, sondern den Heiden verkündigt wird. Freilich verkündet Paulus nach der Apostelgeschichte auch weiter Juden das Evangelium!

Die angeführten Stellen lassen auf jeden Fall erkennen, daß den Juden von den christlichen Missionaren der Ausschluß vom eschatologischen Heil *angedroht wird*, wenn sie das Evangelium ablehnen. Aber an keiner Stelle wird gesagt,

[40] Das gespaltene Israel und die Heidenvölker, passim (82: „Ein Heidenchristentum, das beansprucht, das wahre Israel im Gegensatz zum ‚empirischen', zum jüdischen Volke, zu sein, beschreibt Lukas überhaupt nicht"; und ebd., Anm. 28: „Es gibt für Lukas nur ein Israel").

[41] ἀφανίζειν kann im Passiv „zugrunde gehen, verschwinden" bedeuten (*W. Bauer*, Wb s.v.).

[42] *Haenchen* liest zuviel hinein: „Das unerwartete Werk, das den Verächtern droht, ist – wie die Leser des Lukas erkennen – die Annahme der Heiden unter Verwerfung der Juden."

[43] Vgl. *Haenchen*, z.St.

daß sie tatsächlich für immer vom Heil ausgeschlossen sind. Die Androhung hat den Sinn: Falls ihr euch nicht bekehrt, dann müßt ihr mit „Ausrottung aus dem Volke“ rechnen (vgl. Apg 3,23 = Lev 23,29). Das ist prophetischer Stil: die atl. Propheten drohen und sagen das Gericht an, was jedoch niemals die endgültige Verwerfung Israels durch Gott bedeutet, im Gegenteil: dem Gericht folgt Heil.

2. Gericht Gottes an einzelnen. – Darüber finden sich Berichte (abgesehen vom Fall Ananias und Sapphira) in Apg 12,23 (das Gericht Gottes an „König“ Herodes Agrippa I) und 13,11 (Gericht über den Zauberer Elymas).

3. Hinweise auf das Endgericht über die ganze Welt. – Petrus sagt in seiner Predigt im Haus des Cornelius in Apg 10,42: „Uns hat er den Auftrag gegeben, dem Volk zu predigen und zu bezeugen, daß er (Jesus) der von Gott bestimmte *Richter der Lebenden und Toten ist*“; und Paulus in der „Areopagrede“ Apg 17,31: Gott „hat einen Tag gesetzt, an dem er *den Erdkreis in Gerechtigkeit richten wird* durch einen Mann (Jesus), den er (dazu) bestellt und vor allen Menschen dadurch ausgewiesen hat, daß er ihn von den Toten auferweckte“. In Apg 24,25 redet Paulus mit dem römischen Prokurator Felix auch über „*das kommende Gericht*“.

In Rom ruft Paulus „die Vornehmsten der Juden zusammen“ (Apg 28,17). Er spricht zu ihnen von der „Hoffnung Israels“ (28,20), womit nur die Messiashoffnung, die sich in Jesus erfüllt hat, gemeint sein kann. An einem „bestimmten Tag“ redet er noch einmal mit ihnen über das Reich Gottes und Jesus (28,23). „Die einen ließen sich durch seine Worte überzeugen, die andern blieben ungläubig“ (28,24). Und da sie sich nicht einig werden, sagt ihnen zuletzt Paulus „noch das eine Wort“: „Treffend hat der heilige Geist durch den Propheten Jesaja zu euren Vätern gesagt (Is 6,9f LXX): ‚Geh zu diesem Volk und sprich: mit den Ohren sollt ihr hören, aber nicht verstehen, und mit den Augen schauen, aber nicht sehen. Denn das Herz dieses Volkes ist stumpf geworden. Mit den Ohren hören sie nur schwer, und ihre Augen halten sie geschlossen, damit sie mit den Augen nicht sehen und mit den Ohren nicht hören noch mit dem Herzen verstehen und sich bekehren und ich sie heile.‘ So sollt ihr nun wissen: den Heiden ist dieses Heil Gottes gesandt worden. Und sie werden hören!“[44] (Apg 28,25–28). Hier vertritt Lukas die auch sonst in der Urkirche sich findende „Verstockungstheorie“, die besagt: Israel ist Jesus und dem Evangelium gegenüber (einstweilen) verstockt[45]. Auch wenn Lukas sich diese Theorie am Ende der Apostelgeschichte zu eigen macht und zur Zeit der Abfassung der Apostel-

---

[44] Einige spätere Textzeugen lesen noch den V. 29 hinzu: „Und als er das gesagt hatte, gingen die Juden weg und stritten noch lange miteinander.“

[45] Vgl. dazu Näheres bei *J. Gnilka,* Die Verstockung Israels. Isaias 6,9–10 in der Theologie der Synoptiker (München 1961) (zu Apg 28,26f s. ebd. 130; allzu knapp!).

geschichte Israel und Kirche in der Tat zwei fast völlig voneinander getrennte Gemeinschaften sind und sich diese Tatsache am Ausgang der Apostelgeschichte deutlich spiegelt – die Mission unter den Juden ist nun abgeschlossen[46] –, so beachte man wohl, daß die „Verstockungstheorie" nicht den Gerichtsgedanken enthält! Daß Israel von Gott verworfen und vom eschatologischen Heil ausgeschlossen ist und bleibt, sagt weder die am Schluß der Apostelgeschichte auftauchende „Verstockungstheorie" noch die Apostelgeschichte an irgendeiner Stelle. Im Gegenteil: in der von Lukas ebenfalls in der Apostelgeschichte vertretenen „Apokatastasistheorie"[47] wird die Restitution Israels am Ende der Zeiten deutlich angesagt. Vgl. dazu Apg 1,6f: die Frage der Apostel nach der „Wiederherstellung des Reiches für Israel" weist Jesus nicht grundsätzlich zurück, sondern sagt nur, daß „die Zeiten und Fristen" (nämlich für diese „Wiederherstellung") allein „der Vater in seiner Macht festgesetzt hat"[48]. Und in seiner Tempelrede sagt Paulus nach Apg 3,19–21 zu seinen jüdischen Zuhörern: „Bekehrt euch also und tut Buße, damit eure Sünden getilgt werden und der Herr Zeiten des Aufatmens kommen läßt und Jesus sendet *als den für euch bestimmten Christus.* Ihn muß freilich der Himmel aufnehmen *bis zu den Zeiten der Wiederherstellung von allem,* die Gott verkündet hat durch den Mund seiner heiligen Propheten von jeher." Zur „Wiederherstellung" von allem gehört aber nach der prophetischen Verkündigung primär die Wiederherstellung Israels[49]. Und besonders beachte man, daß nach dieser „Predigt" des Petrus Gott den Parusiechristus Jesus „als den *für euch* bestimmten Christus" senden wird, d.h. der Parusiechristus kommt primär „für" Israel[50]. Auch dieses Kerygma gehört zur lukanischen Theologie![51] Lukas war kein „Antijudaist"[52]. Der Menschen-

[46] Vgl. auch *Jervell*, 91.

[47] Vgl. *F. Mußner*, Die Idee der Apokatastasis in der Apostelgeschichte, in: PRAESENTIA SALUTIS. Gesammelte Studien zu Fragen und Themen des NT (Düsseldorf 1967) 223–234.

[48] Verfehlt ist die Meinung *Gnilkas*, die Frage der Apostel in Apg 1,6 umfasse „ein zweifaches Problem ...: Das Problem der Naherwartung der Parusie und das Problem der Heidenmission" (Verstockung 142).

[49] Vgl. dazu das Material aus den Propheten bei *E. L. Dietrich*, שוב שבות. Die endzeitliche Wiederherstellung bei den Propheten (Gießen 1928) 38–51.

[50] Vgl. zu Apg 3,19–21 auch noch *G. Lohfink*, Christologie und Geschichtsbild in Apg 3,19–21, in: BZ, NF 13 (1969) 223–241 (mit z.T. korrekturbedürftigen Ergebnissen; s. nächste Anm.).

[51] Man kann nicht mit *Lohfink* (241) sagen: „Israel hat nach der Auffassung des Lukas auch die zweite Möglichkeit zur Umkehr, die ihm Gott nach Pfingsten durch die Predigt der Apostel eröffnete, verspielt. Es ist damit als Ganzes aus der Heilsgeschichte ausgeschieden." Das ergibt sich nicht aus der Apg.

[52] Und deshalb bedarf die Apg-Auslegung durch *E. Haenchen* auf weite Strecken der Revision! Ihrer haben sich unterdessen angenommen vor allem *J. Jervell*, Luke and the People of God. A new look at Luke-Akts (Minneapolis 1972, mit einem Vorwort von *N. Dahl*) und I. ΠΑΝΑΓΟΠΟΥΛΟΣ, Ο ΘΕΟΣ ΚΑΙ Η ΕΚΚΛΗΣΙΑ. Ἡ θεολογικὴ μαρτυρία τῶν Πράξεων Ἀποστόλων (Athen 1969) (vgl. dazu *P.-G. Müller* in: BZ, NF 18 [1974] 121–124).

sohn Jesus erhebt sich nach Apg 7,55f nicht zum Gericht über sein Volk![53] H. E. Tödt meint in seinem Buch „Der Menschensohn in der synoptischen Überlieferung"[54]: „An keiner Stelle des Lukas-Evangeliums tritt die Funktion des Menschensohnes als Richter oder Vollstrecker des Weltgerichtes deutlich hervor – ganz im Gegensatz zum Matthäus-Evangelium." Demgegenüber verweist R. Pesch auf „Belegstellen wie Lk 9,26; 12,8f; 18,8b; 21,26.36", die nach Pesch „durchaus eine Interpretation auf den Richter zulassen, wenn nicht gar zu fördern scheinen"[55]. Lk 18,8b und 21,26 kommen in Wirklichkeit nicht in Frage, für die andern Stellen scheint die Auffassung Peschs zuzutreffen[56]; aber der Adressat dieser Gerichtslogien Jesu ist nicht speziell das jüdische Volk, sondern – gerade von der Redaktionsebene des Lukasevangeliums aus gesehen – die christliche Gemeinde selbst.

Gewiß kann man mit Jervell im Hinblick auf die Missionsberichte der Apostelgeschichte von einem „gespaltenen Israel" sprechen: auf der einen Seite ein Israel, das „verstockt" bleibt; auf der andern Seite ein Israel, das das Evangelium annimmt und mit den Heidenchristen zusammen die eschatologische Gemeinde Jesu bildet, an dem sich die alttestamentlichen Verheißungen erfüllen, so daß auf jeden Fall die Mittlerstelle Israels und die Kontinuität der Heilsgeschichte von Lukas bewahrt wird[57]. Dennoch muß im Hinblick auf die Apostelgeschichte gesagt werden, daß auch der „verstockte" Teil Israels von Gott nicht verworfen ist und für immer vom eschatologischen Heil ausgeschlossen bleibt[58]. Der Parusiechristus, den einstweilen die Himmel aufnehmen mußten, kommt nach Apg 3,20f als der *für das ganze Israel* vorherbestimmte Messias, der alles

---

[53] Lukas würde sich seltsam widersprechen, wenn er in Apg 7,55f den Menschensohn Jesus sich zum Gericht über das jüdische Volk erheben ließe, wenige Zeilen weiter aber Stephanus für dasselbe Volk beten läßt: „Herr, rechne ihnen diese Sünde nicht an" (7,60), wie auch Jesus nach Lk 22,34 am Kreuz noch Fürbitte für seine Feinde eingelegt hat: „Vater, vergib ihnen; denn sie wissen nicht, was sie tun!" (Luk. Sondergut!). Stephanus folgt auch darin seinem „Vorbild". Man könnte sogar die Hypothese aufstellen: Der Menschensohn Jesus „steht" zur Rechten Gottes im Himmel, um Fürbitte für sein Volk einzulegen, wie es gleichzeitig sein getreuer „Zeuge" (vgl. Apg 22,20) Stephanus auf Erden tut. Vgl. auch *O. Cullmann*, Von Jesus zum Stephanuskreis und zum Johannesevangelium, in: *E. Grässer* (Hrsg.), Jesus und Paulus (Festschr. W. G. Kümmel) (Göttingen 1975) 52.

[54] (Gütersloh 1959) 102.

[55] A.a.O. 55.

[56] Zu Lk 12,8f vgl. auch *G. Voss*, Die Christologie der lukanischen Schriften in Grundzügen (Paris – Brügge 1965) 39f.

[57] Dazu *Jervell*, Das gespaltene Israel 94.

[58] *P. Zingg* kommt in seinem Buch „Das Wachsen der Kirche. Beiträge zur Frage der lukanischen Redaktion und Theologie" (Orbis Bibl. et Orient. 3) (Freiburg i.d.Schw. – Göttingen 1974) zu dem Ergebnis: „*Paulus* reflektiert ausführlich über die Stellung Israels nach der Ablösung durch die Heiden (Röm 9–11) und räumt ihnen nach der ‚Phase' der Heiden eine positive Heilshoffnung für die Zukunft ein. *Luk.* weist im Verlauf der Missionierung dreimal ausdrücklich darauf hin, daß nach der schuldhaften Ablehnung führender jüdischer Kreise die Heilsbotschaft zu den Heiden übergeht. Über die weitere Stellung der Juden äußert er sich nicht direkt" (269).

„wiederherstellen“ wird. Die „Spaltung“ Israels wird dann aufgehoben sein[59].

Anton Vögtle, dem diese Festschrift gewidmet ist, wird als Mitherausgeber des „Freiburger Rundbrief“, so hoffen wir, dem Ergebnis unserer bisherigen Untersuchungen zustimmen können.

III. Verbindungslinien des stephanisch-lukanischen Kerygmas von der wahren Wohnung Gottes zur Theologie des Johannesevangeliums und des Epheserbriefes

Das folgende stellt nur noch eine knappe Skizze dar.

1. Im Johannesevangelium findet sich eine kultische „concentration christologique“, zu der auch das Kerygma gehört, daß der fleischgewordene Logos der „Ort“ der eschatologischen und heilbringenden Offenbarung und der Anbetung Gottes ist (vgl. Joh 1,14; 2,21f; 4,21)[60]. Zu den vielfältigen Berührungen zwischen der lukanischen und johanneischen Theologie[61] gehört auch dies: Nicht mehr der Tempel zu Jerusalem ist die Wohnung Gottes, sondern sie ist dort, wo der Logos und Menschensohn Jesus ist.

2. Auch das Kerygma des Epheserbriefes scheint in diese Richtung zu weisen.

---

[59] *K. Löning* sieht in seiner interessanten Dissertation „Die Saulustradition in der Apostelgeschichte“ (Ntl. Abh., NF 9) (Münster 1973) die Dinge so (vgl. dazu die Zusammenfassung seiner Ergebnisse 204–210): Lk geht es um das Problem der faktischen Diskontinuität des nachapostolischen Heidenchristentums: es besteht kein Zusammenhang mehr mit dem Judentum. Schuld daran sind aber nicht die heidenchristliche Kirche, vielmehr die verstockten Juden selbst. Lk rechtfertigt aber nicht den faktischen Bruch zwischen Synagoge und christlicher Gemeinde, sondern versucht „das darin gesehene *Problem* zugunsten der Christen zu lösen“. Nicht die Heidenchristen lösten sich vom Judentum, sondern das Judentum wollte weithin vom Evangelium nichts wissen. Dabei versteht Lk Paulus als „Schlüsselfigur“ in diesem historischen Prozeß. Das Schicksal des Paulus macht zusammen mit seinen Reden deutlich, warum der Prozeß der Ablösung vom Judentum so verlief und nicht anders. Lk versteht heilsgeschichtliche Kontinuität „als spannungsvolles offenes Geschehen, in dem es unausweichlich Bewegung und darin auch Verlust und Loslösung vom Überkommenen gibt“. „Nicht um Paulus und paulinische Probleme geht es Lukas, sondern um den geschichtlichen Prozeß, in welchem Paulus ... eine bedeutende Rolle spielt: die Auseinandersetzung zwischen Christen und Juden um das heilsgeschichtliche Erbe der Verheißung.“ Mag das auch alles richtig sein, so ergibt sich doch aus der Apg nur dies, daß z.Z. des Lukas „das Christentum den Kontakt mit dem Judentum verloren hat“ (161), nicht jedoch, daß das Christentum zu dieser Zeit das Judentum „als endgültig verloren betrachten muß“, wie *Löning* meint (161). „Verstockung“ bedeutet nach der Apg keineswegs endgültiger Verlust! Für Israel kommen vielmehr einst die Zeiten seiner „Wiederherstellung“ (Apg 1,6) und die Zeiten seiner „Wiederbelebung“ (3,20).

[60] Vgl. dazu die nähere Ausführung bei *F. Mußner*, „Kultische“ Aspekte im johanneischen Christusbild, in: *ders.*, PRAESENTIA SALUTIS 133–145 (näherhin 133–136, 137–139). Zu Joh 1,14 auch noch *J. C. Meagher*, John 1,14 and the New Temple, in: JBL 88 (1969) 57–68.

[61] Vgl. dazu etwa die instruktive Übersicht bei *F. Lamar Cribbs*, St. Luke and the Johannine Tradition, in: JBL 90 (1971) 422–450.

Hier wird die Kirche aus Juden und Heiden als der in die himmlischen Dimensionen reichende „heilige Tempel im Herrn" begriffen, dessen „Eckstein" Christus ist, dessen „Fundament" die Apostel und Propheten bilden und in dem die Christen als „Mitbürger der Heiligen (= der Engel) und Hausgenossen Gottes mitaufgebaut werden" „zu einer Wohnung Gottes im Geiste" (Eph 2,19–22). In diesem „geistlichen" Tempel haben *alle* denselben „Zugang zum Vater in dem einen Pneuma durch Christus" (2,18)[62]. Dieses Kerygma von der Kirche als dem eschatologischen, „geistlichen Tempel im Herrn" ist zwar im Epheserbrief nicht oppositionell ausgerichtet – während im Johannesevangelium der oppositionelle Ton durchaus noch hörbar ist –, aber der Weg, der zu diesem Kerygma geführt hat, scheint in der Urkirche auf eine Opposition gegen den Tempel zu Jerusalem und das Tempeljudentum zurückzuführen, wie sie eindeutig in der Stephanusperikope der Apg zur Sprache gebracht ist.

Wo ist der Ursprung dieses oppositionellen Kerygmas zu suchen? Die Stephanusperikope selbst scheint noch auf die richtige Spur zu führen: *im hellenistischen Judenchristentum*, zu dessen Exponenten der Stephanuskreis nach fast allgemeiner Überzeugung der Exegeten zu rechnen ist[63]. Schon bei Paulus und in der Paulusschule finden sich starke Ansätze zur Spiritualisierung der Kultbegriffe Tempel, Priester und Opfer[64]. Ob qumranische, philonische oder samaritanische Einflüsse auf die „Opposition" gegen den Tempel in Jerusalem eingewirkt haben, läßt sich kaum mehr entscheiden[65]. Meines Erachtens erklärt

---

[62] Vgl. dazu *F. Mußner*, Christus, das All und die Kirche. Studien zur Theologie des Epheserbriefes (Trier ²1968) 100–118; *H. Merklein*, Das kirchliche Amt nach dem Epheserbrief (München 1973) 118–156.

[63] Vgl. z.B. *Conzelmann*, Die Apg 57; *Bihler*, Stephanusgeschichte, 216–224 („Stephanus als Hellenist"); *Hengel*, Zwischen Jesus und Paulus, passim. Nach *J. Gnilka* war der Verfasser des Epheserbriefs ein „Judenchrist", der „mit den Traditionen des Judentums und mit den Traditionen der hellenistischen Synagoge" vertraut war (Der Epheserbrief [Freiburg i. Br. 1971] 17f).

[64] Vgl. dazu *H. Wenschkewitz*, Die Spiritualisierung der Kultusbegriffe Tempel, Priester und Opfer im Neuen Testament (Leipzig 1932); *M. Fraeyman*, La spiritualisation de l'idée du temple dans les Épîtres pauliniennes (Löwen 1948).

[65] Vgl. dazu etwa *O. Cullmann*, L'opposition contre le temple de Jérusalem, motif commun de la théologie Johannique et du monde ambient, in: NTSt 5 (1958/59) 157–173; *R. Schnackenburg*, Die „Anbetung in Geist und Wahrheit" (Joh 4,23) im Lichte von Qumrantexten, in: BZ, NF 3 (1959) 88–94; *B. Gärtner*, The Temple and the Community in Qumran and the New Testament. A comparative study in the Temple Symbolism of the Qumran Texts and the New Testament (Cambridge 1965); *A. Spiro*, Stephen's Samaritan Background, in: *J. Munck*, The Acts of the Apostles (The Anchor Bible) (New York 1967) 285–300; *Scharlemann*, Stephen (s. Anm. 1), passim (bes. 19–22, 45–51); *W. H. Mare*, Acts 7: Jewish or Samaritan in Character?, in: WestTheolJourn 34 (1971) 1–21; dazu noch *C. H. H. Scobie*, The Origins and Development of Samaritan Christianity, in: NTSt 19 (1972/73) 390–414; *O. Cullmann*, Von Jesus zum Stephanuskreis und zum Johannesevangelium (s. Anm. 53) 45–51; *ders.*, Der johanneische Kreis. Sein Platz im Spätjudentum, in der Jüngerschaft Jesu und im Urchristentum. Zum Ursprung des Johannesevangeliums (Tübingen 1975) 45ff, 53.

sich diese „Opposition" genügend aus den heilsgeschichtlich-christologischen Überzeugungen der Urkirche, für die der auferweckte Christus zur Rechten Gottes im Himmel erhöht ist und in dem „die ganze Fülle der Gottheit" „leibhaftig" wohnt (Kol 2,9). Der „Tempel" Christus ist jetzt die eschatologische „Wohnung" Gottes, die jeden von Menschenhänden gemachten Tempel abgelöst hat. Zu dieser Glaubensüberzeugung ist die Urkirche nicht erst durch den „Fall" Jerusalems gekommen[66].

---

[66] Vgl. dazu auch *L. Gaston*, No Stone on Another: Studies in the Significance of the Fall of Jerusalem in the Synoptic Gospels (Suppl. NT XXIII) (Leiden 1970) (154–161: Stephen and the Temple).

Johannes 1,51 und die Einleitung zum vierten Evangelium

Stephen S. Smalley, Manchester

Dieser Aufsatz, der in Bewunderung und Hochachtung Professor Anton Vögtle gewidmet ist, stellt sich zur Aufgabe, die Stellung und Bedeutung des Menschensohn-Spruchs von Joh 1,51 im Blick auf die Struktur und Zielsetzung des ersten Kapitels des vierten Evangeliums und damit im Zusammenhang mit diesem Evangelium als ganzem zu erforschen. Die Ergebnisse unserer Untersuchung werden hoffentlich dazu beitragen, den theologischen Sinn dieses wichtigen johanneischen Menschensohn-Logions und auch die Überlieferungsgeschichte, in der es steht, zu erhellen.

I

Das Johannesevangelium weist in seiner Gesamtheit eine bemerkenswerte Ausgewogenheit in seiner Form und seinem theologischen Inhalt auf. Blicken wir zunächst auf die *Form*[1].

Die Mitte des Evangeliums wird anscheinend von einer Gruppe von sechs Zeichentaten gebildet[2], zu der Joh 1 die Einleitung darstellt. In diesem Kapitel ist paradigmatisch von der Fleischwerdung des Logos die Rede, und dieses Zelten des Wortes (Joh 1,14) ist die Grundlage und der Ausgangspunkt aller Zeichentaten im Johannesevangelium. Sämtliche sechs Zeichen in Joh 1–12 offenbaren der Welt die Herrlichkeit des Logos. Auf sie folgt der johanneische Bericht über den Tod und die Verherrlichung Jesu, des Wortes für die Welt (Joh 13–21); in ihnen besteht die Erfüllung, auf die alle Zeichen hindeuten. Der Epilog des

---

[1] Selbstverständlich gehört beides zusammen, doch um der Klarheit willen werden wir sie hier separat behandeln.

[2] Die Verwandlung von Wasser in Wein (Joh 2,1–11); die Heilung des Sohnes eines königlichen Beamten (4,46–54); die Heilung eines Kranken am Teich Betesda (5,2–9); die Speisung der Fünftausend (6,1–14); die Heilung eines Blinden (9,1–7); die Auferweckung des Lazarus (11,1–44). Nicht als Zeichen im charakteristischen johanneischen Sinn betrachte ich die Tempelreinigung (Joh 2,13–22) und das „Wandeln auf dem Wasser" (6,16–21), wo ἐπὶ τῆς θαλάσσης in V. 19 statt „auf" auch „am See" bedeuten könnte.

vierten Evangeliums (Joh 21) enthält das siebente johanneische Zeichen, den Fang von hundertdreiundfünfzig Fischen. Dieses Zeichen stimmt seiner Grundlage und seinem Sinn nach mit den andern überein, geht aber über sie hinaus, indem es auf den universalen Charakter der Sendung der Kirche hinweist, der letztlich von der Inkarnation Jesu abhängt, unmittelbar aber sich aus seiner Auferstehung ergibt. (Dies setzt natürlich voraus, daß auch Joh 21 irgendwie zum vierten Evangelium gehört. Obwohl der Epilog in gewissen Hinsichten gegenüber dem übrigen Evangelium eigenständig ist, scheint mir kein hinreichender Grund vorzuliegen, ihn vollständig davon abzutrennen[3].)

Innerhalb des sorgfältig konstruierten Rahmens lassen sich, wie sehr er auch hervortritt, im Johannesevangelium festumrissene Strukturen aufdecken; und diese weisen darauf hin, daß im vierten Evangelium, so wie es jetzt aufgebaut ist, das erste und das letzte Kapitel (Joh 1 und 21) eine entscheidend wichtige Stellung einnehmen. Beispielsweise scheint bei Johannes der Stoff einem zyklischen Muster entsprechend angeordnet zu sein, wonach auf eine Behauptung ein Zeichen und auf dieses ein Zeugnis folgt[4]. Dieses Muster ordnet das Zeichenmaterial, das im Hauptteil des Evangeliums vorgelegt wird[5], und es gibt auch dem ersten und dem letzten Kapitel ihr Gepräge. So folgt in Joh 1 auf die theologische Aussage über Jesus als das Wort Gottes (VV. 1–5. 9–13) der Inbegriff aller Zeichen, die Inkarnation (VV. 14–18), und die Bezeugung des fleischgewordenen Logos von seiten Johannes' des Täufers, des Geistes und der ersten Jünger (VV. 19–51). In ähnlicher Weise enthält Joh 21 das Zeichen der hundertdreiundfünfzig Fische (VV. 1–13), eine wichtige Aussage, wonach die wahre Identität Jesu den Jüngern durch dieses Zeichen geoffenbart wurde (V. 14), und das Zeugnis des Lieblingsjüngers, der das Zeichen als wirklich geschehen verbürgt (24).

Vom besonderen Gesichtspunkt der formalen Struktur des vierten Evangeliums her gesehen, besteht somit eine bedeutsame Ausgewogenheit zwischen Joh 1 *(in toto)* und Joh 21 und auch zwischen diesen beiden Kapiteln und dem übrigen Werk.

Was zweitens den theologischen *Gehalt* des Johannesevangeliums betrifft, so tritt eine ähnliche Ausgewogenheit zutage. Das vierte Evangelium als Ganzes widerspiegelt eine kreative theologische Spannung zwischen dem Geschichtlichen und dem Übergeschichtlichen. Für Johannes ergibt sich die Herrlichkeit

[3] Vgl. ferner *S. S. Smalley*, The Sign in John XXI, in: NTS 20 (1973–74) 275–288, und die dort angeführte Literatur; vgl. vor allem 275–277.

[4] Vgl. *B. Lindars*, The Fourth Gospel an Act of Contemplation, in: *F. L. Cross* (Hrsg.), Studies in the Fourth Gospel (London 1957) 23–35. Die Reihenfolge ist gelegentlich leicht unterschiedlich.

[5] Beispielsweise Joh 6, wo auf das Zeichen der Speisung der Volksmenge (VV. 1–14) die Aussage folgt, daß Jesus das Lebensbrot ist (VV. 26–58), und das im Namen der zwölf Jünger von Petrus abgelegte Zeugnis, daß Christus der Herr ist (VV. 67–69).

Christi eben daraus, das Jesus diese beiden Dimensionen, die Zeit und die Ewigkeit, in seiner Person vereint. Da der Logos unter den Menschen gezeltet hat (Joh 1,14 und 32f), ist es nunmehr dem Fleisch in einzigartiger Weise möglich, Träger von Geist zu sein[6].

Die für Johannes charakteristische wechselseitige Beziehung zwischen diesen beiden Wirklichkeitsebenen tritt auch im ersten und im letzten Kapitel des Johannesevangeliums als ein theologisches Hauptanliegen hervor. Das erste Kapitel ist eine klassische Darlegung der Tatsache, daß das Fleisch des inkarnierten Logos „diaphan" für den Geist ist, so daß in ihm und durch es die Herrlichkeit Gottes ansichtig wird[7]. Im Epilog Joh 21 tritt genau die gleiche Koinhärenz zutage, bloß daß sie jetzt umgekehrt ist. Als der auferstandene Jesus nach dem wunderbaren Fischfang an den Gestaden des Sees von Tiberias mit den Jüngern Mahl hält und spricht, kommt der Geist in wahrnehmbar materiellen, ja fleischlichen Ausdrucksweisen zum Ausdruck[8]. Beginn und Ende des Johannesevangeliums sind somit komplementär; sie sind aufeinander abgestimmt und stehen theologisch in Einklang mit dem Hauptteil des Werks.

II

Wie immer diese auch zustande gekommen sein mag, weist das vierte Evangelium eine durchgehende Ausgewogenheit in Form und Inhalt auf, und das erste und das letzte Kapitel scheinen zu diesem strukturellen und theologischen Schema merklich beizutragen. Wir wollen nun *die Beziehung zwischen Joh 1* (nicht allein der Prolog) *und dem gesamten Evangelium* näher besehen. Meines Erachtens besteht zwischen ihnen eine sehr enge Verknüpfung[9].

Erstens stellen wir fest, daß Joh 1 johanneische Leitgedanken vorträgt, die dann in der Folge entfaltet werden. Beispielsweise fassen Joh 1,11 und 12, die von der Ankunft und dem Wirken des Logos in der Geschichte sprechen, die beiden Hauptteile des vierten Evangeliums zusammen: „die Offenbarung des Wortes an die Welt" (Joh 1–12) und „die Verherrlichung des Wortes für die Welt" (wie man Joh 13–21 betiteln könnte). Auch „Neuschöpfung" ist ein Motiv, das als Widerhall zu Gen 1,1 in Joh 1,1 aufklingt, und es kehrt einschlußweise wieder in den „sieben Tagen" des Wirkens, über die sich Joh 1 und 2 erstrecken, sowie in Gedanken der Neuschöpfung durch das fleischgewordene Wort, dem

[6] Joh 6,63.68. Für den vierten Evangelisten kann dies auf den Christen wie auf Christus zutreffen.
[7] Vgl. *J. A. T. Robinson*, The Use of the Fourth Gospel for Christology Today, in: *B. Lindars – S. S. Smalley* (Hrsg.), Christ and Spirit in the New Testament. Studies in honour of Charles Francis Digby Moule (Cambridge 1973) 61–78, vor allem 64f.
[8] Vgl. *S. S. Smalley*, The Sign in John XXI, a.a.O. 281f.
[9] Vgl. ferner *C. K. Barrett*, The Prologue of St John's Gospel (London 1971); Neudruck in *C. K. Barrett*, New Testament Essays (London 1972) 27–48.

der vierte Evangelist von Joh 1,14 an durch das gesamte Evangelium hindurch Beachtung schenkt[10]. Auch das Thema „Leben und Licht" (mit der Finsternis als Gegensatz dazu) wird in Joh 1,4 eingeführt und sodann von Johannes mehr und mehr hervorgehoben als ein sich entfaltender Gedanke, den er in seinem Evangelium verwendet, um Jesus als den Bringer des ewigen Lebens vorzustellen[11]. Ferner ist, wie wir sahen, der Begriff „Herrlichkeit" für den vierten Evangelisten grundlegend, um die Bedeutung des fleischgewordenen Wortes darzutun und die Zeichentaten zu erzählen, die diese Bedeutung veranschaulichen. Das Thema „Herrlichkeit" kommt zum erstenmal in Joh 1,14 vor und liegt hinter allem, was Johannes hernach sagt (vgl. das Menschensohn-Dictum in Joh 1,51)[12]. Das gleiche gilt vom „Zeugnis"-Motiv, das für das Johannesevangelium charakteristisch ist[13]. Der Gedanke, für Jesus zu zeugen (für einen Jesus, der „vor Gericht" steht), wird eingeführt in Joh 1,7.34 (Joh der Täufer), V. 41 (Andreas) und V. 49 (Natanael), und er zieht sich durch das ganze Evangelium hindurch als Beweismittel zur Stützung der Behauptung, Jesus sei von Gott gekommen[14]. „Glaube"[15] und „Wiedergeburt"[16] sind Begriffe, die Johannes ebenfalls handhabt, um ein Thema einzuleiten, das in der Folge entwickelt wird.

Die Art, wie Johannes christologische Titel verwendet, ist gleichfalls behilflich, Joh 1 (als Ganzes) mit allem, was im vierten Evangelium darauf folgt, in Verbindung zu setzen. Joh 1 enthält die Haupttitel Jesu: „Wort" (VV. 1 und 14), an dessen Stelle „Sohn" tritt (VV. 14 und 18)[17]; „Christus" (VV. 17 und 41), „Lamm Gottes" (VV. 29 und 36), „Sohn Gottes" (VV. 34 und 49), „König von Israel" (V. 49) und den, wie wir sehen werden, entscheidend wichtigen Titel „Menschensohn" (V. 51). Diese Bezeichnungen tönen theologische Themen an, die in den folgenden Kapiteln des Johannesevangeliums ausgefaltet und vertieft werden[18]. Einzig der Würdetitel „Herr" fehlt (mit Ausnahme des Zitats in Joh 1,23). Doch dieses nachösterliche Bekenntnis tritt im Epilog (Joh 21,7ff) auf als die einzige christologische Bezeichnung, die in diesem Kapitel verwendet

---

[10] Vgl. u.a. Joh 8,58; 10,9f; 14,6.

[11] Vgl. u.a. Joh 8,12ff; 9 (die Heilung des Blindgeborenen); 11,9–11; 12,35f.

[12] Vgl. u.a. Joh 2,11; 7,39; 12,28; 13,31f. Herrlichkeit und Macht sind im vierten Evangelium miteinander zusammenhängende Themen (so Joh 11,40; vgl. auch die johanneische Auferstehungserzählung Joh 20 und 21 im Licht von Röm 6,4). Vgl. auch Joh 1,12 (wo von ἐξουσία die Rede ist) als einleitende Bemerkung zu 1,14 (wo von δόξα die Rede ist).

[13] Vgl. *T. Preiss*, Life in Christ (London 1954) 9–31.

[14] Vgl. u.a. Joh 8,18 (der Vater); 9,38 (der Blinde); 11,27 (Marta); 15,26 (der Geist); 15,27 (die Jünger); 20,28 (Tomas); 21,24 (der Liebesjünger). Vgl. auch die abwägenden Fragen nach dem Ursprung Jesu (auf die Johannes die Antwort gibt), die von den ersten Jüngern (1,38) und von Pilatus (19,9) gestellt werden.

[15] Vgl. u.a. Joh 1,7.50; 3,16–18; 6,29; 14,11; 20,31.

[16] Vgl. Joh 1,12f und 3,1–15 (Nikodemus).

[17] P[66], א*, B, sy[p], *al* lesen in V. 18 μονογενὴς Θεός.

[18] Zu den Einzelheiten vgl. *S. S. Smalley*, The Sign in John XXI, a.a.O. 278f.

wird, und in diesem Zusammenhang scheint es all das zusammenzufassen, was im vierten Evangelium sonst (vermittels theologischer Themen und christologischer Titel) über die Person Jesu gesagt wird[19].

Das erste Kapitel bildet somit einen Mikrokosmos des gesamten Johannesevangeliums, ja der Heilsgeschichte selbst. In ihm kündigt der Evangelist kurz die Hauptthemen an, die er behandeln wird, und diese alle beziehen sich letztlich auf die Person und das Werk des Logos und das Heil, das durch ihn ermöglicht wird. Der „Ouvertüre"-Effekt von Joh 1 wird durch eine Universalität von Namen – von Personennamen und geographischen Bezeichnungen – verstärkt, die sich in diesem Kapitel findet. Beispielsweise treten hier neben Johannes dem Täufer und Josef, Andreas und Petrus, Philippus und Natanael (der „echte Israelit") die repräsentativen Gestalten von Mose und Elija auf (die für die jüdische wie für die christliche Geschichte vielbedeutend sind). Die breite Fassung dieses Kapitels, die auf das Evangelium als Ganzes vorausweist, wird auch durch die sowohl in als auch vor der Zeit vorhandene Gegenwart des Vaters, des Wortes[20] und des Geistes beherrscht. Ebenso deuten die in Joh 1 auftretenden Ortsbezeichnungen auf ein grenzenloses Feld hin. Ganz Palästina ist zugegen, der Süden (Jerusalem und Betanien östlich des Jordan) und der Norden (Galiläa, Betsaida und Nazaret), und Himmel und Erde dienen als Hintergrund für alles, was Johannes zu sagen hat und in der Folge in seinem Evangelium sagen wird.

III

Wie man somit folgern darf, ist Joh 1 als Ganzes eine wichtige Einleitung zum vierten Evangelium. Strenggenommen endigt der Prolog zum Johannesevangelium nicht mit Joh 1,18, sondern mit dem Menschensohn-Spruch im Schlußvers (V. 51) des Kapitels. Mit andern Worten: Die beiden Hälften des ersten Kapitels gehören zusammen, und sie stehen in enger Verbindung nicht nur miteinander, sondern auch mit Joh 2–21. Man darf indes natürlich ob dieser Behauptung nicht übersehen, wie komplex die Frage nach den johanneischen Quellen ist. Beispielsweise bleibt der Ursprung von Joh 1,1–18 und der Punkt, an dem diese Stelle in Joh 1 hineinkam, eine offene Frage. Vielleicht war dieser Text ein ursprünglich in der johanneischen Kirche verfaßter Hymnus[21]; doch auf jeden Fall gehen die Meinungen über seinen genauen Hintergrund und Ursprung weit

---

[19] Vgl. ferner *R. Schnackenburg*, Das Johannesevangelium, I: Einleitung und Kommentar zu Kap. 1–4 (Freiburg i.Br. 1965) 321–328, vor allem 321–325.

[20] Jesus wird auch „Lamm Gottes" genannt (Joh 1,29.36), und – gleich welchen Sinn man diesem Titel auch beilegen mag – das Wirken Jesu als eines Gotteslammes wird von Johannes dem Täufer mit der „Sünde der *Welt*" in Zusammenhang gebracht (Vers 29).

[21] So *R. E. Brown*, The Gospel According to John I–XII (London 1971) 18–23, vor allem 20f.

auseinander[22]. Ebenso läßt sich über das Material in Joh 1,19–51 (namentlich über das, was Johannes den Täufer betrifft) und seine Hineinnahme in das Evangelium streiten[23], und wir werden zur gegebenen Zeit auf diese Frage zurückkommen, soweit sie die mit dem Täufer zusammenhängende Überlieferung betrifft.

Vorläufig wollen wir, unser Augenmerk noch mehr straffend, *die Zusammenhänge zwischen Joh 1,1–18 und dem Rest von Joh 1* näher besehen, um die Bedeutung ausfindig zu machen, die das Menschensohn-Logion im ersten Kapitel sowie im Johannesevangelium als Ganzem dem Sinn und der Stellung nach hat.

Beim ersten Hinsehen macht es den Anschein, der erste Abschnitt von Joh 1 (VV. 1–18) lasse sich vom übrigen Kapitel trennen. Sein Hintergrund ist die Präexistenz; er verwendet die literarische Form des poetischen Parallelismus, und es kommen in diesem Text Ausdrücke vor, die im Evangelium nicht wieder verwendet werden, z.B. σκηνόω in V. 14, χάρις in den VV. 14 und 16, und πλήρωμα in V. 16. In dieser Hinsicht hebt sich Joh 1,1–18 von 1,19–51 ab.

Dennoch bestehen zwischen den beiden Abschnitten eng verbindende Zusammenhänge. Den Gedanken wie der Sprache nach ist der einleitende Abschnitt von Joh 1 sowohl mit Joh 1,19–51 als auch mit dem gesamten vierten Evangelium verknüpft[24]. Zuerst ist zu vermerken, welche genauen, offenbar beabsichtigten Anklänge aneinander zwischen den beiden Hälften von Joh 1 vorkommen: im Auftreten Johannes des Täufers (VV. 6.15 und 19), im „Zeug-

[22] *J. Rendel Harris,* The Origin of the Prologue to St John's Gospel (Cambridge 1917), z.B. vertrat die Ansicht, der vierte Evangelist habe in Joh 1,1–18 einen ursprünglichen „Sophia"-Hymnus umgearbeitet. *R. Schnackenburg,* a.a.O. 200–207, nimmt ebenfalls an, der Evangelist habe hier einen Logos-Hymnus umgeformt, welcher der Weisheitsspekulation des hellenistischen Judentums zu verdanken sei (vgl. 200, Anm. 3, mit Bibliographie). Vgl. überdies *J. C. O'Neill,* The Prologue to St John's Gospel, in: JTS, NS 20 (1969) 41–52. *C. K. Barrett,* a.a.O.; vertritt die Ansicht, der Prolog sei nicht semitisch und nicht in Versform. *C. F. Burney,* The Aramaic Origin of the Fourth Gospel (Oxford 1922) 28–43, hingegen behauptet, der Hymnus, der vermutlich dem Prolog zugrunde liege, bestehe aus aramäischen Reimpaaren. Über den mutmaßlichen aramäischen Hintergrund der Einleitungsverse von Joh 1 vgl. auch *M. Black,* An Aramaic Approach to the Gospels and Acts (Oxford [3]1967) 52 passim. *R. Bultmann.* Das Evangelium des Johannes (Göttingen [19]1968) 3–5, sieht Joh 1,1–18 als einen gnostischen Hymnus der Täufergemeinde an, der ursprünglich zu der Offenbarungsredequelle gehört habe, die hinter dem vierten Evangelium stehe. *W. Eltester,* Der Logos und sein Prophet. Fragen zur heutigen Erklärung des johanneischen Prologs, in: *W. Eltester* (Hrsg.), Apophoreta. Festschr. Ernst Haenchen (Berlin 1964) 109–134, glaubt hingegen, Joh 1,1–18 sei eine vom vierten Evangelisten verfaßte Einheit. Vgl. auch *P. Borgen,* Observations on the Targumic Character of the Prologue of John, in: NTS 16 (1969–70) 288–295, der den Beginn des vierten Evangeliums als eine Darlegung zu Gen 1,1ff ansieht.

[23] Das petrinische Material in Joh 1 (VV. 40–42) z.B. ist wohl in seinem zuverläßlichen Charakter dem unabhängigen Stoff über Petrus ähnlich, der hinter den synoptischen Evangelien (besonders hinter Mk und der Quelle M) steht.

[24] Vgl. *R. E. Brown,* a.a.O. 19.

nis"-Gedanken (μαρτυρία, VV. 7 und 19), in der Redeweise „er war eher als ich" (VV. 15 und 30), im Begriff „die Welt" (κόσμος, VV. 10 und 29)[25] und in der Gestalt des Mose (VV. 17 und 45).

Joh 1,1–18 und 19–51 sind durch weitere Leitbegriffe und -gedanken (von denen einige bereits erwähnt wurden) entweder direkt oder indirekt verknüpft. Beispiele sind: „Leben" und „Licht" (VV. 4 und 33), „Heim" (VV. 11 und 38f), „Glaube" (VV. 12 und 34.49f), „Gnade" und „Wahrheit" (VV. 14 und 50b), „Herrlichkeit" (VV. 14 und 51), „Gesetz" (VV. 17 und 19).

Schließlich ist es – trotz der Verwendung des Logosbegriffs in Joh 1,1–18, der sich vielleicht an eine hellenistische Hörerschaft richtet – wahrscheinlich, daß der Ur- und Hintergrund sämtlicher Teile von Joh 1 jüdisch und palästinensisch ist[26], und sofern dies stimmt, haben wir einen weiteren Faktor, der das erste Kapitel des Johannesevangeliums zu einer Einheit verbindet[27].

Wir müssen nun eine damit zusammenhängende Frage stellen. Wenn auch Joh 1, so wie dieses Kapitel jetzt vorliegt, eine sinnvolle, passende Einleitung zum vierten Evangelium bildet, *womit begann das Evangelium ursprünglich?* Fing es immer mit Joh 1,1ff an, oder lassen sich im ersten Kapitel andere Anfänge entdecken, mit denen es ursprünglich begann? Es bieten sich drei Alternativen an: a) Das Johannesevangelium begann mit Joh 1,1–18 unter Ausschluß der sich auf Johannes den Täufer beziehenden Stellen, die mehr in Prosa gehalten sind, während der übrige Abschnitt wahrscheinlich poetische Form aufweist. b) Es begann mit den Aussagen über Johannes den Täufer: Joh 1,6–8.15 („Ein Mensch trat auf, von Gott gesandt..."). c) Es begann mit Joh 1,19ff, also mit dem Zeugnis Johannes' des Täufers, und der Abschnitt 1,1–18 (mit Einschluß der Verse 6–8.15) wurde später hinzugefügt; vielleicht im Endstadium der Zusammenstellung des Evangeliums[28].

Die dritte Möglichkeit hat viel für sich. Der sogenannte „Prolog" zum Johannesevangelium (Joh 1,1–18) – der sich, wie wir sahen, vom Evangelium trennen läßt und doch auf es bezogen ist – scheint zuletzt verfaßt worden zu sein, und sehr wahrscheinlich wurde das Evangelium als Ganzes in dieser Reihenfolge zusammengestellt: Hauptteil (1,19–20,31), Epilog (21) und Prolog (1,1–18). Der zuletzt hinzugekommene Abschnitt wäre dann hinzugefügt worden, als sich der vierte Evangelist klar geworden war, wie weit sich sein Gegenstand

[25] Im ersten Fall ist von der in Schöpfung befindlichen Welt, im zweiten von der in Neuschöpfung begriffenen Welt die Rede.

[26] Vgl. oben Anm. 22. Vgl. auch *B. Lindars*, Behind the Fourth Gospel (London 1971) 73f.

[27] Zum frühen, palästinensischen Charakter der johanneischen Grundtradition im allgemeinen vgl. *C. H. Dodd*, Historical Tradition in the Fourth Gospel (Cambridge 1963) 426 passim.

[28] Vgl. *J. A. T. Robinson*, The Relation of the Prologue to the Gospel of St John, in: NTS 9 (1962–63) 120–129, vor allem 124f. Diese These wurde ihren Hauptlinien nach schon zu Beginn dieses Jahrhunderts vertreten von *W. Sanday*, The Criticism of the Fourth Gospel (Oxford 1905) 211f.

erstrecke. Dabei aber spannte er dem Anfang nicht lose einen Hymnus vor, sondern er schichtete sein Material im ersten Kapitel so um, daß es eine logische Einleitung für das gesamte Evangelium abgab (Joh 1 *in toto*). Ursprünglich begann vielleicht das Evangelium mit dem Zeugnis Johannes' des Täufers (1,19), womit möglicherweise einst auch das Markusevangelium begann[29]. Im vierten Evangelium hat indes der Täufer nicht in erster Linie die Aufgabe, zu taufen (einzig in diesem Evangelium ist nicht von der Taufe Jesu die Rede), sondern zu bezeugen[30]. Er ist der erste Zeuge, der aufgerufen wird, und sein Zeugnis über die Identität Jesu (um das es dem vierten Evangelium angelegentlich geht) wird durch die Sätze verstärkt, die sich im ersten Abschnitt von Joh 1 (VV. 6–8.15) auf den Täufer beziehen und vom Evangelisten aus dem übrigen Teil des Kapitels in diesen Abschnitt vorverlegt worden sind. Diese Aussagen über den Täufer in Joh 1,6–8.15 sagen das gleiche, was in Joh 1,19–51 vorliegt. Der Satz Joh 1,15, der aus Joh 1,30 wörtlich übernommen wird („Dieser ist es[31], über den ich gesagt habe: ‚Nach mir kommt einer, der mir voraus ist, weil er eher war als ich'"), scheint denn auch fehl am Platz zu sein. Auf welche frühere Stelle bezieht sich das Verb εἶπον in V. 15? V. 30 läßt sich im Licht von V. 27 verstehen, doch V. 15 setzt ein früheres Logion von Johannes dem Täufer voraus, wenn es ungezwungen verstanden werden soll. Es ist eher anzunehmen, daß der Evangelist einen Satz in den Einleitungsabschnitt von Joh 1 vorgezogen hat, als daß er ihn in den späteren Teil des Kapitels zurückversetzt hat[32].

Der Reiz und der „Ouvertüre"-Effekt von Joh 1 hört mit 1,18 nicht plötzlich auf. Er setzt sich bis zu Joh 1,51 fort, und dieser Teil bildet nun eine eng verknüpfte literarische Einheit. So wie der vierte Evangelist sein ganzes Evangelium in Form einer Reihe aufsteigender dramatischer Steigerungen aufbaut, so steigert sich die das erste Kapitel durchzitternde Erregung von einem Zeugnis zum andern und von einem offenbarenden christologischen Titel zum andern, bis wir zum wichtigen Höhepunkt von V. 51 gelangen, zum ersten Menschensohn-Logion im Johannesevangelium. Diesem Spruch und seiner Stellung im Evangelium (und in der Evangeliumsüberlieferung) wenden wir uns nun zu.

---

[29] Damit wird – freilich ohne daß sich dies aus dem Text ergibt – die Ansicht vertreten, daß das *incipit* von Mk 1,1–3 später hinzugefügt wurde. Vgl. *N. Turner*, Grammatical Insights into the New Testament (Edinburgh 1965) 27f. Zu einem Vergleich zwischen der Einleitung zum zweiten und dem zum vierten Evangelium vgl. auch *M. D. Hooker*, The Johannine Prologue and the Messianic Secret, in: NTS 21 (1974–75) 40–58 (vor allem 40–43).

[30] Vgl. *M. D. Hooker*, John the Baptist and the Johannine Prologue, in: NTS 16 (1969–70) 354–358.

[31] Nur steht in Joh 1,30 ἐστίν, in 1,15 aber ἦν.

[32] Vgl. auch Joh 1,32–34 und 6–8. Wenn die beiden Abschnitte von Joh 1 nun in einer plumpen (wenn auch festen) Weise zusammengefügt erscheinen, so mag das nahelegen, daß an der Endkomposition des vierten Evangeliums mehrere Hände beteiligt waren, oder dann mag dies lediglich auf die Verwendung verschiedener Quellen zurückgehen. Das gleiche Phänomen läßt sich auch in den johanneischen Abschiedsreden wahrnehmen (vor allem in Joh 14–16).

IV

Der Menschensohn-Spruch in Joh 1,51 („Amen, Amen, ich sage euch: Ihr werdet den Himmel offen sehen und die Engel Gottes auf- und niedersteigen über dem Menschensohn") hat in der Einleitung zum vierten Evangelium, die wir eben betrachtet haben, eine sehr wichtige Rolle zu spielen. Dieses Logion ist entscheidend, nicht nur, weil es die erste der dreizehn Stellen ist, an denen Johannes vom Menschensohn spricht, sondern auch deshalb, weil es in seiner reichen Komplexität der gesamten Menschensohn-Überlieferung in diesem Evangelium Sinn und Richtung gibt.

Wie ich anderswo dargetan habe[33], hängt das Logion in Joh 1,51 eng mit der johanneischen Menschensohn-Überlieferung insgesamt zusammen und gehört diese Überlieferung (mit der eventuellen Ausnahme der untypischen Stelle 9,35 [„Du glaubst an den Menschensohn?"]) zum ursprünglichen, echten Grundbestand[34]. Rekapitulieren wir kurz die Gründe, die für diese Auffassung sprechen, und suchen wir dabei die theologische Bedeutung dieses Menschensohn-Spruchs in Joh 1,51 herauszubekommen.

Das Logion in Joh 1,51 weist Punkte auf, worin es sich mit der synoptischen Menschensohn-Überlieferung berührt, namentlich mit den Aussagen in Mk 8,38 (Der Menschensohn „kommt mit den heiligen Engeln") und Mk 14,62 = Mt 26,64 („Ihr werdet den Menschensohn zur Rechten der Macht sitzen und mit den Wolken des Himmels kommen sehen")[35]. Doch handelt es sich dabei nicht um ein synoptisches Menschensohn-Logion, und so, wie es dasteht, gehört es offensichtlich einer unabhängigen johanneischen Menschensohn-Überlieferung an[36]. Beispielsweise strotzt das Logion von Gedanken und

---

[33] *S. S. Smalley*, The Johannine Son of Man Sayings, in: NTS 15 (1968–69) 278–301.

[34] Ebd., besonders 287–301. Ich halte „Menschensohn" für eine charakteristische Selbstbezeichnung Jesu. Vgl. *A. Vögtle*, Das Evangelium und die Evangelien. Beiträge zur Evangelienforschung (Düsseldorf 1971) 145, zu Joh 1,51. Der Hintergrund der christlichen Menschensohn-Überlieferung liegt wahrscheinlich in einer wachsenden, wenn nicht zentralen jüdischen Tradition, die sich anfänglich auf das Alte Testament stützte (Daniel, die Psalmen, Ezechiel).

[35] Vgl. die verschiedenen Lesarten von Joh 1,51, worin u.a. A Θ f1 f13 ἀπ' ἄρτι lesen (aus Mt 26,64) vor ὄψεσθε. Vgl. auch Mt 25,31 (Der Menschensohn wird kommen „mit allen Engeln"). Andererseits vgl. *C. F. D. Moule*, Neglected Features in the Problem of „the Son of Man", zu: *J. Gnilka* (Hrsg.), Neues Testament und Kirche. Festschr. Rudolf Schnackenburg (Freiburg i.Br. 1974) 413–423, vor allem 422f.

[36] Die Verwendung des doppelten ἀμήν, um das Logion in Joh 1,51 einzuführen, ist dem Stil nach typisch johanneisch (vgl. 3,3; 5,19 u.a.), doch dies schließt nicht die Möglichkeit aus, daß hier der vierte Evangelist eine frühere Überlieferung in Worte faßt. Der gleiche Schluß läßt sich wohl aus dem johanneischen Einschlag ganz allgemein dieser Aussage ziehen, mit Einschluß des typischen Motivs des „Auf- und Niedersteigens", das sie enthält (vgl. Joh 3,13; 6,62 u.a.). Zu einer Erwägung dieses Motivs vgl. *W. A. Meeks*, The Man from Heaven in Johannine Sectarianism, in: JBL 91 (1972) 44–72.

Anklängen, die fest auf dem Alten Testament aufruhen, und es weist einen semitischen, genauer gesagt *palästinensischen theologischen und sprachlichen Hintergrund* auf[37].

1. Erstens besteht ein offensichtlicher Zusammenhang mit Jakob in Gen 28,12, mit der Vision der Himmelsleiter.

2. Zweitens liegt wohl hinter diesem Menschensohn-Spruch die alttestamentliche „Weinstock"-Vorstellung. Das Logion selbst richtet sich an Natanael; dieser ist der „echte Israelit" (V. 47), den Jesus klar als den zweiten, letzten Jakob-Israel identifiziert. Zudem läßt sich die mysteriöse Bemerkung, Natanael habe sich „unter dem Feigenbaum" befunden (VV. 48 und 50), vielleicht im Zusammenhang mit Hos 9,10 („Wie Trauben in der Wüste habe ich Israel einst gefunden, wie Frühfeigen am jungen Feigenbaum habe ich eure Väter erschaut") erklären. Der Sinn wäre dann der: Jesus hat den neuen Israel entdeckt, so wie Gott den alten entdeckt hat[38]. Diese beiden Begriffe, Israel als die ideale Gemeinde und Israel als der Weinstock, gehören denn auch zum „Menschensohn"-Bezug von Ps 80,18 (17) – „Deine Hand sei über dem Mann deiner Rechten, auf dem Menschensohn (בֶּן אָדָם), den du dir aufgezogen!" Ein früher Schreibfehler in V. 16 (15) dieses Psalms identifizierte nämlich Israel den Weinstock (vgl. VV. 8–14) mit Israel dem Menschensohn, und C. H. Dodd betrachtet deshalb Ps 80 *in toto* als wichtigere Grundlage für die johanneische Menschensohn-Überlieferung als Dan 7[39]. Sicherlich macht er wenigstens auf eine mögliche, aufschlußreiche alttestamentliche Quelle für die Stelle Joh 1,47–51 und für das Menschensohn-Dictum in V. 51 aufmerksam.

3. Vielleicht besteht hier auch ein weiterer Zusammenhang: der zwischen Jakob und dem Gottesknecht von Jes 49,3 („Du bist mein Knecht, Israel, an dem ich mich verherrlichen werde"), der in einem Midrasch über Gen 28,12 (Gen. R. 68.12) hervorgehoben wird[40]. Sohn und Knecht sind denn auch im vierten Evangelium eng aufeinander bezogen[41].

4. Als ein letztes alttestamentliches Element, das im Menschensohn-Spruch

[37] Vgl. ferner *S. S. Smalley*, The Johannine Son of Man Sayings, a.a.O. 287–289.

[38] Vgl. *J. R. Michaels*, Nathanael under the Fig Tree, in: ExpT 78 (1966–67) 182f.

[39] *C. H. Dodd*, The Interpretation of the Fourth Gospel (Cambridge 1953) 245, Anm. 1. Wir können auch Joh 15,1ff vergleichen, worin sich Jesus als den „wahren Weinstock" bezeichnet.

[40] Wir halten uns an die Numerierung in der Ausgabe von *H. Freedman – M. Simon*, Midrash Rabbah (London 1939). Vgl. *H. Odeberg*, The Fourth Gospel: Interpreted in its relation to contemporaneous religious currents in Palestine and the Hellenistic-Oriental World (Uppsala 1929) 33–42, mit dem Hebräischen Text von Gen. R. auf S. 33; vgl. ferner *C. K. Barrett*, The Gospel According to St John (London 1955) 156.

[41] Vgl. *C. H. Dodd*, The Interpretation of the Fourth Gospel 246f, gegen *R. Maddox*, The Function of the Son of Man in the Gospel of John, in: *R. Banks* (Hrsg.), Reconciliation and Hope. New Testament Essays on Atonement and Eschatology (Exeter 1974) 186–204, vor allem 188, Anm. 1, u. 190f.

von Joh 1,51 widerhallt, ist vielleicht die Erzählung von 2 Sam 7 anzusehen. Die Botschaft, die Gott durch den Propheten Natan David ausrichten ließ: „Ich werde deinen Nachwuchs aufrichten ... Er soll meinem Namen ein Haus bauen, und ich will seinen Königsthron auf ewig befestigen" (VV. 12–13), wird sowohl in Qumran als auch im Frühchristentum auf die jüdische Messiashoffnung bezogen. Darnach sollen die eschatologischen Erwartungen Israels ihren Höhepunkt und ihre Beglaubigung (die vorausgeahnt werden) dann erhalten, wenn der neue David die neue Tempelgemeinde aufrichtet. Die Quamransekte glaubte, diese Verheißung werde sich in der Person des Davidischen Messias selbst erfüllen[42], während einige Urchristen die Verheißung auf Jesus bezogen[43]. Aus diesem Grunde hätte die erste Beschuldigung, die in der synoptischen Version seiner Verurteilung gegen Jesus erhoben wurde („Wir hörten ihn sagen, ich werde diesen ... Tempel niederreißen": Mk 14,58), allein schon genügt, ihn zu verurteilen (wenn die Zeugnisse darüber übereingestimmt hätten). Eine Drohung, den von Menschenhand errichteten Tempel niederzureißen und ihn als eine geistliche Gemeinde wiederaufzubauen, war in jüdischen Augen gleichbedeutend mit dem Anspruch, als Messias zu gelten, und konnte als Gotteslästerung behandelt werden. In der Antwort auf die direkte Frage des Hohenpriesters: „Bist du der Messias?" (Mk 14,61) verstrickt sich Jesus noch mehr und endgültig, indem er seine messianische Macht behauptet, ohne die sein Anspruch, der Messias zu sein, sinnlos gewesen wäre: „Ihr werdet den Menschensohn zur Rechten der Macht sitzen und mit den Wolken des Himmels kommen sehen"[44] (V. 62).

Wie wir bereits vermerkt haben, bestehen zwischen diesem Menschensohn-Logion in Mk 14,62 und dem in Joh 1,51 eigentliche Zusammenhänge. Diese betreffen sowohl Inhalt und Form und ergaben sich wohl aus dem gemeinsamen, doch voneinander unabhängigen Kontakt mit der Überlieferung von 2 Sam 7. In beiden Kontexten geht es um die Frage nach der Identität und Autorität Jesu, des messianischen Menschensohnes, denn dieser steht durch das ganze vierte Evangelium hindurch ebensosehr „vor Gericht" wie bei Markus vor Kajafas. In den vorausgehenden Abschnitten von Joh 1 wird Jesus als der Messias (V. 41) und der König Israels (V. 49) bezeichnet. Jetzt, in V. 51, wird Jesus eine Aussage zugeschrieben, die (wie in Mk 14,62) zeigt, daß er Messias-Sohn ist und daß er hier wie hierauf in diesem Amt erhöht und bestätigt werden wird. Als solcher (so wird gefolgert) wird Jesus zum Haupt der neuen Gemeinde Israel (vgl. 1,47–50). Die Vermutung, daß zwischen Joh 1,51 und 2 Sam 7,(11)12f eine

[42] 4 Q Flor. 10–13; vgl. 1 QSa 2.11.

[43] Vgl. Apg 15,14–18 (mit dem Zitat aus Am 9,11f); Apg 7,45–50.

[44] Vgl. *O. Betz*, Was wissen wir von Jesus? (Stuttgart – Berlin 1965) 62f.

Verbindung besteht, wird dadurch gestützt, daß Johannes fast unmittelbar nach der Erwähnung des Menschensohn-Spruchs dazu übergeht, von der Reinigung des Tempels zu sprechen, was sich auf die Zerstörung des irdischen Gebäudes zugunsten des Tempels des Leibes Christi bezieht (Joh 2,18–22). Bereits beginnt sich die neutestamentliche Lehre über die Kirche als geistiger Tempel abzuzeichnen.

Der mögliche Zusammenhang zwischen der Menschensohn-Tradition in Joh 1,51 und Qumran durch die David/Natan-Erzählung von 2 Sam 7 führt zu einer weiteren Vermutung. Es läßt sich denken, daß Johannes der Täufer mit den Qumransektierern im Bunde stand (vielleicht nicht mehr als das), mit denen er vieles gemein hatte[45]. Wenn das der Fall war, so gehen die oft vermerkten Qumranischen Züge des Johannesevangeliums zum Teil auf den Täufer selbst zurück, mit Einschluß der johanneischen Menschensohn-Überlieferung oder wenigstens jenes Teils von ihr, der im entscheidenden Ausspruch von Joh 1,51 aufscheint mit seinen möglichen, wenn auch verhaltenen Zusammenhängen mit Qumran[46]. Diese Wahrscheinlichkeit steigert sich noch, wenn man bedenkt, daß das Porträt von Johannes dem Täufer im vierten Evangelium, zumal in Joh 1, wahrscheinlich früh ist, früher als das der synoptischen Evangelien. In Mt 11,14 (vgl. 17,13; auch Mk 6,15f; Lk 1,17) z.B. wird der Täufer ausdrücklich als Elija *redivivus* bezeichnet, während in Joh 1,21 er selbst diese Identifikation ablehnt. Die johanneische Beurteilung stimmt wahrscheinlich, und der Täufer mag dafür verantwortlich sein, während die synoptische Darstellung vielleicht eine wachsende Tendenz widerspiegelt, sowohl die Identität des Johannes wie die Identität Jesu explizit zu machen: der Täufer ist Elija, und Jesus ist der Messias (vgl. Lk 3,15)[47].

Unsere Prüfung des Hintergrundes von Joh 1,51 läßt somit vermuten, daß der Menschensohn-Spruch in diesem Vers sowohl im jüdischen (alttestamentlichen) als auch im christlichen Denken wurzelt und einer Überlieferung entstammt, die sicherlich ursprünglich ist und vielleicht auf den Herrn selbst zurückgeht.

[45] Vgl. *J. A. T. Robinson*, The Baptism of John and the Qumran community. Testing a Hypothesis, in: HTR 50 (1957) 175–191; Neudruck in: *J. A. T. Robinson*, Twelve New Testament Studies (London 1962) 11–27; *C. H. H. Scobie*, John the Baptist (London 1964) 206–208; *W. Wink*, John the Baptist in the Gospel Tradition (Cambridge 1968). Andererseits vgl. *H. H. Rowley*, The Baptism of John and the Qumran Sect, in: *A. J. B. Higgins* (Hrsg.), New Testament Essays. Studies in Memory of T. W. Manson 1893–1958 (Manchester 1959) 218–229.

[46] Aussprüche über Johannes den Täufer und über den Menschensohn kommen auch in der synoptischen Überlieferung eng benachbart vor; vgl. Mk 9,9.12; Mt 11,18f.

[47] Vgl. *J. A. T. Robinson*, Elijah, John and Jesus. An Essay in Detection in: NTS 4 (1957–58) 263–281; Neudruck in: *J. A. T. Robinson*, Twelve New Testament Studies 28–52.

V

Wir sind nun endlich in der Lage, *die möglichen Bedeutungen des Menschensohn-Logions* in Joh 1,51 anzugeben und somit seinen Platz im vierten Evangelium als Ganzem zu bestimmen. Dabei darf selbstverständlich Joh 1,51 nicht isoliert vom Kontext von Joh 1 als einer Einheit und von der gesamten johanneischen Menschensohn-Überlieferung gesehen werden.

In Joh 1,51 sind *viele theologische Gedanken* enthalten. Erstens offenbart hier Jesus als Menschensohn dem Natanael und durch ihn allen echten Israeliten, daß er der Messias ist, und es ist nicht zufällig, daß der Ausspruch in einem unmittelbaren Kontext (Joh 1) vorkommt, der die Identitätsfrage in den Vordergrund rückt (IV.4). Zweitens, und logischerweise, bezeichnet das Logion Jesus als das Haupt einer neuen Gemeinde (ja einer neuen Menschheit), des neugeschaffenen Israels Gottes. Jesus erscheint zugleich als individuelle und korporative Gestalt, die schließlich in die messianische Ära hineingeleitet (IV.2). Drittens spricht an dieser Stelle, wie in der christlichen Menschensohn-Überlieferung ganz allgemein, der offene Himmel und das Auf- und Niedersteigen der Engel Gottes über dem Menschensohn von der Erhöhung Jesu nach seinem Leiden (IV.3). Doch die Eschatologie des Johannes ist nicht ausschließlich, ja nicht einmal wesentlich apokalyptisch. Dieses Logion sagt somit auch aus, daß sich die Herrlichkeit Gottes in Christus schon im Lauf seines Lebens erfüllen wird und nicht erst in der Zukunft. Der Menschensohn im Himmel ist auch der Menschensohn auf Erden und man kann das „noch Größere", das Jesus dem Natanael zu sehen verheißen hat (Joh 1,50), bereits wahrnehmen[48]. Schließlich – um auf die Vision Jakobs von der Himmelsleiter zurückzukommen – weist dieser Menschensohn-Spruch auf eine Wahrheit hin, die für die Theologie des Johannes grundlegend ist: mit der Inkarnation ist in entscheidender Weise die Ewigkeit in die Geschichte eingebrochen; Himmel und Erde sind in der Person Jesu, des Menschensohnes, einzigartig zusammengebracht worden, aufgrund seiner engen Beziehung zum Vater (IV.1)[49].

Daß Joh 1,51 ins erste Kapitel des vierten Evangeliums hineinversetzt worden

[48] Vgl. u.a. Joh 2,11. Vgl. *J. N. Sanders*, A Commentary on the Gospel According to St John, Ausg. *B. A. Mastin* (London 1968) 105f, sowie *R. Bultmann*, Das Evangelium des Johannes 74f.

[49] Vgl. ferner *B. Lindars*, The Son of Man in the Johannine Christology, in: *B. Lindars – S. S. Smalley* (Hrsg.), Christ and Spirit in the New Testament 43–60, vor allem 46f. *Lindars* bringt zudem den Spruch in Joh 1,51 mit dem Tauferlebnis Jesu in Verbindung (man vgl. Joh 1,34 und den „offenen Himmel" von V. 51 in Verbindung mit Mk 1,10f = Mt 3,16f). Der hebräische Wortlaut von Gen 28,12 ist doppeldeutig, denn בּוֹ kann bedeuten, die Engel Gottes steigen auf der *Leiter* oder auf *ihm* (Jakob) hinauf und hinunter. Die Septuaginta versteht die Stelle im Sinn von „auf ihr", doch der vierte Evangelist folgt offensichtlich der andern Deutung und versteht den neuen Jakob als das entscheidende Bindeglied zwischen Erde und Himmel.

ist, bedeutet, wie schon vermerkt, eine Steigerung und hat seine Wichtigkeit, auch wenn man den Menschensohn-Titel in diesem Vers an und für sich nicht unbedingt als eine Zusammenfassung aller andern christologischen Titel in Joh 1 anzusehen braucht. Überdies können wir nun ersehen, daß der Menschensohn-Spruch in Joh 1,51 auch einen entscheidend wichtigen Platz im Evangelium als Ganzem einnimmt. Die Bedeutung Jesu als des Menschensohnes ist bei Johannes sogar größer als seine Bedeutung als der Logos Gottes. Joh 1,51 blickt auf Jesus als das Wort (Joh 1,1.14) zurück und auf Jesus als den Herrn (21,7) voraus. Doch im Raum zwischen diesen beiden Bekenntnissen entwickeln die im vierten Evangelium enthaltenen (von 1,51 eingeleiteten) Aussagen, die Jesus als den Menschensohn schildern, die Christologie des Johannes vollständiger als beide.

Joh 1,51 mit seiner Vision, in der Himmel und Erde in der Person Jesu, des Menschensohnes, miteinander vereint sind, hängt überdies mit der eigentümlichen Theologie des vierten Evangelisten zusammen, für den die beiden Ebenen des Geistes und des Stoffes so eng aufeinander bezogen sind, daß er sein ganzes Evangelium hindurch gleichzeitig auf beiden Ebenen zu denken scheint. Der Jesus, der bei der Kreuzigung erhöht wurde, ist zugleich der verherrlichte Jesus, der in Exaltation erhöht ist (Joh 12,32, unter Verwendung des Verbs ὑψόω). Überdies enthält der Spruch in Joh 1,51 einen grundlegenden Titel Jesu, der, wie wir sahen, seine Person und sein Werk bezeichnet. Es wird damit erklärt: als Menschensohn ist Jesus ein Messias, der leidet, und auch ein Messias, der bestätigt wird. Da in die Einleitung zum vierten Evangelium eingefügt, erklärt Joh 1,51 die Person Jesu (wie sie in Joh 1–12 geschildert wird) und sein Werk (13–21) und weist auf sie hin. Der von Jesus verwendete Menschensohn-Titel gibt auch dem johanneischen Leidensbericht Sinn, worin die Kreuzigung als Verherrlichung gesehen und das Kreuz möglicherweise als eine Himmelsleiter betrachtet wird (Joh 13,31) und worin auch Engel und ein geöffneter Himmel einen wesentlichen Bestandteil bilden (vgl. 20,12.17).

So können wir schließen: Joh 1,51 ist eine wegweisende johanneische Menschensohn-Aussage, die nicht nur den Höhepunkt der Einleitung zum Johannesevangelium bildet, sondern auch als Titel über dem ganzen Evangelium steht[50]. Das gesamte Johannesevangelium läßt sich gewissermaßen als Midrasch zu Joh 1,51 ansehen.

Übersetzt von Dr. theol. August Berz

---

[50] Wie das von Röm 1,17 in bezug auf den Römerbrief gilt.

Abstieg und Erhöhung des johanneischen Menschensohns

Eugen Ruckstuhl, Luzern

Im Rahmen des hier zur Verfügung stehenden Raumes ist es unmöglich, das in der Überschrift genannte Thema nach allen Richtungen zu untersuchen. Es muß genügen, einige Schwerpunkte zu setzen und Fragen aufzugreifen, die heute brennend sind. Es ist mir aber vor allem auch daran gelegen, die Aussagen über den Abstieg und die Erhöhung des Menschensohns in ihrem Textzusammenhang zu sehen – vornehmlich im Zusammenhang Joh 3 – und ihre Stellung und Aufgabe hier zu erkennen. Nur so wird es möglich sein, der letzten Absicht und Zielsetzung auf die Spur zu kommen, die der Evangelist mit diesen Aussagen verfolgte.

Diese Untersuchung widme ich mit meinen aufrichtigen Glückwünschen unserm lieben Jubilar und Freund Anton Vögtle, der mich einst an einer Tagung katholischer Exegeten des deutschen Sprachraums anregte, der Frage des johanneischen Menschensohns nachzugehen.

A. STRUKTURÜBERSICHT JOH 2,23–3,36[1]

Leitmotive
WUNDERGLAUBE UND ECHTER GLAUBE
ZEUGUNG VON OBEN UND ZEUGNIS VON OBEN

EINLEITUNG
2,23–25

Der Glaube der Juden in Jerusalem war nur Glaube an Jesu Wundermacht, darum oberflächlich und unzuverlässig.

A: 3,1–21

I
3,1–14: Gespräch Jesu mit Nikodemus

Thema
DER WUNDERGLAUBE VERSAGT VOR DER FORDERUNG DER ZEUGUNG VON OBEN.

1
3,1f

Nikodemus als Typus des Wundergläubigen.
Seine Sorge: Was verlangt Gott, daß ich tue, um das Gottesreich zu schauen = das Heil zu erlangen?

2
3,3–10

Thema
ZEUGUNG VON OBEN DURCH DIE TAUFE

Das Heil erlangt nur, wer von oben = aus dem Geist = aus Wasser und Geist gezeugt wird.
Nikodemus steht dieser Forderung verständnislos gegenüber, weil er nur aus dem Fleisch gezeugt ist und die Zeichen Jesu nicht als Hinweis auf Größeres erkennt.

B: 3,22–36

I
3,22–30: Bericht über das Wirken Jesu und des Täufers

Thema
EIFERSUCHT FASST DIE GRÖSSE JESU NICHT. DER TÄUFER ANERKENNT SIE.

1
3,22–24

Thema
JESUS TAUFT, UND JOHANNES TAUFT.

2
3,25f

Streit über den Sinn der Taufe
Eifersucht der Johannesjünger wegen des Tauferfolges Jesu

[1] Vgl. *I. de la Potterie,* Ad dialogum Jesu cum Nicodemo (2,23–3,21). Analysis litteraria, in: VD 47 (1969) 141–150.

3
3,11–13

Thema
DER AUGENZEUGE DER HIMMLISCHEN WELT VERLANGT ECHTEN GLAUBEN.

3
3,11–13

Thema
DER AUGENZEUGE DER HIMMLISCHEN WELT VERLANGT ECHTEN GLAUBEN.

Jesus verlangt nun von Nikodemus Unterwerfung unter seine Forderung mit dem Hinweis, einziger Augenzeuge der himmlischen Wirklichkeit zu sein, herabgestiegen, um sie als Menschensohn zu offenbaren. Die Unterwerfung unter diese Forderung erfolgt darum durch echten Glauben an die Botschaft Jesu.
Jesus läßt offen, ob die Juden sich zu diesem echten Glauben entscheiden werden.

4
3,14f

Thema
DER ECHTE GLAUBE WIRD MÖGLICH DURCH DIE ERHÖHUNG DES MENSCHENSOHNS AM KREUZ.
Im Erhöhten wird den Glaubenden göttliches Leben zugänglich sein. Er kann die Zeugung aus dem Geist wirken.

II
3,16–21: Gedanken des Evangelisten

Thema
WO GLAUBE, DA LEBEN UND HEIL – WO UNGLAUBE, DA GERICHT UND VERWERFUNG.

3
3,27–30

Thema
JOHANNES LEGT ZEUGNIS AB ZUGUNSTEN JESU.

II
3,31–36

Thema
JESUS IST DER EINZIGE ZEUGE DER HIMMLISCHEN WELT. AN IHN MUSS MAN GLAUBEN.

Als der himmlische Offenbarer ist Jesus allen andern Kündern Gottes überlegen. Sein Zeugnis wird aber abgelehnt. Wer es annimmt, beugt sich der Wahrheit Gottes, die Jesus vom Vater in ihrer ganzen Fülle empfangen hat.

Wer glaubt, hat Leben. Wer nicht glaubt, steht unter dem Zorn Gottes.

II
3,31–36: Gedanken des Evangelisten – ein Lied

Thema
DIE UNVERGLEICHLICHE GRÖSSE JESU
WO GLAUBE, DA HEIL – WO UNGLAUBE, DA ZORN.

1
3,16f

Gott gab seinen einzigen Sohn für die Welt hin, um alle Glaubenden vor dem Verderben zu retten und ihnen göttliches Leben zu schenken. Das Ziel seiner Sendung war nur die Rettung der Welt, nicht ihre Verwerfung.

2
3,18–19b

Wer den Glauben an den Sohn hartnäckig verweigert, hat sich das Verwerfungsurteil selbst gesprochen. Ein solches erging, als die Menschen dem Licht die Finsternis vorzogen.

3
3,19c–21

Welt blieb in der Finsternis, weil sie das Licht und seine Helligkeit scheute. Nur wer sich von Gott ziehen läßt und an der Wahrheit festhält, scheut das Licht nicht.

1
3,31

Jesus ist als himmlischer Offenbarer allen andern Kündern Gottes überlegen. Johannes ist als Mensch dieser Erde Künder Gottes unter dem Gesichtswinkel des Irdischen.

2
3,32–35

Jesus ist Augen- und Ohrenzeuge der himmlischen Wirklichkeit. Sein Zeugnis wird aber abgelehnt. Wer es annimmt, beugt sich der Wahrheit, die Jesus vom Vater ohne Maß und Grenze empfangen hat.

3
3,36

Wer an den Sohn glaubt, hat ewiges Leben. Wer dem Sohn nicht glaubt, bleibt unter dem Zorngericht Gottes.

B. DER MENSCHENSOHN IM RAHMENSTÜCK 3,11–13

I. Das Stück im Strukturgefüge von Joh 3,1–21

1. Zum Verständnis von 3,1–10

Das Thema, das hier abgewandelt wird, ist die Zeugung des Menschen von oben, aus Gott. Sie dürfte ein wichtiges Leitmotiv der christlichen Mahnrede in den johanneischen Gemeinden gewesen sein, wie eine Reihe von Stellen im ersten Johannesbrief zeigen, so 2,29; 3,9f; 4,7; 5,1.4.18. Man kann kaum übersehen, daß diese Zeugung aus Gott in der johanneischen Halacha eng mit dem Glauben, der Liebe und der Gerechtigkeit zusammengesehen wurde, etwa in dem Sinn, daß der Mensch durch den Glauben aus Gott gezeugt wird – vgl. Joh 1,12f –, glaubend und liebend aber seine Zeugung aus Gott auch als Wirklichkeit erweist und durchträgt. Dem entspricht die das ganze Evangelium prägende Anschauung, daß nur der Glaubende das Leben aus Gott hat und so dem Gericht entrinnt.

Im Abschnitt 3,1–10 wird nun aber die Zeugung von oben auf den Geist und das Wasser in der Taufe zurückgeführt, und das Thema Glaube wird erst in einem zweiten Schritt in den Gedankengang eingebaut. Wahrscheinlich ist diese Zuspitzung der Zeugnisvorstellung in unserm Zusammenhang der Bearbeitung vorgegebenen Stoffes durch den Evangelisten zu verdanken. Es ist aber jedenfalls klar, daß hier davon die Rede ist, wie der Mensch dieser Welt zum Leben aus Gott und zum Heil kommt. Der aus Gott Gezeugte ist nicht, wie gelegentlich angenommen wird[2], Jesus, und das kleine Gleichnis vom Wind, der weht, wo er will, soll veranschaulichen, daß die Zeugung von oben der Verfügungsgewalt des Menschen entzogen und ein Geheimnis Gottes ist. Diesem Verständnis des Zusammenhangs entsprechen auch die Wendungen vom Sehen des Gottesreiches und vom Eingehen in dieses Reich – 3,3.5 –, die zweifellos geprägte Wendungen der Jesusüberlieferung, wie sie auch in den synoptischen Evangelien das Kommen des Menschen zum Heil aussagen, johanneisch deuten. Da unser Evangelist sonst nie vom Gottesreich spricht, ist zu folgern, daß er hier wahrscheinlich ein überliefertes Jesuswort wie Mk 10,15 parr. aufgenommen und dem Zusammenhang eingepaßt hat[3]. Darauf weist auch die Einleitungsformel ἀμὴν ἀμὴν λέγω σοι, die im Johannesevangelium häufig solche Jesusworte einführt und sich übrigens – ohne Verdoppelung – auch an den genannten Stellen findet. So ist es kaum denkbar, daß die Wendung vom Sehen des Gottesreiches mit einer Himmelsreise-Überlieferung zusammenhängt und auf einen Aufstieg Jesu hinweist[4].

2. *Der Umfang des Stücks*

In den VV. 16 und 17 des Abschnitts 3,1–21 greift der Evangelist zwei frühchristliche Glaubensformeln auf, die Dahingabe- und die Sendeformel[5]. Damit ändert sich auch der zeitliche Standpunkt, von dem aus gesprochen wird. War das in 14f noch die Zukunft, so ist es jetzt die Vergangenheit. Der Sprechende schaut wie auch in V. 19 auf die Zeit Jesu und das ganze Jesusereignis zurück. Diese Tatsachen drängen zur Annahme, daß der Evangelist in 16–21 nicht mehr in gleicher Weise wie zuvor mit Jesusüberlieferung arbeitet, sondern im Anschluß an 1–10 eigene Überlegungen zur Sache anstellt, die er

---

[2] Vgl. *W. A. Meeks*, The Man from Heaven in Johannine Sectarianism, in: JBL 91 (1972) 44–72, näherhin 52f.

[3] Siehe *K. Berger*, Die Amen-Worte Jesu (ZNW BH, Bd. 39) (Berlin 1970) 102–104, 116f.

[4] *Meeks*, a.a.O.

[5] Vgl. *W. Kramer*, Christos Kyrios Gottessohn (ATANT, Bd. 44) (Zürich 1963) 108–120.

ähnlich wie die Sätze des Prologs persönlich verantwortet, ohne allerdings den Rückgriff auf andere Überlieferung zu verschmähen. Einzelne Fachleute nehmen an, daß diese Betrachtung des Evangelisten schon mit V. 13 oder 14 anfängt. Das kann kaum richtig sein. In 13 wie in 14 liegen Menschensohnsprüche vor, die im vierten Evangelium sonst wie in den frühern Evangelien überall Jesus in den Mund gelegt werden. Warum soll hier eine so auffallende und ungewöhnliche Ausnahme vorliegen? V. 14 spricht zudem von der Erhöhung an das Kreuz, die nur noch 8,28 und 12,32.34 – in Aussagen Jesu – erwähnt wird.

So dürfte der Schluß unausweichlich sein, daß die genannte Rückschau des Evangelisten erst mit V. 16 einsetzt. Zwischen den VV. 13 und 14 liegt aber ein Einschnitt. 13 scheint deutlich mit dem Thema des Zeugnisses Jesu und so mit den Versen 11f zusammenzuhängen, was auch die Anknüpfung von εἰς τὸν οὐρανόν an τὰ ἐπουράνια nahelegt. V. 14 hingegen nimmt ein anderes Thema auf; er weist darauf hin, daß der echte Glaube und somit das Heil der Menschen erst durch die Erhöhung Jesu am Kreuz ermöglicht wird[6].

3. *Sinn und Aufgabe des Stücks im Zusammenhang*

Vers 10 greift mit dem Stichwort διδάσκαλος auf V. 2 zurück und bringt das Thema der Verständnislosigkeit des wundergläubigen Nikodemus zum Abschluß. Die Frage Jesu: „... und das verstehst du nicht?" bereitet das Thema des Wissens und der Augenzeugenschaft Jesu vor. V. 11 hebt den Neueinsatz durch das ἀμὴν ἀμὴν λέγω σοι hervor. Jesus zieht die Folgerung aus der Verständnislosigkeit des Nikodemus. Wenn er, der anerkannte Lehrer Israels, nicht verstehen kann, was Zeugung von oben für Israel und ihn heißt, dann soll er wenigstens anerkennen, daß der einen Anspruch an ihn stellt, der als Augenzeuge der himmlischen Welt durch sein unmittelbares Wissen um Gott und Heil allen Lehrern Israels überlegen ist. Diese einzigartige Augenzeugenschaft und dieses überlegene Wissen kommen in den vier Wirformen von V. 11 zum Ausdruck, deren erste deutlich das anmaßende οἴδαμεν von Nikodemus in V. 2 aufs Korn nimmt. Dieser ist so aufgefordert, seinen oberflächlichen Glauben an Jesu Wundermacht zu vertiefen und sich zum echten Glauben an die überweltliche Botschaft Jesu durchzuringen. Das setzt im Zusammenhang voraus, daß sich die Zeugung von oben sicher nicht ohne solchen Glauben und gerade auch durch ihn vollzieht. Jesus zweifelt nur, ob Nikodemus und die Juden angesichts ihrer tatsächlichen Einstellung ihm gegenüber zu diesem Glauben fähig sind.

---

[6] Vgl. zu diesem Abschnitt *R. E. Brown*, The Gospel according to John (1–12) (The Anchor Bible, Bd. 29) (New York 1966) 136f, 149; *R. Schnackenburg*, Das Johannesevangelium (Herders theologischer Kommentar zum NT, Bd. IV/1) (Freiburg i. Br. ²1967) 374–377, sowie die oben voraufgehende Strukturübersicht zu Joh 2,23–3,36.

4. Die stilistische Struktur

[11] Amen amen ich sage dir:
Was wir wissen, künden wir,
A und was wir gesehen haben, bezeugen wir.
Doch unser Zeugnis nehmt ihr nicht an.
[12] Wenn ich zu euch über das Irdische sprach
B und ihr schon nicht glaubt,
wie kann, wenn ich zu euch über das Himmlische spreche,
eure Antwort Glaube sein?
[13] Und doch ist keiner zum Himmel aufgestiegen.
A' Aber einer ist ein Herabgestiegener:
der Menschensohn.

Hier liegt eines der johanneischen Kleinrahmenstücke vor, deren klassisches Muster Joh 3,31 ist[7]. Die erste Zeilenfolge – ohne die dritte Zeile – und die dritte Zeilenfolge drücken den gleichen Gedanken aus, wenn auch in anderer Form. Die mittlere Zeilenfolge bildet einen Gegensatz zum Rahmen. Die dritte Zeile der ersten Folge leitet zum Mittelstück über.

II. Zu den Hauptaussagen der Verse 3,11f

1. Jesus als Zeuge der himmlischen Welt[8]

Das unmittelbare Wissen um Gott, das Jesus und ihn allein auszeichnet, ist eine Grundanschauung des Johannesevangeliums. Sie prägt schon den Prolog und kommt hier vor allem 1,1.18 zum Ausdruck. Klar wird hier gesagt, daß der Sohn, der mit seinem Vater in vertrautester Gemeinschaft lebt, der einzige ist, der dieses Wissen hat und deswegen das Geheimnis Gottes offenbaren konnte. In 3,11 ist dieses Wissen parallel zur Augenzeugenschaft Jesu ausgesagt. Jesus kann Zeugnis über Gott ablegen, weil er geschaut hat – ἑώρακεν. Eine Reihe von Stellen des Evangeliums und der Johannesbriefe verbinden die Zeugnisvorstellung – auch im Zusammenhang mit Gott, den Werken Jesu, dem Täufer und andern – mit Aussagen im Perfekt. Das Gesehen- und (oder) Gehörthaben drückt die dauernde Eignung, Fähigkeit oder Vollmacht aus, vom Geschauten und (oder) Gehörten Zeugnis zu geben, wie etwa 1,15.18.34; 3,11.32; 5,33.37; 6,46; 1 Joh 1,1f. Diese geprägte Ausdrucksweise legt es nahe, auch 5,37f im Sinn der genannten Grundanschauung zu verstehen: die Juden sind weder

[7] Andere Beispiele von Kleinrahmenstücken: 3,5–7; 6,37–39.48–51b; 10,11–15.
[8] Vgl. zu diesem Abschnitt *J. Beutler*, Martyria. Traditionsgeschichtliche Untersuchungen zum Zeugnisthema bei Johannes (FrkTSt, Bd. 10) (Frankfurt 1972) 306–338.

Ohren- noch Augenzeugen Gottes. Um Gott erkennen zu können, wären sie darum auf das Wort dessen angewiesen, den Gott als seinen Augenzeugen und Offenbarer zu ihnen gesandt hat[9]. Vom einzigen, der den Vater gesehen hat, ist auch in 6,46 die Rede. Ohne sich ausdrücklich Augenzeugen zu nennen, verweist Jesus auf sein einzigartiges Wissen um Gott in 7,28f; 8,38.54f; 10,15; 13,3. Auch 5,20.30; 8,26.40; 12,50; 14,6; 15,15; 18,37 spiegeln die Überzeugung des Evangelisten vom unmittelbaren Wissen Jesu über Gott.

Die eindrücklichsten Parallelen zu 3,11–13 finden sich aber, was nicht verwundern kann, in 3,31–36. Das Stück gehört in unsern Zusammenhang und knüpft deutlich an 3,11–13 wie auch an 3,22–30 an. Die Fähigkeit Jesu, Zeugnis über die himmlische Welt und den verborgenen Gott abzulegen, wird hier verdeutlicht mit seiner Herkunft aus dem Himmel, mit seinem Geschaut- und Gehörthaben, mit seiner Sendung von Gott, mit der Fülle der Worte und dem ungemessenen Reichtum des Geistes, die Gott ihm verliehen hat, mit der Liebe Gottes zum Sohn und mit der Übergabe aller göttlichen Vollmacht an ihn.

Wie Johannes Beutler nachweist[10], dürfte die johanneische Vorstellung von Jesus als dem Zeugen der himmlischen Welt auf dem Hintergrund der jüdischen Esoterik und der jüdischen wie christlichen Apokalyptik zu verstehen sein. Jedenfalls findet sich innerhalb des in Frage kommenden Schrifttums der Ausdruck „Zeugnis" im Sinn von offenbarender Kunde über Gott nur im Jubiläenbuch und in Qumran häufig. In 2 Hen wird Henoch sogar „Seher des obern Lebens" und „Augenzeuge des unermeßlichen Lichtes" genannt[11]. Es wird kein Zufall sein, daß sich verwandte Texte zum Offenbarungszeugnis Jesu auch im einzigen apokalyptischen Buch des Neuen Testaments, in der Offenbarung des Johannes, finden – vgl. vor allem 1,1f. Vergleichbar sind auch Apg 22,14f; 26,16, während aus gnostischen Texten nur eine entfernte Parallele aus der Pistis Sophia angeführt werden kann[12].

Vom unmittelbaren Wissen Jesu um Gott wird in unserm Evangelium nicht nur mit Wendungen der Zeugnisvorstellung gesprochen. Das zeigt gerade auch 3,31–36. Hier wie an andern Stellen stehen gewiß noch weitere Überlieferungszusammenhänge im Hintergrund. So sind Aussagen wie 3,35; 13,3; 17,2 nicht nur von der Apokalyptik, sondern auch von weisheitlichem Gedankengut her zu verstehen, und solches durchdrang im Lauf der Entwicklung seinerseits die Apokalyptik. An einer Reihe von johanneischen Stellen ist von der vertraulichen Gemeinschaft zwischen dem Vater und dem Sohn oder von der Liebe des Vaters als Grund der Machtübergabe oder der Mitteilung des Geheimnisses Gott an den Sohn die Rede, wie 1,18; 3,34f; 5,19f; 17,2.23–26. Dieser

---

[9] Wahrscheinlich spielt die Stelle auf Dt 4,12 an, aber auch auf die frühjüdische Überlieferung, wonach Gottes Bild den Israeliten auf ihrer Wüstenwanderung vorauszog und sie zum Sinai führte. Siehe *J. Jervell*, Imago Dei (Göttingen 1960) 115. Joh 5,37 wäre dann eine Gegensatzaussage zu Dt 4,12 wie auch zu dieser Überlieferung. Siehe dazu auch *P. Borgen*, Bread from Heaven (Supplements to NT, Bd. 10) (Leiden 1965) 150–154, 115–118.

[10] A.a.O. 327–332.

[11] *A. Vaillant*, Le Livre des Secrets d'Hénoch. Texte slave et traduction française (Paris 1952) Überschrift 4. 5. 10. 11 S. 2f.

[12] *Beutler*, a.a.O. 332.

Gedankengang ist wahrscheinlich auf dem Hintergrund des vertraulichen Zusammenlebens zwischen Gott und der Weisheit zu erklären; vgl. Spr 8,22–30; Weish 8,3f; 9,4.9.11; 1 Hen 84,3. Nun liegt die nächste und deutlichste Parallele zu den eben erwähnten johanneischen Stellen zweifellos vor in Mt 11,27 par., wo ein liebender Austausch zwischen Vater und Sohn vorausgesetzt wird und Jesus als Empfänger und Offenbarer des Geheimnisses Gottes wie die Weisheit spricht und die Weisheit in seiner Person verkörpert[13]. Es liegt nahe anzunehmen, daß hier auf beiden Seiten in verschiedenen Ausprägungen und Entwicklungsstufen die gleiche frühchristliche Überlieferung und Christologie zu Wort kommt. Apokalyptische und weisheitliche Gedankengänge haben aber diese Überlieferung vermutlich nicht nur am Anfang, sondern im Lauf ihrer ganzen Geschichte gesteuert und geprägt.

2. *Die himmlischen Dinge*

Die Fachleute rätseln über den Inhalt der irdischen und der himmlischen Dinge in V. 12. Uns kann es hier nur wichtig sein, was mit den himmlischen Dingen gemeint ist. Im Zusammenhang des Evangeliums sollte das nicht zweifelhaft sein. Es geht hier vor allem um das Geheimnis Gottes, das Geheimnis von Vater und Sohn. Es ist nicht nur ein ewiges Geheimnis, sondern reicht durch die Fleischwerdung des Sohnes in die Zeit hinein und macht sie zur Endzeit. Der Fleischgewordene hebt es in die Sichtbarkeit und enthüllt durch sein irdisches Leben und Sterben dessen Herrlichkeit. Es ist also jedenfalls richtig, die himmlischen Dinge im Menschensohn verkörpert zu sehen. Aber das ist eine Kurzformel. Weniger glücklich mag es sein, nur den heilschaffenden und heilvollenden Aufstieg Jesu als Inhalt der himmlischen Dinge zu nennen. Aber gewiß kann man das Heil der Menschen, das nach Johannes in der Gemeinschaft mit dem Vater und seinem menschgewordenen Sohn durch den Glauben vollzogen wird, damit aber auch die Zeugung von oben durch das Lebenspenden des Sohnes aus den himmlischen Dingen nicht ausklammern; das widerrät 5,19–30.

Eine Reihe von Forschern nimmt an, der Evangelist knüpfe mit den irdischen und den himmlischen Dingen an weisheitliche Vorstellungen an. So wird neben andern Stellen Weish 9,16 angeführt: Diese Herleitung der Ausdrucksweise ist kaum abwegig, wie die Ausführungen unter 1 zeigen.

---

[13] Siehe *F. Christ*, Jesus Sophia. Die Sophia-Christologie bei den Synoptikern (ATANT, Bd. 57) (Zürich 1970) 85–99. Vgl. *P. Hoffmann*, Studien zur Theologie der Logienquelle (NTA NF, Bd. 8) (Münster 1972) 118–138.

3. Die Ablehnung des Zeugnisses Jesu

In 11d und 12 kommt die Ablehnung des Offenbarungszeugnisses Jesu durch Nikodemus und die Juden, von denen in 2,23–25 die Rede war, zum Ausdruck. Jesus rechnet mindestens damit, daß eine solche Ablehnung wahrscheinlich ist. Die Aussage muß aber auch im Zusammenhang mit einer Reihe anderer Stellen des Evangeliums gesehen werden, die gleich oder ähnlich lauten. So lesen wir schon im Prolog:

[11] Er kam in sein Eigentum,
doch die Eigenen nahmen ihn nicht auf.
[12] Allen aber, die ihn aufnahmen,
gab er die Vollmacht, Kinder Gottes zu werden.

Parallel zu V. 3,11d steht 3,32. Die Ablehnung wird hier als ausnahmslos hingestellt, ähnlich wie im Prolog und in 3,19. Wie im Prolog wird aber diese Feststellung anschließend eingeschränkt durch den Hinweis auf solche, die das Zeugnis Jesu angenommen haben. Eine Einschränkung wird auch in 3,21 deutlich. Es geht hier offenbar um eine besondere Denkform – ähnlich wie in 8,15f. Sie dient wahrscheinlich der Aussage, daß die Zahl der das Zeugnis Jesu Ablehnenden groß war, die Zahl der Glaubenden vergleichsweise klein.

Diese Redeweise dürfte aber nicht nur von einer Erfahrung herkommen, die Jesus und die frühe Kirche machen mußten, sondern auch durch die Weisheitsüberlieferung geprägt sein. Es geht Jesus wie der Weisheit, die von der Masse abgelehnt und nur von wenigen aufgenommen wird – vgl. Spr 1,24f.29–33; Weish 6,12–16; 7,27f; 1 Hen 42; 91,10; 93,8; 99. Dieser Vorstellung entsprechen im Neuen Testament außer unsern johanneischen Stellen vor allem Mt 11,16–19 par. 25–27 par. 28–30 par; 23,37–39 par.

Die von den Menschen abgelehnte Weisheit zieht sich dann nach Spr 1,28; 1 Hen 42; 94,5; 4 Esr 5,9f; 1 Bar 48,36 und andern Stellen zurück und verbirgt sich. Dem entspricht das Stück Mt 23,37–39 par., aber ebenso Joh 7,34; 8,21; 16,10, das heißt: Johannes sieht wenigstens hier – vgl. vor allem Spr 1,28 – die Rückkehr Jesu in die himmlische Welt als den Rückzug der Weisheit nach ihrer Ablehnung durch die Masse der Menschen oder Israels.

III. Der Abstieg des Menschensohns in 3,13

1. Wer ist in den Himmel aufgestiegen?

Die Meinung der Fachleute über den Aufstieg in V. 13 ist geteilt. Die meisten glauben, ein solcher Aufstieg werde hier zwar Menschen abgesprochen, die damals von ihren Himmelsreisen erzählten; vom Menschensohn werde aber festgehalten, daß wenigstens er aufgestiegen sei. Nach *Siegfried Schulz*[14] setzt unser Spruch „die Erhöhung des irdischen Jesus zum Menschensohn voraus". Diese Erhöhung, vorgestellt als Aufstieg zum Himmel, meine das vergangene Ereignis der Einsetzung Jesu in die endzeitliche Stellung des Menschensohns. Wann soll diese Einsetzung geschehen sein? In das vorweltliche Dasein Jesu oder auf den Zeitpunkt der Menschwerdung will *Schulz* sie nicht verlegen. Aber er hat auch Mühe, sie innerhalb des irdischen Lebens Jesu vor seinem Auftreten anzusetzen. So lesen wir dann in seinem Johanneskommentar[15] unmißverständlich: „Das ‚ist hinaufgestiegen' blickt vom Standpunkt der nachösterlichen Gemeinde auf die vollzogene Erhöhung zurück. Es gibt keine Auffahrt in den Himmel ohne den vorherigen Abstieg, das heißt die Menschwerdung." So aber denken sozusagen alle, die in V. 13 auch eine Aussage über den Aufstieg Jesu finden.

Allein das hat seine großen Schwierigkeiten. Wenn man entschlossen daran festhält, daß von V. 13–15 der irdische Jesus redet, weil in den synoptischen Evangelien wie im vierten Evangelium Menschensohnsprüche sonst nur in seinem Mund überliefert werden, dann ist kaum anzunehmen, er rede hier von seinem künftigen Aufstieg in den Himmel in der Vergangenheitsform, sowenig er das in 6,62 und 20,17 tut. In 20,17 verneint er sogar, schon aufgestiegen zu sein. Auch unmittelbar anschließend an 3,13 spricht Jesus von seiner Erhöhung an das Kreuz in der Zukunft.

Aber könnte vielleicht ein anderer Aufstieg, etwa im Sinn einer Einsetzung als Menschensohn, wie *Schulz* ursprünglich vermutete, gemeint sein? Wäre eine solche Einsetzung im Augenblick der Menschwerdung denkbar? Dann würden der Aufstieg des Menschensohns und sein Abstieg in V. 13 zusammenfallen. Das wäre vorstellungsmäßig ein starkes Stück. Aber man könnte vielleicht an eine Einsetzung Jesu als Menschensohn anläßlich seiner Taufe durch Johannes denken. Doch ist auch das unvollziehbar. Einmal ist der vom Himmel Herabgestiegene wenigstens seit seiner Menschwerdung der Menschensohn. Andererseits faßt unser Evangelist die Taufe Jesu durch Johannes, falls er 1,31 auf eine solche anspielt, zwar als eine Art Vorstellung oder Offenbarung des Heilsbringers vor

[14] Untersuchungen zur Menschensohnchristologie im Johannesevangelium (Göttingen 1957) 105, 123, 179f. Zum oben Folgenden siehe 130f; 130 Anm. 3.
[15] Das Evangelium nach Johannes (NTD, Bd. 4) (Göttingen 1972) 59.

dem Volk auf, aber kaum als eine Einsetzung in sein Amt. Und wenn die vom Täufer geschaute Herabkunft des Geistes auf Jesus – 1,32 – als eine Art Amtseinsetzung verstanden wäre, so sicher nicht als Erhöhung zu Gott und als Aufstieg in den Himmel. Das widerspricht dem Abstieg des Geistes vom Himmel zur Erde, der hier ausgesagt wird.

Rein logisch gesehen, bleibt so für den, der am Aufstieg des Menschensohns in 3,13 festhalten will, im Zusammenhang der VV. 11–13 nur noch die Möglichkeit, daß dieser Menschensohn vor seiner Menschwerdung hinaufstieg, um im Himmel Einsicht in die himmlischen Dinge zu gewinnen und mit dieser Einsicht ausgerüstet zur Erde hinabzusteigen. So könnte sich *R. G. Hamerton-Kelly*[16] die Sache vorgestellt haben, obgleich seine Aussagen nicht widerspruchsfrei erscheinen. Hier wird der Rahmen des Denkbaren jedenfalls aufs äußerste angespannt.

So bleibt also kein anderer gangbarer Weg, V. 13 zu verstehen, als der: festzuhalten, daß Jesus hier jeden Aufstieg eines Menschen zum Himmel in der Vergangenheit verneint und von dem, der Menschensohn wurde, nur den Abstieg aus dem Himmel aussagt. Nur von diesem Abstieg Jesu ist auch in 3,31 die Rede, einem Vers, der 3,13 wiederaufnimmt und erklärt.

Damit stellt sich noch die Frage, ob es sprachlich möglich ist, V. 13 so zu verstehen, daß ein Aufstieg in den Himmel von allen Menschen verneint und vom Herabgestiegenen nur sein Abstieg zur Erde ausgesagt wird. Dieses Verständnis des Satzes ist im Griechischen durchaus denkbar. Es scheinen sich zwei Möglichkeiten anzubieten, sprachlich dazu durchzustoßen. Wenn man das ἀναβέβηκεν ernst nimmt und unsern Satz parallel zu 3,31 auslegt, läßt er sich so übersetzen:

Und keiner ist ein wirklich zum Himmel Aufgestiegener
und dort zu Hause;
nur der vom Himmel Herabgestiegene, der Menschensohn
(ist dort zu Hause).

Die zweite Möglichkeit ist die, anzunehmen, unser Satz sei elliptisch aufzufassen: er lasse gewisse Satzteile aus[17]. Diese wären in unserm Fall etwa so zu ergänzen:

Und keiner ist zum Himmel aufgestiegen
(und hat die himmlischen Dinge gesehen).
Nur der vom Himmel Herabgestiegene, der Menschensohn,
(hat sie gesehen).

---

[16] Preexistence, Wisdom and the Son of Man. A study of the idea of Preexistence in the New Testament (SNTS MS, Bd. 21) (Cambridge 1973) 230f.

[17] Vgl. *E. M. Sidebottom,* The Christ of the Fourth Gospel in the Light of First-century Thought (London 1961) 120f.

Solche Ellipsen kommen im Neuen Testament wie anderswo häufig vor, wenn auch bis jetzt keine genaue Parallele zu unserm Fall nachgewiesen wurde. Aber Fälle wie Joh 3,27; Apk 21,27 kommen doch nahe an ihn heran. Eine starke, obschon etwas anders gelagerte Parallele, ist auch Mk 10,40 par.

2. *Der weisheitliche Überlieferungszusammenhang*[18]

An mehreren Stellen des Weisheitsschrifttums findet sich nun eine Aussage über Aufstieg (und Abstieg), die auf einen Überlieferungszusammenhang hinweist, in dem auch Joh 3,13 stehen dürfte und durch den der Sinn unseres Verses erhellt wird. So heißt es Spr 30,4:

Wer stieg in den Himmel hinauf und stieg wieder hinunter?
Wer sammelte den Wind in seine hohlen Hände?
Wer faßte alles Wasser in seinen Mantel?
Wer schuf alle Enden der Erde?

Der Zusammenhang 30,1–4 zeigt, daß der Spruchdichter sagen will: Ich habe trotz meinem Eifer, weise zu werden, keine Weisheit erworben, durch die ich Gott erkennen könnte. Kein Mensch kann zum Himmel aufsteigen, um Gott zu erkennen. Gott übersteigt seine Faßkraft, wie die Größe seiner Schöpfung sie übersteigt.

Auf ähnliche Art und Weise redet Bar 3,29 von der Weisheit:

Wer stieg in den Himmel hinauf, sie zu holen
und von den Wolken herunterzubringen?
Wer überquerte das Meer und fand sie
und bringt sie um erlesenes Gold her?
Niemand kennt den Weg zu ihr
und findet die Straße zu ihr.
Nur der Allwissende kennt sie...

Vgl. auch nochmals Weish 9,16. Auch 4 Esr 4 zeigt eine ähnliche Ausdrucksweise, vor allem in den Versen 2.8.21. In der gleichen Überlieferung steht ferner Dt 30,11–14, obgleich die geprägten Elemente des Zusammenhangs verwendet werden, um etwas anderes auszudrücken:

Nicht im Himmel ist sie (die Gesetzesvorschrift),
daß du sagen müßtest:
Wer steigt für uns hinauf zum Himmel,
um sie uns zu holen und zu verkünden,
damit wir darnach handeln?
....
Vielmehr ist dir das Wort ganz nahe,
in deinem Mund und deinem Herzen...

[18] Vgl. ebd. 122f; *I. de la Potterie*, Jesus et Nicodemus: de revelatione Jesu et vera fide in eum (Jo 3,11–21), in: VD 47 (1969) 257–283, näherhin 263f.

Das scheint deutlich eine Gegensatzbildung zu den angeführten Stellen, das heißt zu der dort vorliegenden Überlieferung zu sein, die feststellt: Im geoffenbarten Gotteswort und Gesetz ist die göttliche Weisheit jetzt nicht mehr unerreichbar wie zuvor, sondern allen erreichbar. Das aber ist selbst ein weisheitlicher Topos, der aussagt, daß die zunächst verborgene Weisheit von Gott gefunden und Israel gegeben wurde, und zwar im Gesetz. Vgl. u.a. Bar 3,15–4,1; Dt 4,6–8.

3. Der Sinn des Verses

a) Im Überlieferungszusammenhang gesehen

Das Gesagte drängt zur Folgerung, daß unser Vers seine Prägung von dem eben aufgezeigten Überlieferungszusammenhang empfangen hat. Das ist um so wahrscheinlicher, als wir schon hinter den VV. 11f und dem Parallelstück 3,31–36 weisheitliche Gedankengänge erkennen konnten, die sich mit diesem Zusammenhang zu einer einheitlichen Gesamtanschauung verbinden. Zudem wird auch das Stück 3,11–13 nur dann für einen Gesamtsinn durchsichtig, wenn es auf diesem Hintergrund zu einer Einheit und Ganzheit zusammenwächst. Die erste Hälfte des Verses: „Keiner ist in den Himmel aufgestiegen" dürfte die Antwort sein auf die an drei der angeführten Stellen ausgesprochene Frage: „Wer stieg in den Himmel hinauf?" Kein einziger Mensch konnte aufsteigen, um die verborgene Weisheit herunterzuholen, um die himmlischen Dinge, von denen in V. 12 die Rede war, aus eigener Anschauung kennenzulernen, um das Geheimnis Gott zu ergründen und es den Menschen dieser Erde als Augenzeuge zu offenbaren. Nur einer war im Himmel, nur einer ein Himmlischer.

Die Aussage der zweiten Vershälfte, daß dieser Himmlische herabstieg, knüpft jedenfalls wie die erste an unsern weisheitlichen Zusammenhang an und könnte unmittelbar als Antwort auf Spr 30,4 verstanden werden: τίς ... κατέβη. Dieser Herabgestiegene aber brachte, wie die VV. 11f deutlich machen, sein Wissen um Gott und das Heil der Menschen, die Kenntnis der himmlischen Welt mit auf die Erde, um sie zunächst Israel zu offenbaren und das auserwählte Volk so in das endzeitliche Geheimnis Gottes einzuführen. Damit ist angedeutet, daß in unsern Versen eine Neuauslegung weisheitlicher Anschauungen geschieht. Hier stellt sich ein Mensch und Jude wie die andern als menschgewordene Weisheit vor, die herabgestiegen ist, um die gesetzgewordene Weisheit zu überbieten und ein Ereignis in Gang zu setzen, das für Israel und die ganze Welt die erwartete Zeitenwende und Neuschöpfung einleiten muß[19]. Darum

[19] Der Satz kann mißverstanden werden. Der Evangelist knüpft an vielen Stellen des Evangeliums an die frühjüdische Weisheitsvorstellung an und stellt dem Leser Jesus als den vor, der in seiner Person das einschließt, verkörpert und endzeitlich überbietet, was im jüdischen Raum von der Weisheit gesagt wurde. Er vermeidet es aber, Jesus die Weisheit zu nennen. Im Prolog nennt er ihn immerhin Logos, was auf das gleiche hinausläuft, ohne daß aber der Mann Jesus die Züge einer Frau – vgl. Weish 8,2–4 – annimmt.

der Aufruf, der in 3,11–13 durchbrechen will, das endzeitliche Wort Gottes aus dem Mund Jesu nicht zu überhören, sondern aufzunehmen und sich von ihm verwandeln zu lassen. Sein Wort ist die Fülle aller Worte Gottes und vermag in der Kraft des Geistes alles zu wandeln und neues, ewiges Leben zu zeugen – 3,34–36.1–10.14–21.

b) Der vom Himmel Herabgestiegene, der Menschensohn

Die Ausleger unseres Evangeliums sehen in diesen zwei Wendungen meist auch zwei Rätsel. Woher stammt die Aussage vom Abstieg? Und was soll hier der Menschensohn, der nach apokalyptischer Anschauung zwar etwas mit Erhöhung zu tun hat, aber nie vom Himmel auf die Erde hinabsteigt? Eine Reihe von Forschern sind überzeugt, daß die Vorstellung vom Abstieg aus der gnostischen Gedankenwelt stammt[20]. Siegfried Schulz[21] nimmt an, daß sie die Aufgabe erfüllt, die christliche Aussage vom Aufstieg des Menschensohns an unserer Stelle neu zu deuten. Nachdem es aber doch recht zweifelhaft, wenn nicht unmöglich ist, in unserm Vers eine solche Aussage vom Aufstieg Jesu zu finden und die Aufstiegsvorstellung sich hier am ungezwungensten aus weisheitlichen Voraussetzungen erklärt, kann die naheliegende Vermutung kaum abgewiesen werden, daß auch der Abstieg aus jenen Weisheitsaussagen stammt, die oben angeführt wurden.

Sehr wahrscheinlich hatte aber der Evangelist hier auch schon die Abstiegsvorstellung im Sinn, die wir 6,33.38.41f.50f.58 finden. Im Zusammenhang geht es dort um das wahre Brot vom Himmel, das nicht Moses geben konnte, das aber der Vater Jesu in der schon Gegenwart gewordenen Endzeit gibt. Dieses Brot steigt mit der Menschwerdung Jesu in dieser Gegenwart und Endzeit vom Himmel zur Erde hinab – καταβαίνων 33.50. Es stieg zur Erde ab, als Jesus Mensch wurde – καταβάς 41.51.58. Als der ein für allemal Abgestiegene – καταβέβηκα 38.42 – sorgt Jesus für das Heil und Leben derer, die ihm der Vater gibt, um es am Letzten Tag durch ihre leibliche Auferweckung zu vollenden – 38f.

Peder Borgen hat nachgewiesen, daß der ganze Abschnitt 6,31–58 Schritt für Schritt an alte palästinische Formen jüdischer Schriftauslegung anknüpft und deutlich die palästinische Mannaüberlieferung aufnimmt[22]. In die gleiche Richtung weisen die Untersu-

[20] Vgl. *J. Blank*, Krisis. Untersuchungen zur johanneischen Christologie und Eschatologie (Freiburg i. Br. 1964) 78f, wo gezeigt wird, daß gnostisch καταβαίνω für das Herabkommen des Erlösers kaum verwendet wird, dagegen häufig κατέρχομαι, das deutlich einen Fall und Abfall einschließt. Das johanneische καταβαίνω tut das nicht, unterstreicht aber den freien Entschluß zur heilschaffenden Herabkunft.

[21] Untersuchungen zur Menschensohnchristologie 105f.

[22] A.a.O. 1–98.

chungen von Bruce J. Malina[23]. Diese sind vor allem deswegen wertvoll, weil sie das hohe Alter der palästinischen Mannaüberlieferung erhärten. So findet sich das Motiv des Abstiegs oder Herabsteigenlassens des Manna vom Himmel schon in neutestamentlicher Zeit und wenig später, wie eine ganze Reihe von Stellen im targumischen und rabbinischen Schrifttum zeigen[24]. Es darf dann nicht übersehen werden, daß unser Evangelist in 6,31–58 Jesus unverkennbar mit der Weisheit wie mit der Tora gleichsetzt und damit an die Überlieferung anknüpft, die schon vor ihm das Manna als die göttliche Weisheit (Philo) oder als die Tora verstand (rabbinisch)[25].

Wie wir gesehen haben, wird Jesus auch in 3,11–13 als menschgewordene Weisheit vorausgesetzt. Vielleicht erklärt sich von daher auch die Form der Aussage in V. 13: ὁ ἐκ τοῦ οὐρανοῦ καταβάς. Wie die parallelen Ausdrücke ὁ ἄνωθεν ἐρχόμενος und ὁ ἐκ τοῦ οὐρανοῦ ἐρχόμενος in V. 31 bringt sie das Geheimnis Jesu in der Art eines Titels zur Sprache, auch wenn dieser nur für unsern Zusammenhang geprägt erscheint.

Warum wird aber der Titel „Menschensohn" dem Titel „Herabgestiegener" nachgestellt und so mit ihm zwar gleichgesetzt, aber in einer Art und Weise, die anzudeuten scheint, daß man das Verhältnis nicht umkehren und sagen könnte: ὁ υἱὸς τοῦ ἀνθρώπου ὁ ἐκ τοῦ οὐρανοῦ καταβάς, so wie wir 6,41 lesen: ὁ ἄρτος ὁ καταβὰς ἐκ τοῦ οὐρανοῦ, und 6,50: ὁ ἄρτος ὁ ἐκ τοῦ οὐρανοῦ καταβαίνων – vgl. 6,51.58. Daß dort das Brot, das Manna der Endzeit vom Himmel steigt, wie das Manna in der Wüste vom Himmel kam, ist leicht einzusehen. Es scheint aber, daß nach unserer Stelle nicht der Menschensohn vom Himmel herabstieg, sondern der Herabsteigende durch den Abstieg Mensch und Menschensohn wurde. Das ist jedenfalls auch der Grund, warum im vierten Evangelium der Menschensohn nie mit der Sendungsvorstellung verknüpft wird. Nur der vorweltliche Sohn oder Gottessohn wird vom Vater in die Welt gesandt – so schon 3,17[26].

Im übrigen schließt der Evangelist mit seiner Erwähnung des Menschensohns in unserm Vers sehr wahrscheinlich an 1,51 an. Dort ist der Menschensohn die endzeitliche Wohnstätte Gottes auf Erden und das irdische Tor zum Himmel, der über ihm offensteht. So ist der Menschensohn in 3,13 die menschgewordene Weisheit Gottes, der einzigartige Mensch, der im Raum dieser irdischen Welt die Geheimnisse der Himmelswelt enthüllt, den verborgenen Gott sichtbar und zugänglich macht. Er ist der vorweltliche Gottessohn, der durch seinen Abstieg in dieses menschliche Dasein einging, um als Mensch unter Menschen seine ein-

[23] The Palestinian Manna Tradition. The Manna Tradition in the Palestinian Targums and its Relationship to the New Testament Writings (Leiden 1968) 42–93, 102–106.

[24] Siehe ebd. 44, 53–55, 53 Anm. 2, 91f.

[25] *Borgen*, a.a.O. 111–115, 147–158.

[26] Damit soll nicht in Abrede gestellt werden, daß überlieferungsgeschichtlich und im vierten Evangelium Sohn und Menschensohn einander sehr nahe stehen. Es ist aber doch deutlich, daß für unsern Verfasser die Aussagen über den einen und den andern nicht einfach vertauschbar waren.

zigartige Aufgabe als endzeitlicher Offenbarer zu erfüllen. Wir sollten deswegen, um uns genau und unmißverständlich auszudrücken, nicht vom Abstieg des Menschensohns, sondern vom Abstieg des Gottessohns reden[27].

C. DIE ERHÖHUNG DES MENSCHENSOHNS

I. Zur Stellung der Verse 3,14f im Zusammenhang

Nach der früher dargelegten Auffassung[28] schließen diese beiden Verse das Gespräch Jesu mit Nikodemus ab, während mit V. 16 die Betrachtung des Evangelisten zum Thema des Glaubens einsetzt, die auf die Menschwerdung des Gottessohns und auf Sinn und Schicksal seiner endzeitlichen Offenbarung im Rahmen der Geschichte Jesu zurückschaut. Im Zusammenhang mit dem vorausgehenden Gespräch drücken die VV. 14 und 15 eine Verbindung zwischen dem Anspruch des irdischen Jesus, als Augenzeuge der Wirklichkeit Gottes gehört und anerkannt zu werden, und seinem Kreuzestod aus. Während das Stück 3,11–13 voraussetzt, daß der Gottessohn durch seinen Abstieg aus dem Himmel zum Menschensohn und Offenbarer Gottes auf Erden wurde, sagen die VV. 14f aus, daß echter Glaube und Zeugung des Menschen von oben durch die noch ausstehende Erhöhung dieses Menschensohns möglich werden. Damit schließt der Evangelist an die frühchristliche Glaubensüberlieferung an, die den Heilssinn von Kreuz und Auferstehung Jesu festhielt. Er gibt aber seine Erkenntnis nicht preis, daß der Gottessohn seine göttliche Heilsmacht auf die Erde mitbrachte. Die Frage nach dem Verhältnis der angestammten und der durch seine Erhöhung gewonnenen Vollmacht des Menschensohns, die sich hier stellt, wird ansatzweise gelöst durch das δεῖ in V. 14: es ist Gottes Wille, daß der Menschensohn die Macht, Leben zu spenden, auch durch seine Erhöhung erwirbt.

---

[27] Das Gesagte weist auf die Eigenart der johanneischen Anschauung vom Menschensohn, der seine einzigartige göttliche Vollmacht zunächst während seines irdischen Daseins und Wirkens ausübt, so aber die Menschen hier und jetzt in das endzeitliche Heil einweist. Die folgenden Verse zeigen dann, daß dieser Menschensohn durch seine Erhöhung und Verherrlichung auch als auferstandener und zu Gott aufgestiegener Heilskönig weiterwirken und seine eschatologische Sendung und Aufgabe im Rahmen unserer Weltzeit erfüllen wird. Siehe dazu *E. Ruckstuhl*, Die johanneische Menschensohnforschung 1957–1969, in: *J. Pfammatter – F. Furger* (Hrsg.), Theologische Berichte, Bd. 1 (Zürich 1972) 171–284, näherhin 277–282.

[28] S. 318f dieser Arbeit.

II. Zur Aussage der Erhöhungstexte

1. Was bedeutet die Erhöhung des Menschensohns?

In 3,14 steht, daß der Menschensohn erhöht werden muß. Auch in 8,28 und 12,32–34 ist von dieser Erhöhung des Menschensohns die Rede. Aus diesen beiden Stellen geht deutlich hervor, daß der Ausdruck ὑψόω, der hier für erhöhen verwendet wird, im Sinn des Evangelisten kreuzigen heißt. Auch in 3,14 kann ὑψόω zunächst nichts anderes bedeuten, obgleich man nur sagen kann, die eherne Schlange sei aufgerichtet, nicht aber, sie sei gekreuzigt worden. Der gemeinte Vorgang ist analog der gleiche.

Nun stellt sich die Frage, warum in diesen Texten Kreuzigung als Erhöhung verstanden wird. Ein Grund dürfte der sein, daß die Kreuzigung mit dem Hochziehen oder Aufrichten des Verurteilten am Längsbalken des Kreuzes verbunden war. Ὑψόω könnte einfach ein anschaulicher Hinweis auf diesen Vorgang sein. Vermutlich war aber das Wort schon zur Zeit der Abfassung unseres Evangeliums ein gebräuchlicher Ausdruck für kreuzigen oder wurde als Übersetzung eines entsprechenden hebräischen oder aramäischen Ausdrucks verwendet[29].

Unsere Frage ist aber damit noch nicht gelöst. In Nm 21,8f kommt nämlich weder im hebräischen noch im griechischen Text das Wort „erhöhen" oder ein entsprechendes Tauschwort für das Aufrichten der Schlange vor. Aber auch Barn 12,5–7 und die Stellen in den Werken Justins[30], die auf den Vergleich mit dem Heilszeichen der ehernen Schlange zurückgreifen, reden nicht von Erhöhung. Das heißt doch wahrscheinlich, daß unser Evangelist mit der überlegten Wahl des Ausdrucks ὑψόω für die Kreuzigung des Menschensohns mehr aussagen wollte als die nackte Tatsache der Kreuzigung.

Dieses Mehr ist an allen drei fraglichen Stellen greifbar[31]. 3,15 sagt aus, daß in dem ans Kreuz erhöhten Menschensohn für jeden Glaubenden ewiges Leben zugänglich sein wird. Diese Aussage schließt ein, daß der Menschensohn durch seine Erhöhung ans Kreuz zum Mittler und Spender des göttlichen Lebens wird. Und zwar hat man den Eindruck, daß hier gemeint ist, der Gekreuzigte als solcher sei die dauernde Gegenwart und Quelle des Lebens, wo immer Menschen

---

[29] Vgl. *Meeks*, a.a.O. 62 mit Anm. 62f.

[30] Apol. I 60,1–4; Dial. 91; 94; 112.

[31] Die Ausführungen zu diesem „Mehr" schließen an die tiefschürfenden Überlegungen von *Wilhelm Thüsing* und die klärende wie auch weiterführende Arbeit von *Josef Blank* zu diesem Thema an; siehe *W. Thüsing*, Die Erhöhung und Verherrlichung Jesu im Johannesevangelium (NTA, Bd. 21 1/2) (Münster 1960) 3–35 und passim; *Blank*, a.a.O. 80–85, 264–296. Die obigen Gedanken möchten trotz aller Kürze auch ihrerseits weiterer Klärung dienen.

zum Glauben kommen und am Glauben festhalten. Die Erhöhung ans Kreuz scheint als Einsetzung des Menschensohns in das Amt des eschatologischen Lebensspenders verstanden zu sein.

Ähnlich verhält es sich mit der Stelle 8,28. In Kapitel 8 geht es um die Frage, wer Jesus ist. Er stellt sich vor als das Licht der Welt, als Sohn und Gesandten des Vaters. Die im Zusammenhang – 8,24.28 – wiederholte Aussage 'ΕΓΩ 'ΕΙΜΙ dürfte an alttestamentliche Stellen wie Jes 43,10f.25 anschließen und enthält den Anspruch Jesu, der in dieser Welt sichtbar und greifbar gewordene göttliche Retter zu sein[32], der Menschensohn. Ihn werden die Juden ans Kreuz erhöhen, obgleich ER ES IST, durch den Gott heilschaffend unter ihnen wirkt. Aber Gott wird den Gekreuzigten als Retter und Richter aller Welt offenbaren. So wird wiederum deutlich, daß der Menschensohn gerade als der ans Kreuz Erhöhte sein eschatologisches Retter- und Richteramt ausüben wird.

12,32–34 muß im Zusammenhang der Rede Jesu 12,23–36 gesehen werden. Aus V.33 geht zunächst mit aller Klarheit hervor, daß der Evangelist selbst ὑψόω als kreuzigen versteht. Aber ebenso klar zeigen die VV. 31–32, daß durch die Erhöhung Jesu ans Kreuz das eschatologische Gericht über die ungläubige Welt vollzogen wird. Durch dieses Gericht wird der Fürst dieser Welt endgültig aus seiner Machtstellung hinausgeworfen. Jesus aber wird vom Kreuz aus alle, die glauben, an sich ziehen, das heißt seine Heilsmacht über sie ausüben. Ihr Glaube wird sich als echt erweisen, wenn sie das Schicksal des Gekreuzigten mitvollziehen – 25f. Das Kreuz erscheint in 32 als der über die Erde erhöhte Ort, wo und von wo aus der Gekreuzigte herrschen wird. Man könnte es als den Thron des endzeitlichen Heilskönigs verstehen[33]. Diese verhüllte Bildaussage setzt zunächst voraus, daß der Menschensohn, der die Aussageachse des ganzen Abschnitts ist, durch die Erhöhung ans Kreuz als endzeitlicher Retterkönig eingesetzt wird. Sein Kreuzestod ist der notwendige Weg und Durchgang zum eschatologischen Leben, das ihm Gott auf Grund seines Todes durch Auferweckung verleihen wird. Sein Kreuzestod ist Ursprung und Ursache seiner Macht, als Auferstandener alle Glaubenden um sich zu sammeln und an seinem Auferstehungsleben teilnehmen zu lassen – 23f. Alles eschatologische Leben und Heil geht vom Kreuz aus; es ist durch seinen Bezug zur Erhöhung Jesu ans Kreuz unauslöschlich geprägt. Das soll gesagt sein, wenn es heißt, daß der ans Kreuz Erhöhte alle an sich ziehen wird. Im Sinn dieser Bildsprache kann man sagen, daß am Kreuz, dem Thron des königlichen Menschensohns in und nach dieser Weltzeit – johanneisch geschaut –, der Gekreuzigte und Auferweckte, der Erhöhte und Aufgestiegene hängt und herrscht und Leben spendet.

---

[32] Vgl. *Schnackenburg*, a.a.O. Zu Joh 8,24–28.

[33] Das Bild stammt von *Thüsing*, a.a.O. 33.

Dennoch ist die Erhöhung ans Kreuz nichts anderes als die geschichtliche Kreuzigung in der Stunde Jesu. Sie fällt zusammen mit der Verleihung umfassender und dauernder Heilsmacht an den Menschensohn. Sie fällt aber nicht zusammen mit der Ausübung dieser Heilsmacht durch den Gekreuzigten und Auferweckten, durch den Erhöhten und von Gott Verherrlichten. Erhöhung und Verherrlichung liegen nur teilweise ineinander. Die Verherrlichung Jesu durch Gott setzt sich über seine Erhöhung ans Kreuz hinaus in seiner Auferweckung und Heilsherrschaft fort. Die Erhöhung Jesu fällt deswegen auch nicht einfach mit seiner Rückkehr in die himmlische Welt zusammen. Sie ist die Schwelle zu ihr. Zeichen für diesen Sachverhalt ist die Tatsache, daß die beiden johanneischen Aufstiegsstellen – 6,62 und 20,17 – den Aufstieg Jesu nicht mit seiner Kreuzigung gleichsetzen. 6,62 wird er mit der Verleihung des Geistes, 20,17 mit der Auferstehung zusammengedacht.

2. Frühchristliche Überlieferung und johanneische Neudeutung[34]

Wir haben gesehen, daß johanneisch die Erhöhung des Menschensohns zwar zusammenfällt mit seiner Kreuzigung und diese auch umschreibt, aber sich dennoch nicht in ihr erschöpft, sondern mehr aussagt als nur einen geschichtlichen Vorgang. Der Ausdruck umfaßt auch dessen eschatologische Tragweite und soteriologische Tiefe. Woher aber hatte er die Eignung dazu? Die Antwort auf diese Frage dürfte nicht allzuschwer sein. Das Erhöhungsdenken stammt aus der ältesten christlichen Überlieferung und deutet dort, wenn ich recht sehe, das Ereignis der Auferstehung Jesu; es erhellt seinen Sinn und seine Tragweite, und zwar mit einer ganzen Reihe verschiedener Ausdrucksmittel, wie etwa Verherrlichung, Aufstieg, Gesetztwerden zur Rechten Gottes, Einsetzung als Gottessohn und Messiaskönig. Zu diesen Ausdrucksmitteln gehört auch die Erhöhungsvorstellung im engern Sinn, die mit dem Stichwort ὑψόω verbunden war oder mit Wörtern des gleichen Stammes. Die Stellen, an denen diese enger gefaßte Erhöhungsvorstellung außerhalb des Johannesevangeliums vorkommt, sind nicht zahlreich: Apg 2,33; 5,31; Phil 2,11; dazu kommen noch Hebr 1,3; 7,26. Im Zusammenhang dieser Stellen wird die Auferstehung und Erhöhung Jesu als Aufstieg in den Himmel und als Einsetzung in das königliche Amt des Throngenossen Gottes und des eschatologischen Retters verstanden.

Das Unerwartete an der johanneischen Erhöhungsvorstellung ist nun, daß hier nicht die Auferstehung Jesu gedeutet wird, sondern sein Kreuzestod. Erhö-

[34] Siehe zu diesem Abschnitt *E. Ruckstuhl*, Auferstehung, Erhöhung und Himmelfahrt Jesu, in: *E. Ruckstuhl – J. Pfammatter*, Die Auferstehung Jesu Christi. Heilsgeschichtliche Tatsache und Brennpunkt des Glaubens (Luzern – München 1968) 133–183.

hung heißt johanneisch Kreuzigung und Verleihung der eschatologischen Heilsmacht an den, der gekreuzigt wird. Das Wort „erhöhen" ist im vierten Evangelium deswegen doppeldeutig. Indem Jesus ans Kreuz erhöht wird, wird er zugleich zur Würde und Macht des eschatologischen Lebensspenders erhöht, und seine Erhöhung über den Erdboden durch die Aufrichtung am Kreuz – 12,32 – ist ein Bild dafür, was hier in Wirklichkeit geschieht; das heißt, der Vorgang der Kreuzigung veranschaulicht und offenbart seinen eigenen Sinn und seine Tragweite. Diese hinter der Kreuzigung liegende Wirklichkeit hat unser Evangelist in einmaliger Dichte auch durch seine Schilderung des Verhörs Jesu und seiner Verurteilung und Kreuzigung sichtbar gemacht, deren Höhepunkt 19,18–22 erreicht ist. So hat Johannes Heilssinn und Heilskraft des Todes Jesu am Kreuz in einer Weise gedeutet, verdeutlicht und veranschaulicht, wie das zuvor keinem Verkünder und Theologen gelungen war, auch Paulus nicht[35].

3. *Hoheit und Niedrigkeit des Menschensohns*

Man wird nicht leugnen können, daß die johanneische Vorstellung von der Erhöhung des Menschensohns zum gekreuzigten Heilskönig seine Erniedrigung voraussetzt. Eine Reihe von Forschern weisen darauf hin, daß Joh 3,14b an Mk 8,38 anklingt und jedenfalls die gleiche Überlieferung aufnimmt und umformt. Man hat sogar den Eindruck, daß die dreifache Ankündigung der Erhöhung des Menschensohns in unserm Evangelium überlieferungsgeschichtlich mit der dreifachen synoptischen Leidensweissagung zu tun hat[36]. Wie dem auch sein mag, die johanneische Erhöhungsvorstellung schließt gewiß die Erniedrigung des Menschensohns wenigstens in der Stunde seines Leidens und Todes ein, wie vor allem der Abschnitt 12,23–36 deutlich macht.

Damit erhebt sich aber nochmals die Frage nach dem Verhältnis zwischen den VV. 3,13 und 14f und die Frage nach der Einheit der johanneischen Menschensohnanschauung. 3,13 setzt im Zusammenhang der VV. 11–13 eindeutig voraus, daß der Menschensohn eine Hoheitsgestalt ist, Augenzeuge und Offenbarer der göttlichen Dinge im Rahmen der irdischen Wirksamkeit Jesu. Der Abstieg des aus dem Himmel Herabsteigenden ist weder hier noch in 6,27–58 als Erniedrigung gedacht, sondern als Herabkunft des Sohnes, der als Menschensohn die endzeitliche Vollmacht hat, auf Erden den Vater sichtbar zu ma-

[35] Das oben Gesagte deutet an, daß der Vorgang der Verherrlichung Jesu, soweit er mit der Erhöhung Jesu ans Kreuz einsetzt und sich in seiner Auferweckung und Heilsherrschaft fortsetzt, ein innerlich einheitliches und geschlossenes Gesamtgeschehen darstellt, dessen Einheit vor allem aus seiner Zielstrebigkeit erwächst und damit aus der geschehensmäßigen Ausgliederung aller seiner Teilsichten und Teilvorgänge sowie aus der Entfaltung seiner Wirkungen und Ergebnisse.

[36] Vgl. u.a. *I. de la Potterie*, Jesus et Nicodemus, a.a.O. 264f.

chen und das göttliche, den Tod überwindende Leben zu spenden. Wie ist es dann möglich, daß er nach 3,14f gekreuzigt und zum Lebensspender erhöht werden soll?

Diese Frage kann nur aus dem Zusammenhang des ganzen Evangeliums gelöst werden. Jesus offenbart seine angestammte Macht durch Wundertaten und durch das Wort, das er vom Vater her spricht – vgl. 2,11; 3,34; 8,54f; 9,4; 11,4f.40; 14,10; 17,6–8. Das setzt aber voraus, daß seine Herrlichkeit und seine Macht nicht immer sichtbar sind. Die Herrlichkeit Jesu ist im vierten Evangelium durch seine menschliche Daseinsweise manchmal und manchen verhüllt. Für die Juden ist Jesus wie ein gewöhnlicher Mensch, kennen sie doch seinen Vater und seine Mutter – 6,42. Die Worte über seine himmlische Herkunft und Abstammung scheinen dazu im Widerspruch zu stehen. Sogar für seine Jünger ist seine überirdische Herkunft und Wesensart ein Geheimnis, dessen Verborgenheit von ihnen nur mit Mühe überwunden wird – vgl. Joh 6,60–71; 14,5–14; 17,1–8. Andererseits schließt sich der Sohn nach 5,19–30 in seinem machtvollen Wirken an das Vorsprechen, Vorzeigen und Handeln des Vaters an, und diesem Handeln liegt, wie es scheint, ein Plan zugrunde, der stufenweise entfaltet und verwirklicht werden soll und so vor seiner Vollendung einen Raum der Vorläufigkeit ausspart – vgl. 14,12–14; 16,16–28. Deswegen spricht die Stimme des Vaters 12,28: καὶ ἐδόξασα καὶ πάλιν δοξάσω, was heißen soll: Ich habe in deinen Worten und Taten deine Macht schon bisher geoffenbart; ich werde sie aber durch deine Erhöhung und Auferweckung erst recht und endgültig in ihrer unvergleichlichen Größe zur Entfaltung und Auswirkung bringen – vgl. 12,23f.31f.

In der Sicht dieses johanneischen Zusammenhangs wird man von einem Bruch zwischen 3,13 und 14f nicht mehr reden können. Der Menschensohn, der die beiden Aussagen zusammenbindet, ist der vom Himmel herabgestiegene Sohn, der in seinem Erdenleben die Herrlichkeit des Vaters immer deutlicher sichtbar macht, aber erst in der Stunde seiner Erhöhung und Verherrlichung diese Offenbarung vollendet, so daß sein Leben und Wirken hier unter den Menschen in einer gewissen Verhülltheit und Vorläufigkeit auf diese Stunde zuläuft, ohne daß dadurch seine angestammte Macht in Frage gestellt wird.

D. ZU DEN GEDANKEN DES EVANGELISTEN IN 3,16–21

In 3,16–21 schaut der Evangelist auf die Vergangenheit und das Jesusereignis als Ganzes zurück, knüpft aber unverkennbar an das Vorausgehende an und bringt den Gedankengang der ersten Hälfte des Kapitels zum Abschluß. Wer an die in der Sendung und Hingabe des Sohnes offenbar gewordene Liebe Gottes glaubt, der hat das Heil erlangt, das Gott in Jesus der Welt anbot und anbietet. Er ist aus Gott gezeugt und nimmt so glaubend am Leben Gottes in seinem Sohn teil. Wer nicht glaubt, hat sich selbst verurteilt und von diesem Leben ausgeschlossen.

Vers 16

Der Vers sagt aus, daß Gott allen Menschen dadurch seine Liebe erwies und enthüllte, daß er ihr seinen Einzigen, den geliebten Sohn zum Geschenk machte. Das Wort ἔδωκεν dürfte hier vom Standpunkt der Vergangenheit aus ähnlich gebraucht sein wie das δίδωσιν in 6,32 vom Standpunkt des irdischen Jesus aus. Gott gibt und gab in Jesus der Welt das, wovon sie für immer leben kann. Die frühchristliche Dahingabeformel, die der Verfasser hier verwendet[37], meinte das ἔδωκεν oder παρέδωκεν jedenfalls ursprünglich so, daß das ganze Jesusereignis eingeschlossen war. Da unsere Stelle sicher an 14f anknüpft, ist hier auch die Erhöhung des Menschensohns ans Kreuz und seine Einsetzung als Spender des eschatologischen Lebens in der Vorstellung vom Geschenk, das Gott der Welt mit seinem Sohn machte, mitenthalten. In dieser Erhöhung kam das Geschenk Gottes erst ganz zum Zug; hier wurden sein Ernst und sein Reichtum erst ganz deutlich. Im Sohn und Menschensohn wurde das Leben Gottes allen Glaubenden erschlossen. Durch ihn und seinen Tod am Kreuz wurde die Rettung der Welt vor dem endgültigen Tod möglich. Am Kreuz wurde sie für alle Glaubenden Wirklichkeit.

Vers 17

Der Verfasser nimmt jetzt die frühchristliche Sendeformel auf und unterstreicht, daß Gott mit der Menschwerdung seines Sohnes nur Rettung und Heil durch den Menschgewordenen, den Menschensohn, im Sinn hatte, nicht Ausschluß vom Heil.

Verse 18f

Aber Gottes Geschenk kann nur dort ankommen, wo sich Menschen glaubend dazu entscheiden, es anzunehmen und sich vom liebenden Gott und seinem Sohn retten zu lassen. Wer sich diesem Geschenk dauernd verschließt, wer die Heilsmacht des Menschensohns nicht anerkennt, sondern hartnäckig am Unglauben festhält, der hat sich selbst vom Heil ausgeschlossen. Er ist durch eigene Entscheidung, nicht durch Gottes Schuld, ein Verurteilter und Ausgeschlossener. Diese Selbstverurteilung ist rätselhaft. Sie war um so rätselhafter,

---

[37] Siehe Anm. 5.

als der Sohn das Licht war, das allen Menschen Erhellung ihres Lebens verhieß, Hilfe, um sich in dieser Welt zurechtzufinden. Aber die Menschen wollten sich nicht erhellen lassen, wiesen das Licht ab, zogen sich von ihm zurück und blieben im Dunkel.

Verse 19–21

In allen drei Versen ist der Sinn der ἔργα strittig[38]. Es finden sich aber eine Reihe von Parallelstellen, an denen von den ἔργα der Menschen angesichts des Jesusereignisses die Rede ist, so 6,28f; 7,7; 8,39.41. Aus dem Zusammenhang dieser Stellen geht hervor, daß es immer um den Glauben oder Unglauben Jesus gegenüber geht und um jenes Verhalten, das zum Glauben oder Unglauben führt oder aus Glaube und Unglaube jeweils erwächst. So schließen die ἔργα oder das ἔργον, das Gott 6,28f von den Fragestellern verlangt, ein, daß sie sich vom Brotwunder Jesu zum Glauben an das Himmelsbrot führen lassen und sich nicht wegen ihrer Sorge um das tägliche Brot oder wegen der menschlichen Herkunft Jesu zum Unglauben entscheiden. Die Werke der Welt in 7,7 sind Werke, die den Glaubensentscheid unmöglich machen oder verfälschen, wie Ehrsucht, die verhindert, daß man sich Jesus öffnet, der in keiner Weise nach weltlicher Anerkennung trachtet – 5,41–44; oder der unerleuchtete Eifer, der die Juden das Zeugnis der Schriften für Jesus übersehen läßt, weil er nicht von der Liebe zu Gott getragen ist – 5,39–47. Die Werke, die Jesus von den Juden verlangt, sind Werke, wie Abraham sie tat, der auf Gottes Stimme hörte, Gottes Macht und Treue anerkannte, sein Leben von Gott her verstand und Gottes Willen erfüllte. Wenn sie so handelten, würden sie die Sprache Jesu verstehen und die Worte Gottes annehmen, die er spricht, sie würden ihm nicht nach dem Leben trachten – 8,39–47; 7,17.

So meinen die bösen Werke, von denen in 3,19–21 die Rede ist, wohl jedes Verhalten, das die Menschen hinderte und hindert, Gottes Offenbarung, wie sie in Jesus erschien, als solche zu erkennen und anzuerkennen, oder den Weg des Glaubens treu und folgerichtig weiterzugehen und so glaubend zu wachsen und zu reifen – 8,31f. Die guten Werke aber, die hier genannt sind, sind die aus selbstloser Liebe stammende Aufgeschlossenheit für Jesus und sein offenbarendes Werk und Wort, das sich von Gott Ziehenlassen, das Hören auf ihn und das Lernen von ihm – 6,44f, das Festhalten am einmal getroffenen Glaubensentscheid, das Tun der Wahrheit, das heißt der Gehorsam und die Treue gegenüber der in Jesus aufleuchtenden Wahrheit und Wirklichkeit des Vaters.

---

[38] Vgl. zu diesen ἔργα *I. de la Potterie*, Jesus et Nicodemus a.a.O. 281f.

E. DER JOHANNEISCHE MENSCHENSOHN – DER GROSSE FREMDE ODER DAS LICHT DER WELT!

Wayne A. Meeks hat in seiner anregenden Studie „The Man from Heaven in Johannine Sectarianism"[39] vor allem anhand von Joh 3 und 6,27–58 zu zeigen versucht, daß die Anschauung und Aussage vom Abstieg und Aufstieg Jesu im Johannesevangelium die Aufgabe erfüllt, die Fremdheit des Menschensohns in dieser Welt und gegenüber dieser Welt hervorzuheben. Er stammt aus einer andern Welt und kehrt dorthin zurück. Hier ist er nicht heimisch. Die Menschen dieser Welt sind aber auch in seiner Nähe nicht zu Hause. Überall, wo wir in diesem Evangelium dem Leitgedanken „Abstieg–Aufstieg" begegnen, stoßen wir auf Gegensatz, Widerspruch, Verfremdung, Scheidung und Gericht. Der Gedanke ist nicht Zeichen der Einheit zwischen Himmel und Erde, Geist und Natur, Ewigkeit und Geschichte, Gott und Mensch, wie viele Ausleger meinen. Der Menschensohn ist der große Fremde, und die Menschen dieser Welt empfinden seine Sprache als fremd. Weil sie diese Sprache und ihr Symbolgefüge nicht verstehen, verwerfen sie ihn. Nur wenige Auserwählte lernen im Evangelium nach und nach damit umgehen und sich Jesus gläubig anvertrauen. So werden sie aber den übrigen Juden entfremdet. Sie sind nicht mehr ein Stück ihrer Welt und werden deswegen zuletzt aus ihrer Gemeinschaft ausgestoßen.

In diesem Sachverhalt, im Sprachfeld und Zeichengefüge des vierten Evangeliums gewinnt aber letztlich das Trauma der johanneischen Gemeinde, ihre Fremdheit und Vereinsamung inmitten ihrer Umwelt Gestalt. Zur johanneischen Gemeinde gehören heißt mit der Welt, mit der Synagoge, mit der Lüge der andern Menschen brechen. Wenn das Johannesevangelium erzählt, wie der Menschensohn nur wenige aus dieser Welt herausnimmt und in das Reich der Wahrheit versetzt, schildert es das Werden der johanneischen Gemeinde und verlegt es in die irdische Geschichte Jesu zurück. Das Buch kann deswegen keine Missionsschrift sein. Es ist ein Buch für solche, die im Rahmen seiner abgeschlossenen Kleinwelt leben und gelernt haben, sich mit Hilfe seiner Sprache und seines Zeichengefüges untereinander zu verständigen. Dieses Gefüge und diese Sprache sind abgedichtet gegen alle, die draußen sind. Das Buch zerstört mit dieser Sprache die Logik der Welt und des Judentums. Es erklärt Schicksal und Welterfahrung der johanneischen Gemeinde und verstärkt mit seiner Christologie und Ideologie ihre Absonderung und Abkapselung von der Welt.

Zu dieser Auffassung seien vor allem aus der Sicht der vorliegenden Arbeit einige Gedanken geäußert:

---

[39] Siehe Anm. 2.

1. Daß hinter dem Johannesevangelium eine Gemeinde steht, die in einer gewissen Abkapselung von der übrigen Welt lebt und durch ihren Bruch mit dem nichtchristlichen Judentum gezeichnet ist, wird richtig sein. Ob seine Symbolsprache aus dieser Abkapselung erwachsen ist, sie verrät und verstärkt, ist eher fraglich. Die Vorstellung vom Kommen Jesu aus der überirdischen Welt, von seiner Erhöhung zu Gott und seiner Verherrlichung war doch im christlichen Raum schon lange heimisch geworden, als es für die johanneische Gemeinde zum Bruch mit der Synagoge kam. Hier knüpften diese Gemeinde, ihre Verkündiger und ihr Evangelist gewiß an gemeinchristliche Überlieferung an. Auch die Bildworte vom Abstieg und Aufstieg, die der genannten Vorstellung im vierten Evangelium als ein Ausdrucksmittel dienen, dürften der johanneischen Sprache aus jüdischen Voraussetzungen und christlicher Ausdrucksweise zugeflossen sein.

Es ist ferner nicht zu übersehen, daß in den Zusammenhängen, die hier untersucht wurden, das Kommen Jesu vom Himmel nicht sein Fremdsein in unserer Welt hervorhebt noch sein Nichtverstandenwerden durch Nikodemus oder andere Juden verursacht, sondern gegenüber dem Unverständnis des Ratsherrn sein einzigartiges Wissen um den verborgenen Gott und seinen Anspruch auf den Glauben der Hörer unterstreicht. Das Mißverständnis des Nikodemus in 3,3–10 entzündet sich nicht an der Aussage über Jesu Herkunft von oben, wie Meeks annimmt, sondern an Jesu Forderung, sich als Mensch einer irdischen Welt der Zeugung aus dem Geist zu unterwerfen. Auch in 6,27–58 erscheint der Herabsteigende nicht als der große Fremde. Im Gegenteil! Die Juden lassen die Aussage Jesu, er sei das vom Himmel herabsteigende Manna der Endzeit, schlicht und einfach nicht gelten und weisen die Einladung, sich von ihm speisen und tränken zu lassen, zurück, weil sie seine irdische Abstammung kennen.

Auch andere Zeichen weisen darauf hin, daß der johanneische Jesus nicht wegen seiner Fremdheit und seiner fremden Sprache von den Menschen verworfen wird. So ist im Abschnitt 3,16–21 von der Schuld der Menschen die Rede, die das Licht nicht aufnahmen. Der Evangelist verwundert sich darüber, daß die Menschen das Dunkel dem Licht vorzogen. Das setzt voraus, daß das Licht nach seiner Auffassung als solches erkennbar und sein Schein nicht aufdringlich oder fremdartig war, sondern freundlich und werbend sich zur Erhellung ihres Daseins und ihrer Wege anbot – vgl. 12,35f.46. Ein ähnlicher Gedanke kommt dort zum Ausdruck, wo von der ΔΟΞΑ Jesu gesprochen wird. Das ganze irdische Dasein und Wirken Jesu offenbart die ΔΟΞΑ, die ihm als Sohn und Menschensohn zukommt. Er ist deswegen als Gesandter des Vaters und als der Abgestiegene erkennbar. Seine Wunder und Reden laden die Menschen ein und machen es ihnen möglich, ihn als Sohn und Menschensohn zu erkennen und an ihn zu glauben, wie etwa 1,14.51; 2,11; 4,1–42; 5,36–38; 11,4.40; 14,10f zeigen. In 12,37–50 weist der Evangelist darauf hin, daß viele jüdische Ratsherren angesichts der Wunder Jesu überzeugt waren, er sei der endzeitliche Heilsbringer, und nur deswegen diese Überzeugung verbargen, weil sie fürchteten, sonst aus der Synagoge ausgeschlossen zu werden. So zogen sie die δόξα der Menschen der in Jesus offenbaren ΔΟΞΑ Gottes vor.

2. Noch ein weiterer Sachverhalt muß hier deutlich gemacht werden. Wenn auch verschiedene Anzeichen erkennen lassen, daß der Verfasser unseres Evangeliums aus einer abgekapselten Gemeinde kommt, läßt sich doch nicht verkennen, daß sein Werk gerade zum Ziel hat, aus dieser Abkapselung und Abgeschlossenheit auszubrechen und sie zu überwinden[40]. Es kann kaum Zufall sein, daß die VV. 3,16f zwei Glaubensformeln aufnehmen, die nach dem Ausweis des Neuen Testaments im frühen Christentum weit verbreitet waren. Ebensowenig ist es zufällig, daß der Evangelist als Ziel der Dahingabe und der Sendung des Sohnes die Rettung der Welt nennt und im gleichen Zusammenhang davon spricht, daß der Sohn als Licht in die Welt kam – vgl. 1,9; 12,46. Vom Licht der Welt reden auch 8,12; 9,5. Die Welt erscheint auch an einer ganzen Reihe anderer Stellen des Evangeliums als Feld und Ziel der Sendung und des Heilshandelns Jesu. Wie umfassend dieses Feld gemeint ist, zeigen etwa 4,42; 6,51c; 17,2.

Auch die Texte von der Erhöhung des Menschensohns, die oben untersucht wurden, weisen darauf hin, daß der Evangelist mit seinem Werk über die Grenzen einer räumlich gebundenen und abgekapselten Gemeinde hinausstößt. Nach 3,14 ist im erhöhten Menschensohn für „jeden Glaubenden" ewiges Leben zugänglich. Diese Wendung erträgt – hier vom Zeitpunkt der Erhöhung an gerechnet – weder räumlich noch zeitlich eine Einschränkung. Sie kommt in unserm Evangelium mehrmals vor, macht aber nur deutlich, was auch die ebenso häufige Wendung ὁ πιστεύων – οἱ πιστεύοντες gewöhnlich ausdrückt. Ebenso allgemein sind auch die πάντες in 12,32 zu denken, die der Erhöhte an sich ziehen will. Sie umfassen vor allem die „reiche Frucht" des Heilstodes Jesu aus der Völkerwelt – 12,20–24; vgl. 10,15f. Nach 8,28 scheinen aber auch die ungläubigen Juden angesichts des am Kreuz Erhöhten nochmals die Möglichkeit zu haben, an Jesus von Nazaret als Gottessohn und König des Heils zu glauben und so gerettet zu werden.

In der Sicht dieser Hinweise dürfte es kaum zweifelhaft sein, daß unser Evangelium nicht nur für die johanneische Gemeinde geschrieben wurde, sondern

[40] Darauf weist, wie *Étienne Trocmé* im Johannes-Seminar an der 29. Jahrestagung der SNTS in Sigtuna 1974 ausführte, schon die Absicht, ein Evangelium zu schreiben, da dies nicht geschehen konnte, ohne daß dem Verfasser ein früheres Evangelium bekannt war. Mit seinem Werk wollte er die Enge seiner Gemeinde durchbrechen, den Anschluß an andere Gemeinden und an zeitgenössische Strömungen der Gesamtkirche gewinnen, aber auch das Christusbild und die Auffassung vom christlichen Glauben seiner Gemeinde in den Raum der Gesamtkirche einbringen.

für alle Menschen aus dem Volk der Juden und den Völkern, zu denen dieses Buch damals gelangen konnte. Sein Horizont war die Welt, sein Blickfang der über die Erde erhöhte Menschensohn, der alle an sich zog, sein Schatten der gestürzte Fürst dieser Welt[41].

---

[41] Ist das nicht ein Widerspruch zu Joh 1,10–12; 3,11f.19–21.32f? Es scheint so. Immerhin sind diese Stellen zunächst von der geschichtlichen Verwerfung Jesu durch die Masse seines Volkes zu verstehen, auch wenn sie zugleich an die göttliche Weisheit erinnern sollen, die nur von wenigen aufgenommen wird. Der Widerspruch löst sich aber auf, wenn wir annehmen dürfen, daß für den Evangelisten die Erhöhung und Verherrlichung des Menschensohns die Großtat Gottes war, die das Tor zur Welt und in eine neue Zukunft aufstieß. Hier brach für alle Völker die Verheißung auf, durch die Macht des liebenden Gottes heimgeholt und zur gläubigen Hingabe an den Gekreuzigten überwunden zu werden.

Das Fleisch des Menschensohnes (Joh 6,53)

C. Kingsley Barrett, Durham

Joh 6,51–58 ist einer der am meisten diskutierten und umstrittenen Abschnitte im Johannesevangelium. Rudolf Bultmann ist vielleicht der angesehenste, aber nicht der erste von denen, die ihn einem Redaktor zugeschrieben haben, der, hier und anderswo, das Johannesevangelium ergänzt hat, um es in Übereinstimmung mit seiner Vorstellung von einem Evangelium zu bringen. Insbesondere – so Bultmann – wünschte der Redaktor, das Evangelium in Einklang mit der anerkannten theologischen Meinung der Kirche zu bringen, um es für die offizielle Christenheit annehmbar zu machen. Es wird dienlich sein, Bultmanns Gründe für diese Ansicht darzulegen[1]. Ein Bericht über die Diskussion insgesamt würde meine Kräfte und die Grenzen dieses Aufsatzes übersteigen.

In den strittigen Versen sei „zweifellos ... vom sakramentalen Mahle der Eucharistie die Rede“ (a.a.O. 162), und „das Herrenmahl ist hier als φάρμακον ἀθανασίας bzw. τῆς ζωῆς aufgefaßt“ (S. 162). Diese Ansicht sei unvereinbar mit der Gesamtanschauung des Evangelisten, insbesondere mit dem, was unmittelbar in Kapitel 6 vorausgeht; denn dort ist das Brot des Lebens, das der Vater gibt, der Sohn selbst, der Offenbarer. „Er spendet (V. 27) und ist (VV. 35.48.51) das Lebensbrot, wie er das Lebenswasser spendet (4,10), wie er das Licht der Welt ist (8,12), als der Offenbarer, der der Welt Leben gibt (V. 33; vgl. 10,28; 17,2), – denen nämlich, die zu ihm „kommen“ (V. 35; vgl. 3,20f; 5,40), d.h., die an ihn glauben (V. 35; und vgl. 3,20f mit 3,18), ohne daß es noch eines sakramentalen Aktes bedürfte, durch den sich der Glaubende das Leben aneignet“ (S. 162). Es kommt hinzu, daß die Eschatologie dieses Abschnittes, die sich in V. 54 darstellt (κἀγὼ ἀναστήσω αὐτὸν τῇ ἐσχάτῃ ἡμέρᾳ), unvereinbar sei mit der johanneischen Eschatologie, die nach Bultmanns Meinung ihrem Wesen nach realisierte Eschatologie ist: der Glaubende hat schon ewiges Leben (V. 47); er ist schon vom Tode ins Leben hinüberge-

[1] *R. Bultmann*, Das Evangelium des Johannes (Göttingen [15]1957); ebenso *D. M. Smith*, The Composition and Order of the Fourth Gospel (New Haven–London 1965) bes. 134–139.

schritten (5,24). Es ist wahr, daß die damit unvereinbaren Worte auch in den VV. 39.40.44 vorkommen, aber auch in diesen Versen muß man sie als Einfügungen der kirchlichen Redaktion betrachten. Bultmann behauptet nicht, daß sich die Arbeit des Redaktors von der des Evangelisten nach rein stilistischen Gründen trennen lasse; z.B. in der empörten Frage der Juden in V.52 (πῶς δύναται): „Die Technik des Evangelisten dient also dem Redaktor als Vorbild" (S. 175, Anm. 5).

Bultmann fügt jedoch hinzu, es sei leicht erkennbar, daß diese Frage nur eine Imitation sei, da das Mißverständnis nicht auf dem johanneischen Dualismus beruhe. V. 55 enthalte in der Tat eine Art Dualismus, aber das sei der sakramentale Dualismus der Mysterien, nicht der des Johannes. Und deshalb trennt Bultmann aus theologischen Gründen 6,51c–58 vom Rest der Rede über das Brot des Lebens.

Ich werde kurz auf zwei Weiterentwicklungen von Bultmanns These zur Redaktion des Abschnitts eingehen. R.E. Brown[2] geht von der Beobachtung aus, daß die betreffenden Verse allgemeine johanneisch-stilistische Merkmale aufweisen; diese reichen aus, um zu zeigen, daß sie „zur Substanz der johanneischen Tradition gehören" (a.a.O. 286). Aber nicht mehr – ein Herausgeber, der Zusätze macht, würde sich natürlich die Mühe machen, sie auch in etwa der johanneischen Ausdrucksweise anzugleichen. Was die Theorie Bultmanns, so wie sie dasteht, unannehmbar mache, sei das Vorhandensein eucharistischer Untertöne im Brotwunder, in den überleitenden Versen 22–24, in der Einleitung der Rede und im ersten Teil der Rede selbst (VV. 35–50). Bedeutsam ist jedoch „schon die Tatsache, daß das eucharistische Element in den VV. 51–58 dominiert, während es im Rest der Rede zurücktritt" (S. 286). Das legt nahe, daß „wir hier zwei verschiedene Formen der Rede über das Brot des Lebens haben, die beide johanneisch sind, aber von verschiedenen Stadien der johanneischen Predigt herrühren" (S. 286).

G. Bornkamm[3] gab der Diskussion eine andere Wendung. Er untersucht die Beziehung von Joh 6,60–71 zum vorangehenden Teil. Man hat z.B. allgemein angenommen, daß die σάρξ, auf die in V. 63 Bezug genommen wird, christologisch, ja sogar sakramental interpretiert werden müsse, und zwar unter Bezug auf die σάρξ des Menschensohnes in V. 53. Diese Annahme hat zweifellos den Kommentatoren eine Menge Schwierigkeiten gemacht; denn wie kann man sowohl versichern, daß man, um Leben zu haben, das Fleisch des Menschensohnes essen müsse, und daß das Fleisch zu nichts nütze? Diese Schwierigkeit ist jedoch beseitigt, wenn man VV. 51c–58 als Einschub betrachtet; dann ist der Weg für

[2] *R. E. Brown,* The Gospel according to John (I–XII) (New York 1966).
[3] *G. Bornkamm,* Geschichte und Glaube I (Gesammelte Aufsätze III) (München 1968).

eine von V. 53 unterschiedene Auslegung von σάρξ in V. 63 frei, in Übereinstimmung mit dem σάρξ–πνεῦμα-Gegensatz von 3,6. Der abschließende Abschnitt des Kapitels weist nicht auf VV. 51c–58, sondern auf den früheren Teil der Rede zurück. Diese These wird bestätigt durch V. 62, wo das größere Geheimnis und der größere Anstoß in dem ἀναβαίνειν des Menschensohns liegt. Das Gegenstück dazu ist in VV. 33.38.(41.42).50.51a (und nicht in dem eucharistischen Abschnitt) zu suchen, die von einem καταβαίνειν sprechen. Daraus folgt, daß in der ursprünglichen (oder wenigstens in einer früheren) Fassung der Rede V. 60 unmittelbar auf V. 51a folgte. Aus dieser Schlußfolgerung ergibt sich überdies, daß der σκληρὸς λόγος (V. 60) nicht das eucharistische Material von VV. 51c–58 war.

Diese Vorschläge sind nicht ohne Kritik geblieben. Bevor Bultmanns Kommentar erschien, hatte E. Schweizer[4] schon versucht, die literarische Einheit des Johannesevangeliums aufzuzeigen, und später ist E. Ruckstuhl[5] auf das Thema zurückgekommen. Aber literarische Kriterien können, wie wir schon sahen, nicht entscheidend sein, da dem Interpolator zugestanden wird, daß er johanneischen Stil benutzt habe; und wenn er nur einigermaßen erfolgreich bei diesem Unternehmen war, können wir kaum erwarten, daß wir einen kurzen Abschnitt von acht Versen vom Original unterscheiden können. Schweizer[6] hat überdies dargetan, daß es nur unzureichende Gründe für die Entscheidung der Echtheitsfrage in der einen oder anderen Richtung gebe. J. Jeremias[7] gibt die Ansicht, daß 6,51c–58 redaktionell sei, zugunsten der Hypothese auf, daß der Evangelist in diesen Versen Ausdrücke aus einer vorjohanneischen eucharistischen Homilie benutze, die mit den das Brot erklärenden Worten begann (6,51c: ὁ ἄρτος ὃν ἐγὼ δώσω ἡ σάρξ μού ἐστιν ὑπὲρ τῆς τοῦ κόσμου ζωῆς). Außerordentlich wichtig ist jedoch die Arbeit von P. Borgen[8], der aufweist, daß die Rede als ganze, einschließlich des eucharistischen Teils, als eine Exegese in Midrasch-Form erklärt werden kann, die nach bekannten Mustern Wort um Wort V. 31 auslegt: „Er gab ihnen das Brot vom Himmel zu essen“ (Ps 78,24). Falls er recht hat, folgt daraus unmittelbar, daß beide Teile (der „weisheitliche“ in den VV. 35–50 und der „eucharistische“ in den VV. 51–58) zusammengehören.

Dieses Argument von Borgen ist sehr eindrucksvoll; was die Form angeht, läßt er es als sehr gut möglich erscheinen, daß die ganze Rede von *einem* Autor geschaffen wurde unter Anwendung *eines* Verfahrens. Die Beweisführung ist allerdings einigen Einwänden ausgesetzt. (1) Man kann nicht behaupten, daß sie

[4] *E. Schweizer*, EGO EIMI ... (Göttingen 1939, ²1965).
[5] *E. Ruckstuhl*, Die literarische Einheit des Johannesevangeliums (Freiburg i. d. Schweiz 1951).
[6] *E. Schweizer* in: EvTh 12 (1952–53) 341–362, bes. 353–356.
[7] *J. Jeremias* in: ZNW 44 (1952–53) 256f.
[8] *P. Borgen*, Bread from Heaven (Leiden 1965).

durchweg zum Ziel führt. Es gibt zwar einige Punkte, wie etwa die Erklärung von οὐ Μωϋσῆς… ἀλλ' ὁ πατήρ μου in V. 32 durch die ... אלא ... לא Midrasch-Form, wo man Borgens Schlußfolgerungen kaum in Frage stellen kann; aber einige der Parallelen wirken eher gezwungen. Durch die ganze Rede ziehen sich Spuren von Midrasch-Exegese, aber die Rede als ganze ist nicht einfach ein Midrasch. (2) Jedenfalls bleibt die Frage: Warum verfaßt der Evangelist einen Midrasch oder eine midraschartige Exegese von Ps. 78? Bestimmt nicht einfach als eine exegetische Übung. Welches ist die treibende Kraft hinter der Rede? Die Auskunft, sie sei einmal vom Evangelisten bei der Herrenmahlfeier gehalten worden, genügt wohl nicht; denn es hat ja wohl viele solcher Predigten gegeben, die nie ins Evangelium aufgenommen wurden. Ebensowenig genügt es zu sagen, daß sie ein Versuch war, jüdische Exegese zu korrigieren; denn ungeachtet der ... אלא ... לא -Form (die nicht im ganzen durchgehalten wird) ist es keine wirklich polemische Exegese; oder daß sie sich gegen den Doketismus richtete. J. L. Martyn[9] ist der Wahrheit schon näher, wenn er sagt, die Rede sei dazu bestimmt gewesen zu zeigen, daß Jesus der mosaische prophetische Messias sei, darüber hinaus, daß man über eine solch enggefaßte exegetische These hinauskommen muß. Denn Jesus ist jenseits aller Definition und darf nicht durch derlei vorgefertigte Kategorien eingegrenzt werden. Er ist ganz einfach das Brot des Lebens, durch das die Menschen leben. Es stimmt, daß eine Untersuchung der Form der Rede uns ihrem Verständnis ein gutes Stück näher-, aber nicht ans Ziel bringen kann. Wie das meiste Material im vierten Evangelium ist die Rede bis zu einem gewissen Grade der historischen und literarischen Analyse zugänglich, aber sie kann ohne theologische Würdigung nicht völlig verstanden werden.

Eine literarische Frage muß jedoch noch in Betracht gezogen werden. Der größte Teil der Diskussion über die Redaktionsfrage ist unter der Annahme geführt worden, daß den Abschnitt, der möglicherweise oder nicht ein ursprünglicher Teil des Evangeliums ist, eben die Verse 51c (καὶ ὁ ἄρτος δέ…) – 58 (ζήσει εἰς τὸν αἰῶνα) bilden; und offensichtlich läßt sich auch einiges für diese Annahme anführen, denn gerade in V. 51 wird ja das Wort σάρξ zum erstenmal in die Rede eingeführt. Aber eine Unterteilung an diesem Punkte ist nicht völlig befriedigend; denn sie hat zur Folge, daß Jesus nach einem kurzen Satz abbricht, die Juden ihre empörte Frage stellen (πῶς δύναται οὗτος…; V. 52) und die Rede dann wieder aufgenommen wird mit einer Wiederholung des Hinweises auf die σάρξ, erweitert durch einen weiteren Hinweis auf das Blut des Menschensohns. Es scheint in der Tat das Verfahren des Johannes zu sein, seine

[9] *J. L. Martyn*, History and Theology in the Fourth Gospel (New York – Evanston 1968) 116f, 138.

Rede durch Einwände aufzubrechen, so etwa zweifellos in den VV. 59–60. Es kann kein Zweifel darüber bestehen, daß V. 59 das Ende eines Abschnittes markiert: er lokalisiert die ganze vorangehende Rede in der Synagoge von Kafarnaum. V. 60 muß daher ein Neuanfang sein, der durch den Vorwurf σκληρός ἐστιν ὁ λόγος οὗτος betont ist wie durch das Weggehen einer Reihe von Jüngern. Dieselbe Beobachtung kann am Anfang der Rede gemacht werden, obgleich der Fall hier komplizierter ist, denn hier findet sich ein Dialog zwischen Jesus und den Juden. Die letzteren beginnen mit der Frage: „Wann kamst du hierher?" (V. 25) Jesus führt dann das Thema der Nahrung ein, die ewiges Leben verleiht. Das ruft eine zweite Frage hervor (V. 28), die zum eigentlichen Ausgangspunkt der ganzen Rede in den VV. 31 f führt, wo die Juden das grundlegende Zitat von Ps. 78 anführen, das die Frage einschließt: Du sprichst von einer bleibenden (μένουσα) Speise; im Alten Testament steht geschrieben: Brot vom Himmel hat er ihnen zu essen gegeben; wie kann dein Anspruch damit vereinbart werden? Jesus antwortet (wie Borgen so gut gezeigt hat) mit einer neuen (obgleich in der Form konventionellen) Exegese des zitierten Abschnitts aus dem Alten Testament. In dieser Antwort spricht er vom Brot, das, wie das Manna, vom Himmel herabkommt, und sagt auch (V. 38), daß er selbst vom Himmel herabgekommen sei. Nachdem er diesen Anspruch erhoben hat, gibt es wieder einen Neubeginn in V. 41 mit dem Murren der Juden (ἐγόγγυζον), das schließlich in der Frage formuliert wird (V. 42): πῶς νῦν λέγει ὅτι ...; Als Antwort darauf setzt Jesus mit einer neuen Ausarbeitung seines Gedankens ein. Aufgrund dieser Beobachtungen scheint es nur natürlich zu sein, den nächsten Abschnitt[10] mit V. 51 c enden zu lassen und einen neuen mit V. 52 ἐμάχοντο ... zu beginnen.

Es lohnt sich, darauf zu achten, daß dieselbe Form auch anderswo im Evangelium zu finden ist, obgleich nirgendwo sonst eine lange Rede so säuberlich unterteilt wird wie in Kapitel 6. So wird z. B. Kapitel 3 durch die Feststellung des Nikodemus in Gang gebracht: „Niemand kann diese Zeichen tun, die du tust, wenn nicht Gott mit ihm wäre" (3,2). Sie ruft als Antwort die Versicherung hervor, daß niemand das Reich Gottes sehen kann, es sei denn, er ist geboren ἄνωθεν. Dann wirft Nikodemus die verwirrte und vorwurfsvolle Frage auf: πῶς δύναται ...; (3,4). Sie wird der Ausgangspunkt für die Rede, die (wenn wir den Text 3,5 so nehmen, wie er da steht) eine flüchtige Anspielung auf die Taufe macht und dann den Vorgang der Wiedergeburt im Zusammenhang mit dem Ab- und Aufstieg des Menschensohns erläutert. In Kapitel 5 handelt Jesus herausfordernd, indem er einen Mann am Sabbat heilt. Die Juden empören sich

[10] Wie es z. B. *Nestle*, Novum Testamentum Graece macht und viele andere gebräuchliche Ausgaben.

(5,16), und er antwortet mit einer christologischen Aussage (5,17). Dann kommt ein erneuter Vorwurf (5,18), und von da aus geht die Rede weiter. Ein anderes Beispiel liefert Kapitel 7. Jesus erscheint schließlich am Laubhüttenfest in Jerusalem. Allein die Tatsache seiner Anwesenheit und seines Lehrens provoziert die charakteristisch ausgedrückte Frage: πῶς οὗτος γράμματα οἶδεν μὴ μεμαθηκώς; (7,15). Jesu Antwort führt zu seinem Vorwurf, daß seine Hörer ihn zu töten suchen. Sie greifen diesen neuen Punkt auf mit dem Gegenvorwurf δαιμόνιον ἔχεις (7,20). Jesus antwortet. Die Juden erheben nun einen neuen Einwand: Die Herkunft des Messias wird unbekannt sein, während die von Jesus bekannt ist. Das Kapitel fährt in dieser Richtung fort, aber die Wortwechsel werden so schnell, daß wir es hier eher mit einer Unterhaltung als mit einer Rede zu tun haben, die sich in Form von Einwänden, auf die Antworten gegeben werden, entwickelt. Weitere Beispiele dieser Methode lassen sich finden in den Kapiteln 8, 10, 12 und (mutatis mutandis, denn hier handelt es sich nicht um Einwände der Juden, sondern um oft unverständige Bemerkungen der Jünger) in den Kapiteln 13–16.

Wenn es richtig ist, 6,52 und nicht 6,51 c als Anfang einer Einheit zu betrachten, so ergeben sich daraus gewisse Konsequenzen, besonders die folgenden. (1) Im „weisheitlichen" Teil der Rede über das Brot des Lebens gibt es nicht nur dunkle Anspielungen auf die Eucharistie, sondern einen ausdrücklichen Hinweis auf σάρξ. (2) Was in den VV. 53–58 gesagt wird, muß im Grunde als eine Antwort auf die Frage πῶς ...; (V. 52) betrachtet werden; d.h., diese Verse liefern eine Erhellung oder vielleicht eine spezielle Illustration zu dem Stoff, der vorangeht, indem sie ihn in praktischer Weise erklären.

Wir wenden uns nun dem Inhalt von VV. 53–58 zu, der als eine Antwort auf die Frage von V. 52 zu betrachten ist. Dieser Vers selbst ist hervorgerufen durch den Schlußsatz des vorangehenden Abschnitts. Jesus kündigt an, daß das Brot, das er geben werde, sein Fleisch ist; das führt zu der Frage: „Wie kann dieser uns Fleisch zu essen geben?" Es ist wichtig festzuhalten, daß die Frage nicht genau dem entspricht, was Jesus sagte. Er bezieht sich auf sein Fleisch; die Juden sprechen von Fleisch[11]. Diese Unterscheidung ist wichtig, und wir müssen uns an sie erinnern, wenn wir zu V. 63 kommen[12]. Die ganzen VV. 53–58 hindurch verweist Jesus auf „mein Fleisch" und das „Fleisch des Menschensohnes". Indem den Juden dies entgeht, verraten sie, daß sie noch in der Lage derer sind, die (nach V. 26) Jesus aufsuchten, nicht weil sie Zeichen gesehen hatten (und sie als solche erkannten), sondern weil sie mit Brot gesättigt worden waren.

---

[11] P[66], B und ein paar andere griechische Handschriften, unterstützt durch einen Teil der Übersetzungen einschließlich der lateinischen und syrischen, fügen αὐτοῦ hinzu, höchstwahrscheinlich in Anpassung an den vorangehenden Vers.

[12] Siehe S. 348f.

Vgl. auch 2,19f, wo die Menschen nicht verstehen, daß der Tempel, von dem Jesus spricht und den er wiedererrichten will, der Tempel *seines* Leibes ist. So ist es in besonderer Weise das Fleisch *Jesu*, das das Brot des Lebens ist; wenn man es so versteht, daß seine Rede sich auf Fleisch im allgemeinen bezieht, dann sind seine Ansprüche sinnlos. Aber in welchem Sinn oder Zusammenhang ist *sein Fleisch* zu verstehen? Die Verklammerung mit den Hinweisen auch auf das Blut in den VV. 53, 54, 55, 56 macht es schwierig, in Frage zu stellen[13], daß hier die Eucharistie gemeint ist; aber das anzuerkennen ist eine Sache – zu verstehen, wie Johannes von der Eucharistie dachte, eine andere. Es ist die entscheidende Schwäche von Bultmanns Ansatz und kritischer Behandlung dieses Abschnittes, daß er annimmt, daß Johannes, weil er auf die Eucharistie anspielt, sie auch in dem Sinne verstehen müsse, der durch die berühmten Worte des Ignatius festgelegt ist: φάρμακον ἀθανασίας, ἀντίδοτος τοῦ μὴ ἀποθανεῖν (Ign. Eph. 20,2). Ob Ignatius mit diesen Worten meinte, daß ein Mensch nur das konsekrierte Brot und den Wein zu verzehren brauche, um der Unsterblichkeit sicher zu sein, ist eine Frage, die hier nicht aufgenommen werden kann. Auch wenn er das meinte, wäre daraus nicht zu folgern, daß Johannes ebenso dachte. Die VV. 53f, für sich genommen, könnten darauf hinweisen: Wer ißt und trinkt, hat ewiges Leben, wer nicht ißt und trinkt, hat das Leben nicht; das, was gegessen und getrunken wird, ist deshalb φάρμακον ἀθανασίας. Dies ist jedoch eine oberflächliche Logik, denn sie setzt voraus, daß das Fleisch des Menschensohnes essen und sein Blut trinken identisch sein müsse mit dem Essen und Trinken von konsekriertem Brot und Wein. Aber was Johannes unter dem Essen und Trinken von Fleisch und Blut des Menschensohnes versteht, das ist eine Frage, die noch beantwortet werden muß. Wie kann die Antwort gefunden werden?

Zunächst muß V. 63 in Rechnung gestellt werden. Die Fragen, die dieser Vers aufwirft, werden nicht dadurch zum Schweigen gebracht, daß man sagt, in diesem Vers bedeute Fleisch nur einen Teil oder Aspekt der menschlichen Natur; denn eben zu dieser menschlichen σάρξ ist ja der Logos geworden (1,14). Das Fleisch jedoch, das der Logos zu seinem eigenen machte, ist nicht schlechthin Fleisch, das (schon nach dem gesunden Menschenverstand, geschweige denn der Theologie) Johannes ja doch nicht als etwas beschrieben haben könnte, das die Menschen essen müssen. Es ist so, daß V. 63 den Fehler korrigiert, den, wie wir sahen, die Juden in V. 52 machten. Fleisch als Substanz könnte ja höchstens ein zeitliches Gut darstellen: die Väter aßen Fleisch in der Wüste, und es erhielt ihr Leben für eine Weile, aber schließlich starben sie doch (V. 49). Das Fleisch des Menschensohnes allein, das Gefäß des Geistes und das Sprachrohr des

---

[13] Siehe S. 342f.

Wortes, erhält Leben für immer, oder besser, es erhält Leben und enthält dazu in sich das Versprechen der Auferstehung am Jüngsten Tage. Die Bedeutung dieses Satzes habe ich an anderer Stelle erörtert[14]. Es ist besonders wichtig festzuhalten, daß er in einem Kontext vorkommt, der auf die Eucharistie anspielt, denn seine Wirkung ist die, daß er eine Ignatianische Interpretation der Worte des Johannes ausschließt. Es stimmt, daß Johannes sagt: „Wer mein Fleisch ißt und mein Blut trinkt, hat ewiges Leben", aber gerade dadurch, daß er hinzufügt: „Und ich werde ihn am Jüngsten Tage auferwecken", verneint er, daß Essen und Trinken Unsterblichkeit mit sich bringen. Der Essende muß noch am Jüngsten Tage auferweckt werden; die Eucharistie und auch die geistliche Kommunion, auf die sie hinweist, ist kein Mittel für die Unsterblichkeit.

Es ist daran zu erinnern, daß dieser abschließende Teil der Rede (VV. 53–58) eine Antwort auf die Frage πῶς...; (V. 52) ist. Um seine Antwort zu erleichtern, führt Johannes die Eucharistie ein, die er, allgemein gesprochen, weder ablehnt noch sakramentalistisch versteht, sondern kritisch akzeptiert. Man würde im Zeitalter des Johannes kaum Christen antreffen, die die Vorstellung von einem christlichen Gemeinschaftsmahl, das in gewisser Weise mit der Anwesenheit des Herrn selbst verbunden ist, völlig verwerfen würden, und es gab zweifellos auch manche[15], deren Verständnis äußerst unkritisch war. Daß Johannes die Praxis eines Gemeinschaftsmahles verworfen haben sollte, ist *a priori* unwahrscheinlich, aber daß er der Art und Weise, in der einige seiner Zeitgenossen diese Praxis durchführten, kritisch gegenüberstand[16], ist *a priori* wahrscheinlich und läßt sich nachweisen. Die kritische Haltung des Johannes kommt, wie wir sahen, ausdrücklich, wenn auch negativ, in V. 63 heraus; die VV. 56.57.58 sind vielleicht noch wichtiger. V. 56 besteht darauf, daß „Essen und Trinken" gegenseitiges Innewohnen bedeutet. In diesem Vers findet sich eine Identitätsaussage, und das Innewohnen ist genausosehr eine Erklärung dafür, was „Essen und Trinken" bedeutet wie auch umgekehrt; hier wird einfach der frühere Teil der Rede wieder aufgenommen. V. 57 ist noch wichtiger, weil er (wie z. B. 17,18; 20,21) eine Parallele zieht zwischen der Beziehung des Glaubenden zu Christus und der Beziehung Christi zum Vater. Nur in einem Sinne kann gesagt werden, daß der Sohn Jesus sich vom Vater nährt, nämlich in dem Sinn, den die Worte 4,34 aussagen: „Meine Nahrung ist es, den Willen dessen zu tun, der mich gesandt hat." Jesus lebt durch und für den Vater (διὰ τὸν πατέρα), der ihn sandte; der Glaubende lebt durch und für Jesus (δι' ἐμέ) und „ißt und trinkt" so Jesus, wie Jesus den Vater „ißt und trinkt", nämlich in Gehorsam und Glauben. V. 58

[14] New Testament Essays (London 1972) 52, 66–69.
[15] Besonders in Korinth; s. bes. 1 Kor 10,1–13; 11,27–34.
[16] So wie Paulus es gegenüber den Korinthern war, worauf in Anm. 15 hingewiesen wird.

stellt dasselbe negativ fest: die Väter in der Wüste aßen das Manna und das Fleisch der Wachteln im buchstäblichen Sinne, aber die Glaubenden werden essen οὐ καθὼς ἔφαγον οἱ πατέρες. Die gesamte Rede handelt von dieser Art Beziehung zwischen dem Glaubenden und Jesus, dieser Art der Ernährung durch das Brot des Lebens. Das Bild der Ernährung ist für die Eucharistie zentral, und Johannes benutzt es ebenso, wie er es beim Brotwunder benutzt, wo es gleichfalls zentral ist; aber er achtet sorgfältig darauf, zu zeigen, daß Eucharistie und Brotwunder ihren Sinn nicht in sich selbst erschöpfen, sondern auf eine bedeutsamere Beziehung hinweisen.

Hier nun können wir ausdrücklich die Frage aufwerfen, auf die es diesem Aufsatz ankommt. Wenn Johannes in 6,53 einen unmißverständlichen Hinweis auf die Eucharistie einführt, so tut er das mit einem Menschensohn-Spruch: ἐὰν μὴ φάγητε τὴν σάρκα τοῦ υἱοῦ τοῦ ἀνθρώπου. Warum? Und was genau meint er in diesem Kontext mit *Menschensohn*?[17] Es wird gut sein, sich ins Gedächtnis zu rufen, daß „Menschensohn" noch in zwei anderen Versen im selben Kapitel vorkommt: 6,27: τὴν βρῶσιν τὴν μένουσαν ... ἣν ὁ υἱὸς τοῦ ἀνθρώπου ὑμῖν δώσει. 6,62: ἐὰν οὖν θεωρῆτε τὸν υἱὸν τοῦ ἀνθρώπου ἀναβαίνοντα. Es sollte auch festgehalten werden, daß V. 54 einen parallelen Ausdruck enthält, in dem *das Fleisch des Menschensohnes* durch *mein Fleisch* ersetzt wird. Hier ist jedoch wohl kaum eine Stelle für die Anwendung (auch wenn sie richtig ist!) der Regel von Jeremias[18], daß, wo parallele Wendungen vorkommen, von denen die eine „Menschensohn" enthält und die andere nicht, die letztere mit größerer Wahrscheinlichkeit authentisch sei. Wir haben es hier nicht mit einem Wort zu tun, das in zwei Formen überliefert ist, sondern mit einer johanneischen Komposition. Es wäre schwerfällig gewesen, „des Menschensohns" zu wiederholen; „mein" hat dieselbe Bedeutung. Diese Feststellung gilt nicht nur für V. 54, sondern auch für die VV. 55 und 56, allerdings hier weniger deutlich, da der Leser leicht vergißt, daß Jesus als der Menschensohn definiert bleibt. Gerade diese Tatsache jedoch macht klar, daß es in V. 53 leicht gewesen wäre, auch *mein Fleisch* zu schreiben; warum tut Johannes es dann nicht? Verschiedene Überlegungen tragen zur Beantwortung dieser Frage bei.

1. Es könnte sein, daß Johannes durch eine Tradition beeinflußt war, die die Eucharistie mit dem Menschensohn verband. Es gibt kaum Spuren einer solchen Überlieferung in den synoptischen Evangelien; und in keinem ist *der Menschensohn* in die Einsetzungsworte eingeführt. Der Ausdruck ist aber eng mit ihnen

---

[17] Es ist unnötig zu betonen, daß in diesem Aufsatz kein Versuch gemacht wird, die Menschensohnfrage in größerem Umfang abzuhandeln.
[18] ZNW 58 (1967) 164–170.

verbunden in Mk (und Mt), wo die Vorhersage, daß der Menschensohn nun weggehe[19] und die Warnung an seinen Verräter unmittelbar dem Brotwort vorangehen: τοῦτό ἐστιν τὸ σῶμά μου (Mk 14,22; Mt 26,26). Bei Lk ist die Reihenfolge umgekehrt: τοῦτό ἐστιν τὸ σῶμά μου (22,19); ὁ υἱὸς τοῦ ἀνθρώπου ... πορεύεται (22,22). Als eine entferntere Verbindung kann noch erwähnt werden, daß die lukanische Abendmahlserzählung die Q-Überlieferung enthält, in der Jesus verspricht (22,28ff), daß diejenigen, die mit ihm in seiner Drangsal ausgeharrt haben, an seinem Tisch in seinem Königreich essen und trinken werden und daß sie auf Thronen sitzen und die Zwölf Stämme richten werden. Die mattäische Form dieses Wortes (Mt 19,28) benutzt den Ausdruck Menschensohn.

Eine andere indirekte Verbindung findet sich darin, daß das Material über das Abendmahl und das Herrenmahl eschatologischen Inhalt hat, wie es in den synoptischen Worten über das Reich Gottes bezeugt ist (Mk 14,25; Mt 26,29; Lk 22,16.18) und noch ausdrücklicher in dem ἄχρι οὗ ἔλθῃ von 1 Kor 11,26 und im Gebrauch des aramäischen *marana tha*, das in 1 Kor 16,22[20] und ebenfalls in den Vorschriften für die Feier der Eucharistie in Didache 10,6 begegnet. Die Hoffnung auf das Kommen des Herrn, die nicht zuletzt in einer eucharistischen Umgebung geblüht zu haben scheint, war in der Überlieferung verbunden mit der Prophetie (oder was man unter dieser Prophetie verstand) vom Kommen des Menschensohns.

Vielleicht noch wichtiger als irgendeine dieser Beobachtungen ist die Tatsache, daß genau in dem zuvor besprochenen Kontext, in dem Ignatius von der Eucharistie als dem φάρμακον ἀθανασίας spricht, er Jesus als den Menschensohn beschreibt: Wenn die Christen zusammenkommen, um das Brot zu brechen, dann ist es ἐν μιᾷ πίστει καὶ [ἐν] ἑνὶ Ἰησοῦ Χριστῷ ... τῷ υἱῷ ἀνθρώπου καὶ υἱῷ θεοῦ. Es ist möglich, aber nicht wahrscheinlich, daß Ignatius das Johannesevangelium kannte[21], aber daß es gemeinsame antiochenische Traditionen gab, die sowohl Ignatius als auch Johannes bekannt waren, ist eine nicht unwahrscheinliche Hypothese; und bei der antiochenischen Eucharistiefeier mag man den Menschensohn mit eucharistischen Elementen in Verbindung gebracht haben. Die Acta Joannis hängen mit größerer Wahrscheinlichkeit vom Evangelium ab, so daß sie kaum einen unabhängigen Beweis für die Existenz einer traditionellen Verbindung zwischen Menschensohn und Eucharistie liefern; aber es ist doch anzumerken, daß im eucharistischen Hochgebet des Johannes (Acta

[19] Wir können die johanneischen Aussagen über das ἀναβαίνειν des Menschensohnes vergleichen; bes. 6,62.

[20] Möglicherweise, aber nicht sicher, in einer eucharistischen Umgebung; s. *C. K. Barrett*, The First Epistle to the Corinthians (London 1968) 398.

[21] Siehe *C. K. Barrett*, The Gospel according to St John (London 1955) 93.

Joannis 109) innerhalb einer langen Liste von verehrenden Anrufungen die Wendung auftaucht τὸν δι' ἡμᾶς λεχθέντα υἱὸν ἀνθρώπου[22]. Ebenfalls abhängig von Johannes, aber nicht unwichtig ist das Philippusevangelium, denn es zeigt zumindest, wie einige das Johannesevangelium interpretierten. In EvPhil 23[23] wird der Ausdruck *Fleisch* erklärt. Zuerst wird 1 Kor 15,50 zitiert: „Fleisch und Blut werden das Reich Gottes nicht erben." Philippus fährt fort:

Was ist das, das nicht erben wird? Das, was wir haben. Aber was ist das, das erben wird? Das, was zu Jesus gehört mit seinem Blut. Deswegen sagte er: Wer mein Fleisch nicht essen und mein Blut nicht trinken wird, der hat das Leben nicht in sich. Was ist das? Sein Fleisch ist der Logos, und sein Blut der Heilige Geist.

Bemerkenswert ist, daß der Verfasser keine Schwierigkeit darin sah, daß σάρξ in verschiedenem Sinne benutzt wurde, obgleich er es für angebracht hielt, sich dazu zu äußern. An einer früheren Stelle[24] wird Jesus, der himmlische Nahrung austeilt, als der vollkommene Mensch beschrieben:

Der Mensch pflegte sich wie die Tiere zu ernähren; aber als Christus kam, der vollkommene Mensch, brachte er Brot vom Himmel, damit der Mensch mit der Nahrung des Menschen ernährt werde.
Vgl. auch EvPhil 100[25].

Jede traditionelle Verbindung, die es zwischen dem Menschensohn und der Eucharistie (oder dem Letzten Abendmahl) gegeben haben mag, ist weniger wichtig als der theologische Inhalt und der tiefere Sinn des Ausdruckes, aber darauf brauchen wir jetzt nur noch kurz einzugehen.

2. Der Menschensohn ist eine angemessene Beschreibung für eine Gestalt, die vom Himmel herabsteigt. Das Thema des Herabsteigens durchzieht die ganze Rede. Es klingt zunächst im Herabkommen des Mannas an (Ex 16,4; Ps 78,23f), und dazu läßt sich eine Parallele und ein Kontrast feststellen in den charakteristisch mehrdeutigen Ausdrücken in 6,33, wo ὁ καταβαίνων ἐκ τοῦ οὐρανοῦ bedeuten kann „er, der vom Himmel herabkommt" oder „das (Brot), das vom Himmel herabkommt". In V. 35 macht Jesus deutlich, daß er selbst das Brot ist, und in V. 38 wird die logische Folgerung ausgedrückt in seinem καταβέβηκα: er ist selbst vom Himmel herabgekommen. Diese zwei Aspekte werden zusammengefügt in V. 41: ἐγώ εἰμι ὁ ἄρτος ὁ καταβάς. Die VV. 50f vollziehen dieselbe Gleichsetzung, und V. 51c führt die darüber hinausgehende Gleichsetzung des Brotes mit dem Fleisch Jesu ein; V. 58 faßt das Ganze zusammen. Herabkommen wird auch in V. 62 mitgemeint; denn wenn der Menschen-

[22] *Lipsius – Bonnet* II, 208, 2.
[23] Pp. 104, 32 – 105, 7. Numerierung nach *Schenke*.
[24] *Schenke* 15; S. 103, 10–14. [25] S. 123, 15–21.

sohn zu seinem früheren Platz emporsteigt, muß er irgendwann einmal von diesem Platz herabgestiegen sein. Frühere Bilder einer Menschensohngestalt hatten ihn für gewöhnlich in Bewegung als ἐρχόμενος (Dan 7,13; Mk 8,38; 13,26; 14,62; usw.) gezeichnet, und dies Wort allein macht nicht klar, ob er kommt oder geht, sei es zum Himmel oder zur Erde, oder vom Himmel oder von der Erde. Wir brauchen hier nicht über die ursprüngliche Bedeutung von Dan 7,13 zu entscheiden; klar ist, daß ἔρχεσθαι eine passende Mehrdeutigkeit enthält, die die Christen benutzten, die auf diesen Vers anspielten. Im Johannesevangelium wird diese Mehrdeutigkeit jedoch erst systematisch ausgenutzt. Die doppelte Bewegung des Menschensohns ist deutlich in 3,13 (οὐδεὶς ἀναβέβηκεν ... εἰ μὴ ὁ καταβάς, ὁ υἱὸς τοῦ ἀνθρώπου). Nur hier und in 6,62 wird das Verb ἀναβαίνειν benutzt, aber unmittelbar nach 3,13 wird ἀναβαίνειν ersetzt durch ὑψωθῆναι (3,14), das 8,28; 12,34 wieder vorkommt; seine doppelte Bedeutung (ans Kreuz erhöht werden – zum Himmel erhöht werden) sprach den Evangelisten offensichtlich an. Ein Aspekt von ὑψωθῆναι wird auch durch δοξάζειν abgedeckt (12,23; 13,31), und wir sollten 1,51 hinzufügen, wo von den Engeln ein ἀναβαίνειν und καταβαίνειν über dem Menschensohn ausgesagt wird.

Es wird nun klar: Wenn Johannes in seine Rede, um sie konkreter zu machen, und in das Brotwunder, das sie veranlaßte, ein zweites Zeichen zur Seite zu stellen, eine Anspielung auf die Eucharistie einbringen und das Brot, das vom Himmel herabkommt, mit dem Fleisch und Blut einer Person gleichsetzen wollte, dann war es ganz natürlich, daß er diese Person als Menschensohn beschrieb, der auch vom Himmel herabsteigt. Diese Feststellung trifft auch für die beiden anderen Stellen im Kapitel 6 zu, in denen Menschensohn begegnet. 6,27c wird gesagt, daß der Menschensohn euch bleibende Nahrung geben werde, und Johannes fügt hinzu: τοῦτον γὰρ ὁ πατὴρ ἐσφράγισεν ὁ θεός. Gott stand für den Menschensohn ein (wahrscheinlich dadurch, daß er ihm den Geist gab [vgl. 1,32f]), als er ihn aussandte zu seiner Mission, d.h., als er vom Himmel *herabkam*. In 6,61f fragt Jesus: „Ist dies euch schon anstößig? Was ist erst, wenn ihr den Menschensohn aufsteigen seht dorthin, wo er zuvor gewesen ist?" Manche meinen, daß die Anstößigkeit in der Forderung läge, daß die Menschen das Fleisch des Menschensohnes essen und sein Blut trinken sollen; andere sehen sie in seinem Herabsteigen[26]. Aber in Wirklichkeit kann man diese beiden Interpretationen kaum voneinander trennen. Er steigt herab, um sein Fleisch und Blut zu geben.

3. Die letzte Beobachtung führt zu einem weiteren Punkt. Der Menschensohn ist ein passender Ausdruck für eine Gestalt, die sich selbst dahingibt. Der

---

[26] Siehe S. 343f.

Hintergrund dazu braucht kaum dargelegt zu werden. Es genügt, Mk 10,45 (ἦλθεν γὰρ ὁ υἱὸς τοῦ ἀνθρώπου… δοῦναι τὴν ψυχὴν αὐτοῦ) zu zitieren und sich daran zu erinnern, daß in den synoptischen Evangelien die Leidensvorhersagen regelmäßig in Menschensohnworten gegeben sind. Die Echtheit dieser Worte steht hier nicht zur Debatte; daß sie in der Tradition verfügbar existierten, als Johannes schrieb, steht außer Frage. Der synoptische Menschensohn gibt sich selbst für andere; das trifft auch für den Menschensohn in Joh 6,53 zu. Wir brauchen uns nur einerseits Jeremias' Argument[27] ins Gedächtnis zu rufen, daß Fleisch und Blut ein Paar bilden, das die ganze menschliche Person repräsentiert (was auch für Johannes zutrifft, ob Jeremias nun recht darin hat oder nicht, wenn er hier die früheste Form der eucharistischen Worte findet), und andererseits zu beachten, daß V. 53 auf V. 52 antwortet, der wiederum durch V. 51 hervorgerufen wurde, wo Jesus von seinem Fleisch spricht als ὑπὲρ τῆς τοῦ κόσμου ζωῆς. Was ist nun das Ergebnis dieser Bemerkungen, die mehr durch den Gebrauch des Ausdrucks Menschensohn veranlaßt wurden, als daß sie sich darauf konzentrierten?

1. Sie helfen dazu, die Einheit des Kapitels Joh 6 aufzuzeigen. Die drei Hinweise auf den Menschensohn hängen zusammen; darüber hinaus führt der Gebrauch des Ausdrucks Menschensohn in 6,53 in die V. 52–58 das Thema des Abstiegs vom Himmel ein, das so charakteristisch für die V. 35–50 und auch in V. 62 mitgemeint ist, im übrigen aber im Abschnitt VV. 51–58 nur in V. 58 erscheint, also gerade in dem Vers, der in jedem Fall als Zusammenfassung der Rede als ganzer betrachtet werden kann.

2. Diese Überlegungen deuten an, daß eine vorrangige Quelle für die johanneischen Gedankengänge über den Menschensohn eher die synoptische Tradition als eine außerbiblische Spekulation über einen himmlischen Menschen war. Sicher ist das synoptische Material von Johannes verarbeitet und dadurch verändert worden. Die Vorstellung von Auf- und Abstieg ist gemeinsam, aber die Reihenfolge ist bei Johannes umgekehrt. In der synoptischen Tradition wird der Menschensohn nach seinem Leiden zum Himmel erhöht und kommt vom Himmel als Richter. Bei Johannes[28] ist der erste Akt in der Geschichte der Abstieg des Menschensohns von Gott zur Welt, der zweite sein Aufstieg dahin, wo er am Anfang war. Das bedeutet, daß die Gestalt des Menschensohnes im Prinzip mit der des gnostischen Offenbarers zusammengewachsen ist – oder mit einer Gestalt, die dem gnostischen Offenbarer so ähnlich ist, daß es nicht leicht ist, sie zu unterscheiden. Johannes gibt jedoch das eine nicht auf, das wohl das charakteristischste für den synoptischen Menschensohn ist: er gibt sich selbst hin für andere.

Übersetzt von Ingeborg Pesch

[27] *J. Jeremias,* Die Abendmahlsworte Jesu (Göttingen ⁴1967) 191–194.
[28] Außer vielleicht in Kapitel 5.

Wenn ihr den Menschensohn erhöht habt, werdet ihr erkennen (Joh 8,28)

Johannes Riedl, Mödling bei Wien

Textkritische Vorüberlegung

Es dürfte für die Auslegung dieses Verses kaum von Vorteil sein, ihn in einen „klareren" Zusammenhang hineinzustellen, etwa – wie Bultmann es versucht – unter das Thema einer Rede Jesu vom „Licht der Welt": Joh 8,12; 12,44–50; 8,21–29; 12,34–36 [1]. Dadurch dürfte die Problematik, die der V. inhaltlich aufgibt, nicht kleiner werden. Man wird allerdings auch nicht leicht einen „symmetrischen Gesamtaufbau von Joh 8,12–58" [2] feststellen können. Schnackenburg schlägt deshalb folgende fünfteilige Gliederung vor, „um den theologischen Gehalt der einzelnen Redegänge herauszustellen" [3]: 1.) Joh 8,12–20: Jesus das Licht der Welt. Streitrede mit den Ungläubigen: sein Wissen und ihr Nichtwissen; 2.) Joh 8,21–29: Jesu Herkunft von oben und ihre (= der Ungläubigen) Herkunft von unten; 3.) Joh 8,30–36: Jesu Freiheit und ihre Unfreiheit; 4.) Joh 8,37–47: Abrahams- und Teufelskindschaft; 5.) Joh 8,48–59: Jesu Einheit mit Gott und Vorrang vor Abraham [4]. Der V. 28 gehört auf jeden Fall in den engeren Zusammenhang von 8,21–29 hinein. Und solange er sich in diesem Zusammenhang erklären läßt, ist es nicht einzusehen, ihn daraus herauszukatapultieren.

1. Gedankenführung von Joh 8,21–29

V. 21 führt Jesus wieder als Sprechenden ein. Er wiederholt in etwas verkürzter und abgewandelter Form das Rätselwort von Joh 7,33f. Die (ungläubigen) Juden verstehen dieses verkürzte Rätselwort nach ihrer Art und deuten es auf

---

[1] *Bultmann* 260–272 vgl. auch 236ff; vgl. dazu u.a. *Schnackenburg* II, 238, Anm. 2, und *Blank*, Krisis 183f.

[2] *Kern* 451–456. [3] *Schnackenburg* II, 238.

[4] *Schnackenburg* II, a.a.O. *Strathmann* 143f, findet in Joh 8,12–59 drei Szenen: 8,12–20; 8,21–29 u. 8,30–59.

Selbstmord. Sie reden dabei Jesus nicht an, sie sprechen nur über ihn. Da nach jüdischer Auffassung die Seelen der Selbstmörder „der finstere Hades aufnehmen wird“ [5], haben die Juden recht, wenn sie feststellen: Dorthin wollen und können wir ihm nicht folgen.

Daraufhin geht Jesus zum Gegenangriff über. Er spricht ein äußerst scharfes Wort über diese Menschen: Sie sind „von unten“. Er hingegen ist „von oben“. Diese dualistisch gefärbte Vorstellung von „oberer“ (himmlischer Welt) und „unterer“ (irdischer Welt) ist dem Judentum an und für sich nicht fremd [6]. „Die Formeln ἐκ τῶν ἄνω, ἐκ τῶν κάτω lassen sich maskulinisch oder neutrisch auflösen ... Denken wir an οἱ ἄνω und οἱ κάτω, dann heißt der Satz: ‚ich gehöre zu denen, die droben wohnen, ihr zu denen, die unten hausen‘.“ [7]

Nun ist aber der Mensch von Gott „nach der Art der Oberen und der Unteren geschaffen: Wenn er sündigt, soll er sterben, und wenn er nicht sündigt, soll er leben“ [8]. Diese dualistische Formulierung könnte allerdings auch vom Gnostizismus beeinflußt sein. Dieser scheidet ganz scharf den „unteren“ (irdisch) Finsternis- und Todesbereich von der oberen Welt des Lichtes und des Lebens. Nun kommen der johanneischen Ausdrucksweise einige Texte aus dieser gnostisch-dualistischen Geisteshaltung sehr nahe [9], allerdings mit einem gewaltigen Unterschied, daß bei Joh der „untere“ Bereich moralisch mit Sünde und Gericht und nicht ontologisch dualistisch qualifiziert ist, wie die zweite Hälfte von V. 23 deutlich zeigt.

„Ihr (= die [ungläubigen] Juden von V. 22) seid von dieser Welt, ich bin nicht von dieser Welt“ (V. 23b). „Hier steht ἐκ, da κόσμος Name der Menschheit ist, im selben Sinne für die Herkunft, wie bei γεννηθῆναι ἐκ oder ἐλθεῖν ἐκ.“ [10] Nun begründet aber bereits die Herkunft auch die Wesensart (vgl. Joh 3,6!).

„Hier meint ‚diese Welt‘ die Menschen in ihrer Gottentfremdung, in ihrer widergöttlichen Art, die letztlich im ‚Herrscher dieser Welt‘ (12,31; 16,11) verkörpert ist.“ [11] „Beide Formeln, ἐκ τῶν κάτω und ἐκ τούτου τοῦ κόσμου, stellen den Himmlischen nicht nur die Menschen, sondern auch die satanischen Mächte gegenüber. Es ist bei ihnen nicht nur an die Menschheit, sondern auch an ihren Beherrscher gedacht.“ [12] Nun sind aber weder Jesus noch seine Jünger von „dieser Welt“ (vgl. Joh 15,19; 17,14.16). Auch Jesu Herrschaft ist nicht

---

[5] *FlJos* b III, 375. [6] Vgl. *Odeberg* 293f.

[7] *Schlatter*, Joh 209.

[8] GnR 8; zitiert in *Billerbeck* II, 430f.

[9] Vgl. die betreffenden Texte bei *Schnackenburg*, II, 252.

[10] *Schlatter*, Joh 209.

[11] *Schnackenburg* II, 252; in der Anm. 6 finden sich die entsprechenden Stellen aus Joh für die Gottentfremdung dieser Menschenwelt aufgezählt.

[12] *Schlatter*, Joh 209.

von „dieser Welt“ (Joh 18,36). Die (ungläubigen) Juden aber, die Jesus so schmähten, gehören gerade deshalb, weil sie ihn schmähten, zu „dieser Welt“, d.h. „zu der sündigen, unter ‚dem Lügner‘ und ‚Mörder von Anbeginn‘ stehenden Menschenwelt“ (vgl. Joh 8,44–47)[13]. Deshalb werden sie auch in ihrer(n) Sünde(n), kraft deren sie ja zu „dieser Welt“ gehören, sterben (V. 24a), wenn sie in diesem Sünderzustand verharren.

War in V. 12 nur von der Sünde in der Einzahl die Rede, so ist in V. 24a von Sünden in der Mehrzahl die Rede. „Die eigentliche Sünde, die im Singular angesprochen wird, ist der Unglaube (vgl. 16,9), das bewußte Sich-Weigern, dem Heilbringer zu folgen. Sie ist es deswegen, weil der Mensch, der sich durch seine Sünden (Plural V. 24) im Unheilsbereich befindet, die einzige Rettungsmöglichkeit ausschlägt, die Gott in seiner erbarmenden Liebe anbietet (vgl. 3,16–18). Für Joh besteht ein unlöslicher Zusammenhang zwischen der Sündhaftigkeit des Menschen und dem Unglauben (vgl. 3,19–21). Das ist ein Teufelskreis (vgl. 8,44–47), den der Mensch im Glauben durchbrechen muß, aber auch durchbrechen kann.“[14] Deshalb heißt es auch V. 24b: „Denn wenn ihr nicht glaubt, daß ‚ich (es) bin‘, werdet ihr in euren Sünden sterben.“

Nach der in V. 24a ausgesprochenen Warnung zeigt Jesus zugleich auch den einzigen Weg zur Rettung auf (V. 24b). Nur wer an Jesu ἐγώ εἰμι glaubt, kann aus seiner Sündenverfallenheit gerettet werden. Einen anderen Rettungsweg gibt es nicht (und hat es eigentlich nie gegeben).

Daß der Ursprung dieser ἐγώ-εἰμι-Formel nicht in der Selbstprädikation des gnostischen Erlösers, sondern in der Gottesrede des ATs liegt, dürfte heute kaum noch bezweifelt werden[15]. Bei Johannes findet sich diese Formel außer an dieser Stelle noch in 8,28 und 13,19. Ihr alttestamentliches Vorbild dürfte – neben vielen anderen Stellen[16] – am klarsten noch in Jes 43,10f zu finden sein: „Auf daß ihr erkennt und glaubt und einseht, daß Ich es bin (ἐγώ εἰμι). Vor mir ist kein Gott gebildet, und nach mir wird keiner sein. Ich, ja ich bin Jahwe, und außer mir gibt es keinen Retter.“ Jahwe ist also der alleinige und einzige (wahre) Gott und der einzige Retter für Israel. Dieser Jahwe rettet aber nicht abstrakt und im luftleeren Raum, sondern ausschließlich in und durch Jesus von Nazareth. „Gott *offenbart* sich in Jesus, redet und handelt in ihm so ausschließlich, daß sein Heil nur in Jesus erkennbar und erreichbar ist. Weil Jesus vollkommen Gottes Stimme, sein Logos ist, darum kann und muß in seinem Munde auch die atl. Offenbarungsformel aufklingen, in der sich Gott als den

---

[13] *Schnackenburg* II, 252.
[14] *Schnackenburg* II, 250f.
[15] Literatur dazu vgl. bei *Schnackenburg* II, 253, Anm. 2.
[16] Vgl. dazu *Zimmermann*, Offenbarungsformel 55–69; speziell 60–69.

Rettenden zu erkennen gibt."[17] Mit der alten ἐγώ-εἰμι-Formel bringt also Jesus zum Ausdruck, „daß er den Anspruch erhebt, der gottgesandte Erlöser, der Bringer der göttlichen Offenbarung zu sein, und zwar er allein"[18]. Das aber wollen die (ungläubigen) Juden nicht wahrhaben. Deshalb fragen sie aus ihrer ungläubigen Verstockung heraus: „Du – wer bist du?" (V. 25). Die Frage geht ganz johanneisch richtig auf die Person: *Wer* (τίς) bist du?, und nicht: Was (τί) bist du? Ist doch der Glaube an das ὅτι ϑγώ εἰμι „der volle Glaube an das, was Jesus selbst als Offenbarer Gottes ist und was er als der eschatologische Heilbringer für die Menschen bedeutet. Der letzte theologische Grund dafür liegt nach Johannes in der besonderen Wesenseinheit des Sohnes mit dem Vater; also in der Besonderheit von Jesu Person ... Denn die Frage nach Jesu Wesen läuft bei Johannes immer wieder auf die Frage nach seiner Person hinaus. Diese Frage kann daher nie durch allgemeine Wesenskategorien allein beantwortet werden ... Denn sie finden ihren eigentlichen Grund erst in der Person Jesu als des Sohnes selbst. Daß diese Person selbst das ist, was sie von sich sagt, so daß Sein und Wesen bei ihr nicht mehr getrennt werden können – ihr Sein ist ihr Wesen –, das macht die Einzigartigkeit der Aussage und des in ihr sich bekundenden Offenbarungsereignisses aus."[19]

Jesu Antwort auf diese dem tiefsten Unglauben entspringende Frage ist bis heute viel umstritten[20]. Bedenkt man aber die theologische Tiefe der ἐγώ-εἰμι-Formel[21], wird man – im Anschluß an die griechischen Väter – die Antwort Jesu gar nicht so unmmöglich finden. Sie lautet: „Überhaupt" (τὴν ἀρχήν[22]), „was habe ich euch noch zu sagen" (ὅτι καὶ λαλῶ ὑμῖν)? Blank hält sie – wohl mit gutem Recht – für „die entsprechende und sachgemäßere"[23]. Da die ungläubigen Juden das Tiefste, was Jesus von sich aussagen kann, nicht annehmen (= nicht glauben) wollen, hat es keinen Sinn mehr, sich mit ihnen noch abzugeben. „Wo das bereits Gesagte nicht ‚erkannt' ist, da bringen auch weitere Erklärungen keine neue Klarheit mehr hinzu."[24]

In diesem Zusammenhang fügen sich auch die zwei folgenden VV. 26f ungezwungen ein.

Nachdem Jesus in V. 25 – schmerzlich betroffen – die Nutzlosigkeit aller (weiteren) Belehrung der ungläubigen Juden angesichts solch verstockter Verständnislosigkeit festgestellt hat, fährt er in V. 26 fort: „Vieles habe ich über (= gegen) euch zu sagen ..." Über diese jüdische Geisteshaltung des Unglau-

[17] *Schnackenburg* II, 254; seine Hervorhebung. Vgl. auch *Zimmermann*, Offenbarungsformel 270f, 4.
[18] *Wikenhauser* 173.
[19] *Blank*, Krisis 227; vgl. seinen Verweis auf Thomas v. A. in der Anm. 102.
[20] Vgl. die Kommentare u.a. auch *Blank*, Krisis 228, Anm. 103.
[21] Vgl. dazu u.a. *Blank*, Krisis 226f.
[22] Vgl. *Bauer* 222. [23] Krisis 228. [24] *Blank*, Krisis 228.

bens hätte Jesus also noch viel zu sagen. Aber das wäre alles ein „richtendes (ver)urteilen“[25]. Doch das wäre nicht (ganz) im Sinne seiner Lebensaufgabe als Gesandter des Vaters. Ist er doch nicht gekommen zu richten, sondern zu retten (vgl. Joh 3,17; 8,15; 12,47). Und diese „Rettung“ der Welt vollzieht Jesus gerade darin und dadurch, daß er den (seinen) den Vater offenbarend aussagt (vgl. Joh 1,18). Das aber geschieht wieder konkret dadurch, daß er zur Welt redet, was er vom Vater „gehört“ hat (V. 26c). Jesu offenbarende Retter- bzw. Heilbringertätigkeit besteht gerade darin, daß er dem „Kosmos“, d.h. der gottabgewandten und gottfeindlichen Menschenwelt, das sagt, was er selbst vom Vater „gehört“ hat. „Zu diesem ταῦτα gehört auch das ἐγώ εἰμι. Er verkündet die Offenbarung, welche er selber in seiner Person ist. Somit bekommt der Kosmos durch Jesu Wort das zu hören, was Gott seit je dem Sohn als seinem Wort zu ‚hören‘ gab, und das ist ja nichts anderes als das ewige Wort selbst.“[26] „Das ἐγώ εἰμι, das im AT das entscheidende Offenbarungs-Wort Gottes ist, worin Gott am deutlichsten sein Wesen aussprach, findet seine eigene Erfüllung in dem ἐγώ εἰμι, das der menschgewordene Logos Jesus Christus spricht. Die Offenbarung, die in der atl. Formel vorbereitet war, und ihren irdischen Zeugen In Israel hatte..., gelangt nunmehr auf ihren Höhepunkt, wo der EGO EIMI leibhaftig in der Geschichte vor den Menschen steht. Insofern ist die Formel mehr als eine ‚Formel‘: sie schließt die Art und Wirklichkeit der Offenbarung in sich ein und bezeichnet sie nicht nur.“[27] Der Vater kann gar nichts anderes beabsichtigen. Ist er doch „wahr“ (ἀληθής), d.h. „getreu“ und „verläßlich“. Wer aber diesem Offenbarer Gottes (des Vaters) den Glauben verweigert, verweigert gerade dadurch und darin auch Gottes Wahrheit, d.h. Gottes Wirklichkeit und Treue die Zustimmung. Mit einem Wort: der verweigert den wahren Gottesglauben schlechthin. Und gerade das aber macht die Perfidie des Unglaubens der „Juden“ aus, daß sie sich sogar gegen die Wahrheit Gottes selbst richtet und damit Gott gleichsam zum „Lügner“ stempelt (1 Joh 5,10). Deshalb kann Joh in V. 27 seine Bemerkung logisch einfügen, indem er feststellt: „Sie verstanden nicht, daß er vom Vater zu ihnen sprach.“ Dieses „Nicht-Erkennen“ ist für Joh gleich dem „Nicht-Glauben“, „da ‚Erkennen‘ bei Joh ein inneres Strukturmoment des Glaubens ist“[28].

Bei diesem „Nicht-Erkennen“ handelt es sich nicht um ein einfaches „Nicht-Verstehen“ der Aussage Jesu, „sondern um ein schuldhaftes Nicht-Erkennen, d.h. um jene eigentümliche Blindheit und Erkenntnisunfähigkeit, in

---

[25] „κρίνειν hat hier offensichtlich die Bedeutung von ‚im richterlichen Urteil feststellen, aufdecken, im Sinne einer richterlichen Sentenz‘“ (*Blank*, Krisis 228).

[26] *Blank*, a.a.O. 228f.

[27] *Blank*, a.a.O. 229.

[28] *Blank*, a.a.O. 229 mit Verweis auf *Bultmann*, ThNT 419ff.

welche der Unglaube sich selber dadurch bringt, daß er sich dem Wahrheits-Licht verschließt"[29].

Die richtige (Glaubens-)Erkenntnis Jesu und damit Gottes als seines Vaters ist erst der nachösterlichen (Kirchen-)Zeit vorbehalten (VV. 28f). So und nur so dürften sich die zwei Verse logisch in den Gesamtzusammenhang von Joh 8,21–29 zwanglos einfügen. In diesem Zusammenhang lassen sich auch alle anderen Probleme lösen, die diese zwei Verse sonst jedem Ausleger aufgeben und die sie fast als Fremdkörper erscheinen lassen. Darüber sollen die folgenden Ausführungen handeln, wobei es besonders um das Menschensohnanliegen gehen soll.

2. *Wenn ihr den Menschensohn erhöht haben werdet (Joh 8,28b)*

Die ungläubige Verschlossenheit der Juden Jesus gegenüber spielte sich in der damaligen Gegenwart ab. V. 28 weist aber auf ein zukünftiges „Erkennen" hin. Dazwischen liegt eine Tat der ungläubigen Juden, die Joh mit „Erhöhung" bezeichnet. „Wenn ihr den Menschensohn erhöht haben werdet" (28b). Mit „Erhöhung" kann hier – trotz der Doppeldeutigkeit des Zeitwortes im Sinne des Evangeliums[30] – nur die Kreuzigung und keineswegs die Himmelfahrt gemeint sein[31].

Dabei ist die aktive Fassung des „Erhöhens" zu beachten. In Joh 3,14; 12,32.34 steht dafür das Zeitwort „erhöhen" im Passiv. Hinter diesem dürfte wohl Gottes Fügung bzw. Gottes Wille mitgedacht sein. In V. 28b hingegen werden die ungläubigen Juden für die Kreuzigung Jesu (mit)verantwortlich gemacht. Ist doch nach Joh 19,11.16 Jesu Tod am Kreuz (auch) die Schuld der ungläubigen Juden.

Jesus nennt sich in diesem Zusammenhang (wieder) „Menschensohn". Jesus ist der Menschensohn als „Erhöhter", d. h. als von den ungläubigen Juden gekreuzigter Mensch.

Wenn sich Jesus in V. 28b Menschensohn nennt, dann ist dabei zu beachten, daß der Begriff „Menschensohn" dort in einem dichten Aussagezusammenhang steht. 1. geht es in diesem Zusammenhang sicher (auch) um das Leiden Jesu als des Menschensohnes, d. h. um die Kreuzigung Jesu als des Menschensohnes. Wird doch Jesus von den ungläubigen Juden „erhöht", d. h. im Auch-Sinn, er wird gekreuzigt werden.

---

[29] *Blank*, a. a. O. 229. [30] Vgl. dazu *Schulz* 118, Anm. 8.

[31] Vgl. *Bernard* II, 303, der auf Apg 3,14 verweist. Vgl. auch *Thüsing*, Erhöhung 3; „Dieses Erhöhen muß etwas sein, bei dem die hier angeredeten Gegner Subjekt des Handelns sind; es kommt also nur die Tötung Jesu durch die Gegner in Frage ... die Bedeutung ‚töten' bzw. ‚kreuzigen' scheint zu dominieren ..." Vgl. auch *Heer* 130.

2. Darüber hinaus weist aber der Zusammenhang auf eine zukünftige „Erkenntnis" hin, die nach der „Erhöhung" (Kreuzigung) Jesu als des Menschensohnes einsetzen wird. Diese Erkenntnis hat mehrere Inhalte:

a) ὅτι ἐγώ εἰμι,
b) καὶ ἀπ' ἐμαυτοῦ ποιῶ οὐδέν,
c) ἀλλὰ ταῦτα λαλῶ καθὼς ἐδίδαξέν με ὁ πατήρ,
d) καὶ ὁ πέμψας με μετ' ἐμοῦ ἐστιν,
e) d.h. οὐκ ἀφῆκέν με μόνον (ὁ πατήρ),
f) Grund dafür: ὅτι ἐγὼ τὰ ἀρεστὰ αὐτῷ ποιῶ πάντοτε.

In diesem weitgestreuten Aussagezusammenhang hat also der Menschensohnbegriff von Joh 8,28 seinen inhaltlichen Stellenwert.

Jesus von Nazareth bezeichnet sich in dieser Stelle als Menschensohn in bezug auf seine „Erhöhung" und die damit grundgelegte „Erkenntnis" seiner selbst als der ἐγώ εἰμι, der (−) aus sich heraus zu nichts fähig ist, dafür aber (+) nur das spricht (und tut), wozu ihn der Vater ermächtigt hat. Darüber hinaus gehört zu diesem (nachösterlichen) Erkenntnisinhalt die Tatsache, daß der ihn sendende Vater ständig bei ihm ist bzw. mit ihm ist, d.h., daß der Vater ihn nie verläßt. Den Grund dafür liefert sein ständiges Tun dessen, was dem Vater wohlgefällig ist. Erst wenn die Aussagen dieser zwei Verse offengelegt sind, kann der Versuch unternommen werden, die Frage zu beantworten, warum Jesus in diesem Sachzusammenhang von sich als vom Menschensohn redet. Deshalb sollen im folgenden zunächst diese angedeuteten Aussageinhalte näher untersucht werden.

3. Die Erhöhung Jesu als Kreuzigung Jesu durch die Ungläubigen

„Die hier genannte Erhöhung Jesu durch die Juden (meint) zunächst die Kreuzigung", stellt *Heer*[32] mit Recht fest. Nun sind aber die ungläubigen Juden, die Jesus „erhöhen", für Joh sicher „die Verkörperung der sündigen und ungläubigen Welt schlechthin"[33].

Damit bekommt natürlich die Aussage über die Kreuzigung einen etwas umfassenderen Sinn. In diese Richtung weist auch schon der oben angedeutete „Erkenntnis"-Inhalt in der Zeit nach der „Erhöhung" des Menschensohnes, d.h. konkret johanneisch in der Parakletzeit der Kirche. Darauf hat bereits mit vollem Recht Schulz aufmerksam gemacht, wenn er mit Berufung auf Bornkamm schreibt: „Das Logion (= Joh 8,28) weist aber nicht nur Verbindungen

[32] 130; vgl. auch die Anm. 30.
[33] *Heer* 130, Anm. 36.

themageschichtlicher Art mit anderen Sprüchen der Menschensohn-Thematradition auf (Anm. 12: Joh 3,13 u. 14; 6,62 u. 12,34), sondern, wie Bornkamm nachgewiesen hat (Anm. 13: Paraklet 34f...), auch mit den Parakletsprüchen der Abschiedsreden [Anm. 14: in Joh 9,35 kommt in der Frage Jesu an den geheilten Blindgeborenen der Menschensohn-Titel vor. Er ist ein Zeichen dafür, daß der Evangelist (...) den Menschensohn-Titel (...) schätzt, und zwar als einen eschatologisch-messianischen (...)]."[34] Auf diesen eschatologischen Aspekt scheint Joh ganz besonderen Wert zu legen. Er dürfte dem oben kurz angedeuteten „Erkenntnis"-Inhalt einen typisch johanneischen Akzent verleihen. Und dieser scheint gerade darin zu liegen, daß dieses Überführungs-(ἐλέγχειν-) Gericht des Parakleten (vgl. Joh 16,4b–11) „nicht nur in der Fällung und Vollstreckung eines richterlichen Spruches, sondern in einer Offenbarung (besteht), die die Gerechtigkeit des himmlischen Weltrichters bzw. ihn selbst in seiner Gerechtigkeit und damit zugleich die Ungerechtigkeit der Weltmächte enthüllt"[35]. Von dorther bekommt natürlich auch die Kreuzigung Jesu durch die Ungläubigen als „Erhöhung" wieder einen eigenen johanneischen Akzent[36].

4. Die Kreuzigung Jesu als „Erhöhung" des Menschensohnes in johanneischer Sicht

Die johanneische Erhöhungstheologie bzw. -terminologie hat ihren ursprünglichen Sitz nicht im Anschauungskreis der „Menschensohn"-Aussagen in den apokalyptischen Menschensohnstellen, wie z.B. äthHen 70f. Man wird auch deshalb die Erhöhungstheologie bei Joh nicht ausschließlich aus der Menschensohntradition erklären können. Wird doch bei Joh nicht Jesus *zum* Menschensohn, sondern Jesus *der* (bzw. *als*) Menschensohn erhöht[37]. Hinter dem johanneischen Menschensohnbegriff dürfte deshalb bereits die Vorstellung von einer dieser Erhöhung vorausgehenden Erniedrigung des Menschensohnes ste-

[34] *Schulz* 118.

[35] *Bornkamm*, Paraklet 21; zitiert bei *Schulz* 148, Anm. 3. Zu Joh 16,4b–11 vgl. auch *Blank*, Krisis 316–340; beachte dort bes. *Blanks* Auseinandersetzung mit *Schulz* über die Parakletsprüche und die Menschensohnchristologie S. 321f.

[36] Vgl. dazu bes. *Blank*, Krisis 81–108; der folgende Abschnitt hält sich deshalb auch im wesentlichen an diese Ausführungen *Blanks*. Zeigen sie doch sehr anschaulich, daß man mit Religionsgeschichte allein noch lange nicht Johannesexegese betreiben kann. „Es ist doch ein sehr merkwürdiges und beachtenswertes Phänomen, wenn man sieht, wie die religionsgeschichtlichen Parallelen immer nur eine gewisse Strecke weiterführen, aber im entscheidenden Moment versagen, so daß zwischen ihnen und dem johanneischen Text ein Hiatus klafft, der von sauberer Methode nicht wegdiskutiert, sondern als gegeben hingenommen werden muß. Hier fängt die Exegese erst an" (*Blank*, Krisis 322).

[37] ÄthHen 70,1: „Danach wird sein Name bei Lebzeiten *zu* jenem Menschensohn und *zu* dem Herrn der Geister, weg von den Erdbewohnern, erhöht."

hen. Also meint Joh mit Menschensohn bereits den menschgewordenen Gottessohn, konkret den Gott-Menschen Jesus von Nazareth, den er deshalb auch wiederholt Menschensohn nennen läßt. „Die Gleichsetzung zwischen dem irdischen Jesus und dem Menschensohn gehört zu den Voraussetzungen"[38] der johanneischen Erhöhungsaussagen. Deshalb heißt es auch in den synoptischen Leidensweissagungen immer vom „Leiden-Müssen des Menschensohnes". Dieses „messianische bzw. göttliche Muß"[39] wird bei den Synoptikern kein einziges Mal von der Verherrlichung Jesu gebraucht. „In den synoptischen Menschensohnaussagen gehört das δεῖ zur Leidenstheologie, indem es entweder ausschließlich die Notwendigkeit des Leidens oder (Lukas) dieses als notwendige Durchgangsstation zur Herrlichkeit bezeichnet. Aber das ‚Erhöhtwerden' begegnet in diesem Zusammenhang nicht; auch von hier aus erweist es sich als eine Eigentümlichkeit des vierten Evangeliums."[40]

Der „Erhöhungsbegriff" (ὑψοῦν) gehört in einen ganz anderen Anschauungskreis.

Mit ὑψοῦν wird schon im Alten Testament oft zum Ausdruck gebracht, daß Gott einen Menschen „groß gemacht", ihn zu Ehre, Ansehen und Macht gebracht hat. Wenn in Jes 52,13(G) von der Erhöhung und Verherrlichung des Gottesknechtes die Rede ist, dann ist mit Erhöhung wohl die Einsetzung des zuvor Erniedrigten in Macht, Herrlichkeit und Ansehen gemeint. Seit Schweizer weiß man, daß „sich im Spätjudentum – vielleicht unter Einfluß von Jes 53 (vgl. Sap 2,10–5,23) – eine Leidens- und Erhöhungstheologie herausgebildet hat"[41].

„Das Neue Testament kennt ‚erhöhen' durchwegs nur in diesem Sinn: aus einem Status der Niedrigkeit in einen Status der Hoheit bringen, wobei als Handelnder meist Gott zu denken ist..."[42] Die Frage bleibt nur, wie bei Johannes die Kreuzigung bereits als „Erhöhung" bezeichnet werden kann, da doch die urchristliche und urkirchliche Christologie damit die Einsetzung Jesu zur Herrscherstellung des himmlischen Kyrios bezeichnete. Hat doch für Joh das Kreuz bereits einen ganz entscheidenden Platz im Erhöhungsvorgang selbst. „Das Kreuz ist selbst schon Anfang und Beginn der Erhöhung."[43] Wie war das möglich? War es doch zuerst ein Geschehen, das man aus göttlicher, d.h. schriftmäßig gesetzter, Notwendigkeit verstand. Dann wurde daraus das Kreuz als notwendiger Durchgangspunkt zur Herrlichkeit. Später verstand man es als

---

[38] *Blank*, Krisis 82; vgl. auch 161: Der Menschensohnbegriff schließt bei Joh durchwegs die Inkarnation mit ein und ist nicht nur Erhöhungsaussage.
[39] Vgl. dazu *Blank*, Krisis 82, Anm. 108. [40] *Blank*, Krisis 83.
[41] *Blank*, Krisis 83 mit Verweis auf *Schweizer*, Erniedrigung 2, h–n.
[42] *Blank*, Krisis 83; vgl. dort auch die neutestamentlichen Stellen als Beleg.
[43] *Blank*, Krisis 84; vgl. dort auch seine Auseinandersetzungen mit *Bultmann* und *Thüsing* und dessen Reaktion daraufhin in seiner neuen Auflage passim.

freiwillige Selbstentäußerung bis in den Todesgehorsam mit darauffolgender Einsetzung zum Kyrios über den Kosmos. Endlich verstand man das Kreuz als Anfang der Erhöhung und als Anbruch der Herrlichkeit. So dürfte das johanneische Verständnis des Kreuzes der deutlichste Ausdruck dafür sein, „daß das Kreuz in Wahrheit göttliches Offenbarungs- und Heilsereignis, nicht zufälliges historisches Ereignis ist“[44]. Wenn Joh von der Erhöhung des Menschensohnes spricht, meint er wohl damit: Jesus von Nazareth (muß) geht als Menschensohn-Gottesknecht seinen Leidensweg bis zum Kreuz (gehen), um so in seine präexistente Herrlichkeit beim Vater einzugehen[45].

Nach Joh 3,14 ist das Erhöhtwerden des Menschensohnes Jesus von Nazareth Voraussetzung und notwendige Bedingung dafür, daß die Gläubigen die Heilsgabe des ewigen Lebens „durch ihn“ und „in ihm“, d.h. doch als Gabe des Erhöhten Jesus von Nazareth, besitzen. Das Erhöhtwerden schließt also bei Joh Kreuzestod, Auferstehung und Himmelfahrt mit ein. Natürlich wissen das die Ungläubigen (Juden) von Joh 8,21–29 (noch) nicht. Deshalb scheint Joh auch nur deren aktive Rolle (wenn ihr ... erhöht haben werdet) an diesem komplexen Erhöhungsvorgang hervorgehoben zu haben. Aber die dort verheißene „Erkenntnis“ in der Zeit nach der Erhöhung weist – im johanneischen Sinn – diesen von den ungläubigen Juden bewirkten ersten Akt dieser Erhöhung als das eschatologische Geschehen mit und um den Menschensohn Jesus schlicht aus. Ob das sich zum Heil oder zum Unheil (= Gericht) auswirkt, hängt von der entsprechenden Einstellung des Menschen zu diesem Erhöhungsgeschehen ab, wovon noch ausführlicher zu handeln sein wird[46]. Das eine dürfte auf jeden Fall sicher sein: mit und durch dieses Erhöhungsgeschehen im johanneischen Sinn bekommt der Menschensohntitel eine theologische Bedeutung, die ihm in dieser Weise nirgends in der damaligen Umwelt zuerkannt wurde und zuerkannt werden konnte. Insofern dürfte die johanneische Menschensohntheologie Eigengut des Evangelisten sein.

5. Ihr werdet erkennen, daß Ich (es) bin

Als erstes Erkenntnisobjekt für die Zeit nach der Erhöhung des Menschensohnes nennt der Evangelist das ἐγώ εἰμι. In V. 24 war bereits die Rede davon, daß die ungläubigen Juden in ihren Sünden sterben werden, wenn sie nicht glauben, daß „Ich (es) bin“. Zwischen diesen beiden Versen hat man mit Recht immer schon einen deutlichen Zusammenhang gesehen: „Was sie jetzt nicht glau-

---

[44] *Blank*, Krisis 85.
[45] Vgl. z.B. Joh 17,5.24 und die entsprechende Auslegung bei *Riedl* 75–78, 124–149, 175–186.
[46] Vgl. dazu z.B. *Blank*, Krisis passim; bes. 85–108.

ben, obwohl sie nur so dem Todesgeschick entgehen können, werden sie dann einsehen."[47] Da der Menschensohnbegriff bei Joh immer an die Erhöhungs- und Verherrlichungsaussagen gebunden ist, eine Gegebenheit, die im Bezug auf die Erhöhung in V.28 ja wörtlich aufklingt, wird man die rein philologische Möglichkeit nicht extra berücksichtigen müssen, daß man in der Zeit nach der Erhöhung erkennen wird, Jesus sei der Menschensohn: Ihr werdet erkennen, daß ich der Menschensohn bin[48]. Folglich wird man an dieser Stelle denselben Erkenntnisinhalt voraussetzen müssen wie in V.24[49]. In dieselbe Richtung dürfte auch der mit erklärendem „und" angefügte folgende Erkenntnisinhalt weisen, daß Jesus als „Offenbarer (des Vater-)Gottes" (als der ἐγώ εἰμι schlechthin) über keine autochthone, selbstherrliche Tätigkeitsfähigkeit verfügt. Natürlich muß man dabei – wie bei allen anderen Erkenntnisinhalten – die harte Frage beantworten: Handelt es sich bei dieser Erkenntnis um eine Heils- oder um eine Unheils- und damit um eine Gerichtserkenntnis?

6. *Die Erkenntnis in der Zeit nach der Erhöhung als Offenbarungsangebot*

Ein Blick in die Kommentare zeigt schnell, daß man sich nicht einig ist, ob diese Erkenntnis von V.28, die der Zeit nach der Erhöhung vorbehalten ist, Heils- oder Unheils- und damit Gerichtserkenntnis sein soll. Die bisher erarbeitete Auslegung dürfte in eine Richtung weisen, die dem johanneischen Anliegen voll gerecht zu werden scheint. Heer scheint recht zu behalten, wenn er meint, „man wird dem Wort Jesu am ehesten gerecht, wenn man es im ‚Zwielicht' beläßt"[50]. Dieses „Zwielicht" ist aber keiner johanneischen Unklarheit in seinem Denken zu verdanken, sondern spiegelt eher johanneische Theologie wider. Ist doch jedes Angebot Gottes in und durch Jesus Christus – von Gott aus gesehen – immer Heilsangebot. Nur vom Menschen aus gesehen kann dieses Heilsangebot auch zum Gericht und damit zum Unheil „ausarten", wenn dieser sich im Unglauben gegen dieses Liebesangebot Gottes verschließt. Das hat bereits die Direktaussage von V.24 gezeigt. Wer sich in seinem und durch seinen Unglauben der von Gott angebotenen und geoffenbarten „Ich-bin"-Erkenntnis in dem und durch den Menschensohn Jesus von Nazareth verschließt, wird in seinen Sünden, d.h. konkret: in diesem seinem sündhaften Unglauben, sterben. Damit ist aber auch das Gegenteil sicher wahr, auch wenn es nicht ausgesagt ist. Wer dieser Offenbarungsbotschaft aber gläubig begegnet, ihr zustimmt, wer also

[47] *Schnackenburg* II, 256.
[48] Vgl. *Schnackenburg* II, 256, wo sich noch andere Gründe gegen diese Möglichkeit finden.
[49] Vgl. dazu oben S. 357f.
[50] *Heer* 132.

Gott in seinem und durch seinen Offenbarer, dem Menschensohn Jesus von Nazareth, Glauben schenkt, wird eben nicht in seinen Sünden sterben. Er wird vielmehr in der Zeit nach der Erhöhung erkennen, d.h. zum wahren Glauben kommen, daß der Menschensohn Jesus von Nazareth als *die* Offenbarung des Vaters das von diesem angebotene Heil *ist*. Im Grunde genommen, ist ja bei Joh die richtige ausdrückliche gläubige Heilserkenntnis (Jesu) erst in der Zeit nach der Erhöhung möglich. Das ergibt sich auch aus V. 28. Soll doch erst an dem ans Kreuz erhöhten Menschensohn Jesus die Erkenntnis letztendlich ermöglicht werden, daß dieser erhöhte Menschensohn die alttestamentliche „Ich-bin"-Verheißung geschichtlich voll realisiert. Deshalb dürfte sich auch Jesus bei Joh nur dort den Menschensohntitel zulegen, wo er diese seine universale Heilsbedeutung zum vollen Ausdruck bringen will. Ist doch gerade in diesem Titel „Menschen-Sohn" die ganze und volle Heilsbedeutung für jedermann – und nicht nur im messianischen Sinn für die Juden – ausgesprochen. Die Formel „Ich-bin" scheint in V. 28 einen deutlichen Hinweis auf die universale Heilsbedeutung Jesu zu enthalten, indem sie – wie die anderen Erkenntnisinhalte von den VV. 28f andeuten – auf Jesu völlige Gehorsamseinheit mit seinem Vater, d.h. auf seine volle Einheit mit Jahwe, hinweist. Damit enthält wohl diese Formel „alles, was Jesus im Joh-Evg. von sich aussagt, und alles, was der Mensch glauben muß; und eben das wird nun durch die Erhöhung Jesu am Kreuz geoffenbart und soll am Erhöhten erkannt werden"[51]. Deshalb dürfte auch Müller richtig sehen, wenn er feststellt: in V. 28 „ist an die Zeit unmittelbar nach dem ‚hypsoun' gedacht... Ja, noch mehr muß man sagen... Im Sterben Jesu liegt gerade der Grund für die Erkenntnis..., daß der Tod der Grund dafür sein wird, daß ihnen die Augen aufgehen werden... In dem ‚ego eimi' ist das ganze Geheimnis seiner (= Jesu des Menschensohnes) Person und Sendung mitgemeint. Was Jesus als das ‚Wort' war und verkündigte, wird im Kreuz ganz ausschlaggebenderweise offenbar: seine Person und der Sinn seines Kommens."[52]

Ob diese Erkenntnisverheißung, die – wie Blank meint – der Sache nach eine Gerichtsdrohung ist, zum Heil oder zum Gericht für die Menschen wird, hängt ausschließlich von deren Stellung zu dieser Offenbarung durch den und in dem

---

[51] *Heer* 137.

[52] *Müller* 34f. Vgl. auch *Blanks* diesbezügliche Feststellung: „Durch die Beziehung Menschensohn – ἐγώ εἰμι wird nochmals deutlich die Beziehung der ‚Offenbarungsformel' auf den menschgewordenen Logos – denn dieser ist für Johannes der Menschensohn – sowie auf das gesamte Heilswerk Jesu (Erhöhung; Gehorsam; Erfüllung des Gotteswillens) herausgestellt. Denn es wird ja gesagt, daß die Erkenntnis des ὅτι ἐγώ εἰμι der Erhöhung des Menschensohnes durch die Angeredeten folgen soll. Wenn diese stattgefunden haben wird, ‚dann werdet ihr erkennen'. Offenbarer und Offenbarungs- und Heilsgeschehen gehören zusammen; das ἐγώ εἰμι schließt in seiner Anwendung auf Jesus Christus beides ein. Der Sache nach handelt es sich in V. 28 um eine Gerichtsandrohung, um eine johanneische Analogie zu Mk 14,62" (Krisis 229f).

Kreuzestod Jesu ab. „In der Aussage hat sich Jesus selbst als den Offenbarer und die Offenbarung Gottes bezeugt. Wenn die Hörer ... Jesus den Glauben verweigern, dann ist ihnen nichts mehr zu sagen. Sie ziehen sich das Gericht zu ..." Der Unglaube „geht nicht nur gegen Jesus Christus, sondern er steht gegen den wahrhaftigen und getreuen Gott, den Vater, selbst, er ist im letzten eine Ablehnung Gottes und seiner Wahrheit. Die Blindheit gegenüber dem Sohn erweitert sich zur Blindheit gegenüber dem Vater. So wirkt sich der Unglaube an den Ungläubigen selber als Gericht aus; der Unglaube, der menschliche Schuld ist, hat zugleich mit der Schuld seine eigene Strafe bei sich. Er wird, als schuldhaftes Nicht-Sehen-Wollen zur Verblendung gegenüber Gott, die bereits die Strafe ist."[53] Diese vorgelegte Auffassung über die Erkenntnis in der Zeit nach der Erhöhung dürften auch die restlichen Aussagen der VV. 28f bestätigen.

7. Jesu „Unselbständigkeit" als Offenbarer das Zeichen seiner Einheit mit dem Vater

Die Erkenntnis, die der Zeit nach der Erhöhung Jesu vorbehalten ist, ist demnach Glaubenserkenntnis und weist diesen erhöhten Menschensohn als den ἐγώ εἰμι und somit Gott als den Heilsgott aus. Und weil Jesus *der* Offenbarer und *die* Offenbarung dieses Heilsgottes ist, enthält diese (Glaubens-)Erkenntnis auch die vollkommene „Unselbständigkeit" Jesu: Ihr werdet erkennen, daß ich von mir aus nichts tue. Da ja Jesus weder kraft seiner eigenen Autorität da ist, noch wirkt, sondern nur als gesandter Offenbarer des Vaters, hat er auch keine „Selbständigkeit", weist er auch kein selbständiges Tun auf. Sein ganzes Wirken, das sich ja nach Joh in Wort und Tat abspielt, ist nichts anderes als ein „Reden, wie mich der Vater gelehrt hat" (V. 28)[54]. Da Jesus nur im Gehorsam seiner Sendung gegenüber wirkt, kann er auch immer mit dem Beistand des ihn sendenden Vaters rechnen. Dieser hat ihn noch nie allein gelassen, kann und wird ihn auch nicht allein lassen. „Jesu Gemeinschaft mit dem Vater besteht ununterbrochen; von Seiten des Vaters wirkt sich das aus als fortgesetzter Beistand bei der Ausführung seines Sendungsauftrages, von Seiten Jesu entspricht ihr die vollkommene Erfüllung des Willens des Vaters."[55] Dieser vollkommene Gehorsam Jesu dem Vater gegenüber ist letztendlich auch das Geheimnis seines

---

[53] *Blank*, Krisis 230. Vgl. auch *Schnackenburg* II, 257, der sich ebenfalls für ein „Offenbleiben" dieser Erkenntnis entscheidet. Von den Angeredeten hängt es ab, „wohin sie diese Erkenntnis führen wird, zum Glauben und Heil oder zu völliger Verstockung und endgültigem Verderben".
[54] Vgl. dazu und zu V. 29 *Riedl* passim.
[55] *Schick*, Joh 86.

unerschütterlichen Vertrauens, das er diesem Vater-Gott entgegenbringt. Er weiß, daß auch die von den ungläubigen Juden verursachte und verschuldete Erhöhung ans Kreuz zu diesem Sendungsauftrag gehört. Deshalb wird er auch in diesem Geschehen nicht vom Vater verlassen werden (vgl. Joh 16,32). Ja, gerade in dieser und durch diese Erhöhung ans Kreuz wird ihn der Vater nicht nur nicht verlassen, ganz im Gegenteil, er wird ihn verherrlichen (vgl. Joh 12,23; 13,31f) und ihm gerade so den Sieg über die Welt verleihen (vgl. Joh 12,31f; 16,33). Nicht nur jetzt, wo sich Jesus mit den ungläubigen Juden auseinandersetzt, ist er sich des vollkommenen Schutzes seines Vaters bewußt (vgl. Joh 7,30.44; 16,33). Der Vater wird ihn sicher auch nicht verlassen, wenn er sein Leben hingibt (vgl. Joh 10,17f), ist er doch jederzeit (πάντοτε), also auch dann, nur darauf aus, den Willen des Vaters zu erfüllen. Und gerade die Stunde seiner Lebenshingabe wird seine Liebe zum Vater und dessen universale Heilsabsichten für die Welt bis zum letzten offenbaren (vgl. Joh 13,1; 14,31). Und gerade deshalb scheint sich Jesus – bei Johannes – den Menschensohntitel im Zusammenhang mit der Erhöhung zuzulegen.

8. Der Menschensohntitel als universaler Heilsmittlertitel

Man hat schon lange festgestellt, daß sich die johanneische Menschensohntitulatur in verschiedenen Aussagekreisen bewegt[56]. Auffallend scheint zu sein, daß sich nur an zwei Stellen die direkte Verbindung vom Messias und Menschensohn findet (Joh 9,35; 12,34d). Wie bei dieser Gegebenheit „die Messiasfrage die allgemeine Grundlage (sein soll), auf der sich die besondere ‚Menschensohn-Lehre des Evangelisten erhebt“[57], ist nicht leicht einzusehen. Ähnlich steht es wohl mit seiner anderen Feststellung: „Der joh. ‚Menschensohn‘ übt eine ähnliche Funktion aus wie das ‚Messiasgeheimnis‘ im Mk-Ev.“[58] Auch die zusammenfassende Feststellung Schnackenburgs scheint etwas zu grobmaschig zu sein: Tatsächlich bilden „alle 13 joh. Menschensohn-Stellen einen einheitlich-geschlossenen Gedankenkreis ... Der Menschensohn ist der joh. Messias, der Lebensspender (das ‚wahre Lebensbrot‘, Kap. 6) und Richter, der diese Funktionen schon jetzt ausübt und allein ausüben kann, weil er der vom Himmel herabgestiegene und dorthin wieder aufsteigende Menschensohn ist. Mögen also verschiedene Wurzeln vorliegen, ist doch die Vorstellung vom ‚Menschensohn‘ bei Joh eine Einheit geworden.“[59]

---

[56] Vgl. *Schnackenburg* I, 411ff. Dort auch weitere Literaturnachweise.
[57] *Schnackenburg* I, 413.
[58] *Schnackenburg* I, 413.
[59] *Schnackenburg* I, 414.

Bernards Feststellung scheint diesbezüglich richtiger zu sein und auch weiterzuführen. Wie bei Mk ist auch bei Joh der Menschensohntitel öfter mit der Passion Jesu in Beziehung gebracht[60] (Joh 3,14; 8,28; 12,23; 13,31). Schnakkenburg hingegen[61] hat wieder vollkommen recht, wenn er feststellt: „Das zweimalige Fragen nach jenem ‚Menschensohn' (9,35f; 12,34b) verrät ein Wissen darum, daß dies (= der Menschensohntitel) kein gebräuchlicher Menschensohntitel war." Mit den Synoptikern trifft sich Joh insofern, „als auch bei ihm Jesus mit der Menschensohn-Bezeichnung ein eigenes, die Erwartung der Juden übertreffendes und ihren Widerspruch herausforderndes Selbstverständnis ausspricht"[62]. Ob dieses Selbstverständnis Jesu auch eine „ipsissima vox" Jesu ist, scheint aus der Sicht von Joh 8,28 mehr als problematisch zu sein. Hätte doch Jesus unter dieser Voraussetzung ein „Zukunftswissen" haben müssen, das mindestens vollkommen binitarisch, wenn nicht sogar ausdrücklich trinitarisch ausgerichtet hätte sein müssen. Eine binitarische Ausrichtung wird man ohne weiteres Jesus von Nazareth zuerkennen müssen. Hat er sich doch (bei Joh) ausdrücklich als „Sohn" (Gottes) bezeichnet[63]. Selbst wenn man zu dieser Annahme noch irgendwie geneigt wäre, scheint es wohl kaum sicher feststellbar zu sein, Jesus hätte schon von vornherein mit seiner Kreuzigung gerechnet, bzw. er hätte sie schon im johanneischen Sinne als „Erhöhung" verstanden[64]. Sicher aber waren alle diese Erkenntnisse dem vierten Evangelisten möglich. Hat er doch aus der Fülle des Erhöhten kraft der Geistesrückerinnerung sein Evangelium geschrieben (vgl. u.a. Joh 1,16ff; 14,16.26; 16,13).

Es ist sicher, daß bei Joh der Menschensohntitel bereits dem „historischen" Jesus beigelegt wird, daß also der johanneische Menschensohnbegriff auch in Joh 8,28 die Inkarnation schon mit einschließt. Wird doch der historische Jesus „erhöht". Für diesen historischen Jesus ist aber „der Sohnes-Name in der urchristlichen Tradition... geläufig"[65]. Das entscheidende Element für diesen Sohnesnamen bildet das Moment des Gehorsams gegen den Willen des (himmlischen) Vaters. Diese Sohnesbezeichnung dürfte aber aller Wahrscheinlichkeit nach auf den historischen Jesus selbst zurückgehen, „der damit sein einmaliges und einzigartiges Verhältnis zu Gott ausgesprochen hat"[66].

Dieses „einmalige und einzigartige Verhältnis" Jesu Gott gegenüber dürfte sich im Laufe der nachösterlichen theologischen „Rückerinnerung" in zwei Richtungen entfaltet haben. In der Richtung auf Gott hin und in der Richtung zu den Menschen hin. Die erstere Richtung erfuhr ihren Höhepunkt in der

[60] *Bernard* I, CXXXII. [61] I, 419.
[62] *Schnackenburg* I, 419.
[63] Vgl. *Blank*, Krisis s.v. υἱός; *Riedl* 189–248; bes. 195f u. 203–206.
[64] Vgl. dazu u.a. *Schürmann* 325–360 und das entsprechende Literaturverzeichnis 361ff.
[65] *Blank*, Krisis 162 mit Verweis auf einschlägige Literatur.
[66] *Blank*, Krisis 162.

„Sohn-Gottes"-Christologie und die zweite Richtung dürfte in der „Menschensohn"-Christologie ihren universal-soteriologischen Niederschlag gefunden haben. Spuren dieser Entwicklung der Sohn-Gottes-Christologie dürften noch über Paulus bei Mk greifbar sein (vgl. Röm 1,3f; Mk 1,1; 15,39)[67]. Daß für Joh Jesus Gottes-Sohn ist, wird wohl von niemandem im Ernst bezweifelt werden können (vgl. Joh 20,28; 1,1). Und wie steht es mit dem johanneischen Menschensohnbegriff? Wie in den obigen Ausführungen gezeigt wurde, gilt der Menschensohntitel bereits für den historischen Jesus, den die (ungläubigen) Juden kreuzigen werden[68]. Damit dürfte klar sein, daß Jesus nicht erst durch die Erhöhung Menschensohn „wird". Er ist es schon während seines Erdenlebens. Ja, nach Joh 3,13 ist Jesus bereits als der vom Himmel Herabsteigende, also schon in seiner „Präexistenz", der Menschensohn (vgl. auch Joh 3,31; 6,62). Auf diese Präexistenz spielt auch Joh 8,28e[69] an. Nun hat ihn der Vater zur Durchführung seines (des Vaters und auch des Sohnes) Erlösungswerkes gesandt[70].

Daraus dürfte sich wohl die ausgesprochene Vermutung bestätigen, daß der johanneische Menschensohntitel mit dem universalen Heilswillen Gottes zusammenhängt. Dort, wo Joh das universale Heilswerk Jesu in irgendeiner Weise im Blick hat, legt er Jesus von Nazareth den Titel „Menschensohn" zu. Joh 8,28 dürfte diese Vermutung bestätigen.

---

[67] Vgl. u.a. *Cullmann*, Christologie 276–313; *Schweizer*, Mk 206ff. „Daß Jesus nicht vom Anfang an Gottessohn im Vollsinn ist, ist nirgends angedeutet. Richtig ist nur, daß für Markus die Passion die entscheidende Offenbarung der Gottessohnschaft ausmacht. Allerdings ist Jesus Gottes Sohn, wie vielleicht schon 1,1 festhält; aber das beruht auf dem Auftrag Gottes, der ihn auf einen ganz bestimmten Weg stellt (1,9–11). Darum ist jener Glaube, der Jesus einfach auf Grund seiner Wunder Göttlichkeit zuschreibt, nur Dämonenglaube (3,11; 5,7) und soll daher auf keinen Fall weiterverkündet werden..." (Ebd. 207f).

[68] Vgl. oben S. 360–364.

[69] Vgl. oben S. 360ff. u. 367f.

[70] Vgl. Joh 3,16; 5,24; 6,40.47; 8,51; 11,25f; 1,29; 20,21ff; 1 Joh 3,5.8; vgl. auch *Riedl* passim.

Die Ecce-homo-Szene und der Menschensohn

Rudolf Schnackenburg, Würzburg

A. Vögtle, den diese Festschrift zum Problemkreis „Menschensohn" ehren soll, hat sich mehrfach mit der Frage beschäftigt, warum Paulus die ihm sicherlich bekannte Bezeichnung ὁ υἱὸς τοῦ ἀνθρώπου nirgends in seinen Briefen verwendet. Soll etwa ὁ ἄνθρωπος an Stellen wie Röm 5,15; 1 Kor 15,21.45.47 den für griechische Ohren ungewohnten und befremdlichen Ausdruck ersetzen? Nach sorgfältiger Prüfung der vorgebrachten Gründe und des paulinischen Kontextes kommt Vögtle zu einem negativen Resultat[1]. Auch eine solche Fehlanzeige hat für die Menschensohn-Forschung ihre Bedeutung. In den seitherigen Arbeiten hat sich die kritische Reserve Vögtles als berechtigt erwiesen, obwohl nicht alle mit der paulinischen Redeweise vom ἄνθρωπος verbundenen Probleme in der Adam-Christus-Typologie (Anthropos-Mythus, Adam-Spekulationen) als geklärt gelten können[2].

Ein analoger Fall liegt im Johannesevangelium vor. Auch hier gibt es Stellen, bei denen man hinter dem Ausdruck ὁ ἄνθρωπος dem Sinne nach den christologischen Titel ὁ υἱὸς τοῦ ἀνθρώπου vermutet hat. Allerdings besteht gegenüber Paulus ein grundlegender Unterschied: im vierten Evangelium kommt dieser Titel 13mal vor, hat erhebliches Gewicht, ist für diesen Theologen eine spezifische, seine Christologie profilierende Bezeichnung. Für Johannes ist es der vom Himmel herabgestiegene und dorthin wieder aufsteigende Menschensohn (3,13; 6,62), der (am Kreuz) „erhöht" werden muß (3,14; vgl. 8,28; 12,34), um dadurch seine „Verherrlichung" zu erlangen (vgl. 12,23; 13,31). Der aus dem Himmel stammende, nur für kurze Zeit auf Erden weilende Menschensohn

[1] A. Vögtle, Die Adam-Christus-Typologie und „der Menschensohn", in: TThZ 60 (1951) 309–328; *ders.*, „Der Menschensohn" und die paulinische Christologie, in: Studiorum Paulinorum Congressus Internat. Cath. 1961 (Rom 1963) I, 199–218.

[2] Vgl. *E. Brandenburger*, Adam und Christus. Exegetisch-religionsgeschichtliche Untersuchung zu Röm 5,12–21 (1 Kor 15) (Neukirchen 1962), bes. 68–139; *R. Scroggs*, The Last Adam (Oxford – Philadelphia 1966); *C. Colpe*, Art. ὁ υἱὸς τοῦ ἀνθρώπου in: ThWNT VIII (Stuttgart 1969) 412ff, 475ff; *E. Käsemann*, An die Römer (Tübingen 1973) 134–137 (mit weiterer Literatur S. 130f).

ist auch während seines irdischen Wirkens mit dem Himmel verbunden (vgl. 1,51) und trägt so auffällige Züge, daß die Frage nach seiner traditionsgeschichtlichen und religionsgeschichtlichen „Einordnung" nicht zur Ruhe kommt[3]. Da man nicht selten einen Zusammenhang mit dem Anthropos-Mythus (in einer seiner Spielarten) vermutet hat, ist die Frage nicht unwichtig, ob sich auch an manchen Stellen, wo Jesus einfach als „der Mensch" bezeichnet wird, die gleiche Gestalt verbirgt[4]. Diese Stellen erlangen dann eine Hintergründigkeit, die auch in der Auslegung beachtet werden will. Umgekehrt kann eine Interpretation, die sich nicht mit dem gewöhnlichen Sinn „Mensch" begnügt, jene religionsgeschichtliche Perspektive oder noch andere Vermutungen für die Herkunft der johanneischen Konzeption verstärken – der bekannte hermeneutische Zirkel. Die berühmteste Stelle in dieser Hinsicht ist die Ecce-homo-Szene von Joh 19,5, für die sich die nüchterne Deutung auf den armseligen „Menschen", den Pilatus vorführt, und die Vermutung, daß der Ausdruck vom Evangelisten tiefsinnig-hintergründig gemeint ist, in der heutigen Exegese gegenüberstehen. Es lohnt sich, den vorgebrachten Gründen nachzugehen und sich nach Kontext, Darstellungs- und Denkweise des Evangelisten ein Urteil zu bilden.

1. *Deutungsversuche*

Die Exegeten, die dem Ausruf des Pilatus keinen hintergründigen Sinn abgewinnen wollen, verstehen ὁ ἄνθρωπος im Munde des Römers als geringschätzige, verächtliche oder spöttische Bezeichnung. Er führt Jesus vor „als Karikatur eines Königs", als eine „Jammergestalt"; nur die Absicht des römischen Präfekten wird verschieden gedeutet. Größere Unterschiede gibt es, wenn man die Verständnisebene des Evangelisten eigens hervorhebt. Für R. Bultmann ist das ὁ λόγος σὰρξ ἐγένετο in seiner extremsten Konsequenz sichtbar geworden[5]. E. C. Hoskyns und A. Wikenhauser verweisen auf 1,29.36, wo Johannes der

---

[3] Vgl. den Forschungsbericht von *E. Ruckstuhl,* Die johanneische Menschensohnforschung 1957–1969, in: Theologische Berichte 1 (Zürich 1972) 171–284; ferner *F. H. Borsch,* The Christian and Gnostic Son of Man (London 1970); *W. A. Meeks,* The Man from Heaven in Johannine Sectarianism, in: JBL 91 (1972) 44–72; *R. G. Hamerton-Kelly,* Pre-Existence, Wisdom and the Son of Man (Cambridge 1973) 224–242; *R. Maddox,* The Function of the Son of Man in the Gospel of John, in: *R. Banks* (ed.), Reconciliation and Hope (Festschr. L. Morris) (Paternoster Press) (1974) 186–204.

[4] Vgl. *R. Schnackenburg,* Der Menschensohn im Johannesevangelium, in: NTSt 11 (1964/65) 123–137; *C. Colpe* in: ThWNT VIII, 468 mit Anm. 435.

[5] *R. Bultmann,* Das Evangelium des Johannes (H. A. W. Meyers Komm. 2. Abt. [Göttingen [17]1963]) z. St. (S. 510). Ihm schließt sich u. a. an *F. Hahn,* Der Prozeß Jesu nach dem Johannesevangelium, in: Ev.-Kath. Kommentar zum NT, Vorarbeiten H. 2 (Zürich – Neukirchen 1970) 23–96, hier 44.

Täufer Jesus als das Lamm Gottes dem Volk bzw. seinen Jüngern vorstellt[6]. Gemeinsam ist diesen Auslegungen, daß der „Mensch“ Jesus in menschlicher Schwachheit und Niedrigkeit gesehen wird, auch wenn der Evangelist das Paradox verborgener Göttlichkeit oder die Heilsbedeutung der Person Jesu im Sinne hat. Der Ausdruck selbst hat keinen hoheitlichen Klang und keine tituläre Bedeutung.

Bei den Interpretationen, die für ὁ ἄνθρωπος einen vom Evangelisten intendierten Bezug auf eine schon bekannte Hoheitsbezeichnung postulieren, kann man noch verschiedene Deutungsversuche unterscheiden. Ohne auf alle Nuancen einzugehen, lassen sie sich etwa, wie folgt, klassifizieren:

a) A. Richardson greift auf die herrscherliche Rolle *Adams* zurück und verbindet sie mit der des messianischen Königs: „Adam (a Hebrew word meaning ‚man‘) was created by God to be a king over the whole created world; all creation was to be ruled by a son of man... In Christ, the Son of Man, God's original intention in the creation is fulfilled. He is the new Adam, the Messianic King.“[7]

b) Andere Forscher berufen sich mehr allgemein auf den *Anthropos-Mythus.* So schreibt C. K. Barrett: „ʿ ἄνθρωπος calls to mind those Jewish and Hellenistic myths of the heavenly or primal Man which lie behind John's use of the phrase ὁ υἱὸς τοῦ ἀνθρώπου.“[8] E. M. Sidebottom nennt zwar nicht den Anthropos-Mythus, stützt sich aber auf ein breites Material (auch die Weisheitsliteratur, Ps 8 u.a.) einschließlich der Menschensohn-Texte, um nachzuweisen, daß der vierte Evangelist an vielen Stellen, wo er ἄνθρωπος sagt, damit einen emphatischen Sinn verbindet. Zwar werde durchaus seine individuelle Menschheit betont; „yet this man is also the Man, representative man, in the sense that he is what we should be and is the means of our manhood“[9].

c) Wieder andere Exegeten identifizieren ὁ ἄνθρωπος in Joh 19,5 mit dem vom Evangelisten an anderen Stellen gebrauchten christologischen Titel *ὁ υἱὸς τοῦ ἀνθρώπου,* ohne sich auf den Anthropos-Mythus als möglichen Hintergrund zu berufen. Der Hoheitstitel werde in 19,5 deswegen nicht gebraucht, weil er im Munde des Pilatus unpassend und seltsam wäre; aber die Leser könnten und sollten verstehen, daß nicht einfach „der Mensch“ im gewöhnlichen Sinn, sondern „der Menschensohn“ im Vollklang der johanneischen Sprache

---

[6] *E. C. Hoskyns,* The Fourth Gospel, ed. by F. N. Davey (London ²1947) 523; *A. Wikenhauser,* Das Evangelium nach Johannes (Regensburg ²1957) 327.

[7] *A. Richardson,* The Gospel according to Saint John (London 1959) 197.

[8] *C. K. Barrett,* The Gospel according to St John (London 1955) 450.

[9] *E. M. Sidebottom,* The Christ of the Fourth Gospel in the Light of First-Century Thought (London 1961) 97.

gemeint sei. Diese Auffassung erfreut sich in neuerer Zeit wachsender Beliebtheit[10].

d) In eine andere Richtung geht eine Erklärung, die ὁ ἄνθρωπος in Joh 19,5 als eine tituläre Bezeichnung für den erwarteten *Heilskönig* nachweisen will. An diesen in bestimmten biblischen und außerbiblischen Stellen bezeugten messianischen Titel knüpfe Joh 19,5 an. W. A. Meeks findet eine „schlagende Parallele" in Sach 6,12 LXX: ἰδοὺ ἀνήρ, Ἀνατολὴ ὄνομα αὐτοῦ κτλ., eine Stelle, die sich ursprünglich auf die symbolische Krönung Serubbabels zum künftigen König beziehe, aber sich auch gut für eine eschatologische Deutung eignete. Sie empfange weiteres Licht von Num 24,17, wo die LXX in charakteristischer Abweichung vom MT liest:

ἀνατελεῖ ἄστρον ἐξ Ἰακώβ,
καὶ ἀναστήσεται ἄνθρωπος ἐξ Ἰσραήλ.

Die Einfügung von ἄνθρωπος, die sich ohne Grundlage im Hebräischen auch in Num 24,7 finde, sowie weitere Stellen (Philo, praem. 95; TestJud 24,1) und die Bedeutung von Num 24,17 in Qumrantexten (allerdings nach dem MT „Zepter", nicht „Mensch") zeigten, daß es sich um einen im (hellenistischen) Judentum eingeführten Titel handle. „John 19.4–5 depicts a significant stage in the installation of the eschatological king."[11] Dieser Auslegung neigt auch R. E. Brown zu[12], und B. Lindars stellt sie neben der unter c) besprochenen These zur Wahl[13].

2. *Vorläufige Beurteilung und Präzisierung des Problems*

Alle Theorien, die sich in irgendeiner Weise auf den Anthropos-Mythus stützen und von daher dem Ausdruck ὁ ἄνθρωπος Farbe und Hintergrund verleihen möchten, leiden unter der Tatsache, daß sich ein direkter Zusammenhang der

[10] *C. H. Dodd*, The Interpretation of the Fourth Gospel (Cambridge 1953) 437; *J. Blank*, Die Verhandlung vor Pilatus Joh 18,28 – 19,16 im Licht johanneischer Theologie, in: BZ, NF 3 (1959) 60–81, hier 75; *I. de la Potterie*, Jésus, roi et juge d'après Jn 19,13, in: Bibl 41 (1960) 217–247, hier 239; *B. Schwank*, Der Dornengekrönte (Jo 18,38b – 19,7), in: Sein und Sendung 29 (1964) 148–160, hier 155f; *J. N. Sanders*, A Commentary on the Gospel according to St John, ed. and completed by *M. A. Mastin* (London 1968) 400; *A. Dauer*, Die Passionsgeschichte im Johannesevangelium. Eine traditionsgeschichtliche und theologische Untersuchung zu Joh 18,1 – 19,30 (München 1972) 109; *B. Lindars*, The Gospel of John (London 1972) 566, als eine Möglichkeit neben einer anderen (s. unter d).

[11] *W. A. Meeks*, The Prophet-King. Moses Traditions and the Johannine Christology (Leiden 1967) 69–72.

[12] *R. E. Brown*, The Gospel according to John (XIII–XXI) (Garden City, N. Y. 1970) 876.

[13] Gospel of John 566.

johanneischen Gedankenwelt mit jenem Mythus nicht nachweisen läßt. Dabei ist zweierlei zu beachten: Einmal hat die religionsgeschichtliche Forschung mehr Klarheit in die verschiedenen Formen eines solchen Mythus anhand eines reichen, durch die Nag-Hammadi-Texte erweiterten Materials gebracht. Sodann muß man bei Anwendung dieses Materials auf ein literarisches Werk – hier das Johannesevangelium –, also beim sog. religionsgeschichtlichen Vergleich, strengere methodische Grundsätze befolgen, als es bisher meistens geschehen ist.

Für die religionsgeschichtliche Erhellung des Anthropos-Mythus in seinen verschiedenen Spielarten hat besonders H.-M. Schenke in seinem Werk „Der Gott ‚Mensch' in der Gnosis" wertvolle Arbeit geleistet. Nach ihm liegt die gnostische Vorstellung vom Gott „Mensch" in zwei Formen vor: a) Der höchste Gott namens „Mensch" ist das Urbild des irdischen Menschen, der durch diese Ebenbildlichkeit am Wesen Gottes teilhat; b) ein dem höchsten Gott namens „Mensch" abbildliches Gottwesen gleichen Namens gelangt durch einen Fall in den irdischen Menschen, wodurch dieser an Gottes Wesen teilhat[14]. Beide Formen sind nur verschiedene Mythisierungen der gnostischen Grundvorstellung vom Wesen des Menschen und vom Weg seiner Erlösung. Von dieser gnostischen Ausprägung des Anthropos-Mythus unterscheidet Schenke noch andere Typen, die auch außerhalb gnostischen Denkens vorkommen: a) Die Allgott-Vorstellung, bei der die Welt Gott ist und wie ein riesiger Mensch gedacht wird bzw. bei der die Welt aus den Teilen eines getöteten Gottes entsteht. Dieser Makroanthropos-Vorstellung entspricht nicht selten der Gedanke, daß der Mensch ein Mikrokosmos ist; b) die Vorstellung vom ersten Menschen (Adam) und Paradieseskönig, der eine Herrscherfunktion über die Welt ausübt und entsprechend idealisiert wird. Zu dem letztgenannten Typ gehören auch gewisse jüdische Adam-Spekulationen[15]. Natürlich gibt es Übergänge und Vermischungen dieser wurzelhaft verschiedenen Vorstellungen; die jüdischen Spekulationen haben zum Teil auch den gnostischen Mythus beeinflußt[16].

---

[14] *H.-M. Schenke,* Der Gott „Mensch" in der Gnosis (Göttingen 1962) 94–107, vgl. 153.

[15] Zu den jüdischen Adam-Spekulationen s. oben Anm. 2; ferner (mit verschiedenem Urteil) *W. Staerk*, Die Erlösererwartung in den östlichen Religionen (Stuttgart – Berlin 1938) 7–61; *S. Mowinckel,* He That Cometh (Oxford 1956) 422ff; *J. Jervell,* Imago Dei. Gen 1,26f im Spätjudentum, in der Gnosis und in den paulinischen Briefen (Göttingen 1960), bes. 96–107; *F. Stier*, Art. Adam in: Handbuch theologischer Grundbegriffe I, hrsg. von H. Fries (München 1962) 13–25; *H. Conzelmann,* Der erste Brief an die Korinther (Göttingen 1969), Exk. S. 338–341.

[16] Zum Verhältnis von Judentum und Gnosis vgl. *G. Quispel,* Der gnostische Anthropos und die jüdische Tradition, in: Eranos-Jahrbuch 22 (1953, Zürich 1954) 195–234; *W. C. van Unnik*, Die jüdische Komponente in der Entstehung der Gnosis, in: VigChr 15 (1961) 65–82; *H.-M. Schenke*, Das Problem der Beziehung zwischen Judentum und Gnosis: Kairos 7 (1965) 124–133; *ders.*, Die Gnosis, in: Umwelt des Urchristentums. I. Darstellung des neutestamentlichen Zeitalters, hrsg. von J. Leipoldt und W. Grundmann (Berlin 1965) 370–415; vgl. auch *R. Haardt*, Zur Methodologie der Gnosisforschung, in: Gnosis und Neues Testament. Studien aus Religionswissenschaft und Theologie, hrsg. von K.-W. Tröger (Gütersloh 1973) 183–202, bes. 189f.

Für das methodische Vorgehen darf man sich nicht darauf beschränken, nach Wort und Sache vergleichbare Parallelen zu suchen, sondern man muß auch den Nachweis erbringen, daß und wie eine geschichtliche Vermittlung des fremdreligiösen Stoffes erfolgt ist. Sonst kommt man über bloße Analogien nicht hinaus und kann begründet nicht von „Abhängigkeit" oder „Übertragung" und „Übernahme" reden. Wenigstens muß man den jeweiligen Wahrscheinlichkeitsgrad deutlich bestimmen[17]. Die *Abhängigkeit* der johanneischen Menschensohn-Vorstellung von einem außerchristlichen Mythus nachzuweisen ist ein schwieriges Unternehmen. Aber einiges läßt sich wenigstens negativ zu dem oft behaupteten religionsgeschichtlichen „Hintergrund" sagen. Der Rückgriff auf Adam-Spekulationen, die Anknüpfung von ὁ ἄνθρωπος an Adam = Mensch scheitert bei Johannes im Unterschied zur paulinischen Adam-Christus-Typologie schon allein daran, daß im vierten Evangelium nirgends von Adam die Rede ist und überhaupt ein protologisches Interesse zurücktritt. Auch im Prolog hat die Aussage über die Rolle des Logos bei der Schöpfung (1,3) nur eine untergeordnete Rolle, die mit der übernommenen Weisheitsspekulation zusammenhängt; in Wirklichkeit ist das ganze Lied auf die geschichtliche Heilsoffenbarung in Jesus Christus ausgerichtet[18].

Für den gnostischen Anthropos-Mythus ist eine andere Fehlanzeige zu machen. Mit aller Deutlichkeit hat C. Colpe herausgestellt: Es fehlt der Gedanke, daß der präexistente, vom Himmel herabgestiegene Menschensohn eine alle zu erlösenden Menschen umfassende Gestalt ist, eine „Sammelseele". Colpe sagt: „Die Präexistenzaussage zeigt aber erst dann einen gnostischen Mythos an, wenn sie von der Gesamtheit der Seelen gemacht wird ... Die Vorstellung des Menschen als Sammelseele, welche ... die Parallelität bzw. Identität des Erlösers mit den (bzw. dem) Erlösten beinhalten würde, ist nicht weggelassen, weil sich der Evangelist weder für Kosmologie noch für Anthropologie, noch für das Seelenschicksal interessiert, sondern sie hat ihm gar nicht vorgelegen."[19] Diese für den Vergleich des „hinab- und hinaufsteigenden" johanneischen Menschensoh-

---

[17] Vgl. *K. Müller,* Die religionsgeschichtliche Methode, in dem von *F. Hahn* für Herbst 1975 angekündigten Buch zu den Methoden in der neutestamentlichen Exegese.

[18] Über den Prolog und das darin aufgenommene Logoslied gibt es zwar noch sehr divergierende Ansichten; aber auf jeden Fall ruht der Nachdruck auf der Schlußstrophe des Liedes (wie immer man dieses im Umfang bestimmt) bzw. in den kommentierenden Sätzen des Evangelisten, die auf das Kommen des Logos zu den Menschen abheben. Die letzte ausführliche Besprechung von *H. Thyen* in: ThRdsch 39 (1974) 53–69, 222–252 („Aufweis der Forschungstrends an neueren Interpretationsversuchen des Johannesprologs") kommt (mit G. Richter) zu dem Ergebnis, daß Joh 1,14–18 eine nicht vom Evangelisten stammende redaktionelle Schicht ist. Auch dagegen kann man manches einwenden, vor allem unter strukturalen Aspekten. Doch auch Thyen stellt fest: „Aber nicht erst im Evangelium, sondern schon im Prolog ist es ausschließlich Jesus, der geschichtliche Offenbarer, dem das Geschick der Sophia widerfährt" (64).

[19] ThWNT VIII, 417, Z. 30–37.

nes mit dem gnostischen Erlöser überaus wichtige, weil das Wesen jenes Mythus berührende Beobachtung schließt eine *direkte* Abhängigkeit der johanneischen Konzeption vom Anthropos-Mythus so gut wie sicher aus[20]. Eine Anknüpfung von ὁ ἄνθρωπος in Joh 19,5 an diesen Mythus verliert damit ihre Grundlage.

Darum können wir darauf verzichten, solchen Erklärungsversuchen weiter nachzugehen. Unberührt davon bleibt aber die These, der Evangelist habe in Joh 19,5 den Titel „Menschensohn" gemeint, wie er ihn selbst an anderen Stellen verwendet, und nur deshalb durch „der Mensch" ersetzt, weil er den Titel nicht dem römischen Richter in den Mund legen konnte. Wir müssen also das Verhältnis von Joh 19,5 zu den sonstigen „Menschensohn"-Aussagen bei Joh prüfen und fragen, ob „der Mensch" hier nach Kontext und Intention des Evangelisten den Hoheitstitel ersetzen sollte.

Die These von Meeks (s. o. unter d) stellt eine mit der „Menschensohn"-These konkurrierende Erklärung dar. Auch nach ihr ist ὁ ἄνθρωπος für den Evangelisten ein Hoheitstitel; aber er hat einen anderen Ursprungs- und Bezugsort: er ist aus der Messias-Königs-Erwartung hervorgegangen. Dieser Ausgangspunkt ist deswegen beachtlich, weil die Frage nach dem Königtum Jesu beim johanneischen Prozeß das umfassende Thema ist. Es ist jedoch zu prüfen, ob die von Meeks genannten Texte ausreichen, um ein solches tituläres Verständnis von ὁ ἄνθρωπος zu rechtfertigen. Indem wir uns den beiden unter c) und d) aufgeführten Thesen zuwenden, können wir die Argumente, die insgesamt für eine „hoheitliche" Deutung des Ausrufs vorgebracht werden, einer kritischen Untersuchung unterziehen.

3. Steht ὁ ἄνθρωπος in Joh 19,5 anstelle von ὁ υἱὸς τοῦ ἀνθρώπου?

Zunächst klingt das Argument, Pilatus sage „der Mensch" statt „der Menschensohn", weil ihn der Evangelist nicht anders sprechen lassen konnte, recht einleuchtend – vorausgesetzt, daß Pilatus nach der Intention des Evangelisten so sprechen *sollte*. Doch eben dies ist die Frage: Beabsichtigte der Evangelist den Hinweis auf den „Menschensohn" an dieser Stelle? Die allgemeine Überlegung, daß die vom Evangelisten so eindrucksvoll gestaltete Szene einen tieferen, hintergründigen Sinn nach seiner Denkweise enthalten müsse, führt nicht notwendig zu der Konsequenz, daß er gerade an den Menschensohn dachte. Unbestreitbar besteht die sprachliche Möglichkeit, den „Menschensohn" – entsprechend der ursprünglichen semitischen Bedeutung des Ausdrucks – durch „Mensch" zu ersetzen, ebenso die Möglichkeit, daß dem Evangelisten, wenn ihm aramä-

[20] Vgl. auch *R. Schnackenburg*, Das Johannesevangelium I (Freiburg i. Br. ³1972), Exk. 6: Der gnostische Erlösermythus und die johanneische Christologie (S. 433–447).

ischer Sprachgebrauch „noch nicht zu fern liegt", die eigentliche Bedeutung von ὁ υἱὸς τοῦ ἀνθρώπου „noch bewußt gewesen" ist[21]. Aber von solcher Möglichkeit gelangt man nur zu einer Vermutung, die durch andere Gründe erhärtet werden muß[22]. Welche weiteren Gründe lassen sich für diese Vermutung anführen?

a) A. Dauer hält die Beziehung auf 8,28 für besonders wichtig. Dort sagt Jesus zu ungläubigen Juden: „Wenn ihr den Menschensohn erhöht haben werdet, dann werdet ihr erkennen, daß ἐγώ εἰμι." Die Stelle ist bemerkenswert, weil hier den Juden eine aktive Rolle bei der Erhöhung des Menschensohnes zugesprochen wird (nur hier steht ὑψοῦν im Aktiv) und ihnen gerade dann die Erkenntnis von der göttlichen Hoheit und Würde Jesu (ἐγώ εἰμι)[23] aufgehen soll. Dauer fragt, wann sich dieses Wort erfülle, und antwortet: „In der Passion – präziser: im selben Augenblick, da sie (19,6) als Antwort auf die Erklärung des Pilatus ‚siehe, der Mensch' fordern: ‚ans Kreuz, ans Kreuz'. Sie verlangen also, daß ‚der Mensch' ‚gekreuzigt' werde. In der Sprache des Johannes bedeutet das aber: daß *der Menschensohn erhöht* werde."[24] Nun ist 19,6 tatsächlich die erste Stelle, wo dieser Ruf der Juden erschallt: aber ihre Intention, Jesus zu töten, machte der Evangelist schon in 18,31b–32 deutlich, und Erfolg haben sie erst beim zweiten Ruf „ans Kreuz" (19,15). Vor allem aber läßt sich 8,28 nicht auf die Szene von 19,5f festlegen, weil für den in 8,28 ins Auge gefaßten Zeitpunkt (τότε) gesagt wird, daß sie ihn dann in seiner wahren Würde *erkennen* werden. Darum kann man 8,28 nur auf die vollendete „Erhöhung", die Kreuzigung Jesu, beziehen, die von den „Juden" (d.h. den Hohenpriestern) bis zuletzt aktiv betrieben wird. Wenn man eine Erfüllung der Vorhersage Jesu von 8,28 im Sinn des Evangelisten sucht, wird man vielmehr auf das Schriftzitat von 19,37 hingelenkt: „Sie werden schauen auf den, den sie durchbohrt haben." Die enge Verkopplung von 8,28 mit 19,5f ist also nicht gerechtfertigt.

b) J. Blank versteht die Szene 19,1–3 als die Investitur und Inthronisation des Königs Jesus, 19,4f als die Praesentatio des Königs, „eine regelrechte Königs-Epiphanie"[25]. Diese Anwendung des Inthronisationsschemas (V.6 folge dann die Akklamation), die zum Teil beifällig aufgenommen wurde[26], er-

---

[21] *C. Colpe* in: ThWNT VIII, 474, Z. 13ff; vgl. ebd. 417, Z. 37ff.

[22] Bei nicht wenigen Exegeten bleibt es bei einer Vermutung; um eine Begründung bemüht sich vor allem *A. Dauer,* Passionsgeschichte 109.

[23] Das ἐγώ εἰμι bezieht sich nicht auf den „Menschensohn", sondern greift V. 24 auf. Vgl. *R. Schnackenburg,* Das Johannesevangelium II (Freiburg i. Br. 1971) z. St. (S. 256); zu der Formel ἐγώ εἰμι s. den Exkurs ebd. 59–70.

[24] Passionsgeschichte 109. Der Hinweis auf 8,28 findet sich schon bei *Dodd,* Interpretation 436f.

[25] Verhandlung vor Pilatus 74.

[26] Vgl. *B. Schwank,* Der Dornengekrönte 158; *F. Hahn,* Prozeß Jesu 43; *R. E. Brown,* Gospel acc. John 890 („coronation ritual").

scheint mir fraglich, weil die eigentliche Inthronisation Jesu zum König für Johannes doch wohl erst am Kreuz selbst erfolgt (19,19). Von seiner Auffassung her wird Blank dann zu der Meinung getrieben, daß die Formel ἰδοὺ ὁ ἄνθρωπος „offenbar noch die βασιλεύς-Formel überbieten" will, und das wird für ihn zu einem Grund, den Menschensohn-Titel dahinter zu erblicken: „Ein höherer Titel als der Messias-Titel könnte zunächst nur der Menschensohn-Titel sein."[27] – Aber die Auslegung Blanks scheitert, wie auch W. A. Meeks erkannt hat[28], an dem Fortgang der theologisch gestalteten Prozeßdarstellung. Auf die erste Vorstellung Jesu durch Pilatus („siehe, der Mensch") folgt nämlich noch eine zweite mit den Worten: „Siehe, euer König!" (19,14). Die beiden Szenen sind formkritisch ganz ähnlich, sicher nicht ohne Absicht des Evangelisten, nur daß die zweite mit der die Juden äußerst belastenden Aussage: „Wir haben keinen König außer dem Kaiser", und dem Nachgeben des Römers noch eine Steigerung bringt. So kann die ἄνθρωπος-Formel keine Überbietung der βασιλεύς-Formel sein.

c) Bisweilen taucht die Meinung auf, der Ausruf des Pilatus werde vom Evangelisten wie der tückische Rat des Kajafas in 11,50 als eine unfreiwillige Prophetie verstanden[29]. Aber erstens fügt der Evangelist an jener Stelle ausdrücklich einen Kommentar an (11,51), zweitens begründet er sein Verständnis damit, daß Kajafas „als *Hoherpriester* jenes Jahres" eine Prophetie aussprach, drittens hat jene „Prophetie" des Kajafas für Johannes eine weittragende theologische Bedeutung. Wenn der Evangelist etwas Ähnliches für den Ausruf des Pilatus beabsichtigte, hätte er den Lesern doch wohl einen Hinweis geben müssen. Pilatus spielt keine prophetische Rolle, sondern eine recht klägliche: Er will Jesus freilassen, will Jesus loswerden („nehmt ihr ihn!") und erklärt schon zum drittenmal: „Ich finde keine Schuld an ihm" (19,6; vgl. 18,38; 19,4). Das alles paßt nicht auf eine versteckte Prophetie.

Damit sind auch bereits positive Gegenargumente gegen die „Menschensohn"-Theorie genannt. Ohne schon jetzt alles anzuführen, was positiv zur Erklärung der Stelle zu sagen ist (s. unter 5), sei auf folgendes hingewiesen:

a) Zu Beginn des Prozesses wird Jesus von Pilatus als „Mensch" bezeichnet: „Welche Anklage bringt ihr gegen diesen Menschen vor?" (18,29). Nachdem sich die Anklage und das Verhör auf das Königtum Jesu bezogen, ist es durchaus sinnvoll, wenn Pilatus jetzt betont zu den Anklägern (den Hohenpriestern, die in 19,6 nach 18,35 wieder ausdrücklich genannt werden) sagt: „Seht, der Mensch!" Für ihn ist er nicht der „König", als der er angeklagt wurde, sondern

---

[27] Verhandlung vor Pilatus 75.

[28] Prophet-King 70, Anm. 6.

[29] *C. K. Barrett,* Gospel 450; *J. N. Sanders,* Commentary 400; *B. Lindars,* Gospel 566 (alle z. St.).

in der Travestie eines Königs nur „der Mensch". Der Ausdruck in 19,5 kann an 18,29 anknüpfen, schon rein sprachlich[30].

b) Die Reaktion des Pilatus auf das Kreuzigungsgeschrei bestätigt diese Auslegung: Pilatus wollte den Hohenpriestern damit zeigen, daß Jesus für ihn nicht „König" im Sinn der Anklage ist, mithin kein Grund zu seiner Verurteilung besteht.

c) Das bisherige christologische Interesse des Evangelisten lag im Aufweis, in welcher Weise Jesus „König" ist, nämlich als Offenbarer, der aus der himmlischen Welt stammt, als Zeuge für die „Wahrheit", als Vermittler dieser Wahrheit und damit des Heils an alle, die auf seine Stimme hören (vgl. 19,37). Diese „königliche" Funktion Jesu beherrschte bisher die Thematik, und sie wird fortgeführt bis zum Höhepunkt und Ende des Prozesses (19,15). In diese Sicht muß sich darum auch die Szene von 19,4–7 einfügen; der durch die Kreuzigung erhöhte Menschensohn ist nur schwer in diese besondere christologische Perspektive einzubringen.

4. *Ist ὁ ἄνθρωπος in Joh 19,5 für den Evangelisten ein Messiastitel?*

Die letzten Überlegungen geben der These von W. A. Meeks eine günstige Ausgangsposition. Wenn sich nachweisen läßt, daß (ὁ) ἄνθρωπος im Judentum als Messiasbezeichnung im Sinne des Heilskönigs vorkommt, könnte der Evangelist den gewöhnlichen Ausdruck „der Mensch", den Pilatus gebraucht, als messianischen Königstitel verstanden haben. Es wäre dann in anderer Weise als bei der Menschensohn-Hypothese ein doppelsinniger Ausdruck, der im Unterschied zu jener gut in den Zusammenhang, in die Frage nach dem Königtum Jesu, passen würde: der als Spottkönig vorgeführte und von Pilatus geringschätzig als „Mensch" bezeichnete Angeklagte ist in der Tat ein König, nämlich der wahre Heilskönig. Aber ist (ὁ) ἄνθρωπος hinlänglich als eine titulär gebrauchte Messiasbezeichnung nachgewiesen?

An der ersten Stelle, auf die sich Meeks beruft, nämlich Sach 6,12, wird der zu Krönende ausdrücklich mit dem „Namen" 'Ανατολή belegt. Der hebräische Text hat statt dessen צֶמַח, und die Synagoge hat aus dieser Stelle sowie aus Jer 23,5; Sach 3,8 den Messiasnamen Semach („der Sproß") abgeleitet; er ist jetzt

[30] Zur sprachlichen Fassung: Die Hinweispartikel ἰδού (in Joh noch 4,35; 12,15; 16,32) hat die gleiche Bedeutung wie ἴδε (in Joh 15mal). Nicht wenige späte Handschriften lesen in Joh 19,5 ἴδε. Eine Form von εἶναι kann wegbleiben, vgl. *Blass-Debrunner*, Grammatik des neutestamentlichen Griechisch (Göttingen [9]1954) § 128,7; *W. Bauer*, Griechisch-deutsches Wörterbuch (Berlin [5]1958) 733 s.v. 2 („da ist der Mensch"). – Eine Anzahl Handschriften lassen das ganze Sätzchen καὶ λέγει κτλ. weg: P^{66} a e ff^2 r^1 achm, wahrscheinlich, weil Pilatus schon in V. 4 gesprochen hat. Diese Abschreiber hielten wohl den nochmaligen Hinweis (vgl. ἴδε V. 4) für überflüssig.

auch in den Qumranschriften belegt (4QPatr 3; 4QFlor 1,11)[31]. Da das griechische Verbum ἀνατέλλειν sowohl „aufsprießen" als auch „aufgehen" (eines Sterns) bedeuten kann, signalisiert Ἀνατολή eine anders laufende Deutungstendenz: Man versteht den Verheißenen als aufgehendes Gestirn, wahrscheinlich in Erinnerung an Num 24,17, wo die LXX ebenfalls ἀνατελεῖ liest. Das ist die Deutung, die in den christlichen Raum (Lk 1,49; Justin, Dial. 100,4; 106,4 u.ö.) eingegangen ist[32]. Sach 6,12 bezeugt also den Messiastitel „Sproß" oder „Aufgang" und keinen anderen. Wenn der Prophet den Gekrönten mit den Worten vorstellen soll: ἰδοὺ ἀνήρ, so ist das die häufige Hinweisformel mit dem ebenfalls häufigen ἀνήρ (vgl. Sach 1,8; 2,5) und hat keinerlei emphatische Bedeutung. Von dieser Stelle allein aus läßt sich also keine Beziehung zu Joh 19,5 herstellen.

Nun zieht Meeks aber von Sach 6,12 eine Verbindungslinie zu Num 24,17. Dieses berühmte Bileam-Orakel spricht von dem Stern, der in Jakob aufgeht, und von dem Zepter, das sich in Israel erhebt, also dem künftigen Messias. In der LXX wird das „Zepter" (שֵׁבֶט) durch ἄνθρωπος ersetzt. Erlangt das einfache ἄνθρωπος damit nicht einen hoheitlichen Klang, wird es nicht zu einer Messiasbezeichnung? Dazu kommt Num 24,7, wo die LXX einen ganz anderen Text als MT bietet:

> ἐξελεύσεται ἄνθρωπος ἐκ τοῦ σπέρματος αὐτοῦ
> καὶ κυριεύσει ἐθνῶν πολλῶν.

Sie trägt hier also deutlich den Gedanken an den Messias ein, der im Kontext dieses Bileam-Orakels, und zwar durch den zweiten Teil des gleichen Verses, nahelag („Sein König ist Agag überlegen ..."). Aber ist ἄνθρωπος als Messias-*Titel* zu verstehen? Die Möglichkeit ist nicht auszuschalten; aber der Ausdruck kann auch nur auf eine Person hinweisen, die dann in der zweiten Zeile durch ihre Funktion als der Messias erkenntlich wird. Als Grundlage für einen titulären Gebrauch sind die beiden Stellen Num 24,7.17 recht schmal. Verfolgt man die Übersetzungsweise der LXX für שֵׁבֶט, so fällt die Variabilität auf. Außer der häufigen Wiedergabe mit φυλή an den Stellen, wo die hebräische Vokabel den Sinn „Stamm, Volksstamm" hat, werden unterschiedliche Wiedergaben gewählt. Besonders lehrreich ist ein Vergleich mit Gen 49,10, dem ebenfalls messianisch verstandenen Wort an Juda im Jakobssegen.

---

[31] Vgl. *P. Billerbeck*, Kommentar zum Neuen Testament aus Talmud und Midrasch II (München 1924) 113. Die Qumran-Stellen s. bei *E. Lohse*, Die Texte aus Qumran (Darmstadt 1964) 246 und 256 („Sproß Davids"); vgl. *A. S. van der Woude*, Die messianischen Vorstellungen der Gemeinde von Qumran (Assen 1957) 173 und 185. Wahrscheinlich ist auch in 4QpIs[a], Fragm. D „der Sproß" zu ergänzen, ebd. 177 und 181.

[32] Vgl. *H. Schlier*, Art. ἀνατολή in: ThWNT I (Stuttgart 1933) 354f, näherhin 355, Z. 10–15; *H. Schürmann*, Das Lukasevangelium I (Freiburg i. Br. 1969) 92.

hebr.: „Nie weicht von Juda das Zepter (שֵׁבֶט),
der Herrscherstab von seinen Füßen..."

LXX: οὐκ ἐκλείψει ἄρχων ἐξ Ἰουδα
καὶ ἡγούμενος ἐκ τῶν μηρῶν αὐτοῦ.

Eine feste Übersetzungstradition ist also nicht zu erkennen, wie es für einen geprägten Messiastitel ἄνθρωπος zu erwarten wäre.

Die Stelle bei Philo, Praem. 95, auf die sich Meeks des weiteren stützt, um einen „eschatologischen Titel wenigstens im hellenistischen Judentum" nachzuweisen, hat keine Beweiskraft. Gewiß ist es eine Stelle, in der Philo einmal die jüdische Messiaserwartung aufgreift[33]. Er führt sie nach anderen Darlegungen als letzte Möglichkeit an, um den Frieden unter den Menschen zu sichern.

„Hervorgehen wird ein Mann, wie es in dem Gottesspruch heißt, der als Heerführer im Kriege große und volkreiche Nationen unterwerfen wird, da Gott die den Frommen gebührende Hilfe senden wird."

Mit ἄνθρωπος ist schwerlich ein Messiastitel gemeint; vielmehr handelt es sich, wie ausdrücklich gesagt wird, um ein Zitat aus Num 24, 17, für das Philo sicher auch der uns bekannte Text aus der LXX vorlag[34].

Den Stellen aus den Testamenten der 12 Patriarchen kommt kaum stärkere Beweiskraft zu. TestJud 24, 1 ist eine etwas paraphrasierte Wiedergabe von Num 24, 17. Die kursiven Worte zeigen die Übereinstimmung mit Num 24, 17 LXX an:

Καὶ μετὰ ταῦτα *ἀνατελεῖ* ὑμῖν *ἄστρον ἐξ Ἰακὼβ* ἐν εἰρήνῃ,
καὶ ἀναστήσεται ἄνθρωπος ἐκ τοῦ σπέρματός μου ὡς ἥλιος δικαιοσύνης[35].

Das Interesse dieses Spruches beruht auf dem „Stern aus Jakob", der im Parallelvers noch weiter als „Sonne der Gerechtigkeit" gedeutet wird. Die zweite Stelle TestNaft 4, 5 erwartet τὸ σπλάγχνον Κυρίου, ἄνθρωπος ποιῶν δικαιοσύνην καὶ ποιῶν ἔλεος. Für sie gibt auch Meeks zu, daß ein unemphatischer Gebrauch von ἄνθρωπος vorliegt[36].

Die Qumranschriften scheiden für die Hypothese hinsichtlich Num 24, 17 aus, weil sie dem hebräischen Text folgen, also „Zepter" zugrunde legen. Eine

---

[33] Auch Num 24, 7 wird von Philo im messianischen Sinn zitiert: Vita Mos. I, 290: ἐξελεύσεταί ποτε ἄνθρωπος ἐξ ὑμῶν καὶ ἐπικρατήσει πολλῶν ἐθνῶν...

[34] Zu Philo, Praem. 95, vgl. auch *E. Bréhier*, Les idées philosophiques et religieuses de Philon d'Alexandrie (Paris ³1950) 5 ff.

[35] Obiger Text nach der Handschriftengruppe α, β, S; die Worte ἐκ τοῦ σπέρματός μου hält *R. H. Charles* (The Greek Versions of the Testaments of the Twelve Patriarchs, Oxford 1908, 101) für interpoliert von dem Schreiber, der V. 5–6 hinzufügte. In der armenischen Version (A) lautet der ganze Text anders. *M. de Jonge*, The Testaments of the Twelve Patriarchs (Assen 1953) 89 f hält die Stelle für christlich.

[36] Prophet-King 72, Anm. 1. Die Stellen werden auch von *C. Colpe* in: ThWNT VIII, 413, Anm. 67 angeführt, doch ohne klare Entscheidung.

andere Diskussion, die Meeks nur streift, ist für unsere Frage aber nicht ganz ohne Bedeutung. Nach W. H. Brownlee hat namentlich G. Vermes die Auffassung vertreten, daß die Vokabel גבר („Mann") eine Messiasbezeichnung sei und אנש („Mensch") in solchen Zusammenhängen keine andere Bedeutung habe[37]. Für die Gleichsetzung von „Mann" und „Mensch" kann er sich auf die Targume berufen (z. B. zu Sach 6, 12). Aber גבר als Messiasbezeichnung in den Qumranschriften wird von anderen Forschern nicht anerkannt. Hier muß es genügen, auf die Untersuchung dieser Frage durch A. S. van der Woude zu verweisen[38].

Schließlich macht Meeks darauf aufmerksam, daß „der Mensch" in der samaritanischen Schrift Memar Marqah einer der Titel ist, der Mose wiederholt beigelegt wird, nämlich im Anschluß an Deut 33, 1 („Mensch Gottes")[39]. Aber von der samaritanischen Mose-Interpretation kann man schwerlich auf eine weitere Verbreitung dieses Namens für Mose bzw. den Messias im Judentum schließen, obwohl Meeks viele Berührungen mit der jüdischen Haggada entdeckt. Hier erhebt sich nochmals das methodologische Problem: kann man nach diesen an sich schon zweifelhaften oder schwachen Anzeichen für eine im Judentum geläufige Messiasbezeichnung „der Mensch" annehmen, daß der vierte Evangelist in Joh 19, 5 darauf anspielt? Kann er erwarten, daß seine Leser das begreifen? In den meisten Stellen, die für die Hypothese angezogen werden, erscheint der Messias außerdem als kriegerischer König, und eine solche Charakterisierung lag Johannes sicher fern. Ein geschichtlicher Zugang zu einer möglicherweise vorhandenen Messiasbezeichnung „der Mensch" läßt sich für den Verfasser des vierten Evangeliums jedenfalls nicht nachweisen. Darum muß man diese Hypothese als unbegründet zurückweisen.

5. Versuch einer Interpretation von Joh 19, 5 im Kontext der Prozeßdarstellung

Soll man nach den mißglückten Versuchen, hinter dem Ausdruck ὁ ἄνθρωπος eine vom Evangelisten intendierte Hoheitsbezeichnung zu erkennen, auf der Verständnisebene des Pilatus bleiben, der in Jesus nur einen armseligen Menschen erblickt? Aber eine Deutung, die in dem Ausruf des Pilatus nichts weiter als einen Hinweis auf Jesu Niedrigkeit erblickt, erweckt im Rahmen der johanneischen Darstellung Unbehagen. Das gilt selbst dann, wenn man die Paradoxie der Niedrigkeit Jesu (vgl. Bultmann) oder seine Menschheit als Mittel der Erlösung („Lamm Gottes") hervorhebt. Zeichnet denn der Evangelist Jesus sonst irgendwo als schwachen Menschen? Alles, was man dafür anführt: Ermüdung

[37] *G. Vermes*, Scripture and Tradition in Judaism. Haggadic Studies (Leiden 1961) 56–66.
[38] Die messianischen Vorstellungen 89–96.
[39] Prophet-King 255 f.

und Durst (4,6f), Verwirrung, Tränen (11,33.35) usw., muß nur jeweils im Kontext recht verstanden werden; dann enthüllt sich eher das Gegenteil als Intention des Evangelisten. In dieser Hinsicht ist E. Käsemann gegen Bultmann recht zu geben; er sagt treffend: „Deshalb muß Jesu Passion in unserem Evangelium statt als Schmach als Siegesweg geschildert werden. Niedrigkeit ist hier das Wesen der Situation, in die Jesus hineingerät. Er selber wird dabei aber nicht erniedrigt, sondern behält die Hoheit des Sohnes bis ans Kreuz."[40] Eben dies rechtfertigt das Suchen nach einer tieferen Erklärung der Szene; sie ist aber, so scheint mir, nicht am Ausdruck ὁ ἄνθρωπος anzusetzen, sondern an der Szene als solcher im Kontext.

Ohne auf alle theologischen Elemente der kunstvoll aufgebauten Prozeßdarstellung (18,28 – 19,16a) einzugehen[41], sei folgendes hervorgehoben:

a) Im unmittelbaren Kontext von 19,5 fällt auf, daß die Vorführung Jesu mit je einer Unschuldserkärung des römischen Richters eingerahmt ist. Schon bevor er Jesus den Juden mit Dornenkrone und purpurrotem Gewand vorstellt, sagt er zu ihnen: „Seht, ich bringe ihn zu euch heraus, damit ihr erkennt, daß ich keine Schuld an ihm finde" (19,4). Dadurch ist der Leser darauf vorbereitet, daß Jesus trotz seines Aufzuges nicht das ist, als was er äußerlich erscheint. Nachher, als die Hohenpriester mit ihren Knechten schreien: „Kreuzige, kreuzige (ihn)!", erklärt Pilatus noch einmal das gleiche (19,6b). So wird deutlich, daß Jesus ein *anderer* ist, als der er in der Szene erscheint. Die Unschuldserklärungen schaffen einen Rahmen, der das Bild auflichtet und nach dem wahren Wesen dieses „Menschen" fragen läßt.

b) Nach der Abweisung des Kreuzigungsgeschreis, nach dem Versuch des Pilatus, Jesus los zu werden (wenn auch mit der sarkastischen Aufforderung: „Nehmt ihr ihn, und kreuzigt ihn!"), berufen sich die Juden auf ihr Gesetz, daß Jesus sterben muß, „weil er sich zum Sohn Gottes gemacht hat" (V.7). Für den Prozeßverlauf ist das nur ein Nebenmotiv; denn Pilatus verurteilt Jesus dann ja nicht auf Grund *dieser* Anklage. Der Römer wird auf diese Weise nur gezwungen, den Prozeß weiterzuführen. Aber für die literarische Gestaltung und die hintergründigen theologischen Absichten des Evangelisten ist jener Hinweis der Juden auf den Anspruch Jesu, der Sohn Gottes zu sein, höchst bedeutsam. Dieser „Mensch" ist in Wirklichkeit von einer viel höheren Dignität. Man darf nun sicher die Aufeinanderfolge von ὁ ἄνθρωπος und υἱὸς θεοῦ nicht so deuten, daß nach der armseligen „Menschlichkeit" die verborgene Göttlichkeit Jesu sichtbar werden soll. Der Hinweis der Juden bereitet vor allem das

---

[40] *E. Käsemann*, Jesu letzter Wille nach Johannes 17 (Tübingen 1966) 36ff, Zitat 38.

[41] Vgl. die schon genannten Arbeiten von *J. Blank*, Verhandlung vor Pilatus; *F. Hahn*, Prozeß Jesu; *A. Dauer*, Passionsgeschichte; ferner die neueren Kommentare.

folgende vor: die Frage des Pilatus, woher Jesus ist (V 9). Aber der Leser wird trotz der Umstände, die Jesus scheinbar erniedrigen, sogleich gezwungen, über den hohen Anspruch Jesu nachzudenken. Die Ecce-homo-Szene ist nur eine Zwischenszene, die durch das folgende sogleich „überholt" wird.

c) Sieht man auf die „Aktanten" der Szene, so muß zunächst Pilatus noch weiter beachtet werden. Von ihm heißt es, daß er, als er die Worte vom Sohn-Gottes-Anspruch Jesu hörte, „sich noch *mehr* fürchtete" (V. 8). Damit wird seine schon vorher bestehende und jetzt noch verstärkte Scheu und Furcht vor Jesus[42] aufgedeckt. Im nachhinein wird sein Versuch, Jesus los zu werden, als geheimes Unbehagen, ja als Furcht vor dem Angeklagten entlarvt. Die scheinbar verächtliche Zurschaustellung war nur vorgetäuschte Sicherheit.

d) Auch das Verhalten der gegnerischen Gruppe ist aufschlußreich. Die Hohenpriester stellen ihre Anklage, Jesus habe sich zum König aufgeworfen, zunächst zurück (vgl. jedoch 19,12) und weichen auf eine andere Anklage aus (19,7). Aber damit demaskieren sie sich: von der politischen (vor dem Vertreter des römischen Reiches allein belangreichen) Schuld Jesu sind sie selber nicht überzeugt. Sie können vorübergehend zugeben, daß dieser „Mensch" mit den Spottinsignien eines Königs kein Aufrührer ist, und stimmen so Pilatus im Grunde zu. Aber für sie bleibt Jesus dennoch ein Verbrecher, auf einer anderen Ebene: sie beschuldigen ihn eines falschen religiösen Anspruches. Von ihrem Unglauben aus ist das konsequent; für die gläubigen Leser aber sprechen sie ungewollt die Wahrheit aus. Ihr Widerspruch bestätigt nur die Wahrheit des Anspruches Jesu (vgl. 5,18ff).

e) Und Jesus selbst? Er läßt die schmachvolle Spottszene schweigend über sich ergehen. Aber dieses Schweigen spricht stärker, als es Worte zu tun vermöchten. Dazu muß man das Schweigen und Sprechen Jesu in der ganzen Prozeßdarstellung studieren. In den Szenen außerhalb des Prätoriums, bei den Verhandlungen des Pilatus mit den Juden, sagt Jesus nie ein Wort. Den Juden hat er alles gesagt, was zu sagen war; ihnen gegenüber ist seine Offenbarungsrede verstummt (vgl. 12,36b). Anders gegenüber Pilatus, dem Vertreter des Heidentums und der weltlichen Macht! Ihm gewährt er nochmals eine Selbstoffenbarung (18,37), die dann beim zweiten Verhör fortgesetzt und verdeutlicht wird. Das Thema von der Herkunft Jesu, das beim ersten Verhör nur negativ (vgl.

---

[42] Es handelt sich um eine numinose Scheu und Furcht. Eine motivgeschichtlich interessante Parallele findet sich bei *Philostrat*, Vita Apollonii I, 21 (ed. Conybeare I, 58ff): Der Satrap in Babylonien fragt Apollonius: πόθεν ἡμῖν ἐπιπεμφθεὶς ἥκεις; er droht ihm dann auch mit Foltern, wenn er nicht antworte; aber A. läßt sich nicht einschüchtern, und der Satrap erkennt, daß er „göttlich" ist. Ähnlich dann vor dem römischen Gericht, ebd. IV, 44. Vergleichbar ist im Johannesevangelium höchstens die aus der Tradition übernommene „Furcht" der Jünger beim Seewandel Jesu (6,20f). Gegenüber dem auferstandenen Herrn zeigen die Jünger bei Joh im Unterschied zu den Synoptikern keine Furcht!

οὐκ ἐντεῦθεν, 18,36) und verhüllt („dazu bin ich in die Welt gekommen“, 18,37) anklang, wird jetzt aufgenommen. Pilatus fragt: „Woher bist du?“ (19,9) und kann sich aus den Worten Jesu selbst die Antwort geben (vgl. ἄνωθεν 19,11). Das anfängliche Schweigen Jesu gegenüber dem Römer (V. 9) hat eine andere Funktion: Was sollte er Pilatus noch sagen, nachdem dieser auf seine Stimme nicht hören wollte (vgl. 18,37d–38a)? Aber als sich Pilatus auf seine Macht beruft, antwortet er ihm nochmals, jetzt deutlich genug, daß Pilatus erkennen muß: Die Macht, die auch über ihm, dem scheinbar allmächtigen Römer, steht, erklärt das Geheimnis der Herkunft Jesu. So gesehen, wird auch das Schweigen Jesu in der Ecce-homo-Szene zu einem beredten Zeugnis für die Hoheit Jesu.

f) Zur Beurteilung der Szene können auch traditionsgeschichtliche Überlegungen zur Dornenkrönung Jesu (19,2–3) beitragen. Im Vergleich zu der Darstellung bei Mk 15,16–19 par Mt 27,27–30 bringt der vierte Evangelist einen kürzeren Bericht, der einige schmachvolle Züge wegläßt und sich auf die Königsinsignien Krone und Purpurgewand sowie die Königshuldigung konzentriert. Ob seine Quelle ausführlicher erzählte, ist freilich nicht festzustellen. Aber wenn man die weitere Tatsache bedenkt, daß Johannes die Verspottungsszene abweichend von Markus/Mattäus noch in den Prozeß hineinverlegt, wird man an einer bewußten redaktionellen Gestaltung nicht zweifeln. Der Evangelist wollte die Szene, die bei den Synoptikern als wirkliche Demütigung Jesu geschildert wird, wegen der Königsthematik nicht fallenlassen, straffte sie aber und verband mit ihr eine neue Szene, die Jesus trotz der äußeren Situation eine innere Hoheit beläßt.

Diese Beobachtungen, die sich durch eine Betrachtung des ganzen Prozeßverlaufs verstärken ließen, führen zu dem Schluß: In der Intention des Evangelisten lag es nicht, dem Ausdruck „der Mensch“ einen doppelten Sinn zu geben, auch nicht, die darin angezeigte Niedrigkeit Jesu anzuerkennen und theologisch umzuwerten. Wohl aber wollte er durch seine erzählerische Gestaltung zu verstehen geben, daß der mit der Dornenkrone und dem purpurroten Gewand Verspottete und Entehrte in Wirklichkeit seiner Hoheit nicht zu berauben ist. Sein von den Juden mißachteter Anspruch, Sohn Gottes zu sein, seine von Pilatus geahnte Herkunft von oben bleiben trotz allem bestehen. Ein in anderem Zusammenhang von Jesus gesprochenes Wort ließe sich als Kommentar zu dieser Szene anführen: „Ihr entehrt mich; aber ich suche meine Ehre nicht. Es ist einer da, der sie sucht und der richtet“ (8,49d–50). Denn für Johannes ist die andere Szene, in der Jesus dann wirklich als König verurteilt wird (19,14b–15) – jene Szene, auf die die Ecce-homo-Szene vorausweist –, der Ort, wo die Jesus Entehrenden sich selbst das Urteil sprechen und Jesus als der am Kreuz erhöhte König (19,19) erwiesen wird.

Christus, der ‚letzte Adam', und der Menschensohn

Theologische Überlegungen zum überlieferungsgeschichtlichen Problem der paulinischen Adam-Christus-Antithese

Ulrich Wilckens, Hamburg

Nach *Anton Vögtle* verwendet Paulus „die ihm gewiß bekannte bar-nascha-Bezeichnung... nicht als christologischen Würdenamen. Er stimmt in diesem Verzicht überein mit der übrigen außerevangelischen Christusverkündigung. Er stellt somit an eine Erklärung des MS-Gebrauchs Jesu auch seinerseits die Forderung, die eigentümliche Verwendung der MS-Bezeichnung im Neuen Testament befriedigend zu erklären."[1] Nun mag man darüber streiten, ob an den nicht wenigen Stellen, an denen sich bei Paulus zweifellos eine enge sachliche und sprachliche Verwandtschaft zu synoptischen Menschensohnsprüchen zeigt[2], Paulus es ist, der diese als solche gekannt und den Menschensohntitel selbst eliminiert und durch ihm geläufige Titel ersetzt hat[3], oder ob der entsprechende Vorgang sich bereits in vorpaulinischer Überlieferungsgeschichte abgespielt hat. Das letztere ist deswegen wahrscheinlicher, weil sich einerseits in der synoptischen Tradition selbst eine Tendenz zeigt, den Menschensohntitel durch andere (z. B. κύριος) zu ersetzen. Andererseits findet sich bei Paulus einzig in 1 Thess 4,16 eine so weitreichende Übereinstimmung im Motivzusammenhang mit Mt 24,30f sowie darauffolgend in 1 Thess 5,1–3 mit Mt 24,36.43.39, daß hier – zumal Paulus sich im Kontext ausdrücklich auf einen λόγος κυρίου beruft 1 Thess 4,15[4] – die gleiche Tradition zugrunde liegen muß: doch wie Mt 24,42 spricht Paulus von „dem Herrn"! Vor allem aber zeigt sich dort, wo Paulus

---

[1] *A. Vögtle*, „Der Menschensohn" und die paulinische Christologie, in: Studiorum Paulinorum Congressus Internationalis Catholicus 1961 I (Analecta Biblica 17/18 [Rom 1963]) 199–218; vgl. vorher: Die Adam-Christus-Typologie und „der Menschensohn", in: Trierer Theol. Zeitschr. 60 (1951) 309–328.

[2] Vgl. z. B. die Zusammmenstellung bei *K. Smith*, Heavenly Man and Son of Man in St. Paul, ebd. 219–230, hier 226f.

[3] So z. B. *Kevin Smith*, der die These vertritt, Paulus habe vor allem deswegen den Menschensohntitel übergangen, weil ihm daran lag, die Erwartung einer allgemeinen Totenauferstehung christologisch zu begründen.

[4] Da Paulus im Kontext auf die bevorstehende Auferstehung der Christen abzielt und sich der λόγος κυρίου 1 Thess 4,15 zunächst darauf bezieht, „daß wir Lebenden, die übrig bleiben zur Parusie des Herrn, den Entschlafenen nicht zuvorkommen", könnte es sein, daß er sich hier auf ein

von Christus als „dem Menschen spricht und damit einen Ausdruck gebraucht, der durchaus eine sprachlich korrekte Übersetzung von bar-nascha sein könnte: 1 Kor 15,47 und Röm 5,15, kein Zusammenhang mit den spezifischen Motiven der Menschensohntradition[5]. Wenn es von daher also auch zumindest nicht sicher ist, ob Paulus die bar-nascha-Bezeichnung tatsächlich selbst gekannt hat, so bleibt die von Vögtle gestellte Frage gleichwohl der Sache nach mit allem Gewicht bestehen und wäre so zu präzisieren: Welches ist das sachliche Verhältnis der paulinischen Christologie zur Menschensohnchristologie der synoptischen Tradition, und lassen sich theologische Gründe dafür angeben, daß bei Paulus das Menschensohnprädikat fehlt?[6] Eine Antwort ergibt sich m. E. nirgendwo klarer als von eben den beiden Passagen Röm 5 und 1 Kor 15 her.

I

Hier fällt zunächst ein gravierender Unterschied zur synoptischen Menschensohnchristologie wie überhaupt zur gesamten jüdischen Menschensohntradition in die Augen: Nirgendwo wird dort der menschensohn mit Adam in Beziehung gesetzt[7], während eben dies bei Paulus konstitutiv ist: in Röm 5 so, daß die Tat Christi als des „einen Menschen“ die Wirkung der Tat Adams als des „einen Menschen“ auf die vielen aufhebt; in dem früheren Text 1 Kor 15 so, daß das pneumatische Wesen der himmlischen „Leib“-Wirklichkeit Christi als des „letzten Adam“ bzw. des „zweiten Menschen“ in unendlichem Unterschied zum „seelischen“ Wesen der irdischen Leibwirklichkeit Adams als des „ersten Menschen“ die Voraussetzung der Heilsteilhabe der Christen durch das Wunder der Auferstehung als ihrer Verwandlung in die Leibwirklichkeit Christi ist. In

Herrenwort wie Mk 9,1 bezieht. Doch ist die Formulierung V. 15 paulinisch, während die in V. 16 deutlich traditionell ist. So ist es wahrscheinlicher, daß Paulus seine These V. 15 (= V. 14) durch die Tradition V. 16(–18) absichern will. Darauf weist auch die Einführung mit ὅτι, das als ὅτι recitativum aufzufassen ist.

[5] Ἐξ οὐρανοῦ 1 Kor 15,47 entspricht zwar der durchgehenden Lokalisierung des Menschensohnes im Himmel, läßt sich aber ebenso auch von der Urmenschvorstellung her erklären.

[6] *Vögtle*, Adam-Christus-Typologie 313ff; Der Menschensohn 205f, bezweifelt, daß es lediglich sprachliche Gründe gewesen sind, die für das Verschwinden des Titels außerhalb der Evangelientradition benannt werden können. Für diese ist das bestimmt nicht der Fall, da hier υἱὸς τοῦ ἀνθρώπου durchweg der Rede Jesu selbst vorbehalten ist. Es mag jedoch dahingestellt bleiben, ob ebenso auch in der vorpaulinischen Tradition dieser Gesichtspunkt bei der Wahl der christologischen Bezeichnungen bestimmend war. Denn es spricht manches dafür, daß hier die Jesusüberlieferung nicht in demselben Maß zentrale Bedeutung hatte wie bei den Traditionsträgern der synoptischen Tradition; vgl. dazu meinen Aufsatz: Jesusüberlieferung und Christuskerygma – zwei Wege urchristlicher Überlieferungsgeschichte, in: Theologie viatorum X (1966) 310ff. In der Überlieferung des hellenistischen Missionschristentums in der Diaspora sind von Anfang an Kyrios und Gottessohn die entscheidenden Prädikate, und zwar im Blick auf den auferstandenen Christus; vgl. unten S. 399f.

[7] So mit Recht *Vögtle*, Adam-Christus-Typologie 318f.

1 Kor 15 läßt sich die Entstehung des paulinischen Gedankens erkennen, der in Röm 5 dann im Horizont des Rechtfertigungsthemas neu reflektiert wird.

Die überaus gründliche und sorgfältige Untersuchung von E. Brandenburger[8] hat m. E. unwiderlegbar herausgestellt, daß Paulus hier eine in Korinth zumindest als bekannt vorausgesetzte Lehre von Christus als dem „ersten Menschen“ korrigiert. Diese Lehre ist zweifellos eine christliche Version eines verbreiteten Vorstellungszusammenhanges vom himmlischen Urmenschen, die deutlich bereits bei Philon in hellenistisch-jüdischem Bereich vorausgesetzt und in jüdischer bzw. jüdisch beeinflußter Gnosis in verschiedenen Ausgestaltungen breit bezeugt ist. Die paulinische These: οὐ πρῶτον τὸ πνευματικόν, ἀλλὰ τὸ ψυχικόν ἔπειτα τὸ πνευματικόν (1 Kor 15,46) ist in der Tat nur als Antithese gegen eine entsprechend umgekehrte These zu verstehen, die gelautet haben muß, daß der nach Gn 2,7 geschaffene irdische Adam der *zweite*, dagegen der präexistente himmlische Urmensch der *erste* Mensch sei. Dann aber liegt es sehr nahe zu vermuten, daß hier eine christlich adaptierte jüdische Version der Urmenschvorstellung im Blick steht, die ähnlich wie Philon[9] die Aussagen über den „ersten Menschen“ von Gn 1,26f entwickelt hat. Paulus zitiert seinerseits diese Stelle deswegen nicht, weil er die soteriologische Bedeutung der εἰκών-Funktion Christus vorbehält, diese also allein in eschatologischem Kontext billigt und den Adam von Gn 1 radikal von Gn 2 her interpretiert, weshalb er 1 Kor 15,49 eine höchst eigenwillige Umdeutung von Gn 1,26f in Kauf nimmt, nach der „*wir* das *Bild des irdischen (Menschen)* getragen haben“[10]. Das „Bild“ Adams also vermittelt nur irdisch-seelische, vom Himmlischen getrennte Existenz, während himmlische, pneumatische Existenz nur durch das „Bild“ Christi in der endzeitlichen Totenauferweckung vermittelt wird. Allein Christus hat für Paulus nach 2 Kor 3,18; 4,6 (vgl. Phl 3,21) die Funktion des „Bildes *Gottes*“,

---

[8] Adam und Christus. Exegetisch-religionsgeschichtliche Untersuchung zu Römer 5,12–21 (1. Kor 15), WMANT 7 (1962).

[9] Vgl. dazu die Analysen bei *Brandenburger*, ebd. 117ff.

[10] Darauf ist merkwürdigerweise noch nicht aufmerksam gemacht worden. Zwar läßt sich die „Wendung vom ‚Tragen der Eikon‘“ von der „mit jenem Denken im Zusammenhang stehenden Vorstellung vom ‚Tragen eines Gewandes‘“ her verstehen und die Verbreitung dieser Kombination von Bild und Gewand nachweisen (*Brandenburger*, ebd. 139f), aber im Kontext von 1 Kor 15, wo Adam von Gn 2,7 her im Blick steht, ist schwerlich anzunehmen, daß bei der Anwendung dieses Topos in V. 49 Gn 1,26f überhaupt nicht beachtet sein sollte – wo diese Stelle für die angegriffene Position von zentraler Bedeutung war. Wenn *Vögtle*, Menschensohn 211, betont, Paulus gewinne „den von Philos Idealmenschen ohnehin denkbar verschiedenen Begriff des himmlischen Menschen nicht wie dieser aus der Gen 1,26f berichteten Erschaffung des Menschen nach dem Bilde Gottes, sondern liest die Existenz des niederen und des höheren Menschen (irdisch–himmlisch) und deren gegensätzliche Leiblichkeit (psychisch–pneumatisch) aus Gen 2,7 allein heraus“, so übersieht er, daß von Gn 2,7 her nur der irdische Adam verstanden wird, dem Paulus den ganz anderen, *himmlischen* Menschen gegenüberstellt, dieser *Gegensatz* als solcher also gerade nicht aus Gn 2,7 herausgelesen wird!

denen, die dieses Bild als ihr Gewand tragen werden (1 Kor 15,49), an der himmlischen-pneumatischen Leiblichkeit teilzugeben – *nicht* Adam!

Der polemische Skopos an dieser Stelle kommt nur heraus, wenn man diese *eschatologisch*-christologische Heilsaussage als Antithese gegen die *protologische* Heilsfunktion des Urmenschen versteht. Das bedeutet theologisch: Erlösung aus der gegenwärtigen irdisch-seelischen Existenz nach Gn 2,7 gibt es nicht im Rückgang auf die in der Konstitution des Menschen ursprünglich angelegte Teilhabe an dem pneumatisch-göttlichen Wesen – auch nicht, wenn dieser Rückgang nicht anthropologisch als „Erkenntnis“, sondern mythologisch als Erlösung Adams durch den Urmenschen, sein himmlisches Gegenbild, dargestellt wird; sondern Erlösung gibt es nur dadurch, daß wir an Christus, dem auferstandenen Gekreuzigten (1 Kor 15,3f und 12–18!), leibhaftig teilhaben werden. Das schließt ein, daß unsere Adam-Situation in ihr selbst soteriologisch völlig aussichtslos ist. Zwar kann Paulus den Grundgedanken der Urmenschlehre übernehmen: todverfallene *Menschen* werden durch einen *Menschen* gerettet. Aber während die Rettung dort einen unsterblichen Kern im irdisch-sterblichen Menschen voraussetzt, der als solcher durch die Katastrophe seines Falles hindurch bewahrt ist und so durch sein vollkommenes himmlisches Urbild zum Wiederaufstieg in seinen heilen Ursprung aktiviert werden kann, begreift Paulus die Verlorenheit des irdischen Menschen radikal und total: als Tod des *ganzen* Menschen, und seine Rettung als voraussetzungslos ihm widerfahrendes Wunder: als Auferstehung der Toten. Und so läßt er zwar das Modell als solches stehen: Rettung des Menschen durch den Menschen, bricht aber, indem er jegliche Kontinuität zwischen homo salvandus und homo salvator eliminiert, das konstitutive Moment aus dem Gedanken der Urmenschlehre heraus: „Weil nämlich durch einen Menschen *Tod*, auch durch einen Menschen *Auferweckung der Toten*“ (1 Kor 15,21). Das ἐπειδή ist sehr zu beachten: *Weil* die Existenz des irdischen Menschen ganz und gar durch den Tod bestimmt ist, kann es, rebus sic stantibus, Rettung vom Tode nur durch Aufhebung des Todes – nicht als Herausgehen aus dem Tod – geben. So stehen sich ἄνθρωπος auf der einen Seite und ἄνθρωπος auf der anderen in einem äußersten *Gegensatz* gegenüber: als Adam hier und Messias dort (V. 22); und eben dieser Gegensatz ist die Bedingung der Möglichkeit von Erlösung: „Wie nämlich in Adam *alle sterben*“ – der Tod bestimmt die ganze gegenwärtige Existenz –, „so *werden* wir in dem Christus *alle lebendig gemacht werden*“.

Der Gegensatz zwischen Adam und Christus wirkt sich im Medium der Zeit aus: der irdischen Gegenwart steht die eschatologische Zukunft gegenüber, dem ersten Adam der *zweite* als der *letzte*. Erlösung aus der Situation „in Adam“ ist also nicht möglich in adamitischer Zeit, ist keine gegenwärtige Möglichkeit des Menschen, sondern ist Sache ihm unverfügbarer Zukunft, die Paulus apokalyptisch als den neuen Äon gegenüber dem bestehenden alten denkt und damit einen Denkhorizont einbringt, der der Urmenschlehre nicht nur durchweg fehlt, sondern auch sachlich in ihr keinen Platz hat. Darum bemüht Paulus sich V. 35ff, unter dem Thema ποίῳ σώματι ἔρχονται herauszuarbeiten, daß der Leib der Erretteten als der auferstandenen Toten gegenüber dem der irdisch Lebenden ein völlig anderer ist: als pneumatisch himmlische Leibwirklichkeit gegenüber sarkisch- bzw. psychisch-irdischer, Vergänglichkeit gegenüber Unvergänglichkeit – eben Tod gegenüber Auferstehung der Toten (V. 36!).

Warum aber hält Paulus dann an dem Modell der Urmenschlehre als solchem überhaupt fest: δι' ἀνθρώπου – δι' ἀνθρώπου, wenn er doch zwischen beiden „Menschen" einen unendlichen *Gegensatz* behauptet? In gewissem Sinne gibt er V. 48f eine Antwort, indem er in unserem Verhältnis einerseits zu Adam als dem ersten Menschen, andererseits zu Christus als dem zweiten Menschen eine genaue Entsprechung herausstellt: οἷος ὁ χοϊκός, τοιοῦτοι καὶ οἱ χοϊκοί, καὶ οἷος ὁ ἐπουράνιος, τοιοῦτοι καὶ οἱ ἐπουράνιοι. Das könnte die Urmenschlehre ebenso sagen, indem sie freilich den auch von ihr als unendlich begriffenen Gegensatz zwischen „irdisch" und „himmlisch" in den auf Erden lebenden Menschen selbst hineinverlegt und die Erlösung als Trennung des Gegensätzlichen, als *Rückgängigmachung des Gegensatzes* behauptet. Mit anderen Worten: allein die Entsprechung der Himmlischen mit dem Himmlischen ist die Bedingung der Möglichkeit ihrer Erlösung. Eine vollständige, restlose Entsprechung in irdischer Existenz lebender Menschen als χοϊκοί mit dem χοϊκὸς ἄνθρωπος würde dagegen Erlösung ausschließen.

Dies nun unterscheidet die paulinische Rezeption der Urmenschlehre von dieser: Paulus behauptet, daß menschliche Existenz grundsätzlich vollständig und restlos *aufgeht* in der Entsprechung mit Adam als dem *ersten* Menschen. Indem er über den Adam von Gn 2 hinaus nicht von einem himmlischen ersten Adam spricht und auf eine entsprechende Auswertung des Gedankens von Gn 1 verzichtet, sieht er den Menschen bereits von seinem schöpfungsmäßigen *Ursprung* her unter dem Aspekt von Gn 3,19: als χοϊκός (Gn 2,7 ἄνθρωπον χοῦν) ist er φθορά (1 Kor 15,50 vgl. Gn 3,19). Um dies hervorzuheben, übernimmt Paulus die besonders in gnostischen Texten bezeugte negative Wertung der Seele als Träger irdischen Lebens[11]. Obwohl Gott Adam πνεῦμα ζωῆς eingehaucht hat, so daß er zur ψυχὴ ζῶσα wurde (Gn 2,7), ist er σῶμα ψυχικόν, nicht πνευματικόν (1 Kor 15,44–46), so daß die Schöpfung des Menschen unter der Überschrift steht: σπείρεται σῶμα ψυχικόν (V. 44) ἐν φθορᾷ (V. 42). Und an dieser konstitutiven Bestimmtheit Adams haben „wir" – die Christen *als Menschen* –

[11] Dazu vgl. z.B. die von *Brandenburger,* a.a.O. 84ff, 88ff, 95,144, besprochenen Texte.

alle teil: Wie „in Adam alle sterben" (Präsens der Regel, V. 22), so haben auch „wir" „das Bild des irdischen (Menschen) getragen" (V. 49).

Die Ausmerzung jeglicher Protologie bedeutet den Ausschluß jeglichen soteriologischen Ansatzes in der Konstitution irdisch-menschlichen Lebens. Damit wird dessen katastrophaler Charakter, wie ihn die Urmenschlehre im Blick auf den Fall des Menschen aus seiner ursprünglichen himmlisch-göttlichen Existenz als Ursache des gegenwärtigen Elends menschlichen Lebens beschreibt, bis zum äußersten radikalisiert: der Mensch ist in der φθορά *verloren*, ist mit dem Bilde des *vergänglichen* Adam *identisch*. Der Entsprechungsgedanke, den Paulus aus der Urmenschlehre übernimmt, wird also umfunktioniert, indem dem Menschen „in Adam" jegliche Entsprechung zu einem heilen Ursprung abgesprochen und er selbst auf die negative Entsprechung mit dem irdisch-vergänglichen Adam festgelegt wird.

Damit stellt sich die Frage aber nochmals verschärft: Was ist dann der Sinn der Entsprechung zwischen Adam und Christus, die nicht nur in der Satzstruktur (ὥσπερ – οὕτως V. 22, καθώς V. 49), sondern vor allem in der Wahl desselben ἄνθρωπος-Begriffs sprachlich zur Wirkung gebracht wird? Wir sahen, daß das soteriologische Moment, das in der Urmenschlehre in der Protologie seinen Ort hat, bei Paulus in eschatologischen Zusammenhang transponiert wird. Das bedeutet: die aussichtslose Situation des Menschen in der φθορά, die nie und nimmer *rückgängig* gemacht werden kann, kann nur durch ein neues, schöpferisches Handeln Gottes *aufgehoben* werden. Paulus spricht davon 1 Kor 15,51 f in apokalyptischer Sprache als von einem endzeitlichen, für gegenwärtige Erkenntnis verborgenen „Mysterium". Gott wird alle, die irdisch Lebenden wie die Gestorbenen, „verwandeln", so daß sie, die als „Fleisch und Blut" das Reich Gottes *nicht* erben *können* (V. 50) – damit gelangt die Kritik der Urmenschlehre zu ihrem Höhepunkt! –, gleichwohl das σῶμα πνευματικόν in Unvergänglichkeit und Unsterblichkeit als neues Kleid werden anziehen *müssen*[12], und zwar τὸ φθαρτὸν τοῦτο ἀφθαρσίαν und τὸ θνητὸν τοῦτο ἀθανασίαν (V. 53). Es kommt Paulus darauf an, daß der radikalen Verlorenheit die Erlösung als radikale Aufhebung eben dieser Verlorenheit entspricht. Das heißt aber: die Entsprechung betrifft nicht Gleiches, sondern Ungleiches, und sie vollzieht sich nicht so, daß eine bestehende Gleichheit der Himmlischen mit dem Himmlischen realisiert wird, sondern so, daß die bestehende Ungleichheit der Menschen als Irdische, deren Entsprechung zu Adam als dem Irdischen in der φθορά schon realisiert ist, mit dem Himmlischen vom Himmel her aufgehoben wird.

[12] Zu diesem apokalyptischen δεῖ vgl. Mk 13,7 parr; Apk 1,1; 4,1; 22,6 und so vorher 1 Kor 15,25.

Auf die logische Struktur gesehen, denkt Paulus Erlösung also nicht als einfache Negation – Ablösung des himmlischen Wesens des Menschen von seiner Verflochtenheit in die φθορά des seelischen Leibes –, sondern als Negierung dieser Negation: Aufhebung der φθορά selbst als des negativen Konstitutivums menschlicher Existenz durch sein Gegenteil. Die theologische Kategorie, die dem allein entspricht, heißt: ἀνάστασις νεκρῶν. Darin ist sehr wohl die Identität der Menschen als ihre Erlösung enthalten – das ist das soteriologische Anliegen der Urmenschlehre, das Paulus durchaus übernimmt: aber er denkt die Identität der Erlösten nicht als Identischwerden der mit ihrem Ursprung Identischen, sondern als Identischwerden der Nichtidentischen mit dem „Bilde des Himmlischen" als Gegenbild des *Irdischen*. Paulus hat denselben Gedanken 1 Kor 1,28 im Blick auf die „Berufung" der Christen so ausgesprochen: Gott hat τὰ μὴ ὄντα erwählt, ἵνα τὰ ὄντα καταργήσῃ (vgl. Röm 4,17). Entsprechend zitiert er 15,54 im Blick auf die endzeitliche Totenauferstehung: κατεπόθη ὁ θάνατος εἰς νῖκος.

II

Von hier aus läßt sich nun die Beziehung zur Menschensohntradition präziser erfassen. Wir sahen eingangs, daß hinter 1 Thess 4,16 die Tradition vom endzeitlichen Kommen des Menschensohnes Mt 24,30f steht. Auf eben diese Tradition greift Paulus auch 1 Kor 15,52 zurück; an beiden Stellen bezieht er sich auf einen überlieferten eschatologischen Geschehenszusammenhang, in dem die Auferstehung der Toten einen festen Platz hat. In dem synoptischen Traditionsstück ist freilich von einer Totenauferstehung nicht die Rede. Unter dem nacheschatologischen Horizont wird der Anbruch der Endereignisse mit dem Kommen des Menschensohnes als ein Geschehen erwartet, das die Traditionsträger selbst bei ihren Lebzeiten betrifft: er sendet seine Boten aus, um seine Auserwählten zu ihm zusammenzuführen (Mt 24,31). Dieser Aspekt findet sich auch 1 Thess 4,17 und 1 Kor 15,51; doch tritt hier die Auferweckung der Toten hinzu, die dieselbe Funktion im Blick auf die gestorbenen ἐκλεκτοί hat wie die Sendung der Boten des Menschensohnes im Blick auf die lebenden: sie gewährleistet, daß alle, Lebende wie Tote, sich um Christus in seiner endzeitlichen Erscheinung sammeln und von da an „ewig bei dem Herrn sein" (1 Thess 4,17) bzw. „das Reich Gottes erben" werden (1 Kor 15,50). Der Vorstellungszusammenhang hat seine überlieferungsgeschichtliche Voraussetzung in der jüdischen Apokalyptik. In den Bilderreden des Henochbuches beginnt die endzeitliche Heilszeit dort, wo die Auserwählten um den „menschenähnlichen" Auserwählten Gottes versammelt werden, sei es im Himmel (45,1–4; 48f), wohin sie dann aufsteigen (45,2), sei es auf der heilvoll verwandelten Erde (45,5f; 51,4f), von der alle Gottlosen durch sein Gericht zuvor vertilgt sein werden (45,6; 46), und auf der der Menschensohn unter den Übriggebliebenen die neue Ordnung schafft (IV Esr 13,26). Die Auserwählten werden zum Leben in der Heilswirklichkeit selbst verwandelt (50,1); und diejenigen von ihnen, die vor dem Ende gestorben sind, werden für den „Tag der Erlösung" auferweckt werden (51,1). In der Esra- und der syr. Baruch-Apokalypse betrifft die Auferstehung dagegen alle Toten; sie hat ihre Funktion im Zusammenhang des Endgerichtes, nämlich um die Gestorbenen, die während ihres Erdenlebens noch nicht das ihren Taten entsprechende Geschick erlangt haben (sBar 49–51; vgl. dazu Dan 12,2 sowie bes. Hen 22), dem Richter zuzuführen, als welcher entweder Gott selbst (IV Esr 7,31f.33f) oder der Menschensohn fungiert (IV Esr 13,25ff).

Der Zusammenhang zwischen Auferstehung und Erscheinen des Menschensohnes ist hier keineswegs dogmatisch-fest. Wie in der Daniel-Apokalypse handelt es sich vielmehr um zwei parallele eschatologische Vorstellungskreise (vgl. Dan 7 und 12), die aber von den Traditionsträgern als im Endzeitgeschehen zusammengehörig gesehen werden. Der Menschensohn hat durchweg *eschatologische* Funktion, einerseits als Vollstrecker des Gerichts an allen Gottlosen, andererseits als Repräsentant aller auserwählten Gerechten, als deren Haupt er das Zentrum ihres Lebens in der heilvoll verwandelten Wirklichkeit der Endzeit sein wird.

Als solcher wird der Menschensohn – wie alle endzeitlichen Wirklichkeiten – als von Ewigkeit her bei Gott im himmlischen Bereich gegenüber menschlichem Einblick „verborgen", also als präexistent gedacht. Doch richtet sich auf seine Präexistenz keinerlei protologisches Interesse. Sie wird auch nicht einmal eigens beschrieben wie sonst Örtlichkeiten und Zuständlichkeiten im verborgenen himmlischen Bereich, die bestimmten Sehern gezeigt werden. Die Menschensohnvisionen, die in jüdischer Literatur bezeugt sind, gelten seinem zukünftig-eschatologischen Erscheinen (Dan 7) und Handeln (IV Esr 13), nirgendwo seiner *vor*eschatologischen Existenz. Das trifft auch für Act 7,56 zu, wo das „Stehen" des Menschensohnes wahrscheinlich in dem Sinne aufzufassen ist, daß Stephanus ihn sieht, wie er sich soeben erhoben hat, um eschatologisch in Funktion zu treten[13]. Der Seher sieht ihn also hier ebenso in der endzeitlichen Zukunft, wie nach Mk 14,62 par Jesus es seinen Richtern ankündigt (anders Lk 22,69).

Die Funktion des Menschensohnes könnte man zusammenfassend so charakterisieren: Er repräsentiert die zukünftige Wirklichkeit des Endgerichtes: einerseits, indem er die Gottlosen vernichtet und die bis dahin noch ausstehende Geschickfolge ihrer Freveltaten an ihnen vollstreckt; andererseits, indem er die

---

[13] Dazu vgl. *R. Pesch*, Die Vision des Stephanus, SBS 12 (1966)

auserwählten Gerechten um sich versammelt und auf ewig die Zentralfigur der endzeitlichen Heilsgemeinde sein wird. Den Auserwählten gegenüber hat er also keinerlei richterliche Funktion[14], wie diese dann vor allem der matthäische Menschensohn hat[15]. Vielmehr ist das Sein der Auserwählten bei ihm als solches heilvoll (Hen 70,16f), sofern er in Person der Ort des Heils als der Ort vollkommener Gerechtigkeit ist. Er hat selbst Gerechtigkeit; in ihm wohnt Gerechtigkeit, und als solcher „offenbart er alle Schätze des Verborgenen" (Hen 46,3) bzw. ruft dem, der zu ihm kommt, „Frieden zu im Namen der zukünftigen Welt, der seit der Schöpfung der Welt in Ewigkeit von ihm ausgeht" (Hen 70,15). Alle Gerechten gehören zu ihm und werden bei ihm ihre ewige Heilswohnung finden (Hen 48,1; 70,16), wie einige besonders Auserwählte bereits vor dem Ende zu ihm gelangt sind und ihn zusammen mit den Engeln umgeben (vgl. Hen 45,3; IV Esr 7,28 (6,26); 13,52; 14,9).

Man kann diese Repräsentanzfunktion des Menschensohnes in seinem Verhältnis zu den Auserwählten vielleicht nicht ganz zu Unrecht im Sinne der corporate-personality-Idee zu beschreiben suchen[16]. Doch das ist zu unpräzis, wenn man dabei nicht auf das soteriologische Moment all dieser Aussagen abhebt: Der Menschensohn ist die repräsentative Verkörperung des Gerechten in vollendeter Heilswirklichkeit und darum der eschatologische Sammlungsort aller Gerechten. Weil in der Apokalyptik die Realisierung der Gerechtigkeit in einem heilvoll-erfüllten Leben als Geschehen endzeitlicher *Zukunft* erwartet wird, kann hier das Bild des repräsentativen Gerechten nur in eschatologischem, nicht in protologischem Kontext entworfen werden. Zugrunde liegt die alte Vorstellung von der „schicksalswirkenden Tat", nach der der Mensch *ist,* was er *tut,* das „Sein" des Menschen also als „Resultat" seines Tuns, nicht aber als Folge seines dem Tun vorausliegenden Seins begriffen wird[17]. Entsprechend wird auch Gott begriffen: auch er realisiert, was er ist, seine Gerechtigkeit, in seinem *Handeln,* so daß die Apokalyptik in der vollkommenen Realisierung des Heiles an den von ihm erwählten Gerechten die eigentliche und letzte Offenbarung Gottes selbst erwartet. Zwar ist Gott von Ewigkeit her der, der er ist, wie auch das Heil, das er eschatologisch an seinen Erwählten verwirklichen wird, von Anbeginn der Schöpfung bei ihm im Himmel existiert. Aber solche Ewigkeitsaussagen haben nicht protologischen Skopus, sondern sagen die

[14] Unter den wenigen Ausnahmen vgl. Hen 61,8.

[15] Vgl. Mt 13,41; 16,27; 19,28; 25,31f.

[16] Dazu vgl. bei *Vögtle,* Menschensohn 200, Anm. 1, angegebene sowie die von *F. Hahn,* Christologische Hoheitstitel (1963) 17ff, besprochene Literatur.

[17] Dazu grundlegend *K. Koch,* Gibt es ein Vergeltungsdogma im AT?, ZThK 52 (1955) 1ff, sowie *ders.,* (Hrsg.), Um das Prinzip der Vergeltung in Religion und Recht des AT (1972). Eine ausführliche Darlegung des Zusammenhanges der apokalyptischen Gerichtserwartung mit der alten Vorstellung von der „schicksalswirkenden Tat" fehlt leider – ein dringendes Desiderat!

ewige, zeitlich unbegrenzte Wahrheit und Wirklichkeit der endzeitlichen Heilsgüter aus. Das Interesse der Apokalyptik an dem, was im verborgenen im Himmel bereits existiert, an den kosmologischen und endgeschichtlichen „Geheimnissen", die den Weisen und Sehern vorzeitig offenbart werden, gilt nicht eigentlich der Erkenntnis des jenseitigen Ursprungs alles wahren Seins, sondern der Vergewisserung der Wirklichkeit des Erhofften.

Von daher ist deutlich: der Skopus der paulinischen Kritik protologischer Urmenschchristologie in 1 Kor 15 ist durchaus und wesentlich apokalyptisch. Der ganze Vorstellungshorizont der Urmenschlehre mit seinen Kategorien oben–unten, himmlisch–irdisch, pneumatisch–psychisch, wie Paulus ihn hier übernimmt, wird dadurch zugleich von Grund auf verändert, daß er Christus als den *letzten* Adam herausstellt, der nicht *vor* Adam existiert, sondern *nach* ihm: δεύτερος ἄνθρωπος. Das heißt aber: *Paulus begreift Christus so, wie die jüdisch-urchristliche Apokalyptik vor ihm den Menschensohn begriffen hat.* Als der *himmlische* Mensch vermittelt er denen, die zu ihm gehören, *endzeitliches* Heil in der *Zukunft*. Die soteriologische Beziehung zu ihm ist eschatologisch qualifiziert. Die Christen sind „in" ihm nicht, weil sie vom Ursprung her zu ihm gehören, sondern indem sie in ihm *sein werden* (1 Kor 15,22). Er ist für sie „das Bild des himmlischen Menschen", das sie tragen werden (V. 49): Paulus denkt die transzendenten Züge des Urmenschen in Entsprechung zu denen des eschatologischen Menschensohnes, und die transzendenten Züge der Erlösung apokalyptisch als eschatologische Wirklichkeit des zukünftigen Heiles, die Erlösung selbst als zukünftige Verwandlung in den pneumatischen Leib, den gegenwärtig allein Christus trägt als der erste Auferweckte der Endzeit.

Das letztere unterscheidet den paulinischen Christus nun freilich vom jüdischen Menschensohn: dieser ist nirgendwo als selbst Auferstandener vorgestellt. Die Auferstehung der gestorbenen Gerechten ist die Voraussetzung für ihre Teilhabe an der eschatologischen Heilswirklichkeit in der Nähe des Menschensohnes, der selbst von Ewigkeit her dort ist, wohin die Erretteten durch ihre Auferweckung am Ende gelangen. Was diese mit dem Menschensohn verbindet, ist die Gerechtigkeit, nicht die Auferstehung, während Paulus das σῶμα πνευματικόν der Erretteten, durch das sie mit Christus verbunden sein werden, als durch das Wunder der Auferweckung der Toten geschaffen versteht, die zuvor allein Christus als ἀπαρχὴ τῶν κεκοιμημένων widerfahren ist (1 Kor 15,20): Ihr zukünftiges Sein „in ihm" (V. 22) ist durch das gleiche Auferweckungshandeln Gottes begründet, das Christus bereits betroffen hat.

Diese konstitutive Bedeutung der Auferweckung im eschatologischen Kontext der paulinischen Heilsaussage, in deren Zusammenhang Christus strukturell eine dem Menschensohn entsprechende Funktion zukommt, ist ein neuer Gedanke. Diese Veränderung ist nun allerdings nicht dem Einfluß der

Urmenschlehre zuzuschreiben, sondern ist nur aus spezifisch christlichen Voraussetzungen zu erklären. Paulus beginnt ja seine ganze Erörterung mit dem grundlegenden Auferweckungskerygma (1 Kor 15,3f), das für ihn die Basis des ganzen Gedankenganges ist (V. 12ff).

Wichtig ist nun aber, daß die Auferstehungsaussage auch in der Überlieferungsschicht wirksam geworden ist, in der die Menschensohnerwartung christlich rezipiert wurde. Explizit ist dies freilich erst in einer späteren Traditionsphase geschehen. Im Kontext von Aussagen Jesu über seine irdische Situation und Wirksamkeit[18] ist von seinem Leiden, Sterben und Auferstehen als seinem eschatologisch „notwendigen" Geschick die Rede[19]. So ist hier der Menschensohn der Auferstandene. Die Voraussetzung dazu ist aber eine wahrscheinlich vorgängige Identifizierung Jesu mit dem himmlisch-endzeitlichen Menschensohn[20]; und diese wiederum läßt sich m. E. überzeugend nur so erklären, daß im Blick auf diese zukünftig-endzeitliche Funktion Jesu seine Auferstehung vorausgesetzt worden ist.

Denkbar ist freilich auch, daß die Traditionsträger von der Vorstellung einer Entrückung des irdischen Jesus in den Himmel ausgingen, wie eine solche immerhin in Hen 70f bezeugt ist. Dort wird Henoch „bei Lebzeiten hinweg von den Bewohnern des Festlandes zu jenem Menschensohn und zu dem Herrn der Geister erhöht" (70), und im folgenden Text wird in der Form eines Selbstberichtes geschildert, wie Henoch „in den Himmel der Himmel" entrückt (71,5) und von Gott feierlich in die Würde des Menschensohnes eingesetzt wird (71,14)[21]. Da es im Urchristentum in verschiedenen Traditionen auch die Vorstellung einer „Erhöhung" Jesu ohne Erwähnung seiner Auferstehung gibt[22], ist die Möglichkeit nicht völlig auszuschließen, daß diese auch jener frühen Schicht von eschatologischen Menschensohnaussagen zugrunde liegt. Doch ist die Vorstellung einer Erhöhung Jesu als des Menschensohnes nur in später Überlieferungsgeschichte im Johannesevangelium bezeugt, und wenn sich darin gleichwohl die älteste Vorstellung erhalten haben sollte, so wäre schwer

---

[18] Vgl. dazu den Überblick bei *F. Hahn,* Hoheitstitel 42ff.

[19] Dazu vgl. *F. Hahn,* ebd. 46ff.

[20] Dazu vgl. *F. Hahn,* ebd. 32ff.

[21] Hen 71,14 ist formgeschichtlich als Inthronisationsformel zu verstehen, vgl. zuletzt *U. Müller,* Messias und Menschensohn in jüdischen Apokalypsen und in der Offenbarung des Johannes (1972) 57. Die zuvor V. 11 berichtete „Verwandlung" des Geistes Henochs entspricht 1 Kor 15,51f; sBar 49,2; 51,1. Das Motiv wird slawHen 22,8f durch das der Bekleidung expliziert; vgl. Hen 62,14–16. Doch darf deswegen nicht ohne weiteres der ganze Vorgang aus dem Vorstellungszusammenhang der Urmenschlehre erklärt werden; gegen *Brandenburger,* 115ff. Nicht die Verwandlung steht im Mittelpunkt, sondern der himmlische Rechtsakt der Einsetzung Henochs in die Funktion des Menschensohnes. Daß übrigens auch Hen 71,16 nicht mit *Brandenburger,* 117, als Verwandlung der Auserwählten in Identität mit dem Menschensohn zu verstehen ist, betont m.R. *U. Müller,* 58.

[22] Vgl. besonders Phl 2,9; Joh 3,14; 12,32 sowie durchweg im Hebräerbrief.

verständlich zu machen, wie dann in vormarkinischer Tradition im Kontext der Überlieferung des Passions- und Auferstehungsberichtes von der Auferstehung Jesu als des Menschensohnes gesprochen worden sein kann, ohne daß von einer Erhöhung in den Himmel die Rede ist. Ungleich wahrscheinlicher ist vielmehr, daß *die Auferstehung hier als Entrückung in den Himmel vorgestellt worden ist,* die von daher später auch durch die parallele Erhöhungsaussage ausgedrückt werden konnte[23]. Dann wäre anzunehmen, daß diese frühe Vorstellung der Auferweckung Jesu als Entrückung auch den Selbstaussagen Jesu als des himmlisch-endzeitlichen Menschensohnes wie selbstverständlich zugrunde lag. Denn jedenfalls mußte hier ja irgendeine Vorstellung darüber bestanden haben, wie der irdische Jesus in diese eschatologisch-himmlische Funktion gelangt sei.

Nun findet sich schließlich im Bereich dieser Spruchgruppe eine Reihe von Aussagen Jesu, in denen er vom eschatologischen Menschensohn ebenso spricht, wie in jenen jüdisch-apokalyptischen Texten vom Menschensohn die Rede ist, ohne explizite Identifikation seiner selbst mit dem Menschensohn. Wenn diese Aussagen, wie mir wahrscheinlich ist, auf Jesus selbst zurückzuführen sind[24], so würde sich die Entstehung der spezifisch urchristlichen Menschensohnchristologie sehr gut erklären lassen: Die – wie immer historisch zu erklärende – erste Erfahrung der Auferweckung Jesu zog als unmittelbare Konsequenz nach sich, daß der Auferstandene in seiner nunmehr himmlischen Funktion als der Menschensohn selbst verstanden wurde, von dem Jesus gesagt hatte, daß er die, die sich jetzt zu Jesus bekennen, bei dem nahen Anbruch der Endereignisse als zu sich gehörig anerkennen werde (Lk 12,8f). Dies wäre dann gut als christliche Analogie zu der Vorstellung der Einsetzung Henochs zum Menschensohn (Hen 70f) zu verstehen.

Dann aber können wir hier den Ursprung jenes Vorstellungszusammenhanges erkennen, den Paulus bei seiner polemischen Korrektur der protologischen Urmenschchristologie in 1 Kor 15,44ff voraussetzt und der sich von der jüdischen Menschensohnerwartung dadurch unterscheidet, daß Christus hier als der Auferstandene in der Funktion des Menschensohnes erscheint, der als ὁ ἔσχατος Ἀδάμ dem πρῶτος Ἀδάμ gegenübertritt. Zugleich erhalten wir so eine weitere Antwort auf die oben gestellte Frage, wieso Paulus das Modell der Urmenschlehre, die Entsprechung von ἄνθρωπος hier und ἄνθρωπος dort, als solche übernehmen kann: In der Menschensohnerwartung war durchweg die Vorstellung als Konstitutiv enthalten, daß der Menschensohn die auserwählten Gerechten als die einzigen Menschen, die des Heiles Gottes als der wahrhaft menschli-

---

[23] Vgl. dazu meinen Aufsatz: Der Ursprung der Überlieferung der Erscheinungen des Auferstandenen, in: Dogma und Denkstrukturen (Festschr. *E. Schlink*, hrsg. von *W. Joest* und *W. Pannenberg*) (1963) 56ff, hier 90ff.

[24] So auch z.B. *F. Hahn*, 23ff.

chen Lebenswirklichkeit teilhaftig werden, um sich als Haupt und Zentrum der endzeitlichen Heilsgemeinde Gottes versammeln werde. Paulus spricht eben dies 1 Thess 4,18 im Blick auf die Christen in ihrem Verhältnis zu dem auferstandenen Christus aus: πάντοτε σὺν κυρίου ἐσόμεθα. In 1 Kor 15,35 ff führt er diese Erwartung in Beantwortung der Frage aus, ποίῳ σώματι ἔρχονται (οἱ νεκροί). Die Rekapitulation der Parusieerwartung von 1 Thess 4 in 1 Kor 15,20–28 zeigt, daß diese der apokalyptische Horizont ist, unter dem Paulus von der pneumatisch-himmlischen Leiblichkeit der Auferstandenen – Christi wie der Christen – in Übernahme von Vorstellungskategorien hellenistisch-judenchristlicher Urmenschchristologie reden kann.

Die Auferstehung Christi ist denn aller Wahrscheinlichkeit nach auch der sachlich entscheidende Grund dafür, daß in der vorpaulinischen Gemeinde des hellenistischen Missionschristentums dort, wo die urchristliche Überlieferung sich zentral auf der Basis des Auferweckungskerygmas aufbaute, der Menschensohn*titel* nicht rezipiert worden ist, obwohl der Auferstandene die eschatologische *Funktion* des Menschensohnes durchaus innehatte. Weil nämlich die Auferweckung Christi als schöpferische Tat Gottes an ihm aufgefaßt wurde, wie Auferstehung im Judentum durchweg verstanden worden ist, war seine himmlische Stellung so konstitutiv durch diese Tat Gottes bestimmt, daß von daher seine *Einheit mit Gott* in der Thematik der Christologie so sehr hervortritt und eine so zentrale Bedeutung gewinnt, wie dies in der Menschensohnchristologie von ihrem jüdischen Ursprung her nicht angelegt ist.

Der jüdische Menschensohn ist zwar selbstverständlich als Funktionsträger Gottes aufgefaßt, wie besonders der Titel „mein Auserwählter" zeigt, aber seine Bestimmung erhält er als himmlischer Repräsentant der auserwählten Gerechten, so daß kein Interesse daran besteht, sein Verhältnis zu Gott als solches zu explizieren. Das Interesse konzentriert sich vielmehr darauf, seine Repräsentanz eschatologisch realisierter Gerechtigkeit auszuarbeiten. Darum kann z. B. Henoch ohne weiteres in seine Funktion eintreten, wie in der Danielapokalypse der Menschensohn der Vision 7,14 kollektiv als „das Volk der Heiligen des Höchsten" gedeutet werden kann (7,27). Im Urchristentum dagegen gewinnt Jesus als der Menschensohn von Anfang an eine Funktion im Gegenüber zu den Menschen, zu „diesem Geschlecht". Nirgendwo wird er als exemplarischer Gerechter gedacht[25]. Und vor allem wird dann seine Passion als Gewalttat der Menschen gegen ihn und seine Auferstehung als sein Triumph gegenüber seinen Feinden verstanden[26]. Wo aber die Auferstehung christologisch konstitutiv

[25] Ob Apg 3,14; 7,52; 22,14 mit der Menschensohnchristologie zusammenhängen, bleibt fraglich; vgl. mein Buch: Die Missionsreden der Apostelgeschichte (³1974) 168 ff.
[26] Vgl. besonders die pointierte Formulierung Mk 9,31.

wird, wird Christus so sehr als mit Gott eschatologisch eines im Unterschied zu den Menschen gedacht, daß hier der Titel κύριος, der im griechischsprachigen Judentum Gott zukam, zum zentralen christologischen Prädikat wurde[27]. Die Zugehörigkeit der Christen zu Christus als dem auferstandenen Kyrios aber wird entsprechend einzig eschatologisch vermittelt: durch ihre Teilhabe an seiner Auferstehung, die soteriologisch an die Stelle des jüdischen Kriteriums erwiesener Gerechtigkeit tritt.

Von daher wird es nun aber verständlich, daß unter hellenistischem Denk- und Vorstellungshorizont in den Missionsgemeinden der Diaspara ein Trend entsteht, den eschatologischen Charakter der Christologie und Soteriologie gegenüber den kosmischen Zügen zurücktreten zu lassen. Entsprechend größere Bedeutung gewinnt es, daß der Kyrios eine himmlische Gestalt ist und eine gegenüber irdisch-vergänglicher Existenz andere, substanziell „übernatürlich"-pneumatische Seinsweise und -atmosphäre hat, und die Zugehörigkeit der Christen zu ihm bestimmend als Teilhabe an diesem „Wesen" Christi gedacht wird. Unter der Wirkung dieses Trends können dann durchaus die protologischen Züge der Urmenschlehre christologisch wie anthropologisch Einfluß gewinnen, denen gegenüber Paulus den eschatologischen Charakter von Christologie und Soteriologie polemisch-korrigierend zur Geltung bringt und damit der Sache nach eine Konzeption entwickelt, die der alten Menschensohnchristologie strukturell entspricht.

III

In diesen Überlegungen ist nun aber ein Gesichtspunkt noch unberücksichtigt geblieben, der für die paulinische Position von entscheidender Bedeutung ist. Während in der jüdischen Apokalyptik die Zugehörigkeit zum Heil wesenhaft als Konsequenz erwiesener Gerechtigkeit und so der Menschensohn als eschatologischer Repräsentant der Gerechten gedacht wird und während in der hellenistisch-jüdischen Urmenschlehre die Zugehörigkeit zum Heil die ursprüngliche Teilhabe am himmlisch-pneumatischen Wesen des Urmenschen voraussetzt, sieht Paulus im Menschen selbst keinerlei Momente einer Verbundenheit oder Entsprechung zu Christus. Gegenüber der Urmenschlehre stellt er im 1 Kor 15 kraß heraus, daß alle Menschen Adam als dem psychischen, nichtpneumatischen, vergänglichen Menschen entsprechen. Und von der anthropologen Voraussetzung der Menschensohnerwartung ist seine Position da-

[27] Daß jedenfalls Paulus den κύριος-Titel vom Gottesprädikat der LXX her versteht, zeigt Phl 2,9–11. Das ὄνομα ὑπὲρ πᾶν ὄνομα kann nur den Gottesnamen meinen. Auf das Problem der Herleitung des κύριος-Titels im Urchristentum kann ich hier nicht eingehen.

durch unterschieden, daß er die Menschen nicht als Gerechte, sondern als Sünder sieht.

Dieser letzte Aspekt wird zwar in 1 Kor 15 nicht ausgearbeitet, da das aktuelle Interesse des Paulus hier der Korrektur der Urmenschlehre gilt; aber er darf gleichwohl nicht übersehen werden. In der kurzen Interpretation des Zitats V. 55 in V. 56 deutet er an, daß er das vergängliche Wesen des Menschen nicht als solches, sondern vielmehr als Geschickfolge der Sünde versteht: der „Stachel" des Todes, von dem das Zitat spricht, ist die Sünde und die Kraft der Sünde in ihrer verderblichen Wirkung das Gesetz. Und der Sieg über den Tod als Wirklichkeit der φθορά durch den auferstandenen Christus (V. 57) ist zugleich der Sieg über Sünde und Gesetz: der Auferstandene ist nämlich der, der „für unsere Sünden gestorben ist" (V. 3); und wäre Christus nicht auferstanden, „so wäret ihr noch in euren *Sünden*" (V. 17), als „die elendesten von allen Menschen" (V. 19). Die *Heilsbedeutung* der Auferstehung Christi sieht Paulus also darin, daß Christus als der *für uns Gekreuzigte* von Gott auferweckt worden ist (V. 4).

Erst von da aus wird der Sinn dessen theologisch verständlich, daß Paulus gegenüber der Urmenschlehre die Erlösung als Aufhebung der φθορά, als Negierung der Negation denkt: die φθορά ist deswegen das *Wesen* des Menschen, in dem es kein Moment von substanzieller Teilhabe am pneumatischen Wesen des Urmenschen gibt, weil die φθορά die Geschickfolge der *Sünde* des Menschen ist; und von daher kann der Mensch von der φθορά nur erlöst werden, indem die Sünde als „der Stachel des Todes" überwunden wird. Die Auferstehung Christi ist darum Negierung der Negation des Todes nur als Negierung der Negation der *Sünde:* iustificatio impii.

Diesen theologisch entscheidenden Aspekt hat Paulus später im Römerbrief (5,12–21) thematisch durchdacht und herausgearbeitet. Hier ist er nicht mehr durch den Gegensatz zu einer Urmenschlehre bestimmt, deren Motive in Röm 5 fehlen; sondern es geht ihm nun bei der Gegenüberstellung von Adam und Christus zentral um das Rechtfertigungsgeschehen. Stand bereits in 1 Kor 15 im Blick auf Adam als im radikalen Sinne χοϊκὸς ἄνθρωπος Gn 3,19 zur Interpretation von Gn 2,7 im Hintergrund, so erscheint nun in Röm 5 von vornherein Adam thematisch als der Sünder von Gn 3 und die Menschen als zu Adam gehörig durch die Sünde (V. 12) und zwar durch die Sünde als Übertretung des Gesetzes (V. 13f.15ff). Vom Tod, der die Existenz der Menschen bestimmt, ist durchweg als von der Geschickfolge der Sünde die Rede (V. 12.15ff). So wird der Gegensatz zwischen Adam und Christus auf die Spitze getrieben: als Gegensatz zwischen παράπτωμα und δικαίωμα (V. 18), παρακοή und ὑπακοή (V. 19). Es ist der nach apokalyptischer Theologie letzte, unaufhebbare Gegensatz zwischen vollendeter Gottlosigkeit, die im absoluten Tod endet, und vollkommener Gerechtigkeit, die zum ewigen Leben führt, der Paulus in Adam und Christus vor Augen steht.

Der entscheidende Gedanke aber ist der, daß es sich *nicht* um einen einfachen Gegensatz handelt, sondern daß die Rechttat Christi den Fehltritt Adams in seiner alle Menschen einbeziehenden Wirkung *aufhebt*. So kann Paulus in einer überaus kühnen Wendung des Gedankens das Motiv der Urmenschlehre auf diesen *Gegensatz* zwischen Adam und Christus beziehen: εἷς ἄνθρωπος ist Adam insofern, als seine Tat die vielen einschließt, die, indem sie sündigen, durch ihn zu Sündern geworden sind und als solche eschatologischer Verurteilung anheimfallen. εἷς ἄνθρωπος ist Christus, indem er eben *dieselben* „Vielen" der Todeswirklichkeit des κατάκριμα entreißt und sie in die Tatfolge seiner Rechttat als χάρισμα einbezieht, so daß sie durch ihn dem Leben als Folge *geschenkter* Gerechtigkeit zugehören (V. 18f). Insofern steht Christi „Rechttat" als solche nicht einfach mit der Sünde als Übertretung auf ein und derselben Ebene, so daß Christus der einzige Gerechte, alle übrigen Menschen Sünder wären. δικαίωμα und ὑπακοή sind so nicht gemeint. Röm 5,12ff ist keine Gerichtsrede, die parallel nebeneinander von der Rechtfertigung des Einen aufgrund seiner Taten und von der Verurteilung der Vielen aufgrund ihrer Taten spricht, sondern Reflexion der *Heilstat* Christi an den Vielen. In ihr wirkt sich *Gottes Gnade* aus (V. 21f), indem sie eben *dort* ihre Herrschaft über die Vielen durchsetzte, *wo* die Sünde über sie herrschte, so daß die universale Herrschaft der Sünde (ἐπλεόνασεν) universal entmachtet worden ist durch die Herrschaft der Gnade (ὑπερεπερίσσευσεν). Um eben diesen Herrschaftswechsel als Herrschaft der Gnade über die Herrschaft der Sünde geht es, wenn Paulus von Adam als dem „einen Menschen" und Christus als dem „einen Menschen" spricht. Ὁ εἷς und ὁ εἷς haben nicht distributiven Sinn: „der eine – der andere", sondern εἷς hat jeweils stringenten Sinn: wo Adam, der Sünder, zum Haupt aller Menschen als Sünder geworden ist, da ist er der Eine Mensch; wo dagegen Christus zum Erlöser der Vielen wird, durch den alle Sünder gerecht werden, da ist er *an der Stelle Adams* zu dem Einen Menschen geworden. Darum muß Paulus zuvor in drei parallelen Argumenten (V. 15–17) den unendlichen Unterschied zwischen Adam, dem Einen, und Christus, dem Einen, herausarbeiten, bevor er die V. 12 ansetzende Entsprechungsaussage als solche V. 18f durchführen kann. So sagt diese nichts anderes aus als die Aufhebung der Wirkung des Einen durch den Einen, die sich im Herrschaftsantritt der Gnade über die Herrschaft der Sünde ereignet hat (V. 20f). Καθώς – οὕτως ist die Sprachform des Gegensatzes, die in der Entsprechung zwischen zwei konkurrierenden Größen die Momente der Überlegenheit der einen gegenüber der anderen benennt, kraft deren die eine an die Stelle der anderen tritt und deren Wirkung durch die ihrige aufhebt.

Worin die überlegene Kraft der Gnade besteht, führt Paulus an dieser Stelle nicht aus. Er hat dies eben zuvor 5,6–11 getan, wo er von der Heilswirkung des Todes Christi für uns, „als wir noch Sünder waren“ (5,8), sprach. Es ist der Tod Christi als Sühne (3,23–26), in dem Gottes Gerechtigkeit als seine unendliche Liebe darin zur Wirkung gekommen ist, daß Sünder gerecht werden. Die „Rechttat“ Christi besteht darin, daß er in seinem Sühnetod Gottes Gerechtigkeit zum Heil wirksam werden ließ, sein „Gehorsam“ darin, daß er als der Gekreuzigte dem Willen der Liebe Gottes entsprach. Am Kreuz sind Gott und Christus eines: „Gott war in Christus und versöhnte die Welt mit sich selbst“ (2 Kor 5,18) – so könnte man Röm 5,12–21 überschreiben; denn hier geschieht nichts anderes als eine Reflexion auf den Sinn und die universale Reichweite der Versöhnung, von der Paulus zuvor 5,8–11 gesprochen hat.

Vergleicht man Röm 5 mit 1 Kor 15, so fällt nunmehr in den Blick, daß Paulus das, was 1 Kor 15 als Wirkung der Auferweckung Christi zur Geltung bringt, Röm 5 als Wirkung des Kreuzes durchdenkt. Beides gehört zusammen: im Blick auf die Auferstehung Christi ist von dem „Sieg“ der Liebe Gottes als der Macht seiner Gnade die Rede, die ihre Heilstat in Christi Kreuz vollbracht hat. *Diese* Interpretation der Auferstehung Christi ist es letztlich, die eine Übernahme nicht nur des Menschensohn-*Titels,* sondern überhaupt der Menschensohn-*Christologie* – jedenfalls für Paulus – sachlich unmöglich machte. Denn diese konnte zwar von der Auferstehung des von den Menschen getöteten Menschensohnes, nicht aber von der Heilsbedeutung seines Todes sprechen. Nicht ohne Grund findet sich ein Ansatz dazu innerhalb der urchristlichen Menschensohntradition lediglich in einem einzigen Spruch: Mk 10,45, wo freilich die zweite Hälfte deutlich ein sekundärer Anhang ist. Immerhin weist er in die Richtung, in der Paulus gedacht hat und über die Menschensohnchristologie hinausgeschritten ist.

Beobachtungen zum Menschensohn in Hebr 2,6

Erich Gräßer, Bochum

I

Die Urchristenheit hat ihre Anschauungen vom Menschensohn ausschließlich in Worten ausgedrückt, die sie Jesus in den Mund legte bzw. die sie – falls mit echten Menschensohn-Worten zu rechnen ist – ausschließlich in Jesu Mund belassen hat.

Eine wirkliche Ausnahme von diesem verschieden erklärbaren Tatbestand[1] bildet allein Apg 7,56: Stephanus sieht τὸν υἱὸν τοῦ ἀνθρώπου zur rechten Gottes stehen. Gelegentlich wird als Ausnahme auch auf Hebr 2,6 verwiesen, jedoch nicht mit derselben Bestimmtheit, weil die Stelle Zitat aus Ps 8,5 LXX ist:

Τί ἐστιν ἄνθρωπος ὅτι μιμνήσκῃ αὐτοῦ,
ἢ υἱὸς ἀνθρώπου ὅτι ἐπισκέπτῃ αὐτόν;

In der exegetischen Literatur ist die Frage umstritten, ob dem Autor ad Hebraeos die Anwendung des Psalmes dadurch nahegelegt wurde, daß in ihm vom υἱὸς ἀνθρώπου die Rede ist. Während Hermann Strathmann behauptet, wir hätten hier „eine Spur der in den synoptischen Evangelien heimischen, aus Dan 7 stammenden messianischen Bezeichnung Jesu"[2], bestreitet Eduard Riggenbach die messianische Deutung des Psalmes durch den Verfasser des Hebr[3]. Ernst Käsemann bringt unsere Stelle mit der gnostischen Anthroposlehre in Zusammenhang[4], während Otto Michel es mit der Synthese versucht: vielen Menschensohn-Zeugnissen sei „ein gewisses Zwielicht" eigen[5]. Friedrich Schröger schließlich hält es für „ein vergebliches Bemühen, herausbekommen

---

[1] Vgl. *F. H. Borsch*, Son of Man in Myth and History (London 1967) 29ff.
[2] *H. Strathmann*, Der Brief an die Hebräer (NTD 9) (Göttingen [8]1963) 83.
[3] *E. Riggenbach*, Der Brief an die Hebräer (Kommentar zum NT, hrsg. von Th. Zahn, Bd. XIV) (Leipzig – Erlangen [2–3]1922) 37.
[4] *E. Käsemann*, Das wandernde Gottesvolk. Eine Untersuchung zum Hebräerbrief (FRLANT 55) (Göttingen [4]1961) 75–79.
[5] *O. Michel*, Der Brief an die Hebräer (MeyerK XIII) (Göttingen [12]1966) 138.

zu wollen, was den Verfasser des Hebr zur Zitation dieser Psalmstelle veranlaßt haben konnte. Fest steht, daß der Psalm schon von Paulus (1 Kor 15,27) und vom Verfasser des Eph (Eph 1,22) christologisch verstanden wurde..."[6]

Ob man sich mit diesem ignoramus bescheiden soll, ist freilich die Frage. Und zwar um so mehr, als aus den wenigen Indizien für eine christologische Deutung von Ps 8 im Urchristentum, also 1 Kor 15,27, Eph 1,22, Hebr 2,6 (vgl. auch Phil 3,21 [1 Petr 3,22]), weitreichende Schlüsse für den progressiven Ausbau der urchristlichen Menschensohn-Christologie gezogen werden[7].

Unsere Absicht im folgenden ist es nicht, diese vielfältigen Hypothesen um eine weitere zu vermehren. Es geht allein um einige Beobachtungen zu der Exegese des Menschensohns von Ps 8,5 in Hebr 2,5–9 mit dem Ziel, dennoch herauszubekommen, was den Autor ad Hebraeos zur Zitation der Psalmstelle veranlaßt hat. Denn das ist u.E. durchaus möglich.

II

Den übergreifenden Zusammenhang unseres Textabschnittes bildet eine (qumrananaloge) pesher-Exegese einer zweiteiligen Psalmenkatene (1,5–14 und 2,5–18), die von dem durchlaufenden Vergleich mit den Engeln (1,4.5.6.7.13; 2,2.5.7.9.16) als Themaeinheit ausgewiesen und in 2,1–4 durch eine paränetische Zwischenbemerkung unterbrochen wird[8]. Im ersten Teil der Katene geht es um die exegetische Begründung für die eschatologische Inthronisation des Sohnes. Im zweiten Teil, dem unser Textabschnitt zugehört, geht es um die zeitweilige Erniedrigung des Sohnes als Bedingung für seine Erhöhung und deren soteriologische Bedeutung, und zwar wird hier gemäß 1,2, wonach der Sohn zum *Erben* des Alls eingesetzt ist, das in die Zukunft hin Unabgeschlossene der Inthronisation festgehalten. Noch ist für die Gemeinde nicht *sichtbar*, daß dem

[6] *F. Schröger*, Der Verfasser des Hebräerbriefes als Schriftausleger (Biblische Untersuchungen, Bd. 4) (Regensburg 1968) 82.

[7] Vgl. z.B. *A. J. D. Higgins*, Menschensohn-Studien (Stuttgart 1965). Er vertritt die Überzeugung, „daß es die Auffassung vom Menschensohn ist, die das Verbindungsglied zwischen den beiden Christologien abgibt" (15; gemeint sind die Christologien des Gottessohnes und des Hohenpriesters). „Gott redete eben ‚durch den Sohn', und der Menschensohn, der für kurze Zeit niedriger als die Engel gewesen ist, ist daher der prä-existente Menschensohn. Die Rolle des Menschensohnes als Fürsprecher wird zur Rolle des erhöhten Jesus als des priesterlichen Fürbitters ausgestaltet (7,25). Die Hohepriester-Christologie erweist sich so als Ergebnis des Nachdenkens über den Glauben an die Erhöhung Jesu, des Menschensohnes, in die himmlische Welt. Indes liegt ihr eigentlicher Ursprung in Jesu eigener Lehre über den Menschensohn als Fürsprecher" (ebd.). Zur Sache vgl. auch den Exkurs bei *G. W. Buchanan*, To the Hebrews (The Anchor Bible) (New York 1972) 38ff.

[8] Vgl. *A. Vanhoye*, Situation du Christ. Hébreux 1–2 (Lectio Divina 58) (Paris 1969) 119ff, 255ff. – Zur Methode der pesher-Exegese vgl. *S. Kistemaker*, The Psalm Citations in the Epistle to the Hebrews (Amsterdam 1961).

Sohn alles unter die Füße getan ist (2,8). Der eschatologische Vorbehalt wird zum Thema. Wie dem israelitischen König bei seiner Inthronisation die Heiden zu Erben und die Enden der Erde zum Besitz *verheißen* werden (Ps 2,8), so *wartet* der eschatologisch vollendete Sohn (2,10) auf das Sichtbarwerden der endzeitlichen Durchsetzung seiner Herrschaft (1,13; 2,8; 10,13)[9].

Inhaltlich stellt diese exegetische Begründung des eschatologischen Vorbehaltes die erste Darlegung der σωτηρία innerhalb des Hebr dar[10], die aber vornehmlich an deren Mittler und Urheber orientiert bleibt[11]. Sie ist wie stets im Hebr „argumentierende Christologie"[12], die zu diesem Zwecke ständig mit der Septuaginta arbeitet. Worin hat die gegenwärtige hohe Stellung des Christus ihre Wurzel? So lautet die Frage, und die Antwort findet unser Verfasser durch eine Exegese von Ps 8,5–7 darin, daß die Menschheit Jesu, seine Niedrigkeit *damals,* der Grund für die Erhabenheit des Christus über die Engel *heute* ist[13]. Ob unser Verfasser die zeitlich zurückliegende und zeitlich auch begrenzte Niedrigkeit Jesu als die Niedrigkeit des synoptischen Menschensohnes versteht oder einfach nur als die Niedrigkeit von „empirischen Menschen"[14], eben das ist die exegetische Streitfrage, zu deren Beantwortung wir einige Gesichtspunkte beitragen wollen.

III

Die Argumentation unseres Abschnittes 2,5–9 wird durch eine vorgeschobene These[15] eröffnet: „Denn nicht Engeln hat er die zukünftige Welt unterworfen, von der wir handeln."[16] Der Leser weiß natürlich um den richtigen Sachverhalt: die zukünftige Welt ist dem *Sohn* unterworfen, denn dieser ist als πρωτότοκος εἰς τὴν οἰκουμένην eingeführt (1,6)[17]. Aber der Leser weiß nicht um den para-

---

[9] Vgl. *B. Klappert,* Die Eschatologie des Hebräerbriefes (ThExh 156) (München 1969) 23.

[10] 2,1–4 geht es um die σωτηρία hinsichtlich der Frage, wodurch sie autorisiert ist. Vgl. dazu *E. Gräßer,* Das Heil als Wort. Exegetische Erwägungen zu Hebr 2,1–4, in: Neues Testament und Geschichte. Oscar Cullmann zum 70. Geburtstag (Zürich – Tübingen 1972) 261–274.

[11] *H. Windisch,* Der Hebräerbrief (HNT 14) (Tübingen ²1931) 19f.

[12] *H. Braun,* Die Gewinnung der Gewißheit in dem Hebräerbrief, in: ThLZ 96 (1971) 322–329. Vgl. dazu meine kritische Stellungnahme „Zur Christologie des Hebräerbriefes. Eine Auseinandersetzung mit Herbert Braun", in: Neues Testament und christliche Existenz. Festschr. Herbert Braun (Tübingen 1973) 195–206.

[13] *F. Schröger,* a.a.O. 79ff.

[14] *E. Riggenbach,* Hebräerbrief 37.

[15] Vgl. *O. Michel,* Hebräerbrief 135: „Zur Logik des Aufbaues".

[16] Περὶ ἧς λαλοῦμεν unterstreicht den argumentativen Charakter der Darlegungen (vgl. 4,13; 5,11; 8,1 und 9,1). Daß keine aktuelle Polemik gegen Engelkult vorliegt, wird von vielen Exegeten betont.

[17] Der Begriff οἰκουμένη μέλλουσα wurde zuletzt von *A. Vanhoye* untersucht (Biblica 45 [1964] 248–253). Vanhoye konnte durch LXX-Exegese (z.B. Ps 96,10) nachweisen, daß 1,6 und 2,5 gleicher Sinn vorliegt: Es geht um die „eschatologische Wirklichkeit" (252), die der Hebr sonst in

doxen Charakter dieses eschatologischen Heils, bzw. er nimmt Anstoß an der Diastase von Erniedrigung und Erhöhung des Sohnes. Zieht nicht die fortdauernde Unerlöstheit der Welt die eschatologische Inthronisation des Christus und damit das Christusgeschehen überhaupt hinsichtlich seiner soteriologischen Suffizienz in Frage? Eben diesen Stachel sucht der Verfasser des Hebr zu beseitigen durch den exegetischen Nachweis, daß das Menschsein Jesu nicht die *Infragestellung* seiner eschatologischen Herrschaftsstellung, sondern ihre *Begründung* ist. Als *Text* wählt er Ps 8,5–7 LXX.

Die Einzelheiten der Exegese dieses Psalms im Hebr sind jüngst von Friedrich Schröger ausführlich dargestellt worden[18]. Wir beschränken uns daher auf wenige für unsere Fragestellung wichtige Gesichtspunkte.

1. Das alttestamentliche Zitat ist – soweit es vom Autor ad Hebraeos übernommen wird[19] – eines der wenigen im Hebr, das wortwörtlich mit dem LXX-Text übereinstimmt (wortwörtliche Übereinstimmung sonst nur noch 1,5.13; 5,6; 11,18). Diese völlig unveränderte und auch ganz und gar unvermittelte Übernahme des LXX-Zitates besagt, daß der Verfasser des Hebr den Text zunächst einmal in seinem ursprünglichen Sinn zu Worte kommen lassen will, nämlich als Aussage über die Herrschaftsstellung des kreatürlichen Menschen, die eine durch Gottes Schöpfermacht begrenzte und damit auch den Engeln unterlegene Hoheit ist[20]. Jedenfalls enthält der ganze bisherige Argumentationsgang in 1,1 – 2,4 keinerlei Präjudizierung des ursprünglichen Textsinnes von Ps 8. Erst in 2,9 wird gesagt, daß mit dem ἄνθρωπος *Jesus* gemeint ist.

Im übrigen liegt auf der Hand, daß das von unserm Verfasser auch sonst gehandhabte literarische Stilmittel der Stichwortverknüpfung (vgl. nur 1,4 + 5 oder 2,17 und 3,1 u.ö.) bzw. der annonce du sujet[21] die Auswahl von Ps 8 begünstigt hat. Er hat ihn nicht aufgrund einer irgendwie geprägten (synoptischen) Menschensohn-Vorstellung zum Text seiner Exegese gemacht (davon läßt der ganze Hebr nichts erkennen), sondern er hat ihn zum Text gemacht, weil die LXX-Version von *Engeln* spricht. Das erlaubt unserm Verfasser, die von ihm

metaphorischer Weise umschreibt („Haus" 3,6; 10,21; „Stadt" 11,10.16; 12,22; 13,14; „Vaterland" 11,14). Die „zukünftige Welt" ist der eschatologische Zielort, zu dem hin die Gemeinde unterwegs ist und an dem sie schon jetzt durch ihr gottesdienstliches Handeln partizipiert (12,18–24).

18 *F. Schröger*, a.a.O. passim (Lit.!).

19 Lediglich Ps 8,7a LXX fehlt (der Vers fehlt auch in p[46] B𝔐al). Es gibt für dieses Fehlen eine einfache Erklärung: Nach 1,10 und 1,2 ist der Sohn selbst Schöpfer, nicht aber, wie Ps 8,7a sagt, zum Herrscher über das Schöpfungswerk Gottes eingesetzt. Vgl. *F. Schröger*, a.a.O. 82.

20 Vgl. *C. Colpe*, Art. υἱὸς τοῦ ἀνθρώπου in: ThW VIII, 468,5ff; *H.-W. Wolff*, Anthropologie des Alten Testaments (München 1973) 237: „Gerade den kleinen Menschen *[ʾᵃnôš]* hat Gott umsorgt und ihn zu seinem Bevollmächtigten ernannt. Keiner soll in der Menschheit ausgeschlossen sein von solcher Vollmacht."

21 Vgl. dazu *A. Vanhoye*, La structure littéraire de l'Épître aux Hébreux (Studia Neotestamentica 1) (Paris – Bruges 1963) 36.

bei seinen exegetischen Erörterungen bevorzugte komparativische Methodik auch hier durchzuhalten[22]. Kurz: Kriterium für die Auswahl von Ps 8 ist das hermeneutische Prinzip unseres Verfassers gewesen und nicht eine irgendwie vorgegebene Menschensohn-Dogmatik.

2. Es ist längst erkannt, daß nur die Wiedergabe des Hebräischen ותחסרהו מעט מאלהים mit ἠλάττωσας αὐτὸν βραχύ τι παρ' ἀγγέλους durch die LXX den Ps 8 für die Argumentation unseres Verfassers dienstbar machte. Dies aus zwei Gründen: 1. liefert die LXX das entscheidende Stichwort „Engel", und 2. erlaubt allein sie die temporale Deutung von βραχύ τι („eine kurze Zeit"), wo das Hebräische מעט in der Regel nur die qualitative Deutung erlaubt[23]. Ersteres, die Übersetzung von אלהים mit ἄγγελοι und nicht mit θεοί ergibt den gewünschten Gedanken der Erniedrigung im Vergleich zu den Engeln, während der masoretische Urtext von einer sachlich geringfügigen Unterordnung der elohimartigen Menschenwesen unter Gott spricht. Letzteres aber, der in der griechischen Übersetzung enthaltene Gedanke der zeitlich befristeten Erniedrigung (ἠλάττωσας αὐτὸν βραχύ τι) erlaubt es unserm Verfasser, den Ps für seine argumentative Christologie exegetisch in Anspruch zu nehmen. Genauer: er kann jetzt den status exinanitionis des präexistenten Sohnes (1,3) als *Grund* seiner eschatologischen Herrschaftsstellung biblisch begründen (V. 9): *Jesus*[24], der den Menschen (!) gleich und damit eine Zeit lang unter die Engel gestellt war, ist jetzt aber (bei seiner Inthronisation) mit Ehre gekrönt.

3. Der Autor ad Hebraeos begnügt sich mit einer fragmentarischen Exegese des 8. Psalmes (2,8a und 9). Zunächst legt er alles Gewicht auf die Konstatierung des eschatologischen Vorbehaltes, also auf die Dialektik des Schon (der absoluten Herrschaft des erhöhten Sohnes, 8b) und des Noch-Nicht seiner öffentlich-sichtbaren eschatologischen Weltherrschaftsstellung (8c). Aber da diese Diastase von Weltherrschaft Christi und Weltwirklichkeit offenbar eine Anfechtung für die Gemeinde darstellt, bemüht sich unser Verfasser alsbald, das für die allmählich müde werdenden Christen Anfechtende dieser Paradoxie dadurch zu mildern, daß er ihnen Jesus als ἀρχηγὸς τῆς σωτηρίας vor die Augen stellt (2,10). Er, Jesus selbst, ist gerade auf diesem höchst paradoxen Wege zur Vollendung gekommen. Infolge seiner Erniedrigung ist er der Erhöhte: διὰ τὸ πάθημα τοῦ θανάτου ist er mit „Herrlichkeit und Ruhm bekränzt" (V. 9). Das

---

22 Vgl. dazu *E. Gräßer*, Hebr 1,1–4. Ein exegetischer Versuch, in: *ders.*, Text und Situation. Gesammelte Aufsätze zum Neuen Testament (Gütersloh 1973) 182–228, hier 189.

23 Vgl. dazu *F. Schröger*, a.a.O. 82f. Zum exegetischen Streit um dieses Verständnis in der älteren Auslegungsgeschichte vgl. *H. Feld*, Der Humanisten-Streit um Hebr 2,7 (Ps 8,6), in: Archiv für Reformationsgeschichte 61 (1971) 5–34. Spätestens seit diesem Streit hat sich der zeitliche Sinn gegenüber dem qualitativen durchgesetzt.

24 *A. Vanhoye*, Situation 256, betont m. R., daß hier erstmals im Hebr der nom d'homme des Sohnes genannt wird, eben „Jesus".

im Sohn proleptisch vorweggenommene Ziel des Weges ist darum ein „Anker des Lebens" für die Gemeinde (6,19), weil der Sohn und die Söhne zusammengehören, weil *sein* (erreichtes) Ziel *ihr* (erhofftes) Ziel ist (V. 11–18).

4. V. 9 wird mit emphatischem Ἰησοῦς der ἄνθρωπος bzw. υἱὸς ἀνθρώπου des zitierten Psalmes (V. 6) christologisch gedeutet. Er wird es *nicht* durch ein etwa hinzugefügtes Prädikat, also nicht: Ἰησοῦς, ὁ υἱὸς τοῦ ἀνθρώπου, was dann freilich eindeutig (im Sinne der synoptischen Menschensohn-Christologie) und was auch möglich gewesen wäre (vgl. 4,14: Ἰησοῦν τὸν υἱὸν τοῦ θεοῦ. Aber υἱὸς τοῦ θεοῦ ist eben christologischer Hoheitstitel des Hebr, nicht jedoch υἱὸς τοῦ ἀνθρώπου). Die Identifikation geschieht durch einfaches Ἰησοῦς, ohne Artikel und ohne jede weitere Prädizierung.

Dieser emphatische Gebrauch des Namens Jesu (ohne jeden Zusatz) ist beispiellos im übrigen Neuen Testament. Wir finden ihn im Hebr aber häufiger (außer an unserer Stelle noch in 3,1; 4,16; 6,20; 7,22; 10,19; 12,2.24; 13,12[25]). Selbst wenn für diese Besonderheit des Hebr primär der typologische Schriftgebrauch ausschlaggebend sein sollte (Jesus = griechische Schreibweise von Josua, vgl. 4,8 mit 4,14), so machen doch neben unserer Stelle vor allem 12,2 und 13,12 deutlich, daß damit besonders auf die Geschichtlichkeit und *Menschlichkeit* Jesu abgehoben ist[26]. Damit wäre dann freilich auch entschieden, daß unser Verfasser Ps 8,5 LXX als Parallelismus membrorum gelesen und übernommen hat, d.h., daß υἱὸς ἀνθρώπου in Hebr 2,6c lediglich den Begriff ἄνθρωπος von 6b wieder aufnimmt. Die Begriffe haben keinerlei titularen Sinn, sondern meinen einfach nur den Menschen hinsichtlich seiner *begrenzten* Hoheit.

Diese Behauptung läßt sich stützen durch Verweis auf die Artikellosigkeit des Begriffes „Menschensohn". Sie ist natürlich durch die LXX vorgegeben. Aber daß der Verfasser sie beibehält, zeigt, daß er mit dem LXX-Begriff auch den LXX-Inhalt übernehmen und ihn gerade nicht überhöhen will (etwa im Sinne der synoptischen Menschensohn-Worte).

Noch eine weitere Beobachtung stützt diese Annahme. Menschensohn, titular gemeint, hat *immer* den Artikel und ist auch nur christlich belegt[27]. Der artikel-

---

[25] „Christus" ohne Artikel steht 3,6; 9,11.24. Der Doppelname „Jesus-Christus" nur 10,10; 13,8.21.

[26] Vgl. *E. Gräßer,* Text und Situation 161, Anm. 40. Vgl. *C. Spicq,* L'Épître aux Hébreux (Études Bibliques 1) (²1952) 94; *U. Luck,* Himmlisches und irdisches Geschehen im Hebräerbrief. Ein Beitrag zum Problem des „historischen Jesus" im Urchristentum, in: NovTest 6 (1963) 192–215, hier 203. *O. Michel* hat in der 5. Aufl. seines Hebräerbrief-Kommentares (1960) noch geschrieben: „Name ohne Zusatz als Zeichen seiner Niedrigkeit" (344). In der 6. Aufl. von 1966 hat er geändert: „Name ohne Zusatz häufig im Hebräerbrief zur Betonung seiner Geschichtlichkeit".

[27] Vgl. *C. Colpe* in: ThW VIII, 405; *C. F. D. Moule,* Neglected Features in the Problem of „The Son of Man", in: Neues Testament und Kirche. Für Rudolf Schnackenburg (Freiburg i. Br. 1974) 413–428, hier 419f.

lose Gebrauch ist selten. Im Neuen Testament begegnet er nur in Joh 5,27 und an unserer Stelle (Hebr 2,6)[28]. Joh 5,27 *kann* ἄνθρωπος einfach nur „Mensch" (humanity) heißen[29], was aber nicht sicher ist[30]. Dagegen sind die Belege aus den apostolischen Vätern (Barn 12,10a und IgnEph 20,2) um so eindeutiger. Im Barn heißt es: „Siehe, wiederum Jesus, nicht υἱὸς ἀνθρώπου, sondern Sohn Gottes ..." (Barn 12,10a). Ignatius spricht vom Sein in Jesus Christus, τῷ υἱῷ ἀνθρώπου καὶ υἱῷ θεοῦ (IgnEph 20,2). Hier überall wie auch in der patristischen Literatur[31] steht artikelloses υἱὸς ἀνθρώπου für ἄνθρωπος ἐξ ἀνθρώπων (Justin Dial. 48f, 267B)[32] und betont also die Menschlichkeit (das vere homo) im Unterschied zur Göttlichkeit (vere Deus) Jesu. Die Entwicklung der späteren Zeit läuft immer stärker darauf zu[33]. Der Hebr steht am Anfang dieser Entwicklung.

5. Daß der Verfasser des Hebr den Menschensohn von V. 6 nicht titular versteht, sondern als exemplarischen Menschen, zeigt vollends der Fortgang seiner exegetischen Erörterungen in V. 10ff, die nur unter jener Voraussetzung verständlich werden.

Thema ist – wie jetzt immer deutlicher wird – das Verhältnis des (Menschen-) Sohnes zu den (Menschen-)Söhnen oder – wie Julius Kögel seine Untersuchung überschrieben hat – „Der Sohn und die Söhne"[34]. „Le présent paragraph (2,5–16) évoquera de multiples façons l'humanité du Christ et attestera son entière solidarité avec nous."[35] Zur Ausarbeitung dieser Solidarität macht sich der Autor ad Hebraeos Vorstellungen der gnostischen συγγένεια- und Anthroposlehre dienstbar, wie m. E. noch immer zusammen mit Ernst Käsemann gültig angenommen werden kann[36]. Jedenfalls zeigt das ὤφειλεν κατὰ πάντα τοῖς ἀδελφοῖς ὁμοιωθῆναι (2,17), welches den ganzen Abschnitt von 2,5 an be-

[28] Apk 1,13; 14,14 ist ὅμοιος υἱὸς ἀνθρώπου wörtliche Übersetzung des Aramäischen כבר אנש aus Daniel 7,13. Vgl. dazu *U. B. Müller*, Messias und Menschensohn in jüdischen Apokalypsen und in der Offenbarung des Johannes (StzNT 6) (Gütersloh 1972) 190ff.

[29] So *C. F. D. Moule*, a.a.O. 420.

[30] Zur vielfältigen Auslegung vgl. *E. Ruckstuhl*, Die johanneische Menschensohnforschung 1957–1969, in: Theologische Berichte, hrsg. von *J. Pfanmatter* u. *F. Furger* (Zürich 1972) 171–284, hier 181, 206, 214, 217, 247.

[31] *G. W. H. Lampe*, A Patristic Lexicon (Oxford 1961) Art. υἱὸς D; vgl. auch *C. F. D. Moule*, a.a.O. 425f.

[32] Vgl. *H. Windisch*, Der Barnabasbrief (HNT, Ergänzungsband III) (Tübingen 1920) 373.

[33] *F. H. Borsch*, The Christian and the Gnostic Son of Man (London 1970) 58ff.

[34] Zur Exegese vgl. bes. *J. Kögel*, Der Sohn und die Söhne. Eine exegetische Studie zu Hebr 2,5–18 (Gütersloh 1904); *E. Käsemann*, Das wandernde Gottesvolk 75ff; *E. Schweizer*, Erniedrigung und Erhöhung (Zürich ²1962) 138ff; *G. Klein*, Hebr 2,10–18, in: Bibelkritik als Predigthilfe (Gütersloh 1971) 61–69; *F. J. Schierse*, Verheißung und Heilsvollendung. Zur theologischen Grundfrage des Hebräerbriefes (MThS, I, 9) (München 1955) 92ff.

[35] *A. Vanhoye*, Situation 256.

[36] Vgl. dazu *E. Käsemann*, Das wandernde Gottesvolk 58ff, 75ff, 90ff; *E. Gräßer*, Der Glaube im Hebräerbrief (MThSt, Bd. 2) (Marburg 1965) 209f; *G. Klein*, Bibelkritik 62ff.

herrscht, den parakletischen Skopus der gesamten Argumentation: Es geht um die Identität der Erlösungsbedürftigen mit dem Erlöser. Dem Geschick *des* Menschen Jesus entspricht das Geschick *der* Menschen, die seine „Brüder" sind (V. 12). „Da nun die Kinder Menschen von Fleisch und Blut sind, hat auch er in gleicher Weise dies angenommen ..." (V. 14). Was hier in gnostischer Terminologie als κοινωνεῖν αἵματος καὶ σαρκός (V. 14), als μετέχειν (ebd.), als κατὰ πάντα τοῖς ἀδελφοῖς ὁμοιωθῆναι (V. 17) umschrieben wird, das sieht der Verfasser in Ps 8,5 präzise auf den Begriff gebracht: Jesus ist υἱὸς ἀνθρώπου. Mit diesem Begriff analysiert er in c. 2 den Bezug Jesu zu den Menschen, wie er in c. 1 mit dem Begriff „Sohn Gottes" den Bezug Jesu zu Gott analysiert hat[37].

6. Wenn es aber so ist, daß der Autor ad Hebraeos den soteriologischen Gedanken der Solidarität des Erlösers mit den Menschen mittels der (gnostischen) Anthropos- und συγγένεια-Lehre expliziert, so ist es kaum möglich, dem Begriff υἱὸς ἀνθρώπου in 2,6 das spezifisch christliche Menschensohn-Verständnis der Evangelien zu supponieren[38]. Näher liegt die Annahme, daß er im Sinne des ursprünglichen Parallelismus membrorum von Ps 8,5 LXX vom *Menschen* überhaupt spricht[39], dem Jesus κατὰ πάντα ähnlich werden mußte (V. 17), um so die Basis zu schaffen für die restitutio in integrum des todverfallenen Menschen, die diesen wieder jene Herrscherstellung einnehmen läßt, von der Ps 8 ursprünglich spricht, und zwar – so meint unser Verfasser – im eschatologischen Sinne spricht. Im Eschaton wird die Herrlichkeit des Menschen wieder unverdeckt hervortreten. In *dieser* Perspektive trifft sich unser Verfasser beispielsweise mit den Qumranschriften[40]. Dort kann es heißen: „Diejenigen, die sich daran halten, sind für das ewige Leben (bestimmt), und ihnen gehört alle Herrlichkeit des Menschen" (CD III, 20 Übersetzung Eduard Lohse). Und 1QS IV, 23 wird von den zum ewigen Bund Gehörigen gesagt: „Ihnen gehört alle Herrlichkeit des Menschen." Albert Vanhoye fügt m. R. hinzu: „Il est intéressant de noter au passage que cette gloire future est décrite en termes de sacerdoce: être admis à s'approcher de Dieu et à lui présenter des offrandes."[41]

---

[37] *A. Vanhoye,* Situation 256.

[38] Vorsichtig in diesem Punkt ist *A. Vanhoye,* Situation 301ff. Er will den Sprachgebrauch des Psalms 8 wohl unterschieden wissen von dem der Evangelien, zeigt dann aber doch einige Querverbindungen auf, auch zu 1 Kor 15,27; Eph 1,22; Phil 3,21; 1 Petr 3,22 und Apk 5,12, durch die er bestätigt sieht, „à quel point les développements de l'épître, si originaux qu'ils soient, sont enracinés dans la tradition primitive" (304).

[39] *A. Vanhoye,* Situation 265: „Les deux appellations sont équivalentes et désignent, l'une comme l'autre, l'homme en général." Psalm 8 ist in der rabbinischen Literatur nicht messianisch gedeutet worden, worauf alle Kommentatoren hinweisen. Vgl. auch noch *G. Delling,* Art. ὑποτάσσω in: ThW VIII, 42, Anm. 7 u. 9.

[40] Vgl. *H. Kosmala,* Hebräer – Essener – Christen. Studien zur Vorgeschichte der christlichen Verkündigung (Studia Post-Biblica 1) (Leiden 1959) 16.

[41] *A. Vanhoye,* Situation 282.

IV

Fassen wir das Ergebnis unserer Betrachtung zusammen. Ernst Käsemann schrieb, dem in Hebr 2,6 gebrauchten Begriff ἄνθρωπος bzw. υἱὸς ἀνθρώπου gegenüber laute die entscheidende Frage: „Meint diese Bezeichnung von vornherein und prägnant den messianischen Menschensohn, oder ist dabei wie im hebräischen Text zunächst nur an den Menschen schlechthin gedacht?“[42] Käsemann hat sich seinerzeit „für eine ausschließlich christologische Interpretation“ entschieden, weil sonst „ein unüberwindlicher Hiatus zwischen dem at.lichen Zitat und seinem christologischen Rahmen aufklaffen und die Brücke vom Anthropos des Psalmes zum christologischen Thema fehlen“ würde[43]. Käsemann meinte damals, die Brücke allein mit dem Material des Urmenschmythos schlagen zu können. Inzwischen hat sich die Diskussionslage geändert, auch und gerade was die Menschensohn-Vorstellung anbetrifft, für die wir mit einem sehr viel breiteren religionsgeschichtlichen Vorstellungsmaterial rechnen müssen, als es bislang üblich war[44]. Insbesondere gilt dies hinsichtlich „man's function and destiny in general and Israel's function and destiny in particular, and to see both Daniel and his successors in the light of his background“[45]. Dann aber fällt der Sinn des at.lichen Psalms (Ps 8 LXX) keineswegs von vornherein als Beweisstück für den Verfasser des Hebr aus[46]. Das tut er nur, wenn bei einer christologischen Interpretation der Menschensohn ausschließlich als supranaturale Figur gedacht werden muß, nicht aber, wenn er auch als ‚Man‘-idea verstanden werden darf, durch die sowohl das wahre Israel als auch die wahre Menschheit repräsentiert wird[47].

Der Autor ad Hebraeos hat den im Urchristentum selten christologisch ge-

---

[42] *E. Käsemann*, Das wandernde Gottesvolk 75. Zum Ja oder Nein der messianischen Deutung von Hebr 2,5ff vgl. auch noch *F. J. Schierse*, Verheißung und Heilsvollendung 100ff.

[43] *E. Käsemann*, Das wandernde Gottesvolk 77f.

[44] *C. Colpe* in: ThW VIII, 403ff; bes. aber auch die Arbeiten von *F. H. Borsch*, The Son of Man in Myth and History (London 1967); *M. D. Hooker*, The Son of Man in Marc (London 1967); *C. H. Dodd*, According to the Scriptures (London 1952). Speziell zum ἀρχηγός vgl. *P.-Gerhard Müller*, ΧΡΙΣΤΟΣ ΑΡΧΗΓΟΣ. Der religionsgeschichtliche und theologische Hintergrund einer neutestamentlichen Christusprädikation (Europäische Hochschulschriften Reihe XIII, Bd. 28) (Frankfurt a. M. 1973).

[45] *C. F. D. Moule*, a.a.O. 415.

[46] So damals *E. Käsemann*, Das wandernde Gottesvolk 76.

[47] *C. F. D. Moule*, a.a.O. 416; *C. H. Dodd*, According to the Scriptures 32–34. Vgl. auch *K. M. Fischer*, Rezension von *F. H. Borsch* (s. Anm. 44) in: ThLZ 96 (1971) 755f. Wichtig ist seine Feststellung: „Es gibt nämlich auch im Judentum Spekulationen über einen himmlischen Menschen (AdEv; ApokMos; TestAbr) und Kombinationen zwischen Gen 1,26f und Ps 8 (bzw. Ps 80,18) (vgl. Gen R 8,1), wobei das Schwanken zwischen individueller und kollektiver Deutung auffällt, ebenso der Wechsel von ‚Mensch‘ und ‚Menschensohn‘, die bald identisch, bald voneinander unterschieden werden“ (756). Zu „Adam und Urmensch“ vgl. den gleichnamigen Exkurs bei *H. Conzelmann*, Der erste Brief an die Korinther (MeyerK V) (Göttingen [11]1969) 338ff (Lit.!).

deuteten Ps 8 nicht in messianischer, sondern in eschatologischer Perspektive gelesen und interpretiert. Der niedrige Mensch ist zur Hoheit ausersehen. Diese Spannung eignet bereits Ps 8 in seinem ursprünglichen Sinn. V. 7 spricht dort nämlich dem Menschen in all seiner Niedrigkeit eine Gott ähnliche Hoheit zu[48]. In seiner eschatologischen Perspektive hat der Verfasser des Hebr diesen Gedanken vertieft und in seinem Sinne christologisch interpretiert: die Niedrigkeit des *einen* Menschen wird zum Grund seiner Erhöhung, und diese Erhöhung ist die Garantie, daß alle todverfallenen „Brüder" vollendet werden. Darin trifft sich der Verfasser des Hebr mit Paulus, der 1 Kor 15,20–28.45–49 ebenfalls den Gedanken vertritt, daß das Geschick des Einen das Schicksal der Vielen impliziert, und an beiden Stellen argumentiert auch Paulus ausdrücklich mit einem Rückgriff auf mythische Anthroposvorstellungen (V. 21.45.57. In V. 27 zitiert er ebenfalls Ps 8,7 LXX!), von denen man ebensowenig wie Hebr 2,6 auf den synoptischen Menschensohntitel zurückschließen kann[49]. Die gedankliche Parallele des Hebr zu Paulus springt besonders deutlich 1 Kor 15,45ff in die Augen: Das Werk des „letzten Adam" wird als Überwindung des Todes („lebendigmachender Geist") beschrieben. Ganz ähnlich auch in Hebr 2,5–15: Aus Ps 8,5–7 schließt der Verfasser, „daß der Menschensohn nicht nur sich selber, sondern auch seine menschlichen Brüder zur Herrlichkeit führen will"[50]. Und Olaf Moe hat grundsätzlich sicher recht, wenn er in beiden Stellen, nämlich 1 Kor 15,45ff und Hebr 2,5–15, eine theologische Auslegung des Selbstzeugnisses Jesu als „des Menschen Sohn" sieht, sofern Jesus als Mensch seine Sendung auch dahingehend verstand, „den gottgewollten Stand des Menschen wieder herzustellen"[51].

Schwierig dagegen scheint uns jene Annahme zu sein, die in Hebr 2,6 ein Beweisstück sieht für die These vom sukzessiven Ausbau der urchristlichen Menschensohn-Christologie[52]. Der Verfasser des Hebr fällt in dieser Hinsicht vielmehr förmlich aus der Reihe heraus, wie u.E. das von C. F. D. Moule gezeichnete Diagramm klar zeigt[53].

[48] Vgl. *G. Dalman*, Die Worte Jesu mit Berücksichtigung des nachkanonischen jüdischen Schrifttums und der aramäischen Sprache (Leipzig ^{2}1930, Nachdruck Darmstadt 1965) 218; *H.-J. Kraus*, Psalmen, 1. Teilband (BK XV/I) (Neukirchen 1960) 65ff.

[49] Das hat der hochverehrte Jubilar, dem diese Zeilen gewidmet sind, in Auseinandersetzung mit *J. Jeremias* in: ThW I, 142f, und *O. Cullmann*, Die Christologie des NT (^{2}1958 = ^{4}1966), gezeigt: *A. Vögtle*, Die Adam-Christus-Typologie und „der Menschensohn", in: TThZ 60 (1951) 309ff; *ders.*, „Der Menschensohn" und die paulinische Christologie, in: Stud. Paul. Congr. Internat. Cathol. 1961, Vol. I (1963) 199ff. Vgl. auch *H. Conzelmann*, Der erste Brief an die Korinther 325.

[50] *O. Moe*, Der Menschensohn und der Urmensch, in: Studia Theologica 14 (1960) 119–129, hier 127.

[51] *O. Moe*, a.a.O. 127.

[52] So z.B. *A. J. B. Higgins*, Menschensohn-Studien 14f.

[53] Vgl. *K. M. Fischer*, Rezension von *F. H. Borsch*, The Christian and the Gnostic Son of Man, in: ThLZ 96 (1971) 755f; *C. F. D. Moule*, a.a.O. 415.

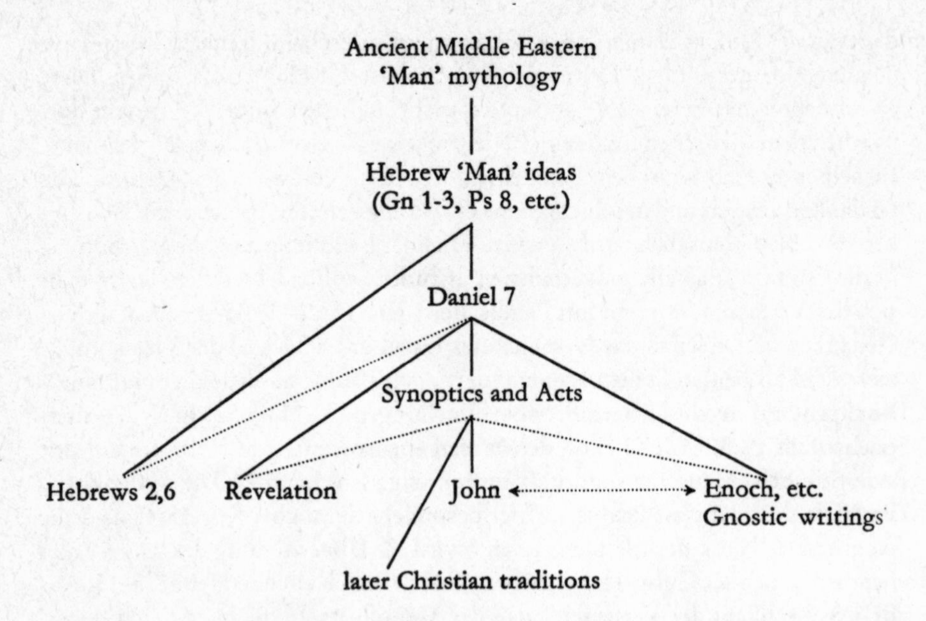

Die Position, die Hebr 2,6 nach diesem Diagramm einnimmt, wird durch unsere obigen Darlegungen gestützt. Denn mit Hebr 2,6 haben wir kein Indiz für eine Menschensohn-Vorstellung nach Art der Evangelien. Υἱὸς ἀνθρώπου ist – um es überspitzt auszudrücken – einfach nur Korrelatbegriff zu υἱὸς θεοῦ (4,14), beschreibt mit diesem zusammen die Einheit des göttlichen und des menschlichen Sohnes in der Person Jesu. Damit sind die Weichen für die christologischen Streitigkeiten der alten Kirche bereits gestellt[54].

---

[54] Vgl. dazu *C. Colpe* in: ThW VIII, 480f: „Der Menschensohntitel im Streit um die menschliche Natur Christi."

Der Menschensohn in der Johannesapokalypse

Eduard Lohse, Hannover

Die Offenbarung des Johannes, die als das einzige apokalyptische Buch eine Sonderstellung im Kanon des Neuen Testaments einnimmt, ist auch in ihrer Rede vom Menschensohn von den anderen urchristlichen Schriften in bezeichnender Weise unterschieden. Während sowohl bei den Synoptikern als auch im Johannesevangelium ausschließlich in Jesuslogien vom Menschensohn gesprochen und dabei die christologische Bedeutung dieses Ausdrucks als bekannt vorausgesetzt wird, wird in der Johannesapokalypse nur zweimal in Beschreibungen visionärer Erscheinungen der Menschensohn genannt[1]: in der Berufungsvision, in der der Seher Johannes seinen Auftrag erhält, und in der vorausgreifenden Darstellung des Gerichtes, die im vierzehnten Kapitel als Ankündigung und Vorbereitung des Endes dieser Welt dargeboten wird. In beiden Zusammenhängen wird nicht an die urchristliche Tradition angeknüpft, die in der Überlieferung der Verkündigung Jesu seine Hoheit als die des Menschensohns bezeichnete, sondern der Seher bezieht sich unmittelbar auf das Alte Testament, das im Danielbuch die einzigartige Würde des Menschensohns beschreibt[2].

I

Auf die briefartige Einleitung läßt der Seher die Angabe des Themas seiner Darstellung folgen: „Siehe, er kommt mit den Wolken." Dieser Satz kündigt die erwartete Parusie Christi, durch die der vergehenden alten Welt das Ende gesetzt

---

[1] Die Johannesapokalypse hat in der Diskussion des Menschensohnproblems nur geringe Beachtung gefunden. In dem umfangreichen Artikel von *C. Colpe* in: ThW VIII, 403–481 sind der Beschreibung des Menschensohns Apk 1,13 und 14,14 nur wenige Sätze gewidmet (467).

[2] Die jüdisch-apokalyptischen Voraussetzungen für die Rede vom Menschensohn in der Apk untersucht *U. B. Müller*, Messias und Menschensohn in jüdischen Apokalypsen und in der Offenbarung des Johannes, in: Studien zum NT 6 (Gütersloh 1972). Sein Interesse ist dabei auf die Frage gerichtet, „ob und inwieweit Messias- und Menschensohnvorstellung sich gegenseitig beeinflußt haben" (13).

und der neue Himmel und die neue Erde heraufgeführt werden sollen, mit einer Wendung aus Dan 7,13 an. Doch weder wird der Menschensohn erwähnt noch ein anderer Hoheitstitel verwendet, sondern lediglich das kommende Gericht mit knappen Worten angedeutet: „Und sehen wird ihn jedes Auge und die, welche ihn durchbohrt haben, und wehklagen werden über ihn alle Geschlechter auf Erden. Ja, Amen." Wird dabei im Anschluß an Sach 12,10ff das Erschrecken derer zum Ausdruck gebracht, die den unschuldigen Gerechten ermordet hatten und sich nun vor ihrem Richter verantworten müssen, so unterstreicht die abschließende Bestätigung die Zuversicht, daß das von Gott gesetzte Ende, das zugleich die alles verwandelnde eschatologische Wende mit sich bringt, mit untrüglicher Gewißheit eintreten wird. Darum wird im folgenden Vers Gott selbst als A und O, als der, der war, ist und kommt, als der Allherrscher bezeichnet (1,8). Er setzt Zeit und Stunde, die die Verwirklichung der prophetischen Ansage bringen werden. Der unmittelbare Rückgriff auf das Alte Testament, mit dessen Worten der Seher das Thema seines Buches angibt, soll der Gewißheit Ausdruck verleihen, daß die Verheißungen der Schrift in Christus erfüllt sind und sich im Anbruch der neuen Welt vollenden[3].

In der anschließenden Berufungsvision wird die Dan 7,13 geschilderte Szene nicht als zukünftiges Ereignis dargestellt, sondern nun ist vom Menschensohn die Rede, der als der erhöhte Herr bereits hier und jetzt handelt und den Seher Johannes in seinen Dienst ruft. Als Johannes den Auftrag vernommen hat, der ihm mit lauter Stimme zugerufen wurde, wendet er sich um und erblickt den, der zu ihm gesprochen hat. Inmitten von sieben Leuchtern sieht er „einen wie einen Menschensohn" (1,13). Diese Wendung schließt sich unverkennbar an Dan 7,13 an. Dabei liegt jedoch keine Aufnahme der griechischen Fassung des alttestamentlichen Wortes vor. Dan 7,13 LXX lautet: καὶ ἰδοὺ ἐπὶ τῶν νεφελῶν τοῦ οὐρανοῦ ὡς υἱὸς ἀνθρώπου ἤρχετο, und bei Theodotion heißt es: καὶ ἰδοὺ μετὰ τῶν νεφελῶν τοῦ οὐρανοῦ ὡς υἱὸς ἀνθρώπου ἐρχόμενος ἦν. Ebenso wie in dem einleitenden Satz von 1,7 ist also auch hier nicht auf die griechische Bibel, sondern auf die im Urtext überlieferte Fassung Bezug genommen[4]. Dabei ist im griechischen Text die semitische Sprachgestalt beibehalten, indem nicht von der Erscheinung eines Menschen, sondern von einem die Rede ist, der „wie" ein Menschensohn ist[5]. Damit wird einerseits in Aufnahme bibli-

[3] Vgl. *T. Holtz*, Die Christologie der Apokalypse des Johannes, in: TU 85 (Berlin 1962) 25f 108 183 u.ö.: „Der Seher Johannes will den in Jesus erschienenen Christus als den Erfüller der alttestamentlich-jüdischen messianischen Hoffnungen darstellen" (183).

[4] Vgl. *A. Schlatter*, Das Alte Testament in der johanneischen Apokalypse, in: BFChrTh 16,6 (Gütersloh 1912).

[5] Durch diese Wendung ist die Rede vom Menschensohn in der Apk deutlich von der Menschensohnüberlieferung in den Evangelien, die nur den titularen Gebrauch kennt, unterschieden. Vgl. *Müller*, a.a.O. 197.

scher Wendungen auf die Erscheinung des himmlischen Herrn hingewiesen, andererseits aber angedeutet, daß Worte nicht ausreichen, um sein Bild wiederzugeben.

Das Bild des himmlischen Menschensohns wird mit einer Reihe von Wendungen beschrieben, die aus verschiedenen alttestamentlichen Zusammenhängen – vor allem aus dem Danielbuch – herrühren. Das lange Gewand hebt seinen priesterlichen Charakter hervor, der goldene Gürtel gibt seine königliche Würde zu erkennen[6]. Seine Erscheinung ist von Licht umhüllt, so daß sein Haupt und sein Haar schneeweiß glänzen (1,14). Damit aber ist ein Zug auf ihn übertragen, der Dan 7,9 zur Schilderung des Hochbetagten dient, der auf dem himmlischen Thron zur Abhaltung des Gerichts Platz nahm. Der erhöhte Menschensohn ist also mit göttlicher Hoheit ausgezeichnet. Seine leuchtenden Augen sind von durchdringender Kraft wie flammendes Feuer (1,14), seine Füße sind wie Golderz, das im Ofen geläutert wurde, und seine Stimme kann nur mit dem Tosen brausender Wasserfälle verglichen werden (1,15; s. Dan 10,6). In seiner Rechten hält er sieben Sterne, und aus seinem Mund geht ein scharfes, zweischneidiges Schwert hervor, das seine richterliche Gewalt erkennen läßt (1,16). Der Menschensohn ist somit zugleich als Priester, König und Richter dargestellt, der in göttlicher Vollmacht seines Amtes waltet.

Der himmlische Menschensohn steht inmitten von sieben goldenen Leuchtern. Die sieben Leuchter aber bedeuten – wie am Schluß des Abschnitts erklärend festgestellt wird – die sieben Gemeinden, die als Empfänger des vom Seher verfaßten Buches genannt sind und die die Gesamtheit des Gottesvolkes repräsentieren, an das der erhöhte Herr seine trostreiche Botschaft richtet (1,20). Der Menschensohn ist mithin Herr seines Volkes[7], und seine einzigartige Würde hebt ihn weit über die Engel hinaus. Im Vertrauen auf ihn kann daher die von Verfolgung und Leiden bedrohte Kirche voller Zuversicht den kommenden Ereignissen entgegengehen.

Von zukünftigem Geschehen handelt die Darstellung im vierzehnten Kapitel, die die Ankündigung und Vorbereitung des Gerichtes beschreibt. Zunächst wird in drei Rufen aus Engelsmund das Gericht angesagt (14,6–13). Dann wird der Menschensohn auf einer Wolke sichtbar und löst den Vollzug des Gerichtes aus (14,14), das nacheinander drei Engel vollstrecken (14,15–20). Die Erscheinung des Menschensohns wird wiederum in Anlehnung an Dan 7,13 dargestellt. Der Seher erblickt eine weiße Wolke „und auf der Wolke einen gleich einem Menschensohn sitzen". Ein goldener Kranz, den er auf dem Haupt trägt, weist

---

[6] Zum einzelnen siehe die Kommentare, *E. Lohse*, Die Offenbarung des Johannes, in: NTD 11 (Göttingen ^{3}1971) 20f; *H. Kraft*, Die Offenbarung des Johannes, HNT 16a (Tübingen 1974) 45f.

[7] Vgl. *Holtz*, a.a.O. 123: „Denn es handelt sich dabei um die Darstellung des Christus als Herrn der Gemeinde."

seine herrscherliche Würde aus, die Sichel in seiner Hand sein Richteramt. Eigentümlich aber mutet an, daß der Menschensohn nicht am Ende der kosmischen Katastrophen, sondern inmitten der Abfolge der Engel auftritt, die die Endereignisse ankündigen und einleiten[8]. Vom himmlischen Tempel, d.h. von Gott her, kommt ein Engel heran und ruft mit lauter Stimme dem, der auf der Wolke sitzt, den Befehl zu: „Sende deine Sichel aus und ernte; denn gekommen ist die Stunde zum Ernten, da die Ernte auf Erden überreif geworden ist" (14,15). Der Menschensohn, dem dieser Befehl gilt, führt ihn unverzüglich aus. Er wirft die Sichel hinab, „und die Erde wurde abgeerntet" (14,16).

Der Rückgriff auf Dan 7,13 stellt sicher, daß wie 1,13 an die Erscheinung des Menschensohns, nicht die eines Engels gedacht ist[9]. Sie schildert jedoch hier nicht die Hoheit des gegenwärtig wirksamen Herrn, sondern soll seine zukünftige richterliche Funktion beschreiben. Was an dieser Stelle angekündigt wird, findet später mit der Parusie des Reiters auf weißem Roß seine Verwirklichung (19,11–16)[10]. Dort wird jedoch nicht noch einmal Dan 7,13 aufgenommen, sondern mit anderen alttestamentlichen Wendungen die Ankunft des messianischen Königs dargestellt. Die Ankündigung des richterlichen Handelns, das dem Menschensohn aufgetragen ist, weist sicherlich auf das Endgericht, nicht aber auf die Sammlung der Gläubigen voraus, von der in anderen Zusammenhängen, die von der Parusie des Menschensohns handeln, verschiedentlich auch die Rede ist (z.B. Mk 13,27 par)[11]. Vielmehr soll hervorgehoben werden, daß kraft göttlichen Befehls der Menschensohn die große Ernte ins Werk setzen wird. Da die Gemeinde vorausschauend schon erfahren darf, daß ihm diese Vollmacht übertragen ist, verlieren für sie die gegenwärtigen Schrecken ihre bedrohende Gewalt.

II

Der Seher Johannes redet nur an diesen beiden Stellen seines Buches im Anschluß an Dan 7,13 vom Menschensohn. Im Zusammenhang der endzeitlichen Ereignisse, die er beschreibt, hätte sich jedoch leicht Gelegenheit bieten

---

[8] *Müller*, a.a.O. 193–197 möchte in 14,14–20 ein jüdisches Quellenstück sehen. Daß jüdisch-apokalyptische Traditionen zugrunde liegen, ist nicht zu bezweifeln. Die Annahme schriftlicher Vorlagen, die der Verfasser der Apk aufgenommen und verwendet haben soll, bleibt jedoch angesichts der einheitlichen Sprachgestalt der ganzen Apk eine unbeweisbare Hypothese.

[9] Zur Auseinandersetzung mit anderslautenden Ansichten vgl. *Holtz*, a.a.O. 129. *Kraft*, a.a.O. 197, vertritt die Auffassung, es handle sich nicht um den 1,13 genannten Menschensohn, sondern „um einen von den vier Engeln, die beim Gericht, d.h. bei der Exekution mitwirken".

[10] Vgl. *G. Bornkamm*, Die Komposition der apokalyptischen Visionen in der Offenbarung Johannis, in: ZNW 36 (1937) 132–149 = Studien zu Antike und Christentum. Gesammelte Aufsätze III (München [2]1963) 204–222, bes. 213.

[11] Gegen *Holtz*, a.a.O. 133: „Bei der Ernte des Menschensohnes ist wahrscheinlich an die ‚Sammlung der Glaubenden' zu denken."

können, den Hoheitstitel des Menschensohns häufiger zu verwenden. Offensichtlich kommt es ihm nicht darauf an, diesen Titel, der aus der apokalyptischen Tradition überkommen war, herauszustellen. Er möchte vielmehr ausdrücklich betonen, daß die Verheißungen der Schrift erfüllt sind und sich auch in Zukunft verwirklichen werden. Deshalb ist vom Menschensohn nur in deutlicher Bezugnahme auf Dan 7,13 die Rede, wird aber, abgesehen von dieser Schriftbegründung, nicht von ihm gesprochen.

Der erhöhte Menschensohn redet durch den Mund seiner Knechte zu seiner Gemeinde. Die Botschaft, die in den sieben Sendschreiben an die ganze Kirche gerichtet wird, ist daher als sein Wort zu begreifen, mit dem er zu seinen Gemeinden spricht. Dabei wird nach dem Verständnis der frühen Christenheit kein Unterschied zwischen Worten gemacht, die vom irdischen Jesus überliefert sind, und Sprüchen, die aus der Gemeindetradition stammen oder aber von urchristlichen Propheten in der Vollmacht des Geistes gesprochen werden. Der Menschensohn redet vielmehr zu seiner Kirche durch die Kraft des Geistes, der die Propheten erfüllt[12].

Innerhalb der Herrenworte, die in den Sendschreiben aufgeführt werden, liegt an einer Stelle eine deutliche Bezugnahme auf ein Menschensohnlogion vor, das auch in der synoptischen Tradition enthalten ist. Der Seher Johannes hat dabei sicherlich nicht eine schriftliche Vorlage vor sich gehabt, sondern er schöpft aus der mündlichen Überlieferung, wie sie seinen Gemeinden vertraut war. In dem Sendschreiben an die Gemeinde in Sardes wird dem Sieger, der bis zum Ende treu ausharrt, die Zusage gegeben, der erhöhte Christus werde seinen Namen vor seinem Vater und vor seinen Engeln bekennen (3,5). In der synoptischen Tradition heißt es in der Fassung des Matthäusevangeliums: „Jeder, der sich zu mir bekennt vor den Menschen, zu dem werde auch ich mich bekennen vor meinem Vater in den Himmeln." Die Parallele im Lukasevangelium dagegen lautet: „Jeder, der sich zu mir vor den Menschen bekennt, zu dem wird sich auch der Menschensohn bekennen vor den Engeln Gottes." Beim Vergleich mit Apk 3,5 fällt auf, daß dort sowohl der himmlische Vater (Mt 10,32) als auch die Engel (Lk 12,8) als die richterliche Instanz genannt sind, vor der das gültige Bekenntnis als entscheidende Zeugenaussage abgegeben werden soll[13]. Obwohl demnach Apk 3,5 auch die Lk 12,8 überlieferte Fassung als bekannt vorausgesetzt ist, wird der Titel des Menschensohns nicht genannt. Die Johannesapoka-

[12] Die Struktur der prophetischen Rede in den Sendschreiben ist eingehend analysiert worden von *F. Hahn*, Die Sendschreiben der Johannesapokalypse. Ein Beitrag zur Bestimmung prophetischer Redeformen, in: Tradition und Glaube. Das frühe Christentum in seiner Umwelt, Festgabe für K. G. Kuhn (Göttingen 1971) 357–394.

[13] *Hahn*, a. a. O. 388, Anm. 120, vermutet, es habe eine ursprüngliche Fassung des Logions gegeben, in der nur die Engel als Ersatzwort für Gott erwähnt waren.

lypse wahrt dem Hoheitstitel gegenüber deutliche Zurückhaltung. Denn sie spricht vom Menschensohn nur da, wo diese Bezeichnung durch Bezugnahme auf den alttestamentlichen Text von Dan 7,13 vorgegeben ist.

Auch in den anderen Sprüchen der Sendschreiben, in denen Anklänge an synoptische Herrenworte enthalten sind, fehlt eine Erwähnung des Menschensohns. Der Weckruf – „Wer Ohren hat, der höre" u. ä. – berührt sich mit ähnlichen Sprüchen der synoptischen Tradition (Mk 4,9 par; 4,23 par u.a.)[14]. Die Aufforderung zur Umkehr ist in der Warnung enthalten, die an die Gemeinde in Thyatira gerichtet wird (2,21 f). Sie wird mit der drohenden Ankündigung verbunden, Christus werde als der endzeitliche Richter einem jeden nach seinen Werken vergelten – einer Wendung, die hier wie Mt 16,27 im Anschluß an geläufige alttestamentliche Redeweise formuliert ist. Das Bild vom Buch des Lebens, in das die Namen der Erwählten eingetragen sind, wird 3,5 wie auch Lk 10,20 verwendet. 3,21 wird ebenso wie in dem Spruch Mt 19,28 die künftige Seligkeit mit der Verheißung bezeichnet, daß diejenigen, die zu Christus gehören, an seiner Seite auf dem Thron werden Platz nehmen dürfen. Zur Furchtlosigkeit wird 2,10 wie Mt 10,28 gerufen, vom Schlüssel als Ausdruck besonderer Bevollmächtigung wird 3,7 wie Mt 16,19 gesprochen. In keinem dieser Worte, die teils geläufige Wendungen aufnehmen, teils deutlicher an Logien anklingen, die in den Evangelien enthalten sind, wird ein Hoheitstitel angeführt.

Dieser Befund stimmt mit den Beobachtungen überein, die sich hinsichtlich des sparsamen Gebrauches machen ließen, den die Bezeichnung Jesu als Menschensohn in der Johannesapokalypse erfährt. Die Sprache des Sehers Johannes ist so stark biblisch bestimmt[15], daß er die enge Bindung an das Alte Testament sorgsam wahrt und daher den Hoheitstitel des Menschensohns nur im Zusammenhang eines engen Anschlusses an die in der Schrift ihm dargebotene Redeweise verwendet. Er spricht infolgedessen weder vom Leiden, Sterben und Auferstehen des Menschensohnes, noch redet er von der Niedrigkeit dessen, der arm und heimatlos auf Erden wandelte, sondern er beschreibt im Rückgriff auf die Vision von Dan 7,13 die unvergleichliche Vollmacht des erhöhten und zum Gericht erscheinenden Menschensohns. Ihm eignet göttliche Vollmacht, die er gegenwärtig schon als der Herr seiner Gemeinden ausübt und in der er am Ende der Tage als der Richter erscheinen wird.

---

[14] Zur Analyse der Weckrufe und dem Vergleich mit synoptischen Parallelen siehe *Hahn*, a.a.O. 377–381.

[15] Vgl. *E. Lohse*, Die alttestamentliche Sprache des Sehers Johannes, in: ZNW 52 (1961) 122–126 = Die Einheit des Neuen Testaments (Göttingen 1973) 329–333.

Über das Verhältnis der Exegese als historisch-kritischer Wissenschaft zum dogmatischen Verstehen

Karl Lehmann, Freiburg i. Br.

Das Tabu zwischen Exegese und Dogmatik ist seit langem durchbrochen. Viele Pionierarbeiten haben dazu beigetragen, die notwendige Brücke zu bauen[1]. Kein Mensch denkt mehr daran, daß der Exeget des Alten und Neuen Testaments dem Systematiker nur das Material bereitzustellen habe, mit dem dieser sein Lehrgebäude errichtet. Dennoch ist das Verhältnis von historisch-kritischer Methode und dogmatischer Denkform nicht ausreichend geklärt. Vieles steht noch unverbunden nebeneinander. So lassen sich auch hier nur einige Berührungspunkte und einige einzelne Verhältnisbestimmungen als Vorstufen einer umfassenderen Theorie erörtern. Da eine solche nur aus der unmittelbaren Erfahrung mit der konkreten exegetischen Arbeit formuliert werden kann, sind Werkstatt-Thesen[2] aus der Begegnung von Exegese und Dogmatik sicher kein Umweg.

I

Die historisch-kritische Methode wird im allgemeinen heute in ihrer Radikalität und in ihrem revolutionierenden Tiefgang verkannt. Sie hat sich durchgesetzt

[1] Von Anfang an war A. Vögtle an diesem Gespräch beteiligt, vgl. seine Beiträge: Fortschritt und Problematik der neutestamentlichen Wissenschaft, in: *H. Vorgrimler* (Hrsg.), Exegese und Dogmatik (Mainz 1962) 53–68; Historisch-objektivierende und existentiale Interpretation. Zum Problem ihrer Zuordnung in der neutestamentlichen Exegese, in: *A. Vögtle,* Das Evangelium und die Evangelien. Beiträge zur Evangelienforschung (Düsseldorf 1971) 9–15; Die hermeneutische Relevanz des geschichtlichen Charakters der Christusoffenbarung, ebd. 16–30.

[2] Der Beitrag will seine ursprüngliche Funktion, eine Einführung zu einem Gespräch zwischen Exegeten und Dogmatikern zu leisten, bewußt beibehalten, woraus sich seine Gestalt mit der notwendig knappen Thesenform ergibt. Der Text geht zurück auf eine Gastvorlesung an der kath.-theol. Fakultät der Universität Mainz (4. 6. 1973) und wurde anläßlich eines Symposions über die behandelte Frage mit Kollegen der theologischen Fakultät Helsinki und unter Beteiligung des Göttinger Alttestamentlers Prof. Dr. Rudolf Smend am 6. 4. 1975 in Järvenpää (Finnland) erprobt und überarbeitet. Zur Sache vgl. vom Verfasser: Der hermeneutische Horizont der historisch-kritischen Exegese, in: *J. Schreiner* (Hrsg.), Einführung in die Methoden der biblischen Exegese (Würzburg 1971) 40–80, jetzt auch in: *K. Lehmann,* Gegenwart des Glaubens (Mainz 1974) 54–93 (dort ist S. 92f auch die neuere Literatur nachgetragen).

und „etabliert". Niemand wagt, ihren unbestreitbaren Rang anzufechten. Aber solche Anerkennung ist allemal problematisch. Solange man nur abgegrenzte Einzelprobleme betrachtet, bleibt die Wirkung der historisch-kritischen Methode begrenzt. Man kann ihr auch dadurch die Zähne ziehen, daß man sie auf einen rein technisch-handwerklichen Gebrauch demostiziert. Dieser Vorgang war in gewisser Weise notwendig und verbesserte in ihrer pragmatischen Nüchternheit die Brauchbarkeit der Methode. Jedoch muß man auch die Rückseite dieser Entwicklung sehen: Die historisch-kritische Methode verliert damit auch an Stärke und büßt zum Teil ihre prinzipielle Stoßkraft ein. Die eigentümliche Struktur ihres spezifischen Fragens und Denkens verbirgt sich eher. Damit kann sich eine andere Tendenz verbinden, daß nämlich in Extremfällen die rein technisch gehandhabte Exegese zu einem unverbindlichen Spiel mit bald unzähligen Hypothesen werden kann. Nicht selten hat dies dann auch zur Konsequenz, daß man den zentralen Sachfragen praktisch ausweicht. So gibt es nach einer alten Erfahrung in allen Konfessionen bei einigen Exegeten die Tendenz zu einem theologischen Alibi, indem nämlich in allen prinzipiellen Fragen auf den Systematiker verwiesen wird. Von E. Troeltsch[3] stammt in diesem Zusammenhang das berühmt gewordene Wort: „Man wird in dieser Art von Theologie beständig vom Pontius zum Pilatus geschickt."

Die Väter der historisch-kritischen Methode und ihrer Anwendung in der Theologie haben die Beziehung zwischen historischer Kritik und christlichem Glauben radikaler gesehen. Es ging nicht nur um die Anerkenntnis „zeitgeschichtlicher Bedingtheiten" in den theologischen Aussagen, sondern man witterte die in der historischen Methode liegenden fundamentalen Konsequenzen. „Die historische Methode, einmal auf die biblische Wissenschaft und auf die Kirchengeschichte angewandt, ist ein Sauerteig, der alles verwandelt und der schließlich die ganze bisherige Form theologischer Methoden zersprengt."[4] Die historische Methode schließt eine bestimmte Grundeinstellung zum geistigen Leben überhaupt ein und prägt darum auch die theologische Sicht der Quellen des Christentums neu. E. Troeltsch hat die Grundzüge der historischen Methode in prägnanter Kürze in drei Faktoren zusammengefaßt: die grundsätzliche Gewöhnung an historische Kritik, die Bedeutung der „Analogie" zwischen vergangenen Ereignissen und die Wechselwirkung aller Erscheinungen des geschichtlichen Lebens. Auch wenn die Beschreibung einiger dieser Momente uns heute in ihrer philosophischen Herkunft und Problematik deutli-

[3] Über historische und dogmatische Methode in der Theologie (1898), abgedruckt in: *E. Troeltsch*, Gesammelte Schriften II (Tübingen 1913) 729–753, hier zitiert nach dem leicht zugänglichen Sammelband von *G. Sauter* (Hrsg.), Theologie und Wissenschaft = Theologische Bücherei 43 (München 1971) 105–127, Zitat S. 107.
[4] A. a. O. 106.

cher vor Augen steht, so soll die innere Virulenz der historischen Methode, wie sie von Generationen empfunden wurde und noch wird, am Leitfaden dieser Charakteristik skizziert werden.

1. Auf historischem Gebiet gibt es nur Wahrscheinlichkeitsurteile verschiedener Abstufung, nach deren Grad jede Überlieferung gemessen wird. Bereits ohne Anwendung einer inhaltlichen Kritik wird damit die prinzipielle Einstellung zur Tradition verändert, da dieser Standort immer nur den Anspruch einer nur wahrscheinlichen Richtigkeit erreicht. Damit ist bereits eine Relativierung unmittelbar hergebrachter Normativität gegeben. Auflösung des Anspruchs, Berichtigung der Herkunft und Veränderung des bisherigen Legitimationsgrundes sind die ersten Folgen solcher „Kritik"[5].

2. Kennzeichen der Wahrscheinlichkeit für die berichteten Vorgänge, welche die Kritik als faktisch geschehen anerkennen kann, ist die Übereinstimmung mit gewöhnlichen oder öfter bezeugten Vorgängen, Ereignissen und Geschehensweisen. „Die Beobachtung von Analogie zwischen gleichartigen Vorgängen der Vergangenheit gibt die Möglichkeit, ihnen Wahrscheinlichkeit zuzuschreiben und das Unbekannte des einen aus dem Bekannten des anderen zu deuten. Diese Allmacht der Analogie schließt aber die prinzipielle Gleichartigkeit alles historischen Geschehens ein, die freilich keine Gleichheit ist, sondern den Unterschieden allen möglichen Raum läßt, im übrigen aber jedes Mal einen Kern gemeinsamer Gleichartigkeit voraussetzt, von dem aus Unterschiede begriffen und nachgefühlt werden können."[6] Diese Analogie des durch innere und äußere Erfahrung Zugänglichen ist für Troeltsch „der Schlüssel zur Kritik"[7].

3. Diese Gleichartigkeit nivelliert bis zu einem gewissen Grad die einzelnen Geschehensweisen und setzt letztlich eine Gemeinsamkeit und Homogenität des menschlichen Geistes und seiner geschichtlichen Leistungen voraus. Mit dieser idealistischen und vor allem an Dilthey erinnernden Komponente verbindet sich der dritte Grundbegriff im Verständnis historischer Kritik: Es gibt eine fundamentale Wechselwirkung aller Erscheinungen des geistig-geschichtlichen Lebens. Alles Geschehen steht in einem ununterbrochenen Zusammenhang mit unaufhebbaren Relationen der einzelnen Momente zueinander. Es gibt keinen der gegenseitigen Einwirkung und Verflechtung entzogenen Bereich. Auch Eigentümliches, Selbständiges und „Einzigartiges" – in sich schon ein Widerspruch bei der These prinzipieller Gleichartigkeit allen Geschehens – ist immer schon durch das nachempfindende Verstehen als zum „Gemein-Menschlichen" gehörig begriffen.

---

[5] Vgl. dazu außer *R. Koselleck*, Kritik und Krise (Freiburg i. B. 1959, – Taschenbuchausgabe Frankfurt a. M. 1973) jetzt bes. *C. v. Bormann*, Der praktische Ursprung der Kritik (Stuttgart 1974).
[6] *E. Troeltsch*, a.a.O. 108.
[7] Ebd.

Historische Erklärung setzt diesen prinzipiellen Rahmen voraus. Ist diese historische Methode einmal prinzipiell zugestanden, und sei es nur an einem Punkt, dann kann sich kein Gegenstand und kein Erkennen ihrer Konsequenz entziehen. Zusammenfassend formuliert Troeltsch mit kaum überbietbarer Klarheit: „Die historische Methode führt durch Kritik, Analogie und Korrelation ganz von selbst mit unaufhaltsamer Notwendigkeit zur Herstellung eines solchen sich gegenseitig bedingenden Geflechtes von Betätigungen des menschlichen Geistes, die an keinem Punkte isoliert und absolut sind, sondern überall in Verbindung stehen und eben deshalb nur im Zusammenhang eines möglichst alles umfassenden Ganzen verstanden werden können."[8]

Natürlich war auch Troeltsch bekannt, daß damit umfassendere philosophische Voraussetzungen[9] mit im Spiel sind (Dilthey, Windelband, Rickert). Auch für Troeltsch lag die eigentliche Rechtfertigung der historischen Kritik in der Bewährung und Fruchtbarkeit ihrer methodischen Anwendung und in ihrer Leistungsfähigkeit zur Herstellung von Verständnis und Zusammenhang. „Niemand kann leugnen, daß sie überall, wo sie angewendet wurde, überraschend erleuchtende Ergebnisse hervorgebracht hat, und daß überall das Vertrauen sich bewährt hat, noch nicht erleuchtete Partien würden durch sie sich aufklären lassen. Das ist ihr einziger, aber auch ihr völlig ausreichender Beweis. Wer ihr den kleinen Finger gegeben hat, der muß ihr auch die ganze Hand geben. Daher scheint sie auch von einem echt orthodoxen Standpunkt aus eine Art Ähnlichkeit mit dem Teufel zu haben."[10]

Es ist deutlich, daß Troeltsch mit dieser Charakteristik von einem Erkenntnisideal, von einem Wirklichkeitsverständnis, von einem Wertbegriff und von einer Geschichtskonzeption ausging, die uns außerordentlich fragwürdig geworden sind[11]. Hinzu kommen das Erbe der Historismus-Problematik und das Einwirken der religionsgeschichtlichen Schule auf Troeltsch, deren Systematiker er wiederum wurde. Das beschriebene „Analogie"-Denken, das im übrigen ja eher einer univoken Betrachtung von Realität und Geschichte zuneigt und die wahre Vieldimensionalität der Wirklichkeit, ihre verschiedenen Seins- und Ereignisweisen unterschätzt, kann eine so nivellierende Gewalt annehmen, daß es selbst un-kritisch wird, d. h. die Unterscheidung der Wirklichkeitsweisen und Realitätsstile mit ihren verschiedenen Aussagemöglichkeiten verkennt.

Darum genügt es auch nicht, diesen Kanon der drei leitenden Grundbegriffe nur um gegensteuernde Momente zu ergänzen. Der inhaltlichen Grundabsicht

---

[8] Ebd. 110.

[9] Dazu W. *Pannenberg*, Wissenschaftstheorie und Theologie (Frankfurt a. M. 1973) 105–117, 319f.

[10] *E. Troeltsch*, a.a.O. 110.

[11] Vgl. Genaueres bei *E. Lessing*, Die Geschichtsphilosophie Ernst Troeltschs = Theologische Forschung 39 (Hamburg-Bergstedt 1965).

nach kann man P. Stuhlmacher zustimmen, der zusätzlich zu den genannten Grundsätzen ein *viertes Prinzip des Vernehmens* einführen möchte[12]. Er fordert als kritisches Korrektiv die „Bereitschaft, geschichtlicher Überlieferung in der (keineswegs illusionären!) Erwartung zu begegnen, aus dieser Überlieferung Neues über Menschsein, Wirklichkeit und Geschichte zu erfahren"[13]. In der Tat liegt im Postulat eines solchen Prinzips die Richtung einer fundamentalen Erweiterung des theoretischen Entwurfs von E. Troeltsch. Einerseits bedarf jedoch der Begriff des „Vernehmens" einer weiteren Differenzierung, der spätestens seit Kant immer wieder zwischen dem Vernehmen im Sinne des hinnehmenden Empfangens und dem Vernehmen im Sinne eines Verhörs vor dem kritischen Gerichtshof menschlicher Vernunft hin- und herschwankt. Anderseits erhebt sich die dringlichere Frage, ob das mit Recht aufgestellte Postulat nicht einige grundlegende Voraussetzungen der drei Prinzipien radikal aus den Angeln hebt. Dann wäre die Aufstellung dieses Prinzips eine nachträgliche und gegenüber der Konsequenz der Methode irgendwie widersprüchliche Korrektur an einem Wirklichkeitsverständnis, das zu größerer Revision aufruft.

P. Stuhlmacher argumentiert freilich eher von der konkreten exegetischen Arbeit her, in der unbeschadet der vielfältigen Wechselwirkung geschichtlichen Lebens auch das Eigengeartete des biblischen Offenbarungszeugnisses ans Licht gebracht wird. Betrachtet man nicht nur einzelne und punktuelle religionsgeschichtliche Entsprechungen und Unterschiede zur Bibel, sondern die umfassende Ganzheit des jeweiligen Phänomens[14], dann zeigt sich bei allen Verflechtungen und beim tiefen Hineinragen der Religionsgeschichte in die Bibel Un-vergleichliches und Analogieloses. Es gibt eine Fülle solcher Strukturen, die allerdings noch nicht genügend auf ihren eigenen Begriff gebracht worden sind: Gen 1–11 als „Urgeschichte", die neutestamentlichen Evangelien als „Gattung", die Gesetzeskritik Jesu, der Grundsinn des neutestamentlichen „Wunders", Wirklichkeitsweise und Verständnis der Auferweckung und der Erscheinungen Jesu Christi.

Gerade in solchen Zusammenhängen stößt die historisch-kritische Methode an ihre Voraussetzungen und deren Grenzen. Damit ist auch von selbst der Ort gegeben, wo der Bezug zur dogmatischen Arbeit unvermeidlich wird. Wir verbleiben zunächst beim Nutzen und Sinn der historisch-kritischen Exegese für die dogmatische Aufgabenstellung.

---

[12] Kritische Marginalien zum gegenwärtigen Stand der Frage nach Jesus, in: *D. Rössler, G. Voigt, F. Wintzer* (Hrsg.), Fides et communicatio. Festschrift für M. Doerne zum 70. Geburtstag (Göttingen 1970) 341–361, bes. 360f. [13] Ebd. 361.

[14] Vgl. dazu C. *Westermann*, Sinn und Grenze religionsgeschichtlicher Parallelen, in: *ders.*, Forschung am Alten Testament = TB 55 (München 1974) 84–95; *W. Pannenberg*, Wissenschaftstheorie und Theologie, 326ff, 360f, 368f, 380f, 388ff; *M. Hengel*, Der Sohn Gottes. Die Entstehung der Christologie und die jüdisch-hellenistische Religionsgeschichte (Tübingen 1975) 32ff u.ö.

II

Die kritische Hilfe der Exegese für die Dogmatik liegt auf der Hand und kann in folgenden *Thesen* formuliert werden:

1. Die historische Krtik macht auf einen unaufgebbaren Primat der Offenbarungsgeschichte aufmerksam, indem sie zunächst auf den geschichtlichen Abstand der jeweiligen Gegenwart zu den biblischen Dokumenten hinweist. Die daraus resultierende „Verfremdung" des biblischen Textes gegenüber der eigenen Gegenwart, den verschiedenen kirchlichen Rezeptionsvorgängen und allen theologischen Interessen kann dem Offenbarungszeugnis bis zu einem gewissen Grad seine Unableitbarkeit und Ursprünglichkeit sichern helfen. In dieser „Neuheit" überrascht die Schrift immer wieder die Arbeit des Dogmatikers. *Beispiel:* Die Entdeckung des ursprünglichen Sinnes der „Anamnese", des „Gedenkens" usw. hat für das traditionelle Eucharistieverständnis aller Konfessionen eine kaum überschätzbare Bedeutung.

2. Durch diese notwendige Distanzierung wird in vielen Fällen erst einmal die Differenz zwischen der genuinen Textbedeutung und der späteren Auslegungsgeschichte eines Textes oder Begriffsfeldes offenkundig. Die *unreflektierte* Verquickung des Schriftverständnisses mit der späteren Wirkungsgeschichte verlangt nach einer Thematisierung und gegebenenfalls nach der Auflösung eines bestimmten Verständnisses. Diese Konfrontation ist auch dann notwendig, wenn man um die unaufgebbare Zusammengehörigkeit von Schrift und Kirche, Schrift und Tradition weiß. *Beispiele:* „Verdienst" und „Lohn" im Neuen Testament und in der kontroverstheologischen Fragestellung; der biblische Sendungsbegriff und der Terminus „missio" innerhalb des Kirchenrechts.

3. Ungerechtfertigte Traditionsansprüche, die sich ausdrücklich oder einschlußweise auf die Schrift berufen, können und müssen von der Differenz zwischen Text und Auslegungsgeschichte her in Frage gestellt und auf ihre Legitimität hin überprüft werden. *Beispiel:* Der Dienstcharakter des kirchlichen Amtes im Vergleich zu einigen theologischen Kategorien und historischen Vollzugsweisen (die Rede von der „potestas", Titel, Insignien usw.).

4. Die Vielgestaltigkeit, die Variationsbreite und die spannungsvolle Diskrepanz der verschiedenen Schriften und Schriftaussagen stellen eine unabdingbare und beständige Warnung vor jeder vorschnellen Systematisierung und vor jeder gewalttätigen Vereinheitlichung der Bibelinterpretation dar. Die methodische Vorsicht bezieht sich dabei auf zwei fast entgegengesetzte Momente:

a) Die geschichtliche Situation eines Textes darf nicht vernachlässigt werden, weil sonst die präzise Sinnspitze der Aussagen verkannt wird; ohne Erkenntnis der Angriffsspitze werden viele Schriftworte aber inhaltlich entschärft; nicht selten werden sie dadurch auch in ihrem Anspruch und in ihrer Gültigkeit überdehnt. Die Offenbarung verliert damit ihre konkrete Herausforderung. *Beispiele:* Die Auseinandersetzung des Paulus mit dem korinthischen Enthusiasmus vom Kreuz und vom Tod des Herrn her; die Begrenzung der Charismen in 1 Kor 12–14.

b) Die Variationsbreite des Schriftzeugnisses muß bewußt die Pluralität von Verstehensweisen aufrechterhalten gegenüber *jenen* Typen des systematischen Denkens und traditioneller Anschauungen, die den Reichtum und die komplexe Vollgestalt der Schriftaussagen nicht ernsthaft zum Einsatz bringen. *Beispiel:* Die Breite der neutestamentlichen Aussagen über die theologische Bedeutung des Todes Jesu (Loskauf, Versöhnung usw.) gegenüber einer ausschließlichen Einengung auf „Satisfaktion".

5. Indem die historisch-kritische Methode die Bindung an eine einmalige geschichtliche Situation aufzeigt und auf diese „Fremdheit" gegenüber späteren Interpretationsüberlagerungen hinweist, hilft sie zugleich, den positivistischen Buchstaben geronnener Schriftlichkeit aufzusprengen und mahnt, die Differenz von „Evangelium" bzw. Offenbarung und „Schrift" nicht zu vergessen. Die historische Kritik zeigt nämlich, wie die Wahrheit der Offenbarung in eine bestimmte, nämlich von ihrem damaligen Gegenwartsbezug geprägte Welt eingeht. Sie duldet dadurch zwar keine Lösung, die ein übergeschichtliches Destillat, frei von aller Historie und aller „Positivität", abstrahieren zu können glaubt, jedoch hebt sie die menschliche Wirklichkeit als Ort der Ankunft der Offenbarung Gottes von dieser ab. Dies hat erhebliche Konsequenzen:

a) Alle Tradition wird auf das in ihr Gemeinte aufgeschlossen und im Blick auf die Wirklichkeit des Menschen und der Geschichte verifiziert. *Beispiele:* Die paulinische Redaktion von Bekenntnistraditionen; das Ineinandergreifen von Tradition und Redaktion bei den Synoptikern.

b) Die Einsicht in die geschichtliche Vermitteltheit des Offenbarungszeugnisses verhindert ein reines Beharren und Pochen auf dem Buchstaben allein, das der vollen Intention des Textes nicht weiter folgen will. *Beispiel:* Sinnrichtung und Gefälle der neutestamentlichen Christologie und ihr Übergang in die nachneutestamentliche Epoche; Ausbildung eines tieferen Verständnisses von Sakrament, Kirche usw.

c) Historische Kritik entzieht darum die Schrift jedem positivistischen Zugriff und bringt in gleicher Radikalität die Zielrichtung des Offenbarungszeugnisses von Gott her *und* die ihm entsprechende, wenn auch durchaus zu verwandelnde menschliche Wirklichkeit zum Vorschein. *Beispiele:* Die Erkenntnisse über die Bedeutung von „Scheol" (Hades) im Zusammenhang des Descensus-Motivs, vor allem ihre christologische und anthropologische Bedeutung; die theologische und anthropologische Relevanz des paulinischen „Soma"-Begriffs.

d) Indem diese Entpositivierung der Schrift zu einem ihr gemäßen menschlichen Hörenkönnen auf die Wahrheit Gottes führen kann *und* die geschichtsmächtige Wirklichkeit der Schrift bezeugt, leistet die Exegese erste Schritte für eine sachgemäße Übersetzung der Schriftaussagen in eine andere geschichtliche Gegenwart (vgl. die eben angeführten Einzelbeispiele).

e) Wo man diesen Strukturen der Schrift grundsätzlich entgegentritt und sie ablehnt, bleibt die historische Kritik in besonderer Weise ein ständiger Anstoß und ein unaufhörlicher Stachel zur Erneuerung von Glaube, Theologie und Kirche. Dieser reformerische Grundzug hat eine eigene spirituelle Dimension, die jedoch bisher wenig reflektiert wird.

f) Kirchenreform ohne Anhalt an den Ergebnissen und Lehren wirklich kritisch erforschter Schrift führt zu pragmatischer Anpassung, sterilem Fundamentalismus und zielloser Geschäftigkeit.

Dies kann und muß der systematische Theologe immer wieder in der Begegnung mit historischer Kritik und Exegese lernen. Dabei gehört dieses Verständnis historisch-kritischer Methode nicht unmittelbar zu den Aufgaben des Exegeten, vielmehr zeigt sich darin ein wichtiges Moment dogmatischen Schriftgebrauchs. Dieser wäre allerdings nicht erlaubt, wenn ihm nicht begründete Konvergenzen der historischen und exegetischen Arbeit vorausleuchteten und ihn begleiteten.

III

Der Gegensatz zwischen „historischer“ und „dogmatischer“ Methode entspringt – abgesehen von der langen historischen Konfrontation – nicht zuletzt psychologischen Motiven, weil man nämlich unter Berufung auf *die* historisch-kritische Methode nicht selten die dogmatische Erkenntnis prinzipiell der Unwissenschaftlichkeit bezichtigte und nur der historischen Kritik „Wissenschaftlichkeit“ zuerkannte. Bei E. Troeltsch wird eine dogmatische Methode dargestellt, die in dieser Gestalt heute kaum mehr geübt wird, jedoch wegen der bleibenden inneren Neigung des menschlichen Geistes zum „Dogmatismus“ und der inneren Gefährdung der systematischen Reflexion in ihrer Einflußmöglichkeit nicht unterschätzt werden darf. Danach ist die dogmatische Methode zunächst einmal durch ein „naives“ Verhältnis zur Überlieferung geprägt. Sie nimmt in dieser Sicht ihren Anfang von einem festen Ausgangspunkt, welcher der Historie und ihrer Relativität völlig entrückt ist und gewinnt von ihm aus „unbedingt sichere Sätze“, die nur nachträglich mit Erkenntnissen und Meinungen des menschlichen Lebens in Verbindung gebracht werden. Eine solche Methode wird keine Kritik dulden, weil sie die damit verbundene Unsicherheit der Resultate nicht ertragen kann. Der Absolutheitsanspruch darf keine Analogien zugeben, und die dogmatische Alleinwahrheit darf sich nicht in den Zusammenhang des Gesamtgeschehens begeben. Sonst verfiele sie den Bedingungen und den gegenseitigen Einschränkungen dieses Zusammenhangs und der Gleichartigkeit allen historischen Geschehens. „Sie will dogmatische und keine historische Autorität, eine durch sich selbst ohne Vergleich und deshalb ohne Gemeinsamkeit mit dem übrigen historischen Leben feststehende Autorität; keine bloß tatsächlich starke und einflußreiche oder durch Geschichtsphilosophie erst zu wertende geschichtliche Größe, sondern eine in ihrem Wesen der Geschichte entrückte, von Hause aus durch besondere Merkmale der Übernatürlichkeit ausgezeichnete Grundlage dogmatischer Wahrheiten."[15]

In vieler Hinsicht und im Vergleich mit der heutigen systematischen Theologie erscheint diese Beschreibung der dogmatischen Methode als eine Karikatur. Die dogmatische Denkform[16], die ja keineswegs nur auf die Theologie beschränkt ist, unterscheidet sich vom „Dogmatismus" ja gerade darin, daß sie die von ihr einmal normativ angenommenen Voraussetzungen in ihrer Gültigkeit begründet und überprüft. Der Wandel der dogmatischen Methode ist aber noch einschneidender. In der heutigen systematischen Theologie – übrigens zu einem gewissen Grad auch bei den früheren großen Gestalten der „Dogmatik" – sind die Dogmen nicht unbefragt hingenommener und in diesem Sinne „selbstverständlicher" Ausgangs- und Zielpunkt der theologischen Reflexion, sondern sie nehmen als unverzichtbare Orientierungsdaten eher eine dienende Stellung ein zwischen dem durch die Schrift bezeugten Offenbarungswort und der gegenwärtigen Verantwortung der Glaubensverkündigung. Ihre Verbindlichkeit wird dadurch nicht geringer, vielmehr präziser. Überdies ist der Dogmatiker aus sehr vielen Gründen genötigt, im Bereich der Dogmen-, Konzils- und Theologiegeschichte das Instrumentarium historisch-kritischer Methode einzusetzen und entsprechende Forschungen zu berücksichtigen. In diesem Sinne respektiert die dogmatische Theologie nicht nur einzelne exegetische Ergebnisse der historisch-kritischen Arbeit, sondern sie stellt sich *als* dogmatische Methode der historischen Kritik. In der Begegnung mit der Exegese kommt dies besonders zum Ausdruck, weil die Dogmatik sich bei der Dogmeninterpretation fundamental auf die Schrift und das in ihr gegebene Offenbarungszeugnis zurückbezieht und von daher auch neue Fragestellungen und Impulse empfängt.

So ist deutlich geworden, daß die Ausgangslage im Verhältnis von historisch-kritischer und dogmatischer Methode heute erheblich anders ist als in der Perspektive des Aufsatzes von E. Troeltsch aus dem Jahre 1898.

---

[15] *E. Troeltsch,* a.a.O. 117.

[16] Dazu vgl. *K. Lehmann,* Die dogmatische Denkform als hermeneutisches Problem, in: *ders.,* Gegenwart des Glaubens, 35–53 (Lit.).

IV

Die dogmatische Methode hat trotz ihrer Verbindung mit der kritisch-historischen Methode ihre eigene Funktion. Von dieser soll hier nur insofern die Rede sein, als sie sich positiv auf die historische Kritik bezieht. Dabei wird mindestens idealtypisch vorausgesetzt (vgl. Abschnitt II), daß die Dogmatik zunächst alle Impulse aufgreift, die ihr von der historisch-kritischen Exegese her angeboten werden, und daß sie sich diesen Ergebnissen zur Auseinandersetzung stellt. Der dogmatische Theologe wird dabei in diesem Gespräch auf folgende Perspektiven achten:

1. Die dogmatische Theologie erinnert die historische Kritik der Schrift daran, daß diese der geschichtlichen Interpretation und dem sachlichen Verständnis des Offenbarungszeugnisses zu dienen hat. Sie braucht darum ihre historisch-kritische Funktion in keiner Weise zu beschränken. Jedoch wird die historische Kritik damit vor der Gefahr eines leeren Kritizismus, der Möglichkeit verhängnisvoller Blickverengungen und des Einwirkens eines unreflektierten Vorverständnisses gewarnt. Ziel dieses Aufrufes zur Reflexion der eigenen Voraussetzungen ist die Zuwendung zu einer kritischen Selbstreinigung der historischen Methode. *Beispiele:* Die philosophischen Implikationen im Gebrauch von „Interpretament" bei der Beschreibung der Auferstehungswirklichkeit; das vorausgesetzte Gottesverständnis in der Exegese von H. Braun; das Zurücktreten räumlicher Bestimmungen in der existentialen Interpretation R. Bultmanns zugunsten temporaler Strukturen (vgl. z.B. das johanneische „Bleiben").

2. Zur Ungesichertheit der Ergebnisse gehört auch eine ständige Reflexion auf die Brauchbarkeit und Legitimation der angewandten exegetischen Methoden[17]. *Beispiele:* Die ungerechtfertigten Ausuferungen der „religionsgeschichtlichen Schule"; die Gültigkeitsbedingungen der redaktionsgeschichtlichen Betrachtung.

3. Das Faktum, daß die biblische Überlieferung von Anfang an sich in verschiedenen Auffächerungen ausprägt und in sich selbst ein breites und differen-

---

[17] Auf diese Probleme haben jüngst namhafte evangelische und katholische Exegeten aufmerksam gemacht, vor allem P. Stuhlmacher, F. Hahn, M. Hengel, J. Gnilka (Nachweise bei *K. Lehmann*, Gegenwart des Glaubens, 93f). Von systematischer Seite vgl. u.a. *F. Beisser*, Irrwege und Wege der historisch-kritischen Bibelwissenschaft, in: Neue Zeitschrift für Systematische Theologie 15 (1973) 192–214; *O. Bayer*, Was ist das: Theologie? (Calw 1973) 103–116. Zur Sache vgl. auch *F. Hahn*, Die neutestamentliche Wissenschaft, in: *W. Lohff/F. Hahn* (Hrsg.), Wissenschaftliche Theologie im Überblick = Kleine Vandenhoeck-Reihe 1402 (Göttingen 1974) 20–38. – Nicht zur Sprache kommen können hier die Einwände der Profanhistoriker gegen die exegetischen Methoden, vgl. *J. M. Hollenbach/H. Staudinger* (Hrsg.), Moderne Exegese und historische Wissenschaft (Trier 1972) 49ff; *K. Buchheim*, Der historische Christus. Geschichtswissenschaftliche Überlegungen zum Neuen Testament (München 1974). Die Dringlichkeit der Auseinandersetzung wird evident bei der Lektüre von *G. Maier*, Das Ende der historisch-kritischen Methode (Wuppertal 1974).

ziertes Spektrum bietet, darf weder die Dogmatik noch die Exegese dazu verleiten, daß *ein* Traditionsstrang oder bestimmte geschichtliche Situationen ein ungerechtfertigtes Übergewicht erhalten oder ohne hinreichende Gründe als Symptome des Verfalls betrachtet werden. Redliche historische Kritik muß die jeweiligen geschichtlichen Bedingungen und einen verschiedenen Standort in der Geschichte des Urchristentums gebührend zur Anschauung bringen. Die Frage nach der theologischen Einheit der Schrift ist zwar nicht unmittelbar ein Problem der Bibel selbst, die historisch-kritische Forschung muß sich auch gegen jede harmonistische Lösung wenden, sie kann aber die Frage selbst nicht für illegitim erklären. *Beispiele:* Die Vorrangstellung der sogenannten „charismatischen Ekklesiologie" der paulinischen Hauptbriefe gegenüber dem deuteropaulinischen und spätapostolischen Amtsverständnis; umgekehrt: die einseitige Bevorzugung der Ämterstruktur in den Pastoralbriefen gegenüber dem Reichtum der ganzen Schrift.

4. Die Intention eines Textes erschöpft sich weder in der feststellbaren Absicht des Verfassers noch im Buchstaben der Schrift selbst. Das Sinnpotential eines Wortes und seines sprachlichen Zusammenhangs reicht über die einmalige geschichtliche Situation hinaus, auch wenn sich die Bindung daran als unaufgebbar erweist. Die dogmatische Methode steht im Dienst der Schrift und der gegenwärtigen Predigt der Kirche, wenn sie bei bleibendem Bezug zu dem in der Bibel vermittelten Offenbarungszeugnis auf die ganze Sache der Schrift selbst hindenkt. Die historisch-kritische Methode kann die geschichtlich bedingte Gestalt der jeweiligen Verkündigung aufweisen. Sie kann auch die zentralen Linien und die Inhalte der urchristlichen Glaubensbotschaft bestimmen, aber sie kann in dieser Beschränkung – falls sie ausschließlich dafür optiert – der vollen Intention des biblischen Wortes nicht gerecht werden. Dies bedeutet:

a) Die historisch-kritische Methode darf bei der Erörterung vergangener oder aktueller theologischer Probleme aus nachneutestamentlicher Zeit nicht überfordert werden oder sich selbst überfordern. *Beispiele:* „Immanente" Trinität im Vergleich zu ihren „ökonomischen" Strukturen; Realpräsenz und Transsubstantiation in der Eucharistie.

b) Die historische Kritik darf von ihrer eigenen Methode her ein Bedenken der vollen Dimension der Schriftaussagen nicht grundsätzlich hindern. *Beispiele:* Ausbildung des Amts- und des Sakramentsbegriffes als „Reflexionsbegriffe".

5. Die neuere Form- und Redaktionsgeschichte zeigt, daß die Verkündigung des Wortes Gottes stets auf eine Aktualisierung der Botschaft und auf die Bewältigung der jeweiligen Gegenwart hin angelegt ist. Diesem in der Schrift verbindlich und exemplarisch dokumentierten Übersetzungsprozeß entspricht

eine verantwortliche dogmatische Methode, welche um die sachgerechte Auslegung der Schrift in Auseinandersetzung mit der Glaubenssituation ringt. Die historische Kritik darf nicht dazu führen, daß durch die ausdrückliche Errichtung der historischen Distanz die Aussagen der Schrift in ihrem Wahrheitsanspruch immunisiert und durch ein „rein“ historisches Interesse neutralisiert werden. Eine Beschränkung auf eine objektivistische Distanzierung des Schrifttextes läuft seiner formalen Struktur und seinem Gehalt zuwider und wäre – prinzipiell durchgeführt – nicht sachgerecht. *Beispiel:* Vielleicht könnte die schwierige Frage nach der nicht nur „historischen“ Bedeutung der Petrusgestalt für die Kirche des Neuen Testaments von diesen Überlegungen her in Bewegung kommen, vor allem unter Verwendung jüngster redaktions- und traditionsgeschichtlicher Untersuchungen.

6. Die dogmatische Methode kann nicht unbesehen und unmittelbar bei den Ergebnissen der historisch-kritischen Erforschung der Schrift einsetzen und nur darauf aufbauen. Die Dogmatik ist nicht einfach das unbefangene Zu-Ende-Denken der Schrift in gleichsam direkter, ungebrochener Linienführung. Stattdessen sind u.a. folgende operationelle Einzelschritte notwendig:

a) Die historische Differenz zwischen der Schrift und jeder nachneutestamentlichen Epoche muß zuerst in ihrer vielfach gebrochenen Struktur und in ihren andersartigen Bedingungen auf einen Nenner gebracht werden. *Beispiel:* Die neutestamentliche Soteriologie und der Wandel der Erlösungsvorstellungen seit dem 2. Jahrhundert.

b) Die Richtung der Sachaussagen ergibt sich zwar durch die Schrift, zugleich ist jedoch das Spektrum der Auslegungsgeschichte sichtbar zu machen, weil diese uns – neben neuen Einsichten – wirkungsgeschichtlich oft auch den Zugang zur ursprünglichen Schriftaussage erschwert, verstellt oder verschiebt. *Beispiel:* Das Verständnis von Röm 1,18–21 und das Problem der „natürlichen Theologie“.

c) Erst durch diese historische Gebrochenheit hindurch kann man zuverlässig die Frage nach dem Zusammenhang von neutestamentlicher Aussage und späteren Auslegungen stellen. Sonst wird das Problem der „Kontinuität“ hermeneutisch unterschätzt. *Beispiel:* Die neutestamentlichen Zeugnisse der Ordination dürfen nicht unreflektiert mit der „sazerdotalen“ Terminologie aufgefüllt werden, die seit dem 3. Jahrhundert Liturgie und Theologie der Ordination bestimmen.

d) Werden diese und die früher genannten Spielregeln beachtet, dann entfernt sich ein Weiterbedenken der Sache der Bibel nicht von der Schrift, sondern dringt unter ihrer kritischen Führung tiefer in sie ein. *Beispiel:* Die großen christologischen Dogmen der alten Kirche, wenn sie in ihrer exakten Zielsetzung verstanden werden.

7. Das von der Sache der Schrift bewegte Verstehen der dogmatischen Theologie bezieht keinen übergeschichtlichen Standort und kann gleichwohl den bleibenden Wahrheitsanspruch der Schrift vermitteln. Dieser zeigt sich freilich in der Gestalt endlicher Verbindlichkeit: Die jeweilige Perspektive dogmatischer Erkenntnis hebt etwas ans Licht, was bisher in dieser Beleuchtung so nicht ansichtig geworden ist. Was sich in diesem Sinne als wahr erweist, ist auch dann eine gültige Erkenntnis, wenn diese nicht die ganze Wahrheit darstellt. Der dogmatischen Glaubenserkenntnis sind der innere Reichtum und das ganze Spektrum aller Perspektiven und Stationen der Glaubensgeschichte zugeordnet. Ein solches Wahrheitsverständnis läßt andere, noch unentdeckte Dimensionen der Wahrheit der Schrift offen, so daß sich gerade von hier aus immer wieder neue Erkenntnisimpulse abzeichnen. Die Einheit dieser Geschichte übergreift freilich den einzelnen Theologen und die wissenschaftliche Theologie überhaupt. Sie ist nur realisierbar im Raum der Kirche. Damit jedoch in dieser Überbrückung der Auslegungsgeschichte sich keine fälschliche Identifikation von Kirche und Schrift ereignet, muß ihre enge Zusammengehörigkeit gerade als der Spielraum eines freien und gehorsamen Hörens auf denselben Wahrheitsanspruch des Wortes Gottes verstanden werden.

V

Diese Thesen sind nichts anderes als eine erneute Einladung zum unaufhörlichen Gespräch zwischen Exegese und Dogmatik. Die notierten Leitsätze sind fragmentarisch, überschneiden sich und erscheinen manchem zu wenig prinzipiell. Aber dies scheint mir ein geringerer Mangel zu sein, als eine direkte Konvergenz von historisch-kritischer Methode und den Verfahrensweisen der dogmatischen Theologie zu postulieren. Es gibt unter den Schlagworten der „theologischen Exegese", der „pneumatischen Schriftauslegung", ja manchmal sogar der „Bibeltheologie" manche wohlgemeinte Versuche, die produktive „Fremdheit" beider zu umgehen. Deshalb zählt zunächst und vermutlich noch auf längere Zeit die Begegnung in der Arbeit am „empirischen" Detail. Die großen Probleme, die früher skizziert wurden, dürfen damit nicht verschwiegen werden. Im Grunde sind die uns aufgegebenen Fragen zweihundert Jahre alt und noch einiges älter. Die sogenannten „Konsequenzen" der historischen Kritik an der Bibel sind noch nicht in allen Bereichen ihrer Wirkung evident. Dabei muß vieles noch Gesprächsgegenstand werden, was heute meist umgangen wird, wie z. B. die verdrängte Gestalt Franz Overbecks, das Recht der „naiven" Bibellektüre und alle jener Formen von Schriftauslegung im Raum der Kirche, die nicht identisch sind mit der wissenschaftlichen Exegese und die wir gern „vorkritisch" zu nennen pflegen. Einstweilen sind historisch-kritische Methode und dogmatische Fragestellung noch wie ein ungleich erscheinendes Zwillingspaar im Haus der Theologie, notwendig streitbar, aber keineswegs auf bleibende Entzweiung angelegt, vielmehr stets aufeinander verwiesen und gegenseitig verpflichtet. Weil gerade dies in außerordentlicher Weise von Anton Vögtle zu lernen war, schuldet auch und gerade der dogmatische Theologe seinem engeren Landsmann, früheren Lehrer und jetzigen Kollegen derselben Fakultät Anerkennung und Dank.

Menschensohn, Menschensohnforschung und praktische Verkündigung

Überlegungen zur Dialektik von Autonomie und Finalisierung neutestamentlicher Wissenschaft

Odilo Kaiser, Freiburg i. Br.

A. Einleitung: Neutestamentliche Wissenschaft und praktische Verkündigung im Kontext Wissenschaft/Gesellschaft

Wissenschaft vom Neuen Testament und praktische Verkündigung[1] lassen sich vielleicht auf viele Arten betreiben; sie können aber wohl kaum hinreichend verstanden werden und sich selbst verstehen und somit verantwortlich wirken ohne eine wenigstens annähernde Klarheit über den umgreifenden Kontext von Wissenschaft und Gesellschaft, in dem sie selbst stehen und dessen Teil sie sind[2].

Das Verhältnis von Wissenschaft und Gesellschaft ist heute stark von einer andauernden Diskussion um die Größen „Autonomie" und „Finalisierung" bestimmt: in ihnen kommt modernes diesbezügliches Problembewußtsein zur Artikulation[3]. Indes hat die Sache, die sich darin ausdrückt, eine bereits lange und komplizierte Geschichte. Allein unmittelbar reicht diese mindestens soweit zurück, als eine Problementwicklung etwa unter den Stichworten Theorie und Praxis, gesamtgesellschaftlich gesehen, faßbar wird, sei sie nun (dort, wo sie

[1] Wegen der Mehrdeutigkeit der Begriffe vgl. unten S. 439.

[2] Aus der Fülle der Publikationen vgl.: *J. Ben-David*, The Scientist's Role in Society (Englewood Cliffs 1971); *H. Maier, K. Ritter, U. Matz* (Hrsg.), Politik und Wissenschaft (München 1971) (wichtige Beiträge); *S. Nagi, R. Corwin* (Hrsg.), The Social Contexts of Research (London 1972); J. R. Ravetz, Scientific Knowledge and its Social Problems (Oxford 1971); *K. G. Riegel*, Öffentliche Legitimation der Wissenschaft (Stuttgart 1974); H. Scholz (Hrsg.), Die Rolle der Wissenschaft in der modernen Gesellschaft (Berlin 1969); *L. Sklair*, Organized Knowledge. A Sociological View of Science and Technology (London 1973); *P. Weingart* (Hrsg.), Wissenschaftssoziologie. I: Wissenschaftliche Entwicklung als sozialer Prozeß (Frankfurt a. M. 1973); *J. Ziman*, Public Knowledge. The Social Dimension of Science (Cambridge 1968); ausgezeichnete Übersicht bei *W. L. Bühl*, Einführung in die Wissenschaftssoziologie (München 1974) (fortan = *Bühl*, ohne Zusatz).

[3] Vgl. *G. Böhme, W. van den Daele, W. Krohn*, Die Finalisierung der Wissenschaft, in: Zeitschrift für Soziologie (1973) 128ff. – Die Feststellung, daß (in der Finalisierung) „externe Zwecksetzungen gegenüber der Wissenschaft zum Leitfaden der Theorie werden" können (129), ist dem Exegeten keineswegs unbekannt: die Ähnlichkeit von Prozessen im modernen Verhältnis Wissenschaft/Gesellschaft mit solchen der Geschichte seiner eigenen Disziplin wird ihn nachdenklich stimmen.

erscheint) bewußt vollzogen, lediglich vorfindlich oder vielleicht nur untergründig wirksam[4].

Die Problemstellungen der neuen Geschichte und der Gegenwart der Wissenschaften differenzieren sich dabei in dem Maß, in welchem die Komplexe Wissenschaft und Gesellschaft sich differenzieren: miteinander, gegeneinander, und in sich selbst[5]. Die hier und im folgenden vorgenommene oder vorausgesetzte Trennung von Wissenschaft und Gesellschaft ist eine methodologisch bedingte; ganz dem entsprechend, daß für unsere gesamte Darlegung Wissenschaftstheorie, -kritik, -soziologie und Methodologie eine besondere Rolle spielen[6]. Was die genannte Trennung anbelangt, so kann „damit nicht mehr gesagt sein, als daß zwei mehr oder weniger gut unterscheidbare Faktorenkomplexe begrifflich auseinandergehalten werden sollen“[7]. Wir sind uns demnach des mehrdimensionalen Interaktionscharakters, durch den diese Größen unlösbar ineinander verflochten sind und in dem sie sich innerlich durchdringen, bewußt[8]. Gesamtgesellschaftlich ist das Verhältnis heute am ehesten nach Art eines prozessualen Interpenetrationsmodells vorzustellen, welches die Modelle der Insulation und der Kompartimentalisierung und damit die diesen zugrunde liegenden Vorstellungen und „Wirklichkeiten“ als überholt erweist[9]. Damit sind, allerdings sehr wissenschaftstheoretisch-abstrakt, die Grenzen von Autonomie einer- und Finalisierung andererseits als je relationsrelativer Größen grundsätzlich schon umschrieben[10].

---

[4] Zur Geschichte vgl. *W. Leinfellner*, Struktur und Aufbau wissenschaftlicher Theorien (Wien 1965) bes. 1–38 (historische Übersicht); zur praktischen Ausführung vgl. *L. Hogben*, Mensch und Wissenschaft (Zürich 1948); zum Gesamt *M. Foucault*, Die Ordnung der Dinge (Frankfurt a. M. 1971). – Zu Einzelfragen und Literatur vgl. die Werke über Wissenschaftstheorie und -geschichte.

[5] Vgl. *M. Scheler*, Die Wissensformen und die Gesellschaft (Bern 1960); zur Einführung (als Darstellung) etwa *H. Seiffert*, Einführung in die Wissenschaftstheorie, 2 Bde. (München ³1971); Gesamtdarstellung der Prozesse: *Bühl*, z.B. 30ff (Literatur).

[6] Im Hintergrund Werke von bzw. Auseinandersetzung um: *W. Stegmüller, K. Popper, R. Carnap, V. Kraft, B. Juhos, L. Gabriel, W. Leinfellner, K. Holzkamp, E. Ströker* – um nur einige markante Namen zu nennen. Zur innertheologisch ausgerichteten Diskussion vgl. *W. Pannenberg*, Wissenschaftstheorie und Theologie (Franfkurt a.M. 1973) (fortan = *Pannenberg*, ohne Zusatz). – Zum Selbstverständnis dieses Beitrags vgl. die beiden Zitate aus *Ströker*, unten S. 452f. – Ausführliche theoretische Darlegungen/Auseinandersetzungen sind hier unmöglich (sie finden sich selbst bei *Pannenberg* auf über 450 Seiten nur in Auswahl und Begrenzung, gemessen an der Gesamtverhandlung von Wissenschaftstheorie).

[7] Bühl, 28f.

[8] Vgl. dazu etwa *H. Bloch* (Hrsg.), Civilization and Science in Conflict or Collaboration? (Amsterdam 1972); *K. Holzkamp*, Wissenschaft als Handlung. Versuch einer neuen Grundlegung der Wissenschaftslehre (Berlin 1968); *Bühl* zeigt die ganze Spannbreite auf.

[9] So nach *Bühl;* vgl. dazu dort bes. 36 bis 47; es wären selbstverständlich fast alle Abschnitte einzeln aufzuzählen, da die Zusammenhänge erst in ihnen deutlich werden.

[10] Vgl. *Bühl;* bezüglich der 6 Grundfunktionen (= Kompetenzsicherung, Identitäts- und Wirklichkeitsabsicherung, Wissensproduktion, Paradigmenbindung, Austausch, Reputation) von Wissen-

Autonomie und Finalisierung sind indes offene, somit keineswegs in sich eindeutige oder leicht eindeutig festlegbare Größen. Denn Fragen und Probleme um sie stellen sich in sehr verschiedenen Ebenen und aus unterschiedlichsten Zusammenhängen. Ob sie (mindestens zunächst) sich inner- oder interdisziplinär stellen oder schon vom Ansatz her unmittelbar gesellschaftlich relevant erscheinen, ist bedeutsam. Für das allgemeine Bewußtsein richtet sich Finalisierung auf die Gesellschaft aus; Autonomie (der Wissenschaften) erscheint dann nach Art eines Gegenpols. Das ist gewiß stark vereinfacht, aber nicht in jeder Hinsicht falsch. Für uns freilich gilt es, durch genaue Beachtung des Bezugsrahmens und der Einzelheiten Mißverständnisse auszuräumen oder, was noch viel wünschenswerter wäre, sie von vornherein zu vermeiden[11].

Wie dem sei, eines ist gewiß: je stärker (Eindruck und Bewußtsein über) die Relevanz einer Wissenschaft für die Gesellschaft, um so größer und unmittelbarer das Interesse der Gesellschaft an der Wissenschaft, artikuliere sich dieses nun positiv oder negativ[12]. Schon hier kann man für *Gesellschaft* exemplifizierend und konkretisierend *Kirche(n)* einsetzen und erhält wichtige Parallelen: des Verstehens, des Mißverstehens, der Konfrontation, aber ebenso der Konzertierung und der Kooperation[13].

Ein neues, äußerst eindrucksvolles Beispiel der Kontroverse um Autonomie und Finalisierung von Wissenschaften erwächst gegenwärtig aus der Forschung an Rassen- und Vererbungsfragen in den USA und in England; Tätlichkeiten von Studenten, Vorlesungsverunmöglichungen seitens des behördlichen Apparates und Zurücknahme inaugurierter hoher akademischer Ehren durch universitäre Gremien: darin spiegeln sich stufenartig die (Angst-)Reaktionen einer (Wissenschafts-)Gesellschaft, welche die komplexen Forschungssachverhalte gesamtgesellschaftlich nicht aufzunehmen, zu integrieren, und – was darüber hinaus möglich wäre – kreativ zu nutzen versteht, letztlich sehr zu ihrem ureigenen Schaden[14]. Nicht zum ersten Mal hat Theodosius Dobzhansky („The Biological Basis of Human Freedom", 1956) überzeugend aufzuweisen vermocht („Genetic Diversity and Human Equality", 1973)[15], daß eine glückliche Dialektik von Autonomie und Finalisierung auf der Basis wissenschaftlich-gesellschaftlicher Radikali-

---

schaft vgl. dort bes. Abschnitt IV: Das innere System der Wissenschaft 65ff, freilich wiederum im Bezug zum Ganzen des Werkes.

[11] Hierzu *Bühl*, bes. etwa 249ff. – *G. Böhme, W. van den Daele, W. Krohn* (oben Anm. 3). Vgl. unten Anm. 209.

[12] Vgl. *Bühl*, 9ff („Die Krise der Wissenschaft"); eine interessante Übersicht bei *M. Calvo Hernando*, El Congreso Iberoamericano de Periodismo Científico, in: Arbor (Abril 1974) 119ff, bes.; „Los conflictos del periodismo científico" (125).

[13] Vgl. dazu *W. Pannenberg*, wir meinen hier besonders die historischen Übersichten.

[14] Vgl. *V. Mauersberger*, Reformen oder radikale Integration?, in: Die Zeit vom 12. April 1974.

[15] Der amerikanische Titel gibt in Kürze Präzision; der deutsche („Intelligenz, Vererbung und Umwelt") vermag das nicht gleichwertig, auch nicht durch einen längeren Untertitel. – *Dobzhansky* gehörte, zu (und schon vor) Zeiten größter Bewunderung einerseits und ebensolcher Ablehnung andererseits (gemeint ist hier der zuständige innerwissenschaftliche Raum) für *Teilhard de Chardin* zu den ganz wenigen, welche wissenschaftliche Aussage und religiösen Deutungsvollzug bei Teilhard zu unterscheiden und dementsprechend zu analysieren, zu kritisieren und zu respektieren verstanden. (Vgl. z.B. *T. Dobzhansky*, Vererbung und Menschenbild [München 1966] 193).

tät *und* Kreativität zu großem gesamtgesellschaftlichem Nutzen möglich ist[16]. – Es ist keineswegs verboten, die aus diesem für die Menschheit der Gegenwart und noch mehr der Zukunft überaus gravierenden Beispiel aufleuchtenden Einsichten auf andere, durchaus zu parallelisierende organisationäre Zusammenhänge zu übertragen. Dialektik von Autonomie und Finalisierung setzen selbstverständlich ein hohes Maß an sachlicher Selbst- und Fremdkritik voraus; wiederum machen neutestamentliche Wissenschaft und praktische Verkündigung als Teile und Vollzüge gesellschaftlichen Daseins davon keine Ausnahme[17]. Das wird später noch zur Sprache kommen müssen.

Bei all dem sind die Fragen der Reichweite der (jeweils zur Diskussion stehenden) Autonomie und Finalisierung besonders genau zu berücksichtigen, und, gegebenenfalls und am entscheidenden Ort, zu analysieren. Wie schon ein noch grobes Modell der Interpenetration von Wissenschaft und Gesellschaft erkennen läßt, reicht das mehrdimensionale Interaktionsgefüge in einzelnen Faktorenzügen bis in die Spitzen nicht nur der offensichtlich gesellschaftlich relevanten, sondern auch anders erscheinender inter- und innerdisziplinärer Vollzüge und somit bis in deren methodologische Vorentscheidungen[18]. Illustrierbar wird dies besonders gut am „Regelkreis" der Wissenschaften, so wir ferner das moderne Grundverhältnis von Wissenschaft und Gesellschaft als je offener Systeme sowie deren Beziehungen in bezug auf Organisation, Förderung, kommunikativer Freiheit in Verflechtung mit angewandter Technologie, Wirtschaft und Politik mitzubedenken versuchen[19].

B. Die Thematik: Menschensohn, Menschensohnforschung und praktische Verkündigung

I. Voraussetzungen und wissenschaftstheoretische Umgrenzungen zur Thematik

1. Neutestamentliche Wissenschaft und praktische Verkündigung: was hier damit gemeint ist

Es bedarf keiner langen Worte darüber, was wir hier unter neutestamentlicher Wissenschaft verstehen. Sie ist grundsätzlich in ihrer gesamten, innerwissenschaftlich (also, so man will, autonom) möglichen und sinnvollen Radikalität gemeint[20].

---

[16] Einiges dazu wie zu anderen hier insgesamt angesprochenen Zusammenhängen wird behandelt werden in: O. *Kaiser*, Dynamik und Struktur, Bd. 2 (Aschaffenburg 1976/77).
[17] Vgl. dazu *W. Pannenberg*, bes. Kap. 6 (349ff).
[18] Vgl. oben Anm. 3; *Bühl*, hier bes. 69.
[19] Vgl. *Bühl*, bes. 84ff, 234ff, 255ff, 271ff.
[20] Unseres Erachtens hat jeder Einsatz weiterer (insbesondere moderner) Wissenschaften und Methoden auf dem Boden und in enger Kooperation mit der (so man will „alten") historisch-litera-

Nicht so klar ist demgegenüber, was unter praktischer Verkündigung verstanden werden soll[21]. Wir meinen damit folgendes: 1. die allgemeine Verkündigung, d.h. die Verkündigung an die (grundsätzlich als schon) glaubende, um Vertiefung des Glaubens bemühte Gemeinde[22]; 2. das verkündigungstheologische Gespräch oder Glaubensgespräch; dabei steht der einzelne Mensch und (Nicht-)Glaubende im Vordergrund[23]; 3. das Glaubensseminar (vgl. 2.) in Adaptierung auf die Gruppe; 4. das Bildungsseminar; hier steht der informatorische Charakter im Vordergrund (Volkshochschule, Erwachsenenbildung usw.)[24]; 5. den schulischen Unterricht; er stellt, besonders als Lehrfach Religion, eine wechselnde Mischung von den unter 3. und 4. genannten Größen in Adaptierung auf das Alter der damit angesprochenen Schüler dar. Die Skizze beansprucht weder Vollständigkeit noch (in jeder Hinsicht) genügende Differenzierung; ebenso will sie nicht wertend verstanden sein, und es ist klar, daß in der Praxis die Überschneidungen reichhaltiger und stärker sind, als eine schematisierende Darstellung dies erkennen läßt.

Äußerst wichtig erscheint es uns – und darauf läuft unsere Darlegung insgesamt hinaus –, daß alle vorab unter dem Sammelbegriff einer praktischen Verkündigung genannten Bereiche in enger Anlehnung und (durchaus eigenständiger) Zusammenarbeit mit der neutestamentlichen Wissenschaft zu einer sachlich-ausweisbaren, wissenschaftsentsprechenden und zugleich gegenseitigen Konzinnität finden[25].

---

rischen Kritik zu erfolgen; zu Ansätzen, wie wir das meinen, vgl. *H. A. Zwergel*, Die Bedeutung von Leben und Tod Jesu von Nazaret in tiefenpsychologischer Sicht, in: *R. Pesch, H. A. Zwergel*, Kontinuität in Jesus. Zugänge zu Leben, Tod und Auferstehung (Freiburg i. Br. 1974). – Ein Einsatz unter Absehen davon, wie zuweilen aus Aktualisierungsgründen empfohlen, würde uns alsbald von neuem vor die alten Rätsel neutestamentlicher Texte stellen.

[21] Das bunte Bild des hier Möglichen zeigt sich z. B. bei einem Blick in *D. Stollberg*, Mein Auftrag – Deine Freiheit. Thesen zur Seelsorge (München ²1972).

[22] So man will also um die alte „Sonntagspredigt“, die natürlich in neuer Weise praktiziert werden kann und wird. Sie ist, unbeschadet aller Fragwürdigkeiten (auch theologischer Art) im einzelnen, immer noch von erheblicher sozialpsychologischer und kommunikativer Bedeutung für die Gesellschaft – selbst für jene ihrer Teile, die sie nicht hören (woraus hervorgeht, daß wir streng soziologisch urteilen und diese Einrichtung nicht etwa aus Gründen herkömmlicher Kirchlichkeit beurteilen oder/und überschätzen). Ein Zusammenbrechen dieser Einrichtung würde sich vor allem soziopolitisch und somit dort auswirken, wo man es vielleicht am wenigsten erwartet.

[23] Der Ausdruck „Seelsorge“ sollte sinnvoll, also differenziert eingesetzt werden: Verkündigung hat sich *auch* als religiöse Psychotherapeutik (und ähnlich) zu betätigen, sollte aber nicht darin aufgehen oder gar von dorther bestimmt werden. Wie es faktisch weithin aussieht, steht auf einem anderen Blatt.

[24] Für uns stehen die Punkte 1–4 im Vordergrund, selbstverständlich stehen sie im Verein mit Punkt 5, für den wir aber – zumal aus unserer Perspektive – gern auf *P. Neuenzeit*, Auswirkungen der heutigen Exegese auf den Bibelunterricht..., in: *J. Gnilka* (Hrsg.), Neues Testament und Kirche (Festschr. R. Schnackenburg) (Freiburg i. Br. 1974) 497ff, verweisen.

[25] Es ist eine Kunst im alten Sinn des Wortes, die verschiedenen Bereiche so aufeinander abzustimmen, daß keine unüberschreitbaren Gräben entstehen. Vereinfachung muß und darf nicht Verharm-

Das ist alles andere als einfach, aber deswegen noch lange nicht unmöglich. Was die praktische Verkündigung dazu seitens der neutestamentlichen Wissenschaft dringlich braucht, ist eine Verstehbarmachung, eine Übersetzung – nicht nur sogenannter wissenschaftlicher Ergebnisse, sondern ebenso wissenschaftlicher Vollzüge. Verstehbarmachen und Übersetzen bedeutet hier – auch, aber sehr wohl nicht nur – ein Vereinfachen komplizierter Sachverhalte und Vorgänge. Vereinfachung bedeutet Entkomplizierung, aber nicht Verharmlosung, Zurücknahme oder gar Abfälschung von Sachverhalten und Vorgängen. Hier scheint sich ein Gebiet aufzutun, auf dem es noch sehr viele Mißverständnisse auszuräumen und in Zukunft zu vermeiden gilt[26].

Der protologische Charakter, der unserem sich als bescheidenen Beitrag verstehenden Unternehmen zu Teilen zukommt, verlangt eine starke Berücksichtigung bestimmter, mehr grundlegender Ausführungen[27]. Im Verein mit der gebotenen Beschränkung des Umfangs unserer Darlegung ist es deshalb geboten, die Unmittelbarkeit des sich konkretisierenden Bezugs zur Thematik „Menschensohn" und „Menschensohnforschung" zuweilen scheinbar zurücktreten zu lassen; wie sehr allerdings gerade diese Thematik im Hintergrund der Gesamtdarlegung figuriert, wird aus späteren Perspektiven auch für jene Teile ersichtlich, an denen die beispielhafte Zentralität der Thematik vordergründig nicht ablesbar erscheinen muß. Dafür bitten wir nachdrücklich um Verständnis und Geduld.

2. Praxisbezogenheit neutestamentlicher Wissenschaft und Angewiesensein der praktischen Verkündigung auf die neutestamentliche Exegese (Korrespondenz und Konvergenz 1: die traditionellen Möglichkeiten)

Es muß der Wissenschaft vom Neuen Testament aus den Perspektiven einer praktischen Verkündigung und aus jenen der Wissenschaftskritik – und das dürfte noch bedeutungsvoller sein – als ein Ausweis besonderer Offenheit und Leistungsfähigkeit angerechnet werden, daß sie im Vergleich zu anderen Wissenschaften im Bezugsfeld Wissenschaft/Gesellschaft schon von den Anfängen her auf eine Art des Ausgleichens zwischen Autonomie und Finalisierung be-

---

losung bedeuten: das stellt auch Anforderungen an eine Bibelwissenschaft, die ihre Einsichten für die praktische Verkündigung anbietet.

[26] *Echt* „Biblisches" erscheint zuwenig „heutig", *echt* „Heutiges" zuwenig „biblisch": ein Einwurf ist immer möglich.

[27] Dennoch bleiben wir so konkret als möglich. Das unterscheidet unser Unternehmen von anderen und erschwert es. Reine Theorientheorien z. B. (also Theorien über Theorien) *können* auf der Ebene intersubjektiver Logizität verhandelt werden: es entstehen so lange keine Schwierigkeiten, als die Logik durchgehalten wird, zumal sie für gewöhnlich vom gleichen Standpunkt aus entworfen sind. (So kann ich eine Theorie über systematische Theologie und eine Theorie über praktische Verkündigung bilden und beide Theorien miteinander in Einklang bringen; ich kann eine Theorie über die Theorien bilden, ihre Kompatibilität oder sogar ihre Verschmelzbarkeit aufweisen.) – Nun wäre etwa in der Theologie schon viel gewonnen, wenn solche Bildungen oder Setzungen als das erkannt werden würden, was sie sind; daß sie „unklar" zustande kommen oder aufrechterhalten werden, ist demgegenüber bedeutend folgenreicher. – Kompliziertere Theorientheorien, in welchen die verschiedenen Komponenten bewußt aufgenommen und in den Reflexionsprozeß eingebracht werden, sind gegen die „Unwirklichkeit" der genannten gefeit; sie sind aber schwer zu erstellen.

dacht war, ein Ausgleichen dialektisch zu praktizieren versuchte[28]. Die Tatsache der Praxisorientiertheit der neutestamentlichen Wissenschaft soll nun nicht künstlich glorifiziert werden, zumal sie sachlich durch den Forschungsgegenstand wenn schon nicht als hervorgerufen, so doch als von ihm stärkstens mitbestimmt zu gelten hat.

Wenn die Kirche die frühesten literarischen Werke, welche von der Verkündigung Jesu und über Jesus sprechen, aufgrund der ihnen innewohnenden Qualitäten zu Heiligen Schriften erklärt und sie als mit den Qualifikationen der Kanonizität und der Inspiration ausgezeichnet vorstellt, dann hat der, welcher sich fachgemäß mit diesen Urkunden beschäftigt, eigentlich immer schon einen vorrangigen Aktualitätsbezug, weil seine Arbeit für die Kenntnis des (so qualifizierten) Ursprungs der in Frage stehenden gesellschaftlichen Größe (Kirche) unverzichtbar ist. – Dem muß allerdings nicht unbedingt so sein, weil z.B. 1. das Maß des Bezugs zum Ursprung wechseln kann; 2. die Art der Bezugnahme nicht über die exegetische Wissenschaft zu laufen braucht; sei es, daß es – wie für große Teile der bisherigen Kirchen- und Theologiegeschichte zutreffend – eine solche noch gar nicht gibt; sei es, daß die Notwendigkeit eines auf wissenschaftliche Exegese gründenden Bezugs (noch) nicht erkannt oder bestritten wird; sei es, daß (im näheren oder weiteren Zusammenhang mit dem zuvor Gesagten) man meint, den nötigen Bezug (auch weiterhin) auf andere Weise oder mit anderen Mitteln herstellen oder garantieren zu können. Davon weiß die Geschichte der Exegese zu berichten[29].

Trotzdem muß die Praxisbezogenheit der neutestamentlichen Wissenschaft eigens anerkannt werden, denn sie ist – sei sie nun vorhanden oder darüber hinaus erst noch erwünscht – dennoch alles andere als einfach selbstverständlich[30]. Besteht doch für viele Wissenschaften, und zwar ganz unabhängig von solchen wie z.B. als für die Exegese geltend genannten Besonderheiten[31],

---

[28] Das kommt z.B. sehr gut in den Vorreden, Untertiteln usw. der aus der sog. älteren Forschung hervorgegangenen Kommentarwerke zum Ausdruck: es soll eine „Erklärung für die Gegenwart", eine „Handreichung" oder ähnlich geboten werden. Der Bezug zur Praxis ist unverkennbar.
[29] Wie sehr dies alles ein Stück Lebensgeschichte von *Anton Vögtle* ausmacht, wird deutlich aus *R. Pesch*, Anton Vögtle, in: *H. J. Schultz* (Hrsg.), Tendenzen der Theologie im 20. Jahrhundert. (Stuttgart 1966) 571ff. – Vgl. *K. Lehmann*, Der hermeneutische Horizont etc., jetzt in: *ders.*, Gegenwart des Glaubens (Mainz 1974) 54ff. sowie den Beitrag in diesem Band, S. 421ff.
[30] Das wird erst voll verständlich im Zusammenhang mit den weitreichenden Veränderungen im Bezugsfeld Wissenschaft/Gesellschaft. Heute besteht nach *P. Neuenzeit* (in der oben Anm. 24 genannten Festschrift Schnackenburg, 510) für die neutestamentliche Wissenschaft die Gefahr, „daß sie den universitären ‚Orchideenfächern' zugeschlagen werden könnte"; das ist die Situation angesichts der Entwicklung zur Massenuniversität (vgl. dazu die ausgezeichnete Charakterisierung der Entwicklung durch US-Botschafter *M. J. Hillenbrand* in seiner Rede vor der Universität Erlangen am 26. April 1974, veröffentlicht unter dem Titel „Die amerikanischen Universitäten vor neuen Aufgaben", U.S. Information Service [Bonn 1974]). Demgegenüber erschien vor noch nicht allzu langer Zeit das Dasein des Wissenschaftlers hierarchisch-elitär; zu den Modellen *Bühl*, 35ff.
[31] Zu Problemen der Normativität biblischer Schriften vgl. *Pannenberg*, bes. 374ff und 384 ff.

die andauernde Gefahr einer Absonderung[32], einer zunehmenden rein theoretisierenden Verinnerlichung[33], in deren Augen jede Bezugnahme zu einer Praxis oder jedes Bewußtsein um das faktische Eingeordnetsein in den Kontext der umgebenden Gesellschaft schon als eine Beeinträchtigung der Reinheit der Wissenschaft und als ein Abirren von ihrem besonderen Weg erscheinen muß[34].

Sagen wir das und sind wir der Meinung, daß die neutestamentliche Wissenschaft im Bezugsfeld Wissenschaft/Gesellschaft schon bisher keineswegs einen schlechten Platz einzunehmen vermag, so sind wir deswegen nicht der unkritischen Auffassung, wonach in diesem Bezugsfeld nichts oder doch nichts Entscheidendes mehr zu tun wäre[35]. Gerade eine bereits vorhandene Tradition verpflichtet uns um so mehr, in einer heutigen Erkenntnissen und Erfordernissen über die Situation auf dem Bezugsfeld Wissenschaft/Gesellschaft entsprechenden Weise tätig zu werden.

Wie versteht sich demgegenüber nun das Interesse der praktischen Verkündigung an der neutestamentlichen Wissenschaft[36] und, so ein weiterer Schritt voll-

---

[32] Natürlich ist unsere Redeweise unpräzise. Wir können indes die Differenzierungen nur andeuten: 1. Wissenschaften haben einen größeren oder kleineren (un)mittelbar wahrnehmbaren Bezug zur Sozietät, vor allem gemessen im Vergleichsrahmen von Aufkommen (*Bühl*, 211ff, 280ff) und Effektivität (*Bühl*, 249ff u.ö.); 2. Werteparameter sind a) schon in sich schwer erstellbar, b) sehr von unter Umständen rasch erfolgenden gesellschaftlichen (wirtschaftlichen usw.) Veränderungen abhängig, gestern, heute und morgen also alles andere als „gleich"; 3. die Grenzen, an denen ein Eigenleben in der Sozietät (und, auch hinsichtlich der Effektivität, für diese, vgl. *Bühl*, 241ff) in ein solches quasi neben der Sozietät her oder sogar gegen diese (freilich gemäß einer überhaupt möglichen Relativität) ausartet, sind in jeder Hinsicht fließend und werden zudem aus den verschiedenen zu veranschlagenden Perspektiven äußerst unterschiedlich beurteilt; was 4. besonders an dem Wechsel über die Einschätzung des Elitären (einsame Höhe über bis Vereinsamung) in der Sozietät beispielhaft aufscheint. 5. Wissenschaft wird stets von Wissenschaftlern betrieben (*Bühl*, bes. 147ff) und in der Sozietät vertreten (*Bühl*, 152ff, 162ff), weshalb hier viele Imponderabilien eine Rolle (vgl. Bühl, 193ff) und Wissenschaftler je viele Rollen (vgl. *Bühl*, 154, Abb. 15, als lediglich *eine* der möglichen Illustrationen) spielen, wobei Nebenrollen zu beachten sind. Zum gesamten Komplex vgl. vor allem auch *D. J. Amick*, An Index of Scientific Elitism and the Scientist's Mission, in: Science Studies (Research in the social and historical dimensions of science and technology), Januar 1974, 1ff; Lit. auch in der internationalen Zeitschriftenschau, in *O. Kaiser*, Dynamik und Struktur, Bd. 2 (Aschaffenburg 1976/77).

[33] Gründe und Motive hierfür können sehr verschieden sein; auch ist nicht gesagt, daß man sie (zumal von außen) leicht erkennen kann.

[34] Prognosen für die Zukunft sind schwer; vgl. *Bühl*, 304ff; *J. M. Hillenbrand* (oben Anm. 30), bes. 4ff, 14ff, 26ff.

[35] Die Warnungen und Anstöße von *P. Neuenzeit* (oben Anm. 24), hier bes. 510ff, sind aufzunehmen. Wir versuchen dies auf unserem Gebiet.

[36] Wir verweisen noch einmal darauf, daß wir uns auf die unmittelbare praktische Verkündigung (ebenso wie auf die neutestamentliche Wissenschaft) und nicht auf eine Theorienbildung über diese beziehen. Wir haben uns deshalb, ganz abgesehen von Raumgründen, nicht mit einer diesbezüglichen (innertheologischen) Literatur auseinanderzusetzen, deren Bedeutung und Leistung wir indes wohl zu schätzen wissen.

ziehbar wäre, an der neutestamentlichen Forschung im strengeren Sinn des Wortes?[37]

Zunächst möchten wir uns nicht bei dem aufhalten, was diesbezüglich etwa in den letzten 2–3 Jahrzehnten geradezu selbstverständlich geworden ist und andernorts längst viele Male gut dargelegt wurde; konkret sei nur an das Stichwort „Gleichnisse" erinnert. Daß eine praktische Verkündigung die verhältnismäßig einfach zu handhabenden Erkenntnisse der primären Gleichnisforschung[38] rasch und dankbar rezipierte, ist wenig verwunderlich: die jährlich wiederkehrenden Perikopen mit ihren (bis dahin unerklärbaren, zu seltsamen Spekulationen reizenden) sekundären und tertiären Gleichnisschlüssen bzw. -auslegungen, die den als Einheit (= „Rede Jesu") verstandenen Text nicht selten bis zur inneren Widersprüchlichkeit belasteten, erfuhren so endlich eine sinnvolle, oft als erlösend empfundene Möglichkeit der Erklärung[39]. Vielleicht waren es aber in mancher Hinsicht gerade jene in sich heute noch ungeteilt anzuerkennenden exegetischen Erfolge, welche im Zug eines einfachen Übernommenwerdens (und -werdenkönnens[40]) seitens einer sich gewiß nicht komplex verstehenden praktischen Verkündigung dazu beitrugen, Exegese wieder und noch einmal und nicht so fern den einstigen Anfängen des späten 17. und beginnenden 18. Jahrhunderts lediglich als Hilfsmittel des bestehenden organisationellen Systems zu begreifen[41], und das in der Meinung, man dürfe oder

---

[37] Darum geht es uns: aufzuzeigen, daß moderner Existenzvollzug, heutiges Wissenschaftsverständnis und neutestamentliche Forschung Konvergenzen zeigen, welche für eine praktische Verkündigung von größter Bedeutung sein können. Die sachliche Pluralität der Forschungsvollzüge schafft selbst Tranparenz.

[38] *Primär* ist hier auszeichnend (= erstlich, grundlegend) und, was gerade keinerlei Minderung einer Qualität bedeutet, auch einschränkend gemeint: daß nämlich darauf noch mehr, z.B. an „Ortung" jesuanischer Theologie (unseres Erachtens dürfte man diesen Ausdruck hier gebrauchen, und zwar sehr streng kritisch fundierbar) folgen kann. So möchten wir *J. Jeremias* voranstellen, darüber aber *E. Fuchs, E. Jüngel, E. Linnemann* nicht missen, auf *E. Biser* nicht verzichten. Die Namensnennungen mögen als Hinweise auf die gemeinte Sache genügen.

[39] Die ältere, sonst so bedeutsame homiletische Literatur sah sich hier vor unlösbaren Aufgaben: eine kritische Exegese ließ „Widersprüche" (man denke nur an das Gleichnis vom Gastmahl Mt 22,1–14/Lk 14,16–24) stehen; als „theologischer Innenkritik" kamen sie ihr gar nicht so ungelegen. Eine konservativ-kirchliche Exegese bot eine Fülle von Details, wissenschaftlich genau und mit größter Akribie erarbeitet, von der Art einer biblischen Realienlehre, und damit leider keine Antwort auf die für jeden Hörer des Textes sich unmittelbar stellenden Fragen. So behalf sich die Homiletik mit dem Einbau von Theologumena der spekulativen Theologie: hinter Mt 22,11f figurierten Prädestination, Unerforschlichkeit des Willens Gottes, Unverdienbarkeit des Heils, Stufungen der Gnadenlehre usw. – Hier konnte nur die moderne Evangelienforschung eine Lösung bringen.

[40] Übernommenwerden*könnens* ist wichtig. Kommunikationskritisch ist die Sachlage klar: es bestehen grundsätzliche funktionale Ähnlichkeiten von *Gleichnis: matthäischer Verkündigung* und *Gleichnis: heutiger Verkündigung*. Der „Kommentar" (als welcher das zweite Gleichnis fungiert, V. 11–13) und die „Begründung" (V. 14) machten das jesuanische Gleichnis für die Bedürfnisse matthäischer Verkündigung wohl ebenso praktikabel, wie sie es späteren Zeiten, welche diese Adaptationen nicht mehr zu durchschauen vermochten, erschwerten. Aufgrund der funktionalen Ähnlichkeit (in Matthäus und für heute) konnte die Schwierigkeit auf dieser Stufe ausgeräumt werden. Solches geht nur, solange Funktion und Verstehensebene bleiben; werden sie verlassen, so bieten Gleichnisse ähnliche Probleme wie christologische Prozesse. Das wird oft nicht gesehen.

[41] Die Bibelwissenschaft ist hier in großer Parallelität zur Liturgiewissenschaft zu sehen: von beiden erwartete man, in geradezu totaler Nichtbeachtung des historischen wie des gegenwärtigen Kontexts, außerfachliche (Neben-)Leistungen höchsten Grades.

müsse es der Bibelwissenschaft überlassen, in einem Prozeß innerwissenschaftlicher Diskussion „feste Ergebnisse" zu selektieren, welche man dann, ähnlich den Waffen in früheren Zeiten, wie aus einem Zeughaus abrufen und zu beliebigem Einsatz bringen könne, um sie danach wieder der Wartung und allfälligen Verbesserung durch das Fachpersonal zu überantworten. Die gegenwärtig manchenorts beklagte „Bibelmüdigkeit" ist teilweise eine Folge von überzogenen Erwartungen, welche ganz in der Linie der genannten Anschauungen liegen: vorherrschend dabei ein (Miß-)Verständnis von Exegese als einer wissenschaftlichen Kraft zur Behebung von Systemschäden und -mängeln. Die Enttäuschung wäre voraussehbar gewesen, weil Anspruch (hier: seitens der Verkündigung) und Leistungspotenz (hier: seitens der Exegese) nicht kritisch auf Entsprechung hin überprüft worden waren. Die Beispiele sind nicht so banal, wie sie es auf den ersten Blick zu sein scheinen: das belegen die erstaunlichen Parallelerscheinungen im Raum Wissenschaft/Gesellschaft[42].

Hinzu kommt, gleichsam von der anderen Seite, ein bis noch vor wenigen Jahren weithin einfach gelagertes (Selbst-)Verständnis von Wissenschaften. Was hier (allgemein und im speziellen Bereich der Exegese) propagiert wurde – Ausnahmen verändern als Randerscheinungen das Bild nicht wesentlich –, sieht sich heute unter wissenschaftskritischem Blickwinkel als naiv (im schlichten Sinn dieses Wortes) an: vorgestellt als ein grundsätzlich statisch verfaßtes „Reich der Wissenschaften", wurden Veränderungen fast ausschließlich als quantitativ-äußere Zunahme und als qualitativ-innere Verbesserung eines (grundsätzlich schon vorhandenen) „gesicherten" Wissens verstanden[43]. Die Parallelität zu manchen „Reich Gottes"-Vorstellungen fällt in die Augen, und sie ist keineswegs äußerlich und zufällig; korrespondieren doch dem Statisch-Vollendeten da wie dort vorgelagerte Bereiche des Veränderlichen, der Selektion, wissenschaftlich-säkularisiert zugeschnitten ein Reich der Hypothesen, das wohl jede wissenschaftliche Aussage und Anschauung zunächst durchschreiten muß. – Natürlich ist in derlei Auffassungen viel Richtiges und Bleibendes und damit Praktikables; ein heutiges, wissenschaftskritisch verantwortliches (Selbst-)Verständnis von Wissenschaft wird sich allerdings niemals allein und schon gar nicht entscheidend darauf beschränken oder gar damit zufriedengeben können[44].

Zusätzlich sei vermerkt, daß das skizzierte herkömmliche Verständnis von Wissenschaft natürlich auch insofern seine (wenngleich schon relative) Berechtigung und Bedeutung besitzt, als es eine Hypothesenfreudigkeit gibt, welche durchaus ein auch innerwissenschaftliches Problemfeld darstellt[45]. Sie ist gefährlich, weil sie (innerwissenschaftlich) selbst gefährdet ist: erklärbar als Gegenzug zur Stereotypie (wissenschaftlicher) Systeme und vorab zu dem, was heute als Stereotypie verstanden wird, basiert sie meist nicht nur auf einer radikalen, sondern auf einer rücksichtslos-radikalen Infrage-

---

[42] Auch hierin ist das Verhältnis Exegese : Verkündigung Teil des (weithin noch) vorfindlichen Verhältnisses Wissenschaft : Gesellschaft; ein weiterer Grund für uns, öfters auf diese Zusammenhänge zu verweisen (vgl. *Bühl*, z.B. 47ff).

[43] Die moderne Wissenssoziologie sieht hier, völlig konsequent, nicht eigentlich Wissen*schafts*-, sondern Wissen*schaftler*probleme; zu verstehen aus dem „Bestreben des Menschen nach Verhaltenssicherheit" (*Bühl*, 48; vgl. oben Anm. 32). Solche Probleme werden (natürlich auch von Wissenschaftlern) erst von einer bestimmten höheren Stufe der Reflexion an erkannt (vgl. *Bühl*, 48ff, 147ff).

[44] „Wir können nicht wissen, was wir erkennen, wenn wir nicht gleichzeitig untersuchen, was wir tun, wenn wir wissenschaftlich vorgehen", schreibt *W. L. Bühl*, 52.

[45] Die Situation verschärft sich unter Voraussetzung älterer Auffassungen über Wissenschaft. (Zu beachten ist ferner der Komplex Religion/Verhaltenssicherung.)

stellung bestimmter Daten, deren detailhafte Beschränktheit oft durch eine wissenschaftstheoretisch einwandfreie Fallstudiennomenklatur verdeckt wird[46]. Da in fast allen Wissenschaften, welche nicht ausgesprochene Naturwissenschaften sind und sich dazu noch als solche auf ganz bestimmte Bereiche und Methoden begrenzen, Verifikations- bzw. Falsifikationsprozesse – soweit in einem strengeren Sinn dieser Worte überhaupt möglich – meist nur schwer und langfristig durchführbar sind, ist eine Abhilfe wohl nur durch eine funktionierende und qualitativ überzeugende Wissenschaftsinnenkritik zu leisten. Wie wichtig spürbare Versuche einer sachlichen Meisterung der hier sich anzeigenden Problematik um Autonomie und Finalisierung gerade für Fortschritte im Verhältnis Wissenschaft vom Neuen Testament/praktischer Verkündigung sind, muß schwerlich eigens betont werden. Der Fähigkeit der Selbstkritik im Innenraum der Wissenschaft kommt dabei größte Bedeutung zu[47].

Eine klare Sicht der zusätzlich noch gegenseitig spannungsgeladenen Problematik aus Erbe und Gegenwart darf aber den Blick für die Notwendigkeit der Bildung eines neuen (Selbst-)Verständnisses von Wissenschaft (und konkret hier der vom Neuen Testament) einerseits und eines entsprechenden Prozesses im Bereich der praktischen Verkündigung (als einem Bereich gesellschaftlich/kirchlicher Praxis) andererseits in einem neuen, beiderseitig offen-kooperativen Verhältnis, nicht verdunkeln[48].

Herkömmlicherweise sieht es sich so an, als könnten hinsichtlich des Glaubensvollzugs und dessen, was ihm unmittelbar zugeordnet erscheint, neutestamentliche Wissenschaft und praktische Verkündigung nur wenig oder nur sehr bedingt etwas miteinander zu tun haben.

Nun soll hier von jener Verkündigung die Rede sein, welche für sich beanspruchen kann, einem rational verantwortbaren Glaubensvollzug des heutigen Menschen zu dienen. Diese Verkündigung versteht sich zugleich als ein Antwortversuch und -beitrag in einem Gespräch, das sich als von einem wirklichen modernen Glaubenssuchen, Glaubensbemühen und vielleicht sogar Glaubensringen her initiiert erweist[49]. Diesem Geschehen gilt es partnerschaftlich zu begegnen, in es gilt es einzutreten. Das bedeutet aber: als Aktor erscheint der Mensch unserer Zeit, konkret der unserer Wissenschafts- und Kulturwelt, und zwar insofern, als er am geistigen Leben und den dieses konstituierenden und konkomitierenden Prozessen rezipierend und perzipierend Anteil nimmt. In noch höherem Maß gilt das für die Menschen, welche aktiv handelnd und gestaltend in diese Prozesse eingreifen. Und doch beschränkt sich dieses Verkündigungsverständnis nicht auf den damit umschriebenen Kreis von Menschen, denn der Verkündiger hat seine Aufgabe, auch wenn sie sich zu Teilen noch anders artikuliert – und dann eigentlich erst recht, so möchte man hinzufügen –, im Blick auf die Zukunft zu erfüllen. Das heißt

---

[46] Sachliche Radikalität ist, allerdings umsichtig ausgelegt, sogar zu verlangen. Rücksicht bedeutet dabei inner- und interdisziplinäre Um- und Weitsicht.

[47] *Bühl*, vorab 54ff.

[48] Erst aus zahlreichen Versuchen können sich praktikable Modelle abzeichnen; schreckt man, im Grunde in altem Wissenschaftsverständnis befangen, davor zurück, so bleiben die Aufgaben ungelöst, weil gar nichts zustande kommt.

[49] Wo religiöse Fragen vorrangig Probleme der Verhaltenssicherung betreffen – ein Komplex, der unsererseits nicht unterschätzt wird –, sind andere Wege zu beschreiten; vgl. oben Anm. 43.

aber, daß er selbst an der Front der Entwicklung zu stehen hat, um die Menschen auch in ihrem Glaubensbemühen auf Zukunft auszurichten.

Zentral ist für jede christliche Verkündigung heute und für alle Zukunft die Botschaft und die Gestalt des Jesus von Nazareth. Der *Prozeß* „Jesus", wie er uns in den neutestamentlichen Schriften in seinen verschiedenen Arten der Darstellung, in seinen Phasen und Dimensionen begegnet[50], erweist sich durch die Zeiten als stets in neuer (und alter) Weise wirkmächtig, anziehend, als fähig, Menschen zu interessieren und zu begeistern, aber auch zu trösten und vor Verzweiflung zu bewahren, in letzter Not noch wenigstens zu halten. Dieser Prozeß erweist sich indes auch als geheimnisvoll, undurchschaubar, unauslotbar[51].

Der moderne Mensch möchte – und zwar unabhängig davon, ob er dies ausspricht, ob er es gar etwa wissenschaftsgerecht zu formulieren in der Lage ist oder nicht – Botschaft und Gestalt Jesu möglichst unmittelbar begegnen[52]. Dabei verbergen sich hinter schlichten Fragen durchaus im Grunde wissenschaftliche Ansprüche, nämlich Anliegen von wissenschaftlichem Niveau; selbst in der einfachsten und unwissenschaftlichsten Frage nach Wahrheit und Wirklichkeit kommt, so wir den Menschen als das nehmen, als was wir ihn verkünden, ein letztlich absolut ernstzunehmender Anspruch zu Tage, der nicht vor- oder gar scheinwissenschaftlich abgegolten werden kann, auch und gerade wenn die Antworten nicht auf der Ebene und im Stil wissenschaftlicher Problemlösung zu erfolgen vermögen[53]. Auf eine Formel gebracht, könnte man sagen: wer heute mit dem Christentum zu tun haben will, möchte um Jesus von Nazareth wissen, möchte ihm möglichst unmittelbar begegnen. Daß dem so ist, spricht doch wohl für den heutigen Menschen und nicht gegen ihn. Und das auch aus den Perspektiven vergangener Epochen abendländischer Theologiegeschichte, welche schon zu ihrer Zeit die Bedeutung rationaler Verantwortlichkeit des Glaubens im Blick auf Voraussetzungen, Vollzug und Folgerungen stets neu beleuchtet und herausgestellt haben[54]. Theologien und Kirchen werden also

---

[50] Diese urchristliche prozessuale Dynamik korrespondiert in einer überzeugenden Echtheit unseren modernen Erkenntnissen über den Menschen, die Geschichte und die Wissenschaft.

[51] Zur Illustration vgl. *H.-J. Mund,* Jesus People, amerikanische Modewelle oder geistliche Erwekkung?, in: ThR (1972) 266ff.

[52] Interesse an Jesus – Desinteresse an seinen (sog.) Nachfolgern: diese Einstellung, die eine wesentliche Differenzierung gegenüber früheren (alles) ablehnenden Haltungen zeigt, ist heute, zumal von jungen Leuten, zunehmend zu hören. Verbalgenetisch erscheint sie als Adaptation einer Formel, deren Breitenwirkung in Verein mit der sog. Kontroverse Beatles–Jesus zu sehen sein dürfte.

[53] Auch hier entsprechen sich die Verhältnisse von Gesellschaft und Wissenschaft insgesamt und die von praktischer Verkündigung und Exegese bei aller Verschiedenheit sehr, namentlich im Blick auf die Zukunft. Vgl. zum Gesamt: *Bühl,* bes. 304ff; zu Teilen auch *Pannenberg,* etwa 426ff.

[54] Als kleine, die Vielfalt illustrierende Auswahl vgl. bei *Thomas v. A.: STh:* I: 1,8 ad 2; 55,3 ad 2; 56,2c.; I–II: 68,2c.; 91,3 ad 1; 94,4 ad 3; 101,2 ad 2; 109,8c.; II–II: 118,1 ad 3; 130,1c.; 180,4 ad 4; III: 3,3c.; *CG:* I: 3; 11; 35; 69; IV: 1. – Zur wissenschaftstheoretischen Anknüpfung vgl. etwa *STh:* II–II, 25, 2c.; *CG:* I, 72; II, 49; II, 75; IV, 11.

selbst hierin nur beim Wort ihrer eigenen großen Traditionen genommen, freilich unter sachlicher Transformation ins Heute[55]. Warum sollte das nicht willkommen sein?[56]

Es ist also, bei aller Verschiedenartigkeit der Ausgangsebenen und des Problembewußtseins und den daraus sich ergebenden Artikulationen das deutlich ansteigende Interesse an einem unmittelbaren Zugang, an einer originären Begegnung mit Jesus, seinem Leben, seiner Lehre, seinem Schicksal, und es ist das Interesse an der urchristlichen Glaubensbildung, ausgehend vom ersten vorösterlichen Jüngerkreis bis zur Mission in der Weite des römischen Reiches, welches eine qualifizierte, existentiell verantwortliche Auskunft verlangt[57]. Eine solche Antwort kann, so meinen wir, von der praktischen Verkündigung heute nur in engstem Anschluß an die neutestamentliche Wissenschaft gegeben werden[58], und unter gewissen Voraussetzungen wird sie sogar nicht nur aus einem Anschluß an, sondern in einem Mitvollzug von Forschung erteilt werden müssen[59]. Über das Warum haben wir Auskunft zu geben.

3. Ein neues Verständnis von Wissenschaft und Praxis und die Chancen für ein neues Verhältnis zwischen neutestamentlicher Wissenschaft und praktischer Verkündigung (Korrespondenz und Konvergenz 2: moderne Möglichkeiten)

Die Geschichte des abendländisch-westlichen Christentums und seiner Kirchen kommt, und zwar mindestens in den Spätfolgen aller Eigenheiten, Stärken und Schwächen, einer immer breiter werdenden Schicht von Menschen zum

[55] Zur Illustration der Prozesse vgl. *E. P. Meijering*, Wie platonisierten Christen?, in: VigChrist, März 1974, 15ff.

[56] Transformationsprozesse werden weithin bejaht; vgl. *J. Bourdarias*, Les Français et L'Église, Sondage FIGARO-SOFRES, in: Le Figaro, vom 5. und 6. November 1973, (hier: 5.).

[57] Als Beispiel für eine Entwicklung vgl. *W. Dirks*, Ich glaube an Jeus Christus. Verständnisversuch in drei Stücken, in: Frankfurter Hefte (1972) 878ff.

[58] Seit geraumer Zeit informieren die führenden (Wochen-)Zeitungen und Zeitschriften in eigener Regie durch Fachleute und zunehmend auch durch qualifizierte Publizisten über den *Prozeß* Jesus/Christus. Ein prominentes Beispiel, das nicht neu ist: *T. de Quénétain*, L'Église passe au crible les Évangiles, in: Réalités, Dezember 1963, 91ff. (Schon eingangs wird der Bezug Wissenschaft/Kirche hergestellt.) Man bedenke auch die Wirkung, welche z.B. ein Unternehmen wie die im Herbst 1974 seitens der Bibliothèque Nationale in Paris veranstaltete Renan-Ausstellung, glänzend arrangiert und mit einem ausgezeichneten Katalog bedacht, in einer anspruchsvollen Öffentlichkeit zu haben vermag. Was zu Diensten der praktischen Verkündigung erscheint, wirkt demgegenüber oft zu stark abgeschwächt, ganz abgesehen von der zeitlichen Verzögerung; dies gilt nicht nur für breitgestreute Reihen (vgl. in: Connaissance de l'Histoire: Jésus. Man beachte aber dort die „réponses de l'exégèse moderne" und deren Schwierigkeiten). Das Beispiel (Frankreich) bringt, mit Absicht gewählt, in Abstand und unter leichter Verfremdung viele Aspekte ans Licht, die anderswo nicht weniger von Bedeutung sind. – Hinweise danke ich *G. Gréciano*, Paris.

[59] Andernfalls bleibt für eine praktische Verkündigung nicht viel anderes als ein Ausweg. Dabei verkennen wir, auch was diesen Raum anbelangt, weder das Engagement noch die Wirkung des sozial ausgerichteten Einsatzes.

Bewußtsein. Zahlreiche heutige Gruppen, die nach Größe und Art denkbar verschieden und in ihren Interessen und Zielen oft bis zum Extrem entgegengesetzt sind, beziehen sich auf Jesus von Nazareth, nehmen ihn für sich in Anspruch.

Aus diesen beiden unleugbaren Tatsachen resultiert, so vereinfacht sie hier vorgestellt sind, allein schon wesentlich die Bedeutung der neutestamentlichen Wissenschaft für unsere und jede zukünftige Gesellschaft. Wollen Kirchen entscheidend mitsprechen, so müssen sie sich bis zu einem gewissen Grad nicht nur auf Wissenschaft einlassen, sondern sich selbst verwissenschaftlichen[60]. Das ist nicht nur ein moderner, sondern ein gut mittelalterlicher Gedanke, thomasisch, so man will, jedoch keineswegs etwa auf Thomas von Aquin beschränkt und schon gar nicht etwa schlechthin originär von ihm stammend[61].

Hinzu kommt selbstverständlich – und zwar unter Einbezug des soeben Gesagten mit neuer Dringlichkeit – die Tatsache, daß der dem modernen Frageinteresse adäquate Zugang zu Jesus sich in der Begegnung mit den literarisch-historischen Zeugnissen der aktiven und passiven Verkündigungsgeschichte Jesu erschließt, vornehmlich also in den Evangelien. Wenn nicht schon anders, so wird selbst auf einfacher Verstehensebene durch Vergegenwärtigung des großen raumzeitlichen Abstandes zwischen uns und jenen Urkunden klar, daß ein Zugang ohne eine ausweislich qualifizierte mediale Instanz schwerlich in der gewünschten Weise möglich sein würde. Diese Instanz aber ist die Wissenschaft vom Neuen Testament, deren epistemische Autorität durch nichts, auch nicht durch eine andere, etwa eine deontische Autorität, ersetzt werden kann[62]. Kurz: geschichtliche Folgeerkenntnis, gegenwärtige Erfahrung und zunehmende Sachkenntnis bezüglich der in Frage stehenden Dokumente (des Neuen Testaments) weisen konvergierend auf die Wissenschaft vom Neuen Testament als der zuständigen vermittelnden Instanz[63].

---

[60] Wir meinen das, in Adaptation auf ein zukunftsgerichtetes Verhältnis von Wissenschaft und Gesellschaft (vgl. *Bühl*, 304ff), nicht als Beschränkung, sondern als Ermöglichung von Reichhaltigkeit des Lebens, vgl. *R. Schlegel*, Steckbrief der Wissenschaft (Stuttgart 1969) bes. 107ff, 127ff.

[61] Vgl. *J. Leclercq*, Wissenschaft und Gottverlangen. Zur Mönchstheologie des Mittelalters (Düsseldorf 1963). – Vgl. auch *Pannenberg*, z.B. 11ff.

[62] Vgl. *J. M. Bocheński*, Was ist Autorität? (Freiburg i.Br. 1974) z.B. 91ff.

[63] Theoretisch ist das alles klar, praktisch keineswegs. Unter anderem deswegen, weil die theorientheoretische Verträglichkeit (vgl. oben Anm. 27) nur auf unterster Stufe (möglicher Bildung *und* Prüfung) ausgelegt ist. (Mit anderen Worten: würde man kompliziertere Theorien bilden, würden die praktischen Schwierigkeiten auch in der Theorie abgebildet werden bzw. erscheinen müssen.) Die Aufstellung, wonach die einzelnen Disziplinen (historisch, systematisch usw. bis zur praktischen Verkündigung) so arbeiten müßten, daß sie unter sich und in der Anwendung der Praxis „lückenlos", „reibungslos" usw. *wirken* (und das möglichst für jeden Rezipienten), setzt genau jene totale Faßbarkeit und Repräsentation aller (geschichtlichen und gegenwärtigen) Vollzugsvorgänge aller Stufen voraus, also jenes absolutissimum instans in praesenti, welches für Gott zurechtzulegen die großen spekulativen Theologen des Mittelalters sich bemühten. Mittelalterliche Theologen haben daraus und auf ihre Art und im Horizont ihres Denkens wissenschaftstheoretisch oft

Hier erhebt sich ein Einspruch, den wir im vorhinein aufnehmen wollen. Er lautet: wie bei aller Orientierung des heutigen Menschen auf Wissenschaft hin, so spiele auch in unserem Fall (Jesus, Evangelien/Wissenschaft vom Neuen Testament) ein Glaube eine Rolle, der indes (und darin liegt die Spitze eines Vorwurfs) nicht als solcher deklariert werde[64].

Selbstverständlich ist das nicht rundweg falsch. Wiederum hilft zunächst einmal ein Rekurs auf das Gesamtphänomen Wissenschaft/Gesellschaft. Hier zeigt sich, daß Glauben und Vertrauen, Wissen, Erkenntnis, Einsicht und Verstehen auf wohl allen Gebieten und in wohl allen Hinsichten vielschichtig miteinander und gegeneinander (und sogar „durcheinander") gestuft sind, und es wäre leichtfertig und gefährlich, hier zu rasch Werthierarchien aufstellen zu wollen: jeder aus uns ist ein- bis mehrfach Fachmann und zugleich mehr- bis vielfach (-fachst) Nichtfachmann. Darin spiegelt sich die Komplexität einer modernen Gesellschaft. Glauben und Vertrauen sind stets vielfältig aktuell, und nur einem unkritischen Gemüt kann das verborgen bleiben[65]. – Nun gibt es, über sachlich-sinnvolles und notwendiges Glauben und Vertrauen hinaus, einen Heilsglauben am falschen Platz[66]. Obwohl die Übergänge fließend sind, so gilt es doch, dem Letztgenannten entgegenzusteuern[67]; entscheidend dabei ist das Mittel des Bewußtmachens[68]. Heilsglauben beruht auf Heilssehnsüchten und Gewißheitsstrebungen[69], diese ausrotten zu wollen hieße, den Menschen vermutlich bis in seine biogenetische Verfaßtheit hinab umzustrukturieren, und in unserer Hand liegt solches jedenfalls nicht. Woraufhin sich ein (als falsch erachteter) Heilsglaube orientiert, ist sekundär angesichts der entscheidenden Frage nach seiner (Il-)Legitimität[70]; die Praxis der Vergangenheit, mit manchen Arten von Religiosität auch innerhalb des Christentums dadurch zurechtzukommen, daß man sie als Volksglauben und -frömmigkeit bzw. als deren Ausdruck (dis-)qualifizierte[71] und

---

bessere Konsequenzen gezogen, als man sie heute im Rahmen unserer Bedingungen und Einsichtsmöglichkeiten vorfindet. (Man vergleiche etwa nur die Zusammenhänge, aus denen unsere oben Anm. 54 angegebenen Thomasstellen stammen; es ließen sich bestimmt noch andere finden.)

[64] Hinter diesem Vorwurf steckt allerdings oft auch ein überholtes Wissenschaftsverständnis. Davon war schon die Rede; vgl. *Bühl*, 48ff.

[65] Zu unterscheiden sind: Glauben und Vertrauen, insofern sie kein Gegenstand von Wissenschaft sind, weil sie dieser „voraus" liegen; *Bühl*, 52; und insofern ich nicht Fachmann bin, also „glaube", obwohl ich an sich wissen könnte. Unsere Erörterungen spielen im letzgenannten Raum (der indes oft mit dem vorigen verwürfelt wird).

[66] Diesen gibt es – und das mag uns bei unserer Erörterung auf einfacher Ebene ein Trost sein – auch „höherenorts": vgl. den ausgezeichneten Aufsatz von *F. Tenbruck*, Friede durch Friedensforschung? Ein Heilsglaube unserer Zeit, in: FAZ vom 22. Dez. 1973. – Trotzdem sind wir, wie unsere Darlegung zeigen möchte, sehr zurückhaltend in der Beurteilung des Heilsglaubensphänomens.

[67] Das bedeutet Langfristigkeit und damit keine Aussicht auf spürbare Erfolge in absehbarer Zeit.

[68] Andere Versuche, vorab von zwanghaftem Charakter, sind abzulehnen; sie erbringen zudem nichts, allenfalls Übertragung, Objektwechsel.

[69] Daraus erklären sich Stufungen und Verschiebungen; vgl. *Bühl*, 48, 52, auch 296ff.

[70] Wie Phänomenologie und Geschichte von Religionen und Weltanschauungen zeigen, kann er sich an geradezu jede Größe heften.

[71] Damit ist aber bezüglich der Wirksamkeit dieser Erscheinungen wenig gesagt. Das hat schon *M. Rumpf*, Das gemeine Volk. Ein soziologisches und volkskundliches Lebens- und Kulturgemälde, Bd. 2: Religiöse Volkskunde (Stuttgart 1933), klargestellt. Moderne Religionssoziologie erhärtet das. – Hierzu und zum Folgenden vgl. (ergänzend und zuweilen kontrastierend) den wichtigen Beitrag von *H. Schürmann*, Die Überwältigung der antiken Stilregel durch die Geschichte Christi, (jetzt) in: *ders.*, Ursprung und Gestalt, Düsseldorf 1970, 326ff, hier 331 Anm. 23.

sie somit theologisch wie juridisch zu dulden und sogar noch dem Leitsystem zu- und unterzuordnen vermochte[72], ist ein weites Beispielfeld, das noch vieler Untersuchungen harrt. Eine umsichtige praktische Verkündigung muß um diese, weit über Christentum und Kirchen hinausreichenden Erscheinungen, wie sie z.B. in Heilssehnsüchten und deren Übertragungen auf wechselnde Felder zum Ausdruck kommen, zunächst wissen[73], im Verein mit der neutestamentlichen Wissenschaft muß sie auf Gegensteuerung und Vermeidung (durch Prozesse der Bewußtmachung) bedacht sein, wobei Wissenschaftskritik und -soziologie wichtige komplementierende Arbeit zu leisten vermögen[74]. So und ähnlich können wir zudem die durchaus positiven Elemente der Wissenschaftsorientiertheit, die selbst in überzogenen Erscheinungen zu entdecken sind, erheben und nutzbar machen[75]. Zeigt sich doch in der Tatsache der Übertragung von Heilssehnsüchten und Gewißheitsstrebungen auf Wissenschaft selbst wieder eine Chance zur Selbstverwirklichung des Menschen[76], die wir aufzunehmen und langsam zu transformieren nicht unversucht lassen sollten[77].

Die Sachautorität der neutestamentlichen Wissenschaft erhellt, hier konkret gesehen, aus den Perspektiven einer kritisch-verantwortlich verstandenen praktischen Verkündigung, im Zusammenhang mit den bereits genannten Größen, ferner im Hinblick auf die Autorität von Wissenschaften im Horizont der Autoritätsproblematik, bezogen auf den Komplex Wissenschaft/Gesellschaft. Wissenschaft gehört heute, und zwar völlig unverzichtbar, zum Grundlagensystem eines menschlichen Lebensvollzugs und einer menschenwürdigen Lebensbewältigung. Keine Größe kann sich davon ausnehmen[78].

In unserem Zusammenhang – jedoch auch weit darüber hinaus und geradezu grundsätzlich – läßt sich die Veränderung, die sich in den letzten Jahrzehnten irreversibel herausgebildet hat, formelhaft etwa so umschreiben: der heutige Mensch vermag nicht mehr zu glauben, daß er glauben müsse, von wo an und

[72] Theologie (als Wort) ist immer faßbar, damit angreifbar, gerade wenn sie „einfach" sein will: man denke an den Katechismus des *Don Mazzi*, Die Botschaft Jesu im Isolotto (Mainz 1969). – Es ist die „existentielle ‚finesse supérieur' des hoffnungslos unterlegen Erscheinenden", wie es einmal ein Franzose nannte, Kraft des Überlebens in einem Dasein, welches keinen Zugang zu „höheren Lehren" besitzt, weil sie sich ihm auf seiner Ebene verschließen, ihm dort nichts sagen können, welche diesen Erscheinungen (des Volksglaubens usw.) ein Unterlaufen ermöglicht. Und doch sollte man zurückhaltend sein, denn auch hier träfe zu, was *Roger Caillois* in seiner Laudatio *sous la Coupole* für *Claude Lévi-Strauss* so eindringlich sagte: „Il serait en effet imprudent, trompeur, j'ajouterai inhumain, de juger, encore plus de condamner tel ou tel genre de vie de l'extérieur, a partir de critères étrangères." (Auszüge bietet: Le Figaro vom 28. Juni 1974.)

[73] Interessante Aspekte bei *H. Sundén*, Die Religion und die Rollen (Berlin 1966) z.B. 111ff, 129ff.

[74] Es wird freilich Umstände geben, die ein Handeln nicht zuträglich erscheinen lassen, es sei denn ein gewisses Ausgleichen.

[75] Das scheint uns nötig und möglich für unseren Aufgabenzusammenhang; vgl. oben Anm. 66. Wir haben nicht anderen Bereichen Lehren zu geben.

[76] Unser Weg war auch nicht kurz und gerade, vgl. *Bühl*, 49f, und wir sind weiter unterwegs: anderen muß dieselbe Chance zugestanden werden, Zeit dazu eingeschlossen.

[77] Unsolidarische Überheblichkeit (von Wissenschaftlern und Theologen) gegenüber der Gesamtgesellschaft ist, wissenschaftskritisch gesehen, eine Angelegenheit für Verhaltensforschung, Psychologie usw.; vgl. *Bühl,* z.B. 74ff, 102ff, 128ff, 147ff; *K. Bergler*, Psychologie stereotyper Systeme (Bern 1966) etwa 86ff, 96ff.

[78] Vgl. *Bühl*, 310f, im Anschluß an *Kahn*.

wie er zu glauben habe; er ist davon überzeugt, wissen zu können und wissen zu müssen, daß und von wo an und weshalb und wie er glauben muß[79]. Darin zeigt sich, in aller Kürze gesagt, der Übergang von wesentlich deontischer Autoritätsbezogenheit zu einer vorrangig epistemischen, oder, so man will, der von einem vorwissenschaftlichen zu einem wissenschaftsorientierten Zeitalter an[80].

Wie weisen sich jetzt die Vorzüge eines neuen Verständnisses von Wissenschaft im Horizont des Komplexes Wissenschaft/Gesellschaft und konkret bezogen auf das Verhältnis neutestamentliche Wissenschaft/praktische Verkündigung aus?[81] Wir haben zunächst theoretisch vorabzubilden, was wir später im Bezugsfeld Menschensohnforschung und praktische Verkündigung an ausgewählten Beispielen explizieren wollen[82].

1. *Wissenschaft weist eine hohe, auf Steigerung angelegte, sachorientierte Unparteilichkeit und Freiheit auf.* Wenn irgendwo Grenzen als solche erkannt, relativiert und schließlich (zunehmend) überwunden werden, dann ist Wissenschaft fast immer beteiligt, meist sogar führend tätig.

2. *Wissenschaft zeigt eine sachinterne und -externe Korrektibilität.* Verbal wird, was das besagt, zwar von vielen Größen in Anspruch genommen. Aber im Prozeß der Gesamtgesellschaft bleibt Wissenschaft (leider nur zu sehr) ohne Konkurrenz. Trotz aller unleugbaren Hindernisse ist die Hoffnung, daß Fehler entdeckt, ins Licht der Kritik gezogen und schließlich überwunden werden können, nirgendwo größer als im Bereich der Wissenschaft.

3. *Wissenschaft entwickelt eine eigene Konstanz.* Sie ist darin weniger anfällig gegen undurchschaubare Fremdeinflüsse als andere Größen; verfällt sie ihnen doch, so ist der Befreiungsprozeß rascher und durchgreifender zu erwarten als anderswo.

4. *Wissenschaft entwickelt eine eigene Kontinuität.* Dabei ist diese weniger als in anderen Bereichen mit den im Gefolge von Kontinuität auftretenden Mängeln belastet oder kann sich leichter aus ihnen befreien (z.B. Mangel an Dynamik).

5. *Wissenschaft bildet in ihrer Weise Tradition.* Diese stellt allein schon insofern eine neue Art von Tradition vor, als sie sich wesentlich im Vollzug der soeben (unter 1.–4.) genannten Qualitäten konstituiert: sie kann als Tradition des wissenschaftlich-existentiellen hermeneutischen Vollzugs annähernd umschrieben werden[83]. Hochbedeutsam

---

[79] Das ist, bei aller Brüchigkeit solcher Formulierungen (über die man theologisch endlos streiten kann), die Situation. Praktische Verkündigung macht zur Genüge die Erfahrung, daß dort, wo sie nicht durch sekundäre (soziale) Momente gestützt oder gar durchgesetzt wird, Menschen sich sehr rasch abwenden, so diesem Postulat nicht irgendwie Genüge getan wird.

[80] Mit *Bühl*, vgl. 311ff, sind wir der Auffassung, daß die Funktionen von Wissenschaft sich ändern können (und werden): Wissenschaft wird „nicht mehr die Heilsbotschaft eines Zeitalters sein" (308f). Trotzdem bedeutet das, wiederum mit *Bühl* und anderen, keineswegs eine Art von Rückkehr in die Vergangenheit.

[81] Unsere Ausführungen stehen teils im Vorfeld von, teils in Konsequenz zu dem von *Pannenberg* Dargelegten; vgl. dazu dort bes. Kap. 6.

[82] Hierzu und zum folgenden kann nur generell und paradigmatisch z.B. auf *Bühl* verwiesen werden, vorab auf den ersten Teil des oft genannten Werkes.

[83] Was hier gemeint ist, greift über das traditionelle Verständnis von (auch vorwissenschaftlich sehr wohl möglicher) Hermeneutik hinaus; diese wird nicht einfach aufgehoben (das wäre unmöglich), sondern qualitativ neu orientiert; vgl. Anm. 63 u. 95.

dürfte sein, daß sich darin die Möglichkeit eines Übergangs aus einem wesentlich vorwissenschaftlich zu einem wesentlich wissenschaftsbestimmten (d.h. im Einklang mit dem Selbstvollzug der Wissenschaften stehenden) Traditionsverständnis und -vollzug anzeigt[84].

Damit wird erkennbar, daß und inwiefern ein neues Verständnis von Wissenschaft, vorrangig aus der Basis von Wissenschaftstheorie, -kritik und -soziologie erwachsend[85], zugleich Möglichkeiten einer neuen Solidarität sowohl der Wissenschaften untereinander wie auch im Blick auf deren Funktionen im Prozeß der Gesamtgesellschaft eröffnet. Alte Gegensätze werden zunehmend sinnlos; alte Spaltungen (in Theorie hier und Praxis dort, in Ergebnisse einer- und Hypothesen andererseits) können – unbeschadet der Notwendigkeit methodologischer Trennungen, die aber aus einem anderen Bewußtsein heraus und in einer anderen Zielsetzung zu erfolgen haben – in einer neuen Dynamik überwunden und der Gesamtgesellschaft in ungleich höherem Maß als bisher nutzbringend werden[86]. Elisabeth Ströker hat diesen Wandlungsprozeß des Wissenschaftsverständnisses in glänzender Formulierung und Präzision so zur Sprache gebracht: „Dagegen kann die Wissenschaftstheorie auch dieses ausrichten, daß sie das Selbstverständnis der Wissenschaft von einer unreflektierten Endgültigkeitsidee befreit, welche sie – und sei es auch nur in der Popperschen Version eines bloßen Grenzbegriffs – in einer irreführenden Teleologie des eigenen Fortschrittsdenkens gefangenhält. Denn die Historie macht jede Vorstellung approximativ anzustrebender Wahrheit, welche als Übereinstimmung der wissenschaftlichen Erkenntnis mit ein für allemal bestehenden Strukturen der Wirklichkeit genommen wird, dadurch zunichte, daß sie deren Bestehen als je

---

[84] Vgl. dazu das die Prozesse differenzierende Werk von O. *Nahodil,* Menschliche Kultur und Tradition. Kulturanthropologische Orientierungen (Aschaffenburg 1971); hier wird, was unseres Erachtens wesentlich ist, Tradition „offen" begriffen und kulturanthropologisch zentriert; vgl. die 11 interpretierenden Sätze S. 156ff. – Das „traditionelle" Verständnis stellt, darin stimmen wir *Nahodil* sehr zu, eine vereinseitigte Vorstellungs- und Begriffsgröße dessen dar, was aus dem Prozeß „Tradition" zu erheben ist: „Die Tradition ist das immanente Instrument der Selbsterhaltung und Weiterentwicklung der menschlichen Gesellschaft und Kultur" (157, aus Satz 4). Traditionalisten im herkömmlichen Sinn verabsolutieren also aus einem Prozeß ausschnitthaft fixierend jene Elemente, welche ihnen – aus Gründen und Motiven jedweder Art – als für die Lebensstabilisierung notwendig oder nützlich erscheinen oder, falls der Vorgang im vorbewußten Raum spielt (und das dürfte häufig oder bezüglich ganz bestimmter Zusammenhänge so sein), erfahrungsmäßig so zu eigen geworden sind. Man sieht: Schwierigkeiten mit der Tradition sind, so nicht alles täuscht, wesentlich Schwierigkeiten mit der Selektion, Rezeption und Interpretation von Tradition.

[85] Also nicht unter Ausklammerung irgendwelchen Wissens, sondern unter dessen Einbezug, freilich unter Offenhaltung der Horizonte, wie dies durchaus wissenschaftsentsprechend ist.

[86] Der Vollzug, auf den hin wir konkretisieren (Exegese/praktische Verkündigung) versteht sich unseres Erachtens selbst als gebender *und* nehmender Mitvollzug im Gesamtgeschehen von Gesellschaft. (Theologie muß also nicht immer und ausschließlich in Extremen gegenüber dem Horizont einer Zeit erscheinen: zu weit voraus oder zu sehr hinterher, wie wechselweise Theologen und Nichttheologen behaupten oder befürchten.)

schon historisch vorgängige Leistung der Wissenschaft sichtbar werden läßt, ohne dem wissenschaftlichen Begriff einer unveränderten Realität, an den sich die Wissenschaft bloß heranzuarbeiten hätte, Anhalt zu gebieten. Erweist sich damit, was Realität in der Wissenschaft bedeutet, als Resultat eines Geschichtsprozesses, dessen Dynamik aber um so weniger ein durchgängiges Schema erkennen läßt, je genauer sich die Forschung ihm zuwendet, so wird auch jedem Glauben an objektive, ‚absolute' Wahrheit der wissenschaftlichen Erkenntnis, wie Popper sie versteht, der Boden entzogen. Das heißt nicht, daß die Wahrheit der Wissenschaft bloß in ihrer Geschichte ist, sondern heißt, daß in ihrer Geschichte ihre Wahrheit ist."[87] Und: „Nicht macht die historische Vergänglichkeit und Überholbarkeit wissenschaftliches Bemühen um Objektivität und Suchen nach Wahrheit sinnlos, sondern aus der Geschichtlichkeit der Wissenschaft bestimmt sich allererst der Sinn von Objektivität und Wahrheit, die die Wissenschaft als Ziel ihres Erkennens ausgibt."[88]

In dieser prozessualen Erkenntnis von Prozessen kommt der Wissenschaft vom Neuen Testament im Bereich der Theologie und darüber hinaus größte Bedeutung zu. Angesichts der Situation: kaum ein Interesse am Christentum ohne Interesse an Jesus, und: Interesse an Jesus weit über jedes Christentum hinaus, bedarf es keines Aufweises, was eine kritische neutestamentliche Wissenschaft zu leisten hat.

II. Mögliche wissenschafts- und kommunikationstheoretische (-kritische) Anwendungen zur Thematik

1. Elemente und Kategorien eines kommunikativen Prozesses und der Aufbau eines Modells: konkretisiert auf den Prozeß titularer (Menschensohn-)Christologie

Das Interesse des heutigen Menschen an Jesus orientiert sich, im Rückgriff auf Quellen, an unseren kanonischen Evangelien. Das ist selbst schon wieder mit das Ergebnis eines neuen Prozesses, der allerdings nicht in jeder Hinsicht einfach konform mit den Einsichten moderner Evangelienforschung erscheinen dürfte, denn das moderne Interesse ist, jedenfalls weithin, zunächst einmal durch (moderne) Biographie und Historiographie bestimmt[89], demgegenüber tritt ein lite-

[87] *E. Ströker*, Geschichte als Herausforderung. Marginalien zur jüngsten wissenschaftstheoretischen Kontroverse, in: Neue Hefte für Philosophie (1974) 27ff, hier 65.
[88] *E. Ströker* in dem zuvor zitierten Aufsatz, hier 65f.
[89] In unserer Zeit und in unserem Kulturraum scheinen diese Auffassungen geradezu dem mediokosmisch bestimmten Weltbild der Alltagserfahrung assoziiert; daher erklären sich bestimmte Ste-

rarisches Verständnis anderer Art, wie es beispielsweise durch bestimmte Genera gegenwärtiger Literatur ausgeformt sein könnte, offensichtlich bislang noch nicht sehr hervor[90].

In den Evangelien begegnet der heutige Leser also einer grundsätzlich verkündigungstheologisch verfaßten Jesusüberlieferung, welche indes biographisch-historiographisch verwertbare Einsprengungen und Richtpunkte enthält. Gerade diese machen es aber dem modernen Menschen offenbar nicht leicht, die Evangelien nicht wenigstens nach Art kerygmatographischer Parallelläufer zu antiken Darstellungen eines biographisch-historiographischen Genus zu begreifen[91]. Doch ist in dieser Hinsicht die moderne Evangelienforschung wohl noch sehr offen.

Sodann treffen sich Darstellung der Evangelien und heutiges Interesse in der Personbezogenheit auf Jesus von Nazareth. Hier scheint das typisch moderne Interesse leichter verkündigungstheologisch ansprechbar; diese Offenheit resultiert wahrscheinlich nicht zuletzt aus gewissen Konvergenzen existentieller Lebens- und Weltauslegung, worin Antike und Moderne trotz bleibender und irreversibler Verschiedenheiten sich oft erstaunlich nahe zu kommen scheinen[92].

Indes darf diese Personbezogenheit nicht einfach als selbstverständlich (etwa im Sinn von gar nicht anders möglich) gelten. Das zeigt sich allein schon daran, daß im alttestamentlichen, im frühjüdisch-zwischentestamentarischen und nachwirkend noch im neutestamentlichen Raum Modelle präformiert erscheinen, welche ein souveränes und absolutes eschatologisches Gotteshandeln auch in anderer als in der neutestamentlich und vor allem in den Evangelien letztlich verbindlich gemachten personologischen Weise vorstellbar erscheinen lassen[93]. Wir werden darauf im Zusammenhang mit den Qualifi-

reotypien des Frageinteresses, die wir nicht einfach überspielen oder ausrotten können. „Normales" naturwissenschaftliches Interesse oder Wissen fügt sich dem (beidseitig) ein.

[90] Wenn man Unbekanntes/Unverständliches auch nicht mit wiederum solchem aufhellen kann, so hilft doch der unverfängliche (weil nicht mit den Interessen der Verkündigung verquickte) Aufweis pluralen Darstellungs- und Interpretationsvermögens, wie es heute allenthalben begegnet.

[91] Die wechselnden Dichotomien (historisch hier und insofern/nichthistorisch dort und darum) erwecken leicht ein Mißtrauen, das schwer zu zerstreuen ist.

[92] „Charakteristisch ... ist es, wie die altertümlichen gesammelten Formen der antiken Tragödie sich gerade mit unseren modernsten Formansprüchen vereinigen, ja ihnen entgegenkommen. Um irgendeine traditionalistisch-leblose, klassizistisch-nachahmende Wiederaufnahme geht es also nicht", so *W. Schadewaldt*, Das Drama der Antike in heutiger Sicht, in: *ders.*, Antike und Gegenwart (München 1966) 7f. – Es ist interessant, wie sehr sich eine moderne, wissenschaftssoziologisch orientierte Sicht dem (wieder, neu) zuordnet: vgl. *Bühl*, 296ff

[93] Diese Thematik ist äußerst komplex; sie führt nicht nur bis zu Jesus hin (vgl. *Ph. Vielhauer*, Gottesreich und Menschensohn in der Verkündigung Jesu, [jetzt] in: *ders.*, Aufsätze zum Neuen Testament [München 1965] 55ff), sondern auch, wenngleich anders, zu Paulus (vgl. *E. Güttgemanns*, Der leidende Apostel und sein Herr [Göttingen 1966]). Man wird auf eine solche Thematik eines Tages zurückkommen müssen, denn daß man „zurückbleibt hinter dem bereits erreichten Stand des theologischen Problembewußtseins" (*Pannenberg*, 348), ist zwar für eine „Exegese, die aufgrund schmerzlicher Erfahrungen den Weg ins Schneckenhaus zurück leichter findet als die Flucht nach vorn" (*P. Neuenzeit* in dem Anm. 24 zit. Beitrag in: Festschrift Schnackenburg, 510) sehr verständ-

kations- und Kommunikationsmodellen (auf die wir uns indirekt bereits bezogen) wieder zurückzukommen haben.

Daß ein modernes Frageinteresse sich, wie es scheint, so leicht in eine antike Antwortgebung einspielt, verlangt eine Erklärung. Diese bietet sich beispielsweise aus der Gleichheit oder Ähnlichkeit der Strukturierung zugrunde liegender kulturaler Muster an.

Die Grundmuster sozialer Kommunikation[94] haben sich langfristig und kultural großräumig-übergreifend herausgebildet und aufeinander eingespielt[95]

lich, doch könnte man um die „normative Legitimation" fürchten, wenn ein Ausweichen „sich ausgerechnet in den Institutionen der Publikation und Kritik formiert, die gerade dazu bestellt sind, neue Ideen und neu entdeckte Phänomene der Diskussion und der intersubjektiven Prüfung zugänglich zu machen" (*Bühl*, 176); hoffen wir, daß es sich eher um eine Pause zur „Aufrechterhaltung eines regulären wissenschaftlichen Verarbeitungsprozesses" (*Bühl*, 178) handelt, alle die anderen Gründe und Motive, die ein Wissenschaftssoziologe mit ins Auge fassen müßte (*Bühl*, 149ff, 175ff), also ohne Belang sind. – Klar sind nämlich: 1. daß Problematika vorliegen, 2. daß sie noch nicht ausgestanden sind (das haben *Vielhauer* und *Güttgemanns* ebenso aufgezeigt wie die Kritik an ihnen das auf ihre Weise belegt).

[94] Hier umfassend: Übereinkommensmöglichkeiten bezüglich der Grundmuster des Lebensaustauschs und der Weltauffassung usw.; vgl. *M. Mead*, Vicissitudes of the Study of the Total Communication Process, in: *T. A. Sebeok, A. S. Hayes, M. C. Bateson* (Hrsg.), Approaches to Semiotics. (Cultural Anthropology, Education, Linguistics, Psychiatry, Psychology), Transactions of the Indiana University Conference etc. (The Hague 1964) 277ff (bes. auch 280ff). – „Beim Menschen haben wir vorherrschende Gedankensysteme, die menschliches Denken und Handeln während einer bestimmten Periode der menschlichen Geschichte bestimmen, genau wie vorherrschende Typen von Organismen während eines gegebenen biologischen Zeitabschnitts die Evolution determinieren. Nach einer Weile ist das dominierende Gedankengebäude nicht mehr fähig, sich den wandelnden Lebensbedingungen anzupassen, oder es stößt sich an seinen Grenzen und erkennt, daß es dem Menschen die Welt und das menschliche Schicksal nicht mehr glaubwürdig deuten kann. Die Geschichte wartet sodann, bis ein neues, den Verhältnissen angemessenes Ideensystem das Licht der Welt erblickt und die Vorherrschaft an sich reißt." So *J. Huxley*, Die Beziehung zwischen Evolution und Gottesidee, (hier) in: *P. J. Saher* (Hrsg.), Evolution und Gottesidee (Ratingen – Düsseldorf 1967) 22. Mutatis nunc mutandis: die Bedeutung dieser Einsicht ist unbezweifelbar. (Zu *einigen* Aspekten vgl. *A.-M. Dubarle*, Une rencontre entre monothéisme biblique et culture grecque. Sur un livre de M. Gilbert (= I. M. Gilbert, La critique des dieux dans le livre de la Sagesse, Sg 13–15 [Rom 1973]), in: RSPhTh [1974] 253ff).

[95] Zu den Komplexitäten (und zum wissenschaftlichen Nachvollzug) diesbezüglicher und ähnlicher höherer Prozesse vgl. illustrative *G. Holton*, The Metaphor of Space-Time Events in Science, in: *A. Portmann* (Hrsg.), Form als Aufgabe des Geistes (Zürich 1967) 33ff; *J. T. Lamendella*, Theories of the Brain; Behavior, The Mind, Robots & Cognitive Processes, Respectively, in: *T. Storer, D. Winter* (Hrsg.), Formal Aspects of Cognitive Processes. Interdisciplinary Conference (Ann Arbor March 1972) 4ff (*G. Goos, J. Hartmanis*, ed. gen., Lecture Notes in Computer Science, Nr. 22). – Der Hermeneutik (die diesen Namen verdient) und der Übersetzungskunst (vgl. *H. Friedrich*, Zur Frage der Übersetzungskunst [Heidelberg 1965]) sind Prozesse ähnlicher Art längst in hohem Maß vertraut; trotzdem sollte man, zumal im Raum der Theologie, weder die Erfahrungen noch die Bestätigungen aus modernen Wissenschaften unterschätzen (und auch nicht deren zunehmende Möglichkeiten, komplexe Vorgänge immer adäquater abzubilden: „A type of theory which *would* fully explain human cognitive Processes is the theory I have called psycho-physical isomorphism. This theory contains the insights of physical description theories *and* psychological isomorphism theories"; *Lamdendella*, 13; vgl. etwa auch *Z. Manna, R. Waldinger*, Knowledge and Reasoning in Program Synthesis, in: *C. E. Hackl* (Hrsg.), Programming Methodology (4th Information Symposium, IBM Germany, 25.–27. September 1974) (Heidelberg 1975) 236ff (Lit. 276f).

(oder auch nicht: hierauf beruhen, so nicht alles täuscht, zu einem nicht geringen Teil die lange Zeit oder selbst jetzt noch auch hermeneutisch kaum oder gar nicht überbrückbar erachteten Verschiedenartigkeiten in manchen Grundauffassungen, z.B. daß eine Größe personal oder sachhaft erscheint)[96]. Auf der Basis dieser Muster sozialer Kommunikation erscheint auch uns unsere Welt personologisch orientiert: alles ist irgendwie auf Person-zu-Person-Verhältnisse aufgebaut, bezogen, aus einer solchen Perspektive gesehen[97]. Wir partizipieren in dieser Weise an der Welt, sie erscheint uns als personologisch verfaßt[98].

So erfahren wir nahezu die gesamte Sozialwelt (unsere soziale Umwelt) personologisch[99]. Zumindest sind wir sehr darauf ausgerichtet, sie in dieser Weise zu erfahren[100].

[96] Das ist natürlich eine Konkretisierung im Hinblick auf unsere besonderen Interessen.

[97] Es wäre vermessen zu meinen, in Kürze in die Tiefen einer Erörterung über die Personologisierung hinabsteigen zu können, welche im theologischen Raum in der Diskussion um die für „die volle Ausfaltung der für die Offenbarungstheologie unentbehrlichen personologischen Kategorien" (*B. Thum* in: ThRev [1974] 66ff, hier 68, zu: *S. Breton*, Du Principe. L'organisation contemporaine du pensable [Paris 1971]) spürbar wird (vgl. *W. Schlichting*, Biblische Denkform in der Dogmatik. Die Vorbildlichkeit des biblischen Denkens für die Methodik der kirchlichen Dogmatik Karl Barths [Zürich 1971] bes. 131ff, 245). Die Diskussion ist alt; sie wird auf verschiedenen Ebenen geführt (vgl. für Thomas v. A. über die zahlreichen gewohnten Stellen im Bereich STh I,27–43 usw. CG IV, 10.14.18.26.35.38.41.43.48, um nur eine der möglichen Reihen zu umschreiben; zu Hegel vgl. – nicht zuletzt im Blick auf unsere Thematik – *H. Küng*, Menschwerdung Gottes. Eine Einführung in Hegels theologisches Denken als Prolegomena zu einer künftigen Christologie [Freiburg i.Br. 1970]; zur Kritik vgl. *M. Wilden* in: ThRev [1972] 476ff). Bedeutende Autoren (wie *M. Buber, R. Guardini, P. Tillich, K. Kerényi, M. Éliade, U. Bianchi, H. Schär, K. Rahner, E. Jüngel, H. Mühlen*) haben sich dieser Grundfrage zugewandt; dennoch – oder gerade deswegen (*Bühl*, 51ff) – wird man die „Offenheit" sehen müssen (besser: dürfen). Heute sollte eine wissenschaftliche Erörterung, wie sie sich uns, etwa im Anschluß an *Soren Holm*, Religionsphilosophie (Stuttgart 1960) 123f, stellt, nicht mehr unter jenen Vorzeichen stehen, unter denen *C. G. Jung* (Antwort auf Hiob, hier in: Zur Psychologie westlicher und östlicher Religion, Ges. Werke, hrsg. von *M. Niehus-Jung, L. Hurwitz-Eisner, F. Rinklin*, Bd. 11 [Zürich 1963] 496f, Anm. 2 – offensichtlich mißverstanden seitens *G. Fohrer*, Das Buch Hiob, KAT XVI [Gütersloh 1963] konkret 549, Anm. 1, wobei das Mißverständnis wissenschaftstheoretisch klar lösbar ist: beide Autoren argumentieren in einem je mehrdimensionalen, aber verschiedenen System, es ist also – glücklicherweise – jeder „im Recht") sie zu sehen sich gezwungen erachten mußte; dient sie doch dazu, heute „die Lebendigkeit Gottes zu *denken*", was eben verhindert, daß „die Theologie zu einem Mausoleum der Lebendigkeit Gottes" (beides aus: *E. Jüngel*, Gottes Sein ist im Werden [Tübingen ²1967] III) wird, wozu ein Zurückweichen von einem bereits erreichten Stand des Problembewußtseins (vgl. Pannenberg, 329ff, 348) gewiß führt: ein „Zustand", welchem durch „offene" Kooperation (vgl. Pannenberg, 426ff) in allen Disziplinen (vgl. *E. Jüngel*, Jesu Wort und Jesus als Wort Gottes, in: *E. Busch, J. Fangmeier, M. Geiger* [Hrsg.], ΠΑΡΡΗΣΙΑ. Festschr. K. Barth [Zürich 1966] 82ff, hier 84, Anm. 10) gerade im Blick auf die praktische Verkündigung als einer unmittelbaren „Theologie in der Welt der modernen Wissenschaften" (*J. Moltmann*, Perspektiven der Theologie. Ges. Aufsätze [München 1968] 269ff, Aufsatzüberschrift) gesteuert werden sollte.

[98] Normalerweise wird darüber nicht besonders reflektiert; wenn, dann reicht eine erste Stufe bis zum „daß" dieser Verfaßtheit.

[99] Die „Erwartungshorizonte" sind davon nicht ausgenommen. Zum weiten Zurückreichen dieser Vorstellungsgehalte und im Hinblick auf unsere spezielle Thematik vgl. *J. Scharbert*, Heilsmittler im Alten Testament und im Alten Orient (Freiburg i.Br. 1964) hier bes. 21ff.

[100] K. Kerényi nennt die Grundkonstitutiva: ein Verhältnis, das als subjekt-/objektartig umschrie-

Wo dem nicht so ist, zeigen sich alsbald Bestrebungen danach, oder, präzise gesagt, nach einer personologischen Rezipierbarkeit. Denn außerpersonale Bezüge gelten, zumal heute, weithin als nicht menschenwürdig[101]. Sind sie in der hochtechnisierten modernen Gesellschaft unvermeidbar, dann müssen sie unter Umständen unter hohem Aufwand personologisiert oder entsprechend überformt werden, so daß eine personologische Rezeption möglich erscheint[102]. Solches kann im Ablauf des Sozialprozesses gegebenenfalls sogar erzwungen werden, weil dieser Prozeß auf einen bis zu einem bestimmten Grad nicht hinterschreitbaren reibungslosen Ablauf auf der Ebene der Kommunikation angewiesen ist[103]; eine erhebliche Störung dieses Verlaufs würde ein Chaos heraufbeschwören.

Bei der Erfahrung der Sozialwelt geht es näherhin nicht nur um Personen (gleichgültig, wie sie figurieren), sondern um Personen, die sich durch personale Qualitäten kennzeichnen oder durch solche gekennzeichnet werden[104]. Personen mit ihren Qualitäten werden aber, um im sozialen Kommunikationsprozeß kommunikabel zu werden, auf prädikative Weise vorgestellt[105]. *Titulatur be-*

ben wird; ein Verhältnis, das als „Umgang mit" bezeichnet wird; eine Person-Person-Beziehung, ein Ich-Du-Verhältnis; vgl. *K. Kerényi*, Umgang mit Göttlichem (Göttingen ²1961) bes. 4ff. – Grundlegend wurde *M. Buber*, Ich und Du (Erstveröffentlichung Leipzig 1923); auch *Kerényi* verweist darauf (a.a.O. 5, Anm. 2).

[101] Apersonalität und eine ihrer speziellen Varianten, die Anonymität (= verdeckte, unkenntlich gemachte Personalität), sind meist nur dann willkommen, wenn sie vom Betroffenen selbst gewählt oder aus bestimmten Gründen erwünscht oder zugelassen sind. In so gut wie allen anderen Fällen wird eben diese Erscheinung – zumal heute – mit Kritik bedacht.

[102] Wie sehr dem so ist, zeigen Werke über höhere Führung im Bereich Wirtschaft/Industrie: gerade wo/weil in einer modernen Massenführungsgesellschaft „persönliche" Beziehungen weder möglich noch erwünscht sind, spielt das Personale/Personologische eine entscheidende Rolle, und zwar bis zum *Managerial Breakthrough*, der offensiven Führungstaktik, oder der *ZD-Philosophy*, der *Management-Methode Zero Defects*, dem Null-Fehler-Programm und anderem mehr.

[103] Ein Wirtschafts- oder Industrieunternehmen, und sei es noch so groß, kann z.B. nicht *im Gegensatz zum sozialen Kontext* den Erwartungshorizont seiner Mitarbeiter beliebig strapazieren. Und das ist noch ein sehr einfaches Beispiel. – Vgl. oben Anm. 14 und 15 (Rassenprobleme).

[104] Sehr treffend schreibt *H. Mühlen*, der sich mit dem anstehenden Fragenkomplex eingehend beschäftigt hat, im Blick auf die heutige Situation (die er jedoch – und das ist für uns bedeutsam – aus der geschichtlichen Entwicklung heraus begreift und erklärt): „Die Faszination durch Technik und Sport wird noch weit übertroffen durch jene Hoffnung auf Entgrenzung, die Menschen voneinander erwarten" (Entsakralisierung [Paderborn 1970] 40f).

[105] Die von uns bewußt hergestellte oder belassene, wissenschaftskritisch zunächst einmal äußerst fragwürdig erscheinende Ineinssetzung bzw. Verbindung von antiken und modernen Sachverhalten und Anschauungen versteht sich unseres Erachtens nicht nur als möglich (gleichsam zugeständnishaft), sondern als wissenschaftskritisch nützlich und sogar notwendig, und zwar deshalb, weil wir, wie selbst-verständlich oder „natürlich", in der unmittelbaren Ausfaltung jenes großen kulturalen (und noch mehr als nur das?) Grundmusters leben, welches wir als das personologische (kurz etwa = Gott-Welt-Mensch-Erfahrung in den Entfaltungen komplexer Person-zu-Person-Strukturen, wesentliche Orientierung und Konzentration auf solche Strukturen, Spiegelung solcher Strukturen in den verschiedensten Erkenntnis- und Interessens- bzw. Lebensbereichen) skizzieren (vgl. oben die Zusammenhänge ab Anm. 94). Wir wissen zwar grundsätzlich vom „Vorhandensein" anderer oder andersgeartet erscheinender Grundmuster (*Neumann, Radhakrishnan, Sarkisyanz, Holm* u.a.), aber wohl noch zuwenig, um in den Hauptbereichen zu wenigstens ausweislich begründbaren Vergleichen kommen zu können oder gar über biogenetische Zusammenhänge Aussagen zu machen

deutet Spezifizierung und Präzisierung der prädikativen Qualifikation im Hinblick auf ihre soziale Kommunikabilität[106].

Jede Weltauslegung arbeitet kommunikativ, und jede Sozietät ist, mindestens in sich, in einem höheren Grad kommunikativ. Zwar kann, um es kurz und sprichwörtlich auszudrücken, auf die Welt und die Verhältnisse sich jeder seinen eigenen Vers machen; trotzdem ist er darin keineswegs so frei und unabhängig,

---

und daraus mögliche Tendenzen abzulesen zu versuchen. – Gewiß ist also eines: es liegen Problematika vor, deren Rand wir offensichtlich ersehen können; wir haben aber in unseren Breiten kein vergleichsstarkes anderes Muster (noch? nicht mehr? überhaupt nicht?) und müssen uns deshalb, weil die Vorgegebenheit bis in die wissenschaftliche Analyse unbeachtet einfließen kann, diese durch Reflexion wenigstens annähernd bewußt machen, auch wenn wir sie (noch) nicht hinreichend umschreiben können. – Konkret: wenn *E. L. Ehrlich* (in seinem Beitrag zu „Ist Jesus einzigartig?", in: Radius, Dezember 1973, 9ff, hier 21) schreibt: „Der, der für die Christen die Mitte ihrer religiösen Existenz ist, kommt in der geistigen Welt des Juden nicht vor, oder wenn er erscheint, wird er in die Kette der Propheten, Apokalyptiker und Lehrer integriert", und die Tatsache, „warum Juden ohne die Heilsgestalt... leben konnten", mit einem jüdischen mystischen Text (Sohar III, 260 b) auslegt, so liefert er in einem gut gewählten Beispiel gleich mehrere: 1. Er zeigt eine Auslegung des Bezugsfelds (kurz: Gott-Welt-Mensch) in einem nicht personologischen (oder mindestens: wesentlich andersgearteten) Modell, eine heilsmittlerische (oder wie auch sonst zu benennende oder fungierend zu verstehende) Person oder Gestalt erscheint nicht, und sie ist darüber hinaus überflüssig und sogar störend (das ist für die innere Konstitution des Modells und für seine Funktionstüchtigkeit wichtig: es ist in sich geschlossen). 2. Die Erstellung des Modells erfolgt offensichtlich durch Auswahl aus verschiedenen Modellen unter konsequenter Ausgestaltung des gewählten (das Judentum kennt mehrere, damals wie heute: das Judenchristentum hat, auf dem Boden der Möglichkeiten, seinen Weg ebenso konsequent genommen wie unser Autor einen anderen). 3. Die Auswahl erfolgt – wozu *Ehrlich* nicht gezwungen gewesen wäre – bezeichnenderweise zugunsten der Mystik (die ohnehin allenthalben „unmittelbar zu Gott" ist und deswegen, gerade auf christlichem Boden, oft ihre Schwierigkeiten hatte). 4. Es war „ein polemisch gestalteter Vorgang der Scheidung... in welchem beide Seiten um ihre Existenz rangen" (*Ehrlich*, 17), in welchem die Differenzierung zu ihrer (hoffentlich einmal: vorläufigen, wie wir hinzufügen möchten) „Endgültigkeit" zwischen Juden und Christen führte. – Was ließe sich daraus ersehen? Rein modelltheoretisch, daß wir, ausgehend von dem einen Gott, die Reservatsumschreibungen der Auslegungsmodelle und ihre Relationalitäten (als Reflexionen über deren uns zu vollziehen mögliche Relationen) neu überdenken könnten; mit das Beste schiene mir dazu immer noch bei *F. Weber*, Jüdische Theologie auf Grund des Talmud und verwandter Schriften, hrsg. v. *F. Delitzsch* u. *G. Schnedermann* (Leipzig ²1897) vorgelegt (vgl. etwa nur 149ff). Scheint es uns doch nicht ganz unvernünftig einmal zu prüfen, inwieweit die zunächst total erscheinende Verschiedenheit der Prozesse (im frühen Christentum/Judentum) eine wirklich so totale sein muß, so man die verschiedenen Modelle erst einmal durchkonstruiert und dann – und nicht vorher – zu „ausschließenden" Ergebnissen kommt; vgl. auch *P. Kuhn*, Gottes Selbsterniedrigung in der Theologie der Rabbinen (München 1968).

[106] Um nicht mißverstanden zu werden: *wir* haben *hier* über „Ontik" nicht zu befinden und „Ontologie" nicht zu betreiben, sondern wissenschaftskritisch vertretbar Prozesse zu analysieren. Vom Stand einer auf mehrdimensionaler Wissenschaftstheorie basierenden -kritik aus ist solches ebenso nötig wie möglich; zu Ansätzen vgl. das bedeutsame Werk von *L. Gabriel*, Integrale Logik (Wien 1965) bes. zu „Substanz" (z.B. 71), „System" (129, 233ff u.ö.), wobei für die *Einzelvollzüge* gelten wird, was *J. Habermas* neuerdings wieder (in seinem neuen Nachwort zu „Erkenntnis und Interesse" [Frankfurt a.M. 1973] 367–418, hier 382ff, bes. 383) herausgestellt hat (man beachte indes *Gabriel*, 269ff). – Daraus folgt, daß *für uns* das „Problem", das *Habermas* (Legitimationsprobleme im Spätkapitalismus [Frankfurt a.M. ²1973] 166f) für *Pannenberg, Moltmann, Sölle, Metz* zu veranschlagen scheint (vgl. auch *Habermas*, 167, Anm. 170a), wonach man sagen müßte: „Gott

wie er es selbst meinen könnte. Und jede Betrachtung über das Verhältnis Gott-Welt-Mensch ist, schon in ihren primären Voraussetzungen, ein Weltauslegungsversuch, der unter den verschiedensten Gesichtspunkten mit den unterschiedlichsten Prädikaten bedacht werden kann[107].

Dem Versuch einer Analyse bietet sich das Verhältnis Gott-Welt-Mensch (bzw. die darüber angestellte Betrachtung selbst noch einmal) als eine äußerst komplexe Interaktionenfolge an, welche so zahlreiche Entwicklungsschübe, Schichtungen, Überlagerungen und Transformationen zeigt, daß kein vorführbares einfacheres Modell diese Verhältnisse annähernd sachgemäß simulativ zu repräsentieren vermag.

Gerade deswegen ist es aber notwendig, sich die Komplexität wenigstens auf diesem Weg (der Einsicht über das Unzureichen von Modellen) kritisch zu Bewußtsein zu bringen, ließen sich doch schon dadurch viele ungenügende Vorstellungen, wie sie auch heute noch in und hinter selbst wissenschaftlichen Darlegungen wirksam sind, als ungenügend oder falsch erkennen und entsprechend relativieren oder korrigieren[108]. Auch in dem geschichtlichen Entwicklungsbereich, der sich, hier aus vielen Gründen vereinfacht, als alttestamentlich-jüdische und neutestamentlich-christliche Offenbarung vorstellen läßt, ist das Verhältnis Gott-Welt-Mensch Vollzugsgegenstand der Auslegung. Selbstverständlich ist dieser Bereich nicht statisch, sondern geschichtlich (und dies in jeder Hinsicht) zu verstehen. Daraus resultiert unter anderem eine Offenheit gegenüber Umwelten und deren Einflüssen, welche den (inneren) Kommunikationsprozeß mit präformieren, konstituieren, entwickeln[109].

---

wird zum Namen für eine kommunikative Struktur" (*Habermas*, 167), genau im Sinn von *Habermas* (hier: Erkenntnis und Interesse 383) nicht als vorliegend erachtet werden kann. Wissenschaftskritisch könnte die Auflösung dieses „Gegensatzes" darin liegen, daß *Habermas* nicht durchgehend hermeneutisch transponiert, sondern, ohne sich dessen wahrscheinlich reflektierend-kritisch inne zu werden, „fixiert"; einen solchen Prozeß hat *K. Kerényi*, Der höhere Standpunkt. Zum Humanismus des integralen Menschen (München 1971) bes. 115f und Umgebung, im Blick auf *J. P. Sartre* herausgearbeitet: „Charakteristisch ist für Sartre, daß er sich überhaupt nur solch einen ‚Gott' vorstellen kann und nicht in Erwägung zieht, daß dieser *sein* Gott war und blieb, auch nachdem er ihm die Existenz versagte" (115f). – Es sei indes unterstrichen, daß *Habermas* sehr differenziert; es müßte aber, so meinen wir, gerade aufgrund seiner anderweitigen (vgl. oben) Ausführungen ein solcher Schritt nicht nur möglich sein: er müßte sich ihm fast nahelegen. – Es ist also niemand verwehrt, seine (z.B. ontologisierenden) Konsequenzen zu ziehen; allerdings wird man das kaum – und zwar im ureigensten Interesse – ohne Beachtung der genannten Gegebenheiten tun können. (Der Hintergrundsbezug zu Christologie und Menschensohnvorstellung braucht für das Gesamt des hier Gesagten nicht eigens noch expliziert zu werden.)

107 Angesichts des bereits (namentlich auch in den Anmerkungen) Gesagten können wir auf Einzelheiten weitgehend verzichten.

108 Und viele wenig einbringende Auseinandersetzungen ließen sich vermeiden: auch in der Theologie und Christologie.

109 Die christologischen Titulaturen sind ein illustratives Beispiel dazu, zumal, wenn man ihre Genese beachtet. Die sehr komplexen Prozesse des Aufbaus und der Umschichtung bzw. Veränderung der hier angesprochenen Größen kommen als gesamtgesellschaftliche Erscheinungen erst allmählich unter wissenschaftlichen Gesichtspunkten in den Blick; vgl. dazu den unten Anm. 130 genannten Beitrag von *O. Omozuyi*.

Die Glaubenserfahrungen dieses Verhältnisses artikulieren sich nun, eingebettet in den evolutiven Prozeß der Kommunikation und aus ihm erwachsend, in Qualitäten, welche erkannt und zugesprochen werden; dabei können verschiedenste Größen je ihre Rollen spielen.

Qualität bedeutet dabei Besonderheit, Güte, Auszeichnung – stets in Relation (und deshalb relativ) zu dem ansonsten Vorfindlichen, Allgemeinen[110]. Qualität ist somit (sozial-kommunikativ gesehen) Ausbruch aus dem Schema des als „normal" Erachteten, Geltenden. Dieser Ausbruch kann als aktiver oder mehr passiver gesehen werden; er kann als aktionaler, gedachter, erhoffter, prognostizierter, unerwarteter, umstürzender erscheinen: der Benennungen wären noch sehr viele[111]. Damit ist die parametrale Grundstruktur des Prozesses aufgezeigt, in dessen Abfolge es überhaupt zu Erfahrung und Zuspruch von Qualität(en) kommen kann[112].

Qualität wird – in einem sozial-kommunikativen Prozeß – erkannt und anerkannt[113]. Qualität meint hier in methodologisch bedingter Sicht die Einzelung des Besonderen, Einzelzüge des Hervorragens aus dem als gewöhnlich Erfahrenen, Empfundenen, Gedachten[114]. Bleibt Qualität(serfahrung) nicht in der Einzelung – und der sozial-kommunikative Prozeß drängt gleichsam eigengesetzlich darüber hinaus –, so entstehen in einer vielfältigen Entfaltung aus (verträglichen oder gar sich anziehenden) Qualitäten Qualitätsmuster, vorstellbar als eine Art Geflecht von Qualitäten[115]. Andere, als unverträglich erachtete Qualitäten werden nicht aufgenommen: sie bleiben in einer Vereinzelung oder

---

[110] Für den *Prozeß* „Jesus" muß man das Entsprechende nach Zeit, Umwelt usw. einsetzen. Konkret ist das oft schwierig; doch geht es hier um das Grundmodell, und es kann nur von Nutzen sein, so man erkennt, daß und warum eventuell „Lücken" entstehen – und wie sie (damals und heute) ausgefüllt werden.

[111] Kritik muß grundsätzlich offen sein: so ist auch, und zwar aus kritischen Gründen, im Blick auf Jesus und die Jünger mit Größen der Erwartung zu rechnen; es ist Sache der neutestamentlichen Wissenschaft, diesbezügliche Modelle (aus den Daten) zu erstellen und zu prüfen. Es ist klar, wo die eigentlichen Schwierigkeiten (nicht nur hierfür) beginnen: *von den aus den literarischen Quellen rückerschlossenen Traditionsgrößen an rückwärts* auf die Jünger und Jesus hin. Hier beginnt nämlich der schwer überprüfbare Einflußbereich anderer Größen, zeitgenössisch-damaliger und späterer, theologischer.

[112] Das ist gewiß sehr vereinfacht, doch dürfte die Skizzierung genügen.

[113] Selbstverständlich bleiben, aus welchen Gründen auch immer, viele Qualitäten unerkannt. Das spricht aber nicht gegen das hier gemeinte Muster der Kommunikation.

[114] Ein banales, aber vielleicht illustratives Beispiel. An einem Sonntagnachmittag im Sommer sah ich vor Jahren einmal einen alten, bärtigen Mann am Ufer des Zürcher Sees. Er predigte. Und: er hatte Zuhörer. Am hinteren Gruppenrand der stets etwa 20 Personen sagte man: Was ist das für einer? Predigt der oft? Predigt der immer hier? Hat er was Besonderes zu sagen? – Inszenierung eines sozial-kommunikativen Prozesses in den 60er Jahren am Rande einer europäischen Großstadt, ohne allen Aufwand, ohne jeden Hintergrund anderer Art. Der Inhalt: Nacherzählung von Evangelienstücken mit ganz einfachen, allgemeinen Anwendungen. Die Schlichtheit beeindruckte.

[115] Anzeigenteile von großen Zeitungen pflegen, besonders zu Wochenenden, ein reichhaltiges Angebot von Qualitätsmusterbeispielen zu liefern.

werden dorthin zurückgestoßen[116]; übersteigen sie (im paramentralen Gefüge des Beurteilungsprozesses auf der Basis der sozialen Kommunikation) das zuträgliche Maß wesentlich oder grundsätzlich, so werden sie zu Disqualitäten, zum (eventuell stufenmäßig immer stärkeren) Gegensatz zu Qualität(en)[117]. – Sinnvolle Weltauslegung bedarf vieler Qualitäten; Beschränkung auf eine einzelne wird – völlig konsequent – meist als Radikalität, Vereinseitigung, Übertreibung oder auch als irrational empfunden. Es ist nicht verwunderlich, daß sie im Gefüge des gesamtgesellschaftlichen (Kommunikations-)Prozesses meist (nur) eine Randgruppenchance besitzt[118]. Qualitäten bzw. Qualitätsmuster werden erkannt und anerkannt: darin zeigt sich der komplizierte Prozeß der Kommunikationsfindung und -bildung an, der wiederum nur aus methodologischen Gründen separiert vorgestellt werden darf. So entstehen in der Rezeption und Anerkennung von Qualitäten und Qualitätsmustern Qualifikationen und Qualifikationsmuster (hier als Muster von Qualifikationen verstanden): Qualitäten und Qualitätsmuster erhalten im Prozeß der Kommunikationsfindung und -bildung (vielleicht zunehmende) Anerkennung und Verbindlichkeit[119].

Es sei eine Reflexion zu Fragen der Qualifikation erlaubt. Qualifikationen lassen sich, wieder vereinfacht, aber sachlich dennoch richtig, in zwei (auch kommunikationstheoretisch sehr bedeutsame) Gruppen einteilen: Selbst- und Fremdqualifikationen[120]. Selbst unter der Voraussetzung einer größeren kulturalen Verschiedenheit, als wir sie im Blick auf unsere Problematik zu veranschlagen haben, scheint sich als gängig (und evtl. sogar „normhaft") abzuzeichnen, daß die Qualifikation für gewöhnlich als Fremdqualifikation erfolgt: der zu Qualifizierende weist Qualitäten auf, und diese werden von anderen (von der Sozietät) erkannt und anerkannt. Auch bei großen charismatischen Führern und bei den Menschen, welche Macht in hohem Maß erstreben und erreichen, scheint dies kaum anders zu sein[121]; Qualitäten (und insofern aktiver Selbstausweis) durch den Komplex Reden-Handeln-Tun: ja[122]; durch Selbstanwendung von Prädikaten und Titeln: nein[123].

---

[116] Qualitäten werden oft durch Gegenteiliges ausgestochen.

[117] Man sagt: „Er hat sich selbst disqualifiziert", also das Gegenteil von Qualitätserweisen erbracht.

[118] Deshalb selektieren sich die Qualitäten radikaler Programme oder Personen mit diesen in einem funktionierenden Prozeß der Gesellschaft wieder aus.

[119] Diese Prozesse sind hochkomplex. Die einfachste und doch deutliche Qualifikation auf vorfindliche Qualität kann lauten: „Der kann's"; *es:* die Qualität, um die es gerade geht, die erfahren wird. Von hier steigt das System der unzähligen Qualifikationen an.

[120] Einfachste Form der Selbstqualifikation: „Das kann ich auch"; jedoch meist: „Das hätte ich auch gekonnt" (Konkurrenz zum Qualitätserweis). Überzeugungskraft gering – für seriöse Beurteilung. (Was nicht bedeutet, daß in praxi nicht viel damit angerichtet werden könnte.)

[121] Mißbrauch und Täuschung machen hier keine Ausnahme (von der Struktur des Musters): es werden Qualitätserweise vorgegaukelt oder die Qualifikation wird manipuliert.

[122] Genau das hat *E. Jüngel* im Zusammenspiel aus Texten von *K. Barth* und *E. Fuchs* für Jesu irdische Existenz meisterhaft herausgearbeitet (Festschr. *K. Barth*, oben Anm. 97, bes. 84ff).

[123] Das ist im Blick auf Jesus ja auch wesentliche Aussage großer Teile einer kritischen Forschung geworden. Die bedeutsamen Szenen des sog. Messiasbekenntnisses und der Hohepriesterfrage stehen dem, zumal sie „Erfragungsmodelle" darstellen, auch bei größerer Beimessung eines historischen Kerns nicht entgegen.

„Rede" bedeutet hier natürlich Programmentfaltung, Lehre, Darlegung; insofern ist sie (nicht „bloßes Gerede", sondern) wichtiger Ausweis von Qualität und hat eine bedeutende Funktion im Kommunikationsprozeß [124]. In prädikativer oder gar titularer Selbstdarstellung, -behauptung oder schließlich -preisung wird diese Rede aus ihr innerlichsten Gründen schwerlich bestehen können. Wo man dies für eine als seriös anzusehende Persönlichkeit postulieren wollte, müßte man es in mehr als einer Hinsicht begründen [125]. – Ganz in der nämlichen Weise dürfte es sich im Hinblick auf Fragen des Selbstbewußtseins verhalten: am ehesten ist doch wohl anzunehmen, daß bei einer seriösen führenden oder prophetischen Persönlichkeit aus dem Anspruch des Programms, der Lehre, der Rede, des Auftretens und der darin statthabenden Selbstdarstellung, aus der Treue, welche Leben, Handeln und Schicksal verbindet und aus den vielen anderen Qualitäten erschlossen werden kann und erschlossen wird, wer sie ist, wer zu sein sie beansprucht [126]. Daran knüpft, sachlich sehr zu Recht, auf der Stufe beginnender Reflexion die Frage, für wen sie sich selbst halte, an: doch ist diese, wie typische Formulierungen (wie die unsere, soeben geäußerte), kommunikationskritisch betrachtet, sofort erkennen lassen, eine außengeleitete – was eben ausgezeichnet in die vorgestellte Sequenz paßt [127].

Unter dem Blickwinkel der Kommunikabilität werden, auf der vorgeführten Basis von Qualitäten und Qualitätsmustern, nun Qualifikationen und Qualifikationsmuster zu Kommunikationsmustern. Aus Qualitäten bilden sich Qualitätsmuster und schließlich Qualitätenmodelle; parallel dazu sprechen wir – im Blick auf den Rezeptions- und Anerkennungsprozeß – von Qualifikationen, Qualifikationsmustern und Qualifikationsmodellen. Die Qualifikationsmodelle, basierend auf Qualitätenmodellen (bzw. mindestens auf einem Qualitätsmuster, das dann entsprechend ausgestaltet wird), werden sinnvollerweise als Kommunikationsmodelle vorgestellt, nämlich in Ausrichtung auf ihre kommunikative Funktion und Fähigkeit im sozial-kommunikativen Prozeß der Gesamtgesellschaft [128].

---

[124] Wiederum soll auf *Jüngel* verwiesen sein (vgl. Anm. 122), der dies klar dargelegt hat, was eine Anwendung auf Jesus anbelangt.

[125] Ob eine Persönlichkeit hinsichtlich eines wissensmäßigen oder ähnlichen Bildungsstandes als sehr schlicht oder als auf der Höhe ihrer Zeit stehend einzuordnen ist, dürfte demgegenüber sekundär sein.

[126] *Jüngel* spricht davon, daß „der Tod Jesu zum eschatologischen Integral seiner irdischen Existenz" wird. Er fährt fort: „Daß dies geschehen ist, verrät der Tod Jesu als solcher nicht. Der Tod als solcher macht und ist stumm. Daß dies geschehen ist, bekennt der christliche Glaube, indem er sich zu Jesus als dem Herrn bekennt" (Festschr. K. Barth, vgl. oben Anm. 97, 89).

[127] Etwas ganz anderes ist es, wie man mit einer in einer langen Zeit festgeschriebenen theologischen Sichtweise zurechtkommt. Hier war für die katholische Exegese, was die Frage nach dem Selbstbewußtsein Jesu anbelangt, ein bahnbrechender Einsatz nötig: *Anton Vögtle* leistete ihn exegetisch aufgrund der dogmatischen Vorlage von Karl Rahner: vgl. *A. Vögtle*, Exegetische Erwägungen über das Wissen und Selbstbewußtsein Jesu, (jetzt) in: *ders.*, Das Evangelium und die Evangelien. Beiträge zur Evangelienforschung (Düsseldorf 1971) 296 ff.

[128] Es ist unmöglich, hier noch auf Fachliteratur einzugehen. – Nomenklatorische Ansprüche erheben wir nicht. Es steht jedem frei, an Stelle der gewählten Ausdrücke andere einzusetzen oder in entsprechender Adaptation auszutauschen. Wir halten es lediglich für nötig, daß die komplexe Sache (vielleicht besser als bisher) in ihrer Prozessualität ans Licht kommt.

Es ist anhand dieser, aus methodologischen Gründen vorgenommenen und nur so zu rechtfertigenden und nachvollziehbaren Zerlegung in sich äußerst verflochtener und komplizierter Prozesse und ihrer Reduktion auf verhältnismäßig einfache und überschaubare Größen, Vollzüge und Elemente bereits deutlich geworden, von welch entscheidender Bedeutung der alle Phasen begleitende und beeinflussende Komplex der Kommunikation ist. Denn in ihm erfolgt die Apperzeption der angebotenen Muster und Modelle. Ist die Funktionalität der Kommunikation irgendwie beeinträchtigt – die Gründe mögen sein, wie immer sie wollen –, werden also die Modelle nicht mehr adäquat rezipiert, so sinkt ihre Kommunikationsfähigkeit ab, und sie verlieren (teilweise, rasch, total oder wie auch sonst) ihre Kommunikabilität; schließlich können sie gar nicht mehr als Kommunikationsmodelle angesprochen werden, ganz einfach deswegen, weil sie es nicht mehr sind. Eine Annullierung eines Kommunikationsmodells ist indessen unwahrscheinlich; je komplexer eine Gesellschaft, um so weniger wird dies möglich sein, denn irgend etwas wird es für irgendwen – und das darf auf Gruppen bezogen werden, nicht etwa nur auf Einzelne – höchstwahrscheinlich immer besagen. Doch gerade darin liegt auch eine Gefahr: der Schwund der Kommunikabilität kann übersehen oder unterschätzt werden[129].

Weitreichende, mehr- oder gar vieldimensionale Kommunikationsmodelle eignen sich als Weltauslegungsmodelle und werden dazu: gemacht oder wie von selbst. (Die auch im Bereich von Wissenschaften oft gehörte Ausdrucksweise, *es sei etwas einfach zu etwas gemacht worden*, stellt selbst eine bezeichnend unzureichende Auffassung eines komplizierten Sachverhalts dar; allein die kommunikative Komponente ist dabei sehr/total vernachlässigt.

Das Beispiel ist einfach: es schaffe jemand ein für 100 Millionen Menschen „funktionierendes" Kommunikationsmodell; die vielen (geschichtlichen und gegenwärtigen) Weltauslegungsmodelle ohne weitreichende kommunikative Chance sprechen eine nur zu deutliche Sprache. Natürlich ist damit über einen „Wert in sich" nicht befunden (er steht hier *so* gar nicht zur Debatte)[130]. Die modernen Weltanschauungs- und Weltauslegungsmodelle bestehen aus Systemen von Qualifikations- und Kommunikationsmodellen, sind also hochkomplex. Das heißt aber nicht, daß man sie nicht auf einfachere Strukturen zurückführen könnte. Solche Großmodelle lassen, dank ihrer Komplexität, vieles erkennen, was auch für weniger komplizierte Modelle gilt, dort aber unter Umständen schwerer zu erheben ist (vor allem, wenn es sich um wesentlich historische Größen handelt). So muß ein voll funktionsfähiges Kommunikationsmodell „seinen" Raum ausfül-

[129] Daß hinter diesen theoretischen Ausführungen paradigmatisch das Schicksal eines erheblichen Teiles der Menschensohnchristologie aufscheint, wird nicht verborgen geblieben sein.

[130] Vgl. auch oben Anm. 106. – Zu den diesbezüglichen Umschichtungsprozessen innerhalb einer Gesellschaft vgl. *O. Omoruyi*, Use of Multiple Symbols of Association as a Measure of Cohesion in a Plural Society, in: Sociologus, 1975, 1, 62ff.

len; daraus tendiert eine Art von Zug oder gar Zwang zur Anreicherung und Vervollständigung (im Sinn der Funktionsfähigkeit). Für Weltauslegungsmodelle gilt dies in noch höherem und damit komplizierterem Maß: es darf keine Erscheinung geben, die darin nicht unterzubringen wäre[131]. Absolute Stimmigkeit ist dabei verlangt für das System, wie es aktuell sich vollzieht und auslegt[132], nicht etwa für Details seines Werdegangs oder für die Genealogie seiner Vorstellungen und Materialien[133]. Deswegen wird Wissenschaft unter ihren Aspekten bei der Analyse solcher Modelle ständig Unstimmigkeiten verschiedenster Art entdecken[134].

2. Eine Paradigmatik: das entfaltete Modell der Menschensohnchristologie im Matthäusevangelium

Zu Ende seiner Ausführungen über den Menschensohn im Matthäusevangelium schreibt Carsten Colpe: „Sowohl aus dem Logienstoff als auch aus dem Markus-Evangelium und aus dem Sondergut werden Menschensohnsprüche von Matthäus teils unverändert übernommen und teils variiert. Daneben schafft er neue Sprüche im Anschluß an jede dieser drei Überlieferungen. *Matthäus bietet damit eine Synthese aller bis zu ihm und durch ihn entstandenen Bedeutungen: der Menschensohn, immer in statischer Identifikation mit Jesus, ist der auf Erden Predigende, der sühnend Leidende, der zum Herrn der Kirche Erhöhte, der als*

[131] Vgl. dazu insgesamt *E. Topitsch*, Phylogenetische und emotionale Grundlagen menschlicher Weltauffassung, in: *W. E. Mühlmann, E. W. Müller* (Hrsg.), Kulturanthropologie (Köln 1966) 50ff; vgl. darin auch *W. E. Mühlmann*, Umrisse und Probleme einer Kulturanthropologie 15ff. Es müßte auch auf eine Reihe von Stellen und Zusammenhängen verwiesen werden in: *K. Jaspers*, Psychologie der Weltanschauungen (Berlin [5]1960); wir belassen es bei einem Hinweis.

[132] „Stimmigkeit" also im Horizont der Zeit und auf das Gesamt der dadurch zu bewältigenden Erscheinungen; zum Einstieg vgl. *W. E. Mühlmann*, Erfahrung und Denken in der Sicht des Kulturanthropologen (in dem Anm. 131 genannten Werk, 154ff); *W. E. Mühlmann*, HOMO CREATOR. Abhandlungen zur Soziologie, Anthropologie und Ethnologie (Wiesbaden 1962) bes. 80ff.

[133] Dies ist die heutige wissenschaftliche Betrachtungsweise überhaupt; sie ist auch auf ein solches Auslegungsmodell anwendbar. Allerdings gilt es genau zu beachten, was Wissenschaft daran auszurichten vermag und was nicht. Längere Zeit meinte man, Weltauslegungsmodelle alter Art ablösen und durch „das" wissenschaftliche Modell oder durch Wissenschaft schlechthin ersetzen zu können. Nachdem man weiß, daß und warum solches nicht einzurichten ist (jedenfalls soweit wir zu sehen vermögen; vgl. *Bühl*, 52 und 304ff), gewinnen diese Modelle wieder, jedoch nicht durch bloße Restauration (die es natürlich auch gibt), sondern durch Transformation auf Nichtwidersprüchlichkeit mit den Erkenntnissen von Wissenschaften hin, und darüber hinaus auf Konzertierung mit diesen hin (bei bleibender Sachtrennung).

[134] Dies geschieht heute aber in einem namentlich durch moderne Theorien und Kritiken in und mit den Wissenschaften ermöglichten Licht von Erkenntnis und Reflexion und somit in einer neuen Weise, welche sich der Dialektik des Geschehens bewußt zu sein vermag, gerade unbeschadet einer scharfen wissenschaftlichen Kritik der Modelle. (Solches scheint uns auch für die neutestamentliche Wissenschaft, für die Menschensohnforschung und konkret für den Komplex der Menschensohnaussagen von Bedeutung.)

Richter und Anwalt zum Endgericht Wiederkommende und der in seinem Reich, dem Gottesreich, über den Neuen Äon Herrschende.“[135]

Es ist nach unseren theoretischen Erörterungen, die wir vorausschickten, gar kein Zweifel: Colpe bietet in dem zweiten (von uns kursiv gesetzten) Teil seines Resümees eine (unbeschadet variierbarer Einzelheiten seitens der Forschung)[136] ausgezeichnete Darstellung eines ausgeführten und im Matthäusevangelium vorfindlichen Kommunikationsmodells *Menschensohn* im Rahmen einer personologisch verfaßten, prädikativen Jesu- bzw. Christologie in titularer Ausführung[137]. Die „Menschensohn-Aussagen als Selbstvorstellung Jesu reichen in alle Dimensionen“[138], das kommunikationstheoretische Modell gibt auf seine Weise wieder, was bereits der einfache heutige Hörer oder Leser des Evangeliums empfindet (ohne es indes wissenschaftsgerecht ausdrücken zu können): alles ist diesem Jesus zugeordnet, es gibt, nach dem, was das Evangelium über ihn sagt bzw. wie er sich selbst darin vorstellt, kein „An-ihm-vorbei“ mehr für den Menschen. Man kann daher sehr zu Recht von einem christologischen

---

[135] *C. Colpe*, Art. ὁ υἱὸς τοῦ ἀνθρώπου in: ThWNT (Stuttgart 1969) 465. – Zu weiterführender Diskussion wären, besonders auch aus unseren Perspektiven, etwa zu beachten: *K. Berger*, Zum traditionsgeschichtlichen Hintergrund christologischer Hoheitstitel, in: NTS (1970/71) 391ff; *F. H. Borsch*, The Son of Man in Myth and History (London 1967); *F. H. Borsch*, The Christian and the Gnostic Son of Man (London 1970); *H. Conzelmann*, Grundriß der Theologie des Neuen Testaments (München ²1968) bes. 151ff; *R. G. Hamerton-Kelly*, Pre-existence, Wisdom and the Son of Man (Cambridge 1973); *P. Hoffmann*, Studien zur Theologie der Logienquelle (Münster 1972) bes. 81ff; *G. Haufe*, Das Menschensohnproblem in der gegenwärtigen wissenschaftlichen Diskussion, in: EvTheol (1966) 130ff; *J. Jeremias*, Neutestamentliche Theologie I (Gütersloh 1971) 245ff; *W. G. Kümmel*, Die Theologie des Neuen Testaments nach seinen Hauptzeugen. Jesus, Paulus, Johannes (Göttingen 1969) bes. 68ff; *R. Maddox*, Methodenfragen in der Menschensohn-Forschung, in: EvTheol (1972) 143ff; *K. Müller*, Menschensohn und Messias. Religionsgeschichtliche Vorüberlegungen zum Menschensohnproblem in den synoptischen Evangelien, in: BZ (1971) 161ff, (1972) 52ff; *U. B. Müller*, Messias und Menschensohn in jüdischen Apokalypsen und in der Offenbarung des Johannes (Gütersloh 1972); *F. Neugebauer*, Jesus der Menschensohn (Stuttgart 1972); *J. Ruppert*, Jesus als der leidende Gerechte? Der Weg Jesu im Licht eines alt- und zwischentestamentlichen Motivs (Stuttgart 1972); *O. Michel*, Art. υἱὸς τοῦ ἀνθρώπου in: Theologisches Begriffslexikon zum Neuen Testament, hrsg. v. *L. Coenen* u.a. (Wuppertal 1971) 1153ff; *E. Schweizer*, Jesus Christus im vielfältigen Zeugnis des Neuen Testaments (München 1968) bes. 23ff, 57ff; *K. H. Schelkle*, Theologie des Neuen Testaments II (Düsseldorf 1973) 199ff. – Damit sind auch die Haupttypen bisheriger Interpretation angezeigt; zu Gesamtfragen vgl. auch *C. Colpe*, Der Begriff „Menschensohn“ und die Methode der Erforschung messianischer Prototypen, in: Kairos (1969: Teile I u. II; 1970: III/1; 1971: III/2; 1972: III/2 u. IV).

[136] Das bisher wohl ausführlichste *Grundschema* ist bei *Colpe*, oben Anm. 135, 403–481, entfaltet.

[137] Methodisch haben wir also einen „Überschlag“ gemacht: vom Endstadium der theoretischen Ausführung auf das voll ausgeführte Modell des Matthäusevangeliums. – Jesulogie: der verschieden gebrauchte Begriff scheint zu bezeichnen, a) was man prädikativ/titular für den historischen Jesus als möglich erachtet (also von uns aus); b) was diesbezüglich literarisch in Jesu Mund erscheint. Das Letztere ist „verfügbar“, das Erstgenannte nur erschließbar.

[138] Einfach schematisiert bei *O. Kaiser*, Die ersten drei Evangelien (Aschaffenburg 1970) 127.

Weltauslegungsmodell des Matthäusevangeliums[139] sprechen, denn es handelt sich, wie das vorgeführte Zitatstück aus Colpe bestens ausweist, um weit mehr als um ein *einfaches* christologisches Modell[140]. Der erste Teil des Zitats aus Colpe (also der nicht kursiv gesetzte) bietet demgegenüber eine formelhafte Charakterisierung der „Endphase" vorausgehender Stadien (der Prozeß ist freilich dynamisch und komplex vorzustellen[141], wieder trennen wir aus methodologischen Gründen und wollen dabei so und nicht anders verstanden werden).

Ein Modell, das solchermaßen an seine (weil an der Welt) Grenzen[142] gekommen ist, kann sich nicht mehr wesentlich ausbilden; es kann nur in neue Räume einziehen, falls sich welche auftun sollten. Ansonsten vermag es nur tradiert und rezipiert zu werden, so es seine kommunikative Funktion erfüllt. Unter diesen Voraussetzungen ist eine Ablösung eines solchen Modells nicht in Sicht; sie wäre zudem weder sinnvoll noch (leicht) vollziehbar.

Wir können uns nicht detailliert mit dem matthäischen Modell beschäftigen. Das ist insofern auch gar nicht nötig, als die exegetische Arbeit dazu sowohl geleistet ist als geleistet wird und wir keineswegs von diesem oder jenem Einzelausweis der Forschung als von einer Voraussetzung ausgehen, mit welcher ein kommunikationstheoretisches Modell stehen oder fallen würde. Wir gehen ja im Gegenteil von einer anderen wissenschaftstheoretischen und -kritischen Grundsicht aus, die wir bereits dargelegt haben und der zufolge, wie wir noch zeigen werden, verschiedene Vollzüge der Forschung (in Parallelelität zu denen der praktischen Verkündigung) sinnvoll erscheinen. Eine ganze Reihe von Einsichten steht ohnedies aufgrund der theoretischen Vorarbeit offen zur Verfügung; sie brauchen hier nicht einzeln nachgezogen zu werden. So können wir uns auf ausgewählte Aspekte beschränken.

Das Modell, welches das Matthäusevangelium präsentiert, kann gültigerweise mit verschiedenen Namen benannt werden. Wenn wir von ihm als von einem christologischen

---

[139] Der Ausdruck ist nicht befriedigend. Aber was sich sonst anbietet, ist ungenügend. Entscheidende modelltheoretische Hintergründe und Zusammenhänge schon (vor nahezu 50 Jahren) erkannt von *E. Lohmeyer*, Kyrios Jesus (Heidelberg ²1961) 17, 19, 25, 86f. – Sehr gut, gleichsam *via negativa* vorgehend, *T. Rendtorff*, Gesellschaft ohne Religion? (München 1975) 82 (bezügl. Jesus/Christologie). – Zur Vermeidung von Mißverständnissen: Weltauslegung erfolgt stets, selbst in einfachster Art, auch Verzicht darauf (bezeichnend etwa: „für mich existiert überhaupt nichts") ist eine (*Mühlmann* u.a.); sie vollzieht sich (mit) im Selbstverständnis des Menschen, kann also z.B. in existentialer Auslegungsweise erfolgen. Wir stehen somit nicht in Spannung zu Erkenntnissen, wie sie vorgelegt werden von *A. Vögtle*, Das Neue Testament und die Zukunft des Kosmos (Düsseldorf 1970), oder *E. Dinkler*, Art. Weltbild III (NT) in: RGG VI (Tübingen ³1962) 1618ff.

[140] Zum Beispiel das, welches sich aus „Prophet", gegebenenfalls sogar noch aus „Messias" erstellen läßt. *Entscheidend ist der Freiraum, der bleibt* (z.B. für eine andere Heilsgestalt oder ein Sachmodell: neuer Äon oder ähnlich).

[141] Was *Colpe* ausgezeichnet herausarbeitet, auch von uns aus gesehen.

[142] Der „Welt des Menschen", vgl. Anm. 139. – Doch wären andere Grenzen („Weltbild") demgegenüber von geringerer Bedeutung.

„Weltauslegungsmodell“ sprechen, dann ist dies eine Formel, in welcher, nach Zeit und Umständen verkürzt, das zum Ausdruck kommt, was wir im Verhältnis Gott-Welt-Mensch reflektieren; davon war zuvor schon die Rede. Wichtig sind nicht Entscheidungen über einzelne Benennungen, etwa im Hinblick auf Ausschließlichkeit, denn man kann deren verschiedene als sinnvoll ausweisen: es kommt dabei auf die Ausrichtung des kommunikativen Interesses an[143]. Von eigentlicher (kommunikationstheoretisch entscheidender) Bedeutung ist, daß die Spannweite und Totalität des Modells zum Ausdruck kommt oder mitbedacht wird. So sind von einzelnen Textstellen ausgehende Benennungen oft zutreffend, aber nicht im strengen Sinn präzise charakterisierend, handelt es sich doch um das Modell der Menschensohnchristologie des Mattäusevangeliums[144]. Dabei ist besonders zu berücksichtigen, daß es sich um die im Evangelium vollzogene, aber als Selbstvorstellung Jesu präsentierte Charakterisierung handelt. Das ist jedenfalls der unmittelbare literarische Sachverhalt: was darüber hinausgeht, ist als weitere Auslegung von den Begründungen abhängig, die dafür vorgebracht werden können. Zu leicht, so scheint es uns, gerät man hier ins Historisieren oder Quasihistorisieren im Blick auf den (historischen) Jesus, ohne sich genügend Rechenschaft über die Weite des zu überbrückenden Raumes zu geben[145]. So ist in dieser als Selbstvorstellung dargebotenen Charakterisierung der theologisch-reflektorische Prozeß, der im Evangelium selbst mitvollzogen wird, sehr wohl zu beachten. Jesus legt sich selbst so aus, wie der kerygmatologisch bestimmte Horizont des Evangeliums ihn (Jesus) sich als Selbstauslegenden darstellen kann und will. Somit können also – wir haben darüber nicht zu befinden, wohl aber damit zu rechnen – Nuancierungen zwischen dem verkündungstheologischen Horizont des Evangeliums und der darin reflektierten Selbstvorstellung Jesu durchaus bestehen[146], und zwar ohne daß damit (selbstverständlich)

[143] Ansonsten wird leicht falsch parametriert. Beispiel: ein christologisches Modell wird zur „Chiffre“ erklärt, während (damit) ein anderes als „das wirkliche“ absolut gesetzt wird. (Solches hat, wissenschaftskritisch gesehen, genau im *Bekenntnis* seinen Platz, nicht aber in einer wissenschaftlichen Analyse eben dieser Vorgänge). Das wird uns noch zu beschäftigen haben.

[144] Was dort – beim Endstadium des literarischen Werdens – vorliegt, bemißt sich nach der Spannweite des Gesamtwerkes, unbeschadet des (anderen) Stellenwertes einzelner Daten auf den Stationen ihres Traditionswegs. Doch ist Vorsicht geboten: in einem komplexen Modell sind viele Funktionen wahrgenommen, nicht nur die „höchsten“, auch die einfachen sind notwendig. Von hier allein sollte man nicht auf historische Priorität (etwa für Jesus selbst usw.) schließen.

[145] Was im prädikativ-titularen Bereich in den wohl entscheidenden ersten zehn Jahren nach Jesu irdischem Leben geschehen ist, kann nicht bedenkenlos durch Rückverschiebung von Prozessen erhoben werden, wie sie sich im (demgegenüber späten) literarischen Raum sehr wohl ausweisen lassen, nachdem die Entwicklung längst (Paulus) eindeutig geworden ist. Zudem: prädikativ-titulare Prozesse stehen, kraft dessen, was in ihnen verhandelt wird, als Aktoren mitten in einem dynamischen Prozeß, der sich um sie herum und aus ihnen heraus entfaltet (das ist eine mangelhafte Umschreibung, vgl. oben unsere Ausführungen zu qualifikatorischen Prozessen, bes. S. 460ff.); sie sind, selbst unter Ansetzung extremer Thesen über Tradition (Gerhardsson) schwerlich als im Stil von Reden- oder Erzählstoffen tradiert bzw. tradierbar vorzustellen, zumal der Einfluß anderer Größen (z.B. der zwischentestamentarischen Literatur usw. und der von dorther wirksamen Vorstellungsgehalte) auf den vorliterarischen Bildungsprozeß nur sehr schwer zu erheben ist; vgl. dazu *A. Vögtle, R. Pesch,* Wie kam es zum Osterglauben? (Düsseldorf 1975). – Was sich aber sehr wohl anbietet, sind die (altverhandelten, aber wohl noch nicht befriedigend beantworteten) Fragen nach dem (literarisch mindestens greifbaren) Prozeß um das Verhältnis von personologischen (im Sinn späterer Christologie) und sachorientierten eschatologischen Modellen (formelhaft zugespitzt: *R. Otto*, Reich Gottes und Menschensohn [München ²1940] 80).

[146] Vielleicht ließen sich einem „Erfragungsmodell“ wie Mt 16,13–16 neue Aspekte abgewinnen.

Rückschlüsse auf den historischen Jesus gezogen werden könnten oder Behauptungen über ein Ausscheren eines Modells aus dem Verstehenshorizont des Evangelisten zu postulieren wären[147].

Kommunikationstheoretisch von großer Bedeutung sind die theologischen Dimensionen, die nach Maßgabe des Matthäusevangeliums in der Selbstvorstellung Jesu für ihn als den Menschensohn beansprucht werden. Hier ist konkret das zu berücksichtigen, was wir hinsichtlich der Anreicherung von Modellen und deren Zug bzw. Zwang zu einer Vervollständigung sagten. Bemerkenswert, jedoch in der Konsequenz der Erscheinung keineswegs erstaunlich ist die Tatsache, daß Hemmungen ernstlicher Art nicht einzutreten scheinen: das sich durchsetzende Modell zieht gleichsam alles an sich, es bleibt nichts außerhalb seiner Reichweite, alles wird in Beziehung zu ihm gesetzt, erscheint von ihm abhängig. Wiederum ähneln sich darin, was wundert es eigentlich noch, allem Anschein nach alle Kommunikations- und vorab die anspruchsvollen Weltauslegungsmodelle: in den theologischen, wie das Matthäusevangelium eines bietet, bleiben demnach auch nicht zu erwartende Reservate, etwa für andere oder weitere (dem souveränen Handeln Gottes anheimgestellt) sachorientierte Modelle, und auch für Gott selbst bleibt kein eigentliches Handlungsreservat; alles, was im Beziehungsraum Gott-Welt-Mensch geschieht, was sich dort entscheidet und woran, fällt in das durch das Modell aufgewiesene Beziehungsgefüge[148].

---

[147] Wie *Conzelmann* das für Lukas anzunehmen scheint; *Colpe* folgt ihm offenbar etwas zurückhaltend (ThWNT VIII [Stuttgart 1969] 462).

[148] Wissenschaftskritisch und kommunikationstheoretisch können wir daher *W. Kasper* (in dem von uns dankbar rezipierten Werk „Jesus Christus" [Mainz 1974]) hier nicht folgen, wenn er schreibt: „Der Menschensohn ist fast nur eine Chiffre für die eschatologisch-endgültige Bedeutung der Worte und des Auftretens Jesu wie der Entscheidung des Glaubens; er ist gleichzeitig Symbol für Jesu Vollendungsgewißheit. Man wird also nicht von einer personalen, wohl aber von einer funktionalen Gleichstellung Jesu mit dem kommenden Menschensohn sprechen können" (128). Oder aber wir folgen ihm. Doch dann ergeben sich die Schwierigkeiten, wenn der Autor alsbald schreibt: „Die ganze Tiefe des Selbstanspruchs Jesu und das ganze Geheimnis seiner Person erschließen sich uns erst, wenn ..."; es ist klar, was folgt (128): Jesus als der Sohn Gottes (sehr gut differenziert und erklärt: 128–130). Hier liegt doch wohl, und darum geht es uns, ein modelltheoretischer Sprung von größter Bedeutsamkeit vor. (Natürlich hat Kasper insofern recht, als er präzisiert: *uns;* das ist der Kontext der späteren Entwicklung, vgl. zudem das Anm. 143 über Bekenntnis und Analyse Gesagte.) Wir möchten also zu bedenken geben: wissenschaftskritisch und kommunikationstheoretisch ist es gleichgültig, wie (vgl. Anm. 106) christologische Modelle weiterhin (mit Mitteln von Philosophien usw.) ausgelegt werden. Man sollte dabei aber – beachten wir wohl den sich darin anzeigenden Funktionswandel von Kritik und Analyse – auf dem Boden ausweislicher Wirklichkeit bleiben: entweder wirken (faktisch: unbezweifelbar) und genügen (theologisch: und das scheint doch kontrovers) Chiffren und Symbole. Wenn dem so ist, das heißt, wenn die umfangreichste und expliziteste Selbstdarstellung Jesu im Neuen Testament, konkretisiert in den (vorab) synoptischen Evangelien, so verstanden werden kann, dann sehen wir (rein kritisch) schwerlich ein, warum und wo wir dann plötzlich auf eine andere Ebene (in der Chiffren und Symbole nicht mehr „genügen") umsteigen sollen. Oder aber: die Menschensohnchristologie ist (wir vereinfachen) ein ebenso „reales" Modell wie jedes andere; dann stellen sich die Fragen der theologi-

Solches ist aber erst von einer bestimmten Reichweite des Anspruchs eines Modells aus vollziehbar: hier würde in jedem anderen Fall einfach die Kommunikationsmöglichkeit und damit die -fähigkeit absinken oder aussetzen und das Modell bräche (natürlich an einem anderen) zusammen[149]. Als konkretes Beispiel bietet sich die kommunikationstheoretische und modelltheoretische Seite jenes Problems an, welches sich aus der Konkurrenz eines vorrangig personologischen Modells mit einem wesentlich sachorientierten ergibt; möglich (und praktiziert) erscheinen die verschiedensten Vollzüge: obsiegen des einen unter Aufnahme oder Abstoßung (mit oder ohne folgende Disqualifikation) des anderen, und das in jeder denkbaren Stärke[150]. Daß, wie der Befund des Matthäusevangeliums zeigt, das dort zum Zug kommende Modell der Menschensohnchristologie alle Größen auf sich ziehen konnte oder doch mindestens an keiner scheiterte, spricht für die hohe kommunikative Leistungsfähigkeit dieses Modells[151]. Die Durchsetzung eines Modells hätte sich nämlich damals auf keine Weise erzwingen lassen[152].

3. Zur „Rückführung“ eines entfalteten (matthäischen) Modells der Menschensohnchristologie auf den historischen Jesus

Nun fragen neutestamentliche Wissenschaft und heutiger Leser des Evangeliums zwar äußerst verschieden nach Art und Intensität der Ansätze und Mittel, aber doch auch wieder gleichermaßen aus einem kritischen Bewußtsein über jede Theologie eines Evangeliums hinaus und durch jede Art von Christologie hindurch auf Jesus von Nazareth selbst zurück.

Aus den Perspektiven einer Kommunikationstheorie haben wir nicht von uns aus Evangelienforschung zu treiben; wir haben aber sehr wohl deren For-

schen Relevanz seiner alsbaldigen Ablösung von dieser Seite um so deutlicher (Identitätssicherung usw.). Die Folgen einer klaren Analyse dürften in beiden Entscheidungsgängen zum Ende nicht so sehr auseinanderführen. – Vgl. *H. J. Helle*, Soziologie und Symbol (Köln 1969) bes. 72ff; *B. Welte*, Die Krisis der dogmatischen Christusaussagen, (jetzt) in: *ders.*, Zeit und Geheimnis (Freiburg 1975) 292ff, hier bes. 295; *D. Wiederkehr*, Konfrontationen und Integrationen der Christologie, in: Theologische Berichte, hrsg. v. *J. Pfammatter* u. *F. Furger*, Bd. II (Zürich 1973) 11ff, bes. auch 36ff.

[149] Kommunikationstheoretisch steht also die reale Wirksamkeit des bei Mattäus vorfindlichen Modells außer Frage: ebenso allerdings, daß dieses faktisch von anderen abgelöst wurde; dies erklärt sich aus der Prozessualität der Geschichte und der sie wirkenden Kräfte.

[150] Ablesbar z.B. an dem Prozeß des Verhältnisses Jesus/Gottesherrschaft.

[151] Für uns sieht sich ein solcher Prozeß, weil auf kleinste Satz- oder gar Worteinheiten eines literarischen Dokuments zusammengedrängt, bald sehr dürr, bald selbstverständlich usw. an. Das darf aber über die Vielfalt der Vorgänge nicht hinwegtäuschen. – Vgl. dazu etwa *P. Hoffmann*, Zur Theologie der Logienquelle (Münster 1972).

[152] Der Selektionsprozeß mußte sich, jedenfalls in einem höheren Maß als je sonst in der späteren christlichen Geschichte, im jeweiligen „Gesamt“ einer Kirche vollziehen.

schungsgänge zu beachten. Trotzdem läßt sich vorab sagen, daß Kommunikationstheorie selbst aus modernen Wissenschaften erwächst und somit kritisch ist[153]. Würde die gegenwärtige Evangelienforschung uns sagen, daß – was freilich nicht einmal eine „gemäßigte" Exegese mehr annimmt – alle Menschensohnaussagen z.B. des Matthäusevangeliums so, wie sie dastehen, aus dem Mund des historischen Jesus stammten, dann müßten wir zwar damit zurechtkommen, aber sehr wohl könnte ein geschärftes Bewußtsein sich dabei kaum fühlen.

Wir wären nämlich, wie aus unseren kommunikationstheoretischen Erörterungen leicht einsichtig ist, dazu gezwungen, für Jesus nicht nur mit dem Selbsterweis von Qualitäten[154] zu rechnen (womit wir keine Schwierigkeit haben), sondern mit der Selbstzusprache von Qualifikationen. Das ist, wie wir gesehen haben, etwas ganz anderes. Dem können wir allein schon deshalb nicht zugeneigt sein, weil wir Jesus und die Sache Jesu als durch und durch seriös erkennen müssen; daran kann es keinen vernünftigen Zweifel geben, und diese Einschätzung basiert auf einer lediglich „normalen" Voreinstellung[155].

Kommunikationstheoretisch würden wir es also für kritisch einwandfrei erachten, Jesus als einen Mann mit zahlreichen Qualitäten anzusprechen. Das heißt: wir setzen für den historischen Jesus an, daß er sich seinen Zeitgenossen gegenüber durch Qualitäten ausweist; worin solche bestehen können, haben wir schon gesagt. Diese Qualitäten sind nicht unbedingt als Einzelungen vorzustellen; wir können an Qualitätenmuster denken oder sogar daran, daß Jesus als Mensch ein Qualitätenmodell verkörperte; dieses wäre auf seine Aufgabe, sein prophetisch-verkündendes Dasein, seine Treue zu seiner Sendung und zu seinem Wort, auf seine Leidens- und Todesbereitschaft und schließlich das Durchstehen seines Todesschicksals hin auszulegen bzw. von diesen Größen her zu erstellen. (Sachlich ist das alles exegetisch längst ausgewiesen[156].) Jede kritische Menschenkenntnis zeigt, und jede psychologische Einsicht belegt, daß und warum wir Menschen menschlich-gewöhnlich sind, und meist weniger und sogar viel weniger als das. Es scheint viel unreflektierte, unkritische Schwärmerei und Falschvorstellung über den Menschen immer noch dahingehend zu wirken, daß der „normale" Mensch idealisierend verzeichnet wird, jedenfalls sobald es um seine Darstellung in bestimmten Zusammenhängen geht. Die Folge ist, daß ein ständiges Heroisieren und Vergöttlichen überall da einsetzen muß,

[153] Vgl. zu vielen Einzelfragen das Werk von *W. Bartholomäus*, Evangelium als Information. Elemente einer theologischen Kommunikationstheorie am Beispiel der Osterbotschaft (Zürich 1972) hier bes. 171ff.

[154] Qualität: qualitas. Es fehlt das bessere Wort, das in Kürze die hohe Weise eines gesamten Lebensvollzugs ausdrücken würde.

[155] Vgl. oben S. 453ff.

[156] Das heißt aber nicht, daß es auch schon in der bestmöglich erscheinenden theologischen Darbietungsweise vorgestellt wird, so relativ jede und damit jede gegenwärtige sein wird.

wo wirkliche Qualitäten, vielleicht mehr als zufällig oder einzeln, anzutreffen sind. Eine weitere Folge ist, daß der Erweis von sehr hohen, etwa menschlich-prophetischen – wir können sagen „gottesherrschaftlichen" im Sinn der Verkündigung der Gottesherrschaft – Qualitäten für Jesus letztlich doch als ihn nicht über das Maß des ohnehin Vorfindlichen hinaus bestätigend angesetzt wird: es liegt in der Konsequenz, daß man dann auf den (wenig überzeugenden) Ausweg übergeht, durch Qualifikationen, die in aller Welt und Zeit doch offensichtlich von anderen vergeben (oder „geglaubt") werden, im Selbstzuspruch herstellen und bestätigt sehen will, was anders – im Grunde durch unkritische Parametralisierung vertan – nicht bewerkstelligt werden zu können scheint. Kritisches Bewußtsein sollte, so meinen wir, an der anscheinend weitgehend noch nicht reflexiv erfaßten, vielleicht sogar noch recht unbewußten Parameterbildung ansetzen und von dorther erst einmal Voraussetzungen ermöglichen, die unserer Zeit entsprechend „kritisch" (= kritisch reflektiert und gesichert) genannt werden können. Die (bewußt oder unbewußt) angesetzten Parameter scheinen noch zu oft einem vorwissenschaftlichen Zeitalter zu entstammen, auch wenn sie in/hinter wissenschaftlichen Erörterungen ihre Rolle spielen.

Daß wir in unseren Schlüssen und Ergebnissen auf das stoßen, was eine als sehr kritisch geltende Evangelienforschung, ausgehend von anderen Ansätzen und in verschiedener Wegführung, was die Begründung anbelangt, ebenfalls sagt, ist für uns sachlich zunächst ohne Einfluß, wissenschaftskritisch (und, so man will, „moralisch") allerdings von größter Bedeutung.

Wir sehen es demnach so: Jesus (der faktisch historisch vorfindliche Jesus) weist sich durch Qualitäten aus, und zwar in hohem und sogar höchstem Maß. Dieser Selbstausweis von Qualitäten muß deswegen in gar keiner Weise jenseits des (in heutiger wissenschaftsgerechter Terminologie ausgesprochen) Anthropologisch-Sinnvollen, Anthropologisch-Erfüllenden liegen [157], allein schon deshalb, weil dieses „normalerweise" und „natürlicherweise" im Gegensatz zu allen schwärmerisch überzogenen Behauptungen in unserer Welt im Grunde *so* nicht vorfindlich ist. Zum anderen ist, was ein theologisches Denken anbelangt, gar nicht einzusehen, warum eine wirklich im idealen Sinn totalisierte Menschlichkeit, die sich Gott absolut (= gelöst aus allen menschlichen, natürlicherweise vorfindlichen Rücksichten) anheimgestellt weiß und dieses Überantwortetsein in der eigenen prophetischen Existenz bis ins Todesschicksal durchhält, nicht mehr als genügend dafür Zeugnis und Grundlage sein kann, um der theologischen Reflexion und der Reflexion des Glaubens als Erweis eines absoluten eschatologischen Gotteshandelns zu dienen und damit Glaube und Theologie

[157] Natürlich im Rahmen der damaligen Zeit. – Totale Gottbezogenheit muß nicht „außerhalb" anthropologischer Sinnerfülltheit gesucht werden; sie läßt sich viel besser als deren Mitte erklären.

sehr wohl zu ermächtigen, dieses Handeln personal-personologisch in allen jenen Qualifikationen auszulegen, zu denen (jetzt darf man sagen: im Ablauf der Geschichte) Theologie und Glaube gefunden haben[158]. Die Tatsache, daß Jesus sich als der absolut radikalisiert auf Gott Bezogene, in Gottes Willen (und nur diesen) Lebende, diesen Willen (und damit das „Dasein" Gottes) Verkündende und in sich als personalen Selbstvollzug Darbietende und darin sich zugleich als personologische Darstellung (funktional im Hinblick auf die Sozietät) Gottes erweist, erweist ihn als das Höchstmaß des personal-personologisch Erfahrbaren. Damit „ist" er das Höchstmaß des in jedem kommunikativen Auslegungsmodell Vorstellbaren, Erreichbaren, Notwendigen[159]. Das heißt: die Qualifikationen, die auf diese Erweise antworten (und damit aber auch konsequent die Antwort der anderen, der Sozietät, angefangen von der vorösterlichen Jüngergruppe bis zum Prozeß einer Großgruppierung einer viel späteren und schließlich auch der heutigen wie einer jeden möglichen anderen Zeit, darstellen) erfüllen dynamisch jeden möglichen Qualifikationshorizont[160]; jedenfalls so lange, als ein (jeweiliges) christologisches Qualifikationsmodell als Kommunikationsmodell funktionsfähig ist. Läßt diese Fähigkeit nach, so erfolgt, solange

---

[158] *Die absolute Ausrichtung von Jesu Lebenstotalität auf Gott hin und von ihm her konkretisieren sich in seinem die herankommende/herangekommene Gottesherrschaft verkündigenden und in letzter Übereinstimmung damit darstellenden Leben: das ist Jesu „Existential"*. Es besteht, so gesehen, nicht mehr der geringste Grund, Jesus in irgendeiner Weise aus den Lebens- und Verstehensvollzügen seiner Welt und dem Horizont seiner Zeit auszugrenzen; andererseits besteht ebensowenig Anlaß zu einer Forcierung in dieser Hinsicht (z.B. bezüglich Apokalyptik usw.). Vgl. dazu wieder *E. Jüngel* (Festschr. K. Barth, oben Anm. 97, 86ff). – *W. Kasper:* „Jesu Sein als Sohn ist also untrennbar von seiner Sendung und seinem Dienst. Er ist Gottes Dasein für die anderen" (Jesus Christus [Mainz 1974] 131; dort kursiv). Dies ist eine moderne und gewiß gute Formulierung. Man wird sich aber bewußt sein müssen, daß Jesus sein Dasein im Rahmen seiner Verkündigung der Gottesherrschaft sah (Entfaltung bei *Kasper*, 83ff; leider werden die oft hervorragenden Ausführungen und Formulierungen später nicht durchgehend genutzt, vgl. oben Anm. 148). „Das Heil der Gottesherrschaft besteht darin, daß die sich selbst mitteilende Liebe Gottes im Menschen und durch den Menschen zur Herrschaft kommt" (*Kasper*, 102); wiederum eine großartige Formulierung, deren Gültigkeit aber wesentlich unter dem Einsatz einer hermeneutischen Transformation (also von uns aus und für uns: sehr wohl) zu gewinnen ist. Der „Horizont" der Gottesherrschaftserwartung und -verkündigung Jesu sah aber doch wohl etwas anders aus; der Bezug auf *Buber* (bei *Kasper*, 91) ist sicher eine Hilfe (für uns und unsere Auslegung), jedoch wohl kaum eine Erklärung eines Problems der historisch-kritischen Jesusforschung, die zudem, wie oben skizziert, keine Befürchtungen für Jesu Anspruch zu haben braucht (anders offenbar *Kasper*, 91), so sie ihn im Horizont seiner Zeit findet. Zur Problematik vgl. *A. Vögtle*, „Theo-logie" und „Eschato-logie" in der Verkündigung Jesu?, in: *J. Gnilka* (Hrsg.), Neues Testament und Kirche (Festschr. R. Schnackenburg) (Freiburg i.Br. 1974) 371ff.

[159] Die Stärke einer solchen Basis ist auch vorausgesetzt bei *E. Jüngel* (Festschr. K. Barth, vgl. oben Anm. 97, hier 90), der den historischen Sachverhalt, „daß Jesus sich selbst keine christologischen Würdetitel zugelegt und sich christologische Würden wohl auch nicht zuerkannt hat", sehr wohl in die Systematik einzubringen weiß.

[160] Hier haben die *nova* ihren Platz (mit *Kasper*, 118); ob es sich empfiehlt von *Stufen* zu sprechen, wäre eine andere Frage. Unseres Erachtens sollte man das erst noch prüfen.

Glaube und Theologie aktiv teilhabend und wirkend in der sich vollziehenden Geschichte und Sozietät stehen, das, was wir geisteswissenschaftlich als hermeneutische Transformation, kommunikationstheoretisch als Transformation eines Kommunikationsmodells bezeichnen können. Hermeneutik und Kommunikationstheorie vermögen darin adäquat zu wirken; wir meinen allerdings, daß eine moderne Hermeneutik allein schon deswegen auf die Einsichten einer Kommunikationstheorie und -kritik nicht verzichten sollte, weil sie sich selbst in ihren eigenen Vollzügen und in der Wahrnehmung ihrer Funktionen besser zu verstehen vermag[161].

Eine gleichermaßen evangelien- wie kommunikationskritische Einstellung verbaut, so sie konsequent kritisch bleibt, keineswegs die Legitimierung späterer christologischer Kommunikationsmodelle. Sie läßt ihnen vielmehr, und zwar positiv, ihre Möglichkeiten, gerade dann, wenn sie selbst die Anfänge denkbar kritisch differenzierend zu betrachten vermag. Es ist offenkundig, daß in der Menschensohnchristologie ein Prozeß der genannten Art im Raum der Evangelien selbst aus- und damit uns vorgeführt wird.

Hinsichtlich der Selbst- und Fremdqualifikation, von der bereits auch theoretisch die Rede war, sollte man aber nicht achtlos über einige Hinweise hinweggehen, die sich aus der Theologiegeschichte – und sehr zu Nutzen einer kritischen Evangelien- und Menschensohnforschung, wie uns scheint – ablesen lassen.

Spekulative und systematische Theologie (z.B. des Mittelalters usw.) und alte Apologetik werden heute, im Blick auf ihren Bezug zu neutestamentlich-literarisch-historischen Sachverhalten, meist als „unkritisch" angesetzt. Nun können diese schwierigen Fragen hier nicht gebührend verhandelt werden; doch seien einige Bemerkungen erlaubt.

Interessanterweise sind nämlich spekulative, systematische und apologetische Theologie älterer Schule, kommunikationskritisch gesehen, unter dem von uns behandelten Blickwinkel keineswegs so unkritisch, wie dies scheinen könnte[162]. Warum? Weil, kurz gesagt, selbst in den hierfür schärfstens zu veranschlagenden Traktaten (= De Affirmatione Propriae Divinitatis ab Ipso Iesu facta und ähnlich) bei genauem Zusehen sogleich ans Licht kommt, daß und warum die Fremdqualifikation die denkbar größte Rolle spielt: 1. Zunächst einmal sind die dort stets primär genannten Konzilsaussagen als Aussagen aus Glaube und Theologie samt und sonders Fremdqualifikationen. 2. Die Menschensohnaussagen spielen, da sie als Niedrigkeitsaussagen gelten (nicht im neutestamentlichen Sinn, sondern im Schema der Zwei-Naturen-Lehre und somit im strengen Gegensatz zur metaphysisch-ontischen Gottessohnschaft, also nicht etwa als deren Vorstufe), keine oder nur eine sehr sekundäre Rolle (z.B. für die Ausgestaltung der Weltgerichtsszenerie, für die aber der Gottessohn konstitutiv ist, der indes als Menschensohn „erscheint". 3. Jesus „erweist" sich, nämlich durch seine Lehre und sein Tun, als der, welcher er ist (also Qualitätenausweis); hier ist besonders die Bedeutung der Wunder zu beachten: sie dient klar der Fremdqualifikation. 4. Fremdqualifikation bieten ebenso die Epiphanien oder epiphanieartigen Szenen, denen große Bedeutung zukommt

[161] Vgl. *W. Bartholomäus* (oben Anm. 153), hier bes. 123 und 280, Anm. 149.

[162] Wir verzichten auf Einzelaufführungen. Das Gemeinte gilt für die hierzulande gängigen großen Dogmatikwerke vor dem II. Vatikanischen Konzil bei allen Unterschieden doch in ähnlicher Weise.

(vgl. Himmelsstimme/Taufe/Verklärungsszenerie). 5. Referiert wird das Vergleichsschema: „mehr-als" (Mt 12,41f) und ähnlich; also eine indirekte Selbstqualifikation starken, aber doch möglichen Ausmaßes; ähnliches ließe sich über die sogenannten einfacheren Jesusprädikate oder Jesulogien sagen (an erster Stelle schon „Jesus" als Name). 6. Somit verbleiben im Bereich der eigentlichen christologischen Titulaturen Petrusbekenntnis und Hohepriesterfrage (die in der modernen Evangelienforschung immer wieder behandelt und analysiert werden). – Dieser Sachverhalt, hier grob skizziert, erscheint uns immerhin beachtlich, denn kommunikationstheoretisch gesehen, besitzt er, wiewohl ganz anders zustande gekommen als unter den uns heute leitenden Selektionsprinzipien historisch-literarisch oder anderweitig kritischer Art, dennoch eher kritisch als unkritisch zu nennende Qualitäten[163].

Demgegenüber ist eine sich gemäßigt erachtende Evangelienexegese, die sich einerseits heutiger Wissenschaftlichkeit verpflichtet sieht, aber vor deren Konsequenzen an entscheidenden Stellen plötzlich doch wieder zurückschreckt, andererseits sich gerne als mit der spekulativ-systematischen Theologie und der Apologetik übereingehend erachtet und auf die praktische Verkündigung – gewiß mit anerkennenswertem besten Willen – besonders Rücksicht nehmen will, in einer keineswegs so günstigen Position, so man sie einmal kommunikationskritisch betrachtet, wie man das vielleicht vermuten würde. Wieso? Auch in dieser „Lage" akzeptiert die genannte Exegese natürlich Voraussetzungen moderner Wissenschaftlichkeit und arbeitet, unter Einsatz der entsprechenden Methoden, im Forschungsvollzug mit. Das bedeutet, daß sie – wenngleich nicht so stark wie eine „radikale" Evangelienkritik – gegenüber einer früheren, alles wortwörtlich und historiographisch ansetzenden Verstehensweise, wie wir sie soeben (in den 6 Punkten des unmittelbar vorausgehenden Abschnitts) unterstellt haben, Abstriche von wechselnder, zuweilen erheblicher Stärke macht. Kommunikationstheoretisch entsteht dadurch eine Umschichtung mit Konsequenzen[164].

Bei den zur Debatte stehenden Punkten zeigen sich etwa folgende Verschiebungen[165]: die Menschensohnaussagen (oben 2.) werden, aufgrund moderner Erkenntnis, wieder annähernd in einem ursprünglich neutestamentlichen Sinn verstanden; sie werden, was absolut richtig ist, zunächst einmal aufgewertet. Sodann sieht man bei dieser exegetischen Gruppierung es als sicher an, daß Jesus von sich als dem (jeweils oder/und: kommenden, leidenden, gegenwärtigen) Menschensohn gesprochen habe; grundsätzlich sind dabei die verschiedensten Kombinationen vertreten. (Daß Jesus einen anderen als Menschensohn erwartet oder angesagt haben könnte, wird in dieser Gruppe meist kategorisch ausgeschlossen; wissenschaftskritisch ist das natürlich zunächst einmal ein Vorurteil, während kommunikationstheoretisch eine personologische Modellkonkurrenz vorliegt – wir

[163] Auch in der Frage der Bedeutung der „Fremdqualifikation" liefert *Thomas v. A.* sehr bezeichnende Beispiele. In Kürze sei eines genannt. STh III, 42, 4 behandelt *Thomas* die Frage, utrum Christus doctrinam suam debuerit scripto tradere. Über die ersten Argumente hinaus nimmt der Autor eine Vorlage *Augustins* auf (vgl. MPL 34, 1047), in welcher *Augustin* die Meinung von Heiden referiert, welche sagten, Christus hätte ein schriftliches Zeugnis über sich selbst geben sollen, discipulos vero eius dicunt magistro suo amplius tribuisse quam erat: ut eum filium dei dicerent etc. Die Antwort des *Thomas* (ad 3): dicendum quod illi qui scripturae apostolorum de Christo credere nolunt nec ipsi Christo scribenti credidissent, de quo opinabantur quod magicis artibus fecisset miracula.

[164] Vgl. dazu oben S. 460ff. – Diese Umschichtungen werden – auch seitens eines Publikums – zunehmend bemerkt. Ausflüchte nützen nichts mehr.

[165] Wir begnügen uns mit großer Skizzierung; das kommunikationstheoretisch Spezifische ist hier wichtig.

erinnern uns an die theoretischen Ausführungen: ganz konsequent wird ein als unverträglich erscheinendes anderes Modell ausgeschlossen). Damit wird aber, kommunikationstheoretisch gesprochen, der Weg der Selbstqualifikation Jesu (wohlgemerkt nicht: der Selbstqualifizierung im Sinn eines Qualitätenausweises, wie wir im Verein mit einer strengen Kritik anzunehmen vorziehen)[166] beschritten: es ist schon jetzt abzusehen, daß dies im Zusammenhang mit konsequent literatursoziologischen und -psychologischen Betrachtungsweisen der Evangelien, wie sie sich in nicht allzu ferner Zeit (aus den Bereichen der kritischen Literaturwissenschaft ebenso herüberkommend wie andere moderne Methoden) auftun werden, erhebliche Schwierigkeiten bereiten wird, welche eine konsequent kritische Forschung – wieder einmal – von vornherein vermeiden kann, da sie sogar im Gegenzug die Unterstützung dieser Wissenszweige erwarten und in Anspruch zu nehmen vermag. – Die Sache der Selbstqualifikation verstärkt sich mit dem Maß des Anspruchs, welcher mit dem titularen Verständnis der Menschensohnaussagen verbunden bzw. als in diesen wirkend gesehen wird, auf der einen Seite, während man in der Wunderfrage (oben 3.), im Epiphaniegeschehen (oben 4.) auf der anderen Seite zurückhaltender wird, wobei Vergleichsschemata (oben 5.) sowie Petrusbekenntnis und Hohepriesterfrage hier wie dort (bei der strengen Kritik) zur Verfügung stehen können (vgl. oben 6.), jedoch offensichtlich nicht so weit reichen, als das den Autoren wohl wünschenswert erschiene[167].

4. „Rückkoppelungsversuche“: Jesus (und) (der) Mensch(ensohn)

Mit dem Vorausgegangenen ist nun natürlich noch längst nicht alles gesagt, auch nicht in kommunikationstheoretischer Beziehung. Hat Jesus von sich als von (einem) (dem) Menschen(sohn) gesprochen? In den Kombinationsmöglichkeiten und Mehrdeutigkeiten dieser Frage zeigt sich die Komplexität an, der wir uns weiter zuzuwenden haben[168]. Kommunikationskritisch gesehen, sind die beiden Richtungen einer strengeren Evangelienforschung in der Menschensohnfrage nicht so weit voneinander entfernt, wie dies vielleicht scheinen mag. Es lassen sich zwei Gruppen – berechtigterweise bei aller Beschränktheit einer solchen Reduktion – unterscheiden:

1. Jesus hat nicht von einem Menschensohn gesprochen;
2. Jesus hat von einem Menschensohn gesprochen.

Diese Schematisierung, die einige Varianten nicht aufweist, ist nicht so banal,

---

[166] Daß ein kommunikationstheoretischer Ansatz dabei eigenständig ist, dürfte in etwa zum Vorschein gekommen sein, vgl. S. 438ff. – Zur Durchführung eines solchen Ansatzes verweisen wir wieder auf *W. Bartholomäus* (oben Anm. 153), dem diesbezüglich, unbeschadet einer Reihe von Ausstellungen, auch *A. Grabner-Haider* zustimmen dürfte (vgl. ThRev [1973] 411ff).

[167] Auf das hier vorgestellte Anliegen kommen wir abschließend noch einmal zurück, vgl. S. 480ff.

[168] Neben dem genannten Artikel von *Colpe*, in: ThWNT, gibt der Anm. 135 angeschriebene Artikel von *O. Michel* eine hierfür sehr geeignete Übersicht.

wie sie sich ansieht. Sie versteht sich als kommunikationskritische Abstraktion[169]. Diese ist nun zu erläutern.

Kommunikationstheoretisches Funktionsschema
von Menschensohnaussagen
Gott

Mensch(en)

Wir beschränken uns im Grunde auf eine einzige Ebene, einmal, weil die wichtigste der Demonstrationen in dieser möglich ist; zweitens, weil, durch die Struktur vorab der abendländischen Christologie bedingt, in allen Fragestellungen die Vertikale eine sehr große Bedeutung besitzt; die spielt meist auch dort hintergründig ihre Rolle, wo man das nicht (mehr) erwartet.

Um ein Richtmaß zu erstellen, setzen wir den Menschen in einer Art „Null-Ebene" (= unter 1) an; in einfachster Vorstellung lassen wir die Skala in 20 Werten zu Gott (= über 20) aufsteigen, im Differenzierungsfall könnte man in unserer Skala pro Punkt 5 Werte setzen, dann käme man für Gott = über 100. Natürlich setzt hier eine theologische Skala Gott = ∞, also unendlich[170]. Doch geht es hier um Vorstellbarkeit und somit um einen realen menschlich-psychischen Vollzug, und hier bedeutet eine Skala mit 100 Wertigkeiten schon sehr viel[171]; auf Allgemeinheit hin wird man viel eher mit 20 Stufen oder ähnlich

[169] Das banal erscheinende Entweder-Oder-Schema kann eine wichtige heuristische Funktion ausüben; es muß natürlich anhand kritischer Reflexion stets mitbedacht werden.

[170] Dies gilt wohl für heute wie für die Antike. Die Dürftigkeit eines Schemas darf jene Wirklichkeit, die es doch sehr stark zu repräsentieren vermag – und die andernfalls leicht übersehen oder falsch eingeschätzt werden kann –, nicht schmälern.

[171] Man muß sich realistisch fragen, wie der Mensch der Antike (und auch der der Gegenwart) sich eine „Stufung" praktisch vorstellen kann. Gewiß „leugnet" niemand die Unendlichkeit Gottes. Aber damit ist noch nicht ausgemacht, was er sich darunter – eben auch bei Verzicht auf Vorstellung – doch „vorstellt". Wären viele abstrakte Begriffe so klar gewesen, wie man oft meint, dann hätte *manche* Diskussion im Umkreis z. B. der Gott-ist-tot-Theologie *so*, wie sie geführt wurde, gar nicht aufkommen können; das gilt wohl nicht nur für Nichtfachleute.

auskommen bzw. zu rechnen haben, die Stufungsmöglichkeiten für den antiken wie für den heutigen Menschen also nicht überschätzen dürfen[172].

Nun ist nach Ausweis des Vorkommens von Menschensohnaussagen in unseren Evangelien eine einheitliche oder eindeutige Einstufung des Ausdrucks Menschensohn nicht möglich; dafür ist allein das literarisch fixierte Vorkommen bereits (noch) zu vielschichtig. Von einem Bezug auf den historischen Jesus im Sinn eines Selbstgebrauchs im Blick auf seine eigene Person ist bislang noch nicht die Rede. Doch scheint kein gut begründbarer Zweifel mehr daran möglich, daß die Evangelien zunächst einmal eine offensichtlich recht starke Schichtung hinsichtlich des Bedeutungsinhalts dieses Ausdrucks aufweisen. Von einer Art von Endstufe war bezüglich des Matthäusevangeliums bereits die Rede: dort liegt wohl ein ausgeführtes Modell vor, das in alle erdenklichen Dimensionen reicht. Geht man den Weg gleichsam rückwärts und zerlegt das Modell in seine einzelnen Komponenten, dann erhält man die besagte Mehrschichtigkeit. Das einzelne Muster leistet nicht mehr das, was das Modell zu leisten vermag, die einzelne Qualifikation erreicht noch nicht das Muster.

Und weiter. Je größer die (stets relative) Annäherung der Funktionsgröße Menschensohn an den stets unerreichbar/erreichbaren Gott, um so größer der Anspruch, der sich an den mit dem Ausdruck Menschensohn Bezeichneten richtet. Je näher der Menschensohn an Gott herangerückt vorgestellt wird, um so größer seine Würde, um so größer und weitreichender das Qualifikationsmodell, aber auch um so schwieriger der Qualitätenausweis, der dem abverlangt würde, welchem die Qualifikationen in so hohem Maß zugesprochen werden sollten[173].

Daß wir – etwa im Endmodell des Matthäusevangeliums – alle Bedeutungsgehalte traditioneller Art vereinigt und darüber hinaus noch weitere Gehalte darin neu ausgelegt finden, das kann nicht in Frage gestellt werden. In einem bereits komplizierten Modell bieten die ansonsten so schwierigen antizipatorischen Prädikationen dann auch keine unüberwindlichen Schwierigkeiten mehr, zumal, falls schon solche Prädikationen oder doch artähnliche zugesprochen

---

[172] Wir setzen deshalb im Schema Gott stets „über" die letzte der markierbaren Stufen. Das entspricht wohl auch weitreichend der Vorstellung.

[173] Hier lag wohl auch einmal – freilich aus anderer, nämlich „rationalistischer" Grundhaltung hervorgehend – der Ansatzpunkt der älteren Kritik (die indes nicht unterschätzt werden sollte). Die moderne Evangelienforschung kann inzwischen für sich in Anspruch nehmen, genügend sachinterne (also im literarischen Stoff anzeigbare) Spannungen und unmittelbar erschließbare historische Schwierigkeiten aufweisen zu können, welche allen einfachen Harmonisierungs- oder Lösungsversuchen den Weg zu verlegen bestens geeignet erscheinen; vgl. bes. *A. Vögtle* in: *A. Vögtle, R. Pesch,* Wie kam es zum Osterglauben? (Düsseldorf 1975) hier 107 (zusammenfassend). Zur „kritischen" Einstellung (bes. im Zusammenhang mit heutigen Erfordernissen) vgl. die klärenden Ausführungen von *A. Grabner-Haider,* Ratio und Religio. Über die mögliche Entstörung einer gestörten Relation, in: ThGl (1974) 169ff.

sind[174]. Wenn also der Menschensohn bei Matthäus „der zum Herrn der Kirche Erhöhte" ist, so ließe sich z. B. daran die Prädikation der Richterfunktion für das Endgericht anknüpfen – gewiß ist auch der umgekehrte Prozeß sinnvoll denkbar und deshalb (nach)vollziehbar: der, welcher die Endrichterfunktion innehat, ist jetzt schon der zum Herrn der Kirche Erhöhte. Ähnlich verhält es sich mit dem Problemzusammenhang Menschensohn-Auferstandener/Erhöhter. Ist er (und in Identifizierung natürlich Jesus) der Auferstandene/Erhöhte, weil er der Menschensohn ist? Oder kann er (evtl. nur deshalb) der Menschensohn sein, weil er der (bereits) Auferstandene/Erhöhte ist?[175]

Die Erörterung dieser Frage ist durch zwei Kardinalpunkte gekennzeichnet: einmal, daß sie für eine strenge exegetische Kritik nur auf dem Boden vorfindlicher Literatur (alttestamentliche, zwischentestamentarisch/frühjüdische, neutestamentliche) verhandelt werden kann; es ist von dort aus dann unter Umständen und im einzelnen belegbaren Fall ein Erschließen bzw. rückschließendes Erstellen einer der literarischen Fixierung vorausgehenden Größe möglich, und dieses Verfahren läßt sich noch weiter differenzieren, jedoch stets nur auf dem Boden vorfindlicher Literatur oder daraus unmittelbar rekonstruierter bzw. rekonstruierbarer (literarisch bzw. vorliterarisch vorzustellender) Tradition: es steht also, kritisch gesehen, zunächst einmal alles im wenigstens mittelbaren Einzugsfeld von Literatur (und nicht schon einfach von Historie)[176]. Und dann: die Problematik wird (konkret: Menschensohn) dadurch erschwert, daß es sich um eindeutig antizipatorische (Richterfunktion) oder transzendentale (präsentische, aber kyriale Funktionsausübung) Prädikationen handelt, die selbst nur deutend bzw. glaubensmäßig-verstehend wahrgenommen werden können[177]. Das heißt aber in der Folge, daß die Erklärung der einen Prädikation durch die andere (man könnte weitere Beispiele anfügen) gleichermaßen leicht und schwer ist, am Ende aber eine Beantwortung der Frage, wie sie eigentlich gestellt ist, nicht erbringt bzw. gar nicht erbringen kann[178]. Natürlich kann man in dem Maß mindestens ein Stück weiterkommen, in welchem sich, z. B. im spätalttestamentlich/frühjüdisch/zwischentestamentarischen Bereich, literarische oder vorliterarisch-erschließbare Traditionen feststellen lassen, in denen sich vergleichbar erscheinende oder faktisch parallele Prozesse niedergeschlagen haben könnten[179]. Es fragt sich

---

[174] Das ist zwar rein kommunikationstheoretisch geurteilt, trifft sich aber sehr gut mit den Einsichten kritischer Evangelienforschung, vgl. *A. Vögtle* (oben Anm. 173), durchgehend.

[175] Dazu *A. Vögtle* (oben Anm. 173), bes. 106f, 127ff.

[176] Diesbezügliche Verwischungen zu vermeiden ist wohl auch eines der bedeutsamen Anliegen von *A. Vögtle,* konkret wieder ausgeführt in dem Anm. 173 genannten Beitrag.

[177] Das hat die „traditionelle" Dogmatik für ihr Anliegen (= die metaphysisch-ontische Gottessohnschaft Jesu) sehr gut herausgespürt und – mit ihren Mitteln – zu beantworten versucht; deswegen unsere Hinweise oben S. 473f; man muß die Verhältnisähnlichkeit des Anliegens (Gottessohn-„Erweis"/Menschensohn-„Erweis") beachten.

[178] Manches exegetische Unternehmen läuft in diesen Bahnen; bei aller Anerkennung muß man dann aber doch sagen, daß es somit nicht nur die Kritik einer wirklich kritischen Forschung herausfordert, sondern ebenso die des Wissenschaftskritikers *und* des praktischen Verkündigers, der sich heute kritischen Fragen stellen muß.

[179] Hierin liegen die unverkennbaren Stärken von *K. Berger* und *R. Pesch* (vgl. oben Anm. 173): sie sind diesen Prozessen auf der Spur. Vor „Überschlägen" aus einem noch so gut ausgewiesenen literarischen oder unmittelbar als vorliterarisch erschlossenen Raum in den historischer Vollzüge

dann, ob und in welchem Grad Zusammenhänge zwischen außerneutestamentarischen und neutestamentlichen Vorstellungsgrößen herstellbar und wie sie im einzelnen belegbar sind, wobei literarische Abhängigkeit nicht die einzige Art von Zusammenhängen repräsentiert, sondern sehr spezielle[180], ferner in rein literarischer Hinsicht erhebliche Unterschiede der Ausführung kennt und schließlich nicht schon von sich aus einen theologischen (und evtl. historischen) Wertungsmaßstab liefert[181]. Hier kann nicht deutlich und sorgfältig genug differenziert werden.

Die beiden Gruppierungen kritischer Exegese, die wir oben nannten (Jesus hat bzw. hat nicht vom Menschensohn gesprochen), stehen sich, kommunikationskritisch gesehen (ebenso wie exegetisch-sachlich), nicht so sonderlich fern. Soweit man hier annimmt, Jesus habe vom Menschensohn gesprochen und damit sich selbst gemeint, nähert sich der Ausdruck Menschensohn in der Skala der unteren Grenze an (= unter 1, Mensch) oder geht sogar darin auf[182]. Hier wird die Übertragung des literarischen Sachverhalts (denn davon ist auch hier auszugehen) in die Ebene des Historischen unproblematisch, weil im Grunde von jedem Menschen (der damaligen Zeit) ohne Schwierigkeiten auf sich anwendbar. Das heißt: die unmittelbare Kommunikabilität ist groß, der damit verbundene Anspruchswert aber (relativ in der Skala, also zu Gott bzw. gegenüber den anderen Menschen) gering[183].

---

muß aber nachdrücklich gewarnt werden; darauf wollten auch unsere Anm. 111 und 145 in aller Einfachheit aufmerksam machen. Daß selbstqualifikatorische Überschläge (vgl. *L. Ruppert*, 71ff, in dem oben Anm. 135 genannten Werk: Jesus erfährt sich als „leidender Gerechter" und schließt daraus, er sei der Menschensohn, oder ähnlich) für uns als nicht nachvollziehbar erscheinen müssen, bedarf wohl keiner weiteren Hinweise mehr. – Das besagt nichts über den reichen Ertrag, den man in erstgenannter Beziehung (= leidender Gerechter/Jesus) *Ruppert* zu danken hat. Sehr bedenkenswert scheint uns demgegenüber etwa *H. W. Wolff*, Wegweisung. Gottes Wirken im Alten Testament (München 1965). *Wolff*, der einmal anders ansetzte (vgl. Jesaja 53 im Urchristentum [Berlin ²1950]), urteilt hier sehr zurückhaltend – und, nebenbei bemerkt, kommunikationstheoretisch-qualifikatorisch völlig im Zug unserer Erhebung –, wenn er unter der Überschrift: „Wer ist der Gottesknecht in Jesaja 53?" (Wegweisung 165ff), sagt, daß viele im Blick auf die Geschichte in Jesus den Gottesknecht sehen (bes. 170f). Solches scheint uns, zumal als Fremdqualifikation, sehr wohl vollziehbar. Die Frage bleibt dann, was sich neutestamentlich *an Texten* dafür aufbringen läßt.

[180] Der Wirkraum einer Vorstellung ist wohl meist (von extremen Fällen, welche aber besonderer Prüfung bedürfen, abgesehen) aufgrund großflächiger kultureller Gemeinsamkeit (und dies gilt für das NT und seine Umwelt bestimmt) größer als der feststellbare literarische Niederschlag.

[181] Die Erörterung über ursprüngliche Bedeutung, Grade literarischer, bildhafter Übernahme, Aus- oder Umgestaltung, beginnt ja erst nach Entdeckung von „Parallelitäten" oder Anknüpfungspunkten.

[182] Hier kommen dann die verschiedenen alttestamentlichen Anknüpfungsmöglichkeiten ins Spiel; vgl. etwa *H. W. Wolff*, Anthropologie des Alten Testaments (München 1973) hierzu 233ff.

[183] Illustrativ von heute aus: wenn ich sage, ich sei schließlich „auch ein Mensch", oder, ich sei eben „nicht irgendein Mensch", so ist das eine der untersten prädikativen (ganz gewiß nicht: titularen) Selbstqualifikationen – die jedem zugestanden werden. (Es gibt darüber hinaus einen bestimmten, absteckbaren Raum ungefährlicher, d.h. nach Maßgabe gängiger Selbsteinschätzungsmöglichkeit auslegbarer „Selbstqualifikation"; dadurch wird aber die „Menschenebene" nicht im geringsten verlassen: noch nicht einmal *sie* wird ausgefüllt.)

Das hat nebenbei zwei Vorteile: der so verfahrende Exeget vermag einen unmittelbaren Bezug zwischen Text und Jesushistorie im kritischen Sinn herzustellen, ohne dabei im geringsten unkritisch werden oder auch nur so erscheinen zu müssen. Literatursoziologisch gesehen, schrumpft der Abstand zwischen historischem Geschehen (daß Jesus sich als Menschensohn bezeichnet) und der literarischen Darstellung (daß er – wir vereinfachen den Formationsweg – im Evangelium als solcher erscheint, also literarisch so vorgestellt wird bzw. sich dort selbst so vorstellt); diese Schrumpfung könnte sogar total sein. Es wäre der Verdacht begründbar, daß „Erkenntnis und Interesse" hier, vielleicht sogar noch vorbewußt, zusammenspielen[184]. – Kritik, und das ist der zweite der in einem gebotenen Vorteile, richtet sich gegen das Außergewöhnliche; darin offenbart sich ein altes wissenschaftsgeschichtliches Erbe. Je mehr der Ausdruck Menschensohn als sich der unteren Grenze annähernd verstanden werden kann, um so weniger fordert er Kritik gegenüber einer Anwendung heraus; das bloße Vorkommen ist bereits seine und die einzig notwendige Legitimation[185]. Damit ist über einen allein exegetisch auszumachenden Sachverhalt keinerlei Urteil gefällt – und schon gar nicht ein abwertendes; allein es scheint uns, man sollte diese kommunikationstheoretische Sicht nicht aussparen[186].

Soweit man aber annimmt, Jesus selbst habe nicht von einem Menschensohn gesprochen, wird dieser Menschensohn vorrangig oder ausschließlich als Hoheitsfigur verstanden: der Ausdruck Menschensohn stellt eine der hohen christologischen Titulaturen dar, und Gestalt und Funktionen erscheinen als aus der danielisch-apokalyptischen Vorstellungswelt rezipiert und zusätzlich neu ausgelegt, so daß von einem neuen Menschensohn, einem originär-neutestamentlichen, durchaus die Rede sein kann und vielleicht sogar muß: wir erinnern an das matthäische Modell.

---

[184] Wir haben das niemandem zu unterschieben, möchten aber zu einer reflektierenden Selbstüberprüfung einladen.

[185] Es ist unverkennbar, daß dieser kritische Standpunkt in den „kritischen" Versuchen stets mitwirkt, gerade auch dann, wenn dies nicht eigens hervortritt. Wie man heute weiß, muß der am stärksten kritische Standpunkt nicht unbedingt und von sich aus mit dem der stärksten Reflexion in eins zusammenfallen, wie man dies namentlich zu Zeiten der älteren Forschung zuweilen für selbstverständlich gehalten zu haben scheint.

[186] Der hier und im folgenden erörterte Sachverhalt steht in einem begreiflicherweise nicht fernen Zusammenhang zu jener Erscheinung, welche *A. Vögtle* – wiederum auch unter den uns leitenden kommunikationskritischen Gesichtspunkten gleichermaßen überzeugend – im Blick auf die Diskussion um die Entstehung des Osterglaubens als manchenorts festzustellende „Tendenz" scharf herausarbeitete (vgl. das oben Anm. 173 genannte Werk, hier bes. 35–37): je mehr „Glauben" an Jesus vor Ostern, um so weniger unwahrscheinlich der Glaube von Ostern (an). Entsprechendes wäre hier kritisch zu sichern: daß ein wie immer zu artikulierendes Menschensohnverständnis nicht deswegen möglichst nahe an den irdischen Jesus herangeschoben wird, um die spätere hoheitstitulare Ausgestaltung erträglicher erscheinen zu lassen. (Das muß nicht, es könnte aber sein.)

Wissenschaftskritisch gesehen, ist es nun interessant, den Grenzverlauf dieser beiden exegetischen Gruppen zu betrachten: die Grenzen sind durchaus fließend und keinesfalls allenthalben genau abgesteckt. Eine gemeinsame diakritische Linie verläuft aber offensichtlich da, wo der Ausdruck Menschensohn titular im Sinn einer antizipatorisch-transzendentalen Prädikation wird[187]. Für die Überschreitung dieser fließend vorzustellenden Grenze nimmt man seitens beider Gruppen, kommunikationstheoretisch absolut einleuchtend und konsequent, spätestens dann ein auf der Basis der Fremdqualifikation beruhendes Modell an, wenn antizipatorische bzw. transzendentale Aussagen oder Funktionen zugesprochen werden[188]. Kurz gesagt: im Endeffekt ist die Identifikation des Jesus mit dem Menschensohn, insofern dieser als hoheitliche Figur verstanden wird – und darin vermag der Leidensgang selbstverständlich mit eingeschlossen zu werden, und zwar sobald und insoweit er einen „Sinn" besitzt, was selbst wiederum eine Voraussetzung für ein bestimmtes Menschensohnverständnis darstellt –, immer eine Angelegenheit des Glaubens, der auslegenden und deutenden Theologie eines Jüngerkreises, der Urgemeinde oder ähnlich, und somit der Bildung einer Christologie[189].

Kommunikationstheoretisch und -kritisch betrachtet, kommen wir also im einen wie im anderen Fall – und das heißt nicht in starrer Einzelführung, wie wir sie kürzehalber als Reduktion paradigmatisieren mußten, sondern in Voraussetzung einer reichhaltigen Bündelung der verschiedensten kombinatorischen Möglichkeiten – mehr als sehr gut zurecht. Kommunikationstheoretisch verläuft die diakritische Linie da, wo auch, völlig konsequent, da letztlich aus derselben wissenschaftlichen Grunderfahrung erwachsend, eine strenge Evangelienkritik sie sieht und sie zu sehen sich gehalten weiß.

Doch nehmen wir einmal die kompliziertest erscheinende der absehbaren Möglichkeiten (die wir, freilich nicht aus Gründen herkömmlicher Art, für sehr wenig wahrscheinlich halten)[190]: Jesus hätte von einem kommenden Menschensohn gesprochen, sich aber ausdrücklich oder gerade nicht mit diesem identifiziert; setzen wir, eine kritische Evangelienforschung wäre in der Situation, sol-

---

[187] Es wäre etwas anderes, so es sich erweisen ließe, daß diese diakritische Linie (von der ab also eine Gestalt, eine Funktion, ein Zustand usw. als der Reservatssphäre Gottes zugehörig erscheint) mehr ein Projekt unseres (z. B. abendländisch-theologischen oder kritischen usw.) Empfindens wäre als eine für damals ausweisbare Anschauung: aber dem scheint doch wohl nicht so zu sein.

[188] Somit bleibt also in vieler Hinsicht fraglich, was ein Heranschieben eines Menschensohnverständnisses an den Jesus der Erdentage (wie immer es vorzustellen sei) im Blick auf die spätere Ausgestaltung dieses Komplexes leisten kann. Für später vorab mit „Mißverständnissen" zu rechnen erscheint uns, solange dies nicht besser wahrscheinlich gemacht zu werden vermag als einstweilen vorgelegt, nun wieder geradezu das andere Extrem zu sein, vgl. das unter Anm. 185 Gesagte.

[189] Oder, noch präziser, ein „urgemeindliches Christologumenon", wie *A. Vögtle* es (in dem Anm. 173 zitierten Werk, 107, Anm. 20 – dort mit Fragezeichen) titulierend (im Bezug auf seine Heidelberger Akademie-Rede, deren Publikation wir erwarten dürfen) nennt.

[190] Es wäre aber zu erfragen, ob hier sich z. B. weitere Reste einer Stufenbildung (etwa zunehmender Identifizierung o. ä.) anzeigen. Solches könnte mindestens heuristisch nützlich sein.

ches mit aller literarisch-historischen Wahrscheinlichkeit aus der möglichen Rekonstruktion vorevangelischer Überlieferung im Verein mit frühjüdisch/zwischentestamentarischen literarischen oder wiederum erschlossenen Traditionen ausweisbar zu machen. Was jetzt?[191]

Zunächst würde sich dadurch an den Qualitätenausweisen, die Jesus in seiner Verkündigung und im Vollzug seines Lebens bis zur Totalität (des Aufsichnehmens und Bestehens seines Todesschicksals) erbringt, nicht das geringste ändern. Und genau das ist eigentlich entscheidend. Jesus würde dann im Hinblick auf die Letztverbindlichkeit seiner Verkündigung des Gotteswillens auf die zu erwartende Sanktionierung durch das von Gott selbst autorisierte und von ihm her inszenierbare Gerichtshandeln eines künftigen Menschensohnes verweisen, also, denn so kann man die Sache auch sehen, dessen letztentscheidende Aktion als zugleich qualifikatorischen Akt der Bestätigung seiner (Jesu) eigenen Sendung, Botschaft und Person ausrufen. (Auf den doppelten Fremdqualifikationsbezug: Jesus/Menschensohn sei nebenbei verwiesen: er darf, so sekundär er sein mag, mindestens konnotiert werden.) In einem Umkreis, in dem Mk 13,32//Mt 24,36 noch literarisch in der vorfindlichen Form möglich sind, dürfte solches nicht von vornherein ausgeschlossen werden[192]. Der Folgeprozeß wäre klar: im Licht des Glaubens hätten Jünger/Urgemeinde erkannt, daß, auf dem Boden der ausgewiesenen Qualitäten, Jesus selbst nicht nur *für* die Zukunft, sondern zugleich *in aller* Zukunft der Entscheidende ist und sein wird. Da wir heute (wieder) um die Beschränktheit eines jeden Zeithorizonts und um eine in sich fließende Geschichte wissen, der wir selbst nur im Mitvollzug dieses Geschehens innezuwerden vermögen[193], könnte das letztgenannte Modell eines Verhältnisses Jesus/Menschensohn nur in einem statisch verstandenen, also selbst ohne einsichtigen Grund gegen bessere Wissensmöglichkeit und -verantwortung geglaubten, weil auf einem zwischenzeitlichen und abgetanen Weltbild basierenden Zeithorizont zu einem unüberwindlichen Problem werden. Auch und gerade die vielerörterte Frage der „Identität“ (Jesus/Menschensohn) kann

---

[191] Davor scheint manchenorts eine Art von Horror zu herrschen. Wissenschaftskritisch wäre das ein Vorurteil. – Zur Problemvorstellung vgl. *B. Klappert*, Die Auferweckung des Gekreuzigten (Neukirchen 1972) bes. § 7, Die Subjektsfrage im Kontext des Menschensohnproblems, 102ff; *C. Colpe*, Der Begriff etc. (oben Anm. 135, Ende), hier Kairos (1972) 248.

[192] Der Sichtweisen sind wiederum mehrere, ganz abgesehen davon, daß sich weitere Fragen nach Bild/Realhorizonten, -aussagen usw. stellen, deren Übertragung in uns (auch wissenschaftlich) vollziehbare Horizonte mindestens bis jetzt noch nicht leicht zu gelingen scheint.

[193] „Auch die Historie selbst muß sich, wie übrigens alle anderen sozialwissenschaftlichen Disziplinen, historisch verstehen.“ Und: „Die Vergangenheit ist *nicht* der feste Ausgangspunkt, an dem angesetzt werden kann, sondern sie ist selber fließend und vielgestaltig“, so *F. Graus*, Die Geschichtswissenschaft zwischen Vergangenheit und Zukunft, in: uni nova, Juni 1974, Mitteilungsblatt der Universität Basel; vgl. auch *F. Engel-Janosi, G. Klingenstein, H. Lutz* (Hrsg.), Denken über Geschichte (München 1974).

schwerlich ohne folgenreiche Beachtung dieser Zusammenhänge weiterdiskutiert werden. Eine neue, das alte Entweder-Oder auf dem Boden moderner wissenschaftlicher Einsichten überwindende „Lösung" schiene nicht mehr unmöglich, so die kritische Evangelienforschung die entsprechende Problemlage offerieren müßte: sie sollte davor gegebenenfalls nicht zurückschrecken.

C. Schluß: Genealogische Explikation und Applikation. Der frühkirchliche „Abschied" vom Menschensohn. Eine Zukunft für eine Menschensohn-Christologie?

Über die Fragen von Begriffsbestimmungen hinaus werden heute jene nach Herkommen und Entfaltungen von Vorstellungsgefügen zunehmend relevant, und das wiederum – wenngleich auf sehr verschiedenen Bahnen – in einer erstaunlichen Parallelität von Perspektiven wissenschaftstheoretischer Provenienz einer- und verkündigungstheologischer Ausrichtung andererseits. Wenn C. *Colpe* im Blick auf den Gesamtkomplex Menschensohn und dessen religionsgeschichtlicher Herleitung von einer „Unzulänglichkeit einer israelitischen Genealogie der Menschensohnvorstellung" sprechen zu müssen meint[194], dann vermag eine heutige Theologie praktischer Verkündigung ein solches Datum sehr wohl aufzunehmen: in einer Zeit, in welcher vielleicht sogar als säkular zu bezeichnende Editionen über Kunst, Kultur und Religion des Menschen auch vom Alten Orient bis zum Fernen Osten reichen, in der weit über jede Aktualität des Augenblicks hinaus[195] eine tiefe Bedürftigkeit für Werte und Lebenshaltungen aus anderen Räumen ältester Erfahrungen des Menschen aufbricht und bis in ein Ereignis wie das II. Vatikanum hinein die Notwendigkeit eines Ringens um ein neues Verständnis der und ein neues Verhältnis zu den außerchristlichen Religionen durchschlägt[196], erscheint es überaus sinnvoll, wenn – ganz in Anlehnung an früh- und altkirchliche Anschauungen und Praktiken im Bezug auf das „Heidentum", dessen Denkkategorien als rational-*natürliche* damals „einsatzfähig" wurden – jetzt klar wird, daß „die Völker" auch an der Bereitstellung von Kategorien der Erfahrung und der Vorstellung möglichen Heilshandelns Gottes anders beteiligt sind, als man sich das zuweilen einmal vorstellte. Die Kommunikation mit den Wissenschaften und in der Gesellschaft ist hier wie anderswo nicht nur nützlich, sie ist einfach notwendig. Eine denkbar offene Behandlung der Fragen nach einer geneaologischen Explikation kann

---

194 Vgl. ThWNT VIII, 408ff.

195 Man sollte allerdings auch diese nicht unterbewerten.

196 Vgl. *F. Nietlispach*, Die nichtchristlichen Religionen in der Reflexion des II. Vatikanums und der neuen Theologie, in: NZMW (1974) 1ff, 119ff.

einer umsichtigen praktischen Verkündigung nur ebenso willkommen sein, wie diese für den innerwissenschaftlichen Vollzug sachlich gegeben ist.

Entsprechendes gilt für die Vorgänge, welche wir als „Applikation" (der Kürze halber zusammenfassend) bezeichnen wollen.

Jede Analyse eines heutigen Glaubensvollzugs wird – bei kritischer Durchführung – ergeben, daß in eben diesen Vollzug eine Reihe von Elementen eingehen, ihn mit konstituieren, in ihm wirksam sind oder werden, welche nach Herkommen, Vorstellungs- und Wirkinhalten sich vielleicht sogar erheblich voneinander unterscheiden: Elemente, die zwar durchaus in eine gewisse theologisch-kategoriale Denk- und Aussageeinheit eingebracht oder doch mit ihr vereinbart werden können, die aber trotzdem und gerade darin ihre jedem näheren Zusehen unverkennbaren jeweiligen Eigenheiten haben und behalten. Was hier nämlich die praktische Verkündigung eigentlich zu ermutigen vermag – und den, der ihr zu dienen sucht, auch für sich persönlich noch dazu –, das ist die im Forschungsvollzug ins Licht tretende Reichhaltigkeit der Stoffe, der Verbindungen, der Konstellationen, der „Bildungen", die alle viel besser als viele Worte das Unterwegs des Glaubens in seiner Vielfalt *und* in seiner Einheit geschichtsgetreu (nach Möglichkeiten unserer Einsicht, die sich selbst entfaltet)[197] dokumentieren. Der Menschensohnkomplex spielt hier, Altes und Neues Testament samt ihren Umwelten mit einfassend, eine paradigmatisch wohl einzigartige Rolle.

Wenn C. *Colpe* bezüglich des Johannesevangeliums sagt, daß die Menschensohnchristologie dort zwar „hinter den anderen Christologien zurücktritt", daß aber dennoch „ihre weitreichende Verbindlichkeit bezeugt" wird[198], dann zeigt sich in dieser Beurteilung eine Entwicklung an, welche – auf die verschlungenen Wege können wir nicht eingehen[199] – man schließlich als bei Ignatius und Justin manifestiert sehen kann[200]. Die Bedeutsamkeit resultiert aus dem weiteren Gang der altchristlichen Glaubens- und Theologiegeschichte, welche – wiederum in ihrer Weise – an den bei Ignatius, Justin, Irenäus und anderen vorfindlichen Präfigurationen anknüpft[201].

Wer nun, beispielsweise in der praktischen Verkündigung, diese so weitreichende (man vgl. das oben gegebene Schema) „Selbst-Repräsentation", wie sie in unseren Evangelien im Munde Jesu erscheint, sich und anderen vorführt und erklärt, der wird kaum an der Beantwortung der Frage vorbeikommen, was denn aus dieser so großartigen Christologie später geworden ist. Die Abläufe sind nach ihrer mehr „materialen" Seite hin schon bekannt oder werden erforscht; darüber hinaus (besser: im Verein damit) geht es aber zugleich um eine theologische Beantwortung der sich aufdrängenden Fragen. Wir können hier in einem etwas weiteren Rahmen einen möglichen Antwortversuch lediglich andeuten.

---

[197] Vgl. den Anm. 193 genannten Artikel von *F. Graus.*

[198] Beide Kurzzitate in: ThWNT VIII, 468.

[199] Vgl. ThWNT VIII, hier etwa 475ff. [200] Vgl. ThWNT VIII, 480f.

[201] Das hat schon *A. Gilg*, Weg und Bedeutung der altkirchlichen Christologie (München ²1961, ¹1936) z.B. 15, gut herausgearbeitet.

Allein die Tatsache, daß „das Evangelium" durch die Geschichte hin und so auch in unserer Zeit fortwährend verkündigt wird, in eben diesem Evangelium die Rede vom Menschensohn aber als *die christologische Selbstvorstellung Jesu aus seinem eigenen Mund* erscheint, läßt die Frage nach Sinn und (damaliger wie heutiger) Bedeutung der Menschensohnprädikation wohl nie zu einer erledigten oder auch nur erledigbaren Angelegenheit von rein „historischem" Interesse werden[202]; selbst dann nicht, so man, wie wir hier soeben aus methodischen Gründen, ein inzwischen hinfälliges Verständnis von Historie einmal gelten ließe (also sich vorstellte, es seien „abgeschlossene" historische Einheiten fixierbar).

Wir sprechen auch hier, in bezug auf Fragen einer gegenwärtigen und zukünftigen Bedeutung einer Menschensohnchristologie, vornehmlich wissenschafts- und kommunikationskritisch, und das unter besonderer Berücksichtigung verkündungstheologischer Aspekte, also unbeschadet der Rechte und Pflichten anderer Disziplinen, hierzu ihre Erörterungen anzustellen. Es ist vielmehr unser Anliegen, zu derartigen (gesamttheologischen) Überlegungen anzureizen, indem wir einen möglichen Beitrag zu leisten versuchen.

Unseres Erachtens wäre beispielsweise etwa folgendes zu bedenken:

1. Eine paradigmatische Bedeutung liegt doch offensichtlich, wie bereits angeklungen, modernem Verstehen von Wissenschaft und Geschichte zutiefst entsprechend und nach dem literarischen Ausweis der Evangelien und der frühchristlichen Schriften unbestreitbar, in dem „transitorischen" Charakter der Menschensohnchristologie, gemessen an der nachfolgenden abendländisch orientierten Theologiegeschichte. Wir werden also um eine Auskunft bemüht sein müssen, was es denn theologisch besagen kann, so wir feststellen, daß ein so großartiges Modell wie das der Menschensohnchristologie, das in offenbar kurzer Zeit (literarisch faßbar besonders im 3. Drittel des 1. Jahrhunderts) zu solch umfassender Bedeutung aufsteigt und sich darin als von einer ungeheueren Dynamik erfüllt erweist, so daß es das Jesusereignis gleichsam in allen Dimensionen möglichen Gott-Welt-Mensch-Bezugs zu repräsentieren fähig erscheint, nun alsbald wieder von dieser Höhe des Verstanden- und Eingesetztwerdens absteigt, um eine ganz andere Funktion zu übernehmen[203]. Die Zurückhaltung der sich bislang vorab auf die Feststellung der Sachverhalte beschränkenden Exegese einerseits und die Aussage der Systematik, daß hier ein christologischer Hoheitstitel von einem anderen abgelöst, verdrängt oder durch einen anderen ersetzt worden sei, der die Funktionen übernommen habe und sehr wohl (vielleicht sogar: besser) auszuüben vermöge, andererseits – das sind ebenso gültige wie notwendige, aber doch wohl noch „erste" Auskünfte, denen sich andere anschließen könnten. Vor allem wäre doch vielleicht eine höhere kritische Reflexion über die theologische Tragweite des sich an und in den primären Dokumenten des christlichen Glaubens ausweisenden Prozesses von nicht zu unterschätzendem Nutzen; hier könnte, so meinen wir, ein offenes Feld liegen, dessen Fruchtbarkeit längst nicht ausgeschöpft, möglicherweise sogar noch nicht einmal sehr gut erkannt ist.

---

[202] Vgl. oben An. 193. Vgl. ferner *D. Wiederkehr* (Anm. 148); *B. Klappert* (Anm. 191).
[203] Vgl. ThWNT VIII, 480f (Übergang zur Zweinaturenlehre usw.).

2. Eine weitere Perspektive ergibt sich aus dem sich geschichtlich und räumlich ausweitenden Vollzug der Verkündigung von Jesu Botschaft und Person in der Welt: es geht inzwischen, ähnlich den Ansätzen in der Zeit des Urchristentums und seiner Mission, wieder und verstärkt um „die Welt", die Oikoumene, und nicht mehr nur um das Abendland oder gar um einen Ausschnitt aus diesem. Das Modell abendländisch-westlicher kultureller Vereinheitlichung, dem maßgebende und weitsichtige Kulturanthropologen nie sehr hold waren[204], hat sich selbst entweder erledigt oder so modifiziert, daß gerade für uns wesentliche Neuorientierungen unvermeidbar sind. Genau deshalb werden wir uns damit vertraut machen müssen, daß theologisch-abendländische Perspektiven – bei aller Bedeutung, welche ihnen und ihrer Geschichte stets zukommen wird – nicht die einzig möglichen der Zukunft sein werden[205]. Es ist allein schon höchst bedeutsam, daß das „Evangelium" nicht nur faktisch längst viel weiter reicht als selbst die bisher größten Versuche spekulativer Durchdringung und Verdeutlichung von Jesu Botschaft und Gestalt, sondern daß es, soweit abzusehen, nirgendwo als eines ähnlichen Revisionsprozesses bedürftig erachtet wird, wie er für eine als westlich-abendländisch empfundene Theologie inzwischen allenthalben diskutiert (und real inszeniert) wird. Sowohl dem *Prozeß* Menschensohn (wie schon skizziert) wie auch der mit der *Gestalt* des Menschensohnes gegebenen Möglichkeit von Interpretation dürfte bei aller Voraussicht noch eine Zukunft offenstehen, die wir nicht als zu gering veranschlagen sollten. Das bedeutet aber neue Möglichkeiten von hoher Aktualität für alles das, was den Gesamtkomplex Menschensohn anbelangt, und zwar nicht gegen eine kritische neutestamentliche Wissenschaft, sondern mit ihr.

3. Und schließlich: niemand wird bezweifeln, daß es für jedes Christentum in Gegenwart und Zukunft stets „um die Sache Jesu" gehen wird. Hier drängt sich – für uns aus kulturanthropologischen (und damit zuletzt auch kommunikationstheoretischen) Perspektiven – die Frage auf, ob das personologisch verfaßte Grundmodell, das offenbar jeder eigentlichen Christologie – und zwar weit vor jeder abendländischen und ebenso über diese hinaus – zugrunde zu liegen scheint, auf ein „Sachmodell" hin (eventuell auf ein personal-existentiales) hinterschreitbar ist[206]. Das scheint uns nämlich – aus den genannten Gründen – nicht so sicher; einmal ganz abgesehen davon, daß dies gewiß nicht die einzige der sich anbietenden Möglichkeiten sein dürfte. Selbstverständlich sind wir hier in einem Bereich hermeneutischer Explikation und Transformation: unseres Erachtens finden wir aber ohne Ausgang von der und ohne ständige Verbindung zu der neutestamentlichen Wissenschaft schwerlich einen verantwortbaren Weg eines theologischen Umgangs mit den primären Dokumenten des christlichen Glaubens.

---

[204] So hat etwa *W. E. Mühlmann* schon immer kritisch-differenzierende Einsprüche angemeldet: nicht weniges hat sich inzwischen bestätigt.

[205] Vgl. zu unserem Fragenkomplex z. B. *H. Wagner*, Erstgestalten einer einheimischen Theologie in Südindien (München 1963) bes. 131ff. Bezeichnend auch die Sichtweise (*Wagner* über *Chenchiah*): „die metaphysischen Kategorien sind nicht ausreichend, um den historischen Wendepunkt in der kosmischen Evolution auszudrücken" (138). Vgl. *B. Welte*, Anm. 148 zit. Aufsatz, hier bes. 308ff; bemerkenswert: die Son-of-Man/Son-of-God-Theologie, bei *Wagner* z. B. 134ff; vgl. dazu, illustrierend: *J. Neuner*, Heilige Bücher der Weltreligion in der Liturgie?, in: Die kath. Missionen (1975) 45ff. (Wichtig ist der *Prozeß*, der sich hier anzeigt und der sich offenbar mehrschichtig vollzieht.)

[206] Vgl. die kommunikationstheoretischen Ausführungen, oben S. 453ff.